SÉPARATION DES POUVOIRS ET CONTRE-POUVOIRS

Association Nigérienne de Droit
Constitutionnel (ANDC)

SÉPARATION DES POUVOIRS ET CONTRE-POUVOIRS

Actes des 1ères journees scientifiques de droit constitutionnel

Palais des Congrès de Niamey,
du 10 au 13 octobre 2017

Sous la direction
d'Oumarou NAREY

L'Harmattan Sénégal

10 VDN, Sicap Amitié 3, Lotissement Cité Police, DAKAR

http://www.harmattansenegal.com
senharmattan@gmail.com
senlibrairie@gmail.com

ISBN: 978-2-343-16827-2

EAN: 9782343168272

PARTENAIRES SCIENTIFIQUES

Université Adou Moumouni
Faculté des Sciences
Juridiques et Politiques

FSJP

Université de Tahoua
Faculté de Droit,
d'Économie et de Gestion

FADEG

PARTENAIRES FINANCIERS

REPUBLIQUE DU NIGER

Fondation Hanns Seidel

ORGANISATION INTERNATIONALE DE la francophonie

Liberté • Égalité • Fraternité
RÉPUBLIQUE FRANÇAISE

UNION EUROPÉENNE

AUTORITE DE REGULATION DES TELECOMMUNICATIONS ET DE LA POSTE
ARTP

CAISSE NATIONALE DE SECURITE SOCIALE
CNSS
NIGER

SONIDEP
SOCIETE NIGERIENNE DES PRODUITS PETROLIERS

SOMMAIRE

COMITÉ SCIENTIFIQUE

MARDI 10 OCTOBRE 2017

ACTE I

CÉRÉMONIE D'OUVERTURE DES JOURNÉES SCIENTIFIQUES AFRICAINES DE DROIT CONSTITUTIONNEL

MOT DE BIENVENUE DU PROFESSEUR OUMAROU NAREY, PRÉSIDENT DE L'ASSOCIATION NIGÉRIENNE DE DROIT CONSTITUTIONNEL (ANDC)

Mesdames et Messieurs les Présidents des Institutions de la République,

Mesdames et Messieurs les Membres du Gouvernement,

Honorables députés,

Mesdames et Messieurs les membres du corps diplomatique et représentants des organisations internationales,

Mesdames et Messieurs les Partenaires techniques et financiers,

Mesdames et Messieurs les Professeurs, membres du comité scientifique,

Mesdames et Messieurs les Enseignants-chercheurs et chercheurs, chers collègues,

Mesdames et Messieurs les étudiants,

Mesdames et Messieurs,

Chers invités,

Permettez-moi tout d'abord de vous dire que j'éprouve une émotion et une fierté particulière de prononcer cette allocution en présence de certains Maîtres de nos Maîtres qui nous ont fait l'honneur de venir à Niamey ; ce qui accentue toute l'importance de ces premières journées scientifiques de droit constitutionnel consacrées à la « séparation des pouvoirs et contre-pouvoirs ».

Ensuite, je voudrais exprimer mes remerciements aux chefs d'institutions et aux autorités administratives qui ont accepté de venir rehausser de leur distinguée présence, l'éclat de cette cérémonie.

Ceci dit, je voudrais saisir cette occasion pour souhaiter, au nom du bureau de l'Association Nigérienne de Droit Constitutionnel (ANDC), une chaleureuse bienvenue dans notre pays à tous les participants à cette importante rencontre scientifique.

Le thème de ces journées scientifiques a toujours été au centre des débats doctrinaux. En témoignent diverses contributions qui lui ont été consacrées depuis l'origine par Montesquieu (*De l'esprit des lois*) et Rousseau (*Du contrat social*). Ce thème a été repris et théorisé par Carré de Malberg

(*Contribution à la théorie générale de l'Etat*, 1922) et Duguit (*Traité de droit constitutionnel*). Il est aujourd'hui « démystifié » et systématisé par certains auteurs de renom.

Mesdames et Messieurs, chers participants,

L'objet de notre rencontre s'inscrit dans la droite ligne des objectifs poursuivis par l'ANDC, à savoir :

1. Assurer une meilleure compréhension du droit constitutionnel à travers des colloques, conférences et débats d'idées ;
2. Contribuer à la consolidation et au renforcement de l'Etat de droit et de la démocratie au Niger ;
3. Favoriser la coopération, l'entraide et les échanges d'idées et d'expériences avec les autres associations nationales et internationales poursuivant les mêmes objectifs.

Mesdames et Messieurs, chers participants,

Le partage des connaissances reste la base du progrès de l'homme. C'est pourquoi, tout au long de ces quatre (4) journées, je vous invite à partager généreusement et à échanger vos expériences afin que chaque participant et chaque participante en tirent le maximum de leçons concernant la séparation des pouvoirs et les contre-pouvoirs.

Les différentes communications des Professeurs, spécialistes en la matière vous aideront, j'en suis plus que convaincu, à sortir de ces journées scientifiques suffisamment outillés dans la compréhension du principe de la séparation des pouvoirs et des contre-pouvoirs tant sur le plan théorique que pratique.

Mesdames et Messieurs, chers participants,

Qu'il me soit permis de rappeler ici que ces journées scientifiques ont pour objectifs de :

- réfléchir sur l'effectivité ou la non effectivité du principe de la séparation des pouvoirs et des contre-pouvoirs (contre poids) dans le nouveau constitutionnalisme africain ;
- mesurer l'étendue et les limites du principe de la séparation des pouvoirs en Afrique ;
- analyser la contribution des acteurs non étatiques en tant que nouveaux contre-pouvoirs dans l'exercice concurrentiel des pouvoirs en Afrique.

Je voudrais rappeler également que la réflexion sur la réalité des contre-pouvoirs traditionnels et non institutionnels se fera deux temps : le premier sera consacré au propos introductif sur le thème général. Le second temps, un peu plus long, prendra neuf (9) séances ou actes au cours desquels nous aurons droit à vingt-cinq (25) communications au total.

Mesdames et Messieurs, chers participants,

Je ne saurais terminer cette allocution de bienvenue sans remercier la Fondation Hanns Seidel, l'Organisation Internationale de la Francophonie (OIF), l'Union européenne, l'Ambassade de France et les partenaires nationaux notamment l'Assemblée nationale, la SOPAMIN, l'ARTP, la CNSS et la SONIDEP qui nous ont appuyés dans l'organisation matérielle et financière de cette activité scientifique.

Je voudrais également remercier très sincèrement les éminents Professeurs, membres du Comité scientifique qui ont évalué les différentes propositions de communication présentées par les collègues et ont accepté de venir au Niger pour partager avec nous leur savoir et leur savoir-faire dans un domaine qui nous tient tous à cœur. Il me plaît aussi de m'acquitter de l'agréable devoir et de gratitude à l'égard de tous les collègues venus de près ou de loin pour nous apporter leur soutien et témoigner de leur engagement dans la recherche, les échanges d'idées et d'expériences sur les questions de droit constitutionnel. J'adresse à tous et à toutes mes sincères remerciements.

Mesdames et Messieurs, chers participants,

J'aimerais enfin remercier les membres du bureau de l'ANDC, les membres du comité d'organisation et le personnel d'appui, ainsi que toutes les personnes physiques ou morales qui ont, d'une manière ou d'une autre, contribué à l'organisation et à la tenue de ces journées scientifiques.

Je souhaite plein succès à nos travaux et vous remercie de votre aimable attention.

Oumarou NAREY

Professeur, Agrégé des Facultés de droit

Président de l'ANDC

ALLOCUTION DE MONSIEUR ALI MOUNKAILA COULIBALY, REPRÉSENTANT DE LA FONDATION HANNS SEIDEL

Mesdames et messieurs chers invités !

Bonjour !

L'occasion m'est offerte de prendre la parole ce matin au nom de la Fondation Hanns Seidel, partenaire technique et financier engagé aux côtés de l'Association Nigérienne de Droit Constitutionnel, initiatrice des présentes journées scientifiques.

Avec votre indulgence, je voudrais vous faire une brève présentation de la Fondation Hanns Seidel.

En effet, la Fondation Hanns Seidel est une ONG Internationale fondée par le Parti Chrétien socialiste de l'Etat de Bavière en Allemagne. Elle tire ses ressources financières principalement du budget Allemand de la coopération. Son siège social est basé à Munich en Allemagne avec un rayon d'action de 70 pays à travers le Monde. La mission de la Fondation Hanns Seidel est d'être au service de la démocratie de la paix et du développement.

La représentation de l'Afrique l'Ouest a pour siège Ouagadougou, capitale du Burkina Faso, et s'étend également au Benin, au Ghana, au Mali au Niger et au Togo.

- ✓ **Distingués invités,**
- ✓ **Mesdames et Messieurs,**
- ✓ **En vos divers Titres, Grades et Qualités,**

Avant d'aborder l'objet de ces assises, nous voudrions de prime abord, remercier chaleureusement, au nom du Comité d'organisation, l'Association Nigérienne de Droit Constitutionnel, d'avoir accueilli la tenue de ces Journées Scientifiques Africaines, du reste, articulées autour d'un thème central, plus que jamais d'actualité, à savoir : **« Séparation des Pouvoirs et Contre-pouvoirs ».**

Nous nous inclinons par ailleurs devant ce parterre de personnalités, à qui nous présentons toute notre déférence. Au demeurant, nous restons convaincus que les délibérations qui seront issues de vos réflexions, participeront au commerce des idées et éclaireront davantage les opinions combien divergentes sur la réalité des contre-pouvoirs traditionnels et non institutionnels dans les régimes politiques africains.

Ces Journées Scientifiques Africaines de Droit Constitutionnel, faut-il le rappeler, interviennent au moment où la majorité des Etats africains, vont bientôt célébrer le cinquante-septième anniversaire de leur accession à la souveraineté nationale et internationale. Malgré des avancées, certes mitigées, enregistrées en la matière par bon nombre de pays africains, beaucoup reste à faire, eu égard aux observations peu enviables constatées que d'aucuns appellent la profanation des systèmes de séparation des pouvoirs, avec comme corollaire la proscription qu'elle suscite lors des débats politiques et des réflexions universitaires.

C'est pourquoi, nos assises doivent faire un état des lieux sans complaisance et planter le décor pour des nouvelles perspectives, en matière de gestion du pouvoir d'Etat, vue sous l'angle de l'effectivité de la séparation des pouvoirs. Nous restons persuadés, que tel doit être l'esprit qui guidera les panelistes de haut niveau conviés à ces Journées Scientifiques Africaines de Droit Constitutionnel.

Je vous remercie pour votre aimable attention.

Monsieur Ali Mounkaila COULIBALY

Responsable antenne du Niger
de la Fondation Hanns Seidel

ALLOCUTION DU PROFESSEUR MOUSSA BAGARE, VICE-RECTEUR DE L'UNIVERSITÉ ABDOU MOUMOUNI DE NIAMEY

Mesdames et Messieurs les Présidents des Institutions de la République,

Mesdames et Messieurs les Ministres,

Honorables députés,

Mesdames et Messieurs les ambassadeurs et représentants des organisations internationales,

Mesdames et Messieurs les Partenaires techniques et financiers,

Mesdames et Messieurs les Professeurs, chers collègues,

Mesdames et Messieurs, chers étudiants,

Mesdames et Messieurs, chers invités, en vos qualités et grades, tout protocole respecté,

L'Université Abdou Moumouni de Niamey, à travers ses différentes composantes, par ma voix, vous souhaite la bienvenue chez vous, au Niger.

L'Université Abdou Moumouni de Niamey est heureuse d'être associée à ce rendez-vous scientifique de très belle facture que l'ANDC a appris à nous offrir, en bonne intelligence avec, d'une part, la Faculté des Sciences Juridiques et Politiques (FSJP) de Niamey et, d'autre part, la Faculté de Droit, d'Économie et de Gestion (FADEG) de l'Université de Tahoua.

En effet, la communauté scientifique nationale en général, et celle des juristes et des politistes en particulier, se rappellent encore du colloque sur la justice constitutionnelle en 2015, de la conférence publique sur la Constitution de la 7ème République et du séminaire sur le régime semi-présidentiel en 2016 ; autant d'activités scientifiques organisées par cette jeune et dynamique association de droit constitutionnel.

J'ai eu l'occasion en tant que non spécialiste de la matière, de lire les actes de ces colloque et séminaire avec curiosité et intérêt indéniable. J'imagine les délices que constituent leur lecture pour les juristes et les citoyens actifs dans un contexte de démocratisation comme le nôtre.

Au demeurant, le thème de cette rencontre à savoir « **séparation des pouvoirs et contre – pouvoirs** » et les nombreuses communications qu'il a suscitées ne sont en dernière analyse qu'une contribution à la défense de la démocratie et l'État de droit, pour ne pas dire du droit tout court. Dans ce cas, tous les acteurs nécessaires à l'exercice durablement démocratique et républicain du pouvoir y trouveront leur bonheur en partant de ceux qui l'exercent et aspirent à le conserver, à ceux qui aspirent le conquérir, en passant par ceux qui déontologiquement ou éthiquement cherchent à améliorer son exercice.

A vrai dire, il y a deux raisons qui sous-tendent cette réflexion : d'abord, le droit mérite qu'on lutte pour lui, car de son triomphe dépend le bonheur premier de l'homme : la **Paix** comme l'a si bien relevé Rudolf Von Jhering dans son ouvrage titré ***La lutte pour le droit*** dans lequel il disait :

> La paix est le but que poursuit le droit. La lutte est le moyen de l'atteindre. Tous les droits du monde ont été acquis en luttant, toutes les règles importantes du droit ont dû commencer par être arrachées à ceux qui s'y opposaient… Le droit n'est pas une théorie, mais une force vive.
>
> Ainsi la justice tient-elle d'une main la balance au moyen de laquelle elle pèse le droit et de l'autre l'épée au moyen de laquelle elle le défend.

Ensuite, la science exige de temps à autre une mise au point sur ses grands principes, leur évolution, leur transformation, voire même leur dépassement. C'est à cet exercice aussi que vous soumettrez pendant ces quatre (4) journées, un principe connu par tous « **séparation des pouvoirs et contre-pouvoirs** », mais maîtrisé par peu dans ses subtilités, valorisé ou malmené par les uns et les autres en fonction des contingences propres de leur situation du moment. Pourtant qu'elle belle harmonie, si le dire et le faire pouvait aller ensemble dans ce domaine-ci ?

Mais peu importe la longueur du chemin a-t-on coutume de dire, l'essentiel est qu'il soit entamé avec détermination ; ce que fait l'ANDC en nous proposant d'aborder successivement avec courage et lucidité les thématique suivantes : la notion de la séparation des pouvoirs, les mutations de ce principe à travers son évolution, ses remises en cause, la quête de son identité et sa diversification. Il s'agit là sans doute des éléments de réflexion d'une grande complexité. Mais nous savons aussi compter sur vos contributions pour raffermir nos pas sur le chemin de la démocratisation de nos pays.

Nous savons également compter sur votre pédagogie, votre méthode, cette politesse de l'esprit scientifique, selon Gaston Bachelard, pour contribuer à l'ancrage et à l'approfondissement de l'exercice démocratique du pouvoir dans nos États marqués par un contexte particulier imposé par le terrorisme de type djihadiste.

En effet, ce contexte particulier donne plus de relief aux contre-pouvoirs classiques et ceux induits par l'évolution de la notion de séparation des pouvoirs. L'enjeu étant bien sûr à terme qu'ils veillent à ce que la loi ne se taise pas même dans le fracas des armes !

C'est sur cette exigence d'équilibre recherché que je déclare ouverts les travaux des premières journées scientifiques de l'ANDC.

Merci de votre aimable attention.

Moussa BARAGE,
Professeur, Vice-Recteur chargé de la recherche,
Université Abdou Moumouni de Niamey

Francis V. WODIE

LEÇON INAUGURALE
LA SÉPARATION DES POUVOIRS

L'unité ou la pluralité des pouvoirs au sein de l'État ?

La question est-elle celle de la séparation du Pouvoir ou de la séparation des pouvoirs, donnant à analyser deux types de questions ou deux versions du même sujet !

La séparation des pouvoirs a été donnée comme un moyen de construction et de gestion de l'État de Droit ; somme, toute la voie permettant de concilier l'autorité et la liberté ; car tout en reconnaissant la nécessité et l'utilité du pouvoir politique, celui-ci n'aura pas cessé d'être ressenti comme une menace pour les libertés tant individuelles que collectives. On souligne, on suggère une manière d'antinomie entre les deux termes.

La grande question devient celle de savoir comment ce Pouvoir pourra stabiliser et consolider l'unité de la société, tout en préservant et consolidant, du même mouvement, les libertés au sein de la société.

La séparation des pouvoirs ou du Pouvoir a été, très tôt, présenté, par les auteurs, comme l'une des solutions.

Déjà, dans l'Antiquité, des auteurs comme Platon et Aristote avaient retenu l'idée de la séparation des pouvoirs ; et au 18è siècle, c'est Locke qui en sera le grand analyste, à travers son Essai sur le Gouvernement Civil, donnant à voir trois Pouvoirs : Le Pouvoir Législatif, le Pouvoir Exécutif et le Pouvoir Fédératif ; ces trois pouvoirs, séparés, seront-ils des pouvoirs égaux, indépendants les uns des autres ? Ou la séparation va-t-elle -doit- elle impliquer la collaboration des pouvoirs ? Si les pouvoirs sont séparés et qu'ils doivent coopérer ou collaborer, cette circonstance (direction) ne risque-t-elle pas d'affecter, voire annihiler le mécanisme de la séparation et les effets attendus ou en découlant ? Que les trois pouvoirs n'aient pas à collaborer, et ils sont exposés à s'opposer les uns aux autres, en affectant, ainsi, l'unité du pouvoir et partant celle de la société.

« Au bout du compte », sommes-nous ou serons-nous en présence d'un-seul- Pouvoir en trois pouvoirs, ou de trois pouvoirs en un-seul- Pouvoir ?

Ces interrogations et les incertitudes en découlant ne laisseront pas de poursuivre le principe de la séparation des pouvoirs dans sa réalisation.

On peut le rappeler, Montesquieu, dans « l'Esprit des Lois », l'avait déjà souligné ; « tout homme qui a du Pouvoir est porté à en abuser» ; il convient de faire en sorte que le Pouvoir arrête le Pouvoir, par le jeu de la séparation des pouvoirs. Mais, ainsi que l'énonce, non sans pertinence, un auteur, pour que le pouvoir arrête le pouvoir, il faut que ces pouvoirs soient sur la même voie ; or la voie n'est pas la même qui mène du pouvoir législatif au pouvoir exécutif et au pouvoir judiciaire (juridictionnel) ; là est la difficulté, que ne parviennent à surmonter qu'imparfaitement les régimes à base de séparation des pouvoirs que sont le régime présidentiel, le régime parlementaire et les « présidentialismes africains », déjà, entachés d'un vice rédhibitoire.

On découvre, par cette voie, comme une antinomie entre l'unité, nécessaire, de l'État et la séparation, voulue, des pouvoirs informant l'État.

La séparation des pouvoirs prend place dans un contexte qui en favorise ou en contrarie les manifestations et la consolidation.

Se transportant de l'Occident en Afrique, la séparation des pouvoirs va recevoir une autre traduction et signification.

Que chaque pouvoir soit et reste dans son domaine, et l'unité de l'État s'en trouverait affectée ; mais que les pouvoirs collaborent, et on risque de retourner au point de départ, en redonnant au pouvoir ce que l'on voulait lui retirer. Telle est la difficulté, comme la quadrature du cercle.

Alors, comment est-ce que ces pouvoirs fonctionnent ? La séparation des pouvoirs fonctionne dans un climat qui est peut être le sien. Mais se transportant de l'Occident en Afrique, la séparation des pouvoirs va recevoir une autre signification. Reproduisant les normes européennes, les États africains vont inscrire dans leurs constitutions, le principe de la séparation des pouvoirs. Mais séparant les pouvoirs, très rapidement on revient à l'unité, originaire, des pouvoirs. Et la formule se résume en ceci : de deux ou trois pouvoirs, on glisse, comme irrésistiblement, vers un seul Pouvoir. Et du seul Pouvoir on en arrive, comme par une pente naturelle, au pouvoir d'un seul.

Un tel contexte politique, contexte culturel, semble s'opposer à la séparation des pouvoirs avec le système des partis politiques, le système mono- partisan, attire à lui l'unité du pouvoir. Et par le biais ou par le jeu du parti unique (monopartisme), on arrive à la situation, ci-devant décrite. Et nous voyons surgir les pères-fondateurs, incarnant et coagulant en eux tous les pouvoirs, rendant difficile voire impossible l'instauration et le fonctionnement de la séparation des pouvoirs, et le pouvoir devient une menace réelle pour la liberté(les libertés tant individuelles que collectives).

Du pouvoir passager qu'il doit être, le Pouvoir devient, tend à le devenir, un pouvoir viager, voire héréditaire avec les différentes révisions constitutionnelles, de toutes sortes, qui l'accompagnent ou l'entourent ; tel fils a succédé au père, tel autre s'apprête à succédé au père. Le pouvoir temporaire, pouvoir passager, devient, est devenu un pouvoir viager, voire héréditaire tout à fait aux antipodes des exigences de la séparation des pouvoirs et du jeu démocratique.

Comment alors faire en sorte que le pouvoir puisse retrouver sa vocation ? Comment faire en sorte que la conciliation se réalise entre le pouvoir et les libertés dans ce champ ?

La séparation des pouvoirs se donne comme un moyen de prévenir et de réduire les empiétement, ou atteintes du pouvoir sur les libertés. Mais cette solution est de l'ordre de l'extérieur ; Il importe de lui trouver un mode intérieur, au sens où voulant préserver les libertés, il faut faire en sorte que la liberté fournisse au pouvoir le contenu qui doit être le sien ; D'où l'idée du pouvoir reposant sur les libertés et du pouvoir consenti (pouvoir légitime) qui est le mode –intérieur- de préserver les libertés et de faire s'accorder la liberté et le pouvoir ; pour assurer la cohésion de la société du même mouvement .

Il y a d'un côté la personnalisation du pouvoir (pouvoir personnel) ; il y a de l'autre la patrimonialisation du pouvoir, avec cette tendance à l'appropriation du pouvoir. On dira, aisément et régulièrement c'est mon pouvoir, c'est notre pouvoir (celui du parti-unique ou du groupe ethnique auquel appartient le chef), confondant, donc ne séparant pas, le détenteur du pouvoir et le titulaire du pouvoir.

Le détenteur du pouvoir et le titulaire du pouvoir se confondent. Le titulaire du pouvoir apparait comme une abstraction, le détenteur comme du concret, le primat allant, dans ces civilisations, au concret qu'est le détenteur du pouvoir ; celui qui a le Pouvoir est celui qui est le Pouvoir.

L'inclination conduisant à préférer le possessif ; par exemple, on dira facilement mon président pour désigner le président de telle ou telle institution y compris le Président de la République.

L'élection, dans un tel climat, avec un tel esprit, est-elle le meilleur mode de désignation des dirigeants politiques ? Aristote, et avec lui Rousseau, nous avait déjà prévenu. La démocratie est directe ou elle n'est pas. Le pouvoir, la volonté générale ne se représente pas, pas plus que la souveraineté ; l'élection, comme toute délégation, constituant une forme d'aliénation du pouvoir, nous apprend-on.

Séparer (les pouvoirs) pour ouvrir la collaboration, pour revenir à l'unité, mais guère pour renforcer la division.

Le dire, en affirmant ce qui précède, c'est souligner à la fois la nécessité de la séparation et les difficultés de la séparation des pouvoirs, tout autant que l'exigence de l'unité du pouvoir comme étant l'expression ou l'incarnation de l'unité de la société, de l'État ; le mouvement nous transportant tantôt d'un côté tantôt de l'autre côté, les deux côtés devant rester liés ou reliés.

Mesdames, Messieurs !

Je voudrais, m'orientant vers la fin de mon propos, vous inviter à retenir que ce que j'achève d'énoncer n'a pu l'être sur le mode affirmatif ; il l'a été davantage sur le mode interrogatif.

L'important, ce n'est pas de fournir les bonnes réponses, mais de poser les vraies questions.

Ainsi, analysés, on doit, bien que les ayant séparés, les pouvoirs doivent retrouver leur unité fondamentale en liaison avec la liberté comme la condition et le moyen de construire des États démocratiques.

Je vous remercie !!!

Francis V. WODIE,
Professeur, ancien Doyen de la Faculté de droit de Cocody,
ancien Président du Conseil constitutionnel
de la République de Côte d'Ivoire

ACTE II

LA NOTION DE LA SÉPARATION DES POUVOIRS

Pascal JAN

DE LA SÉPARATION DES POUVOIRS : UNE HISTOIRE DE COMBINAISON DES POUVOIRS ET DE CONTRÔLE DES MAJORITÉS POLITIQUES

La séparation des pouvoirs est certainement la notion la plus étudiée, la plus commentée et parmi les moins contestées dans sa formulation générale en droit constitutionnel. Initialement détachée de la question de la démocratie, la séparation des pouvoirs est désormais consubstantielle aux régimes pluralistes et à l'État de droit. L'affaire de la réforme de la justice en Pologne qui a motivé le déclenchement de l'article 7 du traité sur l'Union européenne en est une illustration. La Commission européenne a décidé de 20 décembre 2017 d'enclencher une procédure de sanctions contre cet État membre dès lors que le gouvernement, en maintenant sa réforme judiciaire qui fait dépendre la justice de la majorité politique, menace gravement la « séparation des pouvoirs ». Les plus grands juristes ont abordé la question. Les responsables politiques l'évoquent régulièrement soit pour dénoncer des faits ou des actes des gouvernants, soit pour se réfugier dans le silence afin, par exemple, de ne pas commenter une décision de justice.

En réalité, le concept de séparation des pouvoirs depuis sa théorisation par les penseurs des Lumières, Locke et surtout Montesquieu, s'est enrichi de nouvelles problématiques (comme l'ascension du pouvoir juridictionnel et l'installation définitive de la justice constitutionnelle, le rôle des partis politiques) qui en modifient les modalités mais non point ses objectifs : limitation des pouvoirs étatiques, lutte contre le pouvoir arbitraire, installation d'un gouvernement modéré respectueux des droits et des libertés. Raisonner comme au XVIIIème siècle est une erreur encore trop souvent commise par les constituants. Le contexte est différent (il n'y a pas à lutter contre une monarchie absolue) ; les acteurs traditionnels ont de nouvelles compétences (le Parlement ne se résume pas à n'être qu'un pouvoir législatif – c'est un pouvoir parlementaire dont l'une des fonctions est de contrôler le gouvernement) ou ont acquis un statut indiscutable et reconnu (les juges ordinaires et constitutionnels) ; des entités nouvelles s'insèrent dans le jeu des pouvoirs publics (les formations politiques) ; les citoyens, par leur droit de suffrage, sont devenus des fers de lance des politiques publiques.... Bref, tout a changé depuis *L'esprit des lois* (1748) sauf la recherche permanente de l'équilibre des pouvoirs le plus approprié aux États. Or sur ce point, il n'est pas possible de ne pas tenir compte de deux autres phénomènes apparus depuis le début du XXème siècle : les régimes pluralistes sont devenus très majoritairement des régimes majoritaires où l'Exécutif et le pouvoir parlementaire sont des alliés et non des opposants chargés de se neutraliser ou d'avancer de concert ; les régimes pluralistes ont consacré les citoyens comme majeurs constitutionnels, ayant un intérêt à défendre leurs droits fondamentaux devant les juridictions, en contestant les actes des gouvernants. Ne pas prendre en considération ces transformations, c'est refuser de considérer que la séparation des pouvoirs embrasse de nouvelles problématiques et c'est raisonner sur des combinaisons de pouvoirs qui ne répondent et ne peuvent répondre qu'imparfaitement aux exigences nouvelles des sociétés démocratiques ou qui entendent le devenir.

C'est un lieu commun de dénoncer l'incapacité de la séparation des pouvoirs pour classifier et caractériser le fonctionnement des régimes politiques. On oppose classiquement le régime présidentiel et le régime parlementaire et dans le même temps on critique cette classification comme ne correspondant qu'imparfaitement aux modalités qui y sont attachées, à savoir une séparation stricte ou rigide pour le premier cité et une séparation souple pour le second. D'ailleurs, c'est l'idée même de séparation qui est contestée, la doctrine lui préférant le terme de collaboration. Il faut dépasser ces analyses pour considérer que le concept est indispensable pour organiser la « combinaison » des pouvoirs, laquelle peut ou non hiérarchiser les pouvoirs exécutif et parlementaire, le pouvoir juridictionnel se situant hors champ de cette relation. En acceptant de concevoir la théorie pensée au temps des Lumières comme un outil de combinaison des pouvoirs, on se recentre sur l'essentiel : quelle est la meilleure combinaison des pouvoirs pour instituer un gouvernement modéré. Là est l'essentiel (I). Mais *la logique majoritaire des régimes représentatifs* emporte des conséquences même sur le degré de modération des gouvernements qui imposent d'adapter la combinaison des pouvoirs politiques par la prise en considération des minorités politiques comme civiles (II). Ce faisant, c'est une nouvelle approche du concept de séparation des pouvoirs qu'il convient de retenir et de promouvoir, une approche plurielle qui distingue le pouvoir majoritaire du pouvoir minoritaire mais également le pouvoir politique du pouvoir juridictionnel, à laquelle il conviendrait dans une réflexion plus large d'ajouter le pouvoir constituant des pouvoirs constitués. C'est de la combinaison de ces différentes formes de pouvoir que découle aujourd'hui le gouvernement de la liberté.

I.- LA COMBINAISON DES POUVOIRS POLITIQUES

Davantage que la « séparation » des pouvoirs qui ne concerne que la dimension organique (l'existence de trois puissances, exécutrices, législatives et judiciaires), les réflexions de Montesquieu sont surtout déterminantes dans la nécessité de combiner les pouvoirs, certains préférant le terme de collaboration des pouvoirs. Mais ce dernier terme est inexact ou en tout cas insuffisant à caractériser tous les régimes constitutionnels, certains consacrant une collaboration minimum (régime dit présidentiel), d'autres prônant une collaboration intensive entre le pouvoir exécutif et le pouvoir parlementaire (régime dit parlementaire). Le pouvoir juridictionnel se situe en dehors cette relation, non pas parce qu'il est « nul « et « invisible » selon les mots de Montesquieu (en réalité il ne l'est pas et il use abondamment de son pouvoir d'interprétation) mais plus fondamentalement parce que, à la différence du pouvoir exécutif et du pouvoir parlementaire, il ne peut agir par lui-même, il ne peut s'auto saisir, ce qui en fait un pouvoir non nul mais dépendant de l'action d'un requérant et des normes qu'il doit protéger.

La classification des régimes constitutionnels à partir du concept de la « séparation » des pouvoirs est désuète et réductrice. L'intensité de la collaboration dépend beaucoup du contexte politique, de la combinaison des pouvoirs retenue (statuts, partage des compétences...) et de l'interprétation politique et juridictionnelle de la Constitution. N'oublions jamais que *la Constitution est ce que ses interprètent en font et disent ce qu'elle est.*

En régime présidentiel, dont l'exemple classique nous est fourni par le régime étasunien, les pouvoirs exécutif et parlementaire exercent chacun des compétences bien déterminées mais en aucun cas la Constitution de 1787 isole ces puissances. Le président américain participe à la fonction législative, directement par l'exercice ou non de son droit de veto ou les *executive orders* qui complètent des textes législatifs, indirectement par ses initiatives comme le discours sur l'état de l'Union ou encore par le biais des parlementaires de son parti qui déclinent en propositions de loi les suggestions et le programme politique du Président. Inversement, les principales nominations présidentielles sont soumises à autorisation sénatoriale. Le Congrès dispose des moyens de destituer le chef de l'État. Le Sénat doit approuver la ratification des accords internationaux, obligeant le Président américain à s'assurer de son soutien.... Bref, les relations institutionnelles entre la Maison Blanche et le Congrès sont nombreuses, sans compter la nécessité pour les deux principaux pouvoirs de négocier pour aboutir à des accords qui satisfassent les deux parties. La couleur politique des chambres a son importance pour le Président, en raison même du bicamérisme égalitaire. Les périodes de cohabitation ne sont pas un fait rare. Et quand bien même ces pouvoirs partagent une même ligne politique, la discussion entre eux reste toujours au cœur de leurs relations, chacun ayant une légitimité électorale propre et un bilan à défendre devant un corps électoral différent.

En régime parlementaire, les relations entre le pouvoir exécutif et le pouvoir parlementaire sont souvent présentées comme équilibrées. Elles l'ont peut-être été au premier temps de la monarchie parlementaire, mais depuis le début du XXème siècle, les régimes parlementaires reposent fondamentalement sur une collaboration intensive entre les deux pôles du pouvoir étatique. Le constat est ancien, ce qui a pu faire dire à Léon Blum, en 1935, avant son accession à la présidence du Conseil, que la séparation des pouvoirs était une « fiction de droit ». Sur ce point, le propos le plus éclairant est très certainement le point de vue de Mirkine-Guétzevicth qui établissait dans son étude sur les Constitutions européennes (« Le régime parlementaire dans les récentes Constitutions européennes », *Revue internationale de droit comparé*, 1950-4 pp. 608) la « fusion » de fait entre le gouvernement et le Parlement, l'impérieuse nécessité d'une entente politique entre eux deux, rejetant tout forme de « séparation » consistant à attribuer au Parlement un rôle de contrepoids à l'Exécutif et inversement : « Gouverner dans une démocratie parlementaire […], ce n'est pas seulement « exécuter » ou appliquer les lois ; gouverner, c'est donner l'impulsion à la vie publique, prendre des initiatives, préparer les lois, nommer, révoquer, châtier, agir. L'Exécutif, en régime parlementaire, doit avoir le monopole de l'initiative législative et budgétaire. L'Exécutif est l'âme de la législation sous le régime parlementaire. Contrairement aux vieilles théories livresques nées à l'aube du constitutionnalisme monarchique, sous le régime parlementaire moderne, c'est l'Exécutif qui, politiquement, légifère ; cet Exécutif fort, agissant, est une nécessité technique du parlementarisme moderne, et la primauté politique de l'Exécutif sert de base au fonctionnement du régime parlementaire ».

L'alliance entre l'Exécutif et le pouvoir parlementaire est au cœur du fonctionnement du régime parlementaire. La logique majoritaire des régimes représentatifs parlementaires induit des conséquences sur les relations entre les pouvoirs publics. Les techniques de rétablissement de l'équilibre institutionnel en régime parlementaire sont devenues sans objet, ou plus exactement elles ne remplissent plus leur rôle les conflits devenant inexistants, sauf cas particulier. Les dissolutions comme les engagements de responsabilité des gouvernements sont neutralisés par la logique majoritaire. Il n'en reste pas moins vrai que ces outils conservent leur utilité lorsque la représentation politique est dispersée ou indisciplinée du fait de la structure du régime partisan et/ou du mode de scrutin désignant les parlementaires.

Autrement dit, la combinaison des pouvoirs et les contours du régime constitutionnel, malgré des principes directeurs (présidentiel / parlementaire), sont propres et spécifiques à chaque État car ils dépendent de paramètres politiques (les élections) et juridictionnels (les interprétations des juges) qui échappent très largement à la norme constitutionnelle. Penser la « séparation » des pouvoirs exige donc de considérer le statut et l'agencement des rapports entre les pouvoirs publics comme des éléments qui participent mais ne déterminent pas définitivement la nature d'un régime constitutionnel. Cela d'autant plus que désormais la combinaison des pouvoirs doit prendre en considération de nouvelles puissances, celles de l'opposition et des juges, principalement constitutionnels. La combinaison des pouvoirs doit s'entendre de celle entre l'Exécutif et le pouvoir parlementaire mais également de celle entre la majorité et l'opposition et du pouvoir politique et du pouvoir juridictionnel. Cette triple dimension de la combinaison des pouvoirs est la clé pour assurer une orientation constitutionnelle donnée d'u régime représentatif.

II.- LE CONTRÔLE DES MAJORITÉS POLITIQUES

La logique majoritaire des régimes représentatifs neutralise l'approche classique de la « séparation » des pouvoirs. Si la division du pouvoir étatique en trois branches conserve sa pleine pertinence et conditionne l'existence d'un régime pluraliste, elle est impuissante à garantir la modération du gouvernement dès lors que l'Exécutif et le pouvoir parlementaire sont unis politiquement. Or le gouvernement modéré, gouvernement de la liberté, est bien l'objectif poursuivi par les disciples de Montesquieu et plus généralement la pensée constitutionnelle libérale. La logique majoritaire, couplée à l'universalisation du suffrage et à l'évolution des sociétés et des relations internationales, a considérablement renforcé le pouvoir Exécutif. Celui-ci est dominant. La logique révolutionnaire française et américaine (méfiance vis-à-vis du pouvoir exécutif) est renversée. Le Parlement n'est plus le contre-pouvoir tant décrit. Le Parlement souvent est l'allié du gouvernement. La loi est l'œuvre du pouvoir exécutif ; elle est pensée par lui avec le soutien d'une majorité parlementaire. Celle-ci tempère, amende, nuance les propositions gouvernementales ou présidentielle. Elle ne les remet jamais en cause dans leur principe. Tel fonctionne aujourd'hui la quasi-totalité des régimes représentatifs, qu'ils soient présidentiels ou parlementaires.

Prenant en considération cette dimension, la doctrine a cherché à identifier un pouvoir qui servirait de contrepoids aux institutions dominantes et liées. Elle l'a trouvée dans le pouvoir juridictionnel et plus spécifiquement dans la procédure de contrôle de constitutionnalité des lois. Le juge apparaît alors comme le rempart au gouvernement et à la majorité parlementaire qui le soutient. La faculté d'empêcher du juge est perçue comme le pilier d'une « démocratie continue », celle-là même qui se déploie entre les consultations électorales. Cette approche est séduisante. L'intérêt porté au pouvoir juridictionnel, et notamment à la justice constitutionnelle, rend compte d'une évolution incontestable. Le juge constitutionnel qui est en capacité de bloquer un acte adopté par les représentants du peuple, s'est affirmé comme troisième puissance, seule en mesure de contrer des majorités hégémoniques et l'alliance des pouvoirs exécutif et parlementaire. Elle est néanmoins trompeuse. D'une part, et pour se limiter au contrôle de conformité des lois, le juge constitutionnel n'est pas saisi de toutes les dispositions législatives mais seulement celles qui soulèvent une question de constitutionnalité. Le champ de la constitutionnalité n'est pas infini. Il est borné par des textes qui limitent la part d'inventivité et d'activisme du juge. D'autre part, l'action contentieuse, sauf à être immédiate (contrôle a priori des lois comme le prévoit l'article 61, alinéa premier de la Constitution française de 1958), n'est pas perçue comme une action contestant un excès de pouvoir législatif, un excès du pouvoir majoritaire. L'office du juge peut intervenir des années après la promulgation d'une loi. Plus modestement, mais plus sûrement, le pouvoir juridictionnel fait figure de recours ultime pour les citoyens qui entendent protéger leurs droits et libertés. Enfin le juge se fonde, pour rendre une décision, sur une argumentation juridique. Il ne statue pas en opportunité.

Considérer le juge comme un contrepouvoir est donc quelque peu exagéré en ce sens que le requérant n'a pas conscience d'agir contre le pouvoir majoritaire et un gouvernement. En revanche, il est certain que le juge se pense comme un contrepouvoir qui cherche sans cesse par le jeu de son office et de son pouvoir d'interprétation à contrôler les actes des gouvernants. De fait, la combinaison des pouvoirs se traduit par une concurrence entre les organes politiques et entre ces derniers et les juges constitutionnels.

Ceci étant précisé, la question demeure : quel contrepouvoir dans un régime représentatif majoritaire ? La solution s'impose comme une évidence : la minorité. La « séparation » des pouvoirs aujourd'hui se concrétise dans une distinction du pouvoir majoritaire et du pouvoir minoritaire. La logique de la combinaison des pouvoirs n'est plus celle entre pouvoir exécutif et pouvoir délibérant mais entre gouvernants et opposants. C'est le cœur du fonctionnement des régimes constitutionnels pluralistes. Avec de l'audace, l'analyse peut être étendue à l'organisation du Parlement. Le bicamérisme peut être perçu comme une formule d'équilibre au sein du pouvoir parlementaire. La doctrine française a d'ailleurs considéré et considère toujours l'existence d'une seconde chambre (appelée improprement chambre Haute) comme une condition de temporisation des excès ou de la fougue de l'assemblée des députés. Argument classique et ressassé depuis la révolution. Mais, ici comme ailleurs, le propos avait une signification particulière lorsque le statut des parlementaires des deux chambres étaient différenciés. Aujourd'hui, les députés comme les sénateurs procèdent du suffrage universel, la distinction s'opérant sur le mode direct et indirect. Mais fondamentalement, il s'agit de deux assemblées qui représentent le peuple mais à des moments différents. La différence du mode de scrutin ne suffit toutefois pas à éclipser une réalité politique rencontrée fréquemment : l'orientation politique commune des deux chambres. Qu'advient-il dans ces conditions de la seconde chambre comme contrepoids à la première chambre ? En quoi un Sénat dont la majorité politique se fond dans la majorité présidentielle peut-il utilement contribuer à tempérer avec efficacité les excès d'une majorité législative, elle également à l'unisson avec le président de la République ? Bien entendu, la seconde chambre agira comme une institution d'alerte, de modération sur certaines dispositions des projets de loi. Mais jamais elle ne s'opposera aux projets de gouvernement ; jamais elle ne défendra et proposera des contre-projets. Elle suivra, peut-être moins docilement que la chambre législative, le gouvernement... mais elle suivra sur le principal.

Pour toutes ces raisons, la solution qui s'impose est de promouvoir dans un régime constitutionnel représentatif de type majoritaire les minorités parlementaires et l'opposition. La considération accordée aux minorités politiques est la condition du bon fonctionnement, sur le long terme, des régimes constitutionnels.

« En démocratie, le gouvernement doit pouvoir s'appuyer sur une majorité cohérente et stable... Mais une démocratie apaisée doit aussi faire toute sa place à l'opposition ». Ainsi s'exprimait l'ancien président de la République Jacques Chirac dans son message du 2 juillet 2002 adressé aux députés et sénateurs. Cette opinion rejoint celle du philosophe Alain qui écrivait dans *Les éléments d'une doctrine radicale* que « l'exécutif est monarchique nécessairement. Le législatif est oligarchique nécessairement. Où est donc la démocratie sinon dans ce troisième pouvoir que j'appelle le contrôleur. La démocratie serait à ce compte un effort perpétuel des gouvernés contre les abus du pouvoir ». Machiavel pensait lui aussi l'équilibre des pouvoirs à travers la reconnaissance et le respect de l'opposition : « Dans toute République, il y a deux partis : celui des grands et celui du peuple, et toutes les lois favorables à la liberté ne naissent que de leur opposition ».

L'opposition et la distinction des pouvoirs majoritaire et minoritaire constituent le véritable critère des régimes constitutionnels pluralistes. Ils définissent les contours de ces régimes, au-delà de leur nature présidentielle ou parlementaire. La séparation (et le terme à un ici une réelle signification) des pouvoirs majoritaire et minoritaire prépare et autorise les alternances, donc la respiration démocratique indispensable à tout système constitutionnel pluraliste. Par extension, certains n'hésiteront pas à recourir à cette séparation majorité-opposition pour caractériser un État de droit, bien que sa définition juridique soit à la fois plus précise et restrictive. La séparation des pouvoirs majoritaire et minoritaire repose fondamentalement sur la distinction des gouvernants et des gouvernés. Elle autorise le contrôle des premiers par les seconds. Elle l'impose même.

L'opposition parlementaire rendue possible par l'admission préalable des formations politiques minoritaires, la reconnaissance de leur liberté d'expression et leur admission à concourir librement aux consultations dans le respect de l'égalité des partis et la sincérité des résultats électoraux participe, dans ces conditions, à l'établissement d'un réel contrepouvoir. L'institutionnalisation de l'opposition comme en Grande-Bretagne (shadow cabinet) ne s'impose pas sous cette forme. En revanche, l'opposition parlementaire doit bénéficier et jouir de moyens pour exercer sa tâche de contrôleur et modératrice. Quels moyens ? Le financement public des campagnes électorales avec un plafonnement des dépenses, le financement public des formations politiques sont indispensables pour garantir au mieux le pluralisme politique. Concernant les minorités parlementaires, d'opposition essentiellement, des droits spécifiques doivent leur être reconnus et garantis (droit de parole, droit d'enquête, droit d'interpellation ou de censure…). Ce n'est qu'à ces conditions que l'opposition parlementaire exercera un pouvoir modérateur, une véritable fonction de contrôle pour contenir les excès des majorités gouvernementale et législative sans pour autant les empêcher d'agir, de gouverner.

Tel est le défi qui se présente aux constituants de tous pays, soucieux d'installer et d'approfondir un régime représentatif pluraliste, assailli, aujourd'hui, par la montée en puissance de nouveaux concurrents qui se situent hors du champ politique mais qui interagissent en permanence avec lui. La e-démocratie interroge de nouveau le concept de « séparation » des pouvoirs et appelle certainement à repenser la combinaison des pouvoirs et le contrôle des majorités politiques en y incluant, sous une forme à définir, l'expression individuelle et citoyenne qui ne se contente plus des seuls rendez-vous électoraux pour peser sur le destin collectif d'une nation.

Pascal JAN
Professeur à Institut d'Études Politiques (IEP)
de l'Université de Bordeaux.

Catherine LECOMTE

LA PÉRIODE 1870-1879 EN FRANCE

Le 11 janvier 1864 Adolphe Thiers prend la parole devant le Corps Législatif : son esprit est-il alors davantage pénétré par ses réflexions historiques ou par son expérience ministérielle. Connaît-il « la Lettre au Comte de Chambord » d'Alexis de Tocqueville[1]. ? Est-il imprégné de la pensée ironique de Victor Hugo qui n'hésite pas à tourner en ridicule « le Corps Législatif qui marche sur la pointe des pieds, roule son chapeau dans ses mains, met les doigts sur la bouche, s'assieds sur le coin de la chaise, ne parle que quand on l'interroge… » [2].

A-t-il aussi en ce début de l'année 1864 la conviction que le régime impérial est une pause dans le processus qui conduit vers la démocratie ?

Plus, aurait-il un instant adhéré ou seulement réfléchi et rejeté l'opinion de Louis Reybaud, selon lequel la Constitution est un cadre de fer dans lequel la société n'aurait pu entrer ? [3]

Le 11 janvier Thiers soutient qu'il existe cinq libertés nécessaires qui ne sauraient être ignorées :

La liberté individuelle

La liberté de la presse

La liberté de l'électeur

La liberté de l'élu

Les droits de la majorité.

Ces affirmations solennellement exprimées constituent un phénomène politique majeur de la seconde décennie impériale : l'opinion publique

[1] Lettre au Comte de Chambord, 14 janvier 1852. Selon Tocqueville la seule alternative au despotisme impérial est une monarchie libérale qui respecterait la liberté individuelle et parlementaire

[2] Victor Hugo : Napoléon le Petit, ch. III, cité par L. Fougère, Administration et Parlement depuis 1815, Paris, Champion, Droz, 1982.Plus tard Victor Hugo racontera l'épouvantable période des 1870-1871 et écrira « nous avons la République, nous aurons la liberté, la renaissance de la civilisation » L'Année terrible, Paris, Michel Lévy, 1872, 427 p.

[3] L.Reybaud, Jérôme Paturot à la recherche de la meilleure des républiques, Paris, Lévy, 1848.

deviendrait la directrice des actes du gouvernement. Quel plaidoyer en faveur du contrôle parlementaire de l'action ministérielle ! Et par extension quelle consécration d'une nécessaire séparation des pouvoirs et des contre-pouvoirs !

Pourtant, à cette date la France toujours rurale, bien que sillonnée par les nouvelles voies ferrées et transformée par l'industrie naissante reste attachée à un ordre dynastique qui lui garantit l'ordre mais sans renier la liberté.

Le 4 septembre 1870 l'empereur Napoléon III est vaincu, la République est proclamée !

Le 18 septembre les troupes prussiennes sont en Seine et Oise : tirailleurs, éclaireurs, artilleurs occupent La Malmaison, Buzenval, le Mont Valérien, Saint Cloud et Versailles. C'est alors chaque matin la revue, au pas de l'oie, sur la Place d'Armes aux pieds du Château, consacré par Louis Philippe « A toutes les gloires de la France »[4]. Bismarck, Moltke, le prince héritier[5] s'installe dans des belles demeures et le roi de Prusse prend possession du tout nouvel hôtel de la préfecture[6] où s'engagent les pourparlers des préliminaires de l'armistice d'octobre 1870.

Le gouvernement de la défense nationale était à bout, Thiers avait obtenu de l'occupant le droit de convoquer une Assemblée Nationale qui déciderait de la poursuite de la guerre où de la conclusion de la paix...

Le 18 janvier 1871, Guillaume est proclamé Empereur d'Allemagne[7] dans la Galerie des Glaces. Le 8 février les électeurs convoqués en urgence élisent leurs députés : 400 monarchistes, 200 républicains[8]. Décidément le paradoxe est à son comblé ! 26 départements envoyèrent Thiers avec plus de deux millions de suffrages. Ainsi un plébiscite au petit pied l'imposait à tel point que le 17 février 1871 il devenait « chef du pouvoir exécutif sous l'autorité de l'Assemblée avec le concours des ministres ».

Un gouvernement ? Davantage un principat !

La République était un régime de fait et non de droit, n'avait aucune existence légale. Son assemblée était un parlement de notables, sages, mûris par l'expérience ainsi que le soulignait le Journal de Chartres.[9]

---

4 P. Arrizoli – Clémentel, Versailles, palais de la Nation ; C. Lecomte, Versailles une ville au cœur de la Nation, la Nation Françaises, Akademos, Institut de France 2008, p. 227et s.

5 C'est à la villa des Ombrages, propriété des banquiers Mallet, descendants d'Oberkampf qu'il recevra des mains de Bazaine la réédition de Metz.

6 L'Hôtel de la Préfecture est de 1867. Le Préfet Cornuau cède la place à Guillaume de Prusse. En 1873 le Conseil Général estimera à 90 000 francs de frais le temps de l'occupation de la préfecture par les prusiens.

7 Ironie de l'histoire, quelques décennies plus tard c'est dans le même lieu « de mémoire » que le Kaiser est déchu.

8 La Chambre compte à cette date 250 propriétaires, 230 nobles, 200 juistes, 100 officiers, 90 hommes d'affaires et 195 anciens paramentaires. Il s'agit d'une liste de conciliation conservatrice.

9 J. Gouault, Comment la France est devenue républicaine ? Paris, 1954

Et « La Concorde de Seine et ! Oise » d'ironiser : « L'homme le plus empêché de France doit être assurément Monsieur Thiers, président d'une république qui n'existe pas, propriétaire sans propriété.[10]

I.- LES IDÉES : CONSERVATISME ET TRADITION CONTRE LIBERTÉ ET LIBÉRAUX.

C'est à cette date que débute la lente et longue histoire de la difficile reconnaissance et définition de la séparation des pouvoirs du futur régime de la France où les institutions administratives s'étendent telle une toile arachnéenne bien tissée, et semblent être inscrites dans la durée afin de maintenir l'ordre social, tandis que les régimes politiques se succèdent. Ceux qui, ardents constitutionalistes, proposent, insufflent la meilleure des formes politiques ne semblent guère être parvenus à véritablement forger la Constitution pour le meilleur des mondes. D'autant qu'il est récurrent de mêler ou d'opposer État et Nation dans la protection et la garantie des droits individuels et sacrés. Au fil des décennies leurs pensées penchaient – elles pour une culture politique, libérale ou conservatrice ? Acceptaient-ils qu'entre Exécutif et le Législatif un contrôle puisse exister et surtout de quelle nature ?

On ne saurait oublier qu'en moins d'un siècle on a mis fin à une monarchie multiséculaire de droit divin, où la souveraineté n'était pas « plus divisible que le point en géométrie »[11] ; on a tenté le modèle d'un binôme Roi / Assemblée, on a tenté de priver l'exécutif de la souveraineté, on a édifié et rapidement détruit une Convention. La constitution de l'an III et Boissy d'Anglas ont osé un autre modèle[12]. On a encensé un Empereur, même deux, une république, celle de 1848, on a applaudi puis rejeté, chassé trois monarques : Louis XVIII, Charles X, Louis Philippe.

On se cherche, on tâtonne, les idées s'entrechoquent…C'est un bain philosophique, politique, juridique ?

Le contemporain de Thiers en 1871, qu'il soit de Toulouse ou de Lille, qu'il s'agisse de Gambetta, de Lefebvre–Pontalis, de Wallon, de de Broglie, de Ferry, a-t-il la certitude qu'enfin on posera les fondements d'une organisation tout aussi souple que pérenne, donc forte, qui transcendera les

---

10 La Concorde …journal politique, administratif, judiciaire, industriel, agricole, littéraire, scientifique 13 septembre 1871. E. Mayer et L. Pierson, Album des députés au Corps législatif, Paris 1857-1862, 197 photographies : on y trouve des portraits des 175 anciens parlementaires élus en 1871.

11 Guy Coquille, Institution au Droit Français, Paris 1607 ; Charles Loyseau, Traité des seigneuries, Paris 1608. On souligne que le roi n'a pas point de compagnon en sa majesté royale.

12 Boissy d'Anglas, au nom de la Commission de Onze Projet de constitution pour la République Françaises et discours préliminaire, 5 messidor au III, Paris, 1795, 154 p. G. Gonac et J.P. Machelon, La Constitution de l'an III, Boissy d'Anglas et la naissance du libéralisme constitutionnel. Constitutions 1791-1799, Mémorial constitutionnel depuis 1789, Paris, Rondonneau au dépôt des lois, au VIII, 306 p. On notera que le droit constitutionnel n'a pas encore réussie à s'imposer dans les facultés de droit en dépit des cours de Rosy (C. Lecomte) et de Carré de Malberg (G. Bigot)

décennies, deux guerres mondiales et qui conduira dans son principe fondamental jusqu'à la fin du XX è siècle, osons jusqu'au 10 octobre 2017 ?[13]

C'est dans ce contexte que le 1er septembre 1871 Thiers remercie l'Assemblée de lui avoir confié « la première magistrature de la République »[14] et que le « Moniteur prussien » écrit « depuis la promotion de M. Thiers au grade de chef du pouvoir exécutif » les probabilités d'une prompte paix gagne du terrain. Les esprits avaient donc évolué en quelques mois et « une nouvelle couche sociale était apparue dont les noms n'étaient connus ni des services publics, ni dans l'industrie, ni dans les arts, ni dans les anciennes professions libérales… » et semblait acquise à un régime républicain. [15]

Tout est alors symbole !

Tout est combat d'idées, de partis politiques qui se cherchent des personnalités, tout se résumerait « à cette assise en granit que ce suffrage universel[16] des paysans », à la reconnaissance des droits politiques, sociaux, à des communications qui font circuler les nouvelles, à l'abaissement drastique du cléricalisme, aux débats récurrents sur les lois devant définir durablement les modalités de l'exercice du pouvoir par l'État dont le socle de légitimité est la Nation.

Parallèlement, la nouvelle Assemblée Nationale repliée à Bordeaux se cherchait « une capitale » après la débâcle du déménagement du pouvoir errant et de son administation. En dépit du discours enflammé de Louis Blanc pour lequel la décapitalisation de Paris, tenu par les troupes prussiennes, serait assimilée au rejet de l'œuvre révolutionnaire, les parlementaires se rangèrent aux arguments des députés Belcastel et Fresneau et se prononcèrent pour la translation du gouvernement à Versailles. Le vote eut lieu le 10 mars par 461 voix contre 194 et si Versailles avait été choisie pour être la capitale politique de la France, c'était essentiellement car elle avait donné de fortes preuves de patriotisme[17].

Et pourtant la ville royale n'avait-elle pas été maudite depuis la chute de l'Ancien Régime ?

---

[13] Si le principe de séparation des pouvoirs est énoncé dès 1789, dans l'article 16 de la Déclaration des Droits de l'Homme il ne contenait pas l'idée explicite d'un contrôle parlementaire ni ses modalités, et il fut bien souvent mis en sommeil même piétiné.

[14] Arch. Nat. C 2792, dossier N°1

[15] Duc de Broglie – dans P. Barral, les fondateurs de la IIIème République, l'assemblée élue est antijacobine, antiétatique, attachée farouchement aux prérogatives parlementaires, les députés sont les seuls représentants légitimes de la Nation.

[16] J. Ferry, discours et opinions, Paris, 1893 – 1898 Tome VII. A cette date de surcroit l'administration est une cible pour les républicains, car appréciée telle un « bastion monarchique».

[17] Journal de Seine et Oise, 14 juin 1871. Versailles avait été délivrée de la présence prussienne le 7 mars 1871. Fontainebleau et Bourges avait aussi eu les faveurs de quelques députés.

Versailles, berceau d'une monarchie sans partage, recevait une nouvelle vocation : berceau d'une République à naître, tiraillée entre les conceptions du partage du pouvoir. Dufaure soutiendra avec force en 1878 que cette ville est « désormais la capitale constitutionnelle de la République ».

Les députés y avaient acquis depuis sept ans une certitude de pérennité telle qu'ils avaient, au mépris des textes d'urbanisme, fait débuter les travaux d'un chemin de fer parlementaire [18] dont le tracé irait de la gare édifiée par les Rothschild en 1840 à l'enceinte même du château.

La déclaration du 18 mars 1876 qui, en ces lieux avait reconnu l'existence d'une République[19], légitimait autant leurs prétentions que la proclamation, toujours à Versailles, des lois constitutionnelles de la République en 1875(19 bis) il y eut alors ce jour-là un grand banquet dans la Galerie des Glaces soutenu par les onze Loges Maçonniques locales[20].

Versailles, lieu de mémoire, lieu de pouvoir, lieu de théâtralité politique et devenu lieu d'idées force sur la nécessaire séparation des pouvoirs dans un modèle constitutionnel qu'on rêvait pour une durée éternelle.

On s'inspire naturellement à cette date des belles pages de l'esprit des lois : Montesquieu fractionne et distribue les pouvoirs entre les organes distincts : la fonction législative est l'attribut suprême de l'État, de la Nation, l'exécutif demeurant néanmoins subordonné à la loi. Chacune des autorités restant enchaînée aux autres, l'État est condamné à la modération.

On en appelait sans cesse à la Nation, on rappelait la Déclaration des Droits de l'Homme et du Citoyen qui soutient (Article 3) est la loi est l'expression de la volonté générale et que toute société dans laquelle la garantie des droits n'est assurée ni la séparation des pouvoirs déterminée n'a point de constitution. Dans les débats on pouvait mesurer le frémissement des pensées des libéraux, monarchistes ou républicains qui s'engageaient vers un parlementarisme dualiste.

Ces députés avaient-ils une culture philosophico-juridique et constitutionnelle qui leur rappelait :

- Qu'en 1789-91 le monarque affaibli n'a plus qu'un droit de veto suspensif devant les représentants de la Nation.

---

18 P. Delahaye, Un chemin de fer parlementaire (1871-76) R.H.V., 1995. Arch. Dép. Yvelines 4 M2/61 Arrêt Cour d'Appel de Paris, Arch. Mun. Versailles, série OR. Luigi Lache L'expropriation pour cause d'utilité publique du 1er Empire à la III ème République, Orléans 1996

19 On trouvait dans cette expression la pensée des juristes publicistes tel Macarel, Boulatigner, Serrigny, Carré de Malberg.

19 bises Trois lois : c'est tout le dilemme qui tend vers la consécration du concept de l'État. Un seul texte constitutionnel aurait pu être apprécié comme trop violent et inacceptable.

20 Grand banquet renouvelé des Noces de Cana pour célébrer le baptême de la République. Thiers tenant en ces bras un enfant coiffé d'un bonnet phrygien. Arch. Dép. des Yvelines 1972, coll. G. Palewski.

- Qu'en 1792-93 le projet girondin excluait des attributions du corps législatif, les lois constitutionnelles et que la concentration de l'autorité était en faveur des députés.
- Qu'en 1795, le Directoire est un exécutif à plusieurs têtes qui compose avec des sages, le Conseil des Anciens, et de jeunes inexpérimentés, les Cinq-cents[21].

Des 1866, alors que Napoléon III prend conscience d'une indispensable libéralisation du pouvoir [22] on soutient avec force :

- Que la contribution ne peut être discutée que par le Sénat, contre-pouvoir
- Qu'une seconde délibération de la loi ne peut avoir lieu que devant le Sénat
- Que le pouvoir constituant ne peut être à défaut que confié au pouvoir législatif mais bien sûr et surtout qu'au peuple par intermédiaire du suffrage universel. [23]

Oui, ces idées de contrôle parlementaire des actes du gouvernement se sont épanouis confirmées, sous le Second Empire et Emile Ollivier [24] osait une délicate synthèse : « La France est fermement attachée à la dynastie qui lui garantit l'ordre et n'en n'est pas moins forte de sa liberté».

I.Avaient - ils en mémoire, les députés réunis à Versailles, les institutions successives qui avaient donné corps à la Nation, à ses mandants ?

- 1789 -1791 : l'Assemblée Nationale se proclame Constituante, le monarque est affaibli[25] , n'a plus qu'un droit de veto suspensif devant les députés, représentants de la Nation.
- 1792-1793 : le projet girondin excluait des attributions du Corps législatif, les lois constitutionnelles : en l'an I la concentration de l'autorité est en sa faveur 1795 : le Directoire ou un gouvernement à plusieurs têtes, deux assemblées, les Anciens des Sages, les Cinq-Cents, des jeunes inexpérimentés ? [26]
- 1799 : le Consulat puis l'Empire, un Maître, grand ordonnateur, des archichanceliers et ministres, une assemblée de muets, un Conseil

[21] G. Conac, J.P. Machelon, op. cit.

[22] K. Fiorentino, la seconde chambre dans l'histoire des institutions et des idées politiques, 1789-1940, Paris, Dalloz, 2008

[23] Esmein, Éléments de droit constitutionnel comparé, Paris, Sirey, 1921. « Ce n'est pas le suffrage universel qui fonde le contre-pouvoir, la « populace » ne doit pas se comporter en tyran ». Depuis 1896, Esmein affirme que l'État est laNation.

[24] M. Morabito, Histoire constitutionnelle et politique de la France (1789-1938), Paris, Montchrétien, 2004

[25] A. Castaldo, Les méthodes de travail de l'Assemblée Constituante, 1789-1791, Paris, PUF, 1981

[26] G. Conac, J.P. Machelon s/s dir, op.cit. La Constitution de l'an III. Boissy d'Anglas et la naissance du libéralisme constitutionnel, Paris, PUF, 1999.

d'État [27] chargé de rediriger les projets de loi ...promulguée par le premier Consul et d'en approuver les termes avant qu'ils ne soient portés devant les assemblées.

- 1815 - La Restauration : on se cherche des lois électorales se succèdent. Le suffrage est censitaire, la rue gronde. Balzac dans le député d'Arcis [28]décrit la confiscation du suffrage populaire tout comme plus tard Paul-Louis Courrier le fera. Les tristes journées préalables à l'exil de Charles X sont symboliques de la méconnaissance réelle des attentes des gouvernés, des modalités d'exercice du pouvoir[29], le gouvernement des « folles ordonnances » provoquait les hurlements de la rue.
- 1830 – le roi bourgeois, les députés fonctionnaires[30], la chasse aux places distribuées à titre de prébendes. Mais aussi les naissances des dynasties [31] industrielles, paternalistes comme Mame à Tours, Schneider au Creusot, Aynard à Lyon et Wendel...

Paysage politique et paysage social sont en pleine mutation- il n'est pas certain que les parlementaires aient profondément saisi les enjeux et les velléités de modification dans l'exercice de la prise de décision. La presse devient un vecteur impressionnant des maladresses politiques et en parallèle des aspirations de la Nation. [32]. L'interrogation devient constante sur une confiscation par une élite ou un élargissement du pouvoir. On entretient le culte de la toute-puissance de la Nation.

Les crises en portent témoignage. Il est difficile de ne pas reconnaître des bornes à un pouvoir entre les mains « d'un seul » mais aussi d'autres bornes aux pouvoirs de plusieurs.

Suprématie du Corps législatif ? Alors, le Prince n'aurait plus que la capacité de le dissoudre d'autant que les députés seraient « irresponsables » des actes qu'ils accomplissent.

---

27 Le Conseil d'État, son histoire à travers les documents d'époque, Paris, CNRS, 1974. Selon Macarel l'État souverain se place aux fondements du droit administratif.

28 H. de Balzac, Le député d'Arcis, Paris, éd La Pléiade, 1965, Paul Louis Courrier, Pamphlets politiques, Paris, Larousse, 1926 ; Paul-Louis Courrier, Œuvres, Paris, 1882

29 G. Antonetti, Histoire constitutionnelle et politique de la France, Paris, PUF, 1989

30 C. Lecomte, Le pouvoir électoral des hauts fonctionnaires en régime censitaire (1814-1848), Paris, PUF, 1986

31 J.N. Jeanneney, François de Wendel en République, l'argent et le pouvoir. Paris, Lille, 1976 ; Les Schneider, Le Creusot, une famille, une entreprise, une ville (1836-1960), Paris, Fayard, 1995 ; Edouard Aynard et Auguste Isaac, deux lyonnais attachés à servir la Nation, in La Nation, Institut de France, 2008 ; H. Béraud, Le bois du templier pendu, Paris, La Belle édition, P.Pierrard, la vie ouvrière à Lille sous le Second Empire, Blond et Gay, 1969

32 La Nation exaltée, notamment par E. Renan, Discours et opinions, Paris, Calman-Lévy, 1882

Les décisions d'entrée en guerre, de ratification d'un traité[33], attributs exclusifs du législatif ? Le chef du pouvoir exécutif n'aurait plus qu'un pouvoir de suggestion ?

La liberté du citoyen, serait à ce prix : la Constitution serait altérée et les pouvoirs confondus, donc sans limite, et contre-pouvoir, si l'exécutif, empiétait sur le législatif. Depuis Jean Bodin, plus depuis l'Antiquité Romaine, c'est la question de la souveraineté, de l'auctoritas, de l'imperium, de la potestas, du balancement : primauté politique – légitimité du pouvoir.

La pureté du système voudrait que les fonctions de député et et de ministre soient incompatibles. Il convient d'en finir avec la corruption, avec le vertige de la pensée et de paroles, d'édifier un véritable contrepoids à toute pensée de domination. Comment assurer dans la durée une place légitime à l'expression de la souveraineté nationale ? Et acceptable en 1871 par tous, qu'ils soient monarchistes ou républicains. Or, en août 1871, H. de Pène, dans Paris-Journal[34] proclamait que la « République est la fille de l'émeute et du vertige, ramassée un jour sur la place publique pour en faire la reine d'un peuple qui était censé de plus vouloir de rois. Elle fut subie, acceptée jamais. On lui promit de la légitimer si elle s'en rendait digne…Le pays n'est ni en République, ni en monarchie, il languit sous un régime vague et innomé…la majorité du suffrage universel est plus près de la monarchie que de la République…il n'existe en ce moment d'autre pouvoir que celui de l'Assemblée Nationale ; puisque celui du Président émane d'elle et qu'un vote d'elle ferait écrouler ce pouvoir. »

Et le journalise d'assurer que « l'homme le plus empêché de Francedoit être Monsieur Thiers ».

Mais les républicains n'ont-ils pas avec récurrence proclamé qu'il fallait en terminer avec la Révolution ? Ils avaient lu médité, fréquenté les bibliothèques. Ils étaient régénérés par les désastres de la guerre[35].

Alors, après ce 4 septembre 1870, jour de deuil, la Nation avait encore plus un droit imprescriptible à changer sa constitution - plus à la fonder puisqu'il y avait à cette date un vide constitutionnel. Le mythe de 1792 réapparaissait, au nom du salut public, la proclamation de la République ne devait demeurer une illusion lyrique.

Versailles était assurément devenu le lieu du pouvoir exhibé constituant.

---

[33] C'est à Versailles qu'eurent bien lieu les négociations préalables à l'armistice du 18 février 1871. Les événements dramatiques de 1870-71 avaient provoqué un débat étendu sur l'État et sur le maintien fais pour empêcher l'agitation politique. L'Assemblée parlementaire, « de circonstance » était-elle capable d'imposer des réformes radicales ?

[34] M. Deslandres, Histoire constitutionnelle de la France, Paris, Sirey, 1937, La Concorde de Seine et Oise, 19 novembre 1871, Diane de Bellescize, Les idées politiques et constitutionnelles de V. de Broglie, Mélanges, J.P. Machelon, Paris, 2015

[35] France-Allemagne, 1870-1871 : La guerre, la Commune, les mémoires, exposition 2017, Paris, Echo du Dôme, Musée de l'Armée, Invalides, 2017

II.- LES INSTITUTIONS

Dès février 1871 on soutenait que « la Réspublica » était dépositaire du pouvoir souverain[36]. Adolphe Thiers devait composer avec Arago, Crémieux, Ferry,[37] (38), Pelletan, Jules Simon et la rue. Et beaucoup considéraient que la République n'était qu'un régime d'attente, transitoire [38](39).

Thiers, l'homme providentiel ? Il avait servi les orléanistes, déclarait que l'Assemblée Nationale seule détenait le pouvoir souverain, qu'il exercera les fonctions qui lui ont été confiées sous l'autorité de l'Assemblée, avec les ministres qu'il a choisi dont un certain nombre ont un passé parlementaire, les députés n'étant eux-mêmes que 75 à avoir une telle expérience.

Le chef de l'exécutif rappelle qu'aux termes de l'amendement Grévy de 1848, il révocable par l'Assemblée. Il n'hésite même pas à affirmer qu'il parle au nom d'une République assimilable à un « événement local ». Les 19 février et 10 mars 1871, il présente les termes du contrat qu'il lit à l'Assemblée et diffère toute question de nature constitutionnelle. « Qui oserait parler de la Constitution alors que la soldatesque prussienne est là ? » [39]

En mars il veut rassurer les élus : aucun engagement ne sera pris sur la nature du régime à l'insu des monarchistes ou des républicains. Pour le beau-frère de Félicité Dosne, chef d'un exécutif, il est urgent de calmer les dissensions, les résurgences des antagonismes politiques.

Tout est affaire de pragmatisme et non d'idéologie.

Ainsi du printemps de 1871 à l'automne 1873, Thiers choisi une voie étroite : apparemment celle royale du conservatisme mais constamment nuancée par une insensible orientation parlementaire républicaine.

En mars 1871, les insurgés communards revendiquent une République décentralisée et anticapitaliste. La réplique d'Adolphe Thiers est ferme et immédiate : la République demeurera conservatrice et, identifiée à l'ordre politique et social... Et parallèlement presqu'en contrepoids, les élections partielles sont des triomphes pour les républicains : 99 sont élus, seulement 12 monarchistes[40]. On voulait un homme en harmonie avec les pouvoirs. L'Assemblée dès lors utilise l'arme de la responsabilité ministérielle.

---

[36] Le chantier constitutionnel et législatif in G. de Broglie (s /s dir) La France des années 1870, naissance de la IIIème République, Paris, 2000.

[37] Ferry (J) Discours et opinions, Paris, 1893-98, T VII – il y a une assise en granit...le suffrage universel des paysans ». C'est une force immense sur laquelle repose la sécurité de notre société. D. Amson, Adolphe Crémieux, l'oublié de la gloire, Paris, Seuil, 1988

[38] C'était sans compter avec la pensée républicaine lors de chaque élection. Marichy, La seconde chambre dans la vie politique française, Paris, 1969.

[39] La Concorde de Seine et Oise, op. cit ;

[40] J.P. Charnay, Les scrutins politiques en France de 1815 – 1962, contestations et invalidations, Paris, A. Colin, 1965

Le 31 août 1871 la Chambre affirme qu'elle a le pouvoir constituant, puisqu'investie de la souveraineté.

L'Assemblée vit dans l'attente inquiète d'une restauration monarchique mais décerne néanmoins à Thiers le titre du Président de la République. Tandis que la Rivet du 31 août 1871 dessine fermement les limites de son pouvoir :

- Il est sous l'autorité de l'Assemblée
- Il est responsable devant elle
- Il ne peut intervenir devant les députés qu'après en avoir averti le Président de l'Assemblée.

Les ministres sont responsables devant l'Assemblée, ils ne sont donc plus les laquais du Prince[41].

En novembre 1872 Thiers franchit le Rubicon et affirme que le gouvernement légal de la France est la République conservatrice. Les événements s'enchainent…L'esquisse de nouvelles pratiques constitutionnelles conduit au Printemps 1873. Le pouvoir constituant a définitivement glissé dans les mains des parlementaires. A l'instar du monarque de 1791 Thiers n'a plus qu'un droit du veto suspensif en matière législative.

Le pouvoir est passé de celui qui incarne l'exécutif à ceux qui par leur multitude incarnent la Nation. C'est la loi de Broglie [42](46) qui de surcroît limite encore plus le droit de l'exécutifs à communique avec l'Assemblée.

La responsabilité présidentielle est reléguée aux bénéfices de la responsabilité ministérielle. La progression vers le régime parlementaire est réelle. Il est désormais indispensable de bâillonner le détenteur de l'exécutif. La personnalité de Thiers rend l'exercice délicat. Des nouveaux scrutins, l'arrivée des députes radicaux contraignent le 24 mai 1873 Thiers à démissionner. Le nouveau président de la République sera élu. Mac Mahon [43] est choisi par 390 voix sur 391 votants : il y avait 721 députés présents. C'est la République « à petits pas ». Mac Mahon s'engage à préserver un Ordre Moral. Le pouvoir lui est accordé pour sept ans : la loi du Septennat fait du Président un chef d'État authentiquement parlementaire[44] , supprime définitivement la responsabilité présidentielle bâillonnée par la responsabilité ministérielle.

---

41 La loi Rivet, en confiant la présidence de la République à Thiers, affirme qu'il est pleinement responsable devant l'Assemblée.

42 Ou Constitution de Broglie du 13 mars 1873

43 Thiers renverse, Mac Mahon de sensibilité monarchiste, légitimiste lui succède.

44 C'est une dépersonnalisation de la fonction présidentielle qui amorce le texte constitutionnel du 30 janvier 1875 ou amendement Wallon

C'est sans compter avec les élections. Elles sont une perpétuelle affirmation du système Gambetta, qui va de ville en ville, armé de son art oratoire, convaincre des mérites républicaines et parlementaires ; Jule Ferry s'esclaffe : « Quelle belle journée de paysans avons-nous fait là ...! Voici une génération jeune, ardente, nouvelle...»[45]. Les monarchistes sont tels des soldats en déroute, grignotés, vaincus, par la dynamique des nouveaux talents.

1875, le 21 janvier, l'anniversaire de la mort de Louis XVI. La commission des Trente engage une discussion fondamentale, celle de l'organisation des pouvoirs publics.

Le pouvoir législatif est exercé par deux Assemblées. Le 28 janvier Laboulaye [46]précise que le gouvernement de la République se compose de deux Chambres et d'un Président.

Wallon, professeur à la Sorbonne, républicain modéré, fait adopter le 30 janvier 1875 le principe de l'élection du Président de la République par les deux chambres réunies en Assemblée Nationale et pour sept ans rééligible. [47]

La perpétuité du régime paraît fixée.

Dans la foulée sont notés

- Le 25 février, la loi fixant les fonctions du Sénat[48]
- Le même jour, celles relatives à l'organisation des pouvoirs publics [49]
- Enfin le 16 juillet le texte législatif qui organise les rapports des pouvoirs publics.

Soit 34 articles qui renvoient à la pratique des chartes de 1815 et 1848, qui sont les grilles de lecture d'une hiérarchie et d'une juste répartition des fonctions dévolues et réservées au débat parlementaire.

La République est ainsi associée à des mécanismes de la monarchie constitutionnelle. La démocratie inéluctable le bicaméralisme est fixée, les gouvernés contrôlent les gouvernants avec une volonté incantatoire de protection et de garantie des droits individuels.

L'Exécutif, donc le Président est élu par l'Assemblée Nationale c'est-à-dire par les deux chambres réunies à Versailles[50]. On choisit un « monarque « parlementaire, irresponsable et qui ne peux que mettre en œuvre quelque acte que ce soit de sa fonctions qu'avec le contreseing ministériel.

---

45 J. Ferry, op.cit.

46 Grand notable libéral, Revue d'Histoire de Faculté de Droit

47 J.L. Debré, Les oubliés de la République, Paris Fayard 2008, Henri Wallon, auteur du plus célèbre amendement, p. 301 et s.

48 B. Daugeron, Un parlementrisme oublié : la responsabilité politique des ministres devant le Sénat sour la Troisième République Mélanges Machelon Paris 2015 p. 251 s.

49 L'article 11 de la constitution de la Vème République précise les conditions d'adoption de tout projet sur l'organisation des pouvoirs républiques

50 Le Président de la République sera élu par les Chambres réunies en Congres jusqu'en 1958

Son pouvoir règlementaire est soumis à la loi, il partage avec les Chambres l'initiative des lois qu'il promulgue. Et surtout il ne peut dissoudre l'Assemblée qu'après un avis conforme du Sénat.

Dufaure avait solidement fixé les pouvoirs du Senat, pièce maitresse de la nouvelle Constitution et garantie monarchiste vis à vis de la montée des républicains. Les sénateurs ont nécessairement quarante ans, ce qui va à l'encontre de la poussée des jeunes républicains, magnifiés par Jules Ferry. Leur mandat [51]est de neuf ans et soixante-quinze d'entre eux sont inamovibles. On pourrait songer ici à l'expression « Sénat conservateur » utilisée au début du XIXème siècle.

Le Sénat est déjà la Chambre de terroir et territoire, le « grand conseil des communes de France » s'exclamait Gambetta bien avant, qu'en mars 2018 Gérard Larcher poursuive en affirmant qu'il est la représentation des collectivités territoriales de la République. Le Sénat est ainsi une chambre de résistance contre les innovations et débordements des députés. C'est bien une volonté de neutralisation.

Les députés sont élus au suffrage universel : c'est le recours à la souveraineté nationale qui s'exprime alors dans sa plénitude ; cependant le texte souligne que tout projet de loi est nécessairement soumis à la navette parlementaire.

De surcroit seul le Sénat est habilité à donner un avis conforme pour la dissolution de la Chambre des Députés. Le Président de la République, dans la ligne des idées de Prévost-Paradol (54) dissout la Chambre avec l'accord du Sénat, qui, lui, Chambre Haute, ne saurait être dissous.

La responsabilité des ministres n'en est que politique.

Enfin la loi du 25 février 1875 précise que les Chambres auront toute compétences pour déclarer nécessaire la révision des lois constitutionnels. Il s'agit bien là d'un bicaméralisme, d'un système de répartition des rôles qui peut conduire à des contrôles à des contre-pouvoirs, à une surveillance étroite. En 1877 363 députés ont dénoncé l'attitude réactionnaire du pouvoir, la Chambre fut dissoute le 25 juin sur avis conforme du Sénat. [52]

En 1879 les pouvoirs publics sont transférés à Paris. Le Sénat a définitivement basculé dans le camp républicain, la présidence de la République a glissé des mains de Mac Mahon dans celles de Jules Grévy, tant il se refusait à épurer les hauts commandements militaires. La loi du 21 juin avait abrogé celle du 25 février.

---

[51] J.P. Fabre, E. –L. Lamothe-Langon, Mémoires et souvenirs d'un Pair de France, ex-membre du Sénat conservateur ; Paris, Tenou – Gouyot 1829-1830 L'inamovibilité des sénateurs désignés par l'Assemblée Nationale est un mode de composition inédit.

[52] F. Pisani-Ferry, La crise du 16 mai 1877, Paris Laffont, 1965

Par touches successives, sans révolution, avec une détermination dont « la légitimité » se fondait sur le suffrage universel, en huit années les hommes politiques ont fait émerger une République parlementaire [53] et pour plus de 60 ans !

A l'aube des années 1880 la séparation des pouvoirs est une réalité. Mais pour durer il faut des relais :

- Les lois électorales à partir d'un socle non remis en question : le suffrage universel
- Les libertés publiques proclamées : association, presse, réunion [54]
- La fin d'un cléricalisme militant [55] et considéré comme dominateur.
- L'instruction primaire qui a pris possession des campagnes [56] et qui distille l'amour de la patrie, de la France, de « son roman national
- La fiscalité [57]
- La question sociale [58]

Les Chambres sont des enceintes privilégiées d'expression politique, d'échanges, des questions : un droit parlementaire se forge. Les hommes au pouvoir ont indéniablement par leur culture politique et administrative eu une place déterminante.

Alors que la France sombre dans le chaos des hostilités c'est la République qui demeure la force de cohésion.

Au XXIème siècle a-t-on une assez grande connaissance des débats et institutions de ces années 1871 – 1890 ?

Le politique a-t-il la conscience de cet attachement hier viscéral des électeurs pour ces pouvoirs et contre-pouvoir, et des juristes [59] pour une répartition équilibrée des rôles afin de guider la Nation.

Dans un contexte singulier, grâce à des hommes engagés jusqu'à la garde dans leurs idées, en 1879 la séparation des pouvoir est désormais réalité mais pour durer il faut des relais :

- Le suffrage universel et les lois électorales

---

53 Le Centenaire de la IIIème République, Rennes, 15-19 mai 1975, Rennes Deluges A cette date, 1879, on utilise l'expression « république républicaine »

54 Les libertés publiques mettent fin à un système de répression, de contrainte, affirment un courant démocratique et parlementaire.

55 Plusieurs lois se succèdent limitant les actions des cléricaux. J.P. Machelon, La République contre les libertés, Paris. C. Lecomte op.cit.

56 L'instruction primaire fut d'abord imposée en 1833 puis Jules Ferry la rendit obligatoire, donc gratuite – Le Tour de la France par deux Enfants, cours moyen, G. Bruno, Paris, Belin, rééd. 1977.

58 La question sociale progressa sous la double impulsion de catholiques sociaux, Albert de Mun et des députés socialistes en petit nombre

59 Yves Gaudemet Sous la IIIème République Paris …

- Le respect des libertés publiques fondamentales
- La reconnaissance de la liberté d'association
- La fin de l'emprise dominante des Églises
- L'enseignement dans les campagnes donc la limitation du travail des enfants
- La prise de conscience d'appartenance à une même nation

Les hommes, des préfets aux ministres, ont joué un rôle certain. Et lorsque le pays va sombrer dans des nouveaux et terribles conflits c'est la République qui sera le ciment, la force de cohésion, la République parlementaire.

Catherine LECOMTE,
Professeure, Doyen honoraire de la Faculté de droit et de science politique,
Université de Versailles Saint-Quentin (France)

Demba SY

EXISTE-T-IL UN PRINCIPE DE SÉPARATION DES POUVOIRS DANS LE NOUVEAU CONSTITUTIONNALISME EN AFRIQUE ?

INTRODUCTION

Parler du principe de la séparation des pouvoirs dans les régimes politiques africains n'est pas chose aisée. C'est même un pari risqué. La tentation c'est, devant le caractère relativement récent du constitutionnalisme en Afrique, de comparer les constitutions africaines aux « modèles occidentaux » ; le principe de séparation des pouvoirs servant de fil conducteur, permettant à « l'observateur de distribuer des points, de relever des déviances, de marquer des similitudes »[1]. Si l'on y échappe, c'est alors prendre une autre risque celui de la complexité. En effet, l'ambivalence du mot « pouvoir » serait à l'origine d'une multitude de malentendus notamment à propos de la signification exacte du concept de « séparation des pouvoirs ». D'un point de vue formel reposant sur le dispositif constitutionnel, le droit constitutionnel appréhende le pouvoir comme l'exercice de la souveraineté dont sont investis certains organes comme le parlement ou le gouvernement. Cependant le pouvoir peut être assimilé à l'organe ou à la fonction. On distingue alors entre le pouvoir législatif, le pouvoir exécutif et le pouvoir juridictionnel. C'est la séparation horizontale des pouvoirs. Mais on pourrait avoir une conception matérielle de la séparation des pouvoirs. On s'éloigne alors du droit constitutionnel pour prendre en compte la science politique ou la science administrative. On a alors une multiplication des pouvoirs[2]. On pourrait ainsi distinguer le pouvoir politique du pouvoir économique. Le premier définit les grandes orientations alors que le second contrôle les leviers de l'activité économique. Mais c'est là mettre sur le même plan des pouvoirs publics et des pouvoirs privés. On

1 AUER (A.), « Le principe de la séparation des pouvoirs dans les Etats africains : l'exemple de la constitution malgache de 1992 », Penant n° 816, octobre-décembre 1994, p.233.

2 BEAUD (O.) : « La multiplication des pouvoirs », Pouvoirs n° 143, p. 47.

pourrait aussi distinguer le pouvoir gouvernemental du pouvoir administratif dans la mesure où il existe une technostructure administrative qui élabore les décisions administratives, les politiques publiques et qui influence la prise des décisions politiques. Une troisième distinction est relative à la séparation du pouvoir militaire et du pouvoir civil. Il est généralement admis que les militaires obéissent au pouvoir civil. Mais il arrive fréquemment que les militaires à travers des coups d'Etat ou des coups de force exercent eux-mêmes le pouvoir politique. La séparation du pouvoir civil et du pouvoir religieux est constitutive d'une autre manière de concevoir la séparation des pouvoirs. Il en est de même de la séparation entre le pouvoir traditionnel et le pouvoir moderne. Il faut ajouter à cela l'émergence d'un pouvoir financier, mais aussi l'apparition de nouveaux pouvoirs territoriaux comme le pouvoir supranational à côté du pouvoir de l'Etat avec la création des organisations d'intégration économique dont les Etats africains sont membres ou comme le pouvoir local à côté du pouvoir central ; ce que certains appellent la séparation verticale des pouvoirs. Etudier le principe de la séparation des pouvoirs, c'est aussi courir le risque de la banalité. Que dire encore sur un tel thème qui n'ait déjà été dit ? Cette théorie est tellement connue, tellement étudiée[3], qu'elle est intégrée *« au fond commun de notre conception de la démocratie et de la liberté »*[4]. L'article 16 de la déclaration des Droits de l'Homme et du Citoyen ne dit-il pas : « Toute société dans laquelle la garantie des droits n'est pas assurée, ni la séparation des pouvoirs déterminée, n'a point de constitution ». Pour la doctrine, la problématique de la séparation des pouvoirs est devenue à un certain moment de l'histoire politique occidentale

---

[3] Voir entre autres, L*a séparation des pouvoirs* Revue Pouvoirs n° 143, 2012, 208 p. ; ALONSO C., *Recherche sur le principe de séparation en droit public français*, th. dact., Université Toulouse I, 2010, 787 p. : TROPER M., *La séparation des pouvoirs et l'histoire constitutionnelle française*, L.G.D.J., Paris, 1973, 251 p. ; AVRIL P. : « La séparation des pouvoirs aujourd'hui », in *1789 et l'invention de la Constitution, Actes du colloque des 2, 3 et 4 mars 1989 à Paris*, LGDJ, Paris, 1994, pp. 295-303 ; AVRIL P. : « La séparation des pouvoirs sous la Vème République – Rhétorique et pratique », in *Les usages de la séparation des pouvoirs,* S. Baume et B. Fontana (dir.), Ed Houdiard, Paris, 2007, pp. 130-135 ; BARBERIS M. : « La séparation des pouvoirs », *in Traité international de droit constitutionnel. Théorie de la Constitution*, t. 1, D. Chagnollaud et M. Troper (dir.), Dalloz, Paris, 2012, pp. 114-141 ; CHEVALLIER J. : « La séparation des pouvoirs », *in La continuité constitutionnelle en France de 1789 à 1989, Journées d'études des 16-17 mars 1989*, Economica, Paris, 1990, pp. 113-146 ; DENQUIN J.-M. : « La séparation des pouvoirs », in *L'Etat au XXème siècle*, S. Goyard-Fabre (dir.), Librairie philosophique J. Vrin (Ed.), Paris, 2004, pp.141-152 ; EHRLICH L. : « La séparation des pouvoirs, quelques remarques sur sa théorie et sur sa pratique », *in Mélanges Paul Négulesco*, Imprimerie nationale, Bucarest, 1935, pp. 260-269 ; JAN P. : « Les séparations du pouvoir », *in Mélanges Gicquel – Constitution et pouvoirs,* Montchrestien, Paris, 2008, pp. 255-264 ; PAPADOPOULOS Y. : « De la séparation formelle des pouvoirs à l'enchevêtrement des influences politiques : l'imputation dans les systèmes de gouvernance en réseau – Pour une lecture réaliste de la (non-) séparation des pouvoirs », *in Les usages de la séparation des pouvoirs,* S. Baume et B. Fontana (dir.), Ed Houdiard, Paris, 2007, pp. 172-186 ; SEURIN J.-L. : « Les origines historiques de la séparation des pouvoirs », *in Études offertes à J.-M. Auby*, Dalloz, Paris, 1992, pp.651-669 ; WACHSMANN P. : « La séparation des pouvoirs contre les libertés ? », *A.J.D.A.*, 2009, n°12, pp. 617-619 ; WAHL N. : « L'évolution de la séparation des pouvoirs en France depuis 1958 », in *Le constitutionnalisme aujourd'hui, Acte de colloque des 7, 8 et 9 juin 1979 à Bordeaux*, J.L. Seurin (dir.), Paris, Economica, 1984, pp. 85-90.

[4] G. TIMSIT, ibid., op. cit., p. 617

une problématique primordiale, une « véritable matrice du constitutionnalisme moderne »[5] qui a acquis une place centrale dans la mesure où elle sous-tend l'organisation du nouvel Etat libéral. C'est enfin tomber dans la perplexité. En effet, à partir d'un certain moment, on s'est plu à affirmer que la théorie de la séparation des pouvoirs, « énigme diabolique »[6], est devenue caduque et ne correspond plus aux données de la société contemporaine. Plus même on dit que la séparation des pouvoirs est une illusion, voire un mythe[7] ou encore « le tabernacle vide d'un culte disparu »[8]qui n'a jamais correspondu à la réalité politique des systèmes si bien que « la théorie constitutionnelle peut se payer le luxe de le reléguer dans les profondeurs de l'histoire et de le présenter comme une révérence courtoise mais généralement critique à celui qui en est toujours considéré comme le père – Montesquieu -, comme une étape révolue et désormais indiscutée de l'évolution des systèmes constitutionnels contemporains »[9]. Ceci essentiellement à cause de sa non-application, de l'absence de contre-pouvoirs et de l'avènement de la Constitution-garantie des droits au détriment de la Constitution-séparation des pouvoirs.

En Afrique, depuis les années 1990, la diversité des situations et des expériences de démocratisation rend l'exercice particulièrement délicat. En effet, on note des différences quant aux voies de la démocratisation (conférence nationale ou pas), quant au déroulement du processus (caractère pacifique ou violent), quant aux traditions politiques et juridiques (latine, anglo-saxonne, hispanophone ou lusophone) et quant à l'écriture des textes constitutionnels ou même les décisions des juridictions constitutionnelles. Mais tous les Etats semblent adhérer audit principe quel que soit le type de régime, quelle que soit l'organisation et l'articulation des pouvoirs. C'est pourquoi, on peut légitimement s'interroger sur ce principe omniprésent dans les discours et sur son existence en Afrique d'autant plus que sa violation est constamment dénoncée et son respect voire sa consécration constamment réclamés.

---

5 A. AUER : « Le principe de la séparation des pouvoirs dans les Etats africains : l'exemple de la constitution malgache de 1992 », Penant n° 816, octobre-décembre 1994, p.

6 LE DIVELLEC A. : « L'articulation des pouvoirs dans les démocraties parlementaires européennes : fusion et mitigation », *Pouvoirs*, 2012, n°143, p. 123. De manière assez limité

7 FROMONT M. : « Les mythes du droit public moderne français : séparation des pouvoirs et Etat de droit », *in Utopies : entre droit et politique. Etudes en hommage à Claude Courvoisier*, Université de Bourgogne (Ed.), Dijon, 2005, pp. 293-302.

8 PIMENTEL C.-M. : « Le sanctuaire vide : la séparation des pouvoirs comme superstition juridique ? », *Pouvoirs*, 2002, n°102, pp 119-131.

9 A. AUER, idem, p. 233.

Cependant, on est amené à se demander, comme ailleurs, si la théorie n'est pas également devenue anachronique, si elle n'est pas tombée en désuétude, si elle ne s'est pas révélée finalement comme étant un mythe ou une illusion ? Pour répondre à ces questions, il convient d'abord de s'en tenir à la conception formelle de la séparation. Ensuite, le parti-pris est de l'étudier comme un principe constitutionnel et non point comme une théorie, un concept, une notion, un droit fondamental ou un critère de classification des régimes politiques, ce qui a largement et abondamment été fait. Enfin le choix est de circonscrire de manière tout à fait arbitraire le champ aux Etats de l'Afrique occidentale et de l'Afrique centrale auxquels s'ajoute Madagascar pour des raisons particulières.

La recherche menée est empirique. L'objectif visé est de vérifier si le principe est consacré, s'il existe réellement, s'il n'est pas introuvable. Elle peut être orientée dans deux directions. Tout d'abord, d'un point de vue formel et normatif la lecture des textes constitutionnels et de la jurisprudence des cours et conseils constitutionnels révèlent que la séparation des pouvoirs en tant que principe constitutionnel est peu visible (I). Ensuite, dans une approche substantielle et factuelle, on s'aperçoit que dans le dispositif constitutionnel et dans la pratique le principe est introuvable (II).

I. - UN PRINCIPE A VISIBILITE REDUITE

Un regard porté sur les textes constitutionnels des pays africains et sur la jurisprudence des juridictions constitutionnelles révèle que le principe est en principe présent. Cependant, dans les textes il est rarement énoncé et pas toujours de manière nette tandis que dans la jurisprudence, il est invoqué par le juge de manière parcimonieuse.

A.- DANS LES TEXTES : UNE ÉNONCIATION RARE

A la lecture des textes on constate que la visibilité du principe est réduite car on est frappé par la rareté de son énonciation. En effet aussi surprenant que cela puisse paraître, on ne trouve que très rarement l'expression « séparation des pouvoirs » dans les constitutions africaines. Comme le dit un auteur « bien qu'il soit le crédo des démocraties libérales et le serviteur des libertés, ce principe est rarement consacré dans les constitutions »[10]. En effet, si l'on parcourt les constitutions des seize pays de l'Afrique de l'Ouest, dans les dix, le principe n'est pas expressément mentionné. Il s'agit du Mali, du Ghana, du Benin, du Burkina Faso, du Togo, de la Gambie, de la Sierra Leone, du Niger,

---

[10] KAMBOU (B.) : « La constitution burkinabé et l'Etat de droit », in *Constitution et régime politique au Burkina Faso,* sous la direction de F. P. BLANC, A. LOURDE et B. SAINT-GIRONS, ENAM de Ouagadougou, Centre d'Etudes et de Recherches juridiques sur l'Afrique francophone, Presses universitaires de Perpignan, Presses de l'Institut d'Etudes Politiques de Toulouse, 1994, Chapitre 120, p. 162.

du Nigeria et de la Mauritanie. En Afrique centrale, sur onze constitutions, sept n'en font pas référence explicitement. Il s'agit du Cameroun, du Congo, de la Guinée Equatoriale, de la RCA, de la RDC, du Burundi et du Rwanda.

Pour l'Afrique de l'ouest, ce ne sont que dans les constitutions du Cap-Vert, de la Guinée-Bissau, de la Côte d'Ivoire, de la Guinée, du Liberia et du Sénégal que le principe est énoncé. Pour l'Afrique centrale, il s'agit de celle de Sao Tome et Principe, du Tchad, du Gabon et de l'Angola. Mais les dispositions consacrant le principe sont variables dans leur formulation et dans leur intensité. Pour le Sénégal et la Côte d'Ivoire c'est seulement dans le préambule[11] que le principe est mentionné. En Guinée[12] (article 2), au Gabon[13] (article 5) et au Tchad [14](article 7), il est mentionné de manière lapidaire dans le corps de la Constitution alors qu'au Liberia il l'est de manière un peu plus détaillée : le constituant non seulement estime que la forme de gouvernement du Libéria est une république avec trois branches mais encore interdit en vertu de la séparation des pouvoirs tout empiétement d'un pouvoir sur un autre[15] (article 3). En Guinée Bissau, à Sao Tomé et Principe et en Angola, il est mentionné à deux reprises à peu près dans les mêmes termes : il est proclamé dans la partie relative à l'organisation du pouvoir politique et il est érigé en principe intangible dans la partie relative à la révision de la Constitution alors qu'au Cap-Vert, il est mentionné à trois reprises[16]. Enfin à Madagascar il en est fait référence dans le préambule de la constitution et à l'article 167 qui en fait un principe intangible. Ce qui est remarquable c'est que l'expression « séparation des pouvoirs » est souvent accompagnée soit de l'expression « équilibre des pouvoirs » (Côte d'Ivoire, Guinée, Madagascar, Sénégal,) soit

---

[11] Le préambule de la constitution de 2016 prévoit que : « Le peuple de Côte d'Ivoire (.....) exprime son attachement aux valeurs démocratiques reconnues à tous le peuples libres, notamment (.....) la séparation et l'équilibre des pouvoirs » ; pour le Sénégal, dans le préambule de la Constitution de 2001, il est prévu que « le peuple sénégalais souverain (....) proclame (....) la séparation et l'équilibre des pouvoirs conçus et exercés à travers des procédures démocratiques ». Signalons cependant que pour le Sénégal, le préambule fait partie intégrante de la Constitution.

[12] Dans la constitution guinéenne de 2010, le dernier alinéa de l'article 2 dispose : « Le principe de la séparation et de l'équilibre des pouvoirs est consacré ».

[13] Selon l'article 5 : « La République gabonaise est organisée selon les principes de la souveraineté nationale, de la séparation des pouvoirs exécutif, législatif et judiciaire et celui de l'État de droit ».

[14] A ux termes de l'article 7 : « Le principe de l'exercice du pouvoir est le Gouvernement du peuple par le peuple et pour le peuple, fondé sur la séparation des pouvoirs Exécutif, Législatif et Judiciaire ».

[15] L'article 3 de la constitution du Liberia consacre ainsi la séparation des pouvoirs : « The form of government is Republican with three separate coordinate branches: the Legislative, the Executive and the Judiciary. Consistent with the principles of separation of powers and checks and balances, no person holding office in one of these branches shall hold office in or exercise any of the powers assigned to either of the other two branches except as otherwise provided in this Constitution; and no person holding office in one of the said branches shall serve on any autonomous public agency».

[16] Le principe est d'abord mentionné, à l'article 2 : « la séparation et l'interdépendance des pouvoirs », à l'article 130 : « La séparation et l'interdépendance des pouvoirs est le principe de base de l'organisation des organes de souveraineté. Les organes de souveraineté doivent respecter les principes de la séparation et de l'interdépendance des pouvoirs, aux termes établis dans la Constitution, dans leurs relations réciproques et dans l'exercice de leurs fonctions » et à l'article 313 comme principe ne pouvant faire l'objet de révision.

de celle d' « interdépendance des pouvoirs » (Cap Vert, Guinée Bissau, Angola, Sao Tomé et Principe).

Dans les autres pays, tout se passe comme si ce principe a toujours été implicitement présent dans les textes constitutionnels. Il semble découler plus du régime politique consacré par la Constitution que de la lettre de la loi fondamentale[17]. Ce n'est qu'à travers la présentation séparée de chaque pouvoir dans le texte constitutionnel que l'on suppose que le principe est consacré. Formellement, cela donne un chapitre pour chacun des trois pouvoirs : le pouvoir exécutif, le pouvoir législatif et le pouvoir judiciaire. Il s'agirait ainsi d'un « principe induit ». Il apparaît cependant que cette manière de faire prive la notion de toute substance et en fait un principe purement formel. Pourtant il ne vient à l'esprit de personne de nier l'existence du principe. C'est d'ailleurs pourquoi le juge l'applique quelques fois.

B.- DANS LA JURISPRUDENCE CONSTITUTIONNELLE : UNE CONSÉCRATION CONTRASTÉE

De plus en plus, dans les démocraties constitutionnelles, le principe de la séparation des pouvoirs connait un certain renouveau dans la mesure où il est fréquemment invoqué dans la jurisprudence constitutionnelle si bien que certains y voient une norme constitutionnelle[18]. Cependant en Afrique, les décisions relatives au principe de la séparation des pouvoirs sont plutôt rares. Dans les quelques décisions existantes, le principe est soit explicitement mentionné soit simplement déduit.

1.- Un principe explicitement mentionné

A la lecture de décisions de certaines juridictions constitutionnelles, on constate que le principe est quelques fois mentionné timidement et d'autres fois de façon plus affirmée.

a.- Une mention timide

Au Sénégal, le conseil constitutionnel, dans au moins deux de ses décisions, mentionne expressément le principe et semble en faire implicitement un principe à valeur constitutionnelle. Il en est ainsi de la décision du 23 juin 1993, dans laquelle, le juge, à propos du rabat d'arrêt,

---

17 HOURQUEBIE (F.) : « La constitution du Bénin et la théorie des contre-pouvoirs », in *La constitution béninoise du 11 décembre 1990. Un modèle pour l'Afrique ? Mélanges en l'honneur de Maurice Ahanhanzo-Glèlè*, *op. cit.*, pp. 367-379.

18 MATTHIEU (Ch.), *La séparation des pouvoirs dans la jurisprudence du Conseil constitutionnel*, Thèse, Montpellier, 2015, 551 p. ; MATTHIEU (Ch.) : « Le principe de la séparation des pouvoirs dans la jurisprudence du Conseil constitutionnel », IXe congrès français de droit constitutionnel, A.F.D.C., Lyon 26-28 juin 2014, Atelier C – Constitutions, pouvoirs et contre-pouvoirs sous la direction de B. DAUGERON et A.-M. Le POURHIET, 21 p.

affirme que : « le principe de la séparation des pouvoirs interdit aux pouvoirs législatif et exécutif d'empiéter sur le pouvoir judiciaire en censurant ou en anéantissant les décisions de justice passées en force de chose jugée, et en privant les citoyens des droits garantis par la Constitution ». Il en conclut que « le législateur a outrepassé ses compétences et a empiété sur les prérogatives du pouvoir judiciaire en violation de principes à valeur constitutionnelle »[19]. Dans le même sens, dans la décision du 1er février 2005 à propos de la loi d'amnistie, le juge admet que « que la dérogation (....) apportée au principe de la séparation des pouvoirs trouve son fondement dans les dispositions de l'article 67 de la Constitution qui font figurer au nombre des matières qui relèvent de la loi la fixation des règles concernant l'amnistie »[20].

b.- Une mention plus affirmée

Mais c'est surtout à Madagascar que le juge constitutionnel l'a mentionné très tôt[21] et de manière très explicite dans plusieurs décisions et avis dans lesquels, il précise que c'est un principe républicain consacré par la constitution, valable en toute période et caractérisé par l'intangibilité. Plus, il tente de déterminer le régime juridique du principe en indiquant qu'il est le fondement de l'ordre démocratique, qu'il conditionne la continuité de l'Etat, qu'il requiert la nécessité de contre-pouvoirs et qu'il rejette la confusion des pouvoirs. Il ajoute que la constitution malgache instaure un régime de séparation souple et de collaboration des pouvoirs.

Ainsi, dans l'avis du 24 août 2005, le juge constitutionnel estime que *la mise en œuvre de la mesure exceptionnelle prévue à l'article 70 de la Constitution doit respecter les principes de droit consacrés par la Constitution tel que le principe du droit de la défense, celui de la séparation des pouvoirs ou celui de l'équité...*[22].

Dans l'avis du 16 mai 2007, la Haute Cour rappelle que *les dispositions constitutionnelles ont consacré les principes de la démocratie représentative, du pluralisme politique ainsi que de la séparation des pouvoirs ; qu'en application de ces principes, la Constitution attribue au Parlement composé de l'Assemblée Nationale et du Sénat la fonction législative*[23].

---

19 CC du Sénégal 23 juin 1993 Rabat d'arrêt, in Les décisions et avis du Conseil constitutionnel du Sénégal, rassemblés par I. M. FALL, CREDILA, 2008, p. 89.

20 CC 1er février 2005 loi d'amnistie, ibidem p. 473.

21 Déjà dans sa décision du 26 juillet 1983, la Cour affirme l'existence du « principe républicain de la séparation des pouvoir afin de maintenir l'équilibre entre eux et d'assurer le libre fonctionnement des contre-pouvoirs démocratiques » ; voir également décision du 29 juillet 1985.

22 Dans l'avis n° 05-HCC/AV du 24 août 2005 sur l'interprétation de l'article 93 de la Constitution relatif à la création d'une commission d'enquête parlementaire.

23 Avis n° 01-HCC/AV du 16 mai 2007 sur l'interprétation de dispositions constitutionnelles.

Allant plus loin, le juge constitutionnel dans son avis du 31 juillet 2009 qualifie expressément le *principe de la séparation des pouvoirs, de principe constitutionnel admis tant en période normale qu'en période de transition*[24].

Enfin, l'avis du 13 juin 2015 est d'une grande richesse. La Haute Cour tout d'abord considère que *le régime constitutionnel de la IVème République repose sur le principe de « la séparation et (de) l'équilibre des pouvoirs exercés à travers les procédés démocratiques » tel que l'énonce le Préambule de la Constitution ; ensuite elle rappelle le caractère intangible du principe de la séparation des pouvoirs (qui) est confirmé par les dispositions de l'article 163 alinéa 1er de la Constitution qui soulignent qu'au même titre que la forme républicaine de l'État, du principe de l'intégrité du territoire, de celui de l'autonomie des collectivités territoriales décentralisées et de la durée et du nombre de mandat du Président de la République, « le principe de la séparation des pouvoirs ne (peut) faire l'objet de révision (constitutionnelle) »* ; en troisième lieu, elle précise que le principe de la séparation des pouvoirs *« constitue le fondement de l'ordre démocratique républicain »* tout comme il représente *« un principe fondamental de l'ordonnancement constitutionnel.* Dans le même avis, elle considère *que par son essence même, le principe de la séparation des pouvoirs requiert la nécessité et la réalité de contre-pouvoirs qu'elle organise elle-même, et dont la Constitution garantit l'effectivité.* Elle en tire la conclusion que *l'hypothèse de la défection simultanée du Président de la République et du Gouvernement laisserait l'Assemblée Nationale seule en fonction ; qu'une telle éventualité aboutirait à un régime d'assemblée où le Gouvernement émanerait de l'Assemblée Nationale ; que ces situations ne seraient pas conformes à la Constitution;* et elle ajoute qu'elle ne *tolèrerait point que puisse intervenir une confusion des pouvoirs, laquelle, outre son caractère manifestement inconstitutionnel, constitue une régression dans la consolidation et l'accomplissement de l'État de droit.* Elle termine en affirmant *que le recours aux prérogatives que la Constitution confère aux différents acteurs de la vie institutionnelle de la République trouvent des limites objectives dans le respect et la préservation des fondements de l'ordre démocratique républicain parmi lesquels figurent le principe de la séparations des pouvoirs, et l'impératif catégorique de la responsabilité, qui s'inscrit dans un système de valeurs leur enjoignant à agir en fonction des effets concrets que l'on peut raisonnablement prévoir*[25].

De même dans sa décision du 23 avril 2009, le juge affirme que même en période de transition, le principe de la séparation des pouvoirs considéré comme un principe fondamental de la République demeure intangible. Pour le

---

24 Avis n° 02-HCC/AV du 31 juillet 2009 sur l'interprétation de l'article 53 de la Constitution.

25 Avis n°02-HCC/AV du 13 juin 2015 sur l'application simultanée des articles 103 et 131 de la Constitution.

juge, *le principe républicain de la séparation des pouvoirs demeure et doit être respecté*[26].

De le même sens, dans sa décision du 17 juillet 2013[27], le juge a fait application du principe de la manière suivante : « considérant que la Constitution requiert l'application du principe de séparation des pouvoirs en énonçant dès son préambule que figurent parmi les conditions du développement durable et intégré, la séparation et l'équilibre des pouvoirs à travers les procédés démocratiques ; considérant que le régime de séparation des pouvoirs implique la séparation de l'exercice des pouvoirs législatif, exécutif et judiciaire ; qu'il est adopté tant en période normale qu'en période de transition ; considérant qu'en période de transition, la Feuille de route pour la sortie de crise à Madagascar distingue le Président de la transition qui exerce les fonctions du Chef de l'État, le gouvernement de transition d'union nationale chargé de l'administration des affaires courantes et de la mise en place des conditions nécessaires pour les élections, le Parlement de transition chargé, entre autres, de l'adoption de la législation pertinente ; considérant ainsi qu'en période de transition, en référence aux décisions antérieurement prises par la Haute Cour Constitutionnelle, le principe de continuité de l'État doit être en tout temps garanti par le respect strict des attributions dévolues à chaque institution et organe de l'État et ce, au nom du principe de la séparation des pouvoirs ; considérant qu'en son exposé des motifs, la loi n°2013-004 soumise au contrôle de constitutionnalité annonce qu'elle a été initiée pour garantir la séparation des pouvoirs législatif et exécutif, nécessaire à l'équilibre, à la stabilité et au fonctionnement régulier des pouvoirs publics ainsi qu'à la préservation des acquis dans le processus de sortie de crise ».

Enfin, dans sa décision n°24-HCC/D3 du 12 juin 2015 relative à la résolution de mise en accusation du Président de la République Hery RAJAONARIMAMPIANINA, la Haute Cour constitutionnelle en profite pour préciser le régime de la séparation des pouvoirs en « considérant que la Constitution de la quatrième République instaure un régime semi-présidentiel, un régime de séparation souple des pouvoirs et de collaboration des pouvoirs ; que l'autonomie des organes n'est pas la conséquence de l'isolement des organes mais, au contraire, celle de leur rapprochement et des actions qu'ils peuvent exercer à l'égard des autres organes ; que dans la pratique de ce type de régime, le Président de la République peut rencontrer aussi bien les députés de sa majorité que ceux de l'opposition[28] ». Enfin, le juge rappelle qu'*en vertu du principe de la séparation des pouvoirs consacré par la Constitution, la Haute Cour Constitutionnelle ne peut interférer dans le fonctionnement*

---

26 Décision n° 03-HCC/D2 du 23 avril 2009 concernant des requêtes relatives à la situation de transition.

27 Décision n° 04-HCC/D3 du 17 juillet 2013 concernant la loi n°2013-004 régissant la vacance de la présidence de la transition.

28 Décision n°24-HCC/D3 du 12 juin 2015 relative à la résolution de mise en accusation du Président de la République Hery RAJAONARIMAMPIANINA.

interne d'une institution souveraine notamment en matière de détermination du mode de votation[29].

Au total, on constate que le juge malgache consacre explicitement le principe et fait de la séparation des pouvoirs une véritable norme constitutionnelle. Ce qui n'est pas pour d'autres juridictions constitutionnelles qui ne le consacre que de manière implicite.

2.- Un principe déduit

Dans certaines décisions, la séparation des pouvoirs n'est pas expressément mentionnée mais il ne fait aucun doute que le juge applique le principe notamment en ce qui concerne la répartition des compétences entre le parlement et l'exécutif, l'autonomie financière des institutions, le respect des compétences entre les différents pouvoirs et la protection de l'indépendance du pouvoir judiciaire.

a.- Dans la répartition des compétences entre le parlement et l'exécutif

Dans de nombreux cas, il a été noté soit l'absence de conflits d'attribution entre le pouvoir exécutif et le pouvoir législatif soit que la jurisprudence ne regorge pas assez d'exemples en la matière. Cependant, dans certains pays, le juge s'est prononcé sur le conflit d'attribution entre l'Exécutif et le Législatif. Il en est ainsi du juge constitutionnel du Bénin qui dans une affaire relative à la constitutionnalité d'un décret portant création d'un Organe Présidentiel de Médiation, a jugé que le décret violait la Constitution car la création d'une nouvelle administration relève de la loi[30]. De même relève de la compétence du législateur la création de taxes conformément à l'article 98 de la Constitution[31]. En revanche, la détermination de la valeur du point d'indice des fonctionnaires ou le montant de la bourse des étudiants ne relèvent pas de la compétence du législateur[32]. Dans le même sens la cour constitutionnelle du Niger a jugé que la fixation des avantages et indemnités des députés relèvait du domaine de la loi[33].

b.- Dans la protection de l'autonomie financière des institutions

Une autre application implicite de la séparation des pouvoirs est relative à la protection de l'autonomie financière des institutions. C'est ainsi que la Cour

---

29 Décision n°24-HCC/D3 du 12 juin 2015 relative à la résolution de mise en accusation du Président de la République Hery RAJAONARIMAMPIANINA, op. cit.

30 DCC 08-066 du 26 mai 2008, Thierry Ifedola MAHUGNON, Hugues Lambert de SOUZA et Cyriaque GBENOU.

31 CC Bénin, décision DCC 06-108 du 11 août 2006, Médé Nicaise.

32 CC Bénin, décision DCC 30-94 du 1er octobre 1994, Ahouandjinou Anselme et alii.

33 CC Niger, arrêt n°001/CC/MC du 13 juin 2008, Loi portant statut du député.

constitutionnelle du Bénin, sur saisine d'un député pour censure du projet de loi de finances et du décret de transmission dudit projet à l'Assemblée nationale, pour violation du principe de la séparation des pouvoirs et de l'autonomie financière de l'Assemblée nationale, a décidé d'une part que le gouvernement a méconnu la Constitution en intégrant au projet de budget de l'Etat, un budget de l'Assemblée nationale sur lequel celle-ci ne s'est pas prononcée (protection du pouvoir législatif contre le pouvoir exécutif) et d'autre part que l'Assemblée ne dispose pas d'une véritable autonomie financière au sens du droit financier mais seulement d'une autonomie de gestion de ses dépenses[34]. Egalement la Cour constitutionnelle du Gabon a souligné que l'autonomie financière octroyée à l'Assemblée nationale et au Sénat suppose que chacune de ces chambres dispose d'un budget spécial distinct du budget général de l'Etat et qu'elle en assure souverainement l'exécution et le contrôle à travers ses propres organes internes. Ce budget doit couvrir l'ensemble des organes résultant de l'autonomie administrative[35]. La Cour gabonaise a aussi rappelé le fondement constitutionnel de l'autonomie de gestion financière conférée à certaines institutions[36]. Le juge constitutionnel burkinabé précise que seules les institutions constitutionnelles jouissent du privilège de l'autonomie financière[37]. Aussi la Cour constitutionnelle gabonaise a fixé le régime juridique de l'autonomie de gestion financière tout en soulignant la méconnaissance de ce régime juridique par la loi de finances soumise à son contrôle (à propos de l'autonomie de gestion financière de la haute juridiction)[38].

c.- Dans la répartition des compétences entre le juge constitutionnel et les autres pouvoirs

La Cour constitutionnelle du Bénin a estimé que le décret créant l'organe présidentiel de Médiation a violé les dispositions des articles 114 à 117 de la Constitution selon lesquelles la Cour constitutionnelle est l'organe régulateur du fonctionnement des institutions et de l'activité des pouvoirs publics. Le décret prévoyait que la Médiateur pouvait se voir confier des missions spéciales de rapprochement, de réconciliation et d'arbitrage sur des questions

---

[34] DCC 10-144 du 14 décembre 2010 Raphaël Annuaire béninois de justice constitutionnelle, I-2013, note Arsène-Joël ADELOUI, p. 379.

[35] CC Gabon, décision n°002/CC/99 du 17 mars 1999, Loi n°7/99 relative à l'autonomie administrative et financière de l'Assemblée nationale et du Sénat.

[36] CC Gabon, décision n°25/CC du 31 décembre 2004 relative à la loi de finances pour l'exercice 2005 ; CC Gabon, décision n°001/CC du 7 janvier 2008 relative à la loi de finances pour l'exercice 2008 à propos du Conseil National de la Communication.

[37] CC Burkina Faso, décision n°2005-002/CC, Conformité à la Constitution de la loi organique portant création, composition, attributions et fonctionnement du Conseil supérieur de la communication.

[38] CC Gabon, décision n°035/CC du 29 décembre 2010 relative à la loi de finances de l'exercice 2011

générales concernant les relations avec les forces politiques et sociales ainsi que le fonctionnement harmonieux des institutions de la République[39].

d.- Dans la protection de l'indépendance de la justice

Le Conseil constitutionnel du Sénégal a jugé que le rabat d'arrêt prévu par la loi organique du 30 mai 1992 porte atteinte à l'autorité de la chose jugée et viole le principe de l'indépendance du pouvoir judiciaire à l'égard du pouvoir législatif et du pouvoir exécutif[40] prévu à l'article 80 de la Constitution. Il a également, dans d'autres décisions, vérifié le respect du principe de l'indépendance de la justice[41]. Il en est de même de la Cour constitutionnelle du Bénin qui sanctionne la violation du principe de l'inamovibilité magistrats du siège (affectation sans consultation du magistrat)[42]. Le juge constitutionnel s'érige ainsi en bouclier de l'indépendance de tous les autres juges. Ainsi la séparation des pouvoirs doit avant tout placer le juge et ses missions à l'abri des ingérences extérieures d'où qu'elles puissent venir et notamment de celles des deux autres pouvoirs.

Mais si on approfondit la recherche, on constate que le principe, aussi fondamental qu'il soit est tout simplement introuvable.

II.- UN PRINCIPE INTROUVABLE

Même si on admet que la séparation des pouvoirs est érigé en principe dans les ordres constitutionnels des pays africains, on peine à le constater en lisant les textes constitutionnels et en observant la pratique politique et constitutionnelle. Dans les textes, le principe est transparent. Dans la pratique, il est devenu caduc.

A.- DANS LE DISPOSITIF CONSTITUTIONNEL : UN PRINCIPE TRANSPARENT

En analysant le dispositif constitutionnel et la distribution des pouvoirs entre les différents organes, le constat est qu'entre l'exécutif et le législatif, il s'agit plus d'une distinction des pouvoirs qu'une véritable séparation et que la

---

39 DCC 08-066 du 26 mai 2008, Thierry Ifedola MAHUGNON, Hugues Lambert de SOUZA et Cyriaque GBENOU à propos de la création par décret d'un Organe Présidentiel de Médiation, op. cit.

40 CC 23 juin 1993 Rabat d'arrêt, in FALL I. M. (dir.), Les décisions et avis du conseil constitutionnel du Sénégal, Dakar, CREDILA, 2008, p. 89.

41 CC 27 juillet 1994 Modification du statut des magistrats (I), ibid., p. 115 ; 3 décembre 1997 Modification du statut des magistrats (III), idem, p. 171 ; 3 février 1999, Statut des magistrats de la Cour des comptes, idem, p. 321.

42 DCC 97-033 du 10 juin 1997, Fortuné DAKO, Annuaire béninois de justice constitutionnelle, dossier spécial 21 ans de jurisprudence de la cour constitutionnelle du Bénin (1991-2012), I-2013, note Joseph DJOGBENOU, p. 617.

séparation ne serait réalisée qu'entre le pouvoir judiciaire et les autres pouvoirs[43].

1.- Une distinction plutôt qu'une séparation des pouvoirs

En tant que notion constitutionnelle, la séparation des pouvoirs repose tout d'abord sur des bases théoriques. En effet le raisonnement de Montesquieu repose au départ sur une analyse des fonctions de l'État qui sont au nombre de trois : la fonction législative, la fonction exécutive et la fonction judiciaire. De cette distinction des fonctions, Montesquieu passe à la séparation des pouvoirs. Il passe ainsi d'une constatation objective à une option politique. Les fonctions dans l'État étant distinctes, il faut que les pouvoirs soient séparés car c'est la seule façon possible d'établir un régime constitutionnel libéral. Il y aurait ainsi à la fois spécialisation fonctionnelle et indépendance organique.

Or il a déjà été démontré que la lecture exacte de Montesquieu fait apparaître que « l'Esprit des Lois » ne prévoyait ni indépendance organique ni spécialisation fonctionnelle des trois pouvoirs, qu'il est plutôt question de combinaison, de fusion, de liaison des pouvoirs[44]. Dans cette perspective, l'analyse des dispositions constitutionnelles des pays africains suscite quelques observations.

Première observation : il y a un partage des compétences et des pouvoirs plutôt qu'une spécialisation fonctionnelle. On semble glisser d'une séparation des fonctions à une séparation des compétences. En effet, la constitution détermine les compétences de chacun des organes. Or les contraintes à la fois techniques et historiques sinon politiques rendent impossible toute correspondance mécanique entre un organe et une fonction. Ainsi aucun des organes de l'État ne jouit d'un monopole d'une fonction étatique déterminée. Le parlement légifère mais partage ce pouvoir avec l'exécutif (pouvoir réglementaire, ordonnances, surtout prépondérance des projets de lois) et il s'acquitte de tâches administratives. Il peut même exercer une fonction juridictionnelle. Le juge, notamment constitutionnel, à travers son pouvoir d'interprétation participe à l'œuvre législative et même constitutionnelle. Par conséquent toute idée de cloisonnement des pouvoirs est vaine. D'ailleurs aucune constitution se réclamant de la séparation des pouvoirs n'a tenté d'ériger des barrières infranchissables entre les trois pouvoirs. Ainsi au lieu de

---

43 Voir BARBERIS (M.) : « Le futur passé de la séparation des pouvoirs », Pouvoirs n° 143, p. 5 ; FELDMAN (J-Ph.) : « La séparation des pouvoirs et le constitutionnalisme. Mythes et réalités d'une doctrine et de ses critiques », RFDC, N° 83, 2010/3, p. 483.

44 Charles EISENMANN explique que « l'idée de séparation des autorités étatiques est complètement absente de l'Esprit des Lois. Elle n'y est ni réalisée ni formulée ». En effet « aucune des trois autorités n'est à la fois attributaire de l'intégralité d'une fonction, maîtresse de cette fonction et spécialisée dans cette fonction ». En fait plus modestement, ce que Montesquieu aurait voulu c'est « qu'il ne faut pas que deux quelconque des trois fonctions soient réunies entre les mêmes mains ». Voir « L'"Esprit des lois" et la séparation des pouvoirs », *in Mélanges R. Carré de Malberg*, op. cit., pp. 178 et179

se cantonner dans leur fief, les pouvoirs sont obligés de collaborer et d'exercer leurs compétences en vue et en fonction de celles des autres quel que soit le régime politique considéré. Ainsi, le pouvoir exécutif et le pouvoir législatif collaborent dans un certain nombre de domaines. Dans les régimes parlementaires il existe même des moyens d'action réciproques (révocation du gouvernement, dissolution du parlement).

Deuxième observation : il y a des empiétements réciproques plutôt qu'une indépendance organique. Dans les relations entre l'exécutif et le législatif on constate, d'une manière générale, que l'exécutif intervient dans la procédure législative par le droit d'initiative, l'inscription par priorité d'une question à l'ordre du jour, le droit d'amendement, la possibilité de soulever l'irrecevabilité contre une proposition de loi ou un amendement parlementaire qui n'est pas du domaine de la loi, la promulgation de la loi par le Président ainsi qu'en matière de révision de la constitution. Comme indiqué plus haut, dans les relations entre le pouvoir législatif et le pouvoir judiciaire, on note des empiétements du législatif. En effet, le législateur peut devenir juge. Par exemple dans les Constitutions des pays francophones et aussi du Nigeria, le pouvoir législatif participe à l'exercice de la fonction judiciaire à travers la Haute Cour de Justice composée de parlementaires et chargée de juger le Président de la République et les ministres.

Troisième observation : il s'agit donc moins de séparation des pouvoirs que de balance des pouvoirs[45]. L'architecture constitutionnelle révèle toute une panoplie de poids et de contrepoids[46] qui relient les organes séparés et qui aboutissent plus à une balance qu'à une séparation des pouvoirs. Sauf que la balance est déséquilibrée. En effet, il n'y a pas un équilibre entre les pouvoirs mais plutôt une forte prépondérance présidentielle en dépit du fait que l'Assemblée dispose de certains pouvoirs de contrôle sur l'action de l'Exécutif. Indépendamment du fait que le Président dispose de pouvoirs considérables, la prépondérance se manifeste généralement par l'utilisation des techniques du parlementarisme rationalisé. Plus particulièrement, dans les régimes de type parlementaire, le Président peut dissoudre l'Assemblée Nationale. Il est presque toujours politiquement irresponsable et sa responsabilité pénale est très rarement mise en cause. La fonction présidentielle est devenue ainsi le point de convergence de toutes les institutions étatiques.

---

[45] Voir TIMSIT (G.) : « M. le Maudit : Relire Montesquieu » Mélanges René CHAPUS, op ;, cit., pp 617-632.

[46] MATHIEU (B.) : « Les mécanismes de freins et d'équilibre des pouvoirs dans la Constitution : réflexions générales et illustrations françaises », *in La Constitution, l'Europe et le droit : mélanges en l'honneur de Jean-Claude Masclet*, Publications de la Sorbonne, Paris, 2013, pp. 325-336 ; GRIMM D. : « Souveraineté et *checks and balances* », in *1789 et l'invention de la Constitution*, Actes du colloque des 2, 3 et 4 mars 1989 à Paris, LGDJ, Paris, 1994, pp. 226-232.

2.- Une séparation qui se réduit à l'indépendance de la justice

C'est dans la partie de la Constitution consacrée au pouvoir judiciaire que tous les constituants affirment clairement le principe de l'indépendance du pouvoir judiciaire à l'égard du pouvoir exécutif et du pouvoir législatif. Le pouvoir judiciaire est le seul parmi les organes de l'Etat à déduire du principe de la séparation des pouvoirs le postulat de son indépendance, conséquence directe de ce que le juge est gardien des libertés et garant du respect des lois et de la Constitution. C'est pourquoi, on peut dire que ce qui reste de la séparation des pouvoirs, c'est l'indépendance du pouvoir judiciaire. Mais dans certains pays notamment francophones, il est prévu dans la Constitution que c'est le pouvoir exécutif qui garantit l'indépendance de la justice. Dans ces pays, les garanties de la carrière des magistrats sont constituées par l'existence d'un Conseil Supérieur de la Magistrature et par l'inamovibilité des magistrats du siège. Mais ces garanties sont insuffisantes. Les magistrats sont nommés par le président de la République qui, par ailleurs préside le Conseil Supérieur de la Magistrature dont le secrétariat est assuré par le ministre de la Justice. Par ailleurs, les juges peuvent être affectés si les nécessités du service l'exigent. Ce qui frappe de précarisation le principe d'inamovibilité. En outre le Président de la République dispose du droit de grâce. Du point de vue fonctionnel, il faut rappeler que les magistrats du parquet sont liés à l'exécutif. De même l'indépendance du juge constitutionnel est une question cruciale pour le développement politique et l'ancrage démocratique. Or de très nombreuses études ont démontré que le juge constitutionnel est dans l'ensemble inféodé au pouvoir exécutif[47].

Au total ce n'est pas tant la division des pouvoirs, législatif, exécutif et judiciaire, qui soulève des difficultés (tous les régimes consacrent formellement cette distinction) que l'indépendance et l'équilibre de ces pouvoirs. On peut donc dire que dans le texte, en tant que principe constitutionnel, la séparation des pouvoirs manque singulièrement de visibilité et d'effectivité. Dans la pratique, le principe est gagné par la caducité.

B.- DANS LES FAITS : LA CADUCITÉ DU PRINCIPE

La séparation telle qu'elle était conçue au XIXe siècle ne correspond plus au besoin des systèmes modernes. Il y a, à l'heure actuelle, un phénomène de concentration des pouvoirs entre les mains de l'exécutif sans qu'il y ait de véritables contre-pouvoirs.

---

[47] Voir notamment SOMA (A.) : « Le statut du juge constitutionnel en Afrique », in *La Constitution béninoise du 11 décembre 1990 : un modèle pour l'Afrique ?*, Etudes coordonnées par Frederick Joël AIVO, P. L'Harmattan, 2014, p. 451.

1.- La concentration des pouvoirs

D'un point de vue politique, la séparation des pouvoirs est très mal réalisée ou n'a jamais été réalisée dans toutes ses implications logiques. Aussi, elle n'a pas une application rigoureuse. Elle a toujours été limitée dans son application politique.

Dans les systèmes politiques africains, si la séparation des pouvoirs est un principe reconnu, force est de constater que, dans la pratique, les pouvoirs ne sont pas équilibrés[48]. La balance penche du côté du pouvoir exécutif et plus particulièrement du Président de la République dans ses rapports avec le pouvoir législatif et le pouvoir judiciaire. La séparation des pouvoirs est ainsi susceptible de se voir pervertir dans le sens d'une confusion au profit de l'exécutif. L'ampleur et les modalités de la confusion ont varié dans le temps.

Dans les différents régimes, qu'ils soient parlementaires ou présidentiels, la concentration des pouvoirs entre les mains de l'exécutif résulte de ce que le gouvernement, parce qu'il est l'émanation du parti majoritaire, dispose au parlement d'un soutien stable et inconditionnel pour mettre en œuvre sa politique. Le Chef de l'État étant le chef du gouvernement et de la majorité. La faible portée du contrôle parlementaire dans tous les régimes d'une part et d'autre part la quasi-désuétude de la censure et de la dissolution dans les régimes de type parlementaire s'expliquent largement par le phénomène majoritaire. La communication entre l'exécutif et le législatif par l'intermédiaire des partis politiques réduit considérablement la portée de la séparation des pouvoirs.

La séparation classique des pouvoirs est ainsi devenue impuissante et inefficace face à l'installation du phénomène majoritaire et à la présidentialisation des régimes. C'est pourquoi certains auteurs ont considéré qu'il existe une autre séparation, celle entre le pouvoir d'Etat (gouvernement et majorité au parlement) et le pouvoir d'opposition (minorité parlementaire).

L'opposition utilise la tribune du parlement pour critiquer la politique de la majorité et se poser en alternative ou encore pour afficher solennellement son unité (surtout lorsque celle-ci est menacée). Les critiques de l'opposition peuvent infléchir les tenants du pouvoir. C'est d'ailleurs pourquoi, la plupart des avis et arrêts des juridictions constitutionnelles intervenus à ce jour, portent non sur des querelles d'attribution mais plutôt sur des divergences d'interprétation des dispositions de la constitution entre majorité et

[48] Voir GARIAZZO (G.) : « La LOLF et l'équilibre des pouvoirs », *R.F.F.P.*, 2006, n°94, pp. 77-94 ; GOYARD C. : « Esprit des institutions et équilibre des pouvoirs », *in L'Esprit des Constitutions, l'équilibre des pouvoirs : mélanges en l'honneur de Pierre Pactet*, Dalloz, Paris, 2003, pp. 1-16 ; LEVADE (A.) : « Les nouveaux équilibres de la Vème République », *R.F.D.C.*, 2010, n°82, pp. 227-256 ou encore ROUSSEAU (D.) : "La Vème République : l'équilibre inachevé des pouvoirs", *in 1958-2008 : cinquantième anniversaire de la Constitution française*, B. Mathieu (dir.), Dalloz, Paris, 2008, pp. 787-795.

opposition[49]. Le juge ne se contente plus seulement d'arbitrer les conflits ou de veiller à la séparation organique ou fonctionnelle, il arbitre de plus en plus les conflits entre la majorité et la minorité parlementaire, entre le gouvernement et l'opposition.

Cependant malgré son inefficacité relative, le contrôle est un élément important du fonctionnement des régimes africains. Par son existence, il constitue un frein et un contrepoids dans la mesure où la politique nationale est débattue au grand jour. Autrement dit le débat parlementaire permet dans une certaine mesure un contrôle du gouvernement par l'opinion publique.

2.- La faiblesse des contre-pouvoirs

C'est l'existence de contre-pouvoirs qui peut constituer une alternative à la déliquescence de la séparation des pouvoirs. Les contre-pouvoirs[50] en tant que centres organisés de décision, de contrôle, d'intérêt ou d'influence qui par leur seule existence ou action quel que soit l'objectif poursuivi ont pour effet de limiter la puissance de l'appareil dirigeant de l'Etat, ont pour rôle d'éviter l'omnipotence du pouvoir politique soit en participant à l'exercice du pouvoir (fonction de contrôle) soit en l'influençant du dehors en résistant aux entreprises abusives du pouvoir. Ils permettent souvent l'instauration d'un meilleur équilibre d'ensemble plus favorable aux droits et libertés, à l'Etat de droit et à la bonne gouvernance. Ils sont donc essentiels au maintien de la démocratie pluraliste et du constitutionnalisme.

Mais ces contre-pouvoirs, qu'ils soient institutionnels comme le pouvoir législatif ou le pouvoir judiciaire ou même le corps électoral, qu'ils soient sociaux comme les organisations de la société civile, les syndicats, les chefs religieux ou traditionnels sont et demeurent faibles voire inopérants ou inexistants. Quant aux contre-pouvoirs politiques, le constat est que les oppositions africaines ne sont généralement pas fortes électoralement et ne peuvent constituer au parlement de véritables contre-pouvoirs. Aussi leur

---

49 Voir pour le Niger, DAGRA (M.) : « Justice constitutionnelle et démocratisation en Afrique de l'Ouest. Rapport national de la justice constitutionnelle du Niger », in Judicial Review and democratisation in francophone west Africa, Franz Von Liszt Institute- Justus Liebig University Giessen, octobre 2004 ; pour le Togo, KANGNIKOE (B.) : « Justice constitutionnelle et démocratisation en Afrique de l'Ouest. Rapport national de la justice constitutionnelle du Togo », Franz Von Liszt Institute Working paper, février 2014.

50 HOURQUEBIE (F.), *Sur l'émergence du contre-pouvoir juridictionnel sous la Vème République*, Bruylant, Bruxelles, 2004, 678 p. ; MILACIC (S) : « Le contre-pouvoir, cet inconnu », Etudes à la mémoire de Christian LAPOYADE-DESCHAMPS, Centre d'études et de recherches en droit des affaires et des contrats, Presses universitaires de Bordeaux, p. 675. ; MILACIC (S.), « De la séparation des pouvoirs à l'idée des contre-pouvoirs : Montesquieu revigoré par le néolibéralisme », *in La séparation des pouvoirs, Théorie contestée et pratique renouvelée*, A. Pariente (dir.), op., cit . pp. 31-47 ; EUZET (C.), « Pouvoir présidentiel et contrepouvoirs institutionnels », *in Les élections présidentielles et législatives de 2007*, H. Roussillon (dir.), Presses de l'Université des Sciences sociales de Toulouse, 2007, pp.337-350 ; GAUCHET (M.), « Contre-pouvoir, méta-pouvoir, anti-pouvoir », *Le Débat*, 2006, n°138, pp. 17-29

propension au partage du pouvoir explique le débauchage des militants de l'opposition et la transhumance politique. Or, les contre-pouvoirs institutionnels doivent assurer l'équilibre interne du pouvoir politique et éviter ses éventuels excès alors que les contre-pouvoirs politiques et sociaux doivent contribuer à la limitation du pouvoir. Il n'y a que la presse qui tente de jouer encore un certain rôle mais elle comporte des limites évidentes.

Cette situation a conduit à l'instauration de régimes autoritaires dans lesquels, le Président peut à peu près tout faire. C'est cela qui explique en partie les révisions intempestives des constitutions en vue de durer le plus longtemps au pouvoir.

Cette faiblesse des contre-pouvoirs traditionnels a conduit à l'apparition de « contre-pouvoirs populaires » (la rue comme contre-pouvoir) avec les manifestations contre les pouvoirs en place (exemples sénégalais, béninois, burkinabé et actuellement gabonais et togolais).

Au total, on peut dire que l'histoire des systèmes constitutionnels africains n'a été que l'histoire des déséquilibres permanents et des empiétements croissants. Ainsi, il est permis d'affirmer que l'Etat contemporain, africain en particulier, a vidé le principe de sa dimension d'équilibre des pouvoirs pour en faire une règle d'organisation purement formelle, qui au demeurant n'empêche nullement une concentration des pouvoirs.

CONCLUSION

Que retenir de tout cela. D'abord que la séparation des pouvoirs considérée comme l'un des principes fondamentaux du droit public et du système constitutionnel des démocraties pluralistes et libérales est quasi introuvable dans l'ordre constitutionnel des pays africains. Mais alors à quoi sert alors la séparation des pouvoirs ? Il faut se rendre à l'évidence que la séparation des pouvoirs est une notion fonctionnelle qui doit son succès plus à son utilité qu'à sa valeur intrinsèque. C'est pourquoi à l'heure actuelle, le principe conserve uniquement des utilisations et des significations ponctuelles. On sait que la séparation des pouvoirs est une recette de gouvernement destiné à éviter le despotisme or la concentration des organes entre les mêmes puissances sociales peut y conduire. La force de l'idée séparatiste ne réside pas seulement dans le partage du pouvoir mais dans le lien qu'elle établit entre ce partage et la garantie des libertés. Le principe de la séparation est mis ainsi au service de la liberté et de la sûreté. Il s'agit d'une part d'éviter que le pouvoir d'Etat ne se concentre en un lieu unique, ce qui serait fatal aux libertés et d'autre part de créer au moins une apparence d'ordre et de hiérarchie dans les multiples activités de l'Etat. Le principe peut ainsi constituer une garantie de la démocratie. Il est en effet patent que la confusion des pouvoirs se fait toujours au profit de l'exécutif. Or l'exécutif est généralement homogène du point de vue de ses orientations politiques. Il en profite pour manipuler les textes constitutionnels à son profit : remise en cause de la limitation du mandat du Président, changement des règles électorales, etc. En d'autres termes, la confusion au profit de l'exécutif conduit à la dictature qui est politiquement inacceptable. Ainsi défendre la séparation des pouvoirs, c'est défendre les assemblées, c'est défendre en dernière instance le pluralisme politique. C'est pourquoi, sous ce rapport, il faut conserver la séparation des pouvoirs. En effet une séparation équilibrée des pouvoirs incluant un véritable pouvoir judiciaire est nécessaire non seulement pour défendre les libertés contre toute menace et garantir la démocratie contre toute remise en cause mais aussi pour maintenir et renforcer la cohésion de la société afin d'éloigner le despotisme et préserver, par-delà les crises et conflits inévitables, les fondements mêmes de l'Etat de droit en construction sur le continent.

Demba SY,

Professeur de Droit public à la Faculté des Sciences Juridiques et Politiques, Université Cheikh Anta DIOP, Dakar – Sénégal

ACTE III

LES MUTATIONS DE LA SÉPARATION DES POUVOIRS (ÉVOLUTIONS, REMISES EN CAUSE...)

Abraham GADJI

LA SÉPARATION DES POUVOIRS DANS L'ORDRE JURIDIQUE INTERNATIONAL

INTRODUCTION

Réfléchir sur la séparation des pouvoirs dans l'ordre juridique international est un véritable défi. Forgée dans le cadre de l'ordre juridique interne, les concepteurs la théorie de la séparation des pouvoirs étaient loin d'envisager sa transposition dans l'ordre juridique international. Cette idée de séparation des pouvoirs trouve différentes traductions selon les époques et les systèmes juridiques. Si elle inspire traditionnellement le droit constitutionnel des États, elle fonde également l'ordre juridique international.

Ramené à cet ordre, c'est au niveau de sa finalité qu'elle a une utilité. En effet par la mise en œuvre de cette théorie, l'objectif est d'éviter la concentration entre les mains d'un seul être ou organe, des fonctions de gouvernement faute de quoi le régime serait despotique et permettre le fonctionnement efficace des pouvoirs dans l'intérêt général.[1] Dans cette perspective les vertus de la séparation des pouvoirs peuvent considérablement déteindre sur l'ordre juridique international.[2]

Bien que remis en cause par une partie de la doctrine, l'existence d'un ordre juridique international [...] n'est plus contestée aujourd'hui.[3] Elle se décline comme un ensemble de règles et d'institutions visant à garantir le fonctionnement de la société internationale. Tel que présenté, l'ordre juridique international fait donc apparaître deux composantes importantes : il s'agit des normes juridiques et des institutions. Dans le cadre de cette réflexion, la

---

1 Sandra SZUREK, « La charte des Nations Unies, Constitution mondial ? », in La Charte des Nations Unies, commentaire article par article, Paris, Economica, 3e édition, 2005, p.53.

2 Cela d'autant plus que lorsque l'article 16 de la Déclaration des droits de l'homme et du citoyen de 1789 proclame en son article 16, cette disposition ne vise pas une forme d'organisation spécifique des pouvoirs.

3 Pierre-Marie DUPUY, « L'unité de l'ordre juridique international », RCADI, p.90.

séparation des pouvoirs sera analysée dans le cadre d'une institution importante de cet ordre : l'Organisation des Nations Unies.

Comme nous le savons, l'ONU a été créée aux lendemains des horreurs de la seconde guerre mondiale. Le 26 juin 1945, sa Charte était signée par les cinquante États représentés à la Conférence de San Francisco. Elle entra en vigueur le 24 octobre suivant.[4] Tout comme les actes constitutifs des organisations internationales en général, la Charte des Nations unies se présente juridiquement comme un acte mixte sur la base duquel est établi un ensemble de droits et d'obligations liant non seulement les États entre eux mais aussi les États à l'organisation, et réciproquement.[5] Ce caractère mixte procède du fait qu'il est d'abord un traité, précisément un traité multilatéral, régi par la Convention de Viennes sur le droit des traités de 1969[6] et une Constitution au sens où on l'entend en droit public interne déterminant les droits et obligations des États liés.[7]

Dans sa dimension constitutionnelle, la Charte des Nations Unies énumère les différents organes de l'organisation et les pouvoirs qui leur sont reconnus. Ainsi à l'article 7 alinéa 1, il est prévu 6 organes principaux que sont l'Assemblée générale, le Conseil de sécurité, le Conseil économique et social, le Conseil de tutelle, le Secrétariat général et la Cour internationale de justice.[8] Parmi ces organes principaux, il est important de souligner que seuls l'Assemblée générale et le Conseil de sécurité sont les organes politiques les plus importants. Les autres organes n'étant que des organes techniques. Dans leur nomenclature, ces deux organes sont diamétralement opposés. L'un, Assemblée générale est un organe plénier dans lequel siège tous les États et l'autre, le Conseil de sécurité est un organe restreint[9], abritant seulement 15 membres de l'organisation y compris surtout les 5 membres permanents disposant du droit de véto. Au regard de la Charte, l'Assemblée générale et le Conseil de sécurité sont les deux organes qui assument les fonctions politiques les plus importantes de l'organisation en matière de paix et de sécurité internationales qui sont les buts et missions de l'ONU. C'est naturellement à leur égard que le problème de la séparation des pouvoirs semblent se poser.

Intervenant dans les questions de maintien de la paix et de la sécurité internationales, les rédacteurs de la Charte des Nations Unies ont été sûrement

---

44 Jean-Pierre COT, Alain PELLET, Avant-propos de l'ouvrage la Charte des Nations Unies, commentaire, article par article, Op.cit., p.IX.

5 Pierre-Marie DUPUY, Yann KERBRAT, Droit international public, Paris, Dalloz, 12e édition, p.169.

6 Il s'agit ici de l'article 5 de la Convention de Vienne de 1969 sur le droit des traités. Aux termes de cette disposition la Convention de Vienne s'applique « à tout traité qui est l'acte constitutif d'une organisation internationale ».

7 Pierre-Marie DUPUY, Yann KERBRAT, Op.cit., p.169.

8 Voir article 7 alinéa 1 de la Charte de l'ONU.

9 Au sujet des organes restreints, de nombreuses réflexions sont fournies par notre thèse intitulée « Les organes restreints des organisations internationales », soutenue le 27 juin 2013 à l'Université de Maastricht au Pays-Bas.

inspirés par l'idée d'une séparation des pouvoirs entre ces deux organes principaux. Le tout n'est pas de mettre en place une organisation internationale, le plus important pour les membres fondateurs est de résoudre l'épineuse question de l'agencement des pouvoirs entre les organes de l'organisation. De ce constat naît la préoccupation suivante : La Charte des Nations Unies obéit-elle au principe de la séparation des pouvoirs ?[10] En d'autres termes, plus précisément dans l'aménagement des pouvoirs entre l'Assemblée générale et le Conseil de sécurité, la séparation des pouvoirs est-elle effective ?

A l'analyse, on peut voir une ligne de séparation des pouvoirs au sein de la charte, si on accepte qu'elle ne peut, par nature être identique à celle qui est applicable dans l'ordre interne.[11] Par conséquent, la séparation des pouvoirs entre l'Assemblée générale et le Conseil de sécurité semble affirmée par la Charte(I). Toutefois, cette séparation paraît contrastée (II).

I.- UNE SÉPARATION DES POUVOIRS AFFIRMÉE

Au regard de la Charte des Nations Unies, on pourrait se permettre de dire que la séparation des pouvoirs entre les deux organes principaux que sont l'Assemblée générale et le Conseil de sécurité paraît affirmée. Ce point de vue peut se justifier tant au niveau organique (A) qu'au niveau fonctionnelle (B).

A.- UNE SÉPARATION ORGANIQUE

Au plan de la structuration des organes des Nations Unies, l'organe plénier qu'est l'Assemblée générale et l'organe restreint qu'est le Conseil de sécurité évoquent bien l'existence d'une distinction organique des pouvoirs.[12] Cette séparation organique s'explique par le fait que l'Assemblée générale a un statut d'organe délibérant et le conseil celui d'organe exécutif.

En effet aux termes de l'article 9 de la Charte, l'Assemblée générale étant l'organe dans lequel siège tous les Etats membres, il se présente comme l'organe dans lequel sont débattues tous les problèmes généraux touchant aux intérêts de l'organisation. Ses sessions annuelles sont perçues comme un forum d'échanges politiques par les Etats membres. Dans ce cadre, elle délibère sur les questions politiques fondamentales pour la vie de l'organisation. A défaut de les énumérer toutes, les plus significatives sont :

- Etudier les principes généraux de coopération pour le maintien de la paix et de la sécurité internationales ;
- -Examiner et approuver le budget le budget de l'organisation ;

10 Sandra SZUREK, « La Charte des Nations Unies, une constitution mondiale ? », Op.cit., p.52.

11 Ibid.

12 Ibid.

- Elire ou nommer les membres non permanents du Conseil de sécurité, tous les membres du Conseil économique et social, les juges de la CIJ, le Secrétaire général...

L'Assemblée générale est de ce fait l'organe qui établit les lignes générales de la politique de l'organisation. Cependant, la seule présence de l'Assemblée générale ne suffit pas pour assurer la mise en application de la politique de cette politique. Il faut un organe pour exécuter les orientations définies par l'organe plénier. La fonction instrumentale de toute organisation internationale impose la mise en place d'un organe pouvant mettre en exécution la politique définie par les Etats membres.

Ainsi contrairement à l'Assemblée générale, le Conseil de sécurité est un organe exécutif. Il permet en quelque sorte la mise en œuvre de la continuité du service public. Le nombre restreint de ses membres favorise l'organisation de réunions périodiques. Cela est confirmé par l'article 28 alinéa 1 de la Charte qui dispose que « le Conseil de sécurité est organisé de manière à pouvoir exercé ses fonctions en permanence ».[13] Cette disposition de la Charte oblige les Etats membres à avoir un représentant permanent au Conseil de sécurité.

En sommes, la séparation organique entre l'Assemblée générale et le Conseil de sécurité peut être perçue par la distinction entre le statut d'organe délibérant de l'Assemblée générale et celui d'organe exécutif du Conseil de sécurité. Que pouvons- nous dire de la séparation fonctionnelle ?

B.- LA SÉPARATION FONCTIONNELLE

La séparation fonctionnelle entre l'Assemblée générale et le Conseil de sécurité transparaît dans la charte. De façon générale, la Charte des Nations Unies est construite autour de l'objectif du maintien de la paix et de la sécurité internationales.[14] Cet objectif domine la répartition interne des compétences entre les différents organes.[15]

C'est donc sur la base de cet objectif qu'a été établi la séparation fonctionnelle entre l'Assemblée générale et le Conseil de sécurité.

La clé de cette séparation fonctionnelle se trouve dans les articles 11, 14, et 24 de la Charte.[16] Les deux premières dispositions mettent en évidence les fonctions de l'Assemblée générale. Aux termes de l'article 11, « L'Assemblée

---

13 Voir l'article 28 de la Charte des Nations Unies. Cette disposition a été directement inspirée par la pratique du Conseil de la SDN. Celui-ci n'ayant pas à la différence du Conseil de sécurité des Nations Unies un caractère permanent a fréquemment attiré à ses sessions la présence de Ministres des Affaires étrangères qui ont pu se concerter utilement sur les grands problèmes internationaux de l'heure.

14 Jean COMBACAU, Serges SUR, Droit international public, Paris, LGDJ, 11e édition, 2014, p.640.

15 Ibid.

16 Charles CHAUMONT, « L'équilibre des organes politiques des Nations Unies et le crise de l'organisation », AFDI, 1965, p.428-446.

générale étudie [...] les questions qui se rattachent au maintien de la paix et de la sécurité internationales ».[17] Et, l'article 14 dispose que «....l'Assemblée générale peut recommander les mesures propres à assurer l'ajustement pacifique de toute situation... ».[18] En ce qui concerne le Conseil de sécurité, l'article 24 souligne qu'« afin d'assurer l'action rapide et efficace de l'organisation, ses membres confièrent au Conseil de sécurité la responsabilité principale du maintien de la paix et de la sécurité internationales... ».[19]

L'analyse de ces dispositions de la Charte nous situe sur le sens de la séparation fonctionnelle opérée entre l'Assemblée générale et le Conseil de sécurité. L'Assemblée générale étudie ce qui se rattache à la paix et à la sécurité internationales et le Conseil agit pour assurer la paix. De ce fait, à l'intérieur du même domaine de la paix et de la sécurité, s'établit ainsi une sorte de répartition entre la fonction d'étude et la fonction d'action.[20]

Par ailleurs, il est important de mentionner que cette séparation des fonctions entre ces deux organes politiques prend l'allure d'une complémentarité fonctionnelle. Dans ce cadre, la Charte exige l'accord de ces deux organes politiques pour l'adoption de certaines actes importants pour le fonctionnement de l'organisation. Il s'agit de l'admission d'un nouveau membre, la suspension ou l'exclusion d'un membre, la nomination du Secrétaire générale. Pour ces différents cas, une décision de l'Assemblée générales prise sur recommandation du Conseil de sécurité est exigée pour la prise de décision.[21] La recommandation du Conseil de sécurité est la condition préalable de la décision de l'Assemblée générale. Le Conseil de sécurité jouit d'un véritable pouvoir de codécision avec l'Assemblée générale dans la procédure d'admission, de suspension et d'exclusion d'un Etat membre, de même dans la procédure de nomination du Secrétaire général.

Les corollaires de ce pouvoir de codécision du Conseil de sécurité sont importants. Il institue dans une certaine mesure un contre- pouvoir politique entre ces deux organes. Aucun de ces deux organes ne peut prendre une décision importante sans l'accord de l'autre. Comme le fait observer Montesquieu « pour qu'on ne puisse pas abuser du pouvoir, il faut que par la disposition des choses, le pouvoir arrête le pouvoir ». Aux Nations Unies, le fait que certaines fonctions électives de grandes importances soient soumises à une décision conjointe de l'Assemblée générale et du Conseil de sécurité traduit la volonté de démocratisation de la prise de décisions dans ces matières d'intérêt général pour l'ensemble de la communauté internationale.

---

17 Voir l'article 11 de la Charte des Nations Unies.

18 Voir l'article 14 de la Charte des Nations Unies.

19 Voir l'article 24 de la Charte des Nations Unies.

20 Charles CHAUMONT, Op.cit., p.431.

21 Michel VIRALLY, « La valeur juridique des recommandations des organisations internationales », AFDI, 1956, p.76.

En tout état de cause, l'économie générale de la Charte des Nations Unies donne de constater une tendance à la séparation des pouvoirs entre l'Assemblée générale et le Conseil de sécurité. Mais en réalité, ce tableau lénifiant ne doit pas occulter une facette, non pas cachée de l'iceberg constitutionnelle de la Charte des Nations Unies. Cette séparation des pouvoirs est en réalité contrastée.

II.- UNE SÉPARATION DES POUVOIRS CONTRASTÉE

La séparation des pouvoirs entre l'Assemblée générale et le Conseil de sécurité n'est pas aussi affirmée qu'on le souhaite. Elle est handicapée par l'architecture institutionnelle de la Charte fortement déséquilibrée au profit du Conseil de sécurité (A) et une censure presqu'impossible du juge de cet organe restreint (B).

A.- UNE ARCHITECTURE INSTITUTIONNELLE DÉSÉQUILIBRÉE AU PROFIT DU CONSEIL DE SÉCURITÉ

Il est rare de rencontrer dans les organisations internationales régionales ou universelles des organes restreints supérieurs au plan politique et même juridiques aux organes pléniers. Cependant aux Nations Unies, les rapports politiques et juridiques entre l'Assemblée générale et le Conseil de sécurité se présentent comme une exception.

L'article 24 de la Charte fait du Conseil de sécurité la pierre angulaire du système de sécurité collective en lui confiant la responsabilité principale du maintien de la paix et de la sécurité internationales. Cet organe devient ainsi le gendarme qui a la charge de concevoir et d'imposer l'ordre mondial.[22] Nous sommes en présence de l'une des rares hypothèses dans laquelle l'organe restreint d'une organisation internationale se trouve placé dans une situation de suprématie politique par rapport à l'organe plénier.

Le paragraphe 1 de l'article 24 règle le problème de la distribution des pouvoirs en matière de maintien de la paix et de la sécurité internationale entre les deux organes politiques en établissant un rapport hiérarchique : au Conseil revient la fonction principale et à l'Assemblée générale la fonction résiduelle.[23] Il s'agit d'une primauté fonctionnelle du Conseil de sécurité sur l'Assemblée générale qui se manifeste concrètement par une primauté procédurale et une primauté matérielle.[24]

---

22 René DEGNI-SEGUI, « Commentaire de l'article 24 paragraphe 1 et 2 de la Charte des Nations Unies », in la Charte des Nations Unies, commentaire article par article, p.880.

23 Ibid, p....

24 Ibid, p.......

Au plan procédural, l'article 12 de la Charte donne un droit de priorité au Conseil de sécurité. Cette disposition fait obligation à l'Assemblé générale de s'abstenir de faire des recommandations sur une affaire dont le Conseil est saisi.[25] Au plan matériel, la primauté du Conseil se concrétise par le double monopole de qualification et d'action qui lui est reconnu en cas de menace contre la paix ou d'un acte d'agression.

De toute évidence, ou pourrait affirmer que le Conseil de sécurité destabilise le principe de la suprématie des organes pléniers sur les organes restreints. En effet, la construction du Conseil est déterminée par le rôle qui lui est attribué. Sa composition comme ses règles de votation reflètent la volonté de créer un organe puissant, disposant des moyens de mener des actions efficaces en tant que de besoin.[26]

Cette configuration du Conseil de sécurité découle de la situation qui prévalait à l'issue de la seconde guerre mondiale et du souci de confier aux vainqueurs la responsabilité de garantir l'ordre international qui en résultait. N'est-ce donc pas à dessein que dans l'architecture institutionnelle de la Charte, la censure des actes juridiques du Conseil par l'organe judiciaire principal ait été rendue presqu'impossible ?

B.-LA CENSURE PRESQU'IMPOSSIBLE DES ACTES JURIDIQUES CONSEIL DE SÉCURITÉ

Dans l'ordre juridique interne des Etats, l'équilibre des pouvoirs est maintenu par le juge Constitutionnel qui joue le rôle d'arbitre. Le rôle du juge se matérialise surtout par le contrôle de constitutionnalité des lois.

Dans l'ordre international, étant donné que les pouvoirs attribués au Conseil de sécurité sont exorbitants par rapport à ceux de l'Assemblée générale, la question de la censure de ses actes juridiques par la Cour internationale de justice se pose avec acuité. Ce contrôle aura pour finalité de vérifier la conformité des actes du Conseil au droit international et aussi à la répartition des pouvoirs opérée dans la Charte.

Mais au regard de la Charte et du Statut de la Cour, le système des Nations Unies issu de la Conférence de San Francisco ne prévoit pas de contrôle judiciaire de la constitutionnalité. A sa création, les Etats n'ont pas souhaité faire de la CIJ une Cour constitutionnelle.

Naturellement, la Cour s'est résolument inscrite dans cette voie tracée par les textes. Dans le cadre de sa fonction consultative ou contentieuse, elle a été saisie sur des affaires faisant ressortir la question du contrôle de la légalité des actes du Conseil de sécurité. Elle s'est toujours abstenue de s'orienter dans le sens d'un quelconque contrôle de la légalité des actes du Conseil de sécurité.

---

25 Ibid......

26 Jean COMBACAU, Serges SUR, Droit international, Op.cit., p.641.

Dans son avis consultatif du 21 juin 1971 relatif aux conséquences de la présence continue de l'Afrique du Sud en Namibie, la Cour affirme que « toute résolution émanant d'un organe des Nations unies régulièrement constitué, prise conformément à son règlement et adopté par son président doit être présumée valable ». Dans la cadre de sa fonction contentieuse, cette question est apparue pour la première fois dans l'affaire « des questions d'interprétation et d'application de la Convention de Montréal de 1971 résultant de l'incident aérien de Lockerbie ». Dans cette espèce, la Cour a esquivé cette question au motif « qu'au stade de l'indication de mesures provisoires, elle n'avait pas à se prononcer définitivement sur l'effet juridique de la résolution 748 ».

CONCLUSION

En guise de conclusion, cette réflexion suscite une interrogation : peut-on véritablement parler d'une séparation des pouvoirs entre l'Assemblée générale et le Conseil de sécurité ?

La réponse à cette question semble trouver un écho favorable dans l'aspiration des Etats et des peuples qui revendiquent un ordre juridique et politique démocratique aux Nations Unie, à travers la réforme du Conseil de sécurité. Aussi juste qu'elle puisse être, cette volonté de démocratisation des Nations Unies ne doit pas se matérialiser seulement par un changement au sein du Conseil de sécurité.

Cette mutation devrait se pencher sur les paradigmes juridiques et politiques qui ont motivé les fondateurs de cette organisation. Plus de 50 ans après sa création, le monde a connu beaucoup de changements avec l'apparition de nouveaux acteurs : les ONG, la société civile, les unions parlementaires, les multinationales. Tous ces acteurs devraient être pris compte dans la future organisation des Nations Unies

Pr Abraham GADJI
Professeur, Université Felix Houphouët Boigny
d'Abidjan (Côte d'Ivoire)

André Mbata MANGU

THE ROLE OF THE JUDICIARY IN ENFORCING THE SEPARATION OF POWERS, CHECKS AND BALANCES AND THE RULE OF LAW: LESSONS FROM SOUTH AFRICA

INTRODUCTION

The separation of powers is closely related to the doctrine of constitutionalism understood as "a three-faceted concept", consisting of three general features, namely limited government, adherence to the rule of law, and protection of human rights[1]. Constitutionalism presupposes a constitution, whether written, supreme or not. The separation of powers is also so critical to the constitution that the writers of the 1789 French Declaration of the Rights of Man and Citizen found that a country where there was no separation of powers and where human rights were not protected could be considered as having no constitution at all.[2]

On the other hand, since *Marbury versus Madison*[3] that remains one of the landmark cases ever decided by the US Supreme Court and one of the most cited in comparative constitutional law, checks and balances in the form of judicial review of legislation were added to the separation of powers. Opposition parties, civil society organisations, traditional leaders, media and academia can also check and balance the powers of the executive, the legislature and the judiciary informally. The same goes for the citizenry. In this context, the 1992 Constitution of Benin[4] and the 2006 Constitution of the

[1] Mangu AMB, *The Road to Constitutionalism and Democracy in Post-colonial Africa: The case of the Democratic Republic of Congo*, LLD Thesis, Pretoria, University of South Africa, 2002, 183-188.

[2] Declaration of the Rights of Man and Citizen, Article 16.

[3] 5 US (1 Cranch) 137, 180.

[4] Constitution of the Republic of Benin, 1990.

Democratic Republic of Congo[5] impose on every citizen the duty to oppose any individual or group of individuals that would seize power by force or exercise it in violation of the Constitution. In many countries where they exist like in South Africa, institutions supporting democracy such as the Public Protector, the Human Rights Commission, the Commission for the Promotion and Protection of the Rights of Cultural, Religious and Linguistic Communities, the Commission for Gender Equality, the Electoral Commission, and the Independent Authority to Regulate Broadcasting also serve as mechanisms of checks and balances.[6] However, the judiciary, particularly the Constitutional Court or any supreme court, remains by far the most powerful instrument to check and balance the powers of other state organs, especially the executive and the legislature.

Against this background, the chapter aims to reflect on and draws lessons from the role of the judiciary[7] in enforcing the separation of powers, checks and balances and the rule of law under the 1996 Constitution of the Republic of South Africa. The focus on the South African constitution and judiciary may require some justification. First, the 1996 Constitution[8], which replaced the 1993 or Interim Constitution[9], ended the Apartheid regime and inaugurated the current constitutional and democratic order in the country. According to Cohen, this Constitution is "among the most progressive ever constructed".[10] Sunstein regards it as "the most admirable constitution in the history of the world".[11] While many people take the American Constitution for a "model" to be emulated across the world, Mark Kende went as far as contending that the South African Constitution was the best, even "BETTER than the United States's".[12] This is mainly due to the constitutional protection of human rights, including socio-economic rights, and the role played by the Constitutional

[5] Constitution of the Democratic Republic of Congo adopted by referendum on 18-19 December 2005 and promulgated on 18 February 2006.

[6] Constitution of the Republic of South Africa, 1996, Chapter 9, Sections 181-192.

[7] In South Africa, the judiciary consists of any court established by an Act of Parliament, Magistrates' Courts, the High Court and any court of appeal established by an Act of Parliament, the Supreme Court of Appeal and the Constitutional Court, which is the highest court of the Republic.

[8] The 1996 Constitution was enacted as Act 108 of 1996.

[9] Act 200 of 1993.

[10] Cohen, D.F., "A Constitution at a Crossroads: A Conversation with the Chief Justice of the Constitutional Court of South Africa". *North-western Journal of Human Rights*. Vol, 12, Issue 2, 2014, 149. At http://scholarlycommons.law.northwestern.edu/cgi/viewcontent.cgi?article=1170&context=njihr (accessed on 20 March 2016). See also Mangu Mbata, "The Constitutional Court and the promotion of constitutionalism in South Africa: Two decades on" in Narey, O. (ed) *La Justice constitutionnelle*, Paris, L'Harmattan, 181-182.

[11] See Kende, M.K.., "Why the South African Constitution is BETTER than the United States's" 2010. At http://academic.udayton.edu/Race/06hrights/GeoRegions/Africa/Safrica03.htm (accessed on 20 March 2016); Mangu "The Constitutional Court..."210.

[12] Idem.

Court[13] in enforcing the Bill of Rights and promoting the rule of law. Second, in view of its impressive jurisprudence, no constitutional or supreme court in the world has probably been as much tested as the South African Constitutional Court and still succeeded in responding to many challenges posed by the consolidation of constitutionalism and the rule of law. Theunis Roux held that the South African Constitutional Court was "one of the most successful of the post-1990 constitutional courts".[14]

Arguably, without a judiciary committed to constitutionalism and democracy and which has been struggling to maintain its independence *vis-à-vis* the ruling African National Congress (ANC), its government and Parliament, South Africa could have turned into an authoritarian state like many other African countries.

Apart from this introduction, which is its first section, the chapter consists of three other sections. The second section provides a brief theoretical background to the principles of the separation of powers, checks and balances and the rule of law. The third section revisits some South African landmark judgements that enriched the constitutional and human rights jurisprudence and therefore contains useful lessons that the judiciary can draw to promote constitutionalism and the rule of law in other parts of Africa and the world. The fourth and last section concludes the chapter.

I.- THEORETICAL BACKGROUND : SEPARATION OF POWERS, CHECKS AND BALANCES AND THE RULE OF LAW

The separation of papers, checks and balances and the rule of law are interrelated concepts, which need to be revised briefly to understand their meaning, their evolution and the role of the judiciary in promoting them.

---

13 The South African Constitutional Court consists of eleven judges, including the Chief Justice and the Deputy Chief Justice. It is the highest court of the Republic. It may decide constitutional matters and any point of law of general public importance. It makes the final decision whether a matter is within its jurisdiction. It is the only court that may decide disputes between organs of state in the national or provincial sphere of government concerning their constitutional status, powers or functions, on the constitutionality of any Act of Parliament, any provincial Act, any parliamentary or provincial Bill and on the constitutionality of any amendment to the constitution. It may also decide that Parliament or the President has failed to fulfill a constitutional obligation or certify a provincial constitution. The Constitutional Court makes the final order decision whether an Act of Parliament, a provincial Act or conduct of the President is constitutional and must confirm any order of invalidity made by the Supreme Court of Appeal, the High Court of South Africa, or a court of similar status, before that order has any force. See Constitution of the Republic of South Africa, 1996, Section 167 (1) – (6) with sections 79, 80, 121, 122 & 144.

14 Roux, T., "Principle and pragmatism, on the Constitutional Court of South Africa" quoted by Mangu "The Constitutional Court..." 210.

A.-SEPARATION OF POWERS AND CHECKS AND BALANCES

The separation of powers was known in numerous societies but Vile considered it the great pillar of Western political thought.[15] John Locke's *Second Treatise of Government*[16] embodied the first modern design of the separation of powers. However, Charles Louis de Secondat, who is better known as *Baron de la Brède et de Montesquieu,* is the first who gave it paramount political importance and remains the "oracle" who is always consulted and cited on this subject."[17]

In *De L'Esprit des Loix* (*The Spirit of Laws*),[18] which was inspired by Locke's writings and hailed as the first systematic treatise on politics since Aristotle, Montesquieu emphasised the judicial function and the independence of the judiciary. According to Montesquieu, "Constant experience shows us that every man invested with power is apt to abuse it, and carry his authority as far as it will go".[19] The result of concentration of powers is despotic government, tyranny or suppression of all form of liberty.[20] Jefferson warned that abuse of power by people's representatives or "elective despotism" was also a "tyranny" and made it clear this was not the government they fought for. [21]

Montesquieu argued that "All would be in vain if the same person, or the same body of officials, be it the nobility or the people, were to exercise these three powers; that of making laws; that of executing public resolutions; and that of judging crimes and disputes of individuals".[22]

---

15 Vile, M.J.C., *Constitutionalism and the Separation of Powers*, Oxford, Clarendon Press, 1967, 2. Vile may be commended for his documented account of the separation of powers in the "Western political theory": its history dating back to ancient Greeks and Romans; related theories such as the "theory of mixed government" (pp.26-52) and the "theory of the balanced constitution" (pp.53-75); and the English (pp.37-46), American (pp.119-175) and French (pp. 176-211) contributions and experiences with separation of powers.

16 According to Vile (op.cit. 49), "some thirty years before the publication of Locke's *Second Treatise,* the doctrine of separation of powers had been evolved as a response to the problems of the Civil War and the Commonwealth and had, in its seventeenth-century formulation, reached a high degree of development." Precursors cited by Vile include Saddler, George Lawson, Charles Dallison, Philip Hunton, Herle, and Milton.

17 See Vile op.cit.76-97; Cooper, S.W., "Considering 'power' in separation of powers", *Standard Law Review*, 1994, 362-363; Levi, E.H., "Some aspects of separation of powers", *Columbia Law Review*, 1976, 373-374; Van der Vyver, J.D., "Political power constraints and the American Constitution", *SALJ*, 1993, 419; Van der Vyver, J.D., "The separation of powers" *SAPR/PL*, 1993,177.

18 Charles de Secondat, Baron de Montesquieu, *The Spirit of the Laws* (Translated by Thomas Nugent), Kitchener, Batoche Books, 2001.

19 Montesquieu, quoted by Vile op.cit. 78.

20 See Levi op.cit. 375-376; Mangu, AMB, *Separation of Powers and Federalism in Post-colonial Africa: The South African Case*, unpublished LLM Dissertation, Pretoria, University of South Africa, 1998, 6.

21 Levi op.cit. 375.

22 See Vile op.cit. 85; Cooper op.cit. 362-363; Levi op.cit. 373-374; Van der Vyver, "The separation of powers…."177-178.

To prevent abuse of power by any branch of government, Montesquieu held that *le pouvoir arrête le pouvoir*[23], power should be a check to power[24] or "ambition (of one power should) be made to counteract ambition (of another power)", as Madison later echoed him.[25]

According to Van der Vyver, the idea of separation of powers includes four basic principles, namely the principle of *trias politica*, the principle of the separation of personnel, the principle of the separation of functions, and the principle of checks and balances.[26] *Trias politica* requires a formal distinction between the traditional three independent branches of state authority, namely the legislature, the executive and the judiciary. The separation of personnel prevents the same people from serving more than one branch of government at one time. The separation of functions entails a separation of functions between the three branches of state authority to avoid any interference. The legislature is empowered to enact laws; the executive is to execute them and the judiciary should administer justice and settle legal disputes. Checks and balances constitute the fourth precept of the separation of powers and allowed them to check and balance one another.

Considered a major American contribution, checks and balances signaled an evolution of the principle of the separation of powers. With the admission of checks and balances, there is no drastic separation of powers. Even the Founders of the American Constitution did not erect walls as a way to defend each branch's authority.[27] All powers have to collaborate, given that they all have to serve the same sovereign, namely the people. Moreover, the advent of political parties has reinforced collaboration and undermined the principle of the separation of powers, as one winning party may lead both the legislature and the executive.

Of all the components of the separation of powers, the only one to have survived in full is the principle of the *trias politica* requiring a formal classification of the repositories of state authority into the legislature, the executive, and the judiciary.[28] The most fundamental aspect of the separation of powers is that there must be a separation between the judiciary and the other two "political" branches of government.[29] Judicial review was a fundamental shift away from the conception of the British legal order which

---

23 Translation for: "Power should stop power".

24 Lafrance, G., "Montesquieu and Rousseau on Constitutional Theory", in Rosenbaum, A.S. (ed), *Constitutionalism: The Philosophical Dimension*, New York, Greenwood Press, 1988, 60.

25 Levi op.cit.378.

26 See Van der Vyver, "Political power constraints..." 419-420; Idem, "The separation of powers" 178-179.

27 See Levi op. cit. 376-391; Cooper op.cit. 363-364.

28 Mangu, Mbata, *Separation of Powers* ... 7.

29 Rabkin J "The Success of the Separation of Powers and its Contemporary Failings", *Bringham Young University Law Review*, 1987, 1008.

inspired the South African Apartheid legal order that was founded on the supremacy of Parliament despite the fact that unlike South Africa, Britain does not have a written constitution.[30]

In Feliciano's words, "Judicial review is essential for the maintenance and enforcement of the separation of powers and the balancing of power among the three departments of government."[31] Yet, it is a limitation on the principle of the separation of powers in that by striking down laws or acts of Parliament and invalidating unconstitutional, illegal acts or conduct of the President or the government, the judiciary encroaches upon the functions of the other two branches of state authority, especially the legislature and the executive. There lies its paradox.[32] Despite its immense powers of judicial review, the judiciary is also subject to the Constitution and the law and cannot do whatever it wants. In *EFF 1*, Chief Justice Mogoeng held that the judiciary did not have unlimited powers and must always be sensitive to the need to refrain from undue interference with the functional independence of other branches of government. It also "must" observe the constitutional limits of its authority and should not interfere in the processes or usurp the powers of other branches of government. [33]

B.- HORIZONTAL AND VERTICAL SEPARATION OF POWERS

There is no universal model of separation of powers, whether horizontal or vertical. The different schemes of horizontal separation of powers led to the differentiation between the political systems or regimes while those of vertical separation of powers resulted in the distinction between the forms of the states.

1.- Horizontal Separation of Powers and Political Regimes

The separation of powers as advocated by Locke, Montesquieu and many other scholars could be termed as "horizontal separation of powers" or separation of powers *stricto sensu*. This type of separation of powers helps distinguish between parliamentary, presidential and semi-parliamentary systems or regimes.

The concepts "political regime" and "political system" are often used interchangeably. Legal scholars generally use the former while political and other social scientists prefer the latter. A political regime is considered a complete set of political institutions of a state as they result not only from the

---

30 Levi op.cit. 376.

31 Feliciano, F.P., "The application of Law: some recurring aspects of the process of judicial review and decision-making", *The American Journal of Jurisprudence*, 1992, 23.

32 Mangu *Separation of powers…* 5.

33 *EFF 1* at paras 92 – 93.

constitutional rules that organise them, but also from their functioning as determined by various political, economic, social and cultural factors.[34] Political regimes differ from one another depending on the relationship that exists between the two political organs of state authority ; namely the executive and the legislature. The distinction is usually made between parliamentary and presidential regimes with semi-presidential or mixed regimes as an intermediate category.[35]

The Westminster or British system is referred to as the classic parliamentary regime. It is characterised by a number of features.[36] Firstly, the executive is two-headed and consists of a Head of State and a Prime Minister. The Head of State is an elected president or a monarch. He or she is the chief of the executive whilst the Prime Minister leads the Cabinet that comprises ministers and deputy ministers.[37] Secondly, the Head of State is a figurehead. Theoretically, he or she takes the most important political decisions. Actually, they are made by the Prime Minister and the Cabinet. Thirdly, the Head of State is not politically responsible or accountable. No presidential decision is constitutionally valid unless it has been countersigned or endorsed by a member of the Cabinet. Fourthly, the Prime Minister is formally appointed and dismissed by the Head of State. However, the latter will only appoint the majority leader in Parliament or somebody nominated by the majority party or coalition. The Head of State also appoints and dismisses other members of the Cabinet and senior officials. As stated, the decisions are actually made by the Prime Minister. Finally, the Cabinet is accountable to Parliament or at least to its lower chamber called the National Assembly or the Commons.[38] It must enjoy confidence of Parliament to take office and keep on governing the country. Members of the Cabinet are also members of Parliament. The Cabinet may be removed from office by Parliament through the vote of a motion of no confidence. Inversely, Parliament or usually the house that passed a motion of no confidence in the Cabinet can also be dissolved by the Head of State and fresh elections organised. The accountability of the Cabinet to Parliament and concurrently, the probability for the latter to be dissolved are the key elements

---

34 Mangu *Separation of powers*... 5.

35 This is generally said to be a traditional classification of political regimes. With the advent of political parties and the change they have brought in modern political life, regimes are divided into pluralistic and monist regimes depending on whether they entrench political pluralism or not. See Mangu, Mbata B., *Les régimes pluralistes africains : Cas de la République du Sénégal*, Mémoire de Licence en Droit, Université de Kinshasa, 1986, 5; Idem, *Separation of Powers* ... 18.

36 On the main features of a parliamentary regime, see Duverger, M., *Institutions politiques et droit constitutionnel,* Paris, PUF, 1963,184-188; Idem, *Institutions politiques et droit constitutionnel*, Paris, PUF, 1975, 153-155; Leclercq, Cl., *Institutions politiques et droit constitutionnel*, Paris, Libraire Technique, 1981, 157; Mangu Mbata *Les régimes pluralistes*... 21; Mpongo, Bokako B., *Institutions politiques et droit constitutionnel*, Kinshasa, Editions universitaires africaines, 2001, 295-308.

37 Mpongo, Bokako op.cit. 295-300.

38 In countries such as Italy, Cabinet (Council) is accountable to the two Chambers, the National Assembly and the Senate.

of the parliamentary regime. The regime is essentially characterised, at least formally, by the pre-eminence of Parliament.

The US political regime is considered the model of the presidential regime.[39] It is characterised by a stricter separation of powers and the predominance of the President who is the very "*clé de voûte*" of state authority or the keystone of the regime. Duverger distinguished the presidential regime from the parliamentary one on three grounds. Firstly, the executive is not two-headed. The full executive authority is vested in the President who appoints and may also dismiss ministers and deputy ministers. There is no need for presidential decisions to be countersigned by ministers to become valid. Ministers do not form a collective cabinet and are but administrative officials and president's collaborators, counsellors or assistants. Secondly, there is no Prime Minister and the President, who is both the Head of State and of the Administration, is elected by universal franchise. Thirdly, the President and Congress (Parliament) are independent from one another while forming a "marriage without divorce".[40] The President and his Secretaries are not accountable to and cannot be dismissed by Congress except in the very serious and rare cases of impeachment. On the other hand, Congress cannot be dissolved.

Outside the US, the presidential regime has been caricatured and turned into a "presidentialist regime". This is a corrupt presidential regime characterised by the concentration of powers in the hands of the President.[41] There is no separation of powers but, in Buchmann's words, "a real hierarchy of powers where one institution, actually a man, prevails over all other institutions including Parliament that is left a very derisory role."[42]

Some political regimes are mixed as they borrow from both parliamentary and presidential regimes. This is the case of the French political regime under the Constitution of the Fifth Republic and the South African regime under the 1996 Constitution.[43]

From the presidential regime, South Africa borrows a strong and an executive presidency. The President of the Republic is not a figurehead, but an executive President who is the head of the Cabinet, appoints its members (Deputy President and Ministers) and can dismiss them.[44] The Deputy President and Ministers are responsible for the powers and functions of the executive assigned to them by the President.[45] The executive authority of the

39 See Mangu *Les régime pluralistes*... 23; Leclercq op.cit. 157; Mpongo op.cit. 291-292.

40 See Duverger op. cit. (1975) 167; Mangu Mbata *Les régimes pluralistes*...23.

41 See Mangu Mbata *Les régimes pluralistes*...23 ; Mpongo Bokako op.cit. 292.

42 Buchmann, J., *L'Afrique noire indépendante*, Paris, LGDJ, 1962, 252-278. Also quoted by Mangu Mbata *Les régimes pluralistes africains*...33.

43 On the South African regime, see Mangu Mbata *Separation of Powers*...18-21.

44 Constitution of the Republic of South Africa, 1996, Section 91 (1).

45 Section 92 (1).

Republic is vested in the President[46] who is also the Head of State and head of the national executive.[47] There is no Prime Minister, but a Deputy President who assists the President. The Deputy President is not equal to the US Vice-President. Unlike the latter who is elected at the same time and on the same list as the President, the former is appointed by the President from the members of the National Assembly.

South Africa also borrows many features from the parliamentary regime despite its strong presidency. First is the central position of Parliament,[48] which even comes before the President and the National Executive.[49] Second is the indirect election of the President by and from the members of the National Assembly which together with the Senate constitutes the South African Parliament. As any member of the National Assembly, he is elected for five years but no person may hold office as President for more than two terms.[50] Third, most decisions made by the President must be endorsed or countersigned by another member of the Cabinet.[51] Fourth, Cabinet's members like the Deputy President and most Ministers also hold the membership of the National Assembly.[52] Cabinet's members, including the President, are accountable collectively and individually to Parliament for the exercise of their powers and the performance of their functions.[53] Fifth, the National Assembly, by a vote supported by a majority of its members, may pass a motion of no confidence in the President or in the Cabinet excluding the President. In the first case, the President and the other members of the Cabinet and any Deputy Ministers must resign. In the second, the President will reconstitute the Cabinet.[54]

Sixth and finally, the National Assembly can be dissolved by the National Executive and this may lead to fresh elections.[55]

Despite borrowing features from the presidential regime, South Africa remains fundamentally a parliamentary regime. It meets the two main criteria advocated by Duverger[56] for the parliamentary regime, namely the accountability of the Cabinet which can result in the removal of its members through a motion of no confidence passed by the National Assembly on the

46 Section 85 (1).

47 Sections 83(1) & 84(1).

48 Chapter 4.

49 Chapter 5.

50 Section 88.

51 Section 101(2).

52 Sections 87, 91(3), and 93. However, the President, on election, vacates his or her seat in the National Assembly.

53 Sections 92 (2), 102 (1) & 102.

54 Section 102.

55 Constitution of the Republic of South Africa, 1996, Sections 49 (2) & 50.

56 Duverger, M., quoted by Mangu, Mbata B., *Les régimes pluralistes africains*...24.

one hand and a possible dissolution of the National Assembly by the National Executive on the other hand. However, it differs from the French regime in three main aspects. First, the French President is directly elected by the people. Second, there is no Deputy President in France and the Prime Minister, not the President, is the head of the Cabinet accountable to the National Assembly. Third, the French President is not accountable and cannot be impeached by the National Assembly like his South African counterpart.

2.- Vertical Separation of Powers and Forms of the State

The vertical, spatial, territorial or geographic separation of powers[57] relates to the division of powers between different spheres of governments, which generally helps distinguish between the unitary and federal state depending on whether powers are concentrated in the central sphere of government or distributed between the central and other (regional and provincial) spheres or not.

As Vile once observed, the separation of powers and the federal principle are interlocking elements in a thoroughgoing philosophy of the division of power.[58] Federalism is also a form of "separation of powers", albeit not in the sense in which the latter is generally understood by the doctrine. It is concerned with the separation of powers between the central authority of the State and its provincial or regional units. The principle of federalism does, however, have its own origin and justification. Sadly, little attention has generally been paid to the vertical separation of powers by constitutional lawyers and political scientists in France and its former colonies. This is mainly due to the fact that France and all the countries which it colonized are unitary states, whether decentralized or not. Not a single one is a federal state. The French Revolution's emphasis on the centralised rule of the majority left no room for federalism.[59]

Lenaerts[60] contends that the many faces of federalism can be propounded in two basic models, namely integrative federalism and devolutionary federalism. The former refers to a constitutional order that strives at unity in diversity among previously independent or con-federal entities. Devolutionary federalism, on the other hand, refers to a constitutional order that redistributes the powers of a previously unitary state amongst its component entities.

57 On federalism as territorial separation of powers, see Chandler, R.C, Enslen, R.A. & Renstrom, P.G., *The Constitutional Law Dictionary*, Oxford (England), ABC-CLIO, 1985, 58.

58 Vile op.cit. 171.

59 Chandler, Enslen & Renstrom op.cit. 31.

60 Lenaerts, K., Constitutionalism and the Many Faces of federalism", *The American Journal of Comparative Law*, 1990, 206-207.

Some scholars made a distinction between "territorial federalism" and "personal, corporate or non-territorial federalism", depending on whether the self-rule and shared rule benefitted territorial entities or national groups, no matter where they are established in the country.[61] "Territorial federalism" in countries such as the United States, Switzerland, Canada, India and Germany is preferable to "personal federalism", which is more complex and very often means racial, tribal, or ethnic federalism that was favoured by the Afrikaner and the Zulu peoples when they claimed their own states or self-determination in South Africa.[62] This kind of explosive federalism is also the underlying principle on which the Belgian State is based.[63]

The combination of shared rule and self-rule in a federal framework entails some principles on which a federation is based, namely, autonomy, co-operation, subsidiarity, participation and judicial umpire.[64] The constitutional distribution of powers between the central and regional governments, guaranteeing that each has a certain sphere of autonomy, is considered the most important characteristic of a federal state.[65] This distribution of powers in concurrent and exclusive powers is done by the Constitution and matters not allocated to any sphere fall within the jurisdiction of the federal state. The Constitution grants more autonomy to the entities. Such autonomy may entitle them to govern themselves through distinctive state political institutions, which are elected by their people, enact laws or execute them for that entity. Entities may even be constitutionally entitled to enact their own constitutions. However, these constitutions should comply with the national Constitution. In a federation, Parliament is bicameral and the constitutive entities of the federation participate in the national/federal sphere through one house of Parliament set to represent them (Senate). An independent judiciary is competent to deal with disputes between the different spheres of government and prevent one sphere of government from usurping the powers of another.

Most countries in the world are unitary states. Entities that constitute a unitary state enjoy little autonomy as they do not have institutions or powers of their own and depend on the central government. In decentralized unitary states, entities are granted some powers not by the Constitution like in a

61 See De Villiers, B., "Federalism in South Africa: implications for individual and minority protection", *SAJHR*, 1993, 377-382; Devenish, G.E., "The Prospects for Constitutional Litigation in Relation to the Powers of the Central and Provincial Governments as Contained in the Interim Constitution and Related Issues", *THRHR*, 1996, 37.

62 Mangu Mbata *Separation of Powers*...27.

63 The Belgian State is divided into regions and communities, the French- (the *Walloons*), Dutch - (the Flemish) and German- (Germans) speaking communities.

64 See De Villiers, B., "Regional government in the new South Africa: the experience of India and Nigeria", *SAPR/PL*, 1992, 91-92; Lenaerts op. cit. 207; Watts, R, "Is the New South African Constitution Federal or Unitary?", in De Villiers, B, (ed), *Birth of a Constitution*, Johannesburg, Juta & Co 1994, 77-85.

65 See Bernhardt quoted by De Villiers "Regional government..." 91; Riker quoted by Devenish op. cit.40.

federal state, but rather by national legislation. Quasi-federal states constitute an intermediary category between federal and unitary states as they borrow some features from the first and others from the latter.

South Africa is a unitary state with some federal features. The government is constituted as national, provincial and local spheres of government which are distinctive, interdependent and interrelated.[66] As in a federal state, Parliament consists of two houses with one representing the provinces and another elected by the people.[67] Provinces are autonomous with their own legislative[68] and executive authorities[69]. They may even enact their own constitutions[70].

The Constitution divides competences between national legislation and provincial legislation and the disputes are settled by the judiciary[71]. There are functional areas of concurrent National and Provincial Legislative Competence[72] and functional areas of Exclusive Legislative Competence.[73] The possibility of the national sphere to interfere with the provincial one contributes to the unitary nature of the state. Unitary features prevail and South Africa remains a unitary but highly decentralised or regionalised state without meeting the criteria of a full-blown federal state[74]. Anyway, checks and balances and the separation of powers, whether horizontal or vertical, require respect for the rule of law and an independent judiciary.

C.- RULE OF LAW AND THE JUDICIARY

Like Montesquieu for the separation of powers, Dicey is the oracle who is generally cited with regard to the rule of law. Carpenter holds that in its original sense, as defined by Dicey, the rule of law means three things. First, it entails that no-one is punishable except for a distinct breach of the law, to which everyone is subject. Second, it means that all women and men are equal before the law. Third, it requires that the rights of the individual should not be formally protected in a constitution, but by the ordinary courts of the land.[75]

---

[66] Constitution of the Republic of South Africa, 1996, Section 40(1).

[67] Section 42.

[68] Sections 104-124.

[69] Constitution of the Republic of South Africa, 1996, Sections 125-141.

[70] Sections 142-145.

[71] Sections 146 – 148.

[72] Schedule 4.

[73] Schedule 5.

[74] See Devenisch op.cit. 37-38; Elazar op.cit. 35; Klaaren, J., “Federalism”, in Chaskalson, M. *et al* (eds) *Constitutional Law of South Africa*, Johannesburg, Juta & Co, 1996, 5.1; Mangu Mbata *Separation of Powers…* 24; Watts op.cit. 85.

[75] Carpenter, G., “Public Law: Constitutional Law”, in Hosten, W.J. *et al* (eds), *Introduction to South African Law and Legal Theory*, Durban, Butterworths, 1997, 959.

In its modern sense, the rule of law has come to include principles such as the independence of the judiciary; legal certainty; control over the exercise of discretionary powers and over subordinate legislatures; limitation of governmental powers by way of checks and balances; minimum procedural standards to ensure that no-one can be found guilty unless dully proved so; equality before the law, and effective judicial remedies in cases of violation of fundamental rights.[76] In a nutshell, the rule of law means that everyone is subject to the law, which therefore reigns supreme and where it exists the Constitution is the supreme law.

In *Economic Freedom Fighters (EFF) v Speaker of the National Assembly* and *Democratic Alliance (DA) v Speaker of the National Assembly*, Chief Justice Mogoeng held that our (South African) constitutional order hinged also on the rule of law as no decision grounded on the Constitution or law may be disregarded without recourse to a court of law.[77]

The English concept of the rule of law is close to the French *Etat de droit*, the Afrikaans *Regstaat* or the German *Rechtsstaat.* The latter was devised in Germany (Prussia) at the end of the nineteenth century in opposition to the state of police (*Etat de police*) to limit administrative arbitrariness and discretionary power in order to enhance efficiency and protect citizens. It entailed intervention by the judge to ensure that executive authorities abide by the law.

It was essentially an administrative *Etat de droit* where administration was subject to law.[78] Carpenter ventured that the *Rechtsstaat* idea tallied with the English law concept of constitutionalism, as it distinguished between the State founded on law and the totalitarian State.[79]

Etat de droit is not necessarily a democratic state. According to Badinter, the adjective is important.[80] The rule of law can also be authoritarian or undemocratic as this happened under Apartheid, colonial or one-party State. The rule of law, *Etat de droit*, *Rechtsstaat*, and *Regstaat* entail a government subject to the law which should be enforced by an independent judiciary and this law may be domestic or international law.

---

76 Carpenter op cit 959-960.

77 *Economic Freedom Fighters (EFF) v Speaker of the National Assembly; Democratic Alliance (DA) v Speaker of the National Assembly* (2016) ZACC 11; (2016) (3) SA 580 (CC), (2016) (5) BCLR 618 (CC) (*EFF 1*) at paras 73-74.

78 Conac, G., "Etat de droit et démocratie ", in Conac, G. (ed), *L'Afrique en transition vers le pluralisme politique*, Paris, Economica, 1993, 483.

79 Carpenter op cit 960.

80 Badinter, R., "Quelques réflexions sur l'Etat de droit en Afrique", in Conac op cit 9.

II.- THE JUDICIARY, THE SEPARATION OF POWERS AND RULE OF LAW IN SOUTH AFRICA

Since the end of Apartheid, the judiciary has delivered hundred judgements on constitutional matters which mainly related to the separation of powers, checks and balances and the rule of law. Except for a few, which are listed in the Constitution,[81] constitutional matters do not fall in the exclusive competence of the Constitutional Court. South Africa adopted a decentralized model of judicial review in the sense that not only the Constitutional Court, but the Supreme Court of Appeal, the High Court or any court of similar status may also make an order on the constitutionality of an Act of Parliament, a provincial Act or the conduct of the President. However, the Constitutional Court makes the final order decision whether an Act of Parliament, a provincial Act or conduct of the President is constitutional and must confirm any order of invalidity made by the Supreme Court of Appeal, the High Court of South Africa, or a court of similar status, before that order has any force.[82]

In a book containing the proceedings of the Conference on constitutional justice organised by the *Association Nigérienne de Droit Constitutionnel* (ANDC) in Niamey, Niger, in October 2016 and edited by Narey Oumarou, I assessed the contribution of the Constitutional Court to the promotion of constitutionalism and the rule of law in South Africa through an inquiry into landmark cases such as the *Makwanyane*, *Zuma*, *National Coalition for gay and Lesbian Equality*, *Hoffman*, *Shilubana*, *August*, *Grootboom*, and *Treatment Action Campaign* which were examined elsewhere.[83] The 2017 ANDC conference provided an opportunity to take the discussion further by examining other landmark cases decided by the Constitutional Court, the Supreme Court and the High Court of South Africa on constitutional matters in general and on the separation of powers, checks and balances, and the rule of law in particular. These cases include the *Certification Cases*, the *Al Bashir Cases*, the *Secret Ballot Case* and the *Nkandla Cases*.

A.- THE CERTIFICATION CASES

The 1993 Constitution provided for the adoption of a "final" [84] Constitution adopted by the National Assembly and the Senate (Parliament) acting as a Constitutional Assembly with a supporting vote of at least the two-thirds of their members.[85] To become law, the text of the final Constitution

81 Constitution of the Republic of South Africa, 1996, Section 167.

82 Section 167 (1) – (6).

83 Mangu Mbata, "The Constitutional Court …" 181-242.

84 Constitution of the Republic of South Africa, 1993, Schedule 4.

85 Sect 71(2)-(3) & 73(2).

had to be certified by the Constitutional Court as complying with 34 Constitutional Principles set out in the Interim Constitution.[86]

The 1993 Constitution and later the 1996 Constitution also entitled provincial legislatures to adopt the constitutions for their respective provinces but as for the "final" Constitution, the Constitutional Court was constitutionally mandated to certify that the provincial constitutions complied with the national constitution and the Constitutional Principles.

Out of the 34 Constitutional Principles "(CPs) set out in Schedule 4 of the Interim Constitution, some directly related to the rule of law, separation of powers, whether horizontal or vertical, and checks and balances. CPs IV and VII stresses constitutionalism and the rule of law which require an impartial and independent judiciary.[87] Separation of powers, checks and balances and independence of the judiciary are protected under CPs VI and VII.[88]

Many CPs relate to the vertical separation of powers or the separation of powers between the national, provincial and local spheres of government. This is the case for CPs XIII,[89] XVI,[90] XVII,[91] XVIII,[92] XIX,[93] XX,[94] XXI,[95] XXII,[96] XXIII,[97] XXIV,[98] XXV,[99] XXVI,[100] and XXVII.[101]

---

86 Schedule 4.

87 See CP IV: The Constitution shall be the supreme law of the land. It shall be binding on all organs of state at all levels of government. CP VII: The judiciary shall be appropriately qualified, independent and impartial and shall have the power and jurisdiction to safeguard and enforce the Constitution and all fundamental rights.

88 CP VI: There shall be a separation of powers between the legislature, executive and judiciary, with appropriate checks and balances to ensure accountability, responsiveness and openness.

89 CP XIII: 1. The institution, status and role of traditional leadership, according to indigenous law, shall be recognised and protected in the Constitution. Indigenous law, like common law, shall be recognised and applied by the courts, subject to the fundamental rights contained in the Constitution and to legislation dealing specifically therewith. 2. Provisions in a provincial constitution relating to the institution, role, authority and status of a traditional monarch shall be recognised and protected in the Constitution.

90 CP XVI: Government shall be structured at national, provincial and local levels.

91 CP XVII: At each level of government there shall be democratic representation. This principle shall not derogate from the provisions of Principle XIII.

92 CP XVIII:

1. The powers and functions of the national government and provincial governments and the boundaries of the provinces shall be defined in the Constitution.

2. The powers and functions of the provinces defined in the Constitution, including the competence of a provincial legislature to adopt a constitution for its province, shall not be substantially less than or substantially inferior to those provided for in this Constitution.

3. The boundaries of the provinces shall be the same as those established in terms of this Constitution.

4. Amendments to the Constitution which alter the powers, boundaries, functions or institutions of provinces shall in addition to any other procedures specified in the Constitution for constitutional amendments, require the approval of a special majority of the legislatures of the provinces, alternatively, if there is such a chamber, a two-thirds majority of a chamber of Parliament composed of provincial representatives, and if the amendment concerns specific provinces only, the approval of the legislatures of such provinces will also be needed.

5. Provision shall be made for obtaining the views of a provincial legislature concerning all constitutional amendments regarding its powers, boundaries and functions.

93 CP XIX: The powers and functions at the national and provincial levels of government shall include exclusive and concurrent powers as well as the power to perform functions for other levels of government on an agency or delegation basis.

94 CP XX : Each level of government shall have appropriate and adequate legislative and executive powers and functions that will enable each level to function effectively. The allocation of powers between different levels of government shall be made on a basis which is conducive to financial viability at each level of government and to effective public administration, and which recognises the need for and promotes national unity and legitimate provincial autonomy and acknowledges cultural diversity.

95 CP XXI: The following criteria shall be applied in the allocation of powers to the national government and the provincial governments:

1. The level at which decisions can be taken most effectively in respect of the quality and rendering of services, shall be the level responsible and accountable for the quality and the rendering of the services, and such level shall accordingly be empowered by the Constitution to do so.

2. Where it is necessary for the maintenance of essential national standards, for the establishment of minimum standards required for the rendering of services, the maintenance of economic unity, the maintenance of national security or the prevention of unreasonable action taken by one province which is prejudicial to the interests of another province or the country as a whole, the Constitution shall empower the national government to intervene through legislation or such other steps as may be denned in the Constitution.

3. Where there is necessity for South Africa to speak with one voice, or to act as a single entity - in particular in relation to other states powers should be allocated to the national government.

4. Where uniformity across the nation is required for a particular function, the legislative power over that function should be allocated predominantly, if not -wholly, to the national government.

5. The determination of national economic policies, and the power to promote inter-provincial commerce and to protect the common market in respect of the mobility of goods, services, capital and labour, should be allocated to the national government.

6. Provincial governments shall have powers, either exclusively or concurrently with the national government, inter alia – (a) for the purposes of provincial planning and development and the rendering of services; and (b) in respect of aspects of government dealing with specific socio-economic and cultural needs and the general well-being of the inhabitants of the province.

7. Where mutual co-operation is essential or desirable or where it is required to guarantee equality of opportunity or access to a government service, the powers should be allocated concurrently to the national government and the provincial governments.

8. The Constitution shall specify how powers which are not specifically allocated in the Constitution to the national government or to a provincial government, shall be dealt with as necessary ancillary powers pertaining to the powers and functions allocated either to the national government or provincial governments.

96 CP XXII: The national government shall not exercise its powers (exclusive or concurrent) so as to encroach upon the geographical, functional or institutional integrity of the provinces.

97 CP XXIII: In the event of a dispute concerning the legislative powers allocated by the Constitution concurrently to the national government and provincial governments which cannot be resolved by a court on a construction of the Constitution, precedence shall be given to the legislative powers of the national government.

98 CP XXIV: A framework for local government powers, functions and structures shall be set out in the Constitution. The comprehensive powers, functions and other features of local government shall be set out in parliamentary statutes or in provincial legislation or in both.

99 CP XXV: The national government and provincial governments shall have fiscal powers and functions which will be defined in the Constitution. The framework for local government referred to in Principle XXIV shall make provision for appropriate fiscal powers and functions for different categories of local government.

100 CP XXVI: Each level of government shall have a constitutional right to an equitable share of revenue collected nationally so as to ensure that provinces and local governments are able to provide basic services and execute the functions allocated to them.

101 CPXXVII: A Financial and Fiscal Commission, in which each province shall be represented, shall recommend equitable fiscal and financial allocations to the provincial and local governments from revenue collected nationally, after taking into account the national interest, economic disparities between

Judicial certification allowing the judiciary through the Constitutional Court to pronounce on compliance with the Constitutional Principles and the provisions of the existing Constitution for a new constitution, whether national or provincial, to come into operation was unprecedented,[102] as generally the judiciary does not interfere in constitution-making. A constitution is adopted by the people or by a specifically mandated legislative authority. Referendum is usually considered the most democratic way of adopting a constitution. Constitutions adopted by referendum are therefore to be the most democratic, the most stable and the ones which are the most respected by the people and the government. However, although it was provided by the 1993 or Interim Constitution,[103] a referendum was not organised to adopt the post-transition constitution. The 1996 Constitution which is considered one of the best constitutions in the world was adopted by people's democratically elected representative in the Constitutional Assembly and then certified by the Constitutional Court. It would be worth investigating in another chapter why this Constitution commands so much respect as compared to many others which were adopted by referendum on the African continent.

By mandating the Constitutional Court to certify the final Constitution of the Republic and any provincial constitution before it could come into operation, the Constitutional Assembly made the Constitutional Court the chief constitution maker since without its imprimatur or certification, South Africa would not have any constitution. Accordingly, the Constitutional is the guardian of the Constitution and the values enshrined therein. Since its inauguration, the Court has fought hard to assume its constitutional mandate.

Certification Cases include five cases that were decided by the Constitutional Court. Two cases dealt with the national Constitution or the Constitution of the Republic of South Africa and three with provincial constitutions, namely the Constitution of the Provinces of Western Cape (two cases) and KwaZulu-Natal. The principles of the separation of powers, checks and balances and the rule of law held an important place in the *Certification Cases* since the Constitutional Court had to assess the compliance of the national and provincial constitutions in order to decide on their certification and entry into force.

The main question before the Constitutional Court was whether the draft (national or provincial constitution) was consistent with the 34 Constitutional Principles or not. In the affirmative, the draft constitution was certified and could come into force. In the negative, the draft constitution was referred back

---

the provinces as well as the population and developmental needs, administrative responsibilities and other legitimate interests of each of the provinces.

102 *Certification of the Constitution of the Republic of South Africa*, 1996, 1996 (10) BCLR 1253 (CC) at para 1264 F.

103 Constitution of the Republic of South Africa, 1993, Section 71.

for amendment and resent back to the Constitutional Court. This happened with the Amended Constitution of the Republic of South Africa and the Amended Constitution of the Western Cape while the KwaZulu-Natal Provincial Legislature never amended its draft constitution after its rejection by the Constitutional Court. As a result, the Western Cape is the only province in South Africa to have its own Constitution. The legislatures of the remaining eight provinces never passed a provincial constitution. This is probably due to the fact that they have been governed by the African National Congress (ANC) and the discipline of the party would not allow its members in the provincial legislature to claim more autonomy from the central government also under the leadership of the ANC.

1.- Certification of the Constitution of the Republic of South Africa

The new text of the "final" Constitution referred to in the 1993 Constitution[104] was adopted by the Constitutional Assembly on 8 May 1996 and submitted to the Constitutional Court for certification after finding that they complied with the 34 Constitutional Principles contained in its Schedule 4.

In *Certification of the Constitution of the Republic of South Africa*,[105] the South African Constitutional Court contributed to the theory of the separation of powers and checks and balances as it examined the compliance of the draft constitution with the Constitutional Principles even though one could disagreed with the Court on its demarcation between the separation of powers and checks and balances which are closely interrelated despite the fact that they are not synonymous. According to the Court, the principle of the separation of powers "recognises the functional independence of branches of government" while "the principle of checks and balances focuses on the desirability of ensuring that the constitutional order, as a totality, prevents the branches of government from usurping power from one another. In this sense it anticipates the necessary or unavoidable intrusion of one branch on the terrain of another".[106]

The politics of deadlock, implicit in the "pure doctrine" of the separation of powers as championed by Locke and Montesquieu would make any country ungovernable. The Constitutional Court rightly pointed out that no constitutional scheme could reflect a complete separation of powers. There is no universal model of separation of powers and no separation of powers is absolute. The scheme is always one of partial separation and the separation of

---

104 Constitution of the Republic of South Africa, 1993, Section 71.

105 *Certification of the Constitution of the Republic of South Africa* at 1260 (C)- (D), 1275 (A), 1398 (A) - 1399 (H).

106 Idem at para 1299 F-G

powers is subject to many kinds of checks and balances with judicial review being the most important.[107]

With regard to CP VI that required that there be separation of powers and appropriate checks and balances implicit in the horizontal separation of powers, the draft constitution of the Constitutional Assembly passed constitutional muster and could have been certified on this ground. Unfortunately, the Court found that it failed to comply with the requirements of vertical separation of powers contained in several CPs, especially CPs IV, VII, X, XXIV, and XXV by impermissibly shielding an ordinary statute from constitutional review and not allocating appropriate fiscal powers and functions for different degrees of local government.[108] The text was referred back to the Constitutional Assembly for amendment and resubmission.

On 11 October 1996, the Constitutional Assembly passed an amended text. *In re: Certification of the Amended Text of the Constitution of the Republic of South Africa,*[109] the constitutional judges were finally satisfied with the text and certified that the provisions of the amended constitutional text passed by the Constitutional Assembly on 11 October 1996 complied with the CPs in Schedule 4 to the Constitution of the Republic of South Africa, Act 200 of 1993, and could then come into force.[110] The judgement was delivered on 4 December 1996.

2.- Certification of the Constitution of the Province of KwaZulu-Natal

The Interim Constitution[111] entitled a provincial legislature to pass a constitution for its province by a resolution of a majority of at least two-thirds of all its members. Before such a constitution can have the force of law, the Constitutional Court must certify that none of its provisions is inconsistent with any provision of the Interim Constitution. On 15 March 1996, the KwaZulu-Natal provincial legislature unanimously adopted the constitution for that province. On 25 March 1996, the Speaker submitted it to the Constitutional Court requesting its certification. In its judgement delivered on 6 September 1996, the very same day it rejected the draft Constitution of the Republic of South Africa, the Constitutional Court held that the provincial

---

107 Idem at paras 1298 G, 1299 A-H, 1300 A-F, 1301 A.

108 Idem at paras 1398 (A) – 1399 (G).

109 *Certification of the Amended Text of the Constitution of the Republic of South Africa*, 1997 (1) BCLR 1 (CC).

110 Idem at para 60 (G) – (H).

111 Constitution of the Republic of South Africa, 1993, Section 160 (1).

constitution was fatally flawed under three headings: usurpation of national powers, the consistency clauses and the suspensive conditions.[112]

The main problem with the draft constitution of the Provincial of KwaZulu-Natal is that it purported to usurp the powers and functions of Parliament and the national Government, in violation of CPs XVIII, XIX, XX, XXI, XXIVI, XXV, XXVI and XXVII. The judges held that they were unable to and therefore declined to certify that the draft Constitution of the Province of KwaZulu-Natal 1996 adopted on 15 March 1996 by the KwaZulu-Natal legislature was consistent with the provisions of the Constitution of the Republic of South Africa, Act 200 of 1993, and the Conditional Principles in its Schedule 4.[113] Unfortunately, the KwaZulu-Natal provincial legislature never amended its draft to get it certified as the Constitutional Assembly did with the draft constitution of the Republic of South Africa and the Province of the Western Cape. Accordingly, the KwaZulu-Natal still does not have a constitution of its own.

3.- Certification of the Constitution of the Western Cape

The 1996 Constitution, which replaced the 1993 Constitution, also contained provisions for the certification of the provincial constitutions.[114] On 21 February 1997, the Western Cape provincial legislature adopted a constitution for the province and the Speaker referred it to the Constitutional Court for certification.

On 2 September 1997, the judges held that they were unable and therefore did not certify that the whole of the constitutional text of the Constitution of the Western Cape of 1997 passed by the legislature of that province on 21 February 1997 complied with section 143 of the Constitution. The Court held that it was impermissible for a provincial constitution, under the guise of making provision for such legislative or executive structures or procedures, to grant the province the powers or functions beyond those conferred by the national constitution.[115] The amended constitutional text was passed by the Western Cape provincial legislature on 11 September 1997. After scrutinizing this text, the judges unanimously agreed that all its provisions complied with section 143 of the Constitution.[116] As stated earlier, unlike the KwaZulu-Natal Province, the Western Cape managed to enact and remains the only one province to have its own constitution.

---

112 *Certification of the Constitution of the Province of KwaZulu-Natal*, 1996 1996 (11) BCLR 1419 (CC) at 1421 F.

113 Idem at paras 1425 (H), (I) – 1433 (A), 1426 (E), 1437 (H) – (I).

114 Constitution if the Republic of South Africa, Sections 143 & 144.

115 *Certification of the Constitution of the Western Cape*, 1997, 1997 (9) BCLR 116`7 (CC) at 1197 (I).

116 Idem at para 1654 (F).

B.- THE AL BASHIR CASES

Having suffered decades of Apartheid, which is an international crime and a serious violation of international law, the South African government under President Thabo Mbeki campaigned for and signed the Rome Statute establishing an International Criminal Court (ICC)[117] aimed at prosecuting and judging all those responsible for the most serious international crimes, namely genocide, war crimes, crimes against humanity and the crime of aggression.[118] As required by the 1996 Constitution,[119] Parliament enacted legislation that incorporated the Rome Statute into its domestic law,[120] making it binding law in South Africa

Sudanese President Omar Hassan Ahmad Al Bashir had been indicted by the ICC and issued two warrants for his arrest for genocide, war crimes and crimes against humanity in the Darfur Province of Sudan.[121] Accordingly, the ICC had requested all State Parties to the Rome Statute, including South Africa, to cooperate by arresting, judging or deferring him to the ICC for judgment.

The *Al Bashir Cases*[122] were two cases decided by the High Court of South Africa and the Supreme Court of Appeal. The issue brought before the Courts was whether the South African government complied with the Rome Statute and its own law by not arresting President Al Bashir when he arrived in South Africa in June 2015 to attend the AU Summit.

The proceedings in the *Bashir Cases* started on Sunday 14 June 2015, the day after Al Bashir arrived in South Africa to attend the AU summit. The applicant, the *Southern Africa Litigation Centre*, wanted South Africa to comply with its obligations under the Rome Statute by arresting President Al Bashir, judging or transferring him to the ICC for judgment. The proceedings were adjourned until Monday 15 June 2015. Meantime, Judge Fabricius issued an interim order that compelled the respondents to prevent President Bashir from leaving the country until a final order was made in the proceedings. The Court also requested the Director General of Home Affairs to take all necessary steps with immigration officials under his authority to prevent

117 Text of the Rome Statute circulated as document A/CONF.183/9 of 17 July 1998 and corrected by *procès -verbaux* of 10 November 1998, 12 July 1999, 30 November 1999, 8 May 2000, 17 January 2001 and 16 January 2002. The Statute entered into force on 1 July 2002. At https://www.icc-cpi.int/nr/rdonlyres/ea9aeff7-5752-4f84-be94-0a655eb30e16/0/ rome_statute_english.pdf (accessed in 15 May 2016).

118 Article 5 of the Rome Statute.

119 Constitution of the Republic of South Africa, Section 231(3).

120 *Implementation of the Rome Statute of the ICC Act*, Act 27 of 2002.

121 *Bashir Case 1* at para 1.

122 See *Southern Africa Litigation Centre v Minister of Justice and Constitutional Development & Others* 2015 (5) SA 1 (GP) (*Bashir Case 1*) & *The Minister of Justice and Constitutional Development v Southern Africa Litigation Centre* C (867/15) (2016) ZASCA 17 (*Bashir Case 2*).

President Bashir from leaving the country.[123] When the proceedings concluded and the Court handed down its judgment around 15h00 on Monday 15 June 2015, President Bashir ignoring the court's ruling had already left the country with the assistance of the respondents, in violation of the interim order handed down by Judge Fabricius.[124]

The High Court confirmed its interim order that the respondents were compelled to take all reasonable steps to prepare to arrest President Bashir and detain him, pending a formal request for his surrender from the ICC and failing to do so was inconsistent with the Constitution and the *Implementation of the Rome Statute of the ICC Act 27 of 2002* as South Africa was bound both under international law and domestic law to arrest and surrender President Bashir as soon as he entered the country.[125]

The High Court dismissed the respondents' arguments that President Bashir enjoyed immunity under customary international law as an incumbent head of state and could not be arrested in terms of both the agreement concluded with the AU Commission to host the AU summit and the resolution taken by the regional body on 12 October 2013 to no longer cooperate with the ICC. The High Court agreed that President Bashir could enjoy immunity under customary international law. However, such immunity had become irrelevant or was waived in respect of crimes and States' obligations under the Rome Statute.[126] The High Court made it clear that a court of law was the wrong forum for the ventilation of regional and international policy considerations and that it could not have concerned itself with policy decisions, which in their nature fall outside their ambit, but rather with the integrity of the rule of law and the administration of justice.[127]

The principles of the rule of law are indispensable cornerstones of constitutional democracy on South Africa. A court must fearlessly address this through its judgments, and not hesitate to keep the executive within the law, failing which it would not have complied with its constitutional obligations to administer justice to all persons alike without fear, favour or prejudice.[128] The High Court added that where the rule of law is undermined by government, it is often done gradually and surreptitiously.[129] It then concluded:

---

123 Idem paras 2 – 6.

124 See Mangu, Mbata, A, "The Bashir case and backpedalling in Human Rights and the Rule of Law in Post-Mandela South Africa". *African Journal of Democracy and Governance*, Vol 2, Nos 1 & 2, 2015, 186-187; *Bashir Case* 1 at paras7- 9.

125 *Bashir Case 1* at paras 23 & 33.

126 Idem at para 28.

127 Idem at paras 33 – 34.

128 Idem at para 38.

129 Idem at para38.

> A democratic State based on the rule of law cannot exist or function, if the government ignores its constitutional obligations and fails to abide by Court orders. A court is the guardian of justice, the cornerstone of a democratic system based on the rule of law. If the State, an organ of State or State officials does not abide by Court orders, the democratic edifice will crumble stone-by-stone until it collapses and chaos ensues.[130]

An ANC National Executive Committee (NEC) statement released on 14 June 2015 called upon the government to challenge the order of the High Court against Al-Bashir. Unsurprisingly, the ANC-led government sought leave to appeal against the High Court's ruling before the Supreme Court of Appeal.

In a judgment delivered on 15 March 2016 by Wallis J, with Justices Lewis and Ponnam concurring, the Supreme Court of Appeal[131] granted the respondents leave to appeal, but dismissed the appeal by the Minister of justice and Constitutional Development and Others. It upheld the judgment of the High Court that

> The conduct of the Respondents in failing to take steps to arrest and detain, for surrender to the International Criminal Court, the President of Sudan, Omar Hassan Ahmad Al Bashir, after his arrival in South Africa on 13 June 2015 to attend the 25th Assembly of the African Union, was inconsistent with South Africa's obligations in terms of the Rome Statute and section 10 of the Implementation of the Rome Statute of the International Criminal Court Act 27 of 2002, and unlawful.[132]

In 11 April 2016, the South African Department of Justice and Constitutional Development made a statement that it had applied for leave to appeal to the Constitutional Court against the judgment delivered by the Supreme Court of Appeal.[133] This application was set down for hearing at the Constitutional Court on 22 November 2016. On 21 October 2016, Minister Michael Masutha announced that the application was withdrawn and South Africa was no longer going to the Constitutional Court. In fact, the prospects of success were slim since by not complying with its obligations under the Rome Statute and by ignoring a High Court's ruling to arrest President Bashir and surrender him to the ICC, the South African Government obviously

130 Idem, para 37.2.

131 *Bashir Case* 2.

132 Idem at para 113.

133 See "News Archive" at http://www.internationalcrimesdatabase.org/home/newsarchive (accessed on 15 May 2016).

violated its obligations under the Constitution and it was unlikely that it would be granted leave to appeal.

C.- THE SECRET BALLOT CASE[134]

On 31 March 2017, invoking his constitutional powers, President Zuma dismissed the Finance Minister, M. Pravin Gordhan, and his Deputy, M. Mcebisi Jonas. Because of the economic downgrade resulting from this decision, three political parties represented in the National Assembly, namely the United Democratic Movement (UDM), the Democratic Alliance (DA) and the Economic Freedom Fighters (EFF) requested the Speaker of the National Assembly to schedule a motion of no confidence in the President. The Speaker agreed and scheduled it for 18 April 2017. On 6 April 2017, UDM wrote to the Speaker asking her to prescribe a secret ballot as the voting procedure. While admitting that the Constitution and the Rules of the National Assembly did not make express provision for a secret ballot, UDM contended secret ballot was not prohibited and some direction could be found in the Constitution[135] and in the Rules of the National Assembly.[136]

In response, the Speaker relied on Tlouamma[137] and held that voting procedures in the National Assembly were determined by the Constitution and the Rules of the National Assembly and that none of them provided for a vote on a motion of no confidence to be conducted by a secret ballot.[138]

In conclusion, the Speaker said that she had no authority in law or in terms of the Rules to determine that voting on that motion be conducted by secret ballot. She therefore dismissed UDM's application for a secret ballot.[139] With the support of some political parties represented in the National Assembly and friends of the court, UDM approached the Constitutional Court for a ruling granting them direct access and setting aside the decision of the Speaker as unconstitutional and invalid. They also requested the Constitutional Court to direct the Speaker that a vote on a motion of no confidence in the President be conducted by secret ballot since such ballot was not prohibited.[140]

---

134 *United Democratic Movement v Speaker of the National Assembly and Others* (CCT89/17) [2017] ZACC 21; 2017 (8) BCLR 1061 (CC) (22 June 2017).

135 See *United Democratic Movement v Speaker of the National Assembly and Others* at paras 13-15; Sections 57 and 86(2) of the Constitution, read with item 6(a), Part A of Schedule 3 to the Constitution.

136 Rule 2 of the Rules of the National Assembly.

137 See *United Democratic Movement v Speaker of the National Assembly and Others* and paras 16, 89 & 91; *Tlouamma v Speaker of the National Assembly* [2015] ZAWCHC 140; 2016 (1) SA 534 (WCC). In this case, the High Court held that there was no implied or express constitutional requirement for voting by secret ballot on a motion of no confidence in the President and therefore dismissed an application for an order to compel the National Assembly to vote on a motion of no confidence by secret ballot. UDM reiterated that the public interest dictated that the vote of no confidence be conducted by a secret ballot.

138 *United Democratic Movement v Speaker of the National Assembly and Others* at para 16.

139 Idem at paras 17-18.

140 Idem at para 13.

In a judgment written and read by Chief Justice Mogoeng on 22 June 2017, the Constitutional Court first granted UDM direct access. As several other constitutions[141], the 1996 Constitution of the Republic of South Africa grants rights to any person, whether natural or juristic, when it is in the interest of justice and with leave to the Constitutional Court, to bring a matter directly to the Court or appeal directly to it from any other court.[142]

Chief Justice Mogoeng emphasised the importance of the separation of powers and checks and balances for a democratic and accountable government. He recalled Constitutional principle VI in Schedule 4 to the Interim Constitution which guided the constitution-making process: "There shall be a separation of powers between the legislature, executive and judiciary, with appropriate checks and balances to ensure accountability, responsiveness and openness."[143]

He insisted on accountability of those elected to represent the people and the members of the Cabinet and stressed that the National Assembly had the power to decide on the appropriate voting procedure in holding the Executive accountable. This could be done through secret ballot or not since this was not determined by the Constitution or any rule of the National Assembly. The Constitution[144] and the Rules of the National Assembly[145] empower the Speaker to decide how a particular motion of no confidence in the President should be passed.

The Constitutional Court declared that the Speaker of the National Assembly had the power to prescribe that voting in a motion of no confidence in the President of the Republic of South Africa be conducted by secret ballot. UDM's request was remitted to the Speaker for her to make a fresh decision. This decision of the Constitutional Court accorded with the dictates of the separation of powers. The judiciary could not interfere without violating this principle. Nevertheless, the Court held that the Speaker was mistaken by contending that she had no authority in law or in terms of the Rules to determine that voting on a motion of no confidence against the President be conducted by secret ballot. However, while championing the separation of powers principle, the Court interpreted the relevant constitutional provisions in such a manner that the Speaker had no choice but allow a secret ballot in the motion of no confidence in the President:

---

141 See Fombad, CM. "Constitutional Adjudication and Constitutional Justice in Africa: Current Trends and Future Perspectives", in Narey O op cit 126-128; Article 137(3)(a) of the 1995 Constitution of Uganda; Article 22 of the 2010 Constitution of Uganda; Article 122 of the 1990 Constitution of Benin; Article 162 of the 2006 Constitution of the Democratic Republic of Congo.

142 Constitution of the Republic of South Africa, 1996, Section 167(6) (a)-(b).

143 See also *Certification of the Constitution of Republic of South Africa* [1996] ZACC 26; 1996 (4) SA 744 (CC); 1996 (10) BCLR 1253 (CC) (*Certification case*) at para 45. 3 Sections 48, 62, 87, 95 & 174 of the Constitution. 4 Section 178 of the Constitution. 5 Section 174 of the Constitution.

144 Constitution of the Republic of South Africa, 1996, Section 57.

145 Rule 103(1) & (3) of the National Assembly.

To allow Members of the National Assembly to vote with their conscience and choose who they truly believe to be the best presidential material for our country, without any fear of reprisals, a secret ballot has been identified as the best voting mechanism.[146] Conversely, a Member of Parliament could be exposed to a range of reasonably foreseeable prejudicial consequences when called upon to pronounce through a vote on the President's accountability or continued suitability for the highest office…[147]

The appropriateness of a voting procedure for that motion is particularly important since our electoral system is structured in such a way that it is, broadly speaking, a party but not a Member of Parliament that gets voted into Parliament. A political party virtually determines who goes to Parliament and who is no longer allowed to represent it in Parliament. Members' fate or future in office depends largely on the party.

The Deputy President, Ministers and Deputy Ministers who are also Members of Parliament, are presidential appointees. The ruling party has a great influence on, or dictates, who gets appointed or elected as senior office-bearers in Parliament. Almost invariably the President – although not a Member of Parliament – is the leader of the ruling party. It would be quite surprising if the senior office-bearers in Parliament were not appointed or elected with a significant input by the President and other senior party officials. There are therefore institutional and other risks that Members, particularly of any ruling party, are likely to get exposed to when they openly question or challenge the suitability of their leader(s) for the position of President…[148]

A factor that is relevant to the Speaker's decision-making in relation to a democratically-permissible voting procedure is that "an individual member remains free to follow the dictates of personal conscience"...[149] Central to the freedom "to follow the dictates of personal conscience" is the oath of office. Members are required to swear or affirm faithfulness to the Republic and obedience to the Constitution and laws. Nowhere does the supreme law provide for them to swear allegiance to their political parties, important players though they are in our constitutional scheme. Meaning, in the event

---

146 *United Democratic Movement v Speaker of the National Assembly and Others* at para 74.

147 Idem at para 75.

148 Idem at para 76.

149 Idem at para 78.

> of conflict between upholding constitutional values and party loyalty, their irrevocable undertaking to in effect serve the people and do only what is in their best interests must prevail. This is so not only because they were elected through their parties to represent the people, but also to enable the people to govern through them, in terms of the Constitution...[150]
>
> When the risk that inheres in voting in defiance of the instructions of one's party is evaluated, it must be counter-balanced with the apparent difficulty of being removed from the Assembly...[151]
>
> The power to decide whether a motion of no confidence is to be resolved through an open or secret ballot cannot be used illegitimately or in a manner that has no regard for the surrounding circumstances that ought to inform its exercise. It is neither for the benefit of the Speaker nor his or her party. This power must be exercised to achieve the purpose of a motion of no confidence which is primarily about guaranteeing the effectiveness of regular mechanisms...[152]
>
> To the extent that might have been understood to have held that a secret ballot procedure is not at all constitutionally permissible, that understanding is incorrect. The Speaker's decision was invalid and must be set aside.[153]

The Court declined to impose a decision on the Speaker and remitted the matter to her for a fresh decision as "no legal basis exists for that radical and separation of powers-insensitive move".[154] It would thus be most inappropriate to order the Speaker to have the motion of no confidence in the President conducted by secret ballot, as if she ever said that she would not do so even if she had the power to do so and circumstances plainly cry out for it. To order a secret ballot would trench separation of powers.[155]

In view of the above, the Court granted UDM direct access and set aside the Speaker's decision of 6 April 2017 that she had no constitutional power to prescribe that voting in a motion of no confidence in the President of the Republic of South Africa be conducted by secret ballot and referred the matter back to her for a fresh decision to comply with the principle of the separation

[150] Idem at para 79.

[151] Idem at para 80.

[152] *United Democratic Movement v Speaker of the National Assembly and Others* at para 85.

[153] Idem at para 91

[154] Idem at para 92.

[155] Idem at para 93.

of powers.[156] The Speaker of the National Assembly ruled that the vote had to be conducted by secret ballot.

D.- THE NKANDLA CASES[157]

These cases relate to the building of Jacob Gedleyihlekisa Zuma's presidential private home in Nkandla in the KwaZulu-Natal Province. They involved several institutions: President Jacob Zuma who was the main beneficiary of the governmental project, Cabinet's members (Ministers of Police and Public Works) who authorised the spending of public money to build the presidential private home and later exonerated President Zuma from any wrong doing, the Public Protector, one of the Chapter Nine state institutions supporting constitutional democracy[158] that investigated and took the remedial action, the National Assembly (and the Speaker) which examined Public Protector's report and other reports and to which the President and other Cabinet's members are accountable, but exonerated the President, political parties (EFF, UDM, Democratic Alliance, DA, and Congress of the People (COPE) that applied to the Constitutional Court and the Constitutional Court granted them leave and decided on the matter in its capacity as "the ultimate guardian of the Constitution and its values".

With regard to the Public Protector, the Constitution provides that he/she has the power, as regulated by national legislation,

> a) to investigate any conduct in state affairs, or in the public administration in any sphere of government,
> that is alleged or suspected to be improper or to result in any impropriety or prejudice;
> b) to report on that conduct; and
> c) to take appropriate remedial action.[159]

In *EFF1* a number of applicants, including a Member of Parliament, lodged complaints with the Public Protector concerning aspects of the security upgrades at the President's Nkandla private residence. This triggered an extensive investigation by the Public Protector into the Nkandla project. In her

---

156 Idem at para 97.

157 *Economic Freedom Fighters (EFF) v Speaker of the National Assembly; Democratic Alliance v Speaker of the National Assembly* (2016) ZACC 11; 2016 (3) SA 580 (CC); 2016 (5) BCLR 618 (CC) (*EFF 1*) at http://www.enca.com/south-africa/full-judgment-concourt-ruling-nkandla-matter (accessed on 15 February 2017).and *Economic Freedom Fighters and Others v Speaker of the National Assembly and Another* [2017] ZACC 47 (*EFF* 2) at http://www.enca.com/south-africa/full-judgment-concourt-ruling-nkandla-matter (accessed on 15 February 2017).

158 Constitution of the Republic of South Africa, 1996, Section 181. The six other institutions supporting constitutional democracy are the South African Human Rights Commission, the Commission for the Promotion and Protection of the Rights of Cultural, Religious and Linguistic Communities, the Commission for Gender Equality, the Auditor- General and the Electoral Commission.

159 Constitution of the Republic of South Africa, 1996, Section 182(1).

report, the Public Protector concluded that several improvements were non-security features. Since the State was in this instance under an obligation only to provide security for the President at his private residence, these improvements amounted to undue benefit or unlawful enrichment to him and his family and constituted a breach of his constitutional obligations and the code of ethics prescribed for Cabinet's members by national legislation. Accordingly, the President had to pay for them.[160]

In her report released on 19 March 2014, having arrived at the conclusion that the President and his family were unduly enriched as a result of the non-security features, the Public Protector took remedial action against him in terms of section 182(1)(c) of the Constitution. The President of the Republic was requested to do the following :

- Take steps, with the assistance of the National Treasury and the SAPS, to determine the reasonable cost of the measures implemented by the DPW [Department of Public Works] at his private residence that do not relate to security, and which include [the] visitors' centre, the amphitheatre, the cattle kraal and chicken run and the swimming pool ;
- Pay a reasonable percentage of the cost of the measures as determined with the assistance of the National Treasury ;
- Reprimand the Ministers involved for the appalling manner in which the Nkandla Project was handled and state funds were abused ; and
- Report to the National Assembly on his comments and actions on this report within 14 days.[161]

Consistent with this directive, the President submitted his response to the National Assembly, which set up two *Ad Hoc* Committees to examine the Public Protector's report as well as other reports including the one compiled by the Minister of Police. After endorsing the report by the Minister of Police and a report of one of its two *Ad Hoc* Committees, the National Assembly resolved to absolve the President of all liability. Consequently, the President did not comply with the remedial action taken by the Public Protector.[162]

For over one year, neither the President nor the National Assembly did what they were required to do in terms of the remedial action. EFF and DA then approached the Constitutional Court against the National Assembly and the President of the Republic. EFF applied for an order affirming the legally binding effect of the Public Protector's remedial action and declaring that both

[160] *EFF 1* at paras 5 – 7.

[161] Idem at para 10.

[162] Idem at paras 11 - 12.

the President and the National Assembly had acted in breach of their constitutional obligations. DA launched a similar application in the Western Cape Division of the High Court, Cape Town, and subsequently to this Court conditional upon the EFF's application being heard by this Court.[163] Both applications were joined for the Court to decide by a single decision.

On 31 March 2016, the Constitutional Court ruled that it had the exclusive jurisdiction to deal with the application made by EFF and DA grant them direct access. The Court confirmed that the remedial action taken by the Public Protector was binding and failure by the President to comply was inconsistent with the Constitution and invalid.

The National Treasury had to determine the reasonable costs of the measures implemented by the Department of Public Work at the President's homestead that did not relate to security and the President had to pay the money within a specific period, as he unduly benefitted. The President had also to reprimand the Ministers involved in the project.

The Court ruled that the resolution passed by the National Assembly absolving the President from compliance with the remedial action taken by the Public Protector was in consistent with sections 42(3), 55 (2) (a) and (b) and 181(3) of the Constitution and invalid and it was set aside. The Court found that by covering the President, the ANC-dominated National Assembly had failed to hold the executive accountable, as required by the Constitution. Finally, the Constitutional Court ordered the President, the Minister of Police and the National Assembly to pay costs of the applications, including the costs of two counsel.[164]

Elaborating on the remedial action taken by the Public Protector, the Constitutional Courtreferred to Fose where it held that "An appropriate remedy must mean an effective remedy, for without effective remedies for breach, the values underlying and the rights entrenched in the Constitution cannot properly be upheld or enhanced."[165]

According to the Court,

> Taking appropriate remedial action is much more significant than making a mere endeavour to address complaints as the most the Public Protector could do in terms of the Interim Constitution.
> It connotes providing a proper, fitting, suitable and effective remedy for whatever complaint and against whomsoever the Public Protector is called upon to investigate. However sensitive, embarrassing and far-reaching the implications of her report and

163 *EFF 1* at para 13.

164 Idem at paras 83, 105.

165 See *Fose v Minister of Safety and Security* (1997) ZACC 6, 1997 (3) SA 786 (CC), 1997 (7) BCLR 851 (CC) at para 69; *EFF 1* at para 67.

> findings, she is constitutionally empowered to take action that has that effect, if it is the best attempt at curing the root cause of the complaint. Remedial action must therefore be suitable and effective. For it to be effective in addressing the investigated complaint, it often has to be binding. [166]

Chief Justice Mogoeng concluded that the remedial action taken by the Public Protectorcould not be ignored without any legal consequences

> Because our constitutional order hinges also on the rule of law. No decision grounded on the Constitution or law may be disregarded without recourse to a court of law. To do otherwise would "amount to a license to self-help". Whether the Public Protector's decision amount to administrative action or not, the disregard for remedial action by those adversely affected by it, amounts to taking the law into their own hands and is illegal. No binding and constitutionally or statutorily sourced decision may be disregarded willy-nilly. It has legal consequences and must be complied with or acted upon. To achieve the opposite outcome lawfully, an order of court would have to be obtained.[167]

He reiterated that the remedial action that was taken against the President had a bindingeffect.[168] All the President was in law entitled to do was comply even if he had reason to doubt its correctness and comply fully.[169]

The *Nkandla Cases* gave the Constitutional Court an opportunity to stress once more the principle of separation of powers, including checks and balances and the role of the judiciary. Chief Justice Mogoeng referred back to the *Certification Case*[170] when the Constitutional Court had first to deal with the matter :

> The principle of separation of powers, on the one hand, recognises the functional independence of branches of government. On the other hand, the principle of checks and balances focuses on the desirability of ensuring that the constitutional order, as a totality, prevents the branches of government from usurping power from one another. In this sense it anticipates the necessary or unavoidable intrusion of one branch on the terrain of another. No constitutional

---

166 *EFF 1* at para 68.

167 *EFF 1* at paras 73-74.

168 Idem at para 76.

169 Idem at paras 81 & 82.

170 *Certification of the Constitution of the Republic of South Africa* at para 109.

> scheme can reflect a complete separation of powers : the scheme is always one of partial separation.[171]

However, unlike in the *Certification Cases* and any other case decided previously, the Constitutional Court went far to deal with the separation of powers, checks and balances and the rule of law in relation to the judiciary.

In Chief Justice Mogoeng's view, the Judiciary is but one of the three branches of government. It does not have unlimited powers and must always be sensitive to the need to refrain from undue interference with the functional independence of other branches of government.[172] The Court noted :

> Courts must be conscious of the vital limits on judicial authority and the Constitution's design to leave certain matters to other branches of government. They too must observe the constitutional limits of their authority. This means that the judiciary should not interfere in the processes of other branches of government unless to do so is mandated by the Constitution. But under our constitutional democracy, the Constitution is the supreme law. It is binding on all branches of government... Courts are required by the Constitution 'to ensure that all branches of government act within the law' and fulfill their constitutional obligations. This Court 'has been given the responsibility of being the ultimate guardian of the Constitution and its values'.[173]

Quis custodiet ipsos custodies ? "Who will guard the guards themselves ?" Roman poet

Juvenal's famous phrase has generally been used with reference to the judges as they appeared to be uncontrolled despite controlling other state organs taking advantage of the fact their judgments were binding and final. Yet, despite being the guardian of the Constitution and the rule of law, the judiciary is also subject to it.

Chief Justice Mogoeng held that within the context of the separation of powers, it falls outside the parameters of judicial authority for the judiciary to usurp the powers of other state organs, for instance to decide on behalf of the executive or any other state organ and to prescribe to the National Assembly how to scrutinise executive action.[174] This is why, in the *Secret Ballot Case*, the Constitutional Court left the matter to be decided by the Speaker of the National Assembly.

---

171 See *EFF 1* at para 91 ; *Certification of the Constitution of the Republic of South Africa* at para 109.

172 *EFF 1* at para 92

173 Idem.

174 *EFF 1* at para 93.

Chief Justice Mogoeng appeased some of those who could be worried about an uncontrolled judiciary suspected of establishing a *de facto* a "government of the judges".[175] As he pointed out,

> Ours is a much broader and less intrusive role. And that is to determine whether what the National Assembly did does in substance and in reality amount to fulfilment of its constitutional obligations. That is the sum-total of the constitutionally permissible judicial enquiry to be embarked upon. And these are some of the "vital limits on judicial authority and the Constitution's design to leave certain matters to other branches of government"... Courts should not interfere in the processes of other branches of government unless otherwise authorised by the Constitution... It is therefore not for this Court to prescribe to Parliament what structures or measures to establish or employ respectively in order to fulfill responsibilities primarily entrusted to it. Courts ought not to blink at the thought of asserting their authority, whenever it is constitutionally permissible to do so, irrespective of the issues or who is involved. At the same time, and mindful of the vital strictures of their powers, they must be on high alert against impermissible encroachment on the powers of the other arms of government. [176]

The Constitutional Court contributed further to the separation of powers by stressing that the principle did apply to the three traditional powers, namely the executive, and the judiciary, which could not interfere with the exercise of power by one another. However, the three powers were also prevented from interfering with the exercise of powers vested in other organs by the Constitution and even in terms of legislation. Therefore, while praising it for choosing not to challenge the Public Protector's report on the basis of the findings made by the Minister of Police and its last *Ad Hoc* Committee, the Court did not allow the National Assembly to set aside her findings and remedial action, thus usurping the authority vested only in the judiciary.[177] As Chief Justice Mogoeng stated authoritatively in defense of the separation of powers, checks and balances and the rule of law:

> There was everything wrong with the National Assembly stepping into the shoes of the Public Protector, by passing a resolution that purported effectively to nullify the findings made and remedial action taken by the Public Protector and replacing them with its own

---

175 Fombad op. cit.117.

176 *EFF 1* at para 93.

177 Idem at paras 98 - 99.

> findings and "remedial action". This, the rule of law is dead against. It is another way of taking the law into one's hands and thus constitutes self-help. [178]

On 1 April 2016, the day after the Constitutional Court handed down its judgment, President Zuma addressed the nation. He welcomed the judgment unreservedly and said he would abide by it while denying any wrongdoing.[179] On 5 April 2016, Opposition's leaders moved a motion in the National Assembly to get the President impeached for a serious violation of the Constitution. The motion supported by EFF, DA and COPE was unfortunately defeated, as this required the National Assembly to first conclude that the President had seriously violated the Constitution, then condemn his actions and remove him from office.[180] The National Assembly failed in this regard to hold the President accountable. This prompted Opposition parties in the National Assembly, namely EFF, UDM, COPE and DA, to approach the Court on the failure of the National Assembly to act against the President, arguing that the matter fell within the exclusive jurisdiction of the Court.[181]

In a judgment delivered on 29 December 2017, the Court ruled that it had exclusive jurisdiction to hear the application. It held that the National Assembly had failed to make rules and put in place a special mechanism for the removal of a President in terms of section 89(1) (impeachment) and to determine without delay whether the President has breached section 89(1) (a) or (b) and this failure was inconsistent with the Constitution.[182]

CONCLUSION

The separation of powers, checks and balances and the rule of law are central to the theories of constitutionalism and democracy. If the 1996 Constitution of the Republic of South Africa is considered one of the most progressive constitutions in the world, no judiciary has probably done as much as the South African in promoting constitutionalism and the rule of law on the African continent. The *Makwanyane*, *Zuma*, *National Coalition for gay and Lesbian Equality*, *Hoffman*, *Shilubana*, *August*, *Grootboom*, and *Treatment Action Campaign Cases* are undoubtedly among those landmark cases that provided the Constitutional Court with the opportunity to make such important

178 Idem at para 98.

179 *Economic Freedom Fighters and Others v Speaker of the National Assembly and Another* (2017) ZACC 47 (*EFF 2*) at paras 6-7.

180 Idem at pars 8 – 9.

181 Idem at para 222.

182 Idem at paras 46, 47 & 222.

contribution.[183] In the *Makwanyane Case*,[184] for instance, the Court reaffirmed the principles of the supremacy of the Constitution, the separation of powers and the independence of the judiciary.[185] Faced with the silence of the 1993 Constitution, the Constitutional Court declared the death penalty inconsistent with the rights to life and human dignity and therefore unconstitutional and invalid despite its strong support by the majority of South Africans.[186] In the *Grootboom Case*, the Constitutional Court made yet another contribution to developing human rights jurisprudence by enforcing socio-economic rights such as the rights to adequate housing, health-care, sufficient food and water, and social security. The Court held that all the rights in the Bill of Rights were inter-related, indivisible and mutually supporting.[187] However, as stressed earlier, constitutional matters do not fall within the exclusive competence of the Constitutional Court.

This chapter reflected on the separation of powers, checks and balances and the rule of law in the light of some cases decided by the Constitutional Court, the Supreme Court of Appeal and the High Court of South Africa, namely the *Certification Cases*, the *Secret Ballot Case*, the *Al Bashir Cases* and the *Nkandla Cases*. The consolidation of constitutionalism, democracy and the rule of law in South Africa owes a great deal to the judiciary. Post-Apartheid South Africa would not be the constitutional and democratic state that the world admires nowadays without the judiciary in general and the Constitutional Court in particular. The judiciary itself would not have made any significant contribution if the courts were not really independent and had failed to apply the Constitution and the law impartially, without fear, favour or prejudice, as required by the Constitution.[188]

While the executive and legislature failed at times to comply with their constitutional obligations, as they did in the *Al Bashir Cases* where the Cabinet and its administration helped President Al Bashir leave South Africa freely in violation of a court's order and in the *Nkandla Cases* where President Zuma did not comply with the remedial action requested by the Public Prosecutor and the National Assembly exonerated him from any wrongdoing, in violation of the Constitution, the judiciary remained the guardian and watchdog of the Constitution as well as its interpreter.[189] The Constitutional Court held in the *Certification Case* that the principles embedded in the

183 Mangu Mbata, "The Constitutional Court ..." 181-242.

184 *S v Makwanyane and Another* 1995 (6) BCLR 665 (CC).

185 Mangu Mbata, "The Constitutional Court ..." 198.

186 *S v Makwanyane at* para 88.

187 *Government of RSA and Others v Grootboom and Others* 2001 (1) SA 46.

188 Constitution of the Republic of South Africa, 1996, Section 165 (2).

189 See Devenish, G.E. op cit 48; Mangu AMB op cit 150; Stern K. "The genesis and Evolution of European -American Constitutionalism: Some Comments on the Fundamental Aspects", *CILSA*, XVIII, 1985, 199; Wachtler S, "Judicial Law-Making", *New York University Law Review*, Vol 65, 1990, 2 7; Mangu *The Road to Constitutionalism. ...* 150.

Constitution should not be interpreted with technical rigidity, but rather applied "purposively and teleologically" and " read holistically with an integrated approach".[190]

In promoting the separation of powers, checks and balances and the rule of law, the courts should be commended for trading carefully by recognizing their own limits and refraining from usurping the powers vested in other state organs by the Constitution. In the *Secret Ballot Case*, despite finding that the decision of the Speaker of the National Assembly was unconstitutional and invalid, the Constitutional Court still refrained from usurping her powers and remitted the matter for her to make a fresh decision. On the other hand, in the *Nkandla Cases*, the Constitutional Court promoted the separation of powers, checks and balances and the rule of law by compelling the President of the Republic and the National Assembly to comply with the remedial action taken by the Public Protector. By so doing, the Constitutional Court affirmed the powers of other state institutions - like the Public Protector – to check and balance the powers of the executive and the legislature. The judgments of the South African Courts in the cases examined in this chapter contain useful lessons that the judiciary can learn to promote the separation of powers, checks and balances and the rule of law in the rest of Africa and the world.

André Mbata MANGU
Research Professor, College of Law,
University of South Africa

190 *Certification of the Constitution of the Republic of South Africa* at paras 1275 E-G, I, 1351 D; *S v Makwanyane* at paras 676 D-H, 777 F-H. Also see Carpenter G & Botha C, "The Constitutional Attach on private law: are the fears well founded?" *THRHR*, 1996, 130.

Nicaise MÈDÉ
et Fiacre J. J. AVAHOUNDJÈ.

SÉPARATION DES POUVOIRS ET AUTORITÉ DE L'ÉTAT : QUELLE CONGRUENCE ?

INTRODUCTION

Entre le premier pouvoir et le second qui l'arrête, le rapport de forces semble encore plus important que sa spécificité fonctionnelle et la cohérence qui puisse s'en dégager. Une concurrence efficiente entre les pouvoirs implique des pouvoirs comparables en termes de « puissance » nécessitant une légitimité (fonctionnelle ou politique) et une légalité (des compétences reconnues comme moyens et ressources de la puissance). La relation qui puisse se dégager entre la séparation des pouvoirs et l'autorité de l'Etat présente une intrigue beaucoup plus réelle dans les interactions au sein de l'Etat.

L'histoire de la séparation des pouvoirs n'est pas totalement consolidée. La première séparation des pouvoirs est une théorie politique dans laquelle les droits des citoyens sont préservés parce que, le pouvoir légitime est dénué de présent. La doctrine de la séparation des pouvoirs raisonne par une hiérarchie dans le temps pour qu'il y ait qu'un ordre juridique, à condition que la décision individuelle soit prise sur la base d'une règle préalablement énoncée[1].

Deux cent cinquante ans après la disparition de Montesquieu, cette notion à laquelle le nom du Baron de la Brède reste indéfectiblement rattaché pose encore une multitude de problèmes. Sur un plan plus politique, ne serait-il pas temps de réinventer la théorie de la séparation des pouvoirs[2]. C'est donc à la recherche d'une nouvelle séparation des pouvoirs ou d'une relation presque

[1] Barberis Mauro, « Le futur passé de la séparation des pouvoirs », *Pouvoirs*, 2012/4 n° 143, p. 5-15. DOI : 10.3917/pouv.143.0005.

[2] Beaud Olivier, « La multiplication des pouvoirs », *Pouvoirs*, 2012/4 n° 143, p. 47-59. DOI : 10.3917/pouv.143.0047.

étanche entre la séparation des pouvoirs et l'autorité de l'Etat que cet article se concentre.

Le principe de la séparation est toujours présent, mais longtemps mal compris et peu étudié. La séparation des pouvoirs est paradoxalement l'un des concepts juridiques les plus connus du grand public des moins étudiés des juristes. L'originalité du principe réside dans son esprit, relativement général et impersonnel. Les « grandes idées » traversent les temps et les espaces particuliers et tendent vers l'universalité. La plupart de ces idées rebondissent en se recyclant dans les différents contextes car par hypothèse, elles peuvent expliquer au bout du compte les diversités et les ressemblances des systèmes politiques et juridiques.

Raymond Carré de Malberg soutenait une thèse maximaliste de la séparation des pouvoirs en l'appliquant aux niveaux fonctionnel et organique que la séparation des pouvoirs pouvait seule permettre au concept de loi d'acquérir son entier développement et sa pleine signification, parce que, seule, elle établit parmi les autorités étatiques une hiérarchie de puissances, qui fait que la loi se présente comme la manifestation de la volonté la plus haute dans l'État »[3].

Pendant plusieurs décennies, les idées de Raymond Carré de Malberg ayant été mieux reçues que celles de Léon Duguit, sans doute parce qu'elle était moins révolutionnaire de celles du Doyen de Bordeaux, satisfaisaient le goût de la doctrine française du 19ème siècle pour le critère organique et formel, malgré le fait qu'elles fussent erronées. Les manuels des années 1950-1960 distinguaient une « séparation souple » d'une « séparation stricte » des pouvoirs. Ceci n'est pas faite d'injures à nos maîtres que de rappeler ces erreurs. Dans ce cas de figure, avec d'autres collègues, nous avons ainsi contesté cette manière de présenter la séparation des pouvoirs en soutenant que la soi-disant « séparation souple » n'était autre chose que la collaboration des pouvoirs[4].

Il a fallu attendre le retentissant article du Professeur Charles Eisenmann pour qu'une interprétation exacte de la théorie soit proposée. Cet article démontrait la nécessité de distinguer l'interprétation juridique de l'interprétation politique de la séparation des pouvoirs, la deuxième étant seule conforme à la pensée de Montesquieu, qui avait été déformée pour des raisons pédagogiques, au prix d'une violation de la logique et de l'analyse de la réalité.

---

3 Kessler David, « Les médias sont-ils un pouvoir ? », *Pouvoirs*, 2012/4 n° 143, p. 105-112. DOI : 10.3917/pouv.143.0105

4 Boudon Julien, « La séparation des pouvoirs aux États-Unis », *Pouvoirs*, 2012/4 n° 143, p. 113-122. DOI : 10.3917/pouv.143.0113

Le Professeur Michel Troper a porté le coup fatal aux errements de la doctrine qui considérait que la séparation des pouvoirs était une création de l'esprit de Montesquieu et qu'elle avait été appliquée en France, notamment par les Constitutions de 1791 et de l'an 111, comme elle l'avait été aux États-Unis par la Constitution de 1787. Si, comme cela semble avoir été démontré, le principe de la séparation des .pouvoirs ne peut pas être attribué à Montesquieu et que l'on puisse pas non plus admettre qu'elle signifie que les pouvoirs, au nombre de trois ou quatre selon les analyses que l'on retient, doivent être séparés au plan organique parce qu'aucun n'intervient dans la nomination ou le maintien en fonction des autres, ainsi qu'au plan fonctionnel parce que chacun d'eux exerce seul la fonction à laquelle il est dédié, on ne peut qu'être étonné que ce principe soit constamment invoqué et que l'on puisse s'interroger, à juste titre, sur son actualité. Il nous semble qu'à l'heure actuelle, on peut soutenir qu'il existe une pratique de la séparation entre deux fonctions, l'une de gouvernement et l'autre de contrôle.

La notion de « pouvoir » n'est fondamentale ni pour Aristote qui traite des fonctions, ni pour Locke qui n'utilise ce mot que pour qualifier le droit de légiférer, d'exécuter et de traiter des affaires entre les Etats, ni par Montesquieu qui lui utilise celle de « puissance » pour qualifier le droit légitime d'élaborer des lois ou de juger des différends. La notion de « fonction » est plus proche de l'analyse réaliste des constitutions que de celle de « pouvoir » qui est davantage orienté vers les organes que vers le genre d'action que les gouvernants doivent mener.

Les contributions de Pierre Avril, de Jean-Pierre Camby, de Jean-Pierre Duprat, de Théodore Georgopoulos, de Slobodan Milacic, d'Alain Pariente constatent, chacun dans le domaine étudié et le dernier cité au plan général de la Constitution française, que c'est désormais entre les pouvoirs actifs et les juges que la séparation est assurée. Elle garantit le respect de la Constitution qui est la norme fondamentale, elle permet que la garantie des libertés publiques progresse et qu'au plan plus général il n'y ait pas une concentration des pouvoirs qui soit excessive au point de mettre en danger la liberté.

Dans le cadre d'un système de démocratie pluraliste, un nouveau couple de pouvoirs primordiaux peut remplacer l'ancien binôme « gouvernement /opposition » qui se superpose au binôme « législatif/exécutif ». Chacun étant, en quelque sorte, le contre-pouvoir de l'autre. L'opposition est destinée à arrêter la majorité sur sa pente naturelle à se croire éternelle ou unanimitaire.

Montesquieu est très généralement considéré comme étant l'inventeur de la séparation des pouvoirs. Cette généralité de l'opinion n'entraîne pas systématiquement sa vérité et son côté un peu plus juste. La notion de « séparation des pouvoirs » semble être très incertaine qu'elle peut être invoquées par tous alors que Montesquieu n'a jamais employé la formule

« séparation des pouvoirs »[5]. Le fondement de sa théorie était l'obtention et la conservation de la liberté qui n'est pas, comme chacun le sait, de faire ce qui semble bon mais ce que la loi permet.

Après avoir distingué, après bien d'autres auteurs, les diverses « puissances » dans l'État, il est possible de constater, dans une formule un peu grandiloquente, le fait que tout serait perdu si les « puissances » étaient confondues entre les mains du « même homme, ou le même corps de principaux ou du peuple ». On peut alors imaginer que la contusion des pouvoirs entre les mains d'une même autorité est néfaste pour la liberté. C'est par le jeu de la « faculté de statuer » et de la « faculté d'empêcher » que se fait l'équilibre qui garantit la liberté.

Dans ce sens, Montesquieu estime que si la puissance exécutrice n'a pas le droit d'arrêter les entreprises du corps législatif, celui-ci sera despotique. Mais si, dans un Etat libre, la puissance législative ne doit pas avoir le droit d'arrêter la puissance exécutrice, elle a le droit, et doit avoir la faculté d'examiner de quelle manière les lois qu'elle a faites ont été exécutées. Il s'agit ainsi d'un droit de contrôler l'exécution de ce qui a été décidé par l'organe législateur et non pas d'exercer une surveillance sur l'organe exécutif qui n'est pas en opposition avec celui-ci[6].

D'un autre point de vue, l'article 16 de la Déclaration des droits de l'homme et du citoyen est souvent invoqué, à notre avis à tort, pour poser la séparation des pouvoirs comme étant une norme de valeur constitutionnelle. Cet article proclame que la séparation des pouvoirs et le respect de la liberté peuvent être imaginées comme des conditions afin que la société soit prise comme une constitution. Une question reste posée, celle du contrôle du pouvoir et de l'autorité de l'État en Afrique.

C'est la raison pour laquelle, il est bien plus urgent d'appréhender le principe de la fragilisation de l'autorité du pouvoir en Afrique avec nos réalités socio-culturelles (I) avant d'abonder dans le sens de la construction juridique et politique de la séparation des pouvoirs (II).

---

5 Thiers Éric, « La majorité contrôlée par l'opposition : pierre philosophale de la nouvelle répartition des pouvoirs ? », *Pouvoirs*, 2012/4 n° 143, p. 61-72. DOI : 10.3917/pouv.143.0061

6 Boucobza Isabelle, « Un concept erroné, celui de l'existence d'un pouvoir judiciaire », *Pouvoirs*, 2012/4 n° 143, p. 73-87. DOI : 10.3917/pouv.143.0073.

I.- SÉPARATION DES POUVOIRS ET RISQUE DE FRAGILISATION DE L'AUTORITÉ EN AFRIQUE

Les ambiguïtés du Continent africain (A) et les diverses conceptions de l'Etat ethnique sont les préalables nécessaires à la meilleure conception de la théorie de la séparation des pouvoirs dans les Etats africains avec des risques de fragilisation (B).

B.- L'AFRIQUE AMBIGUË

Le pluralisme politique, la diversité des facteurs sociologiques et culturelles, le mixage des partis politiques dans une logique plus ou moins transversale, les multiples balbutiements des régimes politiques nous confinent dans les méandres de l'ambigüité sociologique et politique.

Le vaste mouvement des cultures et des déferlements de masse permet de prendre en compte les théories de l'ambiguïté à la fois sociologique et culturelle.

En réalité, en Afrique, la culture du paternalisme social, la diversité des cultures et les clichés traditionnels confortent dans les modalités de faible prise en compte des réalités politiques. Il est inévitablement difficile de mettre en application la théorie de la séparation des pouvoirs dans sa conception originelle, dans des réalités peu identiques.

L'ambiguïté politique décrit comme le cas togolais, nigérien, malien voire ivoirien les différents crises et pushs politiques ayant profondément marqué le continent Africain. Le cas de la Lybie par exemple laisse présager d'un vent de souffre sur la théorie de la séparation des pouvoirs qu'il faudra à tout prix reconsidérer. Ces balbutiements politiques sont les moyens de prise en compte du cadre politique pour une meilleure application de la théorie de la séparation des pouvoirs.

B.- LES SYMPTÔMES DE FRAGILISATION DE L'AUTORITÉ DE L'ETAT

La multiplicité des ethnies et le caractère endogène des pratiques africaines invitent à plus de de reculs dans la prise en compte des règles et questions de la théorie de la séparation des pouvoirs. Les principales questions sont fondamentalement liées à la norme et ses réalités dans le fonctionnement des politiques culturelles et sociales mises en œuvre par l'Etat. La norme publique est mauvaise et doit dans sa véritable logique être mieux prise en compte.

Les nombreuses éludes des années 1970 et 1980 sur la relation entre État et paysans en Afrique ont été marquées par un certain postulat de l'altérité de l'Etat par rapport à la société paysanne, que les études de cas présentées ici infirment nouer une bonne part. L'action de l'Etat contemporain au Bénin dans les années 1990, comme le montrent nos travaux de terrain, ne peut être appréhendée par le concept longtemps en vogue de la « pénétration » (ou de la « capture ») ni être réduite à l'expression d'une logique unique.

Le grand défaut des travaux sur l'Etat en Afrique est de privilégier le plus souvent une logique unique (quelle qu'elle soit). Or, non seulement les logiques de l'État sont multiples, mais encore elles interfèrent et s'articulent au niveau local avec une grande variété de logiques politiques elles-mêmes locales : logiques patriarco-consensuelle, aristocratico-redistributive, despotique-prédatrice, factionnelle-clientéliste... Il est impossible ici de se hasarder à utiliser les étiquettes de « moderne » et de « traditionnel ».

Les processus actuels de démocratisation politique et de libéralisation économique démontrent, s'il en était besoin, que partout ces projets ont échoué, au moins provisoirement. Mais entre-temps, l'énorme extension des appareils d'État depuis les indépendances avait pourvu le milieu rural d'une batterie d'institutions liées à 1 administration, en particulier les forces de répression (année, gendarmerie, police, douanes, eaux et forêts, etc.) et les services techniques (agriculture, éducation et santé).

Au Bénin, depuis les années 1980, de nombreux processus se sont déroulés parallèlement les uns par rapport aux autres, antérieurement à la « démocratisation ». Ils sont loin d'être identiques, bien qu'ayant entre eux des corrélations, et ils ont eu une influence importante sur la politique locale en milieu rural, bien qu'il soit difficile de faire la part exacte de chacun. Il s'agit de la crise financière, plus exactement la banqueroute financière de l'État et sa conséquence directe, le soi-disant « désengagement de l'État de la société », de la fin du recrutement dans la fonction publique, la dévaluation des diplômes scolaires et universitaires qui en a découlé, et les premiers dégraissages d'agents permanents de l'Etat sous la pression de la crise financière et des institutions internationales, qui ont conduit à un important retour d'anciens élèves « déscolarisés » et de diplômés sans emploi dans les villages.

Il peut s'agir de la « désidéologisation » et le relâchement du régime « marxiste » depuis le début des années 1980. La décentralisation croissante de l'aide au développement transite de plus en plus par des organisations non gouvernementales (ONG), et est devenue désormais un enjeu important de la politique locale. En ce sens, il en résulte une conséquence importante pour nos analyses microsociologiques du processus de démocratisation à l'échelle locale.

Dans une certaine mesure des causes, et les années 1985/86 (changement de cap du régime Kérékou) paraissent être à certains égards une césure plus importante dans l'histoire politique récente du Bénin que celle de 1989 (Conférence nationale et chute du régime Kérékou). Divers changements que nous avons observés en milieu rural renvoient par exemple plus au phénomène de retour des « déscolarisés » aux villages qu'aux innovations politiques introduites depuis 1990. Ces jeunes « intellectuels » revenus au village y sont de plus en plus actifs. La forme et le degré de leur engagement dans les arènes locales diffèrent selon les milieux et dépendent aussi des possibilités économiques qui leur sont offertes.

De toutes les façons, le Doyen Duguit a mentionné dans sa conceptualisation, le fait que la notion de l'Etat prend unilatéralement les fondements de la science chrétienne et de la vision scientiste des choses. Cette conception en absolue des normes et des modalités plus complexes peuvent permettent de bien témoigner des enjeux liés à une meilleure problématisation de l'État. Les territoires sont divisés, les peuples meurtris et le pouvoir politique inefficace. L'État est vraiment secoué. Il faut réellement des institutions fortes.

II.- SÉPARATION DES POUVOIRS ET CONSTRUCTION D'INSTITUTIONS FORTES

Les institutions sont le socle d'une histoire spécifiquement plus intéressante de la science chrétienne. L'indétermination juridique du principe de la séparation des pouvoirs (A) constitue un obstacle à l'utilisation de la séparation des pouvoirs au service d'institutions fortes. mise en application de la théorie de la séparation des pouvoirs (B).

A.- L'INDÉTERMINATION JURIDIQUE DU PRINCIPE DE SÉPARATION DES POUVOIRS

La théorie de la séparation des pouvoirs est un casse-tête pour l'ensemble de nos Etats et de nos démocraties. Dans la formule de Bayeux, la séparation des pouvoirs est utilisée dans un sens très particulier car le chef de l'Etat, lui, ne procède de personne et il ne confond pas non plus avec l'exécutif qui procède de lui.

En droit constitutionnel, les notions de régimes et de gouvernement ont souvent été confondues. Le lien entre la séparation des pouvoirs et la contingence des régimes politiques est recherchée dans cette partie. Le gouvernement était entendu auparavant au sens large comme « l'exercice pratique du pouvoir ». Aujourd'hui, le terme « régime politique » se dispute entre politologues et juristes.

Selon certains, le terme régime appartient au vocabulaire de la science politique et non à celui du droit constitutionnel. D'ailleurs, la définition proposée par MM. Yves MÉNY et Olivier DUHAMEL vont dans ce sens, le Dictionnaire constitutionnel indique en effet que « l'on entend généralement par régime politique, le mode de fonctionnement auquel est soumis un pays ».

Cependant, en dehors de la critique acerbe de Maurice Duverger et celui de Robert Elgie, on peut venir à la théorie selon laquelle, le régime politique désigne « l'ensemble des règles constitutionnelles qu'organise le pouvoir politique au sein d'une nation ». Jusqu'à présent et malgré l'expérience de la constitution de Weimar adoptée le 31 Juillet 1919, la classification des régimes politiques modernes se résumait à une opposition simple, régime parlementaire et présidentiel. Cette situation convient bien évidemment au régime américain et britanniques, mais ne correspond pas à l'émergence de nombreux régimes bâtis pour l'Europe.

Or l'élaboration d'une classification scientifiquement satisfaisante réunit selon Eisenmann, un principe d'unité (qu'un critère principal soit dégagé, ou deux à la limite), un principe de cohérence (que les classes ne se chevauchent pas) et un principe scientifique (que la classe apporte quelque chose, qu'elle soit utile intellectuellement)[7].

Les critères généralement retenus pour distinguer le régime présidentiel du régime parlementaire ne répondent pas toujours à ces exigences. Et ils ne correspondent pas non plus à la réalité de l'exigence de la catégorie des régimes parlementaire dont le président de la République est élu au suffrage universel direct. De toute évidence, Comme l'a souligné Eisenmann, l'opération d'une classification requiert une certaine méthode. À la première difficulté à surmonter, c'est-à-dire celle du langage, s'additionne une deuxième difficulté, celle de la création de substitution, opération qui simplifie automatiquement des erreurs puisque la substitution est d'ordinaire considérée par le juriste comme préexistante et donnée.

Le modèle parlementaire est devenu pluriel, il décline désormais en son type fondé soit sur la norme, tel le régime parlementaire nationalisé soit sur le système de partis et la réalité du pouvoir à l'instar du régime parlementaire minoritaire, majoritaire, moniste, dualiste ou encore primo-ministériel. Par revanche, on ne peut être frappé par l'unicité du modèle présidentiel[8].

---

[7] Bertrand Mathieu, « La normativité de la loi : une exigence démocratique », *Les Cahiers du Conseil constitutionnel*, n° 21, janvier 2007 ; Paul Duez, « Le contrôle juridictionnel de la constitutionnalité des lois en France », in *Mélanges Maurice Hauriou*, Paris, Sirey, 1929, p. 213 ; Gaston Jèze, « Le contrôle juridictionnel des lois », *RDP*, 1924, p. 399.

[8] Marc Frangi, « Les lois mémorielles : de l'expression de la volonté générale au législateur historien », *RDP*, 2005, p. 251.

Peu décliné en pratique, il reste cantonné à un seul pur modèle américain, la transposition dans certains Etats d'Amérique latine, ou d'Afrique a généré un dérivé, le régime présidentialiste, doté d'une forte connotation péjorative du fait d'un pouvoir présidentiel exacerbée. Malgré tout, un îlot s'est peut-être détaché dans deux pôles classiques, celui des régimes « mixtes » dont la Ve république française et quelques pays de l'Afrique que Maurice DUVERGER a voulu enrober sans sa catégorie contestée de régime « Semi-présidentiel ». Cette figure de proue de ces républiques interroge à plus d'un titre. Selon Brigitte VINCENT, « serait-il une véritable île ou catégorie à part entière ou d'une simple presqu'île rattachée soit au continent parlementaire, soit au continent présidentiel ? ».

Ce bref aperçu des évolutions typologiques est révélateur de l'impact du constitutionnalisme contemporain. Les récentes démocraties, évolutions et analyse des régimes politiques suscitent plusieurs interrogations sur la typologie classique des régimes politiques. En effet, dans la pratique à observer de près, aux Etats-Unis, la séparation rigide des pouvoirs n'est pas pour autant une réalité. De même, la collaboration du pouvoir au Royaume-Uni n'est que de l'apparence. On peut dire autant du régime dit « parlementaire » français qui est juridiquement aporétique ; et pour finir l'exemple marocain à la suite de la dernière révision constitutionnelle ne revêt pas dans son intégralité les critères d'un régime parlementaire.

Si non, comment expliquer que dans un régime parlementaire comme celui de la Grande-Bretagne, le parti majoritaire confisque le pouvoir, et le conserver durant tout le mandat, aucune possibilité de démolition, ni de vote de confiance ou de notion de censure. Autrement dit, la manifestation directe d'une hégémonie de l'exécutif sur le parlement sous une collaboration tacitement imposée. Comment solliciter la permanence d'une sollicitation accrue du congrès américain, presque à chaque décision importante par l'exécutif américain ; la collaboration directe et affirmée du congrès et des Etats dans le régime politique dit de la séparation rigide des pouvoirs ? Que dire de la nouvelle confirmation marocaine qui témoigne de la prévalence du roi aussi bien dans le gouvernement sur le législatif. Enfin, comment qualifier les régimes africains (Sénégal, Bénin Mali, Afrique du Sud) à l'aune de cette typologie classique ? Il est sans aucun doute indéniable que les régimes politiques souffrent d'une crise identitaire.

La flexibilité de la typologie classique au regard des tendances de présidentialisation des régimes parlementaires, des parlementarisations des régimes présidentiels et des incongruités structurelles des régimes dérivés de la typologie classique. Secundo, la révélation de nouveaux paradigmes annonçant est élucidée en s'appuyant sur les critères de démocratie, la pertinence du poids de la majorité idéale de paix présent dans tout régime politique[9].

A l'issue de la théorie originale de Montesquieu et de la distinction des deux grands types de régimes politiques servant de modèle, les régimes politiques des Etats ont subi des variations et des influences de plusieurs régimes de pays de telle sorte que l'on éprouve des difficultés à classer les régimes politiques au regard des critères originaux. Il s'agit donc d'évoquer les mutations analytiques constatées sans le prisme des référentiels parlementaires d'une part et d'autre part sous les réalités du régime présidentiel. L'obsolescence de cette clarification conduit inévitablement à des problèmes liés à la classification traditionnelle.

Les éléments de discussion se retrouvent à trois niveaux à savoir le mode de scrutin et ses conséquences, le suffrage universel direct, et la réalité de la collaboration. En nous intéressant de près aux autres régimes parlementaires, la France s'est affirmé à travers un régime parlementaire. Ces régimes parlementaires particuliers se base sur des traits classiques qui laissent à défier sur la qualification du régime parlementaire appliqué.

Ainsi, face à la conjoncture et dans le point d'instituer un régime parlementaire classique avec un chef d'Etat efface à « l'italienne » ou à « l'allemand », et la volonté de créer un pouvoir présidentiel potentiellement fort, certains pays ont opté malgré la très classique élection parlementaire du chef de l'Etat à l'atypique élection du président au suffrage universel direct. De surcroit, certains chefs d'Etats ne savent pas les canons du régime parlementaire classique et ceci malgré, le fait que le président doit élu au suffrage universel direct ou non. Des chefs d'Etats possèdent des pouvoirs non contresignés, y compris des pays où l'élection est parlementaire comme la République Tchèque ou en Lettonie. Le couplage élection au suffrage direct (pouvoirs non contresignés en régime parlementaire, tels en Pologne le très américain droit de véto législatif en Lituanie, et en Lettonie le droit d'initiative des lois et en République Tchèque, le droit d'assister aux séances du parlement.

En Inde, la prééminence de l'exécutif et du 1er ministre et la soumission du parlement avec des crises de légitimité caractérise ce régime. Il est donc marqué par la prépondérance du 1er ministre difficilement ébranlable par le parlement et qui contrôle subitement le pouvoir judiciaire. Le Maroc s'ajoute à travers « la résurgente d'une monarchie gouvernante dans sa conception hassanienne.

---

9 Hans Kelsen, « La garantie juridictionnelle de la Constitution », *RDP*, 1928, p. 224-225. Cf. Michel Troper, « Justice constitutionnelle et démocratie », *Pour une théorie juridique de l'État*, Paris, PUF, 1994, p. 335-337.

Qui plus est, la classification du régime semi-présidentiel de Maurice Duverger souffre de sclérose de par la pertinence du label et l'autonomie du modèle selon Vedel. On est donc en droit de se demander si le régime parlementaire contient encore tous ces ingrédients qu'il est difficile d'associer les critères classiques à la pratique.

En ce qui concerne le régime présidentiel, si la distinction traditionnelle d'un régime politique de type présidentiel repose sur la séparation royale et rigide des pouvoirs, l'invention de ce modèle se basera en théorie sur les moyens d'actions réciproques (droit de véto et vote de confiance sans oublier les traités), le modèle américain présente des tendances de collaboration alors que les dérivés des régimes présidentiels sont plus mixtes et de collaboration que présidentielles.

La séparation rigide des pouvoirs n'est pas une réalité, car il y a le véto et Pocket véto, la possibilité pour le président de faire poser discrètement sur le congrès ou directement en s'adressant au peuple américain, le parti du président et son entourage peuvent également intervenir auprès du peuple. Il ne faudrait pas occulter, les discours, les opérations de communication, le pouvoir législatif exercé par le président qui possède l'initiative, le projet de budget qui passe par l'exécutif sont autant d'éléments de collaboration des pouvoirs. De plus le Sénat intervient dans la confirmation des nominations présidentielles, dans l'approbation des traités, l'impeachment importée de la Grande Bretagne (Bill Clinton et son utilisation) faisait également la collaboration.

Si les schémas classiques ne sont pas incontournables, que la classification heurte les esprits, alors le critère de classification est la clé de voute à reconsidérer. Le mystique critère de séparation des pouvoirs n'est-il pas enfoui aujourd'hui dans une léthargie qui laisse transparaître de nouveaux idéaux pour les Républiques ? Des idéaux qui prennent non seulement en compte l'idée de la séparation des pouvoirs mais également d'autres concepts ?

B.- LA SÉPARATION DES POUVOIRS AU SERVICE DE LA CONSOLIDATION D'INSTITUTIONS FORTES EN AFRIQUE

La raison d'être de la séparation des pouvoirs se justifie dans la pure logique d'une notion purement égalitaire mais nécessitant une consolidation politique et juridique. Chacun s'accorde à reconnaître l'omniprésence du juge dans les systèmes politiques contemporains. Qu'on la célèbre ou qu'on la déplore, la juridictionnalisation politique est devenue l'un des traits les plus marquants de la fin du XXe siècle. Il faut donc la regarder comme une simple réhabilitation de la fonction de juger, si l'effort réduite à une place marginale dans la culture juridique française n'est pas admis ? Ou hit contraire, le juge contemporain n'exerce-t-il des pouvoirs si étendus que parce qu'on a élargi sa sphère d'intervention au-delà du simple règlement des litiges ?

On assiste, en réalité, à une immense entreprise d'extrapolation conceptuelle, par laquelle le principe de non-rétroactivité, d'abord utilisé pour les seuls procès, se généralise peu à peu aux institutions politiques tout entières. Le pouvoir constituant est bien le pouvoir ultime, mais on ne peut pas dire qu'il est véritablement souverain ; car son rôle est de fixer la compétence d'autrui, non pas de la sienne propre. Ce point de vue, largement répandu dans les années 1980 trouvé démenti par la généralisation du contrôle de conventionalité dès que le juge judiciaire s'octroie le pouvoir d'écarter l'application d'une loi.

La décision du 13 janvier 2005 a confirmé cette analyse en affirmant explicitement l'importance du respect de la séparation de pouvoirs dans le contrôle des lois de validation. La reconnaissance de pouvoirs de sanctions à cette commission faisait craindre aux requérants une atteinte à la séparation des pouvoirs. Ainsi ces deux exemples à fronts renversés nous montrent que la conception constitutionnelle de la séparation des pouvoirs demeure à géométrie variable et sous influence : maximaliste lorsque le Conseil constitutionnel met sa jurisprudence au diapason de celle de Strasbourg et plutôt minimaliste lorsque le Conseil doit composer avec l'évolution rapide des modes de gestion du secteur public et l'apparition de nouveaux acteurs.

Le peuple pouvoir souverain devrait s'affirmer comme la pièce maîtresse de la démocratie, et l'équilibre des pouvoirs devrait être recherché aujourd'hui entre le politique, le juridictionnel et le peuple. Le renforcement des mécanismes de démocratie directe, ou les pistes pour renouveler les voies de la démocratie en intégrant des techniques nouvelles constituent certainement l'avenir de l'application de la théorie de la séparation des pouvoirs.

En ce qui concerne la consolidation politique, elle passe par l'avènement d'une réelle démocratie. L'on pourrait évoquer par exemple le critère de la démocratie ou de la majorité ou celui de la paix. Même les pays communistes et dictatoriaux proclament qu'ils vivent la démocratie. Es-ce alors une réalité comparée de ce pays qui justifie le mot ou l'idéal démocratique vécus par les Etats-Unis et les républiques ? De toute évidence, l'idée du tyrannisme, de la monarchie absolutiste, du despotisme sanglant a depuis atteint son apogée dans les pays occidentaux comme la France et les Etats-Unis, mais également dans les pays du tiers monde.

Pour le professeur Babacar GUEYE, les principes et les règles qui fondent toute démocratie s'articulent autour de la primauté du suffrage universel de la séparation des pouvoirs, de l'indépendance de la justice et la garantie des libertés d'expression et du respect des droits de l'homme. Ainsi, la consécration d'une démocratie constitutionnelle, l'édification progressive de l'Etat de droit et l'organisation d'élections disputés et transparentes justifient le cadre d'action idéal de tout régime politique.

L'indépendance de la justice, pièce maîtresse de tout régime politique, un cadran incontournable, une limite infranchissable et une réalité inouïe ; une justice juste, capable de juger les hommes sur les lois justes, non de juger les lois par des hommes injustes ; ni justice éprouvée par la terreur, compatissante à la douleur et limité dans l'agression, une justice lente dans la machination, donnée dans le savoir-faire et prudente dans le savoir être, une justice incontrôlée dans la vente, abordée par elle-même et limitant un pouvoir arbitraire. Les modes de désignation, de nomination, de formation, de collaboration avec des pouvoirs politiques doivent être classifiés, les sciences appliquées et la pudeur respectée.

Enfin, la liberté d'expression et le respect des droits de l'homme sont des piliers et une base indissociable de tout régime politique crédible. A Feldman d'ajouter « il faudrait que les constitutions proclament et non inventent les droits de l'homme avec une instance toute particulière sur le droit de la propriété et qu'elles garantissent ces droits. Des dispositions enserreront le pouvoir de l'Etat, empêcheront de sombrer dans l'arbitraire et donneront aux individus des recours à cet effet. L'arbitraire sur la propriété, sur les personnes, le préparent pour le futur des hommes soient utilisé au profit des mécanismes pour la sûreté et la vie.

CONCLUSION

Seul le suffrage universel est la source du pouvoir. C'est du suffrage universel ou des instances élues par lui que dérivent le pouvoir législatif et le pouvoir exécutif. Le pouvoir exécutif et le pouvoir législatif doivent être effectivement séparés de façon que le Gouvernement et le Parlement assument chacun pour sa part et sous sa responsabilité la plénitude de leurs attributions. Le Gouvernement doit être responsable devant le Parlement. L'autorité judiciaire doit demeurer indépendante pour être à même d'assurer le respect des libertés essentielles telles qu'elles sont définies par le préambule de la Constitution de 1946 et par la Déclaration des droits de l'homme à laquelle il se réfère.

« Les pouvoirs ne seront réellement séparés qu'à deux conditions » :

- ils ne doivent pas avoir la même source. Le Gouvernement ne doit donc procéder du Parlement mais du chef de l'Etat ;
- les pouvoirs doivent être séparés par leur composition. »

Comme le dit Benjamin Contant, vous avez beau diviser le pouvoir, si la somme totale est illimitée, les pouvoirs divisés n'ont qu'a formé une coalition et le despotisme est sans remède. Ce qui nous importe, ce n'est pas que nos droits ne puissent être violés par tel pouvoir sans l'approbation de l'autre, mais que cette violation soit interdite à tous les pouvoirs, la substance du pouvoir réside dans son partage : le pouvoir ne peut arrêter le pouvoir, s'il n'a pas été probablement borné. Autrement dit, la source du pouvoir ne donne aucune assurance que si la liberté sera sauvegardée. Certes, il ne faut pas attribuer tout le pouvoir à un homme ou un coup. Mais encore faut-il ne pas attribuer tout le pouvoir ?

« Tout homme qui a du pouvoir est tenté d'en abuser » écrivait Montesquieu. Il faut l'entendre comme un énoncé métaphorique dans un « nouvel ordre chaotique » ou du moins complexe des instances du pouvoir qui nous gouvernent : un véritable contraste avec l'autorité de l'Etat.

Nicaise MÈDÉ,
Professeur agrégé de droit public
à l'Université d'Abomey-calavi

Fiacre J. J. AVAHOUNDJÈ,
Chercheur au Centre d'Etudes et de Recherches
sur l'Administration et les Finances

Charles Manga FOMBAD

CONSTITUTIONAL REVIEW AND CONSTITUTIONAL JUSTICE IN AFRICA : PAST, PRESENT AND FUTURE ***

INTRODUCTION

There is no doubt that the absence of a fair and predictable system of constitutional justice was one of the main causes of the early and easy collapse of democratic governance and constitutionalism in Africa shortly after independence. After more than two decades of a new era that has opened up new vistas for constitutionalism, this paper aims to see to what extent constitutional review can play a role. Because of the importance of constitutional courts in supervising and controlling the exercise of power and acting as a critical bulwark against abuses of powers, authoritarianism and governmental arbitrariness, the system and form of constitutional review chosen is of crucial importance.

An effective system of constitutional review is not only necessary for the existence and sustenance of constitutional justice and democratic governance but it is also vital for its consolidation. This paper will review the different methods of constitutional review that have been established in the last two decades in Africa. It will start with a brief overview of the challenges that led to the failure of constitutional justice in the immediate post-independence period. It will then review current trends and then assess the prospects for the future. In adopting an essentially comparative methodology, the objective is to find out what innovative elements in attaining constitutional justice appear to be emerging and what lessons can be drawn from the diverse approaches. It is argued that there are considerable benefits in an intra-African dialogue in which the experiences and challenges of the different countries are analysed and important lessons learnt and shared.

*** This paper is largely based on my previous work in Charles Fombad (ed), *Constitutional Adjudication in Africa*, Oxford, Oxford University Press (2017)

I.-CHALLENGES TO CONSTITUTIONAL JUSTICE

The present day African constitutional review methods have been and are still influenced by Western models which were imposed during the colonial period. We will start by looking at these Western classic models before considering why they failed in the post-independence period to provide a solid basis for constitutional justice.

Two main models of constitutional review have dominated the world viz, the decentralised or what is often referred to as the American, concrete, disperse, or diffuse model on one hand and the Austrian or what is also often referred to as the European, concentrated or centralised model. Between and within these two models are numerous variations. These can be grouped into two; the hybrid or mixed systems which combine elements of the centralised and decentralised model and the system of limited review which operates in certain countries.

It is mainly the decentralised and centralised models that influenced developments in Africa. The decentralised concrete model is usually traced to the famous judgment of Chief Justice Marshall in the 1803 case of *Marbury v Madison*.[1] Remote antecedents of this system of constitutional adjudication have been traced back through classical antiquity and medieval thinkers right through to the period just before the American war of independence.[2] It was however Chief Justice Marshall's declaration that, "the principle, supposed to be essential to all written constitutions, that a law repugnant to the constitution is void; and that courts, as well as other departments, are bound by that instrument,"[3] that gave it its modern formulation. It was this model of constitutional adjudication that most of Anglophone Africa adopted after independence. The main feature of this model is that constitutional matters are dealt with by ordinary courts during normal proceedings (*incidenter*).

The centralised model is based on the work of the Austrian scholar, Hans Kelsen who did the most to develop and popularise it as an alternative to the American judicial review method. The main features of this model is the fact that constitutional adjudication is carried out by a centralised, often specialised tribunal established independently outside the judicial branch during special proceedings (*principaliter*). This model was widely adopted in Europe and the French have developed a particular form of it - the Constitutional Council system - which has been replicated very widely in Francophone and to a certain extent, Arabophone, Lusophone and Hispanophone Africa. Because of the influence it has had in Africa, we will briefly comment on this.

---

1 5 US (I Cranch) 137, 180.

2 See Mauro Cappelletti, "The Judicial Process in Comparative Perspective," *California Law Review* 58 (1970): 1021-32.

3 5 US (I Cranch) 137, 180.

The French variation of the centralised model, although influenced by Hans Kelsen and the ideology of separation of powers was however substantially shaped by the obsessive Gallic fear of legal dictatorship through a "government of judges."[4] In fact, the late President De Gaulle, author of the 1958 French Fifth Republic Constitution, designed the Constitutional Council as the handmaiden of a strong and dominant executive that would ensure that parliament did not encroach upon the powers of the executive and did not anticipate that the Council would become an arbiter of fundamental constitutional rights.[5] Several factors rendered the Council ineffective as a means for settling constitutional disputes. First, it was initially allowed only to deal with *a priori* abstract reviews. Second, ordinary citizens had no access to the Council and those who had *locus standi*, such as the President of the Republic and the Presidents of the National Assembly and Senate had little reason to ask the Council to review legislation which in most cases was initiated by them. Third the political nature of the appointments made it more of a political quasi-administrative body than a body suitable for resolving constitutional disputes.

Although the French have still resolutely clung to the idea that no judicial organ should be given the power to review the constitutionality of statutes, the underlying philosophy and approach of constitutional adjudication in France has changed in an incremental and indirect manner to allow for some form of constitutional review, more by default and opportunism than by design. However, it was only during the constitutional reforms of 2008 that some form of concrete review was introduced into the French system which opened the way for individual access to the Council subject to a filtering process involving the two highest courts, the Court of Cassation (highest court for ordinary matters) and the Council of State (highest court for administrative matters).

---

4 This approach can be traced to pre-revolutionary France. Because of the bad reputation of royal courts (or *Parlements* as they were called) before the French revolution, one of the first measures that the revolutionaries took was to break the powers of these courts by subordinating them to the complete control of the executive. See, D. Tallon, "The Constitution and the Courts in France," (1979) 27 *American Journal of Comparative Law*, pp. 567-575; J. Merryman, "The French Deviation," (1996) 44 *American Journal of Comparative Law*, pp.109-114; and M. Davis, "The Law/Politics Distinction, the French Conseil Constitutionnnel, and the U.S. Supreme Court," (1986) 34 *American Journal of Comparative Law* (1986), pp.45-92.

5 In fact, William Pickles, *The French Constitution*. London, Stevens (1960), at p. 30, has described the French Constitutional Council as an adjunct of the President of the Republic. The orientation of the French Constitutional Court had more to do with constraining the legislature than the protection of rights.

At independence, most African countries adopted the constitutional review mechanisms that were being used by the former colonial powers, often with some minor adjustments. The French simply transplanted, with some slight modification, the Constitutional Council model to Francophone Africa. Variations along similar line were adopted in Lusophone and Hispanophone Africa. The British for their part, formally adjusted the *Marbury* principle to the realities of a written constitution. These imported models were not able to protect Africans from the ravages of its repressive dictators ? Why did they fail ? Five main reasons can be suggested for this.

First, some constitutions provided no procedure for reviewing and checking against any violations of their provisions. For example, the Liberian Constitution of 26 July 1847, the oldest in Africa, had no provision providing for judicial review. Neither did the Ethiopian Constitution of 4 November 1955.[6]

Second, because of the suspension of constitutions after military rule, the issue of constitutional review became irrelevant in such countries. Between 1956 when the tide of independence set in and 2001, it has been estimated that there were about 80 successful military coups.[7] Many other African countries adopted the one-party system ensured that there was hardly any room for debate or competition, both of which usually generate disagreements and other forms of conflict that will require the intervention of a neutral third party. As Tom Ginsburg and Mila Versteeg have rightly pointed out, electoral competition and the 'uncertainties in the electoral market' have been one of the reasons that have encouraged the adoption of constitutional review. Without such competition either for votes or for ideas, it was inevitable that there no reason to have recourse to constitutional courts.[8]

Third, the sensitivity, risk, delays and cost of litigating constitution issues against the government discouraged many potential litigants. More generally, post-independence African leaders had done everything possible to focus their people's minds not on constitution or rights consciousness but rather the developmental priorities that were needed to overcome the challenges of underdevelopment and poverty. Contesting rights and challenging governmental action or omissions was not considered a patriotic gesture.

---

6 There is also the Libyan Constitution of 1951 which makes no references to constitutional review.

7 For example, in the space of one year, 1965-1966, there were 9 successful *coups* that took place and displaced the existing regimes in Algeria, Benin, Burkina Faso, Burundi, Central African Republic, Chad, DR Congo (then known as Zaire), Ghana and Nigeria. See generally, Crawford Young, *The Postcolonial State in Africa: Fifty Years of Independence 1960-2010* (University of Wisconsin Press 2012); and Martin Meredith, *The State of Africa: A History of Fifty Years of Independence* (Free Press 2006).

8 See, 'Why Do Countries Adopt Constitutional Review,' http://chicagounbound.uchicago.edu /cgi/viewcontent.cgi?article = 5621&context=journal_articles (accessed in September 2015).

Fourth judicial timidity and the abdication of responsibility by deferring and pandering to the perceived or actual wishes of the executive for many years negatively impacted on constitutional adjudication. Confidence in litigating constitutional matters was in some cases dampened due to the unpredictable attitude of judges when dealing with such disputes, especially matters that were perceived to be of a sensitive political nature.

Finally, perhaps the most serious problem was that many of the mechanisms provided in the post-independence constitutions for controlling constitutional legality were simply doomed to fail because they were inherently defective. This is particularly so in Francophone and other civilian jurisdictions in Africa, where an overwhelming majority of the countries simply copied the Fifth French Republic Constitutional Council model of 1958 with few significant changes. Most of these countries provided for the establishment of a Constitutional Chamber to operate within the Supreme Court which was given the powers of and expected to operate like the French Constitutional Council[9] or created their own Constitutional Councils.[10] It is no surprise that hardly any disputes were ever handled by any of these bodies before the 1990s because the drafters of these constitutions blindly copied the French Constitutional Council model with all what have been referred to as its the "original sins"[11] and "congenital defects."[12] As we pointed out above, this included the fact that those most vulnerable to a violation of their constitutional rights, the ordinary citizens, except in electoral matters had no *locus standi* to take matters before these bodies. The review jurisdiction was also defined very narrowly to cover only a few restricted matters such as electoral disputes and sometimes disputes between the different institutions and in general, like their French progenitor, the review was only abstract.

---

9 See for example, article 56 of the 1960 Constitution of Benin; article 57 of the 1960 Constitution of Burkina Faso; article 95 of the 1962 Constitution of Burundi; article 58 of the 1961 Constitution of the Republic of Congo; article 59 of the 1960 Constitution of Gabon; article 42 of the 1960 Constitution of Mali; article 102 of the 1962 Constitution of Rwanda; article 70 of the 1963 Constitution of Togo.

10 See for example, article 64 of the 1963 Constitution of Algeria; and article 32 of the 1960 Constitution of the Central African Republic.

11 See, Juillard, " L'Amenagement de l'Article 61 de la Constitution", *Revue de Droit Public* (1974), pp. 1703, 1767

12 See, Mauro Cappelletti and William Cohen, *Comparative Constitutional Law: Cases and Materials.* Indianapolis, Bobbs-Merrill (1979) at p.47

II.- THE NATURE AND SCOPE OF CONTEMPORARY MODELS OF CONSTITUTIONAL REVIEW IN AFRICA

This section will focus on five issues. First, we will identify the main models of constitutional review on the continent. Second, we will look at the scope of jurisdiction conferred on these courts ; third, the types of review carried out, four, the scope of access to the courts and finally, the nature of decisions that are rendered.

A.-THE MAIN MODELS OF CONSTITUTIONAL REVIEW IN AFRICA

Of the 54 African countries whose post-1990 constitutions were examined, 36 (66.6%)[13] of them have adopted the centralised model, 15 (27.7%)[14] the decentralised model and only one, Ethiopia the mixed or hybrid model.[15] Although the general trend appears to suggest that most countries have designed systems of constitutional review very much along the lines of what they inherited at independence, there are a number of exceptions to this. For example, whilst all African countries with a civilian legal tradition have adopted the centralised model, not all Anglophone African countries have adopted the decentralised model. In fact, 4 of these countries, Sierra Leone, South Sudan, Tanzania and Zambia have adopted the centralised model.[16]

The only very remarkable departure from what appears to be the trend in Africa is the Ethiopian Constitution of 1994 which provides for the only hybrid or mixed model on the continent. Article 84(1) and (2) of its Constitution provides for what clearly amounts to a review of constitutionality by the legislature itself – a model which comes close to the Swedish and Finnish models mentioned earlier.

---

13 These are: Algeria, Angola, Benin, Burkina Faso, Burundi, Cameroon, Central African Republic, Chad, Comoros Island, Côte d'Ivoire, Congo DR, Djibouti, Egypt, Equatorial Guinea, Gabon, Guinea, Madagascar, Mali, Mauritania, Morocco, Mozambique, Niger, Rwanda, Republic of Congo, Sao Tome and Principe, Senegal, Sierra Leone, Somalia, South Sudan, Tanzania, Togo, Tunisia, Zambia, Cape Verde and Sudan.

14 These are: Botswana, Gambia, Ghana, Kenya, Lesotho, Liberia, Malawi, Mauritius, Namibia, Nigeria, Seychelles, South Africa, Swaziland, Uganda, and Zimbabwe.

15 Libya's 2011 Constitution, very much like the one it replaces contains no provision dealing with constitutional review. On the other hand, it was not possible to have access to the English version of the latest Constitution of Guinea Bissau.

16 In the case of Tanzania and Zambia, this is what appears in the present draft Constitutions which are still under discussion.

B.- THE SCOPE OF JURISDICTION

For analytical purposes, a distinction is usually made between the scope of grant of primary jurisdiction and that of the grant of ancillary jurisdiction.[17]

1.- Primary jurisdiction

Primary jurisdiction refers to the typical powers that a constitutional court is created to exercise. This usually refers to three main powers. First, is the power of constitutional review, which refers to the formal powers which a court has to strike down any piece of legislation or administrative action for violating the constitution. Second, it also refers to the power to safeguard human rights. And third, it refers to the powers to resolve conflicts of competence disputes between central and local government on one hand and between government agencies inter se, on the other.

Generally, the primary jurisdiction conferred on constitutional courts in Anglophone Africa is based on a combination of three main factors. First, it can be said that the common law courts have historically asserted the power of judicial review as an inherent incidence of the general process of adjudication. It was this doctrine that could be traced from Lord Coke C.J's pronouncements in *Dr. Bonham's* case[18] that was affirmed by Chief Justice Marshall in *Marbury*'s case, when he declared :

> It is emphatically the province and duty of the judicial department to say what the law is. Those who apply the rule to particular cases must of necessity expound and interpret that rule. If two laws conflict with each other, the courts must decide on the operation of each.[19]

Second, a power of constitutional review may be inferred from the general provisions in the constitutions of Anglophone countries which vests judicial powers in the courts.[20] Third, and perhaps the strongest basis of constitutional review in Anglophone constitutions is the supremacy provision which states expressly or implicitly that the constitution is the supreme law of the land and

---

17 See generally, Tom Ginsburg and Zachary Elkins, 'Ancillary Powers of Constitutional Courts,' [2009] 87 Texas Law Review 1431; and Wen-Chen Chang, *et al.*, *Constitutionalism in Asia. Cases and Materials* (Hart Publishing 2014).

18 (1610) 8 Co Rep 114 (Court of Common Pleas).

19 (1803) 5 US (1Cranch) 137, 177.

20 See for example, section 103 (2) of the 1999 Malawi Constitution which states: ' The judiciary shall have jurisdiction over all issues of judicial nature and shall have exclusive authority to decide whether anissue is within its competence;' and also section 165(1) of the South African Constitution of 1996 which states thus; 'The judicial authority of the Republic is vested in the courts.'

that any law or action inconsistent to it is to the extent of the inconsistency invalid.[21]

By contrast, although centralised courts are deliberately and specially created to deal exclusively with constitutional matters, the exact scope of their jurisdiction always depends on the powers expressly or implicitly conferred to them by the constitution. The principle of constitutional supremacy, do not carry the same weight and impact under centralised systems as they do within decentralised systems. When the powers of the courts provided for under the 36 constitutions which have adopted the centralised model are examined very closely, the differences not only between the centralised and decentralised models but also between the progressive and conservative approaches within the centralised model becomes very glaring. For example, under the Benin Constitution, the Constitutional Court has been expressly given the powers to exercise all three primary jurisdictional functions viz, review of constitutionality,[22] safeguarding of human rights[23] and dealing with disputes concerning conflicts of competence.[24] At the other end is Cameroon's Constitutional Council which is conferred only very limited powers of constitutional review.[25]

2.- Ancillary jurisdiction

Ancillary powers refers to 'those powers that fall outside the prototypical constitution-review function.'[26] Unless the contrary is expressly or impliedly stated, many of what could be assumed to be ancillary powers can be exercised by the Anglophone courts. Under certain of these constitutions, some of these issues are expressly reserved for special courts.[27]

What has emerged in the civilian jurisdictions where the centralised system has been adopted is not only the extensive list of ancillary functions that have been conferred on constitutional courts but also the role that they are supposed

---

21 See for example, under the South African Constitution of 1996, section 2 states, inter alia, ' This Constitution is the supreme law of the Republic; law or conduct inconsistent with it is invalid…'.

22 See article 121 of the Benin Constitution of 1990.

23 See article 117 *ibid.*

24 See articles 104 and 117 *ibid.*

25 See articles 46 and 47(1) of the Cameroon Constitution of 1996.

26 See Tom Ginsburg and Zachary Elkins, 'Ancillary Powers of Constitutional Courts,' [2009] 87 Texas Law Review 1431.

27 For example electoral courts and on this, see article 48(2) of the 1992 Constitution of Ghana; articles 105(1),(2), 140 and 163(3)(a) of the 2010 Constitution of Kenya; section 76(3)and(5) of the 1999 Constitution of Malawi; section 233(2)€ of the 1999 Constitution of Nigeria and articles 86, 104,140 and 167 of the 1995 Constitution of Uganda. Another example is article 88(4) (e) of the 2010 Constitution of Kenya which gives Independent Electoral and Boundaries Commission the powers over the 'settlement of electoral disputes, including disputes relating to or arising from nominations but excluding election petitions and disputes subsequent to the declaration of election results.'

to play. This ranges from supervising elections and referenda,[28] regulation of political parties,[29] review of treaties,[30] determination of presidential vacancy,[31] declaration of a state of emergency,[32]impeachment of the president (sometimes with other high government officials),[33] acting as a depository of declaration of assets,[34] acting as a *tribunal de conflit* (body to resolve conflicts of jurisdiction)[35] and a host of other issues. These are just a few examples of a long list of quasi or extra-judicial functions the constitutional courts are increasingly required to perform. These ancillary powers vary considerably not only in the extent to which they may require the constitutional court to refer to the constitutional text, if at all, but also the fact that many of them place these courts in the thick of potentially serious political controversies. Are these courts equipped to discharge these functions ? Before we come back to this point, let us look at the type of reviews they carry out.

C.- TYPES OF REVIEW

Prior to the 1990s, Anglophone African countries that adopted the decentralised approach to constitutional adjudication did this mainly by way of concrete review, that is, the courts reviewed the constitutionality of a norm only where there was a real case or controversy. There was the possibility of some form of abstract review, that is, review of constitutionality that take place in the absence of a real case or controversy in rather very rare cases.[36]

---

28 For example, see article 163 of the Algeria Constitution of 2008, articles 4,49,81 and 117 of the Benin Constitution of 1990; article 154 of the Burkina Faso Constitution of 1991; article 48 of the Cameroon Constitution of 1996;articles 32 and 60 of the Côte d'Ivoire Constitution of 2000 and articles 11, 83 and 84 of the Constitution of Gabon 1990.

29 See article 180(2)(c) of the 2010 Constitution of Angola; article 156 of the Burkina Faso Constitution of 1991; and article 72 of the Madagascar Constitution of 2010.

30 See for example, articles 119(d) and 227 of the 2010 Constitution of Angola; articles 150 and 155 of the Burkina Faso Constitution of 1991; article 296 of the Burundi Constitution of 2005; article 47(1) of the Cameroon Constitution of 1996; article 98 of the Constitution of Central African Republic of 2013 (provisional constitution); articles 161 and 220 of the 1996 Constitution of Chad; and article 216 of the DR Congo Constitution of 2006.

31 See for example, articles 130 and 132(6) of the 2010 Constitution of Angola; article 121 of the Constitution of Burundi of 2005; article 6(4) of the Constitution of Cameroon of 1996 and article 76 of the 1996 Constitution of Chad.

32 See for example, 68 of the Benin Constitution of 1990; article 59 of the Constitution of Burkina Faso 1991; article 115 of the 2005 Constitution of Burundi; and article 48 of the 2013 Constitution of Central African Republic.

33 See articles 77, 117 and 135 of the Benin Constitution of 1990; article 233 of the Burundi Constitution of 2005; articles 164-167 of the Constitution of DR Congo of 2006 and article 145 of the 2003 Constitution of Rwanda.

34 See, article 99 of the Constitution of DR Congo of 2006; article 36 of the 2010 Constitution of Guinea; article 41 of the Madagascar Constitution of 2010; and article 51 of the Niger Constitution of 2010.

35 See, article 161 of the Constitution of DR Congo of 2006.

36 The most prevalent form of this was the provision in most Anglophone provisions appearing in the Bill of Rights or section dealing with fundamental human rights which usually gave individuals the right to invoke these provisions merely by alleging 'that any of the provisions ... has been, is being or is likely to be contravened in relation to him...' In other words, there was no need to prove actual violation, a

The exact opposite was true in the civil law jurisdictions in Africa; the normal pattern of review was abstract review and concrete review was the exception (because it was limited to matters such as election disputes). Even if the changes that have taken place since the 1990s reforms are still within the decentralised/centralised models divide, there have been a number of interesting developments. From these developments, two general observations can be made.

First, only the constitutions of two countries in Africa have gone furthest to combine elements of abstract review, both *a priori* and *a posteriori* to the promulgation of legislation and open concrete review. It is no surprise that these are the constitutions of the countries with the most active constitutional courts on the continent viz, the Benin Constitutional Court and the South African Constitutional Court. As the table below shows, Benin has not only retained abstract review but also incorporated an open system of concrete review whilst South Africa has combined and incorporated elements of abstract review to the concrete review normally associated with decentralised systems.

Second, all constitutions in civilian jurisdictions provide for prior review of all organic legislation before their promulgation into law (*a priori* abstract review).[37] With respect to ordinary legislation, pre-promulgation review was the norm but since the 1990s, post-promulgation review is allowed under many of the progressive constitutions. Concrete constitutional review is also allowed for many constitutional matters in most civilian constitutions.

D.- TYPES OF ACCESS

Access restrictions are certainly needed to filter out frivolous claims and vexatious litigants. This is particularly so where there is just one constitutional court for the whole country, as is the case in civilian jurisdictions. In trying to assess whether the scope for accessing constitutional justice today is better than it was before the 1990s, a distinction needs to be made between direct access and indirect access.

---

potential violation was enough. See examples of this in section 18(1) of the Botswana Constitution of 1966 and it still even features in some recent constitutions. For example, article 33(1) of Ghana's 1992 Constitution states: 'Where a person alleges that a provision of this Constitution on the fundamental human rights and freedoms has been, or is being or is likely to be contravened in relation to him, then, without prejudice to any other action that is lawfully available, that person may apply to the High Court for redress.'

37 In the civilian systems, organic laws have an intermediate status between the ordinary law and the constitution itself. They have a constitutional scope and force and therefore override ordinary statutes. They are however more flexible because they can be enacted by parliament without going through the cumbrous process of amending the constitution. See further, Francis Haman and Michel Troper, *Droit Constitutionnel* (31st edn, LGDJ 2009) 41.

1.- Direct access

Direct access refers to those circumstances under which an individual whose constitutional right has been violated can approach the court. Whilst direct access has always been the norm in the common law systems, it has been the exception in the civilian systems. Although there have been serious attempts to broaden the scope of individual access in most civilian systems, there are still a good number of countries where, except in electoral matters, private individuals do not have direct access to the constitutional court.[38]

The main form of direct access is by way of a right of direct individual action. Usually, an individual has a right of direct action in all common law jurisdictions where his constitutionally or legally protected right or interest have been infringed. These rights or interests must usually be of a personal nature, especially where a party seeks to use the writ of *amparo*.[39]

The doctrine of *locus standi* only permits individuals whose rights or other legally protected interests have been infringed to petition the constitutional court. This is generally not efficient in dealing with constitutional violations where this involves state interference with public rights or where it is also directly infringes individual rights but the individual concerned lacks the means to bring the matter before the constitutional court. The concept of public interest litigation developed in India since the Indian Supreme Court decision in *SP Gupta v Union of India*,[40] has been used to overcome the constraints of the strict application of the *locus standi* doctrine. Public interest litigation operates as a form of *actio popularis* which allows an individual or group to bring an action without needing to prove that they have any personal interest in the matter. This has been formally entrenched in some post-1990 constitutions, starting with the section 167 (6)(a) of the South African 1996 Constitution. There are a few other examples of this in both civil and common law jurisdictions.[41] However, the most expanded scope for such public interest

---

38 See for example Algeria (2008 Constitution), Burkina Faso (1991 Constitution), Cameroon (1996 Constitution), Chad (1996 Constitution), Cote d'Ivoire (2000 Constitution),Djibouti (1992 Constitution), Guinea (2010 Constitution), Madagascar (2010 Constitution), Malawi (1992 Constitution), Mauritania (1991 Constitution), Morocco (2011 Constitution), Rwanda (2003 Constitution), Republic of Congo (2001 Constitution), Sao Tome and Principe (1990 Constitution), Senegal (2010 Constitution), Togo (1992 Constitution), (Tunisia 2011) and Cape Verde (Constitution 1992).

39 So far, only article 95(2)(b) of the 1982 Constitution of Equatorial Guinea provides for this. It can be invoked by any person who believes that his constitutional rights have been violated regardless of whether it is by a public or private authority. It is a very inexpensive procedure and is often free because it may not require legal counsel but the applicant is usually required to fulfil several conditions which include the fact that there is no other mechanism to file the claim under.

40 [1982] AIR SC 149

41 See for example, article 137(3)(a) of the 1995 Constitution of Uganda which states: ' A person who alleges that- (a) an Act of Parliament or any other law or anything in or done under the authority of any law; or (b) any act or omission by any person or authority, is inconsistent with or *in contravention of a provision of this Constitution*, may petition the constitutional court for a declaration to that effect, and for redress where appropriate.' The best example of this appears in article 122 of the Benin Constitution

action to vindicate an individual right is provided for in article 22 of the 2010 Kenyan Constitution

In civilian jurisdiction, the right of personal action is the exception rather than the rule and it is only after the 1990s that many progressive constitutions expressly allow for such direct action. Article 122 of the 1990 Constitution of Benin makes provision for what is referred to as a right of complaint.

2.- Indirect access

Until the 1990s, the only means of indirect access in civilian jurisdictions was restricted to certain persons or institutions such as the President, Parliament, and ordinary courts. The access rules have changed considerably but the main forms of indirect access consist of; referrals from political or government entities, referral from an ordinary court by way of incidental review or exception to unconstitutionality and referral through a sort of filtering process. It must be noted that these referrals can be for the purpose of an abstract review (*a priori* or *a posteriori*) or with reference to a specific case (concrete review).

The French Constitutional Council, in its original 1958 design excluded the right of direct access and only allowed indirect access limited to the very politicians who as the main sponsors of legislation often had little reason to challenge its constitutionality.[42] In all but a few Francophone constitutions,[43] the scope for indirect access by some of these bodies has been considerably enhanced. Thus, it is not merely the Presidents of the Republic, the Senate and the National Assembly who can seise the constitutional courts but also members of both houses of parliament and others. The significant change has been that the threshold for the members of the National Assembly and Senate who qualify to bring a matter before the constitutional courts has been reasonably lowered to enable opposition parties today to be able to petition for an abstract (the normal practice) and concrete (in most progressive constitutions) review of constitutionality. The threshold varies widely, the broadest being the rare instances where an individual member of parliament is given the powers to seise the court, such as is the case under article 121 of the Benin 1990 Constitution

of 1990 which states that, '*Any citizen* may complain to the Constitutional Court about the constitutionality of laws whether directly…' (emphasis added).

[42] In this respect, article 61 of the Constitution stated, *inter alia*: "…To the same end, Acts of Parliament may be referred to the Constitutional Council, before their promulgation, by the President of the Republic, the Prime Minister, the President of the National Assembly, the President of the Senate, sixty Members of the National Assembly or sixty Senators.' '

[43] It must be pointed out that there are also some referrals reserved for government officials under some Anglophone constitutions. For example, under the Malawi Constitution of 1994, section 89(1)(h) to refers disputes of a constitutional nature to the High Court.

Although mostly civilian jurisdictions provide for this,[44] South Africa, which is one of the few common law countries to have adopted elements of abstract review (both *a priori* and *a posteriori*) gives members of its legislature the powers to challenge legislation on grounds of its constitutionality.[45]

In addition to these traditional forms of indirect access, in recent years, other governmental and semi-governmental entities have been given the powers to seise the constitutional courts. For example, under the 2010 Angolan Constitution, article 230 allows parliamentary groups, the Attorney-General, the Ombudsman and the Bar Association to seise the courts.

A second form of indirect action, which is particularly common in modern civilian constitutions, occurs by way of incidental review. Unlike the previous forms of action which may occur in the course of an abstract or concrete review, incidental review only occurs in the course of an actual case being heard in court. It gives one of the parties to the matter the right to raise the issue of unconstitutionality and request that this issue be resolved by the competent court before the case proceeds. A good example of this is article 46(7) of the 1993 Constitution of Seychelles.[46]

In Mozambique, article 247 of its 2004 Constitution allows the referral of a Supreme Court decision which refuses to apply any law on grounds of its unconstitutionality.

The third form of indirect action may occur through the raising of an exception of unconstitutionality. This is where parties to proceedings before an ordinary court raise doubts about the constitutionality of a statute being applied in the proceedings and suggests that the matter be referred to the constitutional court. The judge must then consider and justify any refusal and can only do so on a limited number of grounds.[47]

---

[44] A few examples ways in which access by politicians in the legislature has been broadened will suffice. See articles 228 and 230 of the 2010 Constitution of Angola which provides for petitions by 1/10 of the members of the National Assembly and 1/5 of this when invoking article 232(1); it is ¼ of the members of the National Assembly or the Senate under articles 228 and 230 of the 2005 Burundi Constitution; 1/3 of the members of the National Assembly or Senate under articles 47(2) and 48(3) of Cameroon's 1996 Constitution; 10 members of parliament under article 35 of the 1992 Constitution of Djibouti

[45] In this respect, its 1996 Constitution in section 80 (2) allows 1/3 of its members of parliament refer an Act of Parliament to the Constitutional Court and 20% of the members of the provincial legislative Council to refer a Provincial Act to the court under section 122(2)(a).

[46] Article 130(6) of the same Constitution repeats this. For examples in other constitutions, see article 180(2)(e) of the Angola Constitution of 2010; article 70 of the 2013 Constitution of Central African Republic; article 80 of the 1992 Constitution of Djibouti; and article 120 of the 2014 Constitution of Tunisia.

[47] See for example, article 22 of the Benin Constitution of 1990 ; article 230 of the Burundi Constitution of 2005; article 77 of the Constitution of the Central African Republic of 2013; article 36 of the Constitution of the Comoros of 2001; article 96 of the Constitution of the Cote d'Ivoire of 2000; article 162 of the 2005 Constitution of the DR Congo; and article 86 of the Constitution of Gabon of 1990.

Finally, a matter may go to the constitutional court indirectly through a sort of filtering process. This can be seen as an attempt to balance the need to allow litigants to have access to the court with the need to prevent these courts from being inundated with frivolous and vexatious claims. This filtering process can take various forms. Under article 80 of the Djibouti Constitution of 1992, if a party raises the exception of unconstitutionality, then the court before which the matter has been raised refers the case to the Supreme Court. It is the Supreme Court that will decide whether or not the challenge is well founded, in which case it then refers the matter to the Constitutional Court for a formal determination.[48] Another form of filtering is provided for under the South African Constitution. In this regard, section 167(5) states :

> The Constitutional Court makes the final decision whether an Act of Parliament, a provincial Act or conduct of the President is constitutional, and must confirm any order of invalidity made by the Supreme Court of Appeal, the High Court of South Africa, or a court of similar status, before that order has any force.[49]

Section 172(2)(a) and (b) has a similar effect: this ensures that only serious issues raised before the lower courts eventually get to the Constitutional Court and also that there is a reasonable degree of legal certainty and predictability. In this way, the South African legislator addresses one of the major weaknesses of the decentralised model of judicial review, that is, the risk of divergent interpretation of the same text by the different decentralised courts.

E.- FORMS OF JUDICIAL DECISIONS AND REMEDIES

It is clear from the preceding discussion that constitutional courts deal with a broad range of issues that may not necessarily involve the strict interpretation or application of the text of the constitution itself. From the preceding discussion, a number of questions arise. Do the decisions that the constitutional courts make reflect the diversity of issues that they have to deal with ? Are they given the powers to provide the remedies that will adequately deal with these issues ?

An analysis of the powers given to African constitutional courts to resolve constitutional disputes show that they are required to make either binding or non-binding decisions. The non-binding decisions take the form of different varieties of advisory opinions. The latter raises a number of interesting issues.

---

[48] See article 147 of the 1991 Constitution of Burkina Faso which provides that the decision whether a matter which arises in proceedings before an ordinary court should referred to the Constitutional Council or not will be decided upon by either the Court of Cassation for matters before the ordinary courts and the Council of State for matters before the administrative courts.

[49] See sections 167(3) and 175(10 of the 2013 Zimbabwe Constitution which provides that orders of invalidity on constitutional grounds made by lower courts will only take effect after they have been confirmed by the Constitutional Court.

With respect to binding decisions, the common law jurisdictions have often given the courts broad discretion in terms of what orders they may make when a finding of constitutional violation is ascertained, especially when it concerns a human rights provision. A typical example of such a provision will state that, the court may 'make such orders, issue such writs and give such direction as it may consider appropriate for the purpose of enforcing or securing the enforcement of any of the provisions.'[50]

Generally, civilian constitutions do not confer similar flexible powers to their constitutional courts.[51] Be that as it may, two points need to be noted. First, the wording of the provisions in most Anglophone constitutions either expressly or implicitly allow room for damages or some form of compensation to be awarded to those whose constitutional rights have been violated. This is not obviously the case in civilian jurisdictions. Second, the perennial problem of non-enforcement of binding decisions by governments is addressed in the most innovative and decisive manner by the 1992 Ghanaian Constitution. It states that non-compliance with a court order or decision, especially the executive is a 'high crime.'[52]

As regards non-binding decisions, this takes diverse forms. For instance, there are those instances where the scope of matters that are subject to such advisory jurisdiction almost corresponds with the matters that the court is competent to entertain. An example of this is article 47(4) of the 1996 Cameroon Constitution which states that ; 'the Constitutional Council shall advice in matters falling under its jurisdiction.' Of narrower scope is article 163(6) of the 2010 Kenyan Constitution which restricts the subject matter of such advisory opinions to "any matter concerning county government."

---

50 See for example, section 18(2)(b) of the 1966 Botswana Constitution. See even broader formulations of this in article 23(3) of the 2010 Kenyan Constitution, and section 175(5)(b) of the 2013 Zimbabwe Constitution.

51 See for example, article 159 of the 1991 Burkina Faso Constitution and article 231 of the 2005 Constitution of Burundi. There are obviously some exceptions. For example, under article 231(4) of the 2010 Angolan Constitution, the Constitutional Court may, when it is necessary ' for the purposes of legal certainty, reasons of fairness or matters of exceptionally important public interest, which must be duly justified,' rule that the scope of the effects of the unconstitutionality or illegality be more restricted than would ordinarily be the case.

52 In this regard, article 2 states :

2. The Supreme Court shall, for the purposes of a declaration under clause (1) of this article, make such orders and give such directions as it may consider appropriate for giving effect, or enabling effect to be given, to the declaration so made.

3. Any person or group of persons to whom an order or direction is addressed under clause (2) of this article by the Supreme Court, shall duly obey and carry out the terms of the order or direction.

4. Failure to obey or carry out the terms of an order or direction made or given under clause (2) of this article constitutes *a high crime under this Constitution and shall, in the case of the President or the Vice-President, constitute a ground for removal from office under this Constitution.*

5. A person convicted of a high crime under clause (4) of this article shall (a)- be liable to imprisonment not exceeding ten years without the option of a fine; and (b)- not be eligible for election, or for appointment, to any public office for ten years beginning with the date of the expiration of the term of imprisonment. (emphasis added).

Numerous constitutions, particularly in civil law jurisdictions provide that the constitutional court should be "consulted" in cases where an emergency is going to be declared,[53] or when parliament is going to be dissolved.[54] There are others which state that the "opinion" or "advise" of the court should be sought with respect to the regularity of ordinances[55] or before the holding of a referendum[56] or in a host of other situations.[57]Consulting and obtaining the opinion or advice of the constitutional court as contemplated by most of these constitutions is probably understandable as a way of giving it some leeway to mediate some of these issues which may not necessarily entail the niceties of legal interpretation. However, given that the court's views on these matters are not binding, what happens where some of the parties involved ignore the advice given ?

III.- ASSESSMENT OF CURRENT TRENDS AND PROSPECTS FOR CONSTITUTIONAL JUSTICE

The developments in the last two decades give rise to a number of questions. Have they sufficiently equipped African constitutional courts to play the role that constitutional courts should play : that is, to act as defenders, protectors and promoters not only of constitutional democracy but also as bulwark against authoritarianism in all its forms and manifestations ? Does the existence of provisions providing for constitutional review guarantee accessible, effective and credible constitutional justice for all ?

This assessment is subject to a number of caveats. First, there is often a wide divergence between the constitutional text and the actual practice on the ground. For example, Cameroon's Constitution of 1996 provided *inter alia*, for the establishment of a Constitutional Council to deal with constitutional issues but this has never been created. Similarly, the DR Congo Constitution of 2006 provided for the establishment of a Constitutional Court but the

53 See for example, article 68 of the Benin Constitution of 1990; article 59 of the 1991 Burkina Faso Constitution; article 39 of the 1992 Djibouti Constitution; article 90 of the 2010 Constitution of Guinea, articles 61 and 65(10) of the 2010 Constitution of Madagascar; article 50 of the 1992 Constitution of Mali and article 59 of the 2011 Constitution of Morocco.

54 See for example, article 104 of the 2011 Constitution of Morocco; article 133 of the 2003 Constitution of Rwanda; and article 92 of the 2001 Constitution of the Republic of Congo.

55 See articles 102 and 104 of the 1990 Constitution of Benin; article 107 of the 1991 Constitution of Burkina Faso; articles 160-161 of the 2005 Constitution of Burundi; articles 100 and 103 of the 2010 Constitution of Niger and articles 69 and 86 of the 1992 Constitution of Togo.

56 See for example, article 86 of the 1996 Constitution of Chad; article 33 of the 1992 Constitution of Djibouti; article 36 of the 1992 Constitution of Mali; article 60 of the 2010 Constitution of Niger; article 86 of the 2001 Constitution of the Republic of Congo; and article 51 of the 2010 Constitution of Senegal.

57 See for example, articles 15(4), 36(1) and 60(2) of the 1996 Constitution of Cameroon; and articles 75 and 97 of the 2010 Constitution of Cote l'voire.

members of this Court were sworn in only in April 2015. Second, there are a number of countries where in spite of the existence of constitutions they are too unstable to be considered to be under any form of constitutional governance. Such is the case with Eritrea, Libya, and Somalia. Even in most reasonably stable countries, the perennial appetite for changing constitutions has only been diminished but not eliminated.[58]. Third, the focus of the preceding analysis has been on what the constitution says. No account has been taken in this study of subsidiary legislation which may complement and possibly fill in gaps. However, it is unlikely that such legislation can create any new rights or obligations that were not provided for in the constitution itself. Fourth, in some of the constitutions, especially those of civil law tradition, many of the provisions regulating important aspects such as the structure, powers and organisation of some of the constitutional courts are subject to regulation by ordinary laws. There is often no guarantee that the laws adopted will facilitate and not place obstacles to constitutional adjudication.

The nature and scope of the powers given to modern African constitutional courts is consistent with many of the theories that have been used to explain the expansion and spread of constitutional courts since 1945, but more particularly since the fall of the Berlin Wall and the constitutional reforms in Eastern Europe. In the African context, the so-called 'federal logic of judicial review'[59] is manifested not by an increase in the number of federal jurisdictions but rather by the increase in decentralisation and the deconcentration of powers. The extensive fragmentation of powers both horizontally and vertically whilst expanding the scope of participation in decision-making has increased the scope and levels for conflicts which need the mediating role of a constitutional court. It is thus no surprise that most modern African countries, regardless of system of governance, whether federal or semi-federal (for example, Nigeria and South Africa) and even centralised (with widely decentralised and deconcentrated powers) have given constitutional courts powers to deal with conflicts between the different levels of government.[60]

---

58 See generally, Charles Manga Fombad, 'Constitution-building in Africa: The Never-ending Story of the Making, Unmaking and Remaking of Constitutions' [2014] 13(4) *African and Asian Studies* 429-451.

59 See generally, Ackerman, ' The Rise of World Constitutionalism' (1997) 83 *Virginia Law Review*, 771-797; and Shapiro, M., 'Federalism, the Race to the Bottom and the Regulation-Averse Entrepenuer,' In H. Scheiber, (ed.), *North American and Comparative Federalism.* (Institute of Governmental Studies Press 1992).

60 For dealing with conflicts within a unitary but decentralised framework and between institutions, see article 117 of the Benin Constitution of 1990; article 47(1) of the 1996 Cameroon Constitution; and article 95(2)(f) of the Constitution of Equatorial Guinea of 1982. And for example of federal or quasi-federal framework, see sections 232(1) and 251(1)(9) of the 1999 Constitution of Nigeria ; section 167(4)(a) of the 1996 Constitution of South Africa; and articles 128(2)(j) and 168(10) of the 2011 Constitution of South Sudan.

The theory of political insurance has also been used to explain why constitutional review is adopted in certain constitution-making processes. Whilst philosophical, historical and other practical factors explain to a large extent why all African countries maintained the systems they inherited at independence, the political dynamics at the time of the drafting of each constitution has also played a very important, and sometimes even decisive part, in the potential effectiveness of the design chosen regardless of the model. According to the political insurance theory, the stronger political parties will have less desire for an effective and independent constitutional review system than weaker political parties.[61] The converse is equally true. In other words, where the political elites see themselves losing power or there is political uncertainty, there is always an effort made by all the parties to set up an effective system of constitutional review to preserve the bargains embodied in the constitution. This is exactly what happened in Benin in 1990 and in South Africa in 1994 and there is therefore no surprise that these two countries do not only have the most progressive constitutions of their genre but also the most effective constitutional courts. The constitution-making process in both countries was an inclusive one in which all the parties participated on more or less an equal footing, with none being so strong as to dictate or impose the terms. This clearly fits the insurance theory because all the parties had an interest in preserving the hard-earned bargains. By contrast, countries such as Burkina Faso and Cameroon manifest a clear example of hegemonic preservation in which constitution-making process was forced on recalcitrant incumbents, who nevertheless were able to retain control and manipulate the outcome to ensure that they did no more than adopt a symbolic and ineffective form of constitutional review system that has perpetuated the status quo ante.

Although current developments clearly show that the centralised model is the dominant form of constitutional review in Africa, a closer look at the nature of how these operates suggests that there are considerable signs of convergence. This is manifested in several ways. First, almost all civilian jurisdictions which at independence focused almost exclusively on abstract review with *locus standi* for bringing petitions limited, apart from election disputes, only to certain government officials now provide for concrete review and have also broaden the rules of standing to allow individual citizens for the first time to bring claims. One could also suggest that the use of 'filtering' procedures has to some extent 'decentralised' constitutional adjudication. But there are also movements within the decentralised system towards the centralised approach. The best example of this is the requirement under the South African and Zimbabwean Constitutions that whilst other lower courts

---

[61] See generally, R. Chavez, *The Rule of Law in Nascent Democracies : Judicial Politics in Argentina*.(Stanford University Press 2004); M. Stephenson, " When the Devil Turns...":The Political Foundations of Independent Judicial Review,' 2004 *Journal of Legal Studies* 32: 59-81 and Tom Ginsburg, 'The Global Spread of Constitutional Review,' *op. cit.* at p.83-87.

can declare a piece of legislation or action as unconstitutional, this will only take effect when the Constitutional Court confirms this.[62] Another feature associated with the centralised model which South Africa has adopted are the several avenues provided for abstract review of legislation.[63] In many respects, the Benin Constitutional Court and the South African Constitutional Courts, which are clearly the most dynamic constitutional courts on the continent, manifest many signs of cross-systemic fertilisation of ideas and convergence of the two methods. In the case of Benin, it shows an exceptional and unusual instance of a Francophone African country thinking outside the "French colonial box" in which they have been locked since independence particularly after its reforms of the Constitutional Council model in 1990 preceded similar reforms in its mother country (France) by 18 years. Thus, although the centralised model is ascendant, the practical effect of the movements is more in favour of the traditional courts system rather than the historical reservation and suspicion of judicial involvement in constitutional adjudication in civil law jurisdictions.

The expanding scope of ancillary powers given to constitutional courts in modern civilian constitutions poses a number of serious challenges for the future. These powers vary considerably in the extent to which they require courts to refer to a constitutional text, if at all. This is trend, which Ran Hirschl has referred to as "juristocracy" [64] or 'judicialisation of 'mega' or 'pure politics', has seen 'the ever-accelerating reliance on courts and judicial means for addressing core moral predicaments, public policy questions and political controversies.'[65] It is doubtful if this is an appropriate approach to adopt in Africa's fragile democracies. For African constitutional courts which are still struggling to assert themselves from decades of being under the domination and subordination of powerful and repressive executives and, gain the respect and confidence of the public, their involvement in many tasks which places them in the thick of the bitter political conflicts that have become common place today risks undermining their authority and credibility. This is particularly so where they are required merely to express 'opinions', 'suggestions,' 'advice', or are only 'consulted' on these matters. There is increasingly a risk that constitutional adjudicators will be seen, not as defenders of constitutionalism and constitutional justice but rather as a means by which the affluent and powerful elite are able to restrain and control the

---

62 But see the recent South African Constitutional Court decision in *Khohliso v S and Another* [2015] JOL 32616 (CC) where the Court held that the section 167(5) confirmation of any declaration of unconstitutionality only applied to an Act of Parliament, a provincial Act or conduct of the President and not a decree that had been issued in 1992 under the apartheid regime.

63 See for example, sections 79(4)(b) and (5), 121(2)(b) and 167 (4)(b) of the South African 1996 Constitution.

64 See generally, Ran Hirschl, *Toward Juristocracy* (Harvard University Press 2004).

65 In, 'The New Constitutionalism and the Judicialization of Pure Politics Wordwide,' [2006] 75 Fordham Law Review 721.

wider democratic yearnings and impulses of the people and if not indeed suppress them. This may result in judicially mediated democracy not on terms that will promote constitutional democracy but rather terms that will satisfy the ruling elites. One can see here that the further away a court is required to deal with issues that require an interpretation and application of the constitution, for example, registering political parties or the names of those who declare their assets, especially in situations like the latter where the court's duty is not to verify its accuracy, the more the court could be seen as complicit in any eventual irregularities in a manner that puts their credibility and legitimacy at stake vis-à-vis the public. On the other hand, when dragged into unwinnable zero-sum conflicts, Africa's young constitutional courts lack the experience to negotiate their way out of this and where they antagonise the powerful political elites, this might generate a backlash from the latter who feel that these unelected judges are overstepping their mandates and overreaching.[66]

Another common feature in civilian jurisdictions is the expanding role of the constitutional court acting as a 'negative legislator.' While the legislature functions as a 'positive legislator' by introducing statutes into the legal system, the constitutional court has been given a wide ranging role, under almost all the constitutions to expunge in an abstract *a priori* or *a posterior* proceedings, those which infringe the constitution (negative legislator). This has many implications for the effectiveness of constitutional justice. First, whilst the legislature has an electoral mandate and thus democratic legitimacy to perform the law-making function, it can hardly be said that constitutional court judges have such a mandate. This is probably where the counter-majoritarian argument and questions about the legitimacy of constitutional review under a written constitution finds its strongest expression and the confusion between the court being a judicial, quasi-judicial/quasi-administrative and quasi-judicial/quasi-legislative body becomes acute. Second, if we add to this the fact that constitutional courts in civilian jurisdictions are given exclusive powers in the whole country not only to decide on a wide range of constitutional issues but also to advise, make suggestions and be consulted, then the potential for these courts to be overwhelmed is great. In fully appreciating the risk of overwhelming these courts with cases,[67] one can

[66] This is precisely the point that South African courts, particularly its superior courts have reached vis-à-vis the ruling African National Congress (ANC) government which interprets every unfavourable judicial decision as an attempt by the judiciary to undermine its authority. For example, the Secretary General of the ANC, Gwede Mantashe, has in the past described the judiciary as 'counter-revolutionaries' recently accused it of 'attempting to overthrow the government,' and another senior minister criticised it for 'encroaching on the territory of the executive'. See, 'Editorial : A Resounding Slap from SA's Judges' BusinessDay of 9 July 2015, http://www.bdlive.co.za / opinion / editorials /2015/07/09 /editorial-a-resounding-slap-from-sas-judges.

[67] It is important to point out that African judiciaries are noted for the delays and backlog of cases that they have to deal with. It only gets worse rather than better when some courts, like the Constitutional Courts in South Africa and Zimbabwe are now required to confirm every declaration of unconstitutionality. In

clearly see the difference between substantive constitutionalism which, has opened the floodgates to constitutional adjudication in Benin and symbolic constitutionalism where substantive constitutional justice remains an aspiration and not a reality, as is the case before the fictitious 'Cameroon Constitutional Council.' Can constitutional courts realistically review, where they are required to do so, or advise, where this is the mandate, every possible piece of organic law, as some of these constitutions require ?

CONCLUSION

Progress over the last 25 years has been slow but steady. It is clear that the landscape for constitutionalism and constitutional justice has changed considerably. Although the progress is often not perfect and there is still a long way to go in many countries, the progress is real and substantial and provides a solid foundation on which to build on for the future. By contrast to just over two decades ago, substantive constitutional justice in all its facets is the norm rather than the exception. As the Benin Constitutional Court has shown, the question of constitutional justice today is less about what model is in operation and more about what powers the court has been given and whether it can fully utilise this to provide constitutional justice and protect citizens against arbitrary government.

When one looks closely at the work of the Benin and South African Constitutional Courts in the last two decades,[68] one cannot help but see some form of merging and converging of legal cultures and traditions not to create new hybrids but rather to enhance pre-existing models in a manner that African legal experts and constitutionalists in particular are beginning, especially with respect to civil law jurisdictions to look beyond what they inherited at independence. The burden of the colonial heritage appears to have been so heavy that it has stifled any thinking and reasoning outside what were perceived as irreplaceable perfect models. That myth is being slowly but certainly exploded.

Whereas in the past, the concern was with the independence of judges (in both common law and civil law jurisdictions) and the non-availability of constitutional review (in civilian jurisdictions), today the challenge is for the constitutional courts to effectively assert themselves and gain legitimacy. It is

---

the case of South Africa, this requires formal proceedings before the full bench of the Court and with the 17th amendment of the Constitution having made this court the final court of appeal on all matters, it is not clear how the court will cope with the predictable increase in case load with the same number of judges.

68 On Benin, see for example, Horace Adjolohoun, *Droits de l'homme et Justice Constitutionnelle en Afrique : Le Modèle Béninois : à la Lumière de la Charte Africaine des Droits de L'homme et des Peuples* (Harmattan 2011) ; and on the South African Constitutional Court, see Theunis Roux, *The Politics of Principle: The First South African Constitutional Court, 1995-2005* (Cambridge University Press 2013).

clear that the factors which combined to undermine constitutional justice in Africa have not disappeared. The one-party regimes have been replaced by dominant party regimes which operate with exactly the same impulses. The threat of military dictatorships is barely receding – there are no overt military regimes often because the military coup leaders today quickly put on democratic uniforms and adopt other democratic paraphernalia.

There are still many countries that have adopted constitutional courts for its symbolic value ; these series of countries are firmly stuck in the murky middle ground between constitutional democracy and constitutional 'authoritarianism.' This explains why in spite of the expansion of constitutional justice and juristocracy, the increase in judicial resolution of quasi-constitutional issues such as election disputes have not helped, as one would have expected, electoral justice.

Decentralising constitutional justice appears to be a new phenomenon that holds a lot of promise. Processing claims whether formally through the hierarchy of courts or informally through a 'filtering' system will help to narrow down and clarify issues, shift the evidence, improve the quality and sophistication of arguments and ensure that the apex constitutional court focuses on the most important issues. Perhaps more importantly, by decentralising constitutional justice, this not only makes it more widely available to ordinary citizens throughout the country but also provides an avenue for the principles and values that permeate the constitution to be spread widely and in so doing gradually entrench the culture of constitutionalism and rule of law. This is just one little evidence of cross systemic fertilisation of ideas. Another important one is the concept of abstract review. If it is properly used, it could provide a useful opportunity not only for preventing constitutional violations but also preventing or reducing the avenues for conflict between the judiciary and the political branches.

Donald Kommers rightly points out that social and political stability in a democratic state requires effective constitutional review. He adds :

> …the brutal instability of German society over the first half of the 20th century testifies to the shortcomings of earlier manifestations of German constitutionalism and the mechanisms for constitutional review upon which those constitutional systems relied.[69]

The same is true, if not more so, of Africa's shambolic experiment with constitutionalism during the first three decades of independence. Again, Donald Kommers could not have said it better when he makes the point that the 'stability and prosperity' of Germany today 'bespeaks the integrity and

[69] In, 'An Introduction to the Federal Constitutional Court,' 2001 *German Law Journal* 2001 available at http://www.germanlawjournal.com/index.php?pageID=11&artID=19 (accessed in September 2015).

efficacy' of its constitutional review.[70] There is no gainsaying that if Africa's dream of social, economic and political stability is to be achieved, there must be a strong system of constitutional review to check, control, sanction and in every respect, tame its endemically unruly political elites. In spite of the popularity of the centralised model, the manifestly clear movement towards traditional courts strongly supports the conclusion that Africa will be better served by conferring constitutional review to constitutional courts which operate as independent traditional courts rather than tribunals that operate like a quasi-administrative/ quasi-legislative and quasi-judicial bodies.

Charles Manga FOMBAD
Professor of Comparative African Constitutional Law, Institute for International and Comparative Law in Africa, Faculty of Law, University of Pretoria, South Africa.

70 *Ibid.*

MERCREDI 11 OCTOBRE 2017

ACTE I

L'IDENTIFICATION DES CONTRE-POUVOIRS

Alain Didier OLINGA,
et Georges OWONA MBIDA OTTO

LE POUVOIR PRÉSIDENTIEL, FACTEUR DE DISTORSION DE LA SÉPARATION DES POUVOIRS EN AFRIQUE

« L'histoire nous mord en effet actuellement la nuque, et jamais peut-être l'effort d'élucidation du monde n'a été aussi nécessaire pour faire face aux tâches d'un présent sur le fil du rasoir. »

Pierre ROSANVALLON,
Le bon gouvernement, Paris, Seuil, 2015, P. 24.

INTRODUCTION

Va-t-on dire qu'une sorte d'incompréhension originelle est attachée au principe de la séparation des pouvoirs ? « L'antienne »[1] académique reprise en chœur dans les manuels et au cours des leçons de droit constitutionnel semble travaillée, ternie, voire rejetée par maints « profanateurs », qui se moquent du temple sacré de la séparation des pouvoirs.[2] Le doyen Georges VEDEL ne mettait-il pas déjà en garde : « Méfions-nous (...) des belles vues a priori sur la séparation des pouvoirs. Montesquieu, réaliste s'il en fut et observateur aigu de la vie politique concrète, doit se retourner dans sa tombe s'il a connaissance des dogmes que de prétendus disciples veulent couvrir de son nom. La séparation des pouvoirs, à la lettre, n'existe pas ».[3]

1 Jean-Philippe FELDMAN, « La séparation des pouvoirs et le constitutionnalisme. Mythes et réalités d'une doctrine et de ses critiques » VIIe Congrès français de droit constitutionnel, Atelier 6 – constitution, pouvoirs et contre-Pouvoirs, AFDC, Paris, 25-27 septembre 2008.

2 Lire Carlos-Miguel PIMENTEL, « Le sanctuaire vide : la séparation des pouvoirs comme superstition juridique ? », Pouvoirs, 2002/3, pp. 119-131.

3 Georges Vedel, « La Constitution de 1958 », Le Monde, 19 juillet 1958 in Comité national chargé de la publication des travaux préparatoires des institutions de la Ve République, Documents pour servir à l'histoire de l'élaboration de la Constitution du 4 octobre 1958. Volume V. Commentaires sur la Constitution (1958-1959), Paris, La Documentation Française, 2001, p. 345.

La relecture de Montesquieu par EISENMANN a également démontré que le principe de la séparation des pouvoirs ne pouvait renvoyer à une séparation stricte entre le Législatif et l'Exécutif. On ne retrouve en effet ni séparation fonctionnelle, ni séparation matérielle des autorités et des fonctions étatiques.[4]

Nonobstant la vague de critiques et de négationnistes qui s'est développée contre la séparation des pouvoirs[5], il convient de relever que ce principe d'essence libérale, même si c'est un libéralisme aristocratique et monarchique à l'origine, demeure un principe dont les jeunes républiques africaines auront encore besoin pendant longtemps, au moins dans un processus de démocratisation dont on ne peut nier la nécessité de l'affermissement. En effet, la séparation des pouvoirs permet d'arriver à la réalisation de la conciliation entre la puissance des gouvernants et la liberté des citoyens, puisqu'elle induit l'exigence d'instaurer des contre-pouvoirs pour que « le pouvoir arrête le pouvoir ». La jurisprudence opine également à adhérer à cette considération. En effet, le juge constitutionnel français a déjà érigé la « séparation des pouvoirs » en principe de valeur constitutionnelle.[6]

La sortie de la séparation des pouvoirs de ses eaux baptismales remonte au dix-septième siècle. Comme tout phénomène de la vie, ce concept a une histoire qu'on peut retracer rapidement. Il y a en effet eu plusieurs conceptions de cette théorie. Elles dépendaient du contexte socio politique de la société considérée.

C'est lors de la première révolution anglaise que fut esquissée une première théorie de la séparation des pouvoirs. Dans cette conception anglaise primitive, l'objectif est d'abord de résister à la tyrannie du *Long Parliament* de 1645 et 1650. En trame de fond, il y avait la volonté des radicaux Levellers d'empêcher au Législateur d'intervenir dans les procédures judiciaires engagées contre eux, puisqu'ils étaient persécutés par la majorité presbytérienne. Dès le départ donc, la séparation des pouvoirs ne vise pas la non intervention du législateur en matière exécutive. Les Levellers voulaient davantage bénéficier des garanties qu'offrait la Common law lors des instances judiciaires. On sait en effet qu'à l'époque le parlement avait le pouvoir de juger les membres du gouvernement et de condamner, le cas échéant, certains d'entre eux pour crime de haute trahison.

Le procès de Strafford en 1640 - 1641 fut d'ailleurs l'occasion de poser sur la table la question de l'étendue des pouvoirs du Parlement qui jugeait un ministre. A l'origine donc, la séparation des pouvoirs a une orientation

---

4 Voir Charles EISENMANN, «L'Esprit des lois et la séparation des pouvoirs», Mélanges Carré de Malberg, Paris, 1933, P.166.

5 Voir Paul GAUDEMET," La séparation des pouvoirs, mythe et réalité", Dalloz, 1961.

6 Cela ressort en effet de ses décisions n° 79-104 DC du 23 mai 1979 et n° 80-117 DC du 22 juillet 1980. Le Conseil constitutionnel français est allé jusqu'à faire référence à la « conception française de la séparation des pouvoirs » dans ses décisions.

exclusivement judiciaire.[7] Les Levellers entendaient en effet retirer au Parlement l'aptitude à redéfinir et par ricochet à condamner un ministre justiciable pour crime de haute trahison. La première énonciation de la séparation des pouvoirs consistait alors à établir que si le Parlement avait seul le pouvoir d'interpréter la loi, il ne disposait pas du pouvoir de la faire appliquer. C'était aux juridictions de le faire à travers les différentes cours de la Common Law.[8]

La fonction d'exécuter les lois s'entendait donc au départ comme une fonction dévolue au pouvoir judiciaire.[9] C'est d'ailleurs dans la même veine que Lilburne déclarait : « il est déshonorant et fort en dessous de la dignité des législateurs de s'abaisser à être les exécuteurs de la loi ; et il est injuste et parfaitement irrationnel qu'il en aille ainsi, car s'ils commettent une injustice manifeste à mon encontre, je me trouve privé de tout recours, et ne puis faire appel devant aucune cour, si ce n'est devant [les législateurs] eux-mêmes»[10].

Jusqu'au seizième siècle, la notion d'exécuter les lois est conçue comme relevant de la justice, en référence à l'idée médiévale qui séparait justice ordonnée et justice absolue. La doctrine anglaise ne dira pas autre chose lorsqu'elle soutiendra que l'office du parlement n'est pas autre chose qu'un acte de justice établi au parlement.[11]La doctrine de la séparation des pouvoirs est donc évolutive. On peut ainsi se rendre compte que les fonctions étatiques sont conçues pour ne jamais être de l'apanage exclusif d'un seul organe. C'est cela d'ailleurs le sens qu'il convient de donner à la pensée de Montesquieu ; puisque «…l'idée de séparer les autorités étatiques est complètement absente de l'Esprit des lois : elle n'y est ni réalisée, ni formulée. »[12]Cette précision préalable effectuée, on peut alors réfléchir plus aisément sur l'influence d'une figure importante du pouvoir Exécutif, à savoir le Président de la République sur la séparation des pouvoirs.

Dans la conception de la séparation des pouvoirs, le pouvoir exécutif est celui-là qui est chargé d'exécuter les lois. Montesquieu le désigne expressément comme le Gouvernement. C'est lui qui doit exercer la fonction dite exécutrice. C'est lui la véritable figure de l'Exécutif, même s'il peut avoir

---

7 Voir Conrad Russel, «The theory of treason in the trial of Strafford», English Historical Review, n° 314, vol. LXXX, 1965.

8 Voir CARLOS-MIGUEL PIMENTEL, L'Origine des trois pouvoirs et la Théorie des régimes politiques, thèse de droit, Paris II, 2000.

9 C'est ainsi qu'il faut entendre le sens de l'exécution des lois, car en effet ce… « qui relève de la compétence des cours ordinaires de justice, ne peut être tranchée par cette Chambre, ou par aucune de ses commissions ; ni par personne d'autre que par ces cours dont le devoir est d'exécuter les lois que pourra édicter cette honorable Chambre ». Cité par W. B. Gwyn, «The meaning of the separation of powers», Tulane Studies in Political Science, vol. IX, New Orleans, Tulane University, 1965, p. 43.

10 John Lilburne, A Defiance to Tyrants, Londres, 2e éd., 1648, cité par W. B. Gwyn., p. 41

11 Voir S. B. Chrimes, Constitutional Ideas in the Fifteenth Century, Cambridge, Cambridge University Press, 1936, p. 353

12 Charles EISENMANN, Op.Cit, P. 179.

plusieurs traits dans le monde. On peut en effet avoir une Présidence de type honorifique, à l'instar des monarchies constitutionnelles comme l'Angleterre. Ici, la fonction exécutrice est davantage exercée par le Premier Ministre. Il peut aussi s'agir comme en Allemagne du Chancellier. A côté de cette sorte de présidence, il peut exister une présidence plus visible, présente qui peut même avoir des traits d'un hyper présidentialisme comme on l'a craint pour la première fois dans la cinquième République en France sous la présidence de Nicolas SARKOZY.[13]

Ce type de présidence peut même devenir ombrageux pour les autres institutions essentielles de l'Etat dans le cadre des régimes qualifiés de « présidentialistes ». Celui-ci, tel qu'il est apparu dans les régimes d'Amérique du Sud, est en réalité une distorsion ou alors une déformation du régime présidentiel.[14] Le régime politique de plusieurs Etats africains semble d'ailleurs ressortir de ce dernier type. Ce sont de véritables régimes de confusion des pouvoirs au Profit du Président de la République. On les qualifie de régimes de « pouvoir perpétuel »[15] ou plus esthétiquement, quoique pareil au fond, de « présidentialisme démocratique »[16]. À la vérité, avec ce régime, se réalise ce que de façon ultime voulait prévenir Montesquieu, à savoir l'«identité des trois ou de deux des trois fonctions »[17]. En tout état de cause, la séparation des pouvoirs fascine. Elle a en effet cette vertu induite de constituer avec d'autres éléments comme les élections libres, sincères et honnêtes, la garantie des droits fondamentaux, une sorte de socle de l'Etat de droit.[18]

C'est justement en cela que la question centrale de cette contribution apparaît. La figure présidentielle en Afrique ne se présente-t-elle pas comme une menace pour l'affirmation et l'affermissement de la séparation des pouvoirs en Afrique ? A cette question, la réponse est de l'ordre de l'affirmative. Mais il faut comprendre les ressorts de cette situation et envisager comment est-ce que la domestication de la notion de séparation des pouvoirs en Afrique devrait se faire au regard des rapports et de la

[13] Voir Jean GICQUEL et Jean Eric GICQUEL, Droit constitutionnel et institutions politiques, 21ème édition, 2007, Paris Monchrestien, P. 659.

[14] Quoique l'idée d'un présidentialisme parlementaire semble avoir pris son envol dans la réflexion de droit constitutionnel. Mais il n'est pas certain qu'on soit sorti de la logique d'une concentration de l'essentiel du pouvoir entre les mains d'un Président de la République apparemment concurrencé par les autres pouvoirs, notamment le pouvoir législatif. Lire Rodrigue NGANDO SANDJEDU, Le renouveau du droit constitutionnel et la question des classifications en Afrique : quel sort pour le régime présidentialiste ?, Revue française de droit constitutionnel, N° 93, 2013.

[15] Voir Mathias Eric OWONA NGUINI, « Le gouvernement perpétuel en Afrique centrale : le temps politique présidentialiste entre autoritarisme et parlementarisme dans la CEMAC », Enjeux, n°19, 2004, pp. 12-19.

[16] Lire Alain Didier OLINGA, «Cameroun : vers un présidentialisme démocratique. Réflexions sur la révision constitutionnelle du 23 avril 1991 », R.J.P.I.C., n°4, 1992 ; pp 449 et svts.

[17] Idem, Op Cit, P.178.

[18] Voir Alain Didier OLINGA, « Notule sur la séparation des pouvoirs dans la Constitution camerounaise », in Maurice KAMTO (Dir), La Constitution camerounaise du 18 janvier 1996. Bilan et perspectives, Yaoundé, Afrédit, 2007, P.20.

configuration des institutions publiques en Afrique. Les Etats africains dans lesquels prospèrent des régimes sémi-présidentiels, sémi-parlementaires ou alors carrément présidentialistes, laissent transparaître une épreuve inédite pour la notion de séparation des pouvoirs.

En effet, par sa prééminence institutionnelle, son poids écrasant sur toutes les autres institutions, ainsi que son influence considérable sur l'ensemble du jeu politique, le pouvoir présidentiel africain est en lui-même un facteur de remise en question ou de travestissement de l'idée de séparation des pouvoirs. Le phénomène partisan marqué en Afrique par le phénomène persistant des partis dominants ou hyper majoritaires contribue de façon profonde à la concentration des pouvoirs ou encore à la confusion des pouvoirs.

Si l'on voudrait se convaincre de l'importance de l'institution présidentielle sur les systèmes politiques africains, il suffirait d'évoquer la grande inquiétude qui s'empare des sociétés politiques et de la communauté internationale lorsqu'une élection présidentielle est envisagée. La difficile normalisation de l'élection présidentielle trahit la situation problématique de l'institution, de la fonction présidentielle dans les régimes politiques et les systèmes politiques africains.

On sait que lorsque Montesquieu élaborait la théorie de la séparation des pouvoirs, il ne pensait guère aux partis politiques. Or à l'époque actuelle, nous sommes à l'ère de la domination de la vie politique par les partis politiques dans le sens que Georges VEDEL l'avait perçu. En effet, « le même parti ou la même coalition préside aux destinées de la ou des chambres et du gouvernement ». [19] A notre sens, il y aurait en réalité quatre pouvoirs, à savoir présidentiel, gouvernemental, législatif et juridictionnel. C'est par sa domination de tous les autres que le pouvoir présidentiel en Afrique se mue en fossoyeur permanent de la séparation des pouvoirs ; ce d'autant plus qu'il n'est pas nommé comme pouvoir. Il influence puissamment sans pouvoir être désigné, en droit constitutionnel, comme un pouvoir de l'Etat.

Ce principe et gage de liberté que constitue la séparation des pouvoirs, est pourtant nécessaire dans la configuration actuelle des sociétés politiques africaines, qui aspirent légitimement à plus de démocratie.[20] Voilà pourquoi, si l'on veut sauver l'essentiel de l'idéal républicain, un aggiornamento constitutionnel s'avère nécessaire pour que la séparation des pouvoirs ait encore une chance de pertinence en Afrique. Il convient alors de montrer comment est-ce qu'en Afrique le pouvoir présidentiel constitue une épreuve à la séparation des pouvoirs (I) avant d'envisager un aménagement nouveau de

---

[19] Dominique Chagnollaud, Droit constitutionnel contemporain. Tome 1 Théorie générale. Les régimes étrangers, Paris, Dalloz, 5ème éd., 2007, p. 138

[20] Voir André HAURIOU, « Réflexions sur les statuts épistémologiques respectifs du pouvoir et de la liberté », RDP, 1974, pp.643-662.

la fonction présidentielle dans l'optique d'échapper à la confusion des pouvoirs dans le continent (II).

I.- L'AMÉNAGEMENT DE LA FONCTION PRÉSIDENTIELLE, UNE CONTRAINTE À LA SÉPARATION DES POUVOIRS

Il faut reconnaître que le Président de la République est le véritable chef d'orchestre de la vie politique et institutionnelle de l'Etat en Afrique. Il ne semble pas que l'on soit déjà totalement sorti de l'image du Président telle qu'elle apparaît sous la plume de Gérard CONAC : «... il est au centre de tout (...). Dans une large mesure, il se confond avec le système politique lui-même. Il n'en est pas seulement le symbole. Il le modèle et le contrôle. L'on attend de lui qu'il guide, qu'il enseigne, qu'il protège »[21]. Figure tutélaire et primordiale de l'Exécutif qu'il partage apparemment[22] avec le Premier ministre lorsque c'est le cas, le Président de la République bénéficie d'une position suréminente dans l'édifice institutionnel de l'Etat en Afrique (A) et échappe de façon systématique ; en pratique à toute exigence de reddition des comptes (B).

A.- LE PRÉSIDENT DE LA RÉPUBLIQUE, UNE INSTITUTION SURPLOMBANT TOUT L'ÉDIFICE INSTITUTIONNEL DES ETATS

Quels espoirs et quelle fascination que l'évocation de la séparation des pouvoirs dans les sociétés politiques africaines qui muaient au travers de la « fièvre constitutionnelle » des années 1990 en Afrique ! Hélas aujourd'hui, faut-il le reconnaître avec une certaine déception, le pouvoir de l'Etat est resté dans une large mesure concentré. Il y a comme dans d'autres contextes extra africains, une phagocytose manifeste du pouvoir législatif par le pouvoir exécutif (1) et, dans une large mesure, une maîtrise indéniable du judiciaire par l'Exécutif (2).

1.- La phagocytose du Législatif par le pouvoir présidentiel

Le corps législatif est saisi par le Président de la République du mandat jusqu'aux fonctions. Si la séparation des pouvoirs est en plein désastre, on peut dire que le parlement africain est le laboratoire de son désastre.[23]Il faut se rappeler qu'historiquement, dans une certaine mesure, la République de

---

21 Gérard CONAC, « Portrait du Chef d'Etat », Pouvoirs, n°25, 1983, pp. 121-129, p. 121.

22 Le Professeur Alain Didier OLINGA parle de « monolithe faussement dual » pour le cas de l'Exécutif dans la République du Cameroun. Voir Alain Didier OLINGA, Op. Cit, P. 23.

23 Voir Pierre ROSANVALLON, Le bon gouvernement, Paris, Seuil, 2015.

WEIMAR fut remplacée par un régime de dictature et d'autoritarisme en raison de la perte de consistance du pouvoir Législatif vis-à-vis de l'Exécutif. La « comédie parlementaire »[24] qui en a résulté a conduit à la dépréciation du parlement que Adolf Hitler va qualifier de « demi-monde d'intellectuels de la pire espèce ».[25]

Le Baron de la Brède l'avait pourtant fort bien opiné : « tout serait perdu si étaient réunis en un seul le pouvoir de faire les lois et celui de les exécuter ». Il y avait sans doute chez lui, la volonté de mettre en garde contre le risque de la maîtrise de tous les pouvoirs par un seul, notamment le pouvoir royal. C'est d'ailleurs dans cette perspective que sera formulé le principe du consentement populaire à l'impôt, qui fut une sorte de prémisses du parlementarisme.

A la vérité, le pouvoir législatif est tout entier ravalé par un Exécutif fort qui le maîtrise évidemment. Il y a certes un aménagement de la spécialisation fonctionnelle du parlement et de l'exécutif dans les constitutions, mais cette institution parlementaire demeure une institution saisie par le Président de la République.

Le mandat des députés peut être écourté à l'initiative du Président de la République au Cameroun[26], au Gabon[27], au Niger[28], au Togo[29] ou encore au Tchad[30]. Cette situation est pour le moins ubuesque lorsqu'on sait que le député est, comme le Président de la République, une figure du souverain. C'est un mandataire du peuple. La crise de la Représentation est ainsi manifeste dans ces conditions où le souverain n'a pas la maîtrise de ses élus, qui donnent l'impression de devoir leur mandat à un autre élu du peuple visiblement plus puissant.

L'office de la production des lois n'est plus la zone réservée du pouvoir législatif. Le constat a été fait que les parlements africains reçoivent et adoptent de façon exponentielle les projets de lois et n'admettent eux-mêmes les propositions de lois que dans une portion extrêmement congrue. Pour bien comprendre les raisons d'un tel état des choses, il faut considérer que l'ingénierie de la fabrication des lois est maîtrisée dans les cabinets

---

24 Citons ici les mots de GOEBBELS : « Le parlementarisme est mûr depuis longtemps pour la chute. Nous allons sonner le glas pour lui. J'en ai déjà assez de cette comédie ». Cité in Pierre ROSAVALLON, Op. Cit, P….

25 Adolf HITLER, Mein KAMPF, Paris, Nouvelles éditions latines, 1934, P.98.

26 Cf. Article 8 (12) de la constitution du Cameroun

27 Cf.Article 19 de la constitution du Gabon

28 Cf. Article 59 de la constitution du Niger

29 Cf. Article 68 de la Constitution du Togo

30 Le constituant tchadien a plus manifestement encore accordé de larges marges de manœuvre au Président, ainsi qu'on peut le voir dans le libellé de l'article 83 de la Constitution du Tchad : « Lorsque le fonctionnement régulier des pouvoirs publics est menacé par des crises persistantes entre le pouvoir exécutif et le pouvoir législatif ou si l'Assemblée Nationale, en l'espace d'un an, renverse à deux reprises le Gouvernement, le Président de la République peut, après consultation du Premier Ministre et des présidents des (2) Assemblées, prononcer la dissolution de l'Assemblée Nationale ».

ministériels des Etats en Afrique.[31]Le circuit de la production d'un projet de loi est extrêmement technique et empreint de sinuosités que le Parlement ne peut raisonnablement totalement extirper au cours de sessions parlementaires limitées temporairement. Au surplus, c'est l'exécutif qui maîtrise l'ordre du jour de la discussion des lois dans l'hémicycle.

Lorsqu'on sait qu'en plus de cela le retard dans l'adoption d'une loi pendant la session est corrigé par le Président de la République, il est évident que la séparation des pouvoirs prend de nombreux coups répétés venant du Président de la République. C'est notamment le cas avec le règle des douzièmes provisoires instituée dans certaines Constitutions.[32]

C'est cette situation de ravalement du Législatif par l'exécutif présidentiel qui a conduit à la désagrégation du principe de la limitation des mandats présidentiels. Ce principe adopté en grande pompe dans les Constitutions qui résultaient des revendications de la société a été présenté par des arguments aussi rhétoriques que spécieux comme étant non démocratique. Il était en effet estimé incohérent de refuser au peuple le droit de renouveler sa confiance autant qu'il le veut à une personne, qui, par ailleurs ne devait pas être privé de son droit à se présenter comme candidat à une élection nationale.

Pour faire sauter le verrou de la limitation des mandats, l'on est passé par les parlements, étant entendu qu'ils étaient dominés par les partis ultra-dominants, qui évidemment étaient acquis à la cause de la figure du champion constitutionnel qu'est le Président de la République. Les parlements ne pouvaient en effet pas se permettre de désavouer le chef de leur parti politique, en raison de la discipline du parti.

Sur ce sujet de la limitation des mandats, deux groupes de pays africains se sont formés. L'on a d'un côté ceux qui ont conservé le principe. Il s'agit : du Bénin, du Cap-Vert, du Ghana, du Mali et du Nigeria. Beaucoup d'autres par contre ont fait sauter le verrou de la limitation de leur Constitution. C'est le cas du Burkina Faso, du Cameroun, du Congo, du Gabon, de la Guinée, du Niger ou encore du Togo.

Le travail parlementaire est dans une situation de contrôle et de sanction permanente du Président de la République qui dispose de l'arme de la seconde lecture pour empêcher qu'un texte voté par le parlement ne devienne une loi.[33]Le constituant nigérien donne d'ailleurs la possibilité au Président de la République de transformer en ordonnance un projet de loi des finances non adopté par les parlementaires dans le temps imparti, ainsi qu'on peut le lire dans la Constitution : «(…) Si l'Assemblée nationale ne s'est pas prononcée dans les soixante (60) jours du dépôt du projet, les dispositions de ce projet

---

[31] Lire Marcelin NGUELE ABADA, «La fabrique du droit par les cabinets ministériels », in Rossatanga - RignaultGuy (Dir), Libreville, éditions Raponda Walker, 2014.

[32] Voir Article 16(2)(b) de la constitution du Cameroun

[33] Voir l'Article 31(1) de la constitution du Cameroun

peuvent être mises en vigueur par ordonnance »[34]. D'ailleurs, une fois que la seconde lecture est demandée pour un texte, il faudra une majorité qualifiée lors du vote du texte afin qu'il puisse être adopté.[35] C'est une exigence nouvelle imposée au parlement, qui démontre bel et bien la suprématie de la fonction présidentielle qui, visiblement, au regard de l'écriture constitutionnelle, est considéré comme pouvant mieux apprécier une situation.

Au surplus, le décret d'application se présente comme une arme de neutralisation d'un texte du parlement. Le décret, acte réglementaire qui est a priori inférieur à la loi selon la catéchèse constitutionnelle orthodoxe se mue finalement en force anesthésiante de la puissance de la loi. Celle-ci ne peut entrer en application qu'en vertu du Décret. La caducité de la loi peut donc parfaitement advenir en raison de l'absence du décret permettant sa mise en application effective. La hiérarchie des normes juridiques, si elle n'est pas contredite à propos des rapports entre le décret d'application de la loi, est sans doute relativisée dans le cas d'espèce au profit du Président de la République.[36]

Quoiqu'en Afrique on ne soit pas encore dans l'après WEIMAR, du fait de la déliquescence continue de parlements manifestement aux ordres du Président de la République, l'on n'est pas loin de déchanter pour la démocratie et l'Etat de droit que la justice elle-même ne parvient pas à assurer en raison de son statut vis-à-vis du Président de la République.

2.- La maîtrise du pouvoir judiciaire par le pouvoir présidentiel

Le corps et le travail des magistrats sont soumis à l'autorité et l'influence du Président de la République. Il nomme les magistrats et signe leur acte de révocation ; la prestation de serment des nouveaux magistrats s'effectue même dans un Etat comme le Cameroun en fonction de l'agenda du Président de la République.

Comment comprendre qu'une promotion de magistrats ayant achevé leur formation à l'Ecole Nationale d'administration et de Magistrature (ENAM) du Cameroun passe plus de trois années à attendre la prestation de serment qui déclenche le début de leur fonction ? Ce d'autant plus que ladite prestation de serment est liée à la tenue du Conseil supérieur de la magistrature, qui se tient

34 Voir article 114 de la constitution du Niger

35 Voir Article 24 (3) de la constitution du Cameroun

36 On peut dire que dans le cas d'espèce, il dispose d'un véritable pouvoir de véto de poche comme aux Etats-Unis. D'ailleurs, si la commission mixte paritaire ne parvient pas à s'accorder sur un projet ou une proposition de loi au Cameroun, le Président de la République a la faculté soit de déclarer caduque le texte, soit de demander à l'Assemblée nationale de statuer définitivement. Voir article 30(3)(c) de la constitution du Cameroun.

selon le calendrier présidentiel.[37] D'ailleurs c'est le Président de la République qui est le garant de l'indépendance de la magistrature. Le constituant africain a repris la formule de son homologue français : **« Le Président de la République est le garant de l'indépendance de la magistrature »**[38].

Cette formule critiquable héritée de la France aurait déjà dû faire l'objet d'un réexamen. Au sens démocratique du terme, le président de la République ne peut pas être le garant de l'indépendance de la magistrature. Il ne doit non plus trôner à la tête de l'instance disciplinaire du corps des magistrats.[39] Il y a là une anti thèse à la formule éclairée de Montesquieu selon laquelle : **« Il n'y a point de liberté si le pouvoir judiciaire n'est pas séparé du pouvoir législatif ni du pouvoir exécutif ».**

Au Sénégal, comme en doute Babacar GUEYE, les délibérations conduisant à décider du sort de certaines personnes, comme Idrissa SECK, proviennent très peu de l'intime conviction du juge. Au Sénégal en effet, la libération de cet ancien premier ministre avait été annoncée de nombreuses semaines avant son prononcé effectif.[40]

Dans une autre perspective, même si on ne doit point conclure à la mauvaise application de la justice parce que le Président de la République est à la tête de l'organe collégial sensé gérer la carrière et la discipline des magistrats, on ne peut nier qu'en dernier ressort, l'acte de justice peut être revu par le Président de la République. Il dispose ainsi du droit de grâce, comme Hérode en disposait à l'occasion des grandes fêtes.[41]Il peut faire arrêter une procédure pendante devant un tribunal comme c'est le cas avec le tribunal militaire au Cameroun ou au Tchad.[42]

Le ministre de la justice garde des sceaux, qui n'est pas autonome dans sa fonction ministérielle, mais bel et bien un démembrement de l'Exécutif que maîtrise le président de la République, peut faire arrêter les procédures devant le tribunal criminel spécial au Cameroun si l'accusé a remboursé le corps du

---

37 Il est loisible de constater que cette instance tient ses sessions selon le rythme et la cadence que veut bien le Président de la République au Cameroun.

38 Voir : Article 37(1) de la constitution du Cameroun ; Article 127 de la Constitution du Bénin ; ou encore l'article 115 de la Constitution du Togo.

39 C'est pourtant cette position du constituant qui est généralisée. Voir à titre d'illustration les articles 150, 151, 152, 153 et 154 de la Constitution tchadienne, où il est consacré : « Le Président de la République préside le Conseil Supérieur de la Magistrature (…) Le Conseil Supérieur de la Magistrature propose les nominations et les avancements des magistrats…Les magistrats sont nommés par décret du Président de la République après avis conforme du Conseil Supérieur de la Magistrature. Ils sont révoqués dans les mêmes conditions (…) La discipline et la responsabilité des magistrats à tous les niveaux relève du Conseil Supérieur de la Magistrature... »

40 Voir Babacar GUEYE, La démocratie en Afrique, succès et résistances, Pouvoir, 2009/2 - N° 129, P.3.

41 Lire à titre indicatif Caroline PIQUET, « La grâce présidentielle, un privilège régalien «rarement appliqué», consulté in www.lefigaro.fr le 02 octobre 2017

42 Pour le Cameroun, Cf. article 13(4) de la loi N° 2017/012 du 12 juillet 2017 portant code de justice militaire.

délit. L'inamovibilité des magistrats n'est qu'un leurre en Afrique de façon générale.

L'organe collégial en charge de la gestion de carrière des magistrats étant chapeauté par le Président de la République, on peut conclure sans excès que : « Leur devenir professionnel dépend directement »[43] du Président. Le juge constitutionnel africain lui aussi n'échappe pas à l'influence décisive du Président de la République. Alors qu'on avait espéré que l'érection des juridictions constitutionnelles et l'épanouissement du contentieux constitutionnel allaient enclencher un rythme nouveau dans le processus de l'affermissement de l'Etat de droit, il est à craindre, à plusieurs égards, que l'on ait simplement mis en place d'autres institutions qui ne parviennent pas à faire le poids face à la défiance du Président.

Des cas se multiplient en Afrique où la justice constitutionnelle est soupçonnée de façon répétée de servir les intérêts du Président de la République. Le cas ivoirien a bel et bien démontré que la balance du juge constitutionnel penchait toujours du côté de celui qui a les reines du pouvoir à un moment donné. Alors que la cour constitutionnelle de Côte d'Ivoire avait validé l'élection du Président Gbagbo en 2010, elle va la même année faire volt-face, en raison de l'inversion de la puissance pour Ouatara, en déclarant celui-ci élu.[44]

Au Cameroun, il est arrivé qu'une décision de la cour suprême siégeant comme conseil constitutionnel soit simplement ignorée par le Président de la République, qui est allé exactement dans le sens contraire de la décision du juge constitutionnel ; lequel est pourtant dotée de l'autorité de la chose jugée ; le constituant camerounais précisant en effet : « Les décisions du conseil constitutionnel ne sont susceptibles d'aucun recours. Elles s'imposent aux pouvoirs publics et à toutes les autorités administratives, militaires et juridictionnelles ainsi qu'à toute personne physique ou morale. »[45]

---

[43] Voir Babacar GUEYE, La démocratie en Afrique : succès et résistances, Pouvoir, 2009/2, N° 129, PP. 5-26

[44] La justice constitutionnelle en côte d'Ivoire s'était en effet déroulé à l'époque dans les conditions les plus bouleversantes où la notion de certification des élections par l'ONU a été mise en concurrence avec le principe de l'autorité de chose jugée des décisions du juge constitutionnel. Lire à ce propos : Agnero P. Mel, « La justice constitutionnelle à l'épreuve de la participation électorale internationale en Afrique francophone. Supplément électronique disponible sur www.cairninfo », Revue française de droit constitutionnel 2016/2 (N° 106), p. e1-e30

[45] Cf. Article 50(1) de la Constitution camerounaise. Or le conseil constitutionnel camerounais avait par la Décision n°001/CC/02-03 du 28 novembre 2002, déclaré les dispositions des articles 3(2) et (3), 4, 5, 6, 7 et 10 « contraires à la Constitution ». Le Président de la République avait néanmoins procédé à la promulgation de ce texte en l'état, sans aucune modification préalable. Voir Marcelin NGUELE ABADA, « Commentaire de la Décision n°001/CC/02-03 du 28 novembre 2002 à propos du règlement de l'Assemblée nationale », L.P.A., n° 154, 2004, pp.15-22.

Tout ceci démontre à suffisance que si les juridictions opèrent en toute indépendance dans l'acte de juger, il y a un œil dans le ciel de l'Etat qui supervise et peut tout réformer : c'est le Président de la République. Pourquoi ne donc pas conclure à une présidentialisation de la vie de l'Etat tout entier ?

B.- LA PRÉSIDENTIALISATION DE LA VIE DE L'ETAT AFRICAIN

L'élection du Président de la République au suffrage universel est à y regarder une épée à deux tranchants. Elle témoigne certes d'une plus grande légitimité de l'élu qui ressentirait alors une adhésion massive à son projet politique, but que recherchait certainement le Général De Gaulle dans son combat pour l'élection du Président de la République au suffrage universel en France. D'un autre côté, cette modalité de la désignation du Président de la République est dans une certaine mesure le point de départ de la présidentialisation de la vie de l'Etat.[46] Le candidat une fois élu est présenté comme le « dieu », qui viendra résoudre tous les problèmes et sauver son peuple. On peut ainsi comprendre qu'il se transforme en chef d'orchestre de la vie publique (1) et qu'il soit couvert du manteau de l'immunité et de l'irresponsabilité (2).

1.- Le chef d'orchestre de la vie publique

Le statut du Président de la République tel que décliné à travers les Constitutions africaines, en a fait un succédané du bonapartisme. Chef de l'Etat, il définit la politique de la nation, que le gouvernement dirigé par le premier ministre dans les modèles d'exécutif dualiste, est chargé de mettre en application. Il représente la nation toute entière, nomme aux emplois civils et politiques. Il dispose du droit de grâce et maîtrise un système de gestion de l'Etat qui lui doit tout. Trois considérations permettent de rendre compte de ce constat.

D'abord, il faut le reconnaître, les institutions d'administration de l'Etat sont créées selon l'agenda politique du Président de la République. Chef de l'Etat, il crée sans consulter la représentation parlementaire les départements ministériels, les unités administratives et les collectivités territoriales décentralisées. La latitude de créer des départements ministériels à son gré est une arme décisive dans des contextes où la distribution des postes peut être perçue comme un moment de récompense des bons élèves. Dans des Etats multiethniques, le Président utilise ce levier du pouvoir pour gérer les

[46] Cet état des choses n'est pas propre à l'Afrique. En Asie, en Amérique et en Europe, on a pensé que la sortie du despotisme allait de soi avec l'élection populaire au suffrage universel du Président de la République. Cette espérance semble trahie aujourd'hui puisque le mouvement de présidentialisation des régimes politiques y tire sa source et ses déterminants. Voir Pierre ROSANVALLON, Op. Cit, P. 4.

diversités en faisant ce qu'on a qualifié au Cameroun d' « équilibre régional »[47]. Ce droit de disposer ainsi de la chose publique qu'est la fonction officielle de membre du gouvernement ou de directeur d'une structure administrative favorise la situation d'épicentre qu'occupe le Président dans la vie publique en général en Afrique.[48]

Les unités administratives à la tête desquelles sont placés les dépositaires du pouvoir de l'Etat sont également créées par le Président de la République. Les autorités placées à leur tête sont pour ainsi dire les figurations du Président de la République, en ce sens que les administrés les perçoivent comme des incarnations du rapprochement de l'administration vers eux. Le découpage de ces unités administratives relève d'ailleurs de l'entière discrétion du Président de la République, qui peut d'ailleurs en user selon une géopolitique interne précise.[49]

Au surplus, même les collectivités territoriales décentralisées sont créées par le Président de la République de façon discrétionnaire. Il est constant que les collectivités territoriales décentralisées sont des structures administratives et des milieux de vie autonomes, qui s'administrent librement en fonction de leurs réalités locales. Si le Président de la République est l'autorité qui les crée, au surplus, il dispose de la faculté de dissoudre un conseil municipal ou alors un conseil régional dans plusieurs Etats africains. Quand bien même il est prévu une consultation préalable du Conseil constitutionnel à cette occasion, l'on ne pourra pas dire clairement s'il s'agit d'un avis impératif, facultatif, obligatoire ou alors simple.[50]

Ensuite, le phénomène de l'ultra domination du parti ou de la majorité présidentielle permet au Président de la République de transformer le parlement en caisse de résonnance de ses volontés. L'analyse constitutionnelle ne peut faire l'économie du phénomène partisan aujourd'hui en Afrique. Le rôle et l'influence des partis politiques dans la vie publique de façon générale sont évidents. On est en droit de craindre que la souveraineté nationale ne prenne les oripeaux détestables d'une « souveraineté partisane », créant ainsi

---

[47] L'équilibre régional a été conçu au Cameroun comme instrument de gestion du caractère multiculturel de la nation où se retrouvent de nombreuses couches ethniques soumises à des conditions particulièrement différentes. Pour les pouvoirs publics, il s'agissait de gérer de façon préventive les revendications des personnes originaires de régions défavorisées. C'est le Décret n° 82/407 du 7 septembre 1982 fixant les quotas d'accès aux grandes écoles de la fonction publique administrative, qui est venu donner corps à cette politique des quotas. L'Arrêté n° 010467/MFP/DC du 4 octobre 1982 est venu fixer les modalités d'application de ce Décret. Voir Georges OWONA MBIDA OTTO, Les minorités dans le constitutionnalisme des Etats africains : Etude comparée du cadre juridique de protection des minorités en zone CEMAC, Thèse de Droit Public, Yaoundé II, mars 2014, P.313.

[48] Voir Article 5 de la Constitution du Cameroun ; Articles 37, 39 et 40 de la constitution de Guinée Equatoriale ou encore article 60 de la constitution du Tchad.

[49] Cf. article 61(2) de la Constitution du Cameroun

[50] Voir Article 59(1), (2) de la Constitution du Cameroun

une régression à côté de la progression espérée dans la vie politique et institutionnelle des Etats africains dans les années 1990.[51]

Ces formations contribuent à mettre en forme les opinions qu'elles canalisent. Toute la vie parlementaire est structurée à partir des partis politiques, qui par le jeu des alliances permettent de dégager des majorités.[52] La composition et la structuration de toute la vie institutionnelle et politique est largement tributaire du jeu partisan. On sait que c'est par les lois qu'on gouverne. La loi est le cœur de la vie de l'Etat.

Par la loi on gouverne et on juge en premier ressort. Les choix décisifs qui engagent la nation s'opèrent au travers de la loi. Conscients de cela, les Présidents de toutes les Républiques du monde cherchent donc principalement à maîtriser l'échiquier parlementaire ou encore la fonction législative.[53]Aujourd'hui, il s'observe un phénomène partisan extrêmement nocif à la séparation des pouvoirs. Le Président de la République est très souvent le Chef de son parti, qui est forcément majoritaire au parlement. Or les députés et sénateurs qui siègent dans ces chambres sont soumis à la discipline du parti. Etant entendu qu'ils devront trancher au parlement des projets de loi et des réformes initiés par le chef de leur parti qui se trouve être le Président de la République, ils se trouvent forcément liés.

Dans cette triangulation politique et administrative, c'est le Président de la République qui est le plus gagnant. Il fait passer les lois qu'il veut, ainsi que les réformes qu'il a souhaitées. Cette situation observable dans d'autres contextes comme la France, les Etats-unis ou la Grande Bretagne, est pourtant un camouflet assené au principe de la séparation des pouvoirs. En effet, par ricochet, la volonté présidentielle exprimée dans un projet de loi est répercutée au parlement dominé massivement par la formation politique du Président de la république. La situation devient d'autant plus complexe que le Président de la République est placé dans la situation passéiste du roi qui ne peut mal faire.

2.- La combinaison de l'immunité et de l'irresponsabilité du Président de la République

L'immunité de fonction du Président de la République, combinée à son irresponsabilité consacrée en font une personnalité à part, qui ne peut être inquiétée. L'irresponsabilité est conçue pour l'objectif fonctionnel de la protection du mandat conféré par le peuple et non la personne biologique du

---

[51] Lire Francis FUKUYAMA, La fin de l'histoire et le dernier homme, Paris, Poche, 1993.

[52] Voir Pierre ROSANVALLON, Op Cit, P. 17.

[53] On est donc d'accord avec la position selon laquelle légiférer c'est gouverner, puisqu'on ne gouverne qu'avec les lois dans un Etat de droit.

Président.[54] Le constituant français l'énonce sans équivoque : « Le Président de la République n'est pas responsable des actes accomplis en cette qualité »[55].

Cette irresponsabilité emporte aussi avec elle l'inviolabilité du Président de la République. Il ne peut durant son mandat et devant aucune juridiction ou autorité administrative, précise le Constitutant français, être requis de témoigner non plus que faire l'objet d'une action, d'un acte d'information, d'instruction ou de poursuite.[56] Alors même que l'Etat de droit et la démocratie entendent mettre fin à une telle situation de sanctuarisation du Président de la République, l'on réalise dans le constitutionnalisme africain l'exploit de transformer le Président de la République en un monarque inattaquable.

Le Zimbabwe fournit ici une illustration parfaite de la sanctuarisation de la fonction présidentielle. En effet après qu'il n'a parmi des poursuites que pour les anciens présidents de la République, le constituant zimbabwéen introduit la bonne foi comme moyen de défense suffisant pour exonérer l'ancien président de ses responsabilités.[57]

Dans une certaine mesure, il pourrait l'être après son départ du pouvoir ou de façon exceptionnelle par un mouvement populaire d'ampleur, mais l'on ne dispose pas clairement et objectivement de moyens pour engager la responsabilité du Président de la République. Si nous exceptons le cas de l'Afrique du Sud où le Président de la République peut être inquiété pendant qu'il est en fonction, on s'aperçoit que la quasi-totalité des ordres constitutionnels des Etats africains consacrent une irresponsabilité diversement organisée du Président de la République. Il est donc compréhensible que certains aient conclu qu'en Afrique, « le Chef de l'Etat reste au cœur du pouvoir et sa responsabilité, bien que prévue par les nouvelles Constitutions et renforcée par le pluralisme démocratique, demeure encore une fiction juridique, une noix creuse »[58].

Le constituant d'Afrique noire francophone particulièrement a communié à la sanctuarisation de la fonction présidentielle telle que cela a été consacré dans la Constitution française du 4 octobre 1958 en France.[59] Nonobstant le léger et imparfait glissement de la responsabilité du Président de la République pour haute trahison, l'on ne trouve pas véritablement de moyens et de mécanismes juridiques permettant d'amener un président africain à rendre

---

[54] Jean GICQUEL Jean Eric GICQUEL, Droit constitutionnel et institutions politiques, Paris, 21ème édition, Montchrestien, P. 562.

[55] Article 3(c) de la Constitution française du 4 octobre 1958.

[56] Voir Article 67 (2) de la constitution française, Op.cit.

[57] Voir article 58 de la constitution du Zimbabwé.

[58] Thélesphore ONDO, Thèse de Droit, Op.cit ; P.49

[59] Il faut reconnaître que l'irresponsabilité du Président de la République est un principe partagé dans presque tous les régimes parlementaire ; présidentiel ou encore sémi-parlementaire. Lire sur ce point Claude Emeri, « De l'irresponsabilité présidentielle », Pouvoirs, n°41, 1987, pp. 133 et suiv

compte de ses actes pendant qu'il est en fonction. On peut lire en effet dans la Constitution du Zimbabwe :

> « While in office, the President is not liable to civil or criminal proceedings in any court for things done or omitted to be done in his or her personal capacity. Civil or criminal proceedings may be instituted against a former President for things done and omitted to be done before he or she became President or while he or she was President. The running of prescription in relation to any debt or liability of the President arising before or during his or her term of office is suspended while he or she remains in office. In any proceedings brought against a former President for anything done or omitted to be done in his or her official capacity while he or she was President, it is a defence for him or her to prove that the thing was done or omitted in good faith »[60]

Sur ce point, la révision constitutionnelle du 14 avril 2008 au Cameroun est le paroxysme de la consécration de l'irresponsabilité du Président. Elle mérite ainsi que l'on s'y attarde un moment. Le Président de la République du Cameroun n'est responsable des actes accomplis ni pendant son mandat, ni après son mandat.

En effet, après avoir introduit une responsabilité de façade devant la Haute cour de justice, pour Haute trahison, l'article 53 nouveau de la constitution précise : « Les actes accomplis par le Président de la République en application des articles 5, 8, 9 et 10…, sont couverts par l'immunité et ne sauraient engager sa responsabilité à l'issue de son mandat »[61]. Lorsqu'on sait que les articles 5,8,9 et 10 de la constitution donnent le statut, les missions et les pouvoirs du Président de la République, il est clair que le Président est l'abri de toute éventualité de reddition des comptes. Le seul crime pour lequel il peut être inquiété à savoir la haute trahison n'a jamais fait l'objet d'une définition et est difficilement mobilisable au regard des conditions de sa qualification et de l'inexistence de cette haute cour de justice dont la parturition liée à un texte législatif futur demeure dans l'ordre de l'incantation constitutionnelle.[62]

---

60 Article 98 de la constitution du Zimbabwé

61 Article 53 (3) de la constitution camerounaise révisée du 14 avril 2008.

62 Article 53(4) de la constitution du Cameroun révisée du 14 avril 2008 : « L'organisation, la composition, les conditions de saisine ainsi que la procédure suivie devant la Haute Cour de Justice sont déterminées par la loi ».

La Haute cour de justice prévue pour juger le Président de la République est toujours de l'ordre du projeté et de la lente « progressivité »[63] dans la mise en place des institutions constitutionnelles. Il est donc compréhensible que la conclusion suivante ait été faite à propos du Cameroun suite à la révision du 14 avril 2008 :

> «… durée du pouvoir non bornée par le temps, densité des attributions, immunité et irresponsabilité pour les actes de fonction, le système camerounais est en train d'accoucher de l'hyper présidentialisme, probablement le stade suprême de la construction institutionnelle présidentialiste. »[64]

A l'âge de la République en construction en Afrique, les impératifs de justice et d'Etat de droit, ne peuvent laisser le citoyen espérer, à long terme cette reddition des comptes, qui n'aura lieu que dans l'au-délà.[65] Toute confusion de pouvoirs est un mal pour la démocratie, le progrès et l'épanouissement individuel et collectif du peuple. C'est un truisme que de dire aujourd'hui que la démocratie, toile de fond de ce débat sur la séparation des pouvoirs, est intiment liée au développement socio-économique des Etats.[66]La séparation des pouvoirs, en tant que critère de la démocratie et expression d'un constitutionnalisme de progrès doit pouvoir être accomplie dans les Etats africains. L'engagement vers cet idéal suppose, à notre sens que soit opérée une réforme du statut du Président de la République.

II.- LE RENFORCEMENT DE LA SÉPARATION DES POUVOIRS PAR UNE RÉFORME DU STATUT DU PRÉSIDENT DE LA RÉPUBLIQUE

Les conditions d'apparition de la séparation des pouvoirs révèlent que celle-ci n'a véritablement concerné dès le départ que les pouvoirs politiques de base qui sont le législatif et l'exécutif. Le formidable retournement de la situation en faveur de l'Exécutif amène dès lors à réinterroger cet organe important surtout par rapport au Président de la République. On ne saurait alors se voiler les yeux plus longtemps : il y a un pouvoir présidentiel distinct

---

63 Lire l'article 67 de la Constitution du Cameroun

64 Voir Alain Didier OLINGA, La révision constitutionnelle du 14 avril 2008, P.26.

65 C'est ainsi que l'envisageait Bossuet : «Pour établir solidement le repos public et affermir un Etat, nous avons vu que le prince a dû recevoir une puissance indépendante de toute autre puissance qui soit sur la terre. Mais il ne faut pas pour cela qu'il s'oublie ni qu'il s'emporte, puisque moins il a de compte à rendre aux hommes, plus il a de compte à rendre à Dieu ». lire Bossuet, Politique IV, LIVRE IV. SUITE DES CARACTÈRES DE LA ROYAUTÉ, consultable in http://www.abbaye-saint-benoit.ch/Bibliotheque/bossuet/volume023/015.htm .

66 Voir par exemple la Déclaration de Saint boniface.

qu'il faut faire sortir de l'Exécutif (A), afin de pallier ce qui fait le plus défaut à l'Etat de droit et à la démocratie aujourd'hui à savoir l'organisation de son contrôle effectif (B).

A.- LA NÉCESSITÉ DE DISSOCIER LE POUVOIR PRÉSIDENTIEL ET LE POUVOIR GOUVERNEMENTAL

La distinction classique entre pouvoir exécutif et pouvoir législatif a d'abord reposé sur le « modèle parlementaire-représentatif »[67] de la démocratie. Or cela est évident, les démocraties contemporaines ont déjà connu un basculement vers le « présidentiel-gouvernant »[68]. Cette dernière forme vient du fait que le pouvoir tout entier est désormais le pouvoir exécutif, qui s'exprime au quotidien et dont les citoyens attendent tout soit du fait des événements conjoncturels comme les cataclysmes et la lutte contre le terrorisme, soit du fait des conditions structurelles de la vie des nations. Il est impérieux de sortir de la confusion qui range le Président dans le pouvoir exécutif (1), empêchant ainsi que l'on voit la réalité, qui est celle de l'exigence de dessiner les contours du pouvoir gouvernemental (2).

1.- Constater la réalité d'un pouvoir présidentiel

La réalité d'un pouvoir présidentiel en Afrique est patente. Le Président de la République en tant qu'institution n'est point un élément ou une pièce du pouvoir exécutif, encore moins la simple figure éminente. C'est la figuration d'un pouvoir distinct qui a tous les traits d'un Pouvoir de l'Etat. Le pouvoir fait obligation, apparaît comme légitime et recèle des caractéristiques identifiables dans la Loi fondamentale de l'Etat qu'est la Constitution.

Le pouvoir est entendu ici au sens étymologique de pouvoir dans la cité. C'est la capacité d'impulser, de décider et de coordonner qui revient à l'appareil dirigeant. C'est plus précisément dans la perspective de la distinction des pouvoirs, le détenteur de cette capacité. En ce sens, le pouvoir est un phénomène d'autorité. Il appelle ainsi à une double relation entre commandement et obéissance. Il est également doté de la capacité à contraindre. Enfin, c'est un pouvoir initial, de qui un certain nombre de politiques publiques et d'actions peuvent partir. Toutes ces caractéristiques peuvent être reconnues au Président de la République, qui apparaît alors comme la manifestation d'un Pouvoir propre.

Nous corroborons ainsi avec certains que : « Depuis les années quatre-vingt dix, malgré la fluidité du rôle présidentiel dans la conjoncture critique de transition démocratique, le Président demeure une « institution de pouvoir »,

---

[67] Pierre ROZANVALLON, Op.Cit, ibid.

[68] Idem.Ibid.

c'est-à-dire qu'il joue un rôle « reconnu comme faisant obligation », un rôle légitime bénéficiant d'un « accord minimal des élites » concernées et enfin un rôle « défini par une déclinaison des caractéristiques » en phase avec les croyances sociales. Autrement dit, le Président de la République demeure le détenteur quasi exclusif du pouvoir »[69].

Il est incontestable que le pouvoir présidentiel est un fait en Afrique. Ceci est d'autant plus vrai que le Président en Afrique correspond à une anthropologie et des formes de croyances et représentations sociales qui ne voient en lui qu'un chef suprême, suréminent et quasiment mystique dont le pouvoir de pénétration des croyances traditionnelles est impressionnant.[70]Un auteur a d'ailleurs avec brillance démontré que le Président de la République en Afrique épouse et assume la figure magico-religieuse du chef traditionnel africain dont la position quasi hiératique est indiscutable.[71]Malheureusement, ce pouvoir présidentiel a été longtemps méconnu quand il n'était pas confondu avec un pouvoir exécutif, qui se confondait lui aussi au gouvernement.

2.- Accepter l'existence d'un pouvoir gouvernemental

Le gouvernement semble n'avoir pas encore fait suffisamment l'objet de réflexion profonde jusqu'ici. On aurait même dit qu' « il n'y a jamais eu de véritable théorie du gouvernement tout court »[72]. Le gouvernement est entendu ici non pas comme l'art ou le fait de gouverner, mais en tant comme détenteur

---

69 Lire Thélesphore ONDO, Thèse de doctorat Op.Cit ; Luc Sindjoun, Le Président de la République, op. cit., p. 39. 511 Jacques Lagroye, « Le conflit de l'automne 1962. Dispersions et convergences dans la formalisation du rôle », in Bernard Lacroix et Jacques Lagroye (sous la direction de), Le Président de la République, op. cit., pp. 161-193, lire pp. 163-164. 512 ; ; Valentin Miafo Donfack, « Le Président de la République et les Constitutions du Cameroun », in La Réforme constitutionnelle du 18 janvier 1996 au Cameroun, op. cit., pp. 252-281,

70 Lire Luc SINDJOUN, L'Etat ailleurs : entre noyau dur et case vide, Paris, Economica, 2002.

71 Thélesphore ONDO évoque ainsi l'idée d'une « récupération des symboles traditionnels du pouvoir par le Chef d'Etat africain ». Il poursuit en affirmant : « Dans les chefferies et royaumes traditionnels, le chef ou le roi a toujours à sa disposition les insignes du pouvoir. Il s'agit en général du trône, du couvre-chef (bonnet), du collier, du chasse-mouches, du bracelet, du sceptre, un tambour sacré, la corbeille des ancêtres, d'une clochette, etc. Ces insignes chosifient le pouvoir et magnifient à la fois son évidence et celui qui en est le dépositaire377. Ils sont donc la manifestation extérieure de la puissance du chef. Ces objets ont été récupérés par les dirigeants africains. Les symboles ont une signification importante. En effet, les hommes sont mus par des symboles. Les mêmes symboles produisent, avec des variantes, les mêmes conduites. Entre les mains du pouvoir, le symbole est un instrument redoutable. Il reçoit de ce pouvoir, de l'usage que le pouvoir fait de lui, un sens supplémentaire. Il n'est donc pas surprenant qu'il soit utilisé par la plupart des Chefs d'Etat africains notamment ceux issus « d'un authentique mouvement de libération et incarnant les revendications d'indépendance, de liberté, de progrès, de bien être les plus exigeants, ou qu'il soit utilisé par un despote aligné sur la stratégie du capital financier multinational et soucieux d'affermir sa domination »378. Dans leurs tournées provinciales, les Chefs d'Etat africains se voient souvent attribuer ces symboles du pouvoir du chef traditionnel. Ainsi par exemple, on a pu voir le Président Eyadéma, en visite au pays Bassar pour assister à la fête traditionnelle de « Dipontre », le dieu de la région, ou au pays Tyokossi où il est même monté dans une guérite chamarrée transportée à dos d'hommes ». Lire Télesphore ONDO, Thèse Op.Cit, 82.

72 Pierre ROSANVALLON, Op Cit, p.

d'un pouvoir de l'Etat. C'est une vue de l'esprit que de penser que le Gouvernement n'a que la position d'un simple exécutant des lois adoptées au Parlement.

C'est une perspective qui enchante au premier abord, parce qu'elle postule l'idée d'une mise au pas des dirigeants de l'Etat par la représentation nationale réunie au Parlement. L'idée démocratique prend alors là tout son lustre et l'on envisage avec intérêt que le Gouvernement sera discipliné par le Parlement. Il faut se rendre à l'évidence que cette position du Gouvernement vassal du Parlement n'est pas de l'ordre du réel.

Comme les pouvoirs législatif et juridictionnel, le pouvoir gouvernemental apparaît comme une dimension, une partie du pouvoir d'Etat en général. Ce pouvoir d'Etat est en effet un pouvoir d'opérer des choix à un niveau central qui ne trompe guère[73]. Le gouvernement assure effectivement un pouvoir d'arbitrage au moyen des choix qu'il opère au quotidien et de façon structurelle. C'est donc un pouvoir politique indéniable.

Le Gouvernement détient et exerce aussi le pouvoir d'Etat de par le caractère centralisateur de son office. La logique jacobine qui prévaut malgré tout dans l'Etat africain, transparaît à maints égards avec l'unicité centralisante du gouvernement.

Dans cette optique, le Gouvernement se range dans l'un des pôles que crée la centralité du pouvoir d'Etat, à savoir d'une part l'Etat et de l'autre les citoyens. Le gouvernement exerce bel et bien le pouvoir. Le gouvernement arbitre et centralise les orientations générales des politiques publiques à partir de ses membres qui assument bien la position de gouvernants. Cela se traduit par l'impact et l'importance de leur prise de décision.

La réalité de la prise de décision en tant que processus nous renseigne que c'est une opération extrêmement complexe. Elle l'est d'autant plus que l'opacité sans cesse croissante de son effectuation plonge l'observateur dans l'embarras. En l'Etat actuel, on ne sait pas vraiment qui prend la décision dans l'exécutif. La fameuse distinction entre un exécutif principal et un autre résiduel est académiquement séduisante, mais non fondée au plan politique et intellectuel.

Faire de la détermination de la politique du gouvernement ou de la nation un domaine réservé du Président de la république comme c'est le cas au Cameroun relève donc de l'illusion d'optique. Le pouvoir gouvernemental s'affirme et s'impose au quotidien dans « l'espace public de l'Etat ». Les actes administratifs produits par les chefs de département ministériels qui sont des actes décisoires sont parfaitement normateurs au sens du juriste Hans KELSEN. Le préalable du visa de certains actes n'est en réalité qu'une mesure

---

73 Voir Jean GICQUEL et Jean Eric GICQUEL, Droit constitutionnel et institutions politiques, Op. Cit. P.61 et 62.

de mise en cohérence de l'appareil administratif et certainement un relent de la tentation « césarienne » du pouvoir central de l'Etat. Se résoudre à la réalité de la présence du pouvoir gouvernemental règle au moins deux problèmes sérieux de nos sociétés contemporaines, à savoir le désenchantement démocratique et la crise de l'imputation.

Pour ce qui est de l'imputation, elle est au fondement de tout le droit. L'idée d'imputation renvoyant à la responsabilité, on ne peut concevoir que les ministres n'aient pas de compte à rendre au souverain qui est le détenteur ultime du pouvoir. La mise en jeu de la responsabilité des gouvernements au moyen de la question de confiance ou de la motion de censure est une possibilité quasiment jamais utilisée dans les régimes africains.

En outre, elle ne peut intervenir qu'à des séquences précises de la vie politique et institutionnelle, c'est-à-dire lors de la session de présentation de la politique du gouvernement par le chef du gouvernement. Il nous semble que l'usage politique de la démission des autorités politiques en France à la suite d'un scandale ou d'une affaire les impliquant au plan judiciaire participe des pierres d'attente de cette responsabilisation accrue que nous devrons attendre de nos gouvernements.

Il faut en effet sortir des sentiers battus où le pouvoir de gouverner se résumerait à savoir se faire obéir, transmettre des impulsions ; canaliser des mécontentements, gérer les rapports de force ou encore éliminer ses rivaux. Cette conception de l'action de gouverner comme une simple pratique a d'ailleurs son revers détestable en démocratie, à savoir la déformation de l'action de gouverner en art de la manipulation et de la ruse.[74]

L'identification et la désignation d'un pouvoir gouvernemental aura entre autres avantages pour la démocratie de supprimer le temps de divorce qui s'installe souvent entre les épisodes des périodes électorales. En effet, les populations ont régulièrement dénoncé le fait que les hommes politiques ne se rapprochent d'eux que pour solliciter leur vote, le bulletin de vote étant alors le sésame à remporter de l'électeur vis-à-vis duquel on n'a pas de compte à rendre avant la prochaine période électorale. L'idée d'imputabilité permet donc de sortir de la situation actuelle des citoyens, qui se sentent de moins en moins écoutés et représentés par ceux qu'ils ont élus, tandis que « les gouvernants semblent atteints de surdité »[75].

---

[74] Gouverner serait ainsi l'art de la simulation et de la dissimulation. Lire à ce sujet Cardinal MAZARIN, Bréviaire des politiciens, Paris, Arléa, 1996, P. 123.

[75] Pierre ROSANVALLON, Op. Cit., P.

B.- L'EXIGENCE D'ORGANISER LE CONTRÔLE DU POUVOIR PRÉSIDENTIEL

L'Etat de droit et la démocratie ne peuvent se satisfaire d'une situation dans laquelle le règne du droit est rompu pour une personne ou un groupe de personnes. Même le Léviathan suprême qu'est l'Etat est un sujet de droit authentique. Il bénéficie de prérogatives certes exorbitantes de droit commun, mais il peut voir sa responsabilité engagée tant au plan national que dans l'ordre international.

La situation actuellement généralisée dans le constitutionnalisme d'inspiration française d'un Président de la République irresponsable ne peut donc être admise. Elle est une provocation, qui heurte la raison et compromet le contrat social. La « démocratie d'autorisation » dans laquelle l'on a baigné jusque-là ne satisfait plus le citoyen.

Cette forme de démocratie qui se résume en un « permis de gouverner »[76] octroyé au moyen de l'élection ne garantit plus que l'on soit gouverné de façon démocratique. On peut en effet être gouverné de façon non démocratique par des personnes élues démocratiquement.[77] Il faut donc rendre réalisable le contrôle politique du Président de la République (1) et organiser la mise en œuvre de son contrôle juridictionnel (2).

1.- Rendre réalisable le contrôle politique du Président de la République

L'idée ici est de consolider en Afrique le concept déjà réalisé dans les années 1980 en Europe : « le peuple-veto ». La démocratie, dans ces conditions quitte la simple sphère de démocratie-citoyenneté que marque bien le droit de vote pour faire du peuple un véritable contre-pouvoir. On peut alors voir se développer des pratiques de surveillance et d'empêchement. La démocratie ici signifie alors véritablement la possibilité de mettre en mouvement la défiance.[78]

Pour respecter le principe du parallélisme des formes, il nous semble que le contrôle politique du Président de la République devrait se faire suivant la logique de sa désignation. Le souverain qui le met en place doit pouvoir lui retirer sa confiance dans les cas extrêmes. Cela suppose au préalable la redéfinition du type de mandat. L'on ne sait que trop incliné jusqu'ici devant le masque constitutionnel du mandat représentatif, en jetant avec abjection le

---

76 Pierre ROSANVALLON, Op.Cit,P.13.

77 Idem. Ibid.

78 Lire Pierre ROSANVALLON, La contre-démocratie. La politique à l'âge de la défiance, Paris, Seuil ; 2006.

mandat impératif.[79] Il nous semble que le principe du mandat peut être réaménagé de telle sorte que dans la pratique on évite de faire de l'élu un esclave de sa formation politique, mais en conservant la possibilité pour les électeurs de lui demander des comptes à mi-mandat. Ce serait sans doute une manière de passer de « la démocratie par intermittence » à « la démocratie continue », ainsi que le propose d'ailleurs Dominique ROUSSEAU.[80]

Dès lors que ce préalable est accompli, deux modalités parfaitement connues doivent pouvoir être systématisées dans le constitutionnalisme africain. Il s'agit de l'organisation des mécanismes de destitution et de celle de la révocation populaire.

Pour ce qui est de la destitution, elle pourrait être prononcée par le Parlement ou par un organe distinct chargé de juger les dépositaires du pouvoir de l'Etat. Le refus du renouvellement du mandat par le peuple a certes été interprété comme une forme de destitution. Mais, il faut pouvoir arriver à « empêcher le Président de la République pour certains cas extrêmement graves qui ne peuvent tolérer que la fonction présidentielle soit exercée par une personnalité infâme. La portée de cette destitution devrait être l'impossibilité du président destitué de faire partie d'un organe collégial ou d'une institution de l'Etat, ni de se présenter comme candidat à une élection nationale ou locale après le départ provoqué de la tête de la présidence.

Quant à la révocation populaire, il nous semble qu'elle est parfaitement cohérente avec le droit fondamental du peuple à résister à l'oppression.[81] Il nous semble que le cas du Burkina Faso avec la chute de Monsieur Blaise COMPAORE peut servir de base d'objectivation d'une telle sanction politique du mandataire qui ne satisfait pas aux volontés du mandant qu'est le souverain. Cette révocation populaire n'est pas encore organisée. Elle relève encore de ce qu'un auteur qualifie de « public socio-politique ».[82] Il s'agit ici d'une forme de contestation du pouvoir présidentiel par un peuple débordé qui soudainement descend dans la rue et exige de façon radicale le départ d'un chef d'Etat, ainsi qu'on l'a vu au Togo[83] ou encore en Côte d'Ivoire, à travers les cris d'étudiants dans les rues : « Houphouët voleur, Houphouët corrompu,

---

79 Cf. Article 27 de la constitution française

80 On reintroduirait ainsi le citoyen dans le constitutionnalsime et transformerait par le fait l'espace public, non plus en simple receptacle des normes mais aussi en acteur de la production des normes. Lire à ce sujet l'interview accordé par le Pr dominique ROUSSEAU au mouvement A nous la démocratie, in www.anouslademocratie.fr

81 Cf. Article 2 de la Déclaration des droits de l'homme et du citoyen. Lire utilement à ce sujet : Roxani FRAGKOU, Le droit de résistance à l'oppression en droit constitutionnel comparé, Revue internationale de droit comparé, année 2013, volume 65, numéro 4, pp. 831 – 857.

82 François CHAZEL, Du pouvoir à la contestation, Paris, LGDJ, coll. « Droit et Société », 2003, p. 77.

83 Comi M. Toulabor, « Jeunes, violence et démocratisation au Togo », Afrique contemporaine, n°80, 4e trimestre 1996, pp. 118-119.

Houphouët démission, Houphouët, y en a marre, Houphouët, on n'en veut plus »[84].

La constitution togolaise, dans une certaine mesure pose déjà les bases de ce contrôle politique en donnant l'initiative du référendum à la fois au peuple et au Président de la République. On peut en effet lire à l'article 4 : « La souveraineté appartient au peuple. Il l'exerce par ses représentants et par voie de référendum. Aucune section du peuple, aucun corps de l'Etat ni aucun individu ne peut s'en attribuer l'exercice. L'initiative du référendum appartient, concurremment, au peuple et au Président de la République. Un référendum d'initiative populaire peut être organisé sur la demande d'au moins cinq cent mille (500.000) électeurs représentant plus de la moitié des préfectures. ». Dans notre hypothèse, un référendum pourrait ainsi être demandé par le peuple en vue de procéder au contrôle populaire du Président de la République.

Le constitutionnalisme autrichien a lui par contre clairement établi et organisé la mise en jeu de la responsabilité politique du Président. En effet, comme le démontre un auteur[85], le constituant autrichien a mis en place un système articulé de mise en jeu de la responsabilité du Président, en vertu de dans l'article 60 alinéa 6 *B-VG* de la constitution fédérale.

Ainsi, le Président fédéral, élu par le peuple, peut être destitué par celui-ci à l'issue d'un référendum. Le Conseil national qui est la chambre basse, si le quorum d'au moins la moitié de ses membres est atteint et que la majorité des deux tiers des votants en dispose ainsi par leur suffrage, il peut être décidé de mettre en branle la procédure de destitution. Le Président fédéral est, dès lors, dans l'impossibilité de continuer à exercer sa fonction.[86]

La Chancelier fédéral doit alors saisir l'Assemblée fédérale, qui réunit les membres du Conseil national et du Conseil fédéral, à qui il appartient de décider de l'organisation d'un référendum. Cette consultation est clairement dédiée à la recherche d'une réponse à la question posée au peuple sur la révocation du Président fédéral. En cas de réponse positive, le Président fédéral est déchu de sa fonction et le Gouvernement fédéral doit organiser une nouvelle élection présidentielle.

A partir de la Constitution du Malawi, il est également envisageable de dessiner une autre modalité de la mise en jeu du contrôle politique par le parlement. En effet, le constituant malawite a prévu que chaque année ou en fonction d'une motion des membres du parlement, le Président soit soumis à

84 Lire Robert Minangoy, « Côte d'Ivoire : manifestations contre le Président au pouvoir depuis trente ans », Le Monde, 5 mars 1990.

85 Lire Sylvie PEYROU-PISTOULEY, Les immunités du pouvoir exécutif en Autriche, in Revue française de droit constitutionnel, 2002/3, n° 51, pp. 683 – 703.

86 Cf. (art. 60, al. 6 *B-VG*) de la Constitution autrichienne.

une séance de questions-réponses devant la représentation nationale.[87] Cela serait parfaitement cohérent dans de nombreux pays africains où c'est le Président qui définit la politique de la nation.[88]Comment comprendre en effet que le Président sénégalais communique avec une assemblée nationale qui n'a pas le droit d'ouvrir des débats sur ses communications écrites ? On lit en effet dans la Constitution sénégalaise : « Le Président de la République communique avec l'Assemblée nationale par des messages qu'il prononce ou qu'il fait lire et qui ne donnent lieu à aucun débat »[89].

La situation serait évidemment différente dans les ordres constitutionnels dans lesquels c'est le gouvernement qui détermine la politique de la nation. On sait par exemple qu'au Niger cette responsabilité de la conception et de la conduite de la politique de la nation est attribuée au gouvernement.[90]

En tout état de cause, la démocratie impose qu'il soit possible de mettre en place des mécanismes politiques permettant d'assurer la demande d'intégrité que le souverain exprime vis-à-vis des gouvernants. Lorsque la dignité et l'intégrité ont été perdues, et que le peuple le constate, il faut pouvoir mettre fin au règne du dirigeant avant le terme du mandat et proclamer au besoin son inéligibilité ultérieure.[91]

2.- Organiser l'effectivité du contrôle juridictionnel du Président de la République.

En l'état actuel du droit en Afrique, on doit reconnaître que, dans une large mesure, la possibilité de la mise en jeu de la responsabilité du Président de la République ne relève que de la lex ferenda. Les Constitutions ont soigneusement consacré une ambroisie dont se délectent les Présidents de la République, à savoir le privilège de juridiction. Cela n'est pas du seul apanage de l'Afrique. On se rappelle que la question a souvent fait débat en France. Le constituant français avait déjà dévancé son homologue africain dans ce sens : « le Président de la République n'est responsable des actes accomplis dans l'exercice de ses fonctions qu'en cas de haute trahison.

Il ne peut être mis en accusation que par les deux assemblées statuant par un vote identique au scrutin public et à la majorité absolue des membres les composant ; il est jugé par la Haute Cour de justice »[92]. De vifs débats sont nés

---

87 Cf Article 90.4 de la constitution du Malawi : « The President shall be called to Parliament to answer questions at such times as may be prescribed by the Standing Orders of Parliament or on a motion of the National Assembly or Senate ».

88 Voir à titre d'illustration l'article 54 de la constitution du Bénin ou encore l'article 11 (1) de la constitution du Cameroun.

89 Article 79 de la Constitution du Sénégal

90 Voir Article 76 de la constitution du Niger

91 C'est également la position de Pierre ROSANVALLON, Op. Cit.

92 Cf.Art. 68 de la Constitution française du 4 octobre 1958

dans la doctrine de l'interprétation de cette disposition constitutionnelle qu'un arrêt du Conseil constitutionnel est venue clarifier en précisant que le Président de la République ne pouvait être mis en accusation que par la haute cour de justice et pour le cas de haute trahison.[93]

En tout état de cause, malgré les tentatives du procureur de Nanterre d'introduire en recours contre la decision du juge constitutionnel français "dans l'intérêt de la loi", il demeure que le droit tel qu'il se présente actuellement ne permet pas que cette éventualité se realise.[94] L'argument de la protection de la dignité de la fonction et de l'institution républicaine a souvent été mis à contribution pour justifier ce privilege dont bénéficie le Président. Le juriste ne peut pourtant être celui qui admet les solutions inacceptables au plan éthique, pourvu que celles-ci soient juridiquement défendables.[95]L'on doit donc pouvoir en Afrique plus qu'ailleurs songer à organiser de façon objective la mise en jeu de la responsabilité du Président pendant qu'il est encore en fonction. Cette proposition peut être défendue à l'aide d'arguments tirés du droit compare et de la doctrine.

S'agissant par exemple du crime de haute trahison, si de nombreux Etats africains l'évoquent sans le définir, d'autres comme le Gabon ont désigné des actes constitutifs de crimes de haute trahison. Le constituent tchadien est allé plus loin. En effet, on peut lire dans la Constitution tchadienne: « sont assimilés à la haute trahison, les violations graves et caractérisées des droits de l'homme, le détournement des fonds publics, la corruption, la concussion, le trafic de drogues et l'introduction des déchets toxiques ou dangereux, en vue de leur transit, dépôt ou stockage sur le territoire national »[96]. De nombreux auteurs ont aussi appuyé le fait que le Président de la République ne puisse pas être juridiquement responsable. C'est le cas du Doyen Georges VEDEL qui s'exprimant sur la question n'avait pas manqué de souligner qu'il faut, « protéger la fonction dans un système constitutionnel où le Président de la République joue un rôle essentiel, "toute appréciation de ses actes doit être politique". Cela implique, pour cet ancien membre du Conseil constitutionnel, que tous les crimes et délits, même non liés à l'exercice de ses fonctions qui pourraient être reprochés à un Président de la République, relèvent d'une "justice politique". C'est au pays de décider, donc à ses représentants élus, dit-il, pas à un juge ».[97]

---

[93] 22 janvier 1999

[94] Lire à ce propos Jean-François BURGELIN, « La responsabilité pénale du Président de la République », Recueil Dalloz, 2001.

[95] Lire Alain Didier OLINGA, Qu'est-ce être juriste ?, Yaoundé, Editions Clé, 2012.

[96] Article 174(3) de la Constitution tchadienne

[97] Le doyen Georges Vedel, interrogé par Thierry Bréhier, in Le Monde du 27 aout 1998.

Le doyen Vedel n'exclue donc pas la mise en jeu de la responsabilité du Président. Il pense simplement que cette responsabilité ne peut être engagée qu'à l'initiative du souverain, postulant ainsi que cette responsabilité ne peut être que politique. Par contre, dans le constitutionnalisme autrichien, la responsabilité juridique du Président peut être engagée, mais à condition que ce soit l'initiative parlementaire qui déclenche ce processus. En termes de droit comparé, de nombreux Etats dans le continent africain et dans d'autres ordres constituionnels ont déjà admis ce principe de la responsabilité du Président de la République pendant qu'il est en fonction.

Nous voulons évoquer un cas, à savoir la République d'Afrique du Sud. Dans le pays arc-en-ciel, c'est depuis avril 2017 que le Président Jacop ZUMA est l'objet d'une contestation sans precedent contre le pouvoir en place depuis la fin de l'apartheid. Les parlementaires ont sérieusement secoué le Président de la République, pour des faits d'enrichisement illicite et d'abus de biens sociaux. On a ainsi vu comment le basculement " de la responsabilité pénale à la responsabilité politique"[98] du Président pouvait s'opérer dans le constitutionnalisme sud-africain. En effet, les 11 juges de la Cour constitutionnelle, ont constaté de façon unanime que le chef de l'Etat avait transgressé la Constitution en refusant de rembourser les frais de rénovation de sa propriété privée, d'autant plus que ces dépenses n'étaient pas liées à sa sécurité. Il s'agissait notamment : de la piscine, d'un centre pour visiteurs, d'un enclos pour bétail et d'un poulailler.

Il y a donc des bases juridiques qui peuvent fonder l'engagement de la responsabilité du Président de la République pour haute trahison au Tchad. C'est à ce niveau que le droit compare est intéressant parce qu'il permet d'envisager une solution à partir d'autres experiences.

CONCLUSION

Il a donc été question d'esquisser une réflexion sur la distorsion de la séparation des pouvoirs par le titulaire de la fonction présidentielle en Afrique. L'on ne peut s'engager sur une telle question sans relever la quadrature de cercle dans laquelle le sujet a paru d'emblée nous plonger. Comment en effet chercher les distorsions d'une réalité qui n'existe pas. Est-ce courir après une illusion que de chercher à préserver un principe qu'on dit et démontre introuvable dans le texte de référence, pourtant présenté comme son fonds baptismal, à savoir l'Esprit des lois de Montesquieu ! Cette épreuve d'élucidation exigeait également que l'on s'accorde sur les contours acceptables de la notion de pouvoir présidentiel.

98 Lire sur ce point Louis FAVOREU, « De la responsabilité pénale à la responsabilité politique du Président de la République », in revue française de droit constitutionnel, n°7, 2002, pp. 7-29.

C'est assurément une redoutable et incongrue aventure que de chercher à défendre une chose dont l'existence est incertaine. Au demeurant, il convient de resituer ce débat sur le terrain de la contribution de la recherche au processus de démocratisation et de recherche des conditions de déploiement du développement des Etats africains. Le sujet ne peut donc être rangé dans la catégorie de la recherche de l'esthétique du discours juridique. Nous ne sommes point des parnassiens ; ces amoureux de l'art pour l'art.

Voilà pourquoi l'on admet que c'est finalement l'esprit de la séparation des pouvoirs en tant que concept qu'il faut privilégier. Les Etats africains sont menacés aujourd'hui encore par la tentative de la concentration des pouvoirs entre les mains d'une personne au statut éminemment prestigieux. Or, « c'est une vérité éternelle que tout homme qui a du pouvoir est porté à en abuser »[99].

Nul ne peut donc nier que cette réflexion est immergée dans le débat démocratique en Afrique. L'Etat africain qui est évidemment en crise du fait de multiples facteurs endogènes et exogènes n'aura sa réponse aux problèmes structurels qui se posent à lui que par la démocratisation. La pensée africaine soutient cet impératif démocratique qui permet en effet de sortir de la logique patrimoniale du pouvoir pour une régulation politique plus assumée. Pour certains, justement, il faut considérer la démocratie « comme réponse à la crise africaine »[100]. La revendication démocratique en Afrique que l'on peut voir en toile de fond de cet examen sur la séparation des pouvoirs n'échappe donc à personne.

Tout serait perdu dans les Etats africains si tous les pouvoirs étaient réunis en une seule autorité. Le résultat auquel nous aboutissons est que la distinction des pouvoirs commencée avec Montesquieu ne s'est pas achevée avec lui. Il convient avec réalisme et responsabilité que l'Etat africain, qui est dans l'urgence de sa réinvention entre dans une nouvelle phase de son « renouveau constitutionnel »[101] en proclamant l'existence d'autres pouvoirs, notamment le pouvoir présidentiel séparé du pouvoir gouvernemental. Il y a donc lieu d'affirmer que dans l'opération de distinction des pouvoirs de l'Etat, l'on peut démontrer qu'il existe bel et bien un pouvoir présidentiel authentique et un pouvoir gouvernemental.

Ce ne serait pas une quelconque inflation constitutionnelle des organes de l'Etat, mais un progrès en termes de réalisme juridique. Tous les espoirs pour plus de liberté, de démocratie et d'Etat de droit seraient déçus lamentablement si on ne distingue et ne sépare pas avec lucidité et réalisme tous les différents pouvoirs de l'Etat.

---

99 Montesquieu, Op.Cit.

100 Jean-François MEDARD, « Crise africaine et démocratisation : les perspectives difficiles de la transition démocratique en Afrique », in Maurice KAMTO (Dir), L'Afrique dans un monde en mutation. Dynamiques internes, marginalisation internationale ?, Yaoundé, Afrédit, 2010, P.146.

101 Lire Gérard CONAC, « Quelques réflexions sur le nouveau constitutionnalisme africain », in www.democratie.francophonie.org/IMG/bamako.2970.pdf

Pouvoir présidentiel et pouvoir gouvernemental se présentent alors comme des pouvoirs singularisés et objectivement isolables. Il a en effet été démontré que l'organe exécutant depuis les origines ne pouvait être cantonné à la position de simple exécutant. C'est un pouvoir qui s'exprime au sens fort du terme. Il produit les normes, oriente la vie politique et institutionnelle et se présente comme le déterminant des réponses attendues par les citoyens africains face aux défis qui les interpellent.

L'Etat africain qui est rentré en crise doit en effet pouvoir se réinventer. La crise étant toujours aussi une occasion de renouveau lorsqu'en en sort, il convient dans cette opération de réinvention de l'Etat africain[102], de repenser la distinction des pouvoirs. La lucidité de cet examen de distinction des pouvoirs permettra de mieux les séparer et de mieux les contrôler.

Jusqu'ici, la confusion qui s'est appuyée sur la conception du pouvoir exécutif a permis au pouvoir présidentiel de travestir la séparation des pouvoirs et d'entamer profondément l'idéal démocratique. On le voit, on le vit et on le subit, mais on n'ose pas prononcer son nom, à l'instar des ombres dont on a peur soi-même.

Le pouvoir présidentiel doit être envisagé de façon objective et cohérente de façon à pouvoir l'encadrer juridiquement pour en faire une institution de l'Etat, une chose publique, qui appartient finalement à l'espace public.[103] La question de la responsabilité du Président de la République mérite donc d'être remise sur la table du débat constitutionnel, ce d'autant plus que l'irresponsabilité du Président de la République ne fait aucunement partie de ce qu'on qualifie de « clause d'éternité », c'est à dire ces dispositions constitutionnelles qui n'admettent pas de révision.

Les quelques incursions faites dans l'analyse de type comparé confortent dans cette idée que la mise en jeu de la responsabilité du Président à la fois au plan politique et au plan juridique ne relève ni de l'absurdité ni de la singularité ridicule. L'exercice comparatiste a été d'autant plus édifiant que la comparaison se présente comme un **« laboratoire d'expérimentation qui offre des solutions nouvelles en prenant actes des observations in vivo particulièrement édifiantes »**.[104]

Il s'agit même en réalité d'un impératif démocratique dont les sociétés politiques africaines ont sans doute besoin pour que le constitutionnalisme serve effectivement à l'encadrement du phénomène politique. En effet, « c'est le respect du principe démocratique qui justifie l'instauration de mécanismes

[102] Lire Maurice KAMTO, « Crises de l'Etat et réinvention de l'Etat en Afrique », in Maurice KAMTO (Dir), L'Afrique dans un monde en mutation, Yaoundé, Afrédit, 2010, pp.51-113.

[103] Lire Jurgen HABERMAS, L'espace public : archéologie de la publicité comme dimension constitutive de la société bourgeoise, Paris, Payot, 1962.

[104] Pierre CAMBOT, La protection constitutionnelle de la liberté individuelle en France et en Espagne, Paris, Economica, 1998, Presses Universitaires d'Aix-Marseilles, P. 1.

de responsabilité des personnes qui sont légitimées à exercer un pouvoir public ».[105] Ce serait sans doute une contribution importante du constitutionnalisme africain à la construction et à la consolidation du patrimoine constitutionnel commun des sociétés politiques modernes.[106]

Alain Didier OLINGA,
Professeur titulaire des universités et Chef de Département de Droit International Public à l'Institut des Relations Internationales du Cameroun

Georges OWONA MBIDA OTTO,
Enseignant chercher, Université de Yaoundé II.

[105] Sylvie PEYROU-PISTOULEY, « Les immunités du pouvoir exécutif en Autriche », in Revue française de droit constitutionnel, 2002, Op.Cit P. 683.

[106] Voir Luc SINDJOUN, « La démocratie plurale est-elle soluble dans le pluralisme culturel ? Eléments pour une discussion politiste de la démocratie dans les sociétés plurales », in Démocratie et sociétés plurielles, Séminaire conjoint organisé par la Francophonie et le Common Wealth, Yaoundé, 24-26 janvier 2000.

Dandi GNAMOU

LES CONTREPOIDS AU POUVOIR PRÉSIDENTIEL DANS LA CONSTITUTION BÉNINOISE DU 11 DÉCEMBRE 1990

INTRODUCTION

La Constitution du 11 décembre 1990 est bien souvent présentée comme un modèle, qui en tant que tel inspire d'autres Etats. Elle a traversé plusieurs décennies sans révision. Pourtant, les velléités pour sa révision ne manquent pas. C'est d'ailleurs l'un des projets de révision de la Constitution du 11 décembre 1990 qui a motivé cette communication. Le postulat au cœur de la motivation du projet de révision constitutionnelle du 15 mars 2017 est celui de la « superpuissance nuisible du pouvoir exécutif » dans un contexte où le nouveau gouvernement veut « renforcer le modèle politique et institutionnel de l'Etat orienté vers une protection accentuée des droits et libertés et bien être des citoyens ».

Le projet postule ainsi que l'attelage institutionnel dans la Constitution du 11 décembre 1990 offre au président de la République d'importantes possibilités d'exercer ces pouvoirs et de **contrôler à l'excès** les institutions. Une révision est donc envisagée pour un **équilibre constructif des pouvoirs**. Cinq points saillants ressortent du projet. Premièrement, l'instauration d'élections générales et alignement des mandats mais avec un décalage de deux ans avec les présidentielles, deuxièmement, la fin du mandat renouvelable une seule fois pour l'option d'un mandat unique pour le président de la République, troisièmement, le renforcement du système partisan par le financement des partis politiques, quatrièmement le renforcement des pouvoirs juridictionnels par le recours à l'élection dans les deux hautes juridictions que sont la Cour suprême et la Cour constitutionnelle et cinquièmement et enfin, une meilleure prise en compte de la responsabilité des Gouvernants.

La lecture article par article du projet a fini par me convaincre, que la superpuissance nuisible est à mettre largement sur le compte de la pratique d'un chef d'Etat, et relève peu, si ce n'est la prise en compte du fait majoritaire, du texte en lui-même. En effet, à bien des égards, la procédure utilisée pour enclencher le processus de révision et les articles modifiés tendaient plus à renforcer la puissance du chef de l'Etat et à écorcher les droits et libertés fondamentales, d'où l'idée de s'interroger sur l'existence des contrepoids au pouvoir présidentiel dans la Constitution du 11 décembre 1990.

L'échec du projet de révision révèle par ailleurs l'intérêt du sujet à la fois parce qu'il met en lumière la personnalisation du pouvoir présidentiel et l'existence de freins à ce pouvoir. Aussi dans un contexte où on semble être circonspect sur l'existence de la « séparation des pouvoirs » je vais démontrer que la Constitution du 11 décembre aménage les pouvoirs de façon à maintenir un Gouvernement modéré.

Je ne reviendrai pas sur les débats sur l'existence ou non de la séparation des pouvoirs, *fiction juridique* (Léon Blum) ou *mythe* (PIMENTEL « Le sanctuaire vide : la séparation des pouvoirs comme superstition juridique ? »), son caractère *dépassé* ou à tout le moins réduit à la séparation organique.

Je suis tentée de revenir sur le débat classique des deux conceptions de la « séparation de pouvoirs » ; séparation rigide ; séparation souple. La conception stricte de la séparation fonctionnelle entraîne la tyrannie d'un corps politique, et l'équilibre favorise la rivalité entre autorités concurrentes, la confusion des pouvoirs et le morcellement de l'action publique. J'aurais envisagé comme Frédéric BLANC le recours au « concours de pouvoirs » de Sieyès, troisième voie permettant de sortir de l'approche purement négative de la séparation des pouvoirs, conçue pour empêcher les abus de pouvoirs dans une logique concurrentielle. Le recours au « concours des pouvoirs », la collaboration dirait Zoller, serait une piste pour répondre à l'idée de l'unité organisée rappelée par le Doyen Wodié. Cette unité du pouvoir, incarnation de l'unité de la société permettrait de dépasser la logique concurrentielle, en retenant une règle positive d'assignation des tâches inhérentes à chaque fonction, bref départager l'exercice des fonctions de l'Etat, de la « séparation des pouvoirs » pour mettre l'accent sur la coopération et l'interdépendance afin de gouverner selon l'intérêt général.

Mais je retiens la référence au Gouvernement modéré qui selon la doctrine française s'inscrit dans la logique libérale et est réinventée avec le néolibéralisme en général, mais trouve son origine chez Montesquieu qui l'a présentée avec élégance. Ainsi, la célèbre formule de L'Esprit des Lois selon laquelle, « Pour qu'on ne puisse abuser du pouvoir, il faut que, par la disposition des choses, le pouvoir arrête le pouvoir », ne contient rien d'autre, en germe, que l'esprit des contre-pouvoirs, c'est-à-dire la garantie systémique d'un pouvoir modéré. « Le pouvoir s'arrête là où commence le contre-pouvoir ». Il s'agit d'une fonction oppositionnelle relative, celle incarnée par le législatif face au monarque et dont l'idée motrice est celle du «*containment* ». Il s'ensuit que la problématique de la fonction de contre-pouvoir de la doctrine française ou européenne est celle de l'endiguement des pouvoirs rivaux dans leurs limites légales et légitimes. D'ailleurs pour Fabrice HOURQUEBIE « la fonction de contre-pouvoir invite à contrebalancer le pouvoir concurrent en vue de le neutraliser et ceci en réaction à l'excroissance de ce pouvoir opposé. Le contrepouvoir remplit alors la fonction de pouvoir compensateur, c'est-à-dire qu'il contient, freine, régule les pouvoirs concurrents ». Autrement dit, le contrepoids joue le rôle de frein, de la modération, de l'endiguement.

Le terme « contrepoids » est préféré à contrepouvoir (*countervailing power*), d'origine américaine, forgé en 1952 par John Kenneth Galbraith dans un livre intitulé, *American Capitalism : The Concept of Countervailing Power* (1952)[1]. En matière constitutionnelle, ce sont plutôt les « *checks and balances* » (freins et contrepoids)[2].

La doctrine des «Check and balances» s'appuie sur la spécialisation et l'interdépendance entre les pouvoirs[3].

Certains ont relevé que la notion de contrepouvoir laisse entendre une opposition au pouvoir c'est–à-dire l'antipode du pouvoir ou encore l'anti pouvoir contestataire, mais pour ma part, je préfère ici contrepoids à contrepouvoirs essentiellement parce que la traduction de « checks and balances » en français c'est bien « les freins et contrepoids », pas les contrepouvoirs.

J'entends donc examiner les « contrepoids au pouvoir présidentiel dans la Constitution du 11 décembre 1990. Les contrepoids existent non seulement dans le texte de la Constitution mais aussi dans la pratique constitutionnelle. On peut retenir par similarité avec les contrepouvoirs que les contrepoids sont « des centres organisés de décisions, de contrôle, d'intérêts ou d'influence qui, par leur seule existence ou par leur action, quel que soit l'objectif poursuivi, ont pour effet de limiter la puissance de l'appareil dirigeant de l'Etat »[4]. De ce point de vue les contrepoids peuvent être institutionnels, politiques ou sociaux[5].

Dans la Constitution du 11 décembre 1990, les contrepoids au pouvoir présidentiel sont d'abord institutionnels : le pouvoir législatif ; la Cour constitutionnelle ; le pouvoir judiciaire. On pourrait tenter une classification

---

1 *Countervailing power* a été utilisée pour signifier que le système américain a su générer la création de groupes aussi puissants, tel les syndicats de travailleurs contre les grands monopoles ou les unions de consommateurs contre les grands de la distribution, groupes qualifiés de contrepouvoirs

2 La terminologie est utilisée par Hamilton dans *Le Fédéraliste* (Lettre n° 9). Il évoque le *bicaméralisme et le du droit de veto du Président qui sont* les « *legislative checks and balances* » conçus pour contenir le législateur fédéral.

3 HOURQUEBIE (F.), « Le contrepouvoir enfin connu, pour une analyse de la démocratie constitutionnelle en terme de contre-pouvoir », in Démocratie et liberté, tension, dialogue, confrontation, Mélanges en l'honneur de Slobodan MILACIC, Bruxelles, Bruylant, 2009, p.118

4 PACTET, F. MELIN-SOUCRAMANIEN, *Droit constitutionnel*, Sirey-Université, 29ème édition, 2010, p. 14.

5 PACTET, F. MELIN-SOUCRAMANIEN, *Droit constitutionnel*, *op. cit*, pp. 14-15.

entre contrepoids institutionnalisés et non institutionnalisés Mais nous allons nous focaliser sur les contrepoids institutionnels dans la théorie de la séparation des pouvoirs en retenant la dimension organique en trois pouvoirs. Eu égard à la problématique de l'existence et de l'efficacité de ces contrepoids, la réponse est sans équivoque, ils existent bien des contrepoids au pouvoir présidentiels qui sont institutionnellement reconnus (I) et s'efforcent d'être efficaces (II).

I.- DES CONTREPOIDS RECONNUS

Il n'y pas dans la Constitution du 11 décembre 1990 le terme séparation des pouvoirs, d'équilibre des pouvoirs ou d'aménagement des pouvoirs. Mais la Constitution ne fait pas autre chose en organisant le pouvoir que d'aménager les pouvoirs des uns et des autres, de répartir les fonctions de chaque organe-pouvoir.

En contrepoids à l'exécutif il y un pouvoir législatif et judiciaire, on retiendra donc deux contrepoids : le contrepoids parlementaire et le contrepoids juridictionnel.

A.- LE CONTREPOIDS PARLEMENTAIRE

Le contrepoids parlementaire est classique. C'est en principe le pouvoir législatif dont la capacité d'endiguement s'érode à mesure que le fait majoritaire s'impose.

Le Parlement est un contrepoids non seulement dans son rôle en matière de contrôle de l'action gouvernementale mais aussi dans les efforts de la Cour constitutionnelle pour une constitutionnalisation du statut de l'opposition notamment avec le pluralisme dans la gestion des élections retenu dans la décision DCC 34-94 du 23 décembre 1994. De même la Cour confirme le rôle de contrepouvoir du Parlement en mettant en avant les droits de la minorité par la valeur constitutionnelle qu'elle a accordée à la séparation majorité/minorité dans sa décision DCC 09-002 du 08 janvier 2009.

Le juge constitutionnel béninois va rappeler dans sa jurisprudence l'attachement des béninois à la séparation des pouvoirs et énoncer les articles qui selon lui sont révélateurs de l'existence de la séparation des pouvoirs que les différentes institutions se doivent de respecter.

Globalement, on retient que participent de l'énonciation de la théorie de la séparation des pouvoirs outre le préambule[6], les articles 54[7] , 79[8] , 98 qui fixe

---

[6] « Réaffirmons notre opposition fondamentale à tout régime politique fondé sur l'arbitraire, la dictature, l'injustice, la corruption, la concussion, le régionalisme, le népotisme, la confiscation du pouvoir et le pouvoir personnel ; »

[7] « Les fonctions de membres du Gouvernement sont incompatibles avec l'exercice de tout mandat parlementaire, de tout emploi public, civil ou militaire et de toute activité professionnelle »

le domaine de la loi, 100[9], 114[10], 117 sur le domaine de compétence de la cour constitutionnelle[11], 125[12] et 126[13].

Le pouvoir législatif par son domaine est donc un pouvoir.

B.- LE CONTREPOIDS JURIDICTIONNEL

C'est d'abord le pouvoir judiciaire qui est classiquement présenté comme l'autre contrepouvoir à l'Exécutif. Sa place va être renforcée avec l'émergence de la justice constitutionnelle, protectrice à la fois des droits fondamentaux mais aussi des équilibres institutionnels. La Cour constitutionnelle dans son rôle de « régulateur des institutions » freine ainsi les velléités des pouvoirs concurrents. Il est vrai, d'aucuns se sont interrogés sur le rôle de « contrepouvoir » des juridictions constitutionnelles[14].

Mais il faut convenir, que le rôle d'endiguement de la Cour constitutionnelle du Bénin, d'autant plus remarquable quand il s'agit de protéger la Constitution des velléités de révisions déconsolidantes, est tel que la Cour constitutionnelle est un véritable contrepoids, parce qu'elle concourt au pouvoir et parce qu'elle s'oppose aussi pouvoir. (DECISION DCC 06-074 du 08 juillet 2006 ; Président de la République ; AHOSSI Jean Iréné et consorts, consensus national).

---

8 « Le Parlement est constitué par une Assemblée unique dite Assemblée Nationale dont les membres portent le titre de député. Il exerce le pouvoir législatif et contrôle l'action du Gouvernement. »

9 « Les matières autres que celles qui sont du domaine de la loi ont un caractère réglementaire. Les textes de forme législative intervenus en ces matières antérieurement à l'entrée en vigueur de la présente Constitution peuvent être modifiés par décret pris après avis de la Cour Constitutionnelle »

10 « La Cour constitutionnelle est la juridiction de l'Etat en matière constitutionnelle. Elle est juge de la constitutionnalité de la loi et elle garantit les droits fondamentaux de la personne humaine et les libertés publiques. Elle est l'organe régulateur du fonctionnement des institutions et de l'activité des pouvoirs publics. »

11 « La constitutionnalité des lois, des actes réglementaires censés porter atteinte aux droits fondamentaux de la personne humaine et aux libertés publiques et en général, sur la violation des droits de la personne humaine »

12 « Le pouvoir judiciaire est indépendant du pouvoir législatif et du pouvoir exécutif. Il est exercé par la Cour suprême, les cours et les tribunaux créés conformément à la présente Constitution »

13 « La justice est rendue au nom du Peuple Béninois. Les juges ne sont soumis, dans l'exercice de leurs fonctions, qu'à l'autorité de la loi. Les magistrats du siège sont inamovibles ».

14 Avril (P.), « Le Conseil constitutionnel est-il toujours le bras armé du Gouvernement dans le parlementarisme rationnalisé » ? *Nouveaux Cahiers du Conseil constitutionnel* n° 50, Dossier : Le Conseil constitutionnel et le pouvoir exécutif- janvier 2016, pp. p. 39 à 49 ; « Le juge constitutionnel est-il un contre-pouvoir ? » Table ronde du Centre français de droit comparé (Paris, 21 juin 2010). In: Revue internationale de droit comparé. Vol. 62 N°3,2010. pp. 788-812 ; GASSIOT (O.), *Du Conseil constitutionnel comme contre-pouvoir juridictionnel sous la Vème République* ; Thèse de Doctorat, Université de Toulouse, 2006, HAMON (L.), *Les juges de la loi : naissance et rôle d'un contre-pouvoir, le Conseil constitutionnel*, Paris, Fayard, 1987, 300p.

II.- DES CONTREPOIDS INSTITUTIONNELS RÉELS

Au Bénin, nous bénéficions d'un contrepoids politique versatile (A) et d'un contrepoids juridictionnel efficace (B).

A.- UN CONTREPOIDS POLITIQUE VERSATILE

Le caractère versatile est notamment lié à la réversibilité des contrepoids. On ne pense donc pas à la transhumance politique ni à la politique du ventre de Jean François BAYARD. Comme Fabrice Hourquebie, il faut relever que la légitimité du contre-pouvoir est le minimum de légitimité exigible de tout pouvoir. Dans le cadre de cette logique des légitimités comparables, chaque pouvoir partage son champ avec le contre-pouvoir, ce qui ne revient pas pour autant, comme le rappelle Slobodan MILACIC, à transformer tout gêneur en contrepouvoir.

La pratique constitutionnelle béninoise montre que l'exécutif et le législatif, se sont montrés alternativement jaloux de leurs compétences. Leurs pouvoirs se sont concurrencées, se sont neutralisées au bénéfice de l'équilibre des institutions au point où on a pu parler de la « présidence impériale » et celle du « gouvernement congressionnel » en référence à la terminologie américaine.

Il est vrai, l'absence d'une majorité parlementaire acquise au Chef de l'Etat garantit la séparation concurrentielle des pouvoirs. Tel était le cas lors de la première législature. Ainsi, l'opposition présidentielle, majoritaire à l'Assemblée Nationale, a contraint le Président SOGLO (1991-1996), à procéder à l'installation des contre-pouvoirs prévus par la Constitution et, en particulier, la Cour Constitutionnelle en 1993 et la promulgation de la loi de 1995 créant la Commission électorale nationale autonome. La même opposition majoritaire a interpellé l'Exécutif sur la privatisation sans base légale d'une société béninoise de brasserie, « La Béninoise » en 1992 et sur la dévaluation du franc CFA en 1994. Le fait majoritaire n'a donc pas pu jouer pour amadouer les députés ou les contraindre à la discipline derrière le Président de la République. Mais dès que le Président de la République s'assure le soutien de la majorité absolue des députés, son contrôle est quasi-total et permet de confirmer la tendance à la monarchisation du régime. Cette situation nette sous le mandat du Président Yayi BONI n'a pas empêché l'échec d'une procédure de révision constitutionnelle lancée en 2011 et en 2013.

Enfin, le mandat du Président Talon qui semblait avoir commencé sous des auspices favorables au sein de l'Assemblée s'est heurté quoique *in extremis* à la résistance de l'Assemblée nationale pour la procédure de révision, rappelant le rôle de contrepoids de l'Assemblée quand celle-ci à l'impression que certaines libertés et certains de ses droits risquent d'être érodés. Quand on ne peut compter sur les députés, reste l'espoir que le pouvoir juridictionnel assure le rôle de contrepoids.

B.- UN CONTREPOIDS JURIDICTIONNEL EFFICACE

L'idée d'une justice contrebalançant le pouvoir politique n'est possible qu'à partir du moment où de nombreuses digues sont levées entre les deux pouvoirs. L'existence des liens constitutionnels trop étroits entre la justice et le pouvoir politique en Afrique peuvent laisser penser que le pouvoir juridictionnel ne peut être efficace.

Les modalités de nomination des magistrats, dont l'inamovibilité est préservée et rappelée par la Cour constitutionnelle comme gage de leur indépendance permet de repousser cet argument. (DCC Juin 1997)

Quant à la Cour elle-même le mode de désignation des membres qui laisse la majorité à l'Assemblée nationale, elle en désigne 4 et le Président 3, tend à vider la critique de l'inféodation des membres de la Cour constitutionnelle au Président de la République. Mais il y a lieu de rappeler que le choix de la nomination par le pouvoir politique vise à assurer et maintenir le réflexe du respect des décisions de la Cour par les politiques. Pour paraphraser la formule de *Gustavo ZAGREBELSKY,* « Oui, le juge constitutionnel est *dans* la politique, mais il n'est pas *de* la politique ».

La Cour constitutionnelle est un contrepoids juridique de droit constitutionnel aux acteurs politiques. Elle a censuré le Parlement à plusieurs reprises et de façon notable en 2006 se reconnaissant compétente pour le contrôle de constitutionnalité d'une loi constitutionnelle, enjoignant au Parlement de retourner voter le budget (2014). Elle n'a pas manqué aussi de censuré l'Exécutif pour ses empiètements dans le domaine législatif.

La Cour constitutionnelle est un véritable contrepoids en tant que protecteur de libertés fondamentales, avec un droit de saisine directe de la part des individus[15] et son droit d'auto saisine[16] sur les questions censés portés atteintes aux droits humains. Elle n'a pas hésité en matière de respect des libertés fondamentales à prôner sa suprématie face à toutes les juridictions, en censurant à l'occasion de sa décision DCC 09-087 du 13 août 2009 la Cour Suprême[17], dont les décisions sont pourtant insusceptibles de recours au regard de la Constitution.

---

[15] Articles 122 de la Constitution et 24 de la Loi n° 91-009 du 4 mars 1991 portant Loi Organique sur la Cour Constitutionnelle.

[16] Articles 121 alinéa 2 de la Constitution, 22 et 23 de la Loi n° 91-009 du 4 mars 1991 portant Loi Organique sur la Cour Constitutionnelle

[17] Par une telle décision, la Cour Constitutionnelle sanctionne le recours au Coutumier du Dahomey qu'elle avait déclaré sans force exécutoire par décision DCC 96-063 du 26 septembre 1996, faisant grief à la Cour suprême de ne pas avoir respecté l'autorité de sa décision DCC 06-076 du 27 juillet 2006. Elle rappelle sa suprématie dans le domaine des droits de l'Homme dans en 2014, toujours en lien avec sa décision Atoyo c. Aïdasso.

La Cour constitutionnelle est aussi protectrice de l'identité constitutionnelle béninoise : Dans sa décision du 20 octobre 2011, le juge constitutionnel béninois étend le champ d'application des normes intangibles. Il rend insusceptible de révision le mandat présidentiel de cinq ans renouvelable une fois, la limite d'âge de 40 ans au moins et de 70 ans au plus pour tout candidat à l'élection présidentielle et le type présidentiel du régime. Ces normes intangibles supplémentaires retenues par le juge constitutionnel, prennent l'appellation d' « options fondamentales », que le Peuple même s'exprimant souverainement et par lui-même, se doit de respecter. La Cour a **confirmé sa jurisprudence en mai 2017** suite à une contestation.

Depuis mars 2017, elle affirme le principe du contrôle systématique des lois ordinaires interprétant l'article 117 de la Constitution. A la différence de la Cour suprême américaine qui a adopté après l'apogée du Gouvernement des juges (Lochner c. New York) une position très prudente dans son office, puisque la Cour suprême refusait de se situer dans les freins et contrepoids, la Cour constitutionnelle revendique son statut de contrepoids.

CONCLUSION

L'Etat de droit vise « à établir la liberté de la personne et la protéger contre toute manifestation d'autorité arbitraire des pouvoirs publics ». La réalisation d'un Etat de droit suppose donc d'une part, la limitation et le contrôle du pouvoir des gouvernants, et d'autre part, la garantie des droits des gouvernés par la mise en place d'un cadre légal et organique pour assurer sa promotion et son effectivité. L'existence de contrepoids permet d'assurer ce gouvernement modéré. Le rôle de la société civile, le Conseil Economique et Social, la Haute Autorité de l'Audiovisuel et de la Communication et dans une certaine mesure les experts, n'ont pas été traités, mais il s'agit d'autant d'acteurs qui sans avoir l'influence des « sorciers » ont pesés et freiné le pouvoir présidentiel dans ses velléités, quoique légitimes, de révisions de la Constitution du 11 décembre 1990.

Dandi GNAMOU,
Agrégée des facultés de droit, Maître de Conférences, Université d'Abomey-Calavi (Bénin), Conseillère à la Chambre administrative de la Cour suprême.

Sébastien Yédoh LATH

LE MODELAGE DES CONTRE-POUVOIRS DANS LES SYSTÈMES CONSTITUTIONNELS DES ÉTATS AFRICAINS FRANCOPHONES[1]

INTRODUCTION

Les systèmes constitutionnels des États d'Afrique sont marqués par certaines données de base dont les plus prépondérantes sont : l'option pour les constitutions écrites et formelles, la persistance de la revendication démocratique et de la dynamique de transformations institutionnelles, la pérennisation du présidentialisme comme mode d'organisation politique.

Même si des doutes peuvent être émis sur l'effectivité du constitutionnalisme dans les États africains[2], on ne peut nier le fait qu'ils demeurent attachés à des textes consacrant formellement le principe de la suprématie constitutionnelle. D'ailleurs, la défense de ce principe se trouve au cœur des revendications démocratiques et des mouvements populaires de contestation des régimes autocratiques au Mali, au Gabon, en Égypte, en Tunisie, au Burkina Faso, en République Démocratique du Congo, au Togo, au Zimbabwe, en Afrique du Sud… Ce qui a conduit, dans bien de cas, à des alternances au pouvoir d'État ou à diverses transformations institutionnelles. Ce mouvement de restauration démocratique, qui demeure persistant sur le contient africain, est en général alimenté par un débat constitutionnel débouchant souvent sur l'adoption de nouvelles constitutions. Fort est alors de constater que les nouvelles réformes constitutionnelles opérées consacrent,

1 Cette étude fait suite à une contribution précédente : « La pérennisation du présidentialisme dans les États d'Afrique : les repères d'un modèle africain de régime politique », in *Mélanges en l'honneur de Maurice AHANHANZO-GLELE : La constitution béninoise du 11 décembre 1990 : un modèle pour l'Afrique ? - Paris – L'Harmattan*, pp. 285-310).

2 Albert BOURGI, L'évolution du constitutionnalisme en Afrique : du formalisme à l'effectivité, in *RFDC*, 2002, p. 721 et pp. 725-726.

dans un nouveau contexte pluraliste marqué par le processus de démocratisation, la prépondérance du Président de la République[3].

Dès lors qu'on admet le principe de la prépondérance du Président de la République dans l'organisation des pouvoirs publics constitutionnels, la question des contre-pouvoirs devient une équation difficile à résoudre. Cela dans la mesure où la problématique classique, que cette question suggère, est formellement incompatible avec l'option du régime présidentialiste. En effet, le présidentialisme est un régime de déséquilibre des pouvoirs ; comment alors organiser un système de contre-pouvoir quand les pouvoirs sont à l'avance déséquilibrés ?

On sait que les contre-pouvoirs constituent « tous les centres organisés de décisions, de contrôle, d'intérêts ou d'influence qui, par leur seule existence ou par leur action, quel que soit l'objectif poursuivi, ont pour effet de limiter la puissance de l'appareil dirigeant de l'État »[4]. Ce qui conduit la doctrine à distinguer les contre-pouvoirs institutionnels, les contre-pouvoirs politiques et les contre-pouvoirs sociaux[5].

Comme l'a fait remarquer Gérard Conac :

> « Le présidentialisme n'a encore jamais fait l'objet d'une construction doctrinale. C'est tout au plus une étiquette commode, inventée à la fin du siècle dernier par les constitutionnalistes pour désigner des régimes hybrides qui n'entraient pas dans des catégories préétablies [...] on conçoit mal aujourd'hui que le présidentialisme puisse s'épanouir dans un cadre libéral... »[6].

Il existe certes un présidentialisme américain, avec l'exemple des présidentialismes latino-américains, et un présidentialisme européen, avec l'exemple du présidentialisme français ; mais historiquement, le présidentialisme a émergé en Afrique, dès le début des indépendances et s'est pérennisé dans le contexte récent de renouveau du constitutionnalisme. Initié dans le cadre des États du Conseil de l'Entente (Dahomey, Côte d'Ivoire, Haute Volta, Niger), le présidentialisme s'est étendu à l'ensemble des États africains francophones. Cela en raison de la crise du parlementarisme au Zaïre (actuel République Démocratique du Congo), au Sénégal, au Niger... Aujourd'hui, avec le contexte de démocratisation, on assiste à une

---

3 André CABANIS et Michel Louis MARTIN, « La pérennisation du chef de l'Etat : l'enjeu actuel pour les constitutions d'Afrique francophone », in *Démocratie et liberté : tension, dialogue, confrontation : Mélanges en l'honneur de Slobodan Milacic*. Bruxelles, Bruylant, 2008, pp. 349-380.

4 Pierre PACTET et Ferdinand MELIN-SOUCRAMANIEN, *Droit constitutionnel,* 28e édition, Sirey, Paris, 2009, p. 14.

5 Pierre PACTET et Ferdinand MELIN-SOUCRAMANIEN, *Idem.*

6 Gérard CONAC, Pour une théorie du présidentialisme. Quelques réflexions sur les présidentialismes latino-américains, *in Mélanges offerts à Georges BURDEAU : Le pouvoir.* Paris, L.G.D.J, 1977, p. 116.

revitalisation et un réaménagement du présidentialisme afin de l'adapter au renouveau du constitutionnalisme en Afrique[7].

On peut donc observer que le présidentialisme n'est incompatible ni avec l'État de droit et ni avec un régime démocratique. À ce titre, le présidentialisme africain intègre une certaine logique de modelage, de façonnage, d'agencement des mécanismes de contre-pouvoirs tout en cherchant aussi bien à prendre en compte les exigences d'un État de droit démocratique qu'à assurer la performance de l'action gouvernementale. Ainsi, à travers les dispositions constitutionnelles des États africains, les contre-pouvoirs revêtent plusieurs modalités : ils peuvent prendre la forme d'un pouvoir d'empêchement, de sanction, de contrôle, de conseil...

Au demeurant, bien que le présidentialisme africain consacre le système des contre-pouvoirs, celui-ci est modelé à travers, d'une part, la modulation des contre-pouvoirs institutionnels (I) et, d'autre part, le renforcement des contre-pouvoirs politiques et sociaux (II).

I.- LA MODULATION DES CONTRE-POUVOIRS INSTITUTIONNELS

Même si en pratique la réalité est moins reluisante, les régimes politiques des États africains francophones reconnaissent juridiquement le rôle des contre-pouvoirs. Mais ceux-ci sont modulés en tenant compte de la nécessité de la convergence des pouvoirs dans la conduite de la politique nationale (A). En outre, les récentes réformes constitutionnelles favorisent une extension des équilibres du pouvoir vers de nouvelles institutions (B).

A.- UNE CONVERGENCE DES POUVOIRS DANS LA CONDUITE DE LA POLITIQUE NATIONALE

Les systèmes constitutionnels des États d'Afrique inscrivent les pouvoirs exécutif et législatif dans une logique de convergence dans la conduite de la politique nationale. Même, si la détermination de la politique nationale relève de la compétence de l'exécutif, le pouvoir législatif est tenu constitutionnellement d'accompagner l'action gouvernementale. L'exercice du contrôle du pouvoir législatif n'est donc pas, dans un tel contexte, systématiquement coercitif.

Traditionnellement, « une distinction de type pédagogique est généralement faite entre contrôle ordinaire, de type informatif, et contrôle extraordinaire, qui revêt un caractère de sanction, le premier étant commun aux deux formes de régime, parlementaire et présidentiel, le second propre au

---

[7] Voir notre étude Yédoh Sébastien LATH, *Les évolutions des systèmes constitutionnels africains à l'ère de la démocratisation*, Thèse de doctorat en droit, Université d'Abidjan-Cocody, 2008, 594 p.

seul régime parlementaire »[8]. Cependant, dans le régime présidentialiste africain, le contrôle ordinaire et le contrôle extraordinaire sont soit combinés soit modulés dans la conduite de la politique nationale.

La célèbre théorie de la séparation des pouvoirs, telle qu'exposée dans le schéma de Montesquieu, pose la nécessité des contre-pouvoirs institutionnels, « qui sont prévus précisément pour assurer l'équilibre interne du pouvoir politique et éviter ses excès éventuels »[9]. Ces contre-pouvoirs sont des organes de contrôle politique[10] ou éventuellement juridictionnel[11] prévus par les dispositions constitutionnelles et destinés à empêcher tout abus dans l'exercice du pouvoir exécutif ou présidentiel. Mais, ils sont principalement constitués des assemblées parlementaires censées agir pour maintenir l'équilibre institutionnel dans leur rapport avec l'organe exécutif. Les juridictions ou cours suprêmes sont certes des contre-pouvoirs institutionnels, mais elles sont dépourvues de tous moyens d'action politique. C'est pourquoi dans l'identification des régimes politiques, un accent est plutôt mis sur les mécanismes de contrôle des assemblées parlementaires à l'égard de l'exécutif.

Dans le cadre du présidentialisme africain, les contre-pouvoirs institutionnels sont certes affirmés, mais ils sont modulés et aménagés pour accompagner l'action gouvernementale du pouvoir exécutif. Il s'agit moins d'empêcher que de modérer, de réguler, de dynamiser ou même, le cas échéant, de soutenir la politique nationale mise en œuvre par le pouvoir exécutif. Cette donnée essentielle du présidentialisme a été caricaturée et a servi de prétexte pour disqualifier le présidentialisme africain, qui fut alors présenté comme un régime politique autoritaire et antidémocratique. Dans cette même logique, les assemblées parlementaires ont été traitées de chambres d'enregistrement ou de caisse de résonnance de l'action gouvernementale[12].

Avec l'écoulement du temps et l'expérience des modèles constitutionnels occidentaux, une part importante de la doctrine s'est convaincue de la dégénérescence des mécanismes classiques de la séparation des pouvoirs. En effet, le principe de la séparation des pouvoirs construit à partir de l'équilibre entre le pouvoir législatif et le pouvoir exécutif, est aujourd'hui inadapté. Dans les systèmes politiques pluralistes, le pouvoir législatif n'est pas toujours et

---

8 Phillippe LAUVAUX, *Le contrôle, source du régime parlementaire, priorité du régime présidentiel*, *Pouvoirs*, n° 134, 2010, p. 23.

9 Pierre PACTET et Ferdinand MELIN-SOUCRAMANIEN, *op. cit.*, p. 14.

10 Phillippe LAUVAUX, *Le contrôle, source du régime parlementaire, priorité du régime présidentiel, Article précité.*

11 Fabrice HOURQUEBIE, *Le pouvoir juridictionnel en France*, LGDJ, Coll. Systèmes, 1ère éd., Paris, 2010,.

12 Christine DESOUCHES, *Les parlements, in :* Gérard CONAC (sous la dir.), *Les institutions constitutionnelles des États d'Afrique francophone et de la République malgache,* Economica, Paris, 1979, p. 95 à 138.

systématiquement le contrepoids du pouvoir exécutif. C'est donc ailleurs qu'il faut chercher la séparation des pouvoirs[13].

Dans le nouveau contexte démocratique marqué par l'avènement du pluralisme politique et le renforcement du contrôle juridictionnel des pouvoirs publics, on peut bien observer une redynamisation du système de contre-pouvoirs[14]. Les dispositions constitutionnelles des États africains organisent, dans leur majorité, le système de contre-pouvoirs tout en le modulant afin de préserver la prépondérance et l'efficacité du pouvoir exécutif dans la conduite de la politique de la nation. En outre, les réformes constitutionnelles initiées dans le contexte de démocratisation tendent à assurer une extension des équilibres du pouvoir vers de nouvelles institutions.

B.- UNE EXTENSION DES ÉQUILIBRES DU POUVOIR VERS DE NOUVELLES INSTITUTIONS

Depuis le déclenchement du processus démocratique dans les années 1990, les États africains se sont dotés d'une nouvelle architecture de hautes juridictions. Ils se sont dotés de commissions électorales, de commissions de la communication audiovisuelle, de commission de la presse écrite, de commission des droits de l'homme... Bien plus, on assiste de plus en plus à la mise en place d'institutions diverses : Conseils consultatifs nationaux[15], Chambre des Rois et Chefs traditionnels[16]...

De même, l'instauration du pluralisme politique et l'institutionnalisation d'un premier ministre dans les régimes politiques des États d'Afrique francophone confère une nouvelle allure organisationnelle au présidentialisme africain. Ainsi, lorsque le pouvoir exécutif est détenu par le Président de la République sans un Premier ministre, le présidentialisme prend une allure moniste[17] ; par contre, quand l'exécutif comprend un Premier ministre, le présidentialisme prend une allure dualiste[18].

D'une façon générale, dans le présidentialisme moniste, les véritables moyens d'action du parlement sur l'exécutif se limitent à des moyens d'information. Dans ce cadre, les moyens d'information et de contrôle du Parlement sur l'action du Gouvernement sont : l'interpellation, la question

---

13 Francisco MELEDJE DJEDJRO, *Droit constitutionnel*, 9e édition, Éditions ABC, Abidjan, 2018, p. 124.

14 Gérard CONAC (sous la dir. de), *L'Afrique en transition vers le pluralisme politique*, Economica, Paris, 1993.

15 Le titre XIX de la Constitution de la République du Congo du 25 octobre 2015 prévoit des Conseils consultatifs nationaux constitués du Conseil national du dialogue, du Conseil national des sages et des notabilités traditionnelles, du Conseil consultatif de la femme, du Conseil consultatif des personnes vivant avec handicap, du Conseil consultatif de la jeunesse, du Conseil consultatif de la société civile et des organisations non gouvernementales

16 Voir le titre XIV de la Constitution de la République de Côte d'Ivoire du 8 novembre 2016.

17 C'est l'exemple notamment du Bénin, du Ghana, du Nigeria et de l'Afrique du Sud.

18 Il en est ainsi du Sénégal, de la Côte d'Ivoire, du Mali, du Togo etc.

écrite, la question orale, la question d'actualité, l'audition en commission, l'enquête parlementaire. Par contre, dans le présidentialisme dualiste, outre les moyens d'information, les dispositions constitutionnelles font appel aux moyens d'action traditionnels utilisés dans le régime parlementaire.

Dans le présidentialisme dualiste, lorsque de véritables pouvoirs sont reconnus au premier ministre, sa responsabilité politique est généralement doublement établie aussi bien à l'égard du Président de la République et que de l'Assemblée nationale. À cet effet, l'article 15 de la Constitution du Gabon du 26 mars 1991 indique que le Président de la République met fin aux fonctions du Premier ministre « de sa propre initiative ou sur présentation du Premier Ministre de la démission du gouvernement, ou à la suite de vote de défiance ou de l'adoption d'une motion de censure par l'Assemblée nationale ». On observe bien que, dans le présidentialisme africain, le président de la République, qui est le détenteur suprême du pouvoir exécutif, demeure politiquement irresponsable devant le parlement. Ainsi, lorsqu'il est institué un premier ministre, ce dernier apparaît comme un fusible institutionnel destiné à sauvegarder la prééminence de l'institution présidentielle dans l'organisation des pouvoirs publics constitutionnels.

Toutefois, la mise en place d'une Haute Cour de justice tend à conférer des pouvoirs spéciaux au parlement. On note ainsi une extension du pouvoir parlementaire, qui revêt une nature juridictionnelle, à l'effet de connaître de la responsabilité du président de la République en cas de haute trahison[19]. En Côte d'Ivoire, au Bénin, au Burkina Faso, outre sa compétence pour juger le président de la République pour haute trahison, la Haute Cour de justice est compétente pour juger les membres du Gouvernement pour les crimes ou délits commis dans l'exercice ou à l'occasion de leur fonction.

Si on peut noter, dans le cadre du présidentialisme africain, une certaine modulation des contre-pouvoirs institutionnels, *a contrario*, on observe quelques éléments de renforcement des contre-pouvoirs politiques et sociaux.

II.- LE RENFORCEMENT DES CONTRE-POUVOIRS POLITIQUES ET SOCIAUX

Le renforcement des contre-pouvoirs politiques et sociaux est favorisé aussi par l'institutionnalisation du pluralisme politique (A) que par le contexte lié au processus démocratique (B).

19 Frédéric Joël AÏVO, *La responsabilité pénale des gouvernants dans les régimes politiques africains d'influence française*, Revue juridique et politique des États francophones, n° 1, 2010, p. 3 à 42 ou encore Revue Belge de Droit Constitutionnel, n° 2, 2009, p. 163 à 206.

A.- UN RENFORCEMENT FAVORISÉ PAR L'INSTITUTIONNALISATION DU PLURALISME POLITIQUE

Dans les régimes de parti unique ou de parti dominant, institué au début des indépendances, le système de contre-pouvoirs était apparu inefficace et ineffectif. Cela du fait de la faiblesse du pouvoir législatif et de la fébrilité du pouvoir juridictionnel marqué par l'ineffectivité du constitutionnalisme. Tous ces dysfonctionnements étaient en rapport avec l'absence ou la faiblesse des contre-pouvoirs politiques ; le régime de parti unique ou dominant était incompatible avec les exigences du contrôle politique de l'exécutif.

Il n'existait donc véritablement que des contre-pouvoirs sociaux. Ceux-ci se manifestaient à travers la contestation violente[20] ou même armée du pouvoir exécutif. Ce qui conduisait plutôt à assombrir le constitutionnalisme africain[21].

L'avènement du pluralisme politique, dans les années 1990, s'est concrétisé par l'institutionnalisation du multipartisme et par la diversification des courants de pensée au sein de la société civile. Le multipartisme était alors apparu comme un facteur de modération des excès du présidentialisme africain. La pluralité de candidature à l'élection présidentielle et à l'élection législative a permis plusieurs alternances démocratiques au pouvoir d'État. Cette situation a été facilitée par le dispositif du mode de scrutin majoritaire à deux tours, qui met en place le principe de l'élection présidentielle à deux tours. À ce jour, dans l'espace francophone, seul le Togo et le Gabon maintiennent encore le scrutin majoritaire à un tour pour l'élection du Président de la République[22].

Il faut observer que depuis le déclenchement du processus démocratique, dans les années 1990, les États africains ont connu plusieurs alternances démocratiques au pouvoir d'État.

La première alternance démocratique de l'ère du multipartisme s'est opérée au Cap-Vert à l'issue de l'élection présidentielle du 17 février 1991 qui a permis au Président A. Monteiro d'accéder au pouvoir. Puis, comme dans une relation à la chaîne, ont suivi les alternances du 3 mars 1991 à Sao Tomé, du 24 mars 1991 au Bénin, du 31 octobre 1991 en Zambie, du 26 avril 1992 au Mali, du 16 août 1992 au Congo, du 10 février 1993 à Madagascar, du 27 mars 1993 au Niger et du 1er juin 1993 au Burundi[23]. Depuis, les alternances

[20] Jérôme LAFARGUE, *Contestation démocratique en Afrique. Sociologie de la protestation au Kenya et en Zambie*, Karthala – IFRA, Paris, 1996.

[21] Michel Louis MARTIN, *La militarisation des systèmes politiques africains (1960 – 1972). Une tentative d'interprétation*, Editions Naaman de Sherbrooke, Québec, Canada, 1976.

[22] Voir l'article 60 de la Constitution du Togo et l'article 4 de la Constitution du Gabon.

[23] Michel GAUD et Laurence PORGES, Les Présidents de l'alternance, *Afrique contemporaine, n°167*, 1993, p. 29 à 39.

démocratiques se sont poursuivies et la plus récente est celle du Libéria avec la victoire de Georges Weah aux élections présidentielles de fin 2017.

Ces différentes transformations sont confortées par diversifications des courants de pensée au sein de la société et concourent à rendre effectif le principe majoritaire. On peut noter que plusieurs partis anciennement au pouvoir ont perdu les élections et maints partis d'opposition ont accédé au pouvoir. Certes, il existe encore des dérives mais on ne peut minorer le fait les États africains soient inscrits dans un nouveau contexte politique favorisé par l'effectivité du renforcement constitutionnel des contre-pouvoirs politiques et sociaux.

Il est donc incontestable que le nouveau contexte de démocratisation a permis à certains partis d'opposition d'accéder à l'hémicycle et de participer à l'activité législative ou à l'activité de contrôle parlementaire de l'action gouvernementale. Même si le contrôle parlementaire demeure encore confronté à des obstacles, il faut relever qu'il y a une évolution observable dans les rapports entre le pouvoir exécutif et le pouvoir législatif.

On peut ainsi observer que les contre-pouvoirs politiques sont constitués principalement par les partis politiques et coalitions politiques ; et éventuellement par les organismes de presse institués par des formations politiques. Par contre, les contre-pouvoirs sociaux sont divers et recouvrent aussi bien les forces économiques et sociales (syndicat et associations diverses), les forces militaires (principalement l'armée) que les forces religieuses. Toutefois, il convient de relever que dans le contexte de renouveau du constitutionnalisme, l'intervention des forces militaires dans le jeu politique est explicitement ou implicitement prohibée par les dispositions constitutionnelles.

Si les régimes présidentiels et parlementaires occidentaux mettent un accent particulier sur les contre-pouvoirs institutionnels[24], le présidentialisme africain semble plutôt offrir des conditions d'épanouissement aux contre-pouvoirs politiques et sociaux. Par ailleurs, si le régime présidentiel américain et le régime parlementaire britannique se sont formés sur la base du bipartisme, le présidentialisme africain s'est inscrit, aujourd'hui, résolument dans le multipartisme. Ce qui favorise une consolidation des contre-pouvoirs politiques et sociaux lié au processus démocratique.

---

[24] Dominique ROUSSEAU, *Le procès constitutionnel, Pouvoirs*, n° 137, 2011 ; Fabrice HOURQUEBIE, *Le contre-pouvoir, enfin connu. Pour une analyse de la démocratie constitutionnelle en termes de contre-pouvoirs,* in : Mélanges en l'honneur de Slobodan Milacic : *Démocratie et liberté : tension, dialogue, confrontation,* Bruylant, Bruxelles, 2007, p. 99 et s.

B.- UN RENFORCEMENT CONSOLIDÉ PAR LE PROCESSUS DÉMOCRATIQUE

Dans le contexte du renouveau démocratique, les dispositions constitutionnelles des États d'Afrique tendent à reconnaître et à renforcer les contre-pouvoirs politiques et sociaux. En ce qui concerne les contre-pouvoirs politiques, la tendance est à la généralisation du pluralisme politique. L'avènement du multipartisme est à la fois un facteur de modération des excès du présidentialisme africain, mais surtout un facteur de renforcement du système de contre-pouvoirs et de démocratisation[25]. Les constituants africains sont unanimes : « Les partis et les groupements politiques concourent à l'expression du suffrage »[26]. C'est ainsi qu'on peut observer l'affirmation d'un lien consubstantiel entre le pluralisme politique (multipartisme) et le présidentialisme africain. Bien plus, dans plusieurs systèmes constitutionnels, les constituants ont posé le principe de l'intangibilité du multipartisme, qui ne peut faire l'objet d'une révision constitutionnelle[27].

Il est donc incontestable que, dans le mouvement de renouveau du présidentialisme africain en rapport avec le processus de démocratisation, le multipartisme est un principe de base dans l'organisation des pouvoirs publics constitutionnels. Pour garantir cette nécessité du pluralisme, l'article 7 de la Constitution de la République Démocratique du Congo a criminalisé la violation de l'institutionnalisation du multipartisme : « Nul ne peut instituer, sous quelque forme que ce soit, de parti unique sur tout ou partie du territoire national. L'institution du parti unique constitue une infraction imprescriptible de haute trahison punie par la loi ». Par conséquent, les systèmes constitutionnels africains de l'ère démocratique ont opté pour une institutionnalisation de l'opposition politique et des partis politiques.

C'est ainsi que dans le système constitutionnel sud-africain, du fait de l'élection du Président de la République par l'Assemblée nationale et subséquemment de la corrélation entre la majorité parlementaire et la majorité présidentielle, le pouvoir reconnu à l'Assemblée nationale de révoquer le Président joue finalement au bénéfice du parti majoritaire. En effet, on a pu observer qu'en Afrique du sud, c'est le parti présidentiel, le Congrès national africain, qui a contraint le Président Thabo Mbeki à la démission à la fin de l'année 2008. De même, on ne peut ignorer le rôle primordial de la Zimbabwe African National Union – Patriotic Front (ZANU – PF) dans le processus de destitution du Président Robert Mugabe en 2017.

---

25 Ibrahima FALL, *Esquisse d'une théorie de la transition : Du monopartisme au multipartisme en Afrique*, in : Gérard CONAC (sous la dir. de), *L'Afrique en transition vers le pluralisme politique*, Economica, Paris, 1993, p. 43 à 53.

26 Article 4 de la Constitution du Tchad du 31 mars 1996 ; article 6 de la Constitution du Gabon du 26 mars 1991...

27 Article 225 de la Constitution du Tchad de 31 mars 1996 ; article 175 alinéa 2 de la Constitution du Niger du 25 novembre 2010 ; article 118 alinéa *in fine* de la Constitution malienne de 1992...

Sous un autre registre, au Bénin, à la suite d'un litige qui opposait la société civile au gouvernement, la Cour constitutionnelle a été conduite à affirmer l'indépendance de la société civile à l'égard de l'État[28] en indiquant : « le régime démocratique, par opposition au régime autoritaire ou totalitaire, est un régime d'épanouissement de la société civile, des associations plus ou moins indépendantes de l'État »[29]. À ce titre, bien que ne retenant pas le recours direct des citoyens par la voie d'action, l'article 113 de la Constitution ivoirienne du 8 novembre 2016 prévoit : «... Les associations de défense des Droits de l'Homme légalement constituées peuvent également déférer au Conseil constitutionnel les lois relatives aux libertés publiques ». De même l'article 26 de cette Constitution prescrit que « La société civile est une des composantes de l'expression de la démocratie. Elle contribue au développement économique, social et culturel de la Nation ».

D'une façon générale, dans le nouveau contexte de démocratisation, les associations de la société civile, notamment les organisations non gouvernementales, apparaissent bien souvent comme les principaux leviers de contestation des abus des pouvoirs publics au sein des États africains[30]. Bien plus, il est de plus en plus fréquent que des mouvements informels de contestation populaire des pouvoirs publics aboutissent à des changements de régimes politiques, comme ce fut le cas au Burkina-Faso et au Zimbabwe.

CONCLUSION

La problématique des contre-pouvoirs dans les systèmes constitutionnels africains permet de mettre en évidence la spécificité du contexte africain dans l'analyse des institutions politiques. La nature des régimes politiques africains marqués par la prépondérance statutaire et fonctionnelle du Président de la République exige un renouvèlement dans la perception de la fonction des contre-pouvoirs.

De ce point, il convient de noter que les contre-pouvoirs, tels que consacrés par les dispositions constitutionnelles, n'apparaissent pas comme des pouvoirs institués pour systématiquement contrecarrer, empêcher, sanctionner ou freiner l'action des autres pouvoirs. Le principe de l'unicité de l'autorité de l'État et la nécessité de la convergence des institutions dans la conduite de la politique nationale impose bien souvent que les pouvoirs publics travaillent de concert.

---

28 Décision de la Cour constitutionnelle du Bénin DCC 05-111 du 15 septembre 2005.

29 Luc SINDJOUN, *Les grandes décisions de la justice constitutionnelle. Droit constitutionnel jurisprudentiel et politiques constitutionnelles au prisme des systèmes politiques africains*, Bruylant, Bruxelles, 2009, p. 555.

30 Laëtitia ATLANI-DUAULT, *Les ONG à l'heure de la « bonne gouvernance, Presses de sciences po / Autrepart,* n° 35, 2005, p. 3 à 17 ; Marc-Antoine PEROUSE de MONTCLOS, *Mauvaise gouvernance et ONG : l'exception nigériane, Presses de sciences po / Autrepart,* n° 35, 2005, p. 127 à 142.

Cependant, si cette exigence peut paraître plus accentuée en ce qui concerne les contre-pouvoirs institutionnels, elle est moins rigoureuse pour les contre-pouvoirs politiques et sociaux. C'est ainsi que, dans systèmes constitutionnels africains, on observe non seulement un renforcement constitutionnel mais une dynamique « révolutionnaire » ou contestataire plus marquée des contre-pouvoirs politiques et sociaux dans la vie politique nationale.

Sébastien Yédoh LATH,
Maître de Conférences Agrégé,
Université Felix Houphouët-Boigny, Abidjan (Côte d'Ivoire)

ACTE II

L'IDENTIFICATION DES CONTRE-POUVOIRS (SUITE)

Mamadou DAGRA

LE POUVOIR JUDICIAIRE COMME CONTRE-POUVOIR INSTITUTIONNEL AU NIGER

INTRODUCTION

Le *Protocole de la CEDEAO sur la Démocratie et la Bonne Gouvernance* de 2001[1] consacre en son art. 1er, a) la « séparation des pouvoirs exécutif, législatif et judiciaire…l'indépendance de la justice… » comme des principes communs à tous les Etats membres de la Communauté.

Il est donc heureux que les questions de la séparation des pouvoirs, du rôle et/ou de l'indépendance du pouvoir judiciaire soient, dans les Etats contemporains, d'une brûlante actualité : la justice est pour ainsi dire « dans tous ses états », à travers le monde.

Ainsi, aux Etats-Unis d'Amérique, en janvier-février 2017, la suspension par la justice fédérale du décret migratoire du Président Donald Trump [2] avait donné l'occasion de l'application concrète du principe bien connu des « *checks and balances* » entre les trois « branches du gouvernement » dans le régime politique américain.[3]

En Russie, en novembre 2016, la Cour Suprême avait annulé la condamnation de l'opposant Alexeï Navalny.[4]

---

1 Protocole A/SP1/12/01, peut être consulté sur le site ci-après : https://www.eisa.org.za/pdf/ecowas .

2 Décret présidentiel 13769 « *Protéger la Nation de l'entrée de terroristes étrangers aux Etats-Unis* », signé le 27 janvier 2017, « Wall Street Journal », 28 janvier 2017, « *Executive Order Banning Travelers from Certain Muslim Countries* ». Pays concernés : Syrie, Liban, Iran, Soudan, Somalie, Yémen, Irak.

3 Suite à cette suspension de son décret (dont une nouvelle version avait été publiée le 25 septembre 2017 : le Soudan et l'Irak sont retirés de la liste, mais s'y ajoutent la Corée du Nord, le Tchad et le Vénézuela), le chef de l'exécutif américain avait parlé de « *justice politisée* » et qualifié les arrêts des Cours fédérales, ayant bloqué l'application dudit décret, de « *décisions ridicules* », « Le Monde », des 30 septembre 2017 et 18 octobre 2017.

4 L'intéressé avait été condamné, en 2013, à une peine de trois (3) ans et demi d'emprisonnement avec sursis. V., entre autres, https://ouest-France.fr, 16 novembre 2016.

En Egypte, le 1er juillet 2016, la Cour Administrative du Caire avait annulé la cession par le Président Al Sissi des îles de Tiran et Sanafir au Royaume d'Arabie Saoudite.[5]

En France, le 24 février 2017, Mme Marine Le Pen affirmait que « la justice n'est pas un pouvoir. Elle est une autorité. Elle n'a pas à venir perturber la campagne présidentielle »[6].

En France toujours, à l'occasion de cette présidentielle, les partisans de M. François Fillon réclamaient une « trêve judiciaire pendant les élections ». Ses avocats accusaient la justice de « partialité » et le Parquet National Financier d'avoir perpétré un « coup d'Etat institutionnel », en engageant des poursuites contre leur candidat, alors qu'il est « incompétent en la matière en vertu de la séparation des pouvoirs »[7].

En Côte d'Ivoire, la Constitution de la 3ème République du 8 novembre 2016 a consacré « une réorganisation institutionnelle du pouvoir judiciaire pour lui assurer et garantir un meilleur fonctionnement »[8]. L'on y souligne, en outre que « l'indépendance du pouvoir judiciaire a été réaffirmée et renforcée par le retrait du Président de la République du Conseil supérieur de la magistrature dont la présidence est désormais confiée à une personnalité nommée par lui parmi les hauts magistrats en fonction ou à la retraite »[9].

Au Niger, où l' « autorité judiciaire », consacrée dans les Constitutions successives du pays depuis l'indépendance [10] a été érigée au rang de pouvoir judiciaire depuis la Constitution de la 3ème République de 1992[11], la justice est tout aussi sollicitée qu'ailleurs. Bien plus, les notions de séparation des pouvoirs, d'indépendance de la justice, de contre-pouvoirs donnent lieu à controverses et polémiques. Alors qu'en 2015 le Premier Ministre Brigi Rafini soulignait que « les institutions fonctionnent bien ; la séparation des pouvoirs

---

5 Ces deux petites îles, situées dans la Mer Rouge, avaient, semble-t-il, été placées sous administration égyptienne par le royaume dans les années 1950. Malgré cette annulation judiciaire de l'accord de tracé des frontières maritimes conclu entre les deux pays, en avril 2016, la cession a eu lieu en juin 2017, après autorisation du Parlement égyptien, « Le Monde », 26 juin 2017.

6 La Présidente de l'ex-*Front National (*devenu *Rassemblement National* le 11 mars 2018), candidate à l'élection présidentielle d'avril-mai 2017, était alors menacée de mise en examen pour l'utilisation d'assistants parlementaires fictifs, en sa qualité de députée européenne. V. « Le Monde », 2 février 2017. Elle a été finalement mise en examen en juin 2017, pour « abus de confiance ».

7 M. Fillon, député L.R. (« Les Républicains », parti de droite) avait été poursuivi et mis en examen pour cause d'emplois fictifs au Parlement au profit de son épouse et de ses enfants, « Le Monde », 14 mars 2017. Vainqueur de la primaire de la droite et du centre, considéré alors comme le candidat favori, « *imbattable* » dans une présidentielle « *imperdable* » pour la droite, ses démêlés judiciaires avaient irrémédiablement compromis ses chances : se classant 3ème après M. Emmanuel Macron et Mme Marine Le Pen, il n'avait pu se qualifier pour le 2ème tour.

8 « *Fraternité Matin* » (quotidien gouvernemental ivoirien), 19 avril 2017, p. 6.

9 Ibid.

10 Notamment les Constitutions du 8 novembre 1960 (JORN, Numéro Spécial 8 novembre 1960) et du 24 septembre 1989 (JORN, Numéro Spécial 25 octobre 1989).

11 Constitution du 26 décembre 1992, JORN, Numéro Spécial, 23 janvier 1993.

est assurée »[12], la presse privée soutient que « la séparation des pouvoirs, en tant que principe fondateur de la démocratie, est loin d'être une réalité au Niger particulièrement sous cette 7ème République. Nous sommes dans un cafouillis où l'Exécutif, le Judiciaire et le Législatif s'échangent constamment les rôles »[13], avant d'ajouter « le plus désespérant dans cette parodie de démocratie est l'absence totale de contre-pouvoir »[14]. Bien plus, après avoir souligné que « l'absence de tout contre-pouvoir menace foncièrement nos institutions démocratiques », l'on a pu soutenir que « les Nigériens doivent se rendre à l'évidence...le Chef de l'Etat a confisqué tous les pouvoirs par eux confiés aux différentes institutions républicaines... [avec]... pour conséquence...la remise en cause d'un principe majeur de la démocratie : le principe de la séparation des pouvoirs », avant de prétendre que « le Conseil des ministres est devenu...législateur et juge, tant il dispose du pouvoir de légiférer, mais aussi...du pouvoir de contrôler la constitutionnalité des lois, si bien qu'il est apparu comme une Cour constitutionnelle d'appel »[15].

Peut-on accorder un quelconque crédit à cette sombre image du fonctionnement des institutions nigériennes ? Peut-on raisonnablement soutenir qu'il n'existe aucun contre-pouvoir au Niger ? Quid du pouvoir judiciaire dont la place même et surtout le rôle seraient usurpés ?

C'est à toutes ces interrogations que la présente étude tentera de répondre, en illustrant la mission de contre-pouvoir institutionnel du pouvoir judiciaire au Niger, par l'exemple du juge constitutionnel.

Ce dernier a connu une évolution multiforme, notamment aux plans de son appellation, de son organisation et de ses attributions : chambre constitutionnelle au sein de la Cour Suprême d'abord, Cour Constitutionnelle ensuite, Conseil Constitutionnel de Transition après, encore Cour Constitutionnelle enfin ![16] Tout au long de sa mise en place progressive, laborieuse jusqu'à sa consécration, aujourd'hui incontestable, la justice constitutionnelle nigérienne a été, comme ailleurs en Afrique et dans le monde, vénérée ou...décriée dans l'accomplissement de son office de *gardien de la Constitution*[17]. Cette perception, « à géométrie variable », de son rôle

---

[12] Conférence de presse du Premier Ministre, à l'occasion du 4ème anniversaire de l'investiture du Président Issoufou Mahamadou, « Le Sahel » quotidien gouvernemental, 8 avril 2015.

[13] « L'Enquêteur », Quotidien Nigérien d'Informations, N°1.708 du mardi 8 août 2017, p. 3 : « *L'Exécutif, le Judiciaire et le Législatif au Niger : l'inadmissible inversion des rôles* ».

[14] « L'Enquêteur », N° 1.704 du mardi 1er août 2017 : « *Accaparement des Institutions de la République : PNDS-Tarayya, un Etat dans l'Etat au système quasi-militaire* ».

[15] « L'Eclosion », Hebdomadaire Nigérien d'Informations et d'Analyse, N°15 du mardi 25 juillet 2017, p. 5 : « *Au Niger, la démocratie prise au piège : Messieurs, libérez notre système démocratique !* »

[16] Voir Constitution du 25 novembre 2010, art. 120 à 135 : « *De la Cour Constitutionnelle* ». Notre étude portera sur la Cour Constitutionnelle (ou ce qui en tient lieu) depuis son installation en 2000.

[17] Sur ce point, V. DAGRA (Mamadou), « *Les Cours constitutionnelles africaines : des gardiens de la Constitution vénérés ou... décriés !* », in NAREY (Oumarou), « La justice constitutionnelle », Actes du colloque international de l'Association Nigérienne de Droit Constitutionnel (ANDC), Niamey (Niger), 15-17 octobre 2015, L'Harmattan, Paris, 2016, pp.413-419.

découle manifestement des inévitables controverses que suscitent la question de son indépendance et sa mission de contre-pouvoir institutionnel dans le fonctionnement de l'Etat.

En effet, si la Loi fondamentale consacre, sans aucune ambiguïté, son indépendance[18], si la composition de la juridiction constitutionnelle, le mode d'élection de son Président et de son Vice-Président, la durée du mandat de ses membres et les garanties et avantages qui leur sont conférés[19] devaient logiquement inciter le juge constitutionnel nigérien au « *devoir d'ingratitude* », selon la célèbre formule du Président Robert Badinter en France, vraisemblablement, il n'en pas toujours été ainsi.

L'analyse de la jurisprudence du juge constitutionnel[20], en matière constitutionnelle et en matière électorale, des années 2000 à ce jour, le fait, certes, apparaître comme un véritable contre-pouvoir **(I)**. Mais, à l'examen de certaines de ses décisions, l'on peut néanmoins s'interroger s'il ne fait pas souvent figure d' « allié du pouvoir exécutif » **(II)**.

I.- LE JUGE CONSTITUTIONNEL, CONTRE-POUVOIR INSTITUTIONNEL

La juridiction constitutionnelle nigérienne a admirablement assumé cette mission à différentes périodes.

Quand elle était *Conseil Constitutionnel de Transition* (2010-2011), lors de l'investiture du nouveau Président de la République le 7 avril 2011, sa Présidente[21] avait sagement interpellé « l'élu du peuple tout entier » en ces termes :

> « ... Soyez fidèle aux termes du serment que vous allez prononcer. Dans tout ce que vous entreprendrez pour la prospérité du Niger et le mieux-être de son peuple, ayez toujours à l'esprit cette prière

---

[18] Aux termes de l'art. 116, al. 1er de la Constitution de 2010, « *Le pouvoir judiciaire est indépendant du pouvoir législatif et du pouvoir exécutif* ». Ces dispositions ont été reprises dans toutes les Constitutions nigériennes depuis 1992 (art. 98 de la Constitution de 1992, art. 96 de la Constitution de 1996, art. 98 de la Constitution de 1999, art. 99 de la Constitution de 2009).

[19] La Cour est principalement composée de membres élus par leurs pairs : magistrats, enseignants-chercheurs, avocats, société civile auxquels s'ajoutent des membres désignés par le Président de la République et par le Bureau de l'Assemblée Nationale. Ils élisent en leur sein le Président et le Vice-Président. Leur mandat est de six (6) ans non renouvelable. Ils ont les mêmes avantages que les Ministres (art. 121 et 123 de la Constitution).

[20] Il sera passé en revue seulement quelques avis et arrêts de la Cour Constitutionnelle, sur les 556 décisions (199 avis et 357 arrêts, 164 en matière constitutionnelle et 193 en matière électorale) qu'elle a rendues depuis son installation. Toutes ces décisions peuvent être consultées sur le site web de la Cour : www.cour-constitutionnelle-niger.org.

[21] Il s'agissait de Mme Salifou Fatimata Bazeye, Présidente de la Cour Constitutionnelle de 2008 à 2009, puis du Conseil Constitutionnel de Transition de 2010 à 2013.

ardente que nous laissons volontairement inachevée : « gardez-moi de mes amis...
En effet, c'est dans les rangs des courtisans dont les hôtes de nos palais présidentiels ont coutume de s'entourer que se recrutent thuriféraires et autres experts en avis et conseils laudatifs.
Et ce sont ceux-là qui disent non pas ce qui est ou qui devrait être, mais plutôt ce qui fait plaisir au chef.
De telles pratiques sont à bannir, parce qu'elles sont causes de glissement et de dérapage vers les chemins interdits en démocratie et en matière de bonne gouvernance »[22].

A l'occasion de la cérémonie de présentation des vœux de Nouvel An pour 2012, elle était allée au-delà de ces conseils, en demandant au Président de la République de se conformer, par-dessus tout, à son obligation de respecter le principe de la séparation des pouvoirs[23].

Le juge constitutionnel nigérien s'était, en réalité, érigé en contre-pouvoir au sein des institutions beaucoup plus tôt. L'analyse de l'échantillon choisi de ses décisions montre, en effet, qu'il a été tour à tour défenseur des droits fondamentaux (**A**), censeur du pouvoir législatif (**B**), promoteur de l'alternance démocratique (**C**) et gardien de la Constitution (**D**).

A.- LE JUGE CONSTITUTIONNEL, PROTECTEUR DES DROITS FONDAMENTAUX

La décision de la Cour Constitutionnelle illustrant ce rôle de contre-pouvoir est un arrêt ultérieurement déclaré inexistant par la haute juridiction, pour défaut de quorum[24] et qui engendrera la première crise grave que connaîtra la Cour.

En juillet 2002, des mutineries avaient eu lieu dans les garnisons militaires de la région de Diffa au sud-est du pays. Pour y faire face, le gouvernement avait eu recours au mécanisme de la *mise en garde*[25], situation juridique précédant l'état d'urgence et dont les conséquences se résument en une

[22] V. « Le Sahel », 8 avril 2011.

[23] « Le Sahel », 5 janvier 2012.

[24] Il s'agit de l'Arrêt N°014/2002/CC/MC du 20 août 2002. Il avait été rendu en présence de quatre (4) membres sur sept (7), alors que le quorum pour les audiences de la Cour est de cinq (5) membres V. Loi sur la Cour Constitutionnelle N°2000-11 du 14 août 2000 modifiée. Sur ce point, consulter : Imerane Maïga (Amadou), « *La Cour Constitutionnelle de la 5ème République du Niger : 2000-2009 – Une expérience de la démocratie constitutionnelle* », Thèse de Doctorat de Droit Public, Université Lumière Lyon 2, 25 janvier 2013, « *Arrêts inexistants pour défaut de* quorum », pp.497-508.

[25] V. Décret n°2002-208/PRN/MDN du 31 juillet 2002 proclamant la mise en garde dans la région de Diffa, non publié. V. également Décret n°2002-210/PRN/MDN du 5 août 2002 portant mesures particulières dans la cadre de la mise en garde, JORN, 1er septembre 2002, p. 549.

restriction des libertés fondamentales : contrôles d'identité, perquisitions, couvre-feu, etc.

La Cour Constitutionnelle, saisie par le Gouvernement, pour un contrôle de conformité du décret de mise en garde, déclare ledit texte anticonstitutionnel, pour atteintes graves aux droits et libertés fondamentales et l'annule par l'arrêt sus-mentionné.

Le Gouvernement, réuni en Conseil des Ministres, en séance extraordinaire, publie un communiqué peu amène, critiquant sans ménagements la décision de la Cour et la Cour elle-même.[26]

Suite à cette « passe d'armes » inédite -parce que très rare dans les rapports fonctionnels entre institutions républicaines, chacune ne jouant strictement que son rôle-, la Cour Constitutionnelle avait pour ainsi dire été « déstabilisée » : son Président et son Vice-Président démissionnent[27], outrés qu'ils étaient par l'attitude de l'exécutif qui, par ses critiques acerbes non fondées, semblaient, à leurs yeux, contester les attributions même de la Cour et, à tout le moins, ne lui reconnaissaient plus son statut de contre-pouvoir dans le fonctionnement des institutions.

La Cour survivra à cet épisode[28], mais connaîtra, en 2009, une deuxième crise, beaucoup plus grave encore, parce que « existentielle » celle-ci. Mais, auparavant, elle aura été, entre autres, « censeur » du pouvoir législatif.

B.- LE JUGE CONSTITUTIONNEL, « CENSEUR » DU POUVOIR LÉGISLATIF

Par son 1er arrêt pour l'année 2008[29], la Cour Constitutionnelle a invalidé une nouvelle loi portant statut du député.

La question était alors suffisamment sensible pour que le contrôle de constitutionnalité fût demandé par le Président de la République lui-même[30]. En effet, à l'époque, les députés étaient accusés par l'opinion publique de bénéficier d'avantages « faramineux », en vertu de la loi sur le statut du député alors en vigueur.

---

26 « Le Sahel », 22 août 2002.

27 Le Président était feu Elhadj Sani Koutoubi, ancien Ministre des Mines, grand militant du parti présidentiel M.N.S.D.-Nassara (Mouvement National pour la Société de Développement), et connu pour être un proche du Président Mamadou Tandja. Le Vice-Président était le magistrat Gréma Ari Lawan Oumara.

28 Un nouveau Président prit le relais, en la personne du magistrat à la Cour Suprême Abba Moussa Issoufou, réputé bénéficier de la totale du Président de la République, avec pour Vice-Président, Dr Abdou Hassane, issu de la société civile, des organisations de défense des droits humains et de promotion de la démocratie.

29 Arrêt N°001/CC/MC du 13 juin 2008, cf Imerane Maïga, *op. cit.*, « Arrêt sur la loi portant statut du député – Avantages illégaux », pp. 509-514.

30 Lettre N°00069/PRN du 2 juin 2008, enregistrée le 2/6/2008 au greffe de la Cour sous le N°05.

L'invalidation de la nouvelle loi avait apparu comme une véritable censure du pouvoir législatif par le pouvoir judiciaire :

- d'une part, il s'agissait d'une proposition de loi, donc d'origine parlementaire ;
- d'autre part, la déclaration de non-conformité à la Constitution supprimait de substantiels avantages que les députés s'étaient octroyés eux-mêmes.

Cette invalidation était juridiquement fondée sur une solide argumentation tant sur le fond que sur la forme. Relativement à ce dernier aspect, le juge constitutionnel a, du reste, indiqué que le Président de l'Assemblée Nationale « a méconnu les dispositions des articles 93 de la Constitution et 59-4ème et 5ème du règlement intérieur » du Parlement, en ne prononçant pas l'irrecevabilité de la proposition de loi, parce qu'elle aggravait les charges publiques, sans « proposition d'augmentation de recettes ou d'économies équivalentes »[31].

L'aggravation des charges publiques découlait des nouveaux avantages que la loi conférait aux parlementaires et que le juge avait censurés sur le fond, notamment la prise en charge de leurs enfants étudiants jusqu'à 25 ans, au-delà donc de leur majorité civile, à 21 ans.

La Cour Constitutionnelle avait invoqué le principe d'égalité entre tous les enfants nigériens[32] pour déclarer non conforme à la Constitution l'art. 31 de la loi soumise à contrôle.

De même, elle avait mis en exergue une méconnaissance manifeste de certaines dispositions de la Loi fondamentale pour censurer d'autres articles de cette loi :

- absences autorisées des députés (art. 8, al. 3 et 6) : ajout des « événements familiaux », des « obligations religieuses » et des « réunions ou missions politiques ou associatives » à celles prévues par l'art. 69, al.3 de la Constitution (maladie, mission confiée par le Gouvernement ou le Parlement, service militaire) ;
- retour à l'Assemblée Nationale du député titulaire entré au Gouvernement, en cas de vacance du siège du titulaire devenu suppléant (art. 15, al. 3), en violation de l'art. 115 de la Constitution ;
- octroi d'autres avantages « par délibération de l'Assemblée Nationale » (art. 27, al.2 et art. 29)[33], en violation de l'article 67, al. 3

---

[31] Art. 93 de la Constitution du 25 novembre 2010.

[32] Art. 8, al. 2 de la Constitution du 25 novembre 2010.

[33] Art. 27, al. 2 : « Les députés bénéficient en outre des allocations familiales dont le taux et les conditions sont fixés par délibération de l'Assemblée Nationale » ; Art. 29 : « D'autres avantages peuvent être accordés par délibération de l'Assemblée Nationale aux députés, aux membres du Bureau de l'Assemblée Nationale, aux membres de la Haute Cour de Justice, aux présidents et vice-présidents des groupes parlementaires, aux présidents et vice-présidents des commissions, au Rapporteur Général de la Commission des Finances et aux rapporteurs des commissions ».

de la Constitution et de l'art. 124 du règlement intérieur de l'Assemblée Nationale, aux termes desquels, souligne la Cour, « les indemnités et avantages des députés relèvent du domaine de la loi ».

Le recours aux délibérations du Parlement aux fins d'octroi d'indemnités et d'avantages aux députés, clairement censuré ici, était alors une pratique dont abusaient alors les 1ère et 2ème législatures de la 5ème République[34], mais méconnue jusqu'à cet arrêt du juge constitutionnel du 13 mai 2008 [35] !

Mais, dans sa mission de contre-pouvoir institutionnel, la Cour Constitutionnelle du Niger est allée au-delà de la censure du pouvoir législatif. Elle s'est aussi muée en défenseur acharné de l'alternance démocratique.

C.- LE JUGE CONSTITUTIONNEL, PROMOTEUR DE L'ALTERNANCE DÉMOCRATIQUE

La juridiction constitutionnelle s'est ici opposée, de manière frontale, à l'exécutif et, plus exactement au chef de l'exécutif, le Président de la République. Ces péripéties de la vie politique nigérienne, en 2009, sont bien connues, avec un changement de Constitution par voie de référendum, la prorogation du mandat du Président Tandja, le rejet catégorique de l'initiative présidentielle par la Cour Constitutionnelle[36] qui a fait la célébrité de son emblématique Présidente[37].

3 décisions du juge constitutionnel ont contribué à asseoir sa réputation d'artisan de la succession pacifique au pouvoir :

- l'avis n°02/CC du 25 mai 2009 ;
- l'arrêt n°04/CC/ME du 12 juin2009 ;
- l'arrêt n°05/CC du 26 juin 2009[38].

---

[34] 1ère législature : 1999-2004 ; 2ème législature : 2004-2009.

[35] Dans sa politique « mains propres » d'alors, le Président Tandja, sidéré par cette « découverte », fit engager des poursuites contre les députés pour les contraindre à rembourser ces sommes indûment perçues. Beaucoup de parlementaires, majorité et opposition confondues, furent ainsi brièvement incarcérés.

[36] En 2009, dernière année de son 2ème et dernier mandat constitutionnel, le Président Mamadou Tandja prit l'initiative de changer la Constitution (passage du régime semi-présidentiel à un régime de type présidentiel) par voie de référendum. La Cour Constitutionnelle annule le décret de convocation au référendum. Le Président met fin aux fonctions des 7 membres de la Cour et nomme 7 nouveaux membres en leurs lieu et place. Le référendum a lieu le 4 août 2009 et, en vertu de la nouvelle Constitution présidentielle du 18 août 2009, naît la 6ème République. Elle ne durera que 6 mois : le régime sera emporté par un coup d'Etat militaire le 18 février 2010.

[37] Mme Salifou Fatimata Bazeye qui sera nommée Présidente du Conseil Constitutionnel de Transition sous le régime militaire et le demeurera donc jusqu'à l'installation de la nouvelle Cour Constitutionnelle, après les élections de 2011.

[38] Sur l'ensemble de ces décisions, V. Imerane Maïga, *op. cit.*, « Avis et arrêts relatifs au référendum controversé du 04 août 2009 », pp. 479-478.

1.- L'avis n°02/CC du 25 mai 2009

Il avait été rendu sur saisine de la Cour par les députés de l'opposition[39].

Parce que le Président de la République avait manifesté son intention d'organiser un référendum en vue de changer la Constitution et de se maintenir au pouvoir, en prorogeant son mandat, les requérants demandaient à la Cour l'interprétation des dispositions des articles de la Constitution de la 5ème République du 9 août 1999, relatifs aux questions ci-après :

- l'exercice de la souveraineté par le peuple, notamment par voie de référendum (art. 5 et 6) ;
- la durée du mandat présidentiel, la limitation des mandats et le maintien en fonction du Président de la République (art. 36 et 37) ;
- le recours au référendum par le Président de la République sur « tout texte qui lui paraît devoir exiger la consultation directe du peuple à l'exception de toute révision de la présente Constitution... » (art. 49) ;
- la révision de la Constitution (art. 134, 135 et 136) ;
- le respect de son serment par le Président de la République (art. 39).

En répondant aux questions « dans un ordre autre que celui figurant dans la lettre de saisine », selon ses propres termes, la Cour s'était, dans cet avis, dressé, sans équivoque, contre les velléités du chef de l'exécutif. En s'arc-boutant sur les dispositions constitutionnelles, elle s'est conduit comme un vrai contre-pouvoir, c'est-à-dire un « pouvoir qui arrête le pouvoir », selon la formule de Montesquieu. Ainsi, elle affirme très clairement que « le maintien en fonction du Président de la République au-delà du terme de son mandat n'est pas conforme à la Constitution » et ajoute que le référendum peut porter sur « toute question...à l'exception de celles emportant modification de la Constitution », avant de conclure, de manière péremptoire que « l'article 49 ne peut servir de fondement à un changement de Constitution ».

Cet avis du juge constitutionnel, plus que défavorable à l'exécutif, était en réalité le prélude à l'arrêt « explosif » n° 04/CC/ME du 12 juin 2009 qui avait annulé le décret présidentiel de convocation au référendum constituant.

[39] Les députés du Parti P.N.D.S. (Parti Nigérien pour la Démocratie et le Socialisme), parti du Président Issoufou Mahamadou et des partis alliés, notamment le P.P.N.-R.D.A. (Parti Progressiste Nigérien-Section du Rassemblement Démocratique Africain) et l'A.N.D.P-Zaman Lahiya (Alliance Nigérienne pour la Démocratie et le Progrès).

2.- L'arrêt n°04/CC/ME du 12 juin 2009

Il avait été rendu non pas en matière constitutionnelle, mais **en matière électorale**.

En effet, forts de l'avis du 25 mai 2009, les partis politiques de l'opposition (parlementaire et non-parlementaire), en vertu de l'art. 104 du Code électoral[40], avaient saisi la Cour aux fins d'annulation, pour excès de pouvoir, du décret de convocation du référendum[41].

Ils estimaient que :

> «Le Président de la République n'a pas, de par la Constitution, compétence pour convoquer le corps électoral en vue... d'un référendum ayant pour objet... une révision intégrale de la Constitution...en méconnaissance de la procédure exclusive du titre XII de ladite Constitution » ; que « le décret...portant convocation du corps électoral vise à consacrer un véritable détournement de la procédure, car il impose une procédure à peine déguisée de remise en cause d'une Constitution qu'il a, du fait de son serment, l'obligation absolue de respecter et de faire respecter... » et qu'enfin « le décret consacre également un véritable détournement de pouvoir en ce sens que le Président de la République s'est érigé en constituant originaire en violation de la Constitution actuellement en vigueur ».

Le juge constitutionnel, dans son arrêt n° 04/CC/ME du 12 juin 2009, avait fait droit aux prétentions des requérants : il avait annulé, pour excès de pouvoir, le décret du Président de la République, parce que « pris en violation des dispositions des articles 49 (relatif au recours au référendum) et 135 (régissant la révision) de la Constitution », en argumentant que « en l'état actuel des dispositions constitutionnelles, l'opération projetée par le décret attaqué s'analyse en une révision intégrale de la Constitution en vigueur » ; que « toute révision de la Constitution doit obéir aux dispositions du Titre XII de la Constitution notamment celles des articles 135 et 136... » et que « toute révision de la Constitution ne peut s'envisager hors la procédure prévue à l'article 135... ».

---

40 Le Code électoral en vigueur était alors l'Ordonnance N°99-37 du 4 septembre 1999, JORN, Numéro Spécial du 6 septembre 1999. Son art. 104 était libellé comme suit : « Le recours pour excès de pouvoir en matière électorale est porté devant la Cour constitutionnelle sans recours administratif préalable ». Ces dispositions sont désormais introduites dans la Constitution (art. 128 de la Constitution de la 7ème République du 25 novembre 2010, JORN, Numéro Spécial du 29 novembre 2010).

41 Décret N° 2009-178/PRN/MI/SP/D du 5 juin 2009 portant convocation du corps électoral pour le référendum sur le référendum de la VIème République.

L'annulation de son décret par le pouvoir judiciaire conduit le chef de l'exécutif à réagir : invoquant tout à la fois son rôle de garant du respect de la Constitution (art.35), la distribution de la justice « *dans le strict respect de la règle de droit...* » (art. 99) et curieusement, le principe de l'indépendance de la justice (art. 100), le Président de la République saisit la Cour constitutionnelle « aux fins de déclarer l'inexistence juridique de l'arrêt n° 04/CC/ME du 12 juin 2009 et d'en tirer les conséquences de droit ».

La Cour déclare cette requête irrecevable, dans un arrêt n°005/CC du 26 juin 2009.

3.- L'arrêt n°005/CC du 26 juin 2009

Le juge s'érige une troisième fois en contre-pouvoir institutionnel, face au pouvoir exécutif. Il déclare irrecevable la requête présidentielle, en vertu notamment de l'autorité de chose jugée qui s'attache aux arrêts de la juridiction constitutionnelle, plus qu'à toute autre décision de justice.

En effet, la Cour précise d'abord, de façon tout à fait pertinente, qu' «aucune des dispositions constitutionnelles invoquées par le requérant ne prévoit la saisine de la Cour par le Président de la République pour constater et déclarer l'inexistence d'un arrêt ». Elle souligne ensuite que « la requête n'est rien d'autre qu'un recours contre l'arrêt rendu... le 12 juin 2009 ». Elle rappelle enfin les termes de l'art.115 de la Constitution[42], avant de décider « que l'autorité ainsi conférée aux arrêts de la Cour constitutionnelle est absolue ; qu'aucune jurisprudence, même émanant de la Cour, ne saurait y faire échec » et « qu'en application des dispositions de l'article 115...il y a lieu de déclarer la requête irrecevable ».

Dans ce duel pouvoir/contre-pouvoir, la réaction de l'exécutif contre le judiciaire avait été prompte et énergique : suite à l'arrêt du 26 juin 2009, le Président de la République met fin aux fonctions de l'ensemble des membres de la Cour constitutionnelle[43], en violation du principe de leur inamovibilité jusqu'à la fin de leur mandat, consacré par la Constitution[44]. Il nomme 7 nouveaux membres[45], installant ainsi une toute nouvelle Cour constitutionnelle

---

[42] « Les arrêts de la Cour constitutionnelle ne sont susceptibles d'aucun recours. Ils lient les pouvoirs publics et toutes les autorités administratives, civiles, militaires et juridictionnelles ».

[43] Décret N° 03/PRN du 29 juin 2009 portant abrogation des décrets portant nomination des membres de la Cour Constitutionnelle, JORN, Numéro Spécial du 08 juillet 2009.

[44] Art. 105 de la Constitution du 9 août 1999. Le Président Tandja avait alors eu recours aux pouvoirs exceptionnels de crise (art. 53), comme le Général De Gaulle en France, en 1961, après le « putsch des généraux » à Alger. V. *Décret n°01/PRN du 26 juin 2009 portant mise en œuvre de l'article 53 de la Constitution*, JORN, Numéro Spécial, 08 juillet 2009. Un décret avait été pris pour suspendre cette inamovibilité : *Décret n°02/PRN du 29 juin 2009 portant suspension de l'application de certains articles de la Constitution* (art. 104, 105, 106), JORN, Numéro Spécial, 08 juillet 2009.

[45] V. Décret N°05/PRN du 02 juillet 2009 portant nomination des membres de la Cour Constitutionnelle ; Décret n°2009/201/PRN/MJ/MCRI/R portantes nominations du Président de la Cour Constitutionnelle,

qui proclamera les résultats du référendum du 4 août 2009, dotant le pays d'une nouvelle Constitution présidentielle, instaurant la 6ème République.[46]

En s'opposant farouchement, en 2009, au maintien au pouvoir, au-delà de son mandat, du Président de la 5ème République, la Cour constitutionnelle du Niger s'en était tenue au respect strict de la limitation du nombre des mandats présidentiels, favorisant ainsi l'alternance démocratique, c'est-à-dire la succession pacifique à la tête de l'Etat.

La Cour a aussi accompli sa mission de contre-pouvoir institutionnel, en jouant simplement son rôle premier de gardien de la Constitution.

D.- LE JUGE CONSTITUTIONNEL, GARDIEN DE LA CONSTITUTION

L'intitulé peut, à priori, surprendre puisque les attributions naturelles de la juridiction constitutionnelle consistent justement à être le gardien de la Loi fondamentale, en assurant sa suprématie, par la sanction de toutes ses violations tant par les pouvoirs publics que par les citoyens. Le rôle de contre-pouvoir que la Cour constitutionnelle a joué comme « défenseur des droits fondamentaux », comme « censeur du pouvoir législatif » et comme « artisan de l'alternance démocratique » découlent, à l'évidence de ces compétences.

Ici, il s'agit simplement de donner une autre illustration de ce rôle, au regard de la violation de la lettre de la Constitution qui a servi de fondement à la décision du juge constitutionnel.

Dans un arrêt n°05/12/CCT/MC du 15 février 2012, le Conseil Constitutionnel de Transition a affirmé que deux membres du Gouvernement et un député de la majorité ont violé les dispositions de la Constitution, à l'occasion de l'attribution de marchés publics de construction de routes. Il y dit, en effet, que « le député…n'a pas respecté l'interdiction posée par l'article 52 de la Constitution » et que « le ministre signataire des contrats a méconnu les dispositions de l'article 39 de la Constitution »[47].

L'art. 52 interdit au Président de la République, aux Présidents des Institutions, aux membres du Gouvernement et aux députés de prendre part aux marchés publics de l'Etat et de ses démembrements, pendant l'exercice de leurs fonctions.

JORN, Numéro Spécial, 08 juillet 2009. Il était donc inexact de dire que la Cour Constitutionnelle avait été dissoute.

46 La Constitution du 18 août 2009, JORN Numéro Spécial du 20 août 2009. Un nouveau décret de convocation au référendum avait été pris, en vertu des pouvoirs de crise de l'art. 53 de la Constitution : *Décret n° 07/PRN du 03 juillet 2009 portant convocation du corps électoral pour le référendum sur la Constitution de la 6ème République,* JORN, Numéro Spécial, 08 juillet 2009.

47 Le député était l'Honorable Amadou Oumarou Maïnassara, propriétaire de l'Entreprise Générale de Bâtiments et Travaux Publics (EGBTP). En ce qui concerne le ministre, il s'agissait, en réalité de deux ministres : celui de l'Equipement M. Kalla Ankourao et celui des Finances M. Ouhoumoudou Mahamadou.

Quant à l'art. 39, il dispose que « tout citoyen nigérien, civil ou militaire, a l'obligation absolue de respecter, en toutes circonstances, la Constitution et l'ordre juridique de la République ».

Parce que le parlementaire concerné était attributaire des marchés publics en cause, alors que sa « démission n'a pas été constatée par l'Assemblée Nationale », le juge constitutionnel a estimé que « l'interdiction posée par l'article 52 de la Constitution n'a pas été respectée par le député...». De même, il a tranché qu' « en attribuant le marché à un député, le ministre signataire du contrat...n'a pas respecté les dispositions de l'article 39... ».

Cette défense sans concession de la lettre de la Constitution par le juge constitutionnel a engendré d'importantes conséquences politiques :

- le député mis en cause avait été contraint à la démission ;
- s'agissant des membres du Gouvernement, une bien curieuse polémique sur la signification de l'expression « a méconnu les dispositions de la Constitution » avait surgi entre opposition et majorité, cette dernière prétendant que « la méconnaissance de la Constitution n'est pas sa violation » ! Tant et si bien que le juge constitutionnel dut sortir de sa réserve habituelle pour affirmer clairement et sans ambiguïté que « la méconnaissance des dispositions de la Constitution est une violation pure et simple de la Constitution »[48].

Deux ministres, de surcroît, membres éminents du parti présidentiel PNDS (*Parti Nigérien pour la Démocratie et le Socialisme*), étaient ainsi reconnus coupables d'une violation fragrante de la Constitution. Le Président de la République dut se résoudre à les limoger du Gouvernement[49].

Au total, le juge constitutionnel nigérien s'est, de manière générale, toujours comporté comme un indispensable contre-pouvoir, freinant les excès des pouvoirs exécutif et législatif.

Mais, l'on peut s'interroger aussi s'il n'a pas été parfois l'allié du pouvoir exécutif.

---

[48] Voir, à ce sujet, le communiqué qu'avait alors publié le Conseil Constitutionnel de transition dans « Le Sahel » du 25 février 2012.

[49] Le Président Issoufou Mahamadou était alors en visite à Dakar (Sénégal) et la 1ère session ordinaire du Parlement venait de s'ouvrir, avec des rumeurs de dépôt d'une motion de censure par l'opposition parlementaire.

L'ancien Ministre des Finances est aujourd'hui Ministre Directeur de Cabinet du Président de la République et l'ancien Ministre de l'Equipement Ministre Conseiller Spécial à la Présidence.

II.- LE JUGE CONSTITUTIONNEL, ALLIE DU POUVOIR EXECUTIF ?

Il conviendrait, sans doute, de parler d'« allié de la majorité », puisque avec le déclin du principe de la séparation des pouvoirs dans tous les régimes politiques contemporains, comme l'enseigne, en substance, le Doyen Pierre Pactet, il n'y a pas d'un côté, l'exécutif qui gouverne, le législatif qui légifère et de l'autre, le judiciaire qui contrôle, mais plutôt d'un côté, les partis de la majorité qui investissent à la fois l'exécutif et le législatif et de l'autre, les partis de l'opposition qui attendent les élections pour une éventuelle revanche.[50]

Le fonctionnement du régime politique nigérien actuel a parfois donné cette image, avec apparemment une proximité du pouvoir judiciaire à l'égard des pouvoirs exécutif et législatif. La juridiction constitutionnelle semble être plus proche encore de l'exécutif et de sa majorité au Parlement.[51] L'année 2014 a été particulièrement illustrative de ce phénomène, suite à la grave crise institutionnelle qu'avait connue le Parlement, à l'occasion du renouvellement de son Bureau[52].

Sollicitée, de manière intempestive, tour à tour, par la majorité et par l'opposition, la Cour constitutionnelle n'a pas rendu moins de 21 arrêts en matière constitutionnelle, du 3 avril 2014 (après le début du renouvellement du Bureau du Parlement) jusqu'au 30 décembre 2014 (après l'élection d'un nouveau Président de l'Assemblée Nationale).

Pour la plupart de ces décisions, l'on peut se demander s'il n'y a pas un alignement du juge constitutionnel sur les positions de la majorité. A l'époque, d'aucuns avaient même parlé de « prévisibilité » des arrêts de la Cour, parce que la haute juridiction ferait, semble-t-il, systématiquement droit aux requêtes du « pouvoir », très rarement à celles de l'opposition : ainsi, sur un échantillon, arbitrairement choisi, de dix (10) arrêts, sept (7) sont totalement « favorables à la majorité » **(A)**, alors que seulement trois (3) peuvent être

---

[50] *Institutions politiques - Droit constitutionnel*, Armand Colin, 21ème édition, Paris, 2002.

[51] Sur les 171 députés à l'Assemblée Nationale, la majorité présidentielle en compterait 140.

[52] Après la rupture, en août 2013, de l'alliance entre le parti présidentiel PNDS-Tarayya et son principal allié pour la victoire de 2011, le MODEN-FA Lumana Africa (Mouvement Démocratique Nigérien pour une Fédération Africaine), parti du Président de l'Assemblée Nationale, M. Hama Amadou, une douzaine de députés de l'opposition (notamment du parti MNSD-Nassara) avaient rejoint la majorité. En mars 2014, l'Assemblée n'avait pas pu renouveler les membres de son Bureau de manière consensuelle : 10 membres sur 12 avaient été renouvelés, à l'exception des 2 Vice-Présidents de l'opposition, la majorité ayant catégoriquement rejeté l'un des candidats (en l'occurrence, M. Falké Bacharou, candidat au poste de 2ème Vice-Président. Pendant une année, le Parlement sera dirigé par un Bureau de 11 membres sur 13. La crise persistera jusqu'à l'élection d'un nouveau Président de l'Assemblée Nationale, M. Hama Amadou ayant été contraint d'aller en exil, parce que menacé d'arrestation pour « trafic de bébés ».

considérés comme « favorables à l'opposition », même s'ils ne font que partiellement droit à ses prétentions **(B)**.

A.- LA FRÉQUENCE DES ARRÊTS « FAVORABLES AU POUVOIR »

Elle pourrait être illustrée par les arrêts ci-après énumérés :

1.- L'arrêt n°003/CC/MC du 11 avril 2014 :

La Cour y décide que l'exclusion d'un député de son groupe parlementaire (de l'opposition) « *est prématurée* », alors que l'intéressé avait, de notoriété publique, rejoint la majorité au Parlement[53].

2.- L'arrêt n°006/CC/MC du 15 mai 2014

S'attribuant des compétences qui ne lui sont point conférées par la Constitution[54], la Cour menace de déchéance et de destitution le Président de l'Assemblée Nationale, passé dans l'opposition, s'il n'organise pas l'élection du 2ème et 3ème Vice-Présidents du Parlement. Dans le même arrêt, elle décide que le refus par les Présidents des 2 groupes parlementaires de l'opposition de déposer des candidatures (de députés « transhumants ») à ces postes équivaudrait à « une renonciation temporaire à leur droit d'occuper les postes qui leur reviennent... ».

3.- L'arrêt n°007/CC/MC du 22 mai 2014

La Cour y juge que le Président de la République n'a pas violé son serment, le préambule constitutionnel et 19 articles de la Constitution, comme le prétendaient 17 députés de l'opposition qui l'avaient saisie.

4-. L'arrêt n°008/CC/MC du 30 mai 20014

Dans cette décision, le juge constitutionnel dit qu'en refusant de présenter au poste de 2ème Vice-Président du Parlement les candidatures de 2 députés dissidents, ayant « émigré » à la majorité,[55] le Président du groupe

[53] Il s'agit de l'Honorable Amadou Salifou, du parti MNSD-Nassara, qui en décembre 2014 sera élu Président de l'Assemblée Nationale.

[54] La Cour a jugé que « ... les articles 120 alinéa 1 et 126 alinéa 1 et 2 de la Constitution confèrent à la Cour constitutionnelle un rôle de régulation du fonctionnement des institutions et des pouvoirs publics... ». Elle semble s'être inspirée en cela de la Cour constitutionnelle du Bénin qui, elle, a ces attributions aux termes de l'art. 114 de la Constitution du 11 décembre 1990 qui dispose que la Cour «...est l'organe régulateur du fonctionnement des institutions et de l'activité des pouvoirs publics ».

[55] Honorables Mme Housseini Assibite Acotey et Yaou Mamane, tous deux du parti MNSD-Nassara.

parlementaire de l'opposition ARN (« Alliance pour la Réconciliation Nationale ») « a violé le Pacte international relatif aux droits civils et politiques et par voie de conséquence la Constitution » et qu'il « encourt une sanction devant les tribunaux en vertu de l'article 39 de la Constitution qui dispose que tout nigérien, civil ou militaire, a l'obligation absolue de respecter, en toutes circonstances, la Constitution et l'ordre juridique de la République, sous peine des sanctions prévues par la loi ».

5.- L'arrêt n°12/CC/MC du 04 septembre 2014

Sur saisine du 1er Vice-Président de l'Assemblée Nationale assurant l'intérim du Président en exil[56], la Cour juge que le Bureau de l'Assemblée Nationale, incomplet –parce que les députés de l'opposition n'y sont pas-, « est habilité à exercer toutes les attributions du Bureau… ».

Elle décide aussi que ce Bureau « est compétent hors session pour autoriser l'arrestation d'un député »[57].

6-. L'arrêt n°16/CC/MC du 20 novembre 2014

Saisis par 18 parlementaires de la majorité, le juge constitutionnel décide que la vacance de la présidence du Parlement « est constituée du fait que le Président de l'Assemblée, par son absence prolongée et non justifiée, n'a pas rempli ses obligations… » et que « la vacance ainsi constituée a pour conséquence…l'élection d'un nouveau Président… dans… les quinze (15) jours… ».

7-. L'arrêt n°17/CC/MC du 28 novembre 2014

Le Président de l'Assemblée Nationale, M. Hama Amadou, se trouvant à l'étranger, ayant transmis un certificat médical pour justifier son absence sur le territoire national, les députés de l'opposition demandent à la Cour « qu'elle se prononce… sur la question de la vacance de la présidence de l'Assemblée Nationale, en considération d'un élément de droit nouveau déterminant en la matière et en vertu du principe universel et inaliénable du droit à la défense ».

La Cour déclare leur requête irrecevable.

Apparemment, la Cour constitutionnelle du Niger semble toujours donner raison au pouvoir. Si les décisions favorables à la majorité sont ainsi récurrentes, c'est que celles où l'opposition obtient gain de cause sont rares.

---

56 Il s'agissait de M. Daouda Mamadou Marthé, membre du parti présidentiel.

57 Il s'agissait du Président de l'Assemblée Nationale lui-même, M. Hama Amadou. Comme déjà indiqué, l'intéressé, craignant cette arrestation, avait quitté le pays en août 2014.

B.- LA RARETÉ DES DÉCISIONS « FAVORABLES À L'OPPOSITION »

Dans l'échantillon d'arrêts retenus, nous n'en avons donc trouvé que trois (3), qui, il faut le répéter, ne donnent pas totalement satisfaction à cette opposition :

- l'arrêt n°004/CC/MC du 02 mai 2014 ;
- l'arrêt n°005/CC/MC du14 mai 2014 ;
- l'arrêt n°008/CC/MC du 30 mai 2014.

1.- L'arrêt n°004/CC/MC du 02 mai 2014

Dix-sept (17) députés de la majorité avaient saisi la Cour constitutionnelle « aux fins d'application de la Constitution, notamment l'article 89, alinéas 1 et 2 », relatif à la composition du Bureau de l'Assemblée Nationale.

Les prétentions des requérants étaient notamment les suivantes :

- la Constitution imposant aux députés d'élire comme Vice-Président « un député appartenant au groupe parlementaire auquel revient le poste et non un député désigné intuitu personae », l'attitude des parlementaires de la majorité « revient à méconnaître la liberté de choix des députés » ;
- « le Bureau composé de onze (11) membres…sur treize (13)…est conforme à l'article 89, alinéa 1 de la Constitution et compétent pour gérer les affaires de l'Assemblée Nationale…en attendant qu'il soit complété de deux (2) de ses membres manquants ».

Invoquant les dispositions de cet article 89 de la Constitution, reprises par celles de l'article 12 du Règlement intérieur du Parlement, selon lesquelles la composition du Bureau « doit refléter la configuration politique de l'Assemblée Nationale », la Cour tranche que « le Bureau composé de onze (11) membres élus sur treize (13) prévus ne reflète pas la configuration de l'Assemblée Nationale » et que « …les deux (02) membres du Bureau restants doivent nécessairement être élus… ».

Mais, si elle donne satisfaction à l'opposition sur ce point, elle ne lui permet pas de présenter aux postes de Vice-Présidents les seules candidatures retenues par ses groupes[58], puisqu'elle décide que « …le groupe parlementaire

---

[58] Il s'agissait des candidatures des Honorables Falké Bacharou (du parti divisé CDS, *Convention Démocratique et Sociale)* et Sala Assane Amadou (du parti Lumana). Si cette dernière était acceptée (puisqu' « un consensus est réalisée sur cette candidature », cf Arrêt n°008/CC/MC du 30 mai 2014, p.3), la première était, on l'a dit, catégoriquement rejetée par la majorité. Il avait fallu attendre une année entière pour qu'elle fût finalement agréée, lors du renouvellement des membres du Bureau en mars 2015.

ne peut faire obstacle à la liberté de candidature des députés qui le composent, sans violer le Pacte international relatif aux droits civils et politiques visé par le préambule qui fait partie intégrante de la Constitution ».

Pour parvenir à cette décision surprenante, la Cour Constitutionnelle considère que l'article 25 du Pacte international relatif aux droits civils et politiques de 1966...reconnaît à tout citoyen le droit « de prendre part à la direction des affaires publiques », « le droit et la possibilité... de voter et d'être élu... » ; que par conséquent tout membre d'un groupe parlementaire peut être éligible à un poste affecté à son groupe ; que chaque groupe parlementaire fonctionne selon ses règles internes, mais cette liberté ne l'autorise pas à violer le principe de la liberté de candidature consacré par les instruments juridiques internationaux relatifs aux droits de l'homme signés et ratifiés par le Niger (sic !).

Par ce « considérant », ayant donc débouché sur le dispositif ci-dessus selon lequel « ...le groupe parlementaire ne peut faire obstacle à la liberté de candidature des députés qui le composent », la haute juridiction méconnaît le fonctionnement traditionnel des Parlements de par le monde. Cette « liberté de candidature des députés » au sein des groupes parlementaires serait fatale à la fois à la cohésion desdits groupes et à la discipline partisane, partout observée nonobstant la nullité proclamée de « tout mandat impératif ».

Au surplus, le droit d'être électeur et éligible, « de prendre part à la direction des affaires publiques » auquel la Cour se réfère concerne, manifestement, les élections à caractère national, à l'échelle d'un pays et non celles au sein des institutions étatiques ou infra-étatiques ; l'article 21 de la Déclaration Universelle des Droits de l'Homme le consacre en ces termes : « toute personne a le droit de prendre part à la direction des affaires publiques de son pays , soit directement, soit par l'intermédiaire de représentants librement choisis ». Ces représentants sont justement, entre autres, les députés. L'article 25 du Pacte international relatif aux droits civils et politiques, qu'invoque la Cour précise notamment que « tout citoyen a le droit...d'accéder, dans des conditions générales d'égalité, aux fonctions publiques de son pays ».

L'arrêt n°004/CC/MC du 02 mai 2014 est donc pour ainsi dire « stupéfiant », parce que « mal fondé » en droit.

Tout aussi surprenant s'avère être l'arrêt n°005/CC/MC du 14 mai 2014.

2.- L'arrêt n°005/CC/MC du14 mai 2014

Il a été rendu sur saisine de 21 députés des 2 groupes parlementaires de l'opposition (MNSD-Nassara et MODEN FA-Lumana Africa), souhaitant une clarification la situation de leurs collègues « dissidents », qui, tout en affirmant être dans l'opposition, appuyaient la majorité et le gouvernement[59] : les requérants demandaient à la Cour de se prononcer « ...en application des principes de la démocratie pluraliste et de l'alternance démocratique...sur la conformité à l'esprit et à la lettre de la Constitution du soutien manifeste à la majorité parlementaire et au pouvoir, affiché par des députés de l'opposition ».

Ils lui demandaient précisément de « dire et juger conformément à la Constitution » notamment que :

- « l'opposition est une institution républicaine, légitime et légale, distincte du pouvoir et de la majorité qui le soutient » ;
- « un député ne saurait...appartenir à la fois à la majorité parlementaire et à l'opposition parlementaire en même temps... ».

La décision de la Cour est une « demi-victoire » pour l'opposition. En effet, si le juge constitutionnel fait droit à la première prétention des requérants, il n'en est pas de même pour la seconde : d'abord, la Cour dit bien que « l'opposition est une institution reconnue par la Constitution et les lois de la République ;...elle est légitime et distincte du pouvoir et de la majorité qui le soutient » ; mais, par la suite, elle juge que « ...le député, bien qu'élu sur une liste présentée par son parti politique, cesse d'être un représentant de son parti politique... » et que « ...le respect des consignes du groupe parlementaire ne saurait remettre en cause l'indépendance constitutionnelle de l'élu... ».

Ainsi donc, comme dans l'arrêt précédent, elle méconnaît les règles « non écrites » et les usages au sein des Parlements, partout à travers le monde et, brise, au détriment de l'opposition, la discipline au sein des partis politiques. L'argumentaire n'y est guère plus convaincant ; le raisonnement de la haute juridiction y est tout aussi contestable : « considérant que s'il est de tradition parlementaire...que les députés d'un parti...se réunissent en groupe parlementaire et, à ce titre, acceptent de se soumettre à une certaine discipline... », la Cour Constitutionnelle juge que « ...le parti politique ne saurait à travers un groupe parlementaire imposer un choix au député, représentant de la Nation ». Elle décide également, au mépris de la réalité politique au Niger, en 2014, que « ...le député dont le groupe a déclaré être dans la majorité parlementaire ou à l'opposition parlementaire demeure dans

[59] Il convient de rappeler qu'en août 2013, une douzaine de députés de l'opposition (presqu'exclusivement du parti MNSD-Nassara) avaient rejoint la majorité. V. supra, note 52.

son groupe et par conséquent dans la majorité ou à l'opposition, selon le cas, tant qu'il n'a pas fait une déclaration de retrait du groupe parlementaire ».

L'arrêt n°008/CC/MC, rendu deux semaines plus tard, donne, lui aussi, à la fois raison et tort à l'opposition.

3.- L'arrêt n°008/CC/MC du 30 mai 2014

Dans cette décision déjà examinée au nombre des arrêts « favorables à la majorité », le juge constitutionnel **i)**-menace de poursuites judiciaires l'un des deux Présidents des groupes parlementaires de l'opposition, pour violation de la Constitution et des lois et règlements de la République, et **ii)**-rassure le Président de l'Assemblée Nationale (devenu opposant, il faut le rappeler) qu'il ne sera pas destitué, puisqu'il a respecté ses arrêts précédents.

En effet, dans leur requête, 17 députés de la majorité demandaient « à la Cour de dire » :

-« que le Président de l'Assemblée Nationale a encore violé la Constitution…refusé d'obtempérer » aux arrêts n°004/CC/MC du 02 mai 2014 et n°006/CC/MC du 15 mai 2014 et « de constater par voie de conséquence la vacance de la présidence de l'Assemblée Nationale… » ;

-« de constater et dire que la réitération revendiquée et assumée du refus d'obtempérer aux arrêts de la Cour du Président du groupe parlementaire ARN constitue une voie de fait ».

Mais, la Cour Constitutionnelle ne leur donne satisfaction qu'en partie.

S'agissant du Président de l'Assemblée Nationale, M. Hama Amadou, le « gardien de la Constitution » estime que ce dernier « *a convoqué* aussitôt les députés pour la reprise des travaux… » ; qu'il n'a pas « …un quelconque pouvoir de contrôle des candidatures » ; que les requérants « n'ont soulevé aucun grief se rapportant au blocage du fonctionnement régulier de l'Assemblée Nationale ». Aussi, juge-t-il que le Président du Parlement, menacé de destitution dans l'arrêt n°006/CC/MC du 15 mai 2014 «a obtempéré » audit arrêt « lui faisant obligation de convoquer l'Assemblée Nationale pour la reprise des travaux et n'a donc pas violé les articles 117 et 134 de la Constitution[60] ; que par voie de conséquence la vacance de la présidence de l'Assemblée Nationale n'est pas constituée ».

---

[60] Art. 117 : «La justice est rendue sur le territoire national au nom du peuple et dans le respect strict de la règle de droit, ainsi que des droits et libertés de chaque citoyen.

Les décisions de justice s'imposent à tous, aux pouvoirs publics comme aux citoyens. Elles ne peuvent être critiquées que par les voies et sous les formes autorisées par la loi ».

Art. 134 : « Les arrêts de la Cour constitutionnelle ne sont susceptibles d'aucun recours. Ils lient les pouvoirs publics et toutes les autorités administratives, civiles, militaires et juridictionnelles.

Tout jet de discrédit sur les arrêts de la Cour est sanctionné conformément aux lois en vigueur »

La Cour n'a donc pas retenu les accusations portées par les députés de la majorité contre le Président du Parlement : « violation continue et continuée des articles 117et 134...; refus réitéré d'obtempérer aux arrêts de la Cour ;...connivence avec le Président du groupe parlementaire ARN... ; agenda caché visant par tous les moyens à approfondir, élargir et entretenir la crise au Parlement sous des dehors apparemment respectueux des arrêts de la Cour... ».

En ce qui concerne le Président du groupe parlementaire ARN,[61] la Cour n'a pas fait montre de la même « mansuétude ». Loin s'en faut : sa sentence a été d'une grande sévérité, apparemment sous-tendue par les « attitudes suivantes », relevées par les requérants :

- «Refus délibéré, revendiqué et assumé publiquement par le Président du groupe parlementaire ARN de présenter deux des trois candidats qui se sont manifestés dans son groupe... » ;
- « ...décision unilatérale prise par le Président du groupe parlementaire ARN de faire renoncer ce groupe à la place qui lui revient dans le bureau... » ;
- « ...suspension de la participation de tous les députés de l'opposition aux différents postes de responsabilité à l'Assemblée Nationale... ».

Il est donc logique qu'elle ait -comme déjà souligné plus haut-, sans équivoque, jugé que « le Président du groupe parlementaire ARN encourt une sanction devant les juridictions compétentes en vertu de l'article 39 de la Constitution qui dispose que tout citoyen nigérien, civil ou militaire, a l'obligation absolue de respecter, en toutes circonstances, la Constitution et l'ordre juridique de la République, sous peine des sanctions prévues par la loi ».

La Cour Constitutionnelle a motivé ce dispositif, en rappelant ses arrêts n°004/CC/MC du 02 mai 2014 et n°006/CC/MC du15 mai 2014 qui, on l'a dit, statuaient que « le groupe parlementaire ne peut faire obstacle à la liberté de candidature des députés qui le composent sans violer le Pacte international relatif aux droits civils et politiques... » et que les candidatures des deux députés MNSD « dissidents »[62], au poste de 2ème Vice-Président de l'Assemblée Nationale, doivent être impérativement déposées. C'est pourquoi, elle a décidé qu' « en refusant de prendre en compte ces deux candidatures...le Président du groupe parlementaire ARN a violé le Pacte

---

61 Il s'agissait de l'Honorable Tidjani Idrissa Abdoulkadri du MNSD-Nassara, aujourd'hui Ministre des Enseignements Professionnels et Techniques, dans le gouvernement de large majorité présidentielle (43 ministres !) mis en place depuis octobre 2016.

Le groupe parlementaire ARN (« Alliance pour la Réconciliation Nationale »), 30 députés, était composé des partis MNSD-Nassara (26 sièges), CDS-Rahama (3 sièges) et UNI (« Union des Nigériens Indépendants »), 1 siège.

62 Il faut le rappeler, les Honorables Mme Ousseini Assibite Acotey et Yaou Mamane.

international relatif aux droits civils et politiques et par voie de conséquence la Constitution ».

Cet arrêt, qui ne fait pas droit aux prétentions de l'opposition, est donc l'une des « multiples facettes » du juge constitutionnel nigérien qui, on l'a vu, peut être tour à tour un véritable contrepoids face à l'exécutif et au législatif, et un allié objectif du pouvoir exécutif et de sa majorité.

Mamadou DAGRA
Maître de Conférences, Université Abdou Moumouni

Gilles BADE

PARLEMENT ET FONCTION DE JUGER : ETUDE DE CAS DANS QUELQUES ETATS D'AFRIQUE FRANCOPHONE.

INTRODUCTION

> « Il y a une science pour les législateurs, comme il y en a une pour les magistrats et l'une ne ressemble pas à l'autre. La science du législateur consiste à trouver dans chaque matière les principes les plus favorables au bien commun ; la science du magistrat est de mettre ces principes en action. ».

Cette observation faite en 1844 par Jean-Etienne- Marie Portalis[1]fait l'éloge de la séparation des fonctions de légiférer et celle de juger. Mais cette séparation intelligible des fonctions s'est elle accompagné, avec le temps, c'est-à-dire des premières tentatives d'élaboration de la théorie de la séparation des pouvoirs à nos jours, d'une véritable spécialisation des organes chargés de les exercer ? La question est complexe.

L'exercice de la fonction de légiférer, voire, de manière plus large, de la fonction parlementaire, par l'organe parlementaire parait facile à prouver , même si, il est vrai, d'autres organes – Exécutif et Judiciaire- participent de manière plus ou moins importante à ladite fonction selon les différents systèmes politiques. Toujours est-il que l'on s'accorde à reconnaitre qu'en démocratie le Parlement « …est l'institution centrale par laquelle la volonté du peuple s'exprime, où les lois sont adoptées et à qui le gouvernement rend des comptes. Pour bien jouer son rôle, le parlement doit être élu et représenter toutes les composantes de la société. Il doit disposer des pouvoirs et des moyens nécessaires pour exprimer la volonté du peuple, grâce à ses fonctions législatives et de contrôle. Il peut ainsi contribuer efficacement à garantir les droits et les libertés du peuple, à assurer la paix civile et un développement

---

1 Jean-Etienne-Marie Portalis, *Discours, rapports et travaux inédits sur le code civil*, Paris, Joubert Librairie, 1844, p. 12.

harmonieux. »[2] . Cela veut dire que quelles que soient aujourd'hui les exceptions que l'on pourrait relever par rapport à une éventuelle exclusivité d'exercice de la fonction législative par le Parlement, l'on s'accorde à noter que c'est lui qui dès les premières tentatives doctrinales anglaises et françaises d'élaboration de la théorie de séparation des pouvoirs, est apparu comme l'organe devant exercer la fonction parlementaire.

Rien de pareil ne pourrait être relevé en ce qui concerne l'organe qui devrait exercer la fonction judiciaire.

Dans la maturation doctrinale progressive de la théorie de la séparation des pouvoirs de part et d'autre de la Manche, l'idée de trouver un organe spécialisé pour chacune des fonctions n'a pas été appliquée à la fonction de juger comme elle l'a été pour les deux autres fonctions. La fonction de juger a été la dernière à être confiée à un organe autonome et spécialisé. Exercée tantôt par l'organe exécutif en tant que fonction d'exécution de la loi au même titre que la fonction d'administration, tantôt par l'organe parlementaire en tant que l'une des expressions de la volonté du peuple, la fonction de juger ne sera autonomisée et regardée comme devant être exercée par un organe propre qu'à travers les travaux de Montesquieu. Avant, on observe que chez John Locke, la fonction exécutrice se définit comme un pouvoir de « juger par des lois établies et constantes, de quelle manière les offenses doivent être punies »[3]. Chez Jean Jacques Rousseau qui ne connait que le Législatif et l'Exécutif, « les rois sont les juges nés de leurs peuples »[4]. Et dans cette configuration où on ne reconnait que deux organes, l'Exécutif et le Législatif, « rien n'empêchait, fonctionnellement, que le Parlement fasse la loi d'un côté, en se bornant à statuer pour l'avenir, et de l'autre applique aux litiges la loi déjà faite »[5]. C'est seulement avec L'esprit des lois que le cadre de la pensée fonctionnelle est bouleversé par l'apparition d'un troisième pouvoir. Même si Montesquieu estime que gouverner et juger sont les deux manières d'appliquer la loi, le troisième pouvoir, celui qui exerce la fonction de juger, n'est invisible et nul que dans le cas de l'Angleterre. Appliqué à la France, même si au départ il est proposé de la confier aux jurys plutôt qu'aux magistrats, la fonction de juger est devenue « la clef de voute du régime puisque sans elle la monarchie dégénère en despotisme »[6]. Avec Montesquieu, l'Exécutif a cessé de se définir comme un pouvoir de punir. Il demeure une fonction d'exécution de la loi, mais désormais, émerge un autre pouvoir autonome d'exécution de la loi, chargé de punir, c'est le pouvoir judiciaire.

---

2 http://www.ipu.org/dem-f/overview.htm, consulté le 10 Octobre 2017.

3 *Second treatise*, VII, § 88, p. 158, cité par Philippe LAUVAUX, Carlos-Miguel PIMENTEL, « Fonctions juridiques de l'Etat », in Denis ALLAND et Stéphane RIALS (dir.), *Dictionnaire de la culture juridique*, Paris, PUF, 2003, p. 734.

4 Ibid.

5 Ibid., p. 736

6 Ibid., p. 735.

De nos jours, on s'accorde sur l'idée que, plus que l'application de la loi c'est la position du tiers impartial qui caractérise avant tout la fonction de juger[7]. Cette nouvelle place du juge dans l'ordonnancement des systèmes politiques francophones est rendue possible par l'idée que les représentés ne s'identifient plus forcément à leurs représentants. Si l'on comprend cela, il devient alors concevable de situer le juge entre le peuple et ses représentants.

> « Il incarne une faculté offerte aux citoyens de faire valoir leurs droits de manière directe, au besoin contre l'action des pouvoirs élus. Sa légitimité est d'appliquer la loi que les représentants ont votée et les principes fondamentaux du droit dans lesquels une société se reconnait »[8].

La fonction de juger s'incarne dans la personne ou l'organe qui remplit l'office. C'est « le tiers impartial qui tranche entre ceux qu'un conflit oppose »[9] ; Il occupe une fonction d'autorité composée de la *juridictio*, le pouvoir de dire le droit, mais aussi de l'*impérium*, le pouvoir de commandement. Sa place est aujourd'hui incontestée dans tous les régimes démocratiques.

Les constitutions francophones d'Afrique consacrent toutes un titre au « pouvoir judiciaire » pour évoquer comment la justice devrait être rendue sur le territoire de l'Etat. La Constitution béninoise du 11 décembre 1990 (article 125), la première et la plus ancienne du nouveau constitutionnalisme africain, dispose ainsi que « le pouvoir judiciaire (...) est exercé par la Cour suprême, les cours et tribunaux (...) ». Dans son sillage, le constituant sénégalais du 22 janvier 2001, reflet des aspirations de la plus ancienne démocratie d'Afrique francophone, affirme que « Le pouvoir judiciaire est (...) exercé par le Conseil constitutionnel, la Cour suprême, la Cour des Comptes et les Cours et Tribunaux. ». La Constitution nigérienne du 25 novembre 2010, celle d'une démocratie éprouvée par plusieurs ruptures et donc fruit d'une sage synthèse imposée par les expériences malheureuses du passé, dispose quant à elle, que « le pouvoir judiciaire est exercé par la Cour constitutionnelle, la Cour de cassation, le Conseil d'Etat, la Cour des comptes, les cours et tribunaux ». Enfin, la Constitution ivoirienne, la dernière d'Afrique francophone, cette constitution post crise, censée être la plus actuelle en termes de principes et valeurs démocratique, dispose que le « pouvoir judicaire est indépendant » (Article 139) , que « la justice est rendue sur toute l'étendue du territoire national, au nom du peuple ivoirien, par la Cour suprême, la Cour des comptes, les cours d'appels, les tribunaux de première instance, les tribunaux

---

7 Ibid., p. 736.

8 Denis SALAS, « Juge (aujourd'hui) », in Denis ALLAND et Stéphane RIALS (dir.), *Dictionnaire de la culture juridique*, Paris, PUF, 2003, p. 865.

9 Laurence DEPAMBOUR-TARRIDE, « Juge (Longue durée) », in Denis ALLAND et Stéphane RIALS (dir.), *Dictionnaire de la culture juridique*, Paris, PUF, 2003 p. 867

administratifs et les chambres régionales des comptes » (article 143) avant de conclure que « la Cour suprême[10] et la Cour des comptes sont les deux institutions représentatives du pouvoir judiciaire » (article 144).

Comme on peut le voir, la justice n'est pas organisée, notamment au niveau des juridictions suprêmes, comme dans les pays de Common Law, avec une seule Cour suprême. La justice est organisée dans la quasi totalité des Etats francophones, si l'on met de coté le cas du juge constitutionnel qui sera évoqué plus bas, en ordre judiciaire (civil, commercial, social et pénal), ordre administratif et ordre des comptes. Au dessus de chacun de ces ordres se trouve la Cour de cassation- pour l'ordre judicaire[11]-, le Conseil d'Etat – pour l'ordre administratif-, la Cour des comptes- pour l'ordre des comptes-. Dans les Etats qui, comme le Bénin, n'ont pas encore opéré cette distinction au sommet de leur pouvoir judiciaire, la Cour suprême a une Chambre judiciaire qui fait office de Cour de cassation, une Chambre administrative qui fait office de Conseil d'Etat et une Chambre des comptes qui fait office de Cour des comptes. Cette organisation au sommet du pouvoir judiciaire n'est que le reflet de ce qui se passe à la base puisque, soit il y a des tribunaux (premier niveau généralement obligatoire à la base) et cours d'appel ayant des chambres dans les matières respectives des juridictions suprêmes, soit il y a des tribunaux ou cours d'appel encore plus spécialisés. Alors que les cours suprêmes avaient un peu partout une chambre constitutionnelle compétente – au moins théoriquement- en matière de contrôle de constitutionnalité des lois, ce que l'on note depuis les processus de démocratisation des années 1990, c'est que la justice constitutionnelle est désormais séparée des autres formes de justice qui peuvent être qualifiées de justice ordinaire, même si, là aussi, certains, comme le Niger et le Sénégal, rangent le juge constitutionnel dans le pouvoir judiciaire, alors que d'autres, comme le Bénin et la Côte d'Ivoire , les considèrent comme des juridictions situées en dehors du pouvoir judicaire. Malgré cette différence de pure forme, toutes les juridictions constitutionnelles en Afrique francophone correspondent à la définition du doyen Louis FAVOREU, à savoir qu'elles sont des « juridictions créées pour connaître spécialement et exclusivement du contentieux constitutionnel, situées hors de l'appareil juridictionnel ordinaire et indépendantes de celui ci comme des pouvoirs publics »[12].

Face à cette diversité de juridictions suprêmes – constitutionnelles ou non- ayant des objets différents, la Cour constitutionnelle semble se distinguer des

[10] La Cour suprême comprend la Cour de cassation et le Conseil d'Etat lit-on plus loin à l'article 147 de la Constitution ivoirienne.

[11] Sauf en ce qui concerne le contentieux des affaires où une cour commune de justice dont le siège est à Abidjan est compétent comme juge suprême dans le cadre de l'organisation pour l'harmonisation en Afrique du droit des affaires (OHADA).

[12] L. Favoreu, « Cours Constitutionnelles », in O. Duhamel et Y. Meny (sous la direction de), *Dictionnaire Constitutionnel*, Paris, PUF, 1992, p. 255.

autres hautes juridictions, notamment dans les rapports avec le Parlement, la fonction essentielle de la Cour constitutionnelle étant de contrôler l'œuvre législative du Parlement. Pour cette raison il ne convient pas d'examiner ensemble les règles, principes et constats qui existent dans les rapports entre le Parlement et, d'une part, les juges ordinaires d'autre part, le juge constitutionnel.

Cette étude voudrait exclure les relations entre le juge constitutionnel et le Parlement, relations assez bien étudiées dans d'autres travaux.

Son centre d'intérêt est donc celui des relations qu'entretient le Parlement avec le juge ordinaire, essentiellement le juge pénal, mais aussi en certains points le juge administratif.

L'interrogation majeure est celle de se demander comment les Etats francophones ciblés dans la présente étude ont organisé dans leurs textes constitutionnels la question de l'exclusivité et de l'autonomie d'exercice de la fonction de juger par le pouvoir judiciaire, et, en particulier, dans quelle mesure le parlement continue t-il d'influencer l'exercice par le pouvoir judiciaire de la fonction de juger.

Partout en Afrique francophone, c'est au Législateur que le constituant a confié le soin d'organiser, d'encadrer l'activité judiciaire, le fonctionnement des juridictions[13], la carrière des magistrats, etc…Aux termes des dispositions de la quasi-totalité des constitutions des Etats d'Afrique francophone, les règles encadrant en amont le travail des magistrats relèvent de la loi ordinaire ou organique. Pour ne prendre que quelques exemples, il faut se reporter en premier à la Constitution béninoise du 11 décembre 1990, laquelle prévoit en son article 98 que :

> « Sont du domaine de la loi, (…) la détermination des crimes et délits ainsi que les peines qui leur sont applicables, (…), les règles concernant (…) l'organisation des juridictions de tous ordres et la procédure suivie devant ces juridictions, la création de nouveaux ordres de juridiction, le statut de la magistrature, des offices ministériels et des auxiliaires de justice »[14].

De plus, l'article 128 de la même Constitution demande que le Conseil Supérieur de la Magistrature, Conseil de discipline des magistrats, soit organisé par une loi organique. Toutes les nouvelles constitutions du Renouveau démocratique en Afrique reprendront en chœur ce genre de

---

13 Il convient de préciser qu'il y a une distinction à faire entre l'organisation du service public de la justice et le fonctionnement du service public de la justice. Le législateur est logiquement compétent pour l'organisation et l'établissement de règles de fonctionnement mais pas pour le reste.

14 Article 98 de la Constitution béninoise ;

dispositions[15]. Cette approche est conforme à la théorie de la séparation des pouvoirs. En effet, chacun étant dans ses attributions, une fois que le cadre de travail est fixé par le Législateur, le juge se fonde sur ce cadre juridique et judiciaire pour rendre la justice.

Dans tous les pays francophones d'Afrique objet de la présente étude, il est ainsi affirmé dans la Constitution que « le Pouvoir judiciaire est indépendant du Pouvoir législatif et du Pouvoir exécutif »[16] et que « les juges ne sont soumis dans l'exercice de leurs fonctions qu'à l'autorité de la Loi »[17].

Mais la réalité est que les constitutions visées ont fait le choix selon lequel le Parlement, malgré les bonnes constructions théoriques, influence, pour ne pas dire, perturbe l'exercice par le juge de la fonction de juger (I), ou, plus grave encore, il lui arrive d'exercer , par lui-même, la fonction de juger (II)

I.- LA PERTURBATION PAR LE PARLEMENT DE LA FONCTION DE JUGER

Cette perturbation se note tantôt dans l'anéantissement du travail du juge (A), tantôt dans son blocage (B).

A.- L'ANÉANTISSEMENT D'UNE DÉCISION OU PROCÉDURE DE JUSTICE PAR L'AMNISTIE, LA VALIDATION ET/OU LA RÉTROACTIVITÉ.

L'amnistie est une « mesure qui ôte rétroactivement à certains faits commis à une période déterminée leur caractère délictueux »[18]. Quand elles interviennent dans des procédures en cours, le juge pénal se trouve dessaisi des poursuites, lesquelles sont éteintes désormais faute de base légale. « Le Parlement, dans une certaine mesure se substitue aux juridictions dans le jugement de litiges relevant de leurs compétences »[19] ; Or, tous les pays d'Afrique francophone ont organisé l'amnistie dans leur système politico-juridique.

Cela étant, si l'amnistie, contrairement à la grâce présidentielle, bénéficie d'une présomption forte de bonne foi si elle est le fruit d'un large consensus

---

15 En Côte d'Ivoire, articles 145 et 146 de la Constitution du 8 Novembre 2016. Au Sénégal, article 67 et article 90, alinéa 4, de la Constitution du 22 janvier 2001, Au Niger, article 119 de la Constitution du 25 novembre 2010.

16 On dit souvent qu'il s'agit d'une autorité judiciaire et non pas d'un véritable pouvoir judiciaire compte tenu de la forte présence du pouvoir exécutif dans la gestion de la carrière de la plupart des animateurs de ce pouvoir, voire, les sanctions qui peuvent leur être infligées. Mais cela relève davantage des relations entre l'Exécutif et le Judiciaire.

17 Bénin (Articles 125 et 126 de la Constitution), Côte d'Ivoire (Articles 139 et 140 de la Constitution), Sénégal (Articles 88 et 90 de la Constitution), Niger (Articles 116 et 118 de la Constitution).

18 G. Cornu (dir.), *Vocabulaire Juridique*, Paris, PUF, (2014), p. 63.

19 J. Vincent et autres, *Institutions Judiciaires*, Paris, Dalloz, (2005), p. 120.

politique au Parlement et qu'elle vise à effacer les séquelles d'une période dictatoriale ou de crise. Ainsi au Bénin, par exemple de la loi n°90.028 du 9/10/1990 portant amnistie et le décret n°91-79 du 13 mai 1991 portant conditions et modalités d'application de la loi n°90-028 du 9 octobre 1990 ont permis de rétablir dans leurs droits de citoyens ou de fonctionnaires plusieurs personnes exilées politiques de la période révolutionnaire de 1972 à 1990. Dans l'Arrêt du 28 juillet 2005, la Chambre administrative de la Cour suprême du Bénin dans l'affaire KOUKPAKI Marius C/ MFPTRA (Etat Béninois) a estimé qu'il ne fait aucun doute que Monsieur KOUKPAKI a été engagé dans la fonction publique béninoise, qu'il apparaît au dossier que la loi d'amnistie dont il est bénéficiaire atteste de ce que l'intéressé a été contraint à l'exil politique, que l'abandon de poste qui lui est imputable n'est pas fautif et que l'administration se doit de tenir compte de cette loi d'amnistie. Sur ce fondement, a été annulée la décision contenue dans la correspondance n° 0128/MFPTRA/DC/SGM/ DGFP/DACAD/ SAD du 27 janvier 2003 du Ministre de la Fonction Publique, du Travail et de la Réforme Administrative qui refusait de l'accepter à nouveau dans la Fonction publique.

La perturbation peut donc avoir un effet utile pour la protection des droits individuels. En ce cas, elle ne saurait être condamnée en soi ; Il n'en reste pas moins qu'elle illustre une perturbation constitutionnellement organisée de la fonction de juger par le Parlement.

Par ailleurs, il est possible pour le législateur de valider *a posteriori* une décision déclarée illégale par le juge administratif en adoptant une nouvelle loi et en la rendant rétroactive, mais cela dans des conditions extrêmement strictes relevant de motifs impérieux d'intérêt général et ne remettant pas en cause le droit au procès équitable ou la non rétroactivité des lois pénales. Validation et rétroactivité sont donc aussi, dans certaines circonstances, des moyens d'anéantissement de décisions judiciaires.

Mais le Parlement n'attend pas toujours que le juge rende sa décision avant de l'influencer. Il lui arrive aussi de ne pas le laisser aller au bout de son œuvre d justice.

B.- LE BLOCAGE DE POURSUITES JUDICIAIRES À L'ENCONTRE DE PARLEMENTAIRES PAR L'EXERCICE DU DROIT DE VÉTO.

Elle s'exprime au Sénégal par l'article 61, alinéa 4, de la Constitution et l'article 51, alinéa 4, du Règlement intérieur de l'Assemblée nationale qui disposent : « La poursuite d'un député ou sa détention, du fait de cette poursuite, est suspendue, si l'Assemblée le requiert. ». Dans le même sens, au Bénin, le quatrième alinéa de l'article 90 de la Constitution dispose : « La détention ou la poursuite d'un député est suspendue si l'Assemblée Nationale le requiert par un vote à la majorité des deux tiers. ». Ce blocage est également connu d'autres systèmes politico- juridiques en Afrique francophone.

Il s'agit d'une immixtion constitutionnellement organisée du Législatif dans le Judiciaire.

Ce qui pourrait préoccuper davantage c'est la substitution complète du juge par le Parlement pour exercer la fonction de juger.

II.- L'EXERCICE DE LA FONCTION DE JUGER PAR DES PARLEMENTAIRES

Les constitutions béninoise, ivoirienne, sénégalaise et nigérienne, comme celles de plusieurs autres Etats francophones d'Afrique soustraient le jugement du Président de la République, du Premier ministre ou du vice président (quand il y en a) et des membres du Gouvernement de la compétence des juridictions ordinaires et organisent une juridiction composée essentiellement de parlementaires[20].

Les attributions de ces juridictions spéciales sont très semblables. Ainsi, aux termes de l'article 136 de la Constitution du Bénin par exemple :

> « La Haute Cour de Justice est compétente pour juger le Président de la République et les membres du Gouvernement à raison de faits qualifiés de haute trahison, d'infractions commises dans l'exercice ou à l'occasion de l'exercice de leurs fonctions, ainsi que pour juger leurs complices en cas de complots contre la sûreté de l'Etat. (...)».

En des termes similaires, il est prévu au Niger (article 142 de la Constitution) que :

> « Le Président de la République n'est responsable des actes accomplis dans l'exercice de ses fonctions qu'en cas de haute trahison. Il est jugé par la Haute cour de justice. »[21]

Les conditions complexes et difficiles de saisine de ces juridictions spéciales sont identiques partout pour bien montrer que les méthodes de fonctionnement de ces juges politiques ne sont pas du tout les mêmes que celles des juges ordinaires, ce qui renforce le sentiment de dépossession du pouvoir judiciaire. A titre d'exemple, l'article 161 de la Constitution ivoirienne dispose que :

---

20 Article 135 de la Constitution Béninoise du 11 décembre 1990, article 156 et 160 de la Constitution ivoirienne, article 100 de la Constitution du Sénégal, article 143 de la Constitution du Niger.

21 Voir aussi article pour la Constitution ivoirienne, article 109 et article 110, Pour la Constitution du Sénégal, article 101.

« La mise en accusation du Président de la République et des membres du Gouvernement est votée au scrutin secret, par le Parlement à la majorité des 2/3 pour le Président de la République, et à la majorité absolue pour le vice président de la République les membres du Gouvernement. »[22].

Ce genre de disposition n'est pratiquement jamais mis en œuvre, du moins jusqu'à son terme, compte tenu de la complicité manifeste entre acteurs politiques. Compte tenu des majorités qualifiées exigées et de l'obligation de franchir plusieurs étapes de décisions parlementaires avant tout jugement, le constat est que les membres du Gouvernement ayant presque toujours des amis ou alliés parmi les parlementaires, ceux-ci sont nombreux à ne pas voter pour leur poursuite ou mise en accusation, ce qui fait que les dispositions applicables à la poursuite de ces membres du gouvernement ne sont presque jamais appliquées, d'où une certaine forme d'impunité.

Quand ces dispositions sont appliquées, l'opinion publique évoque parfois des acharnements.

Mais souvent à des protections politiques que servent ces dispositions.

CONCLUSION

A l'issue de cette étude, il apparait que les relations entre le Parlement et le juge sont ambivalentes.

En raisonnant dans la logique des rapports entre le Législateur et le juge ordinaire, on peut constater de prime abord, un certain respect du principe de la séparation des pouvoirs. Au Législateur, il revient d'encadrer en amont la carrière et l'activité du juge. Au juge ordinaire incombe la tache de rendre des décisions en matière de litiges. Aux termes des dispositions de la quasi-totalité des constitutions des Etats d'Afrique francophone, les règles encadrant en amont le travail des magistrats relèvent de la loi ordinaire ou organique. Chacun étant dans ses attributions, une fois que le cadre de travail est fixé par le Législateur, le juge se fonde sur ce cadre juridique et judiciaire pour rendre la justice. Partout en Afrique francophone, il est affirmé que le Pouvoir judiciaire est indépendant du Pouvoir législatif et du Pouvoir exécutif et que les juges ne sont soumis dans l'exercice de leurs fonctions qu'à l'autorité de la Loi. A l'égard du juge ordinaire, le Législateur apparait donc dans toute sa majesté.

Malgré les bonnes constructions théoriques, il arrive que le juge empiète sur les activités du Législatif, comme l'on peut aussi rencontrer des situations d'empiètement du Parlement sur le pouvoir judiciaire. C'est ce dernier point

---

22 Article 137, alinéa 2 de la Constitution Béninoise du 11 décembre 1990, article 144 de la Constitution Nigérienne du 25 novembre 2010.

qui a retenu notre attention. Le Parlement interfère dans l'activité du pouvoir judiciaire en ce que, soit les parlementaires sont autorisés par les constitutions à exercer par eux mêmes des fonctions judiciaires en étant juges dans des organes de jugement du Président de la République et des membres du Gouvernement pour des infractions commises dans l'exercice de leurs fonctions, soit ils disposent d'un pouvoir de suspendre ou d'anéantir un procès ouvert contre un des leurs.

Mais il a été donné de relever que les interférences sont parfois utiles pour rétablir la justice, la paix ou pour protéger les droits individuels. C'est la substitution du Parlement au juge qui pose de sérieux problèmes de transparence, d'égalité et de justice. Elle apparait, à vrai dire comme une subsistance de l'infaillibilité des gouvernants ou un manque de contrôle des gouvernés sur les gouvernants. Plus rien ne devrait plus justifier, de nos jours, cette forme archaïque de protection que les gouvernants se donnent au détriment du bien commun et de l'intérêt général.

Gilles BADET,
Enseignant-Chercheur à l'Université d'Abomey-Calavi (Benin),
Secrétaire général de la Cour constitutionnelle du Bénin

Amadou IMERANE MAIGA

L'AUTORITÉ DE RÉGULATION DES MÉDIAS AU NIGER : UNE INSTANCE CONTRE-POUVOIR AU CŒUR DE L'ÉQUILIBRE DÉMOCRATIQUE

RÉSUMÉ

La démocratie s'est toujours attelée à limiter le pouvoir plutôt qu'à conforter son autorité légitime. L'ordre démocratique n'est jamais achevé, il suppose paradoxalement la possibilité d'un désordre qui peut se décliner en dérives diverses ou en despotisme démocratique[1]. La limitation de pouvoir prônée par MONTESQUIEU à travers la théorie de la séparation des pouvoirs, si elle est demeurée une pratique constante dans sa philosophie, continue cependant de subir des aménagements afin d'adaptation aux exigences démocratiques nouvelles. En visionnaire, TOCQUEVILLE, dans *De la Démocratie en Amérique*, nous fait observer que c'est essentiellement par la liberté qu'on peut combattre les dérives de la démocratie. En Afrique, cette soif de liberté a enfanté, fin des années 80 et au début des années 90, un forum de nature constituant dit « Conférence Nationale », alimenté par les forces vives de la nation, qui s'est soldé par l'adoption des nouvelles normes fondamentales innovantes. En effet, ces dernières au-delà de la consécration des standards démocratiques d'encadrement du pouvoir, excellent par le souci affiché de prévenir toute dérive autoritaire à travers les multiples consécrations des droits et libertés doublées d'instauration des instances originales de limitation de pouvoir. Le Conseil Supérieur de Communication (CSC) du Niger, en est un exemple assez édifiant[2]. Cet organe de régulation des médias audiovisuels et presse écrite qui rythme aujourd'hui la vie démocratique de ce

1 C'est sans doute en prélude à cette hypothèse que l'article 2 de la Déclaration des droits de l'homme de 1789, a entendu protéger les citoyens, en leur conférant « la résistance à l'oppression » comme l'un des « droits naturels et imprescriptibles de l'homme ».

2 Aussi, si le Bénin a été pionnier en matière de démocratisation survenue dans la corne ouest-africaine, les Etats qui se sont inspirés de ce pays n'ont pas omis d'afficher leur particularisme

pays, non sans difficultés, revêt une haute importance tant par l'historique de sa création[3] que par son indépendance[4] et les missions qui lui sont assignées En décembre 2016, à la cérémonie de clôture du Colloque intitulé « Vingt cinq (25) ans de régulation des médias au Niger », le Président de cette institution n'a pas manqué de rappeler que « liberté et indépendance » ont été les « deux valeurs cardinales qui ont motivé la création du CSC, il y a 25 ans, par les forces vives de la nation nigérienne, réunies au sein de la Conférence Nationale Souveraine »[5].

Cette préoccupation fondamentale se trouve pertinemment mise en évidence et savamment problématisée à travers les observations d'Éric RHODE[6], en ces termes : « Les médias et la démocratie sont apparus simultanément : l'histoire et l'actualité semblent prouver que les deux vont de pair. Tout laisse penser, en première analyse, qu'il n'y a pas de démocratie sans information libre et de qualité. Il est même possible d'avancer que démocratie et information sont l'index l'une de l'autre, ce qui, entre autres, signifierait que la crise actuelle des médias ne serait pas seulement un préjudice pour la démocratie – comme si cette dernière était affectée par un facteur externe – mais le symptôme d'une crise endogène de la démocratie ou, au contraire, qu'une crise de la démocratie serait le symptôme d'une crise de l'information ». Force est de constater que l'indépendance du CSC, qui lui est dévolue originairement, a survécu aux instabilités constitutionnelles engrangées par le Niger. L'État demeure donc dépourvu, en théorie, de la mainmise qu'il avait jadis sur les médias. En outre, la Constitution du 25 novembre 2010 en vigueur, renforce davantage le cadre statutaire du CSC, tout en élargissant avec précision son champ d'action, à la lumière des dispositions du titre VIII qui lui est réservé.

Cette communication aura pour objectif de démontrer en quoi et comment le CSC, institution située en dehors de tout pouvoir, impacte considérablement sur l'équilibre démocratique à travers sa mission de garantir la liberté et l'indépendance de l'espace médiatique et en quoi cette posture de « contre-pouvoir puissant » pourrait l'exposer à un élan risqué au regard de la complexité de plus en plus grandissante de l'espace qu'il est appelé à réguler.

---

[3] L'Acte fondamental n° 40/ CN du 3 novembre 1991.

[4] Les articles 2 et 3 de l'Acte fondamental 40 de la Conférence nationale précisent respectivement que : « le Conseil Supérieur de la Communication est une autorité administrative indépendante du pouvoir politique » ; il a pour mission de « garantir les libertés de communication et l'accès équitable des partis politiques et des syndicats aux médias d'Etat. »

[5] Discours du Président du CSC (Abdourahamane OUSMANE) à la cérémonie de clôture du Colloque international sur le thème : « 25 ans de régulation des médias au Niger : bilan, défis et perspectives », Niamey, Hôtel GAWEYE, le 04 novembre 2016. Disponible sur : http://www.nigerinter.com/2016/11/conseil-superieur-de-la-communication-du-niger-25-ans-de-regulation-des-medias/. [Page consultée le 28 février 2017]

[6] Éric RHODE, L'éthique du journalisme, PUF, Collection « Que sais-je ? », 2010, p.27.

INTRODUCTION

> « L'autorité administrative indépendante est, par conséquent, dans une société en changement, une formule intéressante à la fois de protection des libertés et de régulation sociale. Les autorités administratives indépendantes sont un recours pour les citoyens ; elles sont également pour les pouvoirs dont la place et le rôle doivent être circonscrits des lieux de définition de déontologie qui pourra s'exprimer par d'autres canaux que la stricte voie juridique. Ainsi, protection des libertés et régulation sociale sont exercées par les autorités administratives indépendantes dans leur double mission : mission de défense des citoyens, mission de définition d'une déontologie »[7]

Les forces vives à l'origine de la Conférence nationale souveraine tenue en juillet-novembre 1991, avaient pleinement conscience que « L'émergence d'une société transparente, garantissant les libertés politiques, récemment recouvrées ou conquises sous certaines latitudes, dépend en grande partie des institutions qui ont pour charge de renforcer et d'assurer une libre communication »[8]. La longue période de dictature (1974 -1991) qui a marqué l'évolution politique et institutionnelle du Niger a sans doute été l'élément principal qui a conduit les forces vives à axer la démocratie autour de la liberté d'expression, qui au fond, fait corps avec elle. Ainsi, l'idée même de la création du CSC était antérieure à la convocation de la Conférence nationale. Elle a précisément fait l'objet de discussion au sein du Comité de Coordination de Lutte démocratique (CCLD)[9] lors de l'élaboration de son programme pour la future Conférence nationale.

L'une des caractéristiques du régime d'exception étant la négation de la liberté, assurément il n'est pas irréaliste de percevoir la liberté d'expression comme l'un des fondements essentiels de la démocratie. Deux séquences de la conférence nationale ont matérialisé la création du CSC, en l'espèce l'Acte fondamental n°26/CNS du 21 octobre 1991 et l'Acte fondamental n°40/CNS du 3 novembre 1991. Le premier proclame le principe de la liberté de la communication audiovisuelle et la presse écrite, le 2ème porte sur la création et attribution du CSC, et à ses articles 2 et 3, on peut y lire respectivement : « le Conseil Supérieur de la Communication est une autorité administrative

7 Herbert MAISL, « Les autorités administratives indépendantes : protection des libertés ou régulation sociale ? », in Claude-Albert COLLIARD et Gérard TIMSIT - (sous-direction), Les autorité administratives indépendantes, PUF, Collection « Les voies de droit », 1988, P. 77.

8 Renaud de la BROSSE, Médias et démocratie en Afrique : l'enjeu de la régulation, Bruylant, Collection « Médias, Sociétés et Relations Internationale », 2013, p. 12.

9 Qui réunissait les Syndicats et les partis politiques dans le combat contre le parti Etat de l'époque, en l'espèce le MNSD et ses démembrements.

indépendante du pouvoir politique » ; il a pour mission de « garantir les libertés de communication et l'accès équitable des partis politiques et des syndicats aux médias d'État ». A travers ces actes, il s'agit donc de pérenniser l'exercice de la liberté d'expression, qui a permis les revendications ayant donné lieu à la tenue de ce grand forum constituant qu'est la Conférence des forces vives de la Nation. C'est ce qui explique l'option pour une autorité de régulation indépendante et détachée de tout pouvoir, la toute première institution de ce genre au Niger.

Comme l'observe Renaud de la BROSSE, « La régulation permet, idéalement, d'assurer que l'espace médiatique favorise et promeuve les intérêts du public et, parallèlement, de soustraire les médias écrits et audiovisuels de la tutelle, voire, dans certains cas, des griffes de l'État. L'ensemble des pays sortis, ou en passe de sortir, de systèmes politiques non démocratiques et fermés sont confrontés au défi du passage d'un état d'absence de toute régulation (du fait d'un monopole et d'un contrôle étroits sur les médias et l'information) à la mise en place d'un ensemble de lois et d'instances de régulation dans lequel pourra se développer un paysage médiatique indépendant, audiovisuel en particulier, et ce, tant dans le secteur public que privé ». Nonobstant les instabilités politiques intervenues et qui ont très souvent affecté son existence, le CSC renaît toujours en période de vie constitutionnelle normale. La Constitution de la 7ème République lui accorde une place d'envergure en renforçant son cadre statutaire. En revanche, les ressources mises à sa disposition s'avèrent inadéquates au regard de ses larges missions, sans compter la faiblesse du cadre de fonctionnement, notamment la longueur de la procédure de sanction, l'absence de certaines lois facilitatrices de la régulation, etc. (A noter néanmoins que la modification de la loi organique sur le CSC projetée, entend conférer à ce dernier la possibilité de prendre des mesures conservatoire, tout en allégeant le délai de traitement des plaintes).

Toutefois, malgré cette situation paradoxale, le CSC qui a toujours été perçu comme un organe « inutile » depuis sa création, fait preuve aujourd'hui d'un activisme qui semble, toutes proportions gardées, lui conférer une certaine crédibilité. De ce fait, il s'affirme de plus en plus comme un organe de renforcement et de consolidation de la démocratie au travers de l'acquittement de sa mission de régulation confiée par la loi fondamentale. Il n'est plus cet organe qui ne sanctionne que les médias privés, les médias publics sont désormais aussi concernés. En d'autres termes, le CSC s'évertue, non sans difficulté, à faire respecter les principes fondamentaux qui gouvernent le champ médiatique - en l'occurrence l'accès équitable aux médias, l'encadrement du pluralisme des opinions, le respect de la déontologie[10] en

---

[10] Une préoccupation majeure dans un pays où la vocation journalistique résulte très souvent d'un accident de parcours (frustration pour diverses raisons) ou d'un projet politique (journalisme sur commande).

matière d'information et de communication, etc. – dans la constante préoccupation de préservation de la paix sociale indispensable à la poursuite de la démocratisation. Avec le développement des nouvelles technologies, le CSC ne dispose pas d'une grande marge d'action. En revanche, une posture tendant à prendre en charge cette nouvelle donne pour prévenir les dérives éventuelles s'impose, et des palliatifs sont nécessaires aussi bien au plan interne qu'international. En tout état de cause, c'est une réflexion qui est à l'ordre du jour au niveau du CSC.

Cette étude qui vise à montrer l'influence du CSC dans le fonctionnement médiatique et démocratique nigérien, va d'abord s'appesantir sur les forces et les faiblesses de son cadre juridique, d'où il va résulter une édification inachevée (I), avant de démontrer l'impact de ses décisions dans l'espace médiatique en pleine mutation du fait de la complexification introduite par le dynamisme des nouvelles technologies (II).

I.- L'ÉDIFICATION INACHEVÉE D'UNE INSTITUTION INDÉPENDANTE ET PIONNIÈRE EN MATIÈRE DE LIMITATION DE POUVOIR

La 3ème République du Niger qui est le premier texte constitutionnel conforme aux standards démocratiques, traduit à elle seule la place de choix accordée au CSC par les forces vives initiatrices de la Conférence nationale souveraine. Elle reflète surtout la philosophie axée sur la soif de la liberté d'expression qui est la grande absente de tout régime dictatorial. Cette « passion » pour la liberté d'expression demeure compréhensible à plus d'un titre. En effet, « La liberté d'expression est aussi essentielle pour exercer une liberté politique. Elle est le droit d'exprimer son opinion, sa différence. Elle est synonyme de tolérance, de transparence, de manifestation de la vérité, autrement dit de démocratie »[11]. Jusqu'à la 4ème République, le CSC faisait figure de l'unique institution constitutionnelle détachée de tout pouvoir. Cette légitimité constitutionnelle du CSC a donc survécu aux périodes d'instabilités constitutionnelles engrangées par le Niger. Dans l'esprit des forces vives à l'origine de la Conférence nationale, le CSC se devait être un contre-pouvoir au service du processus démocratique engagé. Depuis sa création, force est de constater que même si l'institution a été tributaire des changements politiques subséquents, son indépendance statutaire se trouve aujourd'hui consolidée (A), contrairement à son cadre fonctionnel qui se révèle inapproprié par rapport à ses missions importantes et multiples (B).

---

11 Bruno RAVAZ et Stéphane RETTERER, Droit de l'information et de la communication, Ellipses, Collection « Infocom», 2006, p. 7.

A.- UNE INDÉPENDANCE ORGANIQUE SINGULIÈRE AU SEIN DES AAI ET CONSTITUTIONNELLEMENT PÉRENNISÉE

On peut sans conteste soutenir que le CSC bénéficie d'une place privilégiée au sein de la catégorie des AAI consacrées par la Constitution. En tant qu'autorité garante de la liberté de communication dont l'émergence est consubstantielle à l'avènement de la démocratisation, le statut du CSC n'a cessé de fluctuer au gré des instabilités politiques intervenues. Abstraction faite des périodes exceptionnelles où il prend la dénomination de l'Observatoire National de la Communication (ONC)[12], la rubrique qui lui est consacrée en période de vie constitutionnelle normale a connu une avancée notable à la suite de la chute de l'éphémère 6ème République[13]. En effet, cette dernière avait innové à travers la constitutionnalisation de la composition des membres du CSC, rompant de ce fait avec une tradition qui consistait à laisser à la loi organique d'user de cette liberté. Mais, les règles de désignation retenues pour les 7 membres devant siéger au CSC étaient totalement politisées[14], soit 4 membres choisis par le Président de la République, 1 par le Président de l'Assemblée nationale, 1 par le Président du Sénat, et 1 par le ministre en charge de la communication. De plus, le Président du CSC est nommé par décret du Président de la République, parmi les membres du Conseil.

Avec l'avènement de la 7ème République, le constituant tout en pérennisant le principe de la constitutionnalisation de la composition des membres du CSC, qu'il a par ailleurs curieusement élargi, marque une rupture notoire avec la 6ème République relativement à la politisation actée en la matière.

Ainsi, selon les termes de l'article 161 de la Constitution de la 7ème République en vigueur, « Le Conseil supérieur de la communication est composé de quinze (15) membres ainsi qu'il suit :

- une (1) personnalité désignée par le Président de la République ;
- une (1) personnalité désignée par le président de l'Assemblée nationale ;
- une (1) personnalité désignée par le Premier ministre ;
- trois (3) représentants élus par les organisations socioprofessionnelles des médias du secteur privé dont, au moins, une femme ;

---

12 Voir notamment les ordonnances portant organisation des pouvoirs publics pendant la période de transition de 1999 et 2010, respectivement in Journal Officiel spécial n° 6 de la République du Niger du 13 avril 1999, pp. 140-141 et Journal Officiel spécial n° 6 de la République du Niger du 26 février 2010, pp. 66-67.

13 Qui a vu le jour malgré que la Cour Constitutionnelle ait jugé inconstitutionnel le référendum qui la sous-tendait

14 Voir l'article 130 de la Constitution de la 6ème République du Niger.

- trois (3) représentants élus par les organisations syndicales des travailleurs des médias du secteur public dont un journaliste, un producteur et un technicien dont, au moins, une femme ;
- un (1) représentant élu par les organisations syndicales des travailleurs du secteur des télécommunications ;
- un (1) représentant élu par les associations de défense des droits de l'Homme et de promotion de la démocratie ; -
- une (1) représentante élue par les collectifs des organisations féminines ;
- un (1) représentant élu par les agences et bureaux de communication et publicité ;
- un (1) représentant élu par les créateurs culturels ;
- un (1) représentant élu par les imprimeurs et éditeurs ».

Cette composition offre un tableau faiblement politisé[15] où trois personnalités désignées par les autorités politiques cohabitent avec une majorité des représentants élus, issus en grande partie des corps socioprofessionnels des médias. En soutien à cette logique de dépolitisation de la composition des membres du CSC, l'article 159 dispose : « Le Conseil supérieur de la communication est dirigé par un bureau. Les conseillers élisent en leur sein un (1) président, un (1) vice-président et deux (2) rapporteurs. Seul le bureau est permanent ». L'élection du Président[16] du CSC par ses membres matérialise un des critères fondamentaux du détachement de cette institution de tout pouvoir.

Cette dépolitisation qui s'est accompagnée d'une dépossession de la loi organique en ce qui concerne les règles de désignation des membres du CSC est la traduction de la volonté du Constituant nigérien de renforcer davantage l'esprit d'indépendance et de liberté qui ont été à la base de la création de cette illustre Institution. Dans ce revirement, « l'épisode 6ème République » a été particulièrement déterminant en instituant la possibilité d'empiéter sur l'indépendance du CSC via une composition complètement politisée. La 7ème République consacre une autorité de régulation de l'espace médiatique formellement à l'abri de toute influence politique[17]. Le principe de non-

---

15 Du moins théoriquement, ce qui n'exclut pas donc que le CSC soit sous influence politique par l'effet des manœuvres orientées dans ce sens.

16 Là également, il faut nuancer les choses avec l'installation d'une pratique qui consiste de facto à élire président la personnalité désignée par le Président de la République. Cette sorte « d'allégeance » curieuse se constate également chez d'autres institutions comme la Cour Constitutionnelle. A l'évidence, il y a bien des « consultations » officieuses lors de l'installation des ces institutions qui ont pour effet de relativiser, voire de rendre ineffective la dépolitisation portée par les textes.

17 Et sur fond d'une perceptible approche genre visant une réelle participation des femmes à la chose politique. Une approche paritaire aurait certainement été plus idoine.

renouvellement de mandat (de 5 ans) posé par l'article 162[18] de la Constitution, est l'élément supplémentaire qui contribue à garantir l'indépendance du CSC.

A l'évidence l'indépendance organique du CSC ne souffre d'aucune difficulté de reconnaissance ou de base textuelle solide. Cette vision semble être en adéquation avec la position du professeur Hubert DELZANGLES[19], qui affirme que « Pour rendre une entité organiquement indépendante, il faut que les règles de nomination des membres (composition et mandat des membres) ainsi que les règles de fonctionnement interne [...] reflètent un détachement par rapport à l'organe vis-à-vis duquel l'indépendance est imposée ». L'examen des autres institutions de régulation du Bénin, du Burkina, de la France, etc., révèle bien que la très faible marge de manœuvre laissée aux autorités politiques par la loi fondamentale nigérienne, en ce qui concerne le mode de désignation des membres du CSC, dévoile d'une certaine manière un « modèle » propre au Niger[20]. Comparée aussi aux autres institutions indépendantes consacrées par la Constitution, telles que la Commission Electorale Nationale Indépendante (CENI)[21] et la Commission Nationale des Droits humains (CNDH)[22], le CSC bénéficie incontestablement d'une place de premier rang au travers de sa constitutionnalisation dans les moindres détails. Cette attention particulière prêtée à la première institution constitutionnelle indépendante post-Conférence nationale n'a d'autres visées que son éloignement ou du moins sa soustraction du champ politique.

De ce fait, ce qui caractérise fondamentalement le CSC c'est avant tout son indépendance statutaire verrouillée par la Constitution. En effet, dès lors que le mandat des membres du CSC n'est ni renouvelable, ni révocable, ils n'ont aucun compte à rendre aux autorités qui les ont désignés ou au corps socioprofessionnel qui les a élus. Conséquemment, ils peuvent sans crainte accomplir leur« nécessaire devoir d'ingratitude », étant donné qu'ils ne seront jamais reconduits dans leur fonction (sauf circonstance exceptionnelle). L'indépendance organique du CSC qui emporte comme conséquence la garantie de l'indépendance de ses membres, il revient à ces derniers, « par leur attitude personnelle, de préserver leur liberté et de manifester leur sens de

---

18 Qui dispose : « La durée du mandat des membres du Conseil supérieur de la communication est de cinq (5) ans non renouvelable. En cas de décès, de démission ou d'exclusion d'un membre, il est remplacé dans les mêmes conditions pour le reste du mandat ».

19 Hubert DELZANGLES, L'indépendance des autorités de régulation sectorielles : communications électroniques, énergie et postes, thèse, Bordeaux IV, 2008, 903 p.

20 Ce système de désignation semi-politique (et socioprofessionnel) où les autorités politiques demeurent dépourvues du monopole de désignation des membres de l'institution, est le même pratiqué relativement à la composition des membres de la Cour Constitutionnelle du Niger.

21 Article 6 alinéa 2 de la Constitution de la 7ème République.

22 Article 44 de la Constitution de la 7ème République.

l'indépendance et des responsabilités »[23]. Quelques éléments de la loi organique sur le CSC[24], tels que la subordination de l'entrée en fonction par la prestation d'un serment[25], ou l'interdiction de « l'exercice d'une activité inconciliable avec l'indépendance et la dignité de la fonction »[26] du Conseiller s'inscrivent dans la logique de conforter l'esprit d'indépendance du CSC solidement balisé en amont par la Constitution.

Nonobstant les parenthèses démocratiques survenues, l'indépendance juridique du CSC refait toujours surface pendant les périodes dites démocratiques et se retrouve aujourd'hui conséquemment renforcée par la loi fondamentale en vigueur. La place de choix que le CSC occupe dans la Constitution à travers le titre VIII et les 8 articles qui lui sont consacrés, témoignent, si besoin est, de l'importance de cette institution administrative indépendante, dont la légitimité est inséparable de celle qui fonde les facteurs à la base de l'exigence de la démocratisation. L'appréciable indépendance juridique du CSC mise en exergue au travers de son détachement vis-à-vis des autorités publiques, ne suffit pas à elle seule pour atteindre ses objectifs, il faut pour cela qu'elle soit soutenue par une indépendance fonctionnelle, qui semble d'ailleurs poser quelques difficultés (B).

B.- UNE DÉPENDANCE FONCTIONNELLE INADAPTÉE À L'EXERCICE DES LARGES COMPÉTENCES AFFIRMÉES

Le CSC est sans doute un acteur ambitieux dans la quête de la consolidation de la fragile démocratisation du Niger, au regard de ses nombreuses missions listées dans la Constitution[27], qu'il partage pour

---

23 Emmanuel DERIEUX, « Chapitre VII. Régulation et Liberté de la communication audiovisuelle » in Pascal MBONGO, Carine PICCIO, Michel RASLE - (sous-direction), La liberté de la communication audiovisuelle au début du 21ème siècle, l'Harmattan, Collection « Les médias en actes », 2013, p. 130.

24 Loi n° 2012-34 du 7-6-2012, Conseil Supérieur de la Communication (CSC), Recueil des textes sur le Conseil Supérieur de la Communication, avec l'appui financier de Open Sociaty Initiative (OSIWA), mai 2016, pp. 49-62.

25 Libellé comme suit à l'article 30 alinéa 2 de la loi n° 2012-34 précitée : « Je jure solennellement de bien et fidèlement remplir mes fonctions dans une totale impartialité, de garder le secret des délibérations et de me conduire en tout comme un digne et loyal serviteur de la Nation. En cas de parjure, que je subisse les rigueurs de la loi ».

26 Voir article 54 de la loi n° 2012-34 du 7-6-2012.

27 L'article 157 de la Constitution de la 7ème République dispose : « Le Conseil a pour mission d'assurer et de garantir la liberté et l'indépendance des moyens de communication audiovisuelle, de la presse écrite et électronique dans le respect de la loi.

A ce titre, il veille :

- au respect de la mission de service public conférée aux médias d'État ;
- au respect de la déontologie en matière d'information et de communication ;
- au respect de l'accès équitable et effectif des citoyens, des associations et des partis politiques aux moyens publics d'information et de communication ;
- au respect de la réglementation en vigueur en matière de communication et d'exploitation ;
- au respect des statuts des professionnels de la communication ;

l'essentiel avec les autres instances de régulation présentes sur le continent. Comme le résume aisément Renaud de la BROSSE[28], en Afrique, « les régulateurs opèrent génériquement à différents niveaux : ils veillent à ce qu'aucune composante de la société ne soit exclue du secteur de la communication et encouragent la création de médias audiovisuels représentatifs des différentes cultures et traditions, afin de renforcer la cohésion nationale ; ils posent des critères exigeants en matière de qualité des contenus et de pluralisme médiatique, de même qu'ils encouragent la transformation des médias d'État en véritables services publics autonomes ; ils accompagnent la libéralisation du paysage audiovisuel en établissant des critères transparents et publics pour l'attribution de licences d'émission ; ils organisent et supervisent la couverture de l'information électorale par les médias, et prennent un soin tout particulier à l'accès équitable et à l'égal traitement des forces politiques en compétition dans les médias ».

Aussi méticuleux soit-il, le constituant demeure dépourvu du pouvoir de garantir l'indépendance fonctionnelle d'une institution administrative en même temps que son indépendance juridique. En tout état de cause, il ne lui revient pas de s'étaler sur son cadre fonctionnel quel que soit le degré d'importance conféré à cette dernière. A cet effet, l'article 163 de la Constitution de la 7ème République annonce qu'«Une loi organique précise l'organisation, les attributions et le fonctionnement du Conseil Supérieur de la Communication », il incombe donc à cette dernière de définir suffisamment les modalités de son fonctionnement, tenant compte de multiples attributions consacrées déjà par l'article 157 de la Constitution, dont la substance est déclinée ci-dessus. Le CSC ne peut revêtir une indépendance effective s'il ne jouit pas d'une autonomie concrète dans la conduite de sa gestion, c'est l'essence même de l'indépendance fonctionnelle. Au fond, «Il s'agit de l'indépendance d'action, c'est à dire la capacité, pour l'entité considérée d'exercer ses pouvoirs sans être soumise aux prescriptions de l'organe dont le détachement est requis »[29]. En la matière, la façon dont les activités du régulateur sont financées est un élément décisif, sans pour autant occulter

- au respect de la pluralité d'opinions dans les médias publics et privés ;
- à la promotion et au développement des technologies de l'information et de la communication ;
- à la formation du personnel, à sa professionnalisation et au renforcement de ses capacités ;
- au contrôle du contenu et des modalités de programmation des émissions de publicité diffusées par les chaînes de radio et de télévision publiques, privées, communautaires et associatives ;
- à la protection de l'enfance et de l'adolescence dans la programmation des émissions diffusées par les entreprises publiques et privées de la communication audiovisuelle ;
- à la promotion du sport et de la culture nigérienne dans la programmation des émissions diffusées par les entreprises publiques et privées de la communication audiovisuelle ».

[28] Renaud de la BROSSE, Médias et démocratie en Afrique : l'enjeu de la régulation, Bruylant, Collection « Médias, Sociétés et Relations Internationale », op.cit., p. 25.

[29] Hubert DELZANGLES, L'indépendance des autorités de régulation sectorielles : communications électroniques, énergie et postes, op. cit.

d'autres facteurs qui peuvent entrer en concours telle que la question de la clarté de la loi sur certains aspects, etc.

D'emblée, il faut souligner qu'un certain nombre de précautions, même si elles ne sont pas suffisantes, sont identifiables dans la loi organique sur le CSC du 7 juin 2012. On peut y lire respectivement aux articles 47 et 49 de cette loi, les prescriptions ci-après : « Les ressources du Conseil Supérieur de la Communication proviennent du budget de l'Etat et des contributions des différents partenaires » ; et « Le Conseil Supérieur de la Communication élabore son budget annuel et le soumet aux services du Ministère en charge des Finances. Il dispose d'un compte au trésor national ». Cette liberté laissée au CSC dans l'élaboration de son budget est appréciable, dans la mesure où elle prévient le risque d'instrumentalisation politique des mécanismes de son financement. Cette exigence légale qui permet au régulateur de préparer lui-même son budget, lequel est inscrit directement au budget national, est une pratique démocratique qu'on peut aussi déceler au Bénin, contrairement à d'autres pays (comme le Mali par exemple).

Pour autant le risque d'influence politique n'est pas nul, nonobstant cette autonomie dans l'élaboration du budget dès lors que celui-ci demeure à la charge de l'État. Il est d'ailleurs apparu que les préoccupations financières du CSC sont loin d'être prises en compte par l'État. Un état des lieux pertinent dressé par Garba Ousmane[30] (Directeur des études et de la programmation du CSC), fait ressortir clairement les difficultés budgétaires rencontrées par le CSC. Elle tourne autour de l'insuffisance des crédits alloués, le retard dans leur libération, la lenteur qui caractérise leur mise à disposition et leur transfert dans le compte du CSC au trésor, leur réduction à travers les collectifs budgétaires, etc. Cet état des lieux assez exhaustif révèle que la part des partenaires dans le financement des activités du CSC est légèrement supérieure à celle de l'État, soit 54,71% contre 45,28% ! Cette situation se double d'un réel déficit en personnel technique, fragilisant davantage le cadre fonctionnel du CSC qui doit faire face à « une crédibilité et une indépendance à confirmer au quotidien tant les interpellations et les épreuves sont pressantes »[31].

De manière générale, en Afrique le chantage en matière de financement des activités des instances de régulation semble être une réalité, du fait qu'«Hormis quelques rares pays, la politique du ventre a conduit les autorités de régulation à mettre de côté l'obligation d'impartialité contenue dans leur serment, et à accepter les desiderata des gouvernements en échange de moyens

---

[30] Garba OUSMANE, « Financement de la régulation des médias au Niger : états des lieux et perspectives » in Vingt-cinq ans de régulation des médias au Niger : bilan, défis et perspectives, Actes du Colloque international de Niamey, Conseil Supérieur de la Communication (CSC), novembre 2016, pp. 59-70.

[31] Voir Aboubakari KIO KOUDIZE, « Libéralisation du paysage médiatique nigérien de 1991 à nos jours : quels défis pour l'instance de régulation ? », in Actes du Colloque international de Niamey op.cit, p. 25.

de fonctionnement »[32]. Que ce soit au Niger, ou dans les autres pays d'Afrique francophone, les régulateurs ambitionnent une réglementation moins restrictive en matière de financement, et conséquemment un élargissement des sources de financement afin de s'affranchir de la dépendance vis-à-vis de l'État. Par exemple, le financement public pourrait être réduit au profit d'une introduction de financement via la contribution à l'audiovisuel, en l'espèce les redevances audiovisuelles et les diverses taxes qui incombent aux régulés. De manière concrète la dépendance fonctionnelle qui impacte sur l'efficacité du système de régulation au Niger, pourrait avoir une issue favorable à travers la conjugaison de trois éléments déterminants qui sont au fond liés : un cadre législatif adapté, la présence d'un volontarisme politique et le charisme du Président du CSC. En effet, puisque le CSC dispose de la faculté de soumettre au gouvernement et à l'Assemblée des textes sur les questions relevant de sa compétence[33], il lui appartient à travers l'activisme de son Président d'aboutir à l'adoption des normes susceptibles de combler les lacunes juridiques préjudiciables à son champ d'action. Pour ce faire, en plus d'une compétence avérée de son Président, celui-ci doit faire preuve d'un leadership exigé par la démarche (politique) requise.

En tout état de cause, l'actualité nous renseigne que le CSC a atteint une étape décisive dans la recherche de l'efficacité de la régulation conduite par son magistère à travers le « Plaidoyer pour l'adoption des textes sur la communication »[34] du 14 septembre 2017, Ce dernier renferme des textes élaborés conjointement par le CSC et le gouvernement dont l'adoption comblera les vides juridiques, entres autres, de la régulation des médias audiovisuels et de la presse électronique. En définitive, si la Constitution a doté le CSC d'un statut juridique adéquat, son cadre fonctionnel en revanche butte sur des obstacles réels, qui ne sont pas néanmoins insurmontables en présence d'une convergence entre le dynamisme de l'institution et la volonté politique. En dépit de ces difficultés que connaît le CSC dans l'accomplissement de ses missions, son influence dans la régulation de l'espace médiatique et démocratique nigérien demeure incontestable (II).

---

32 Voir Institut Panos Afrique de l'Ouest, Les organes de régulation des médias en Afrique de l'Ouest : État des lieux et perspectives, Dakar, 2006, p. 43.

33 C'est notamment l'article 9 de la loi organique sur le CSC du 7/06/12 qui affirme que : « Le Conseil Supérieur de la Communication peut formuler à l'attention des pouvoirs exécutif et législatif, des propositions, des avis et des recommandations sur les questions relevant de sa compétence »

34 Voir, « Plaidoyer pour l'adoption des textes sur la communication : le CSC réunit les membres du gouvernement, des institutions sœurs et des acteurs étatiques », disponible sur : http://www.csc-niger.ne/index.php/archives-articles/272-plaidoyer-pour-l-adoption-des-textes-sur-la-communication-le-csc-reunit-des-membres-du-gouvernement-des-institutions-soeurs-et-des-acteurs-etatiques. [Page consultée le 20 septembre 2017]

II.- L'EFFET DE LA RÉGULATION SUR LE FONCTIONNEMENT MÉDIATIQUE ET DÉMOCRATIQUE EN MUTATION

Le CSC, c'est avant tout le symbole patent de la fin du monopole de l'État sur le secteur médiatique au bénéfice de la consécration de la liberté de communication. Sans nul doute, c'est au nom de l'affirmation de la liberté d'expression que son émanation a été l'une des priorités à la base du mouvement qui a déclenché la revendication d'entrée en démocratisation. Ainsi à juste titre, l'impact du CSC sera ici exposé à l'aune de la liberté d'expression dans son acception plurielle. A cet effet Karine FAVRO[35] souligne que « si l'on reconnaît le caractère essentiel de la liberté d'expression s'agissant de l'exercice effectif des libertés de la pensée et son rôle primordial dans le fonctionnement de la démocratie, encore faut-il que son respect et son effectivité soient eux-mêmes garantis. Ce qui paraît expliquer l'érection du pluralisme en condition de la démocratie ». Et, conséquemment, « Le contrôle démocratique est exercé de manière pluraliste ; en tous les cas il doit l'être »[36]. Sur cette base, deux périodes principales vont nous servir de repère dans l'appréciation de l'influence du CSC sur l'échiquier démocratique nigérien à travers la régulation du pluralisme, qui a été rangé parmi les éléments caractéristiques de la démocratie aussi bien par le Conseil constitutionnel que par le juge de Strasbourg. Il va d'abord s'agir de la régulation en période électorale (A), avant de se pencher sur celle qui se passe hors période électorale (B), le tout sur fond d'auscultation des secteurs public et privé.

A.- L'IMPACT DE LA RÉGULATION EN PÉRIODE EXCEPTIONNELLE ILLUSTRÉE PAR LES CONSULTATIONS ÉLECTORALES

Les élections sont très souvent des évènements politiques extrêmement sensibles au Niger, et dans la majorité des pays de « jeune démocratie ». Durant ces périodes de grande vulnérabilité politique, l'objectif de la régulation est de « discipliner » voire interdire les médias irresponsables d'une part, et d'autre part de favoriser la pluralité d'opinions nécessitée par le cycle électoral. Dans l'optique d'assurer la cohésion sociale et politique, les normes fondamentales médiatiques doivent être édictées et vulgarisées pour mieux sensibiliser les différents acteurs du champ médiatique. Ces normes

---

[35] Karine FAVRO, « Chapitre Cinq : L'intérêt du public, standard de la régulation et de la communication audiovisuelle » in Pascal MBONGO -(sous-direction), La régulation des médias et ses standards juridiques, éditions Mare et Martin, Collection « Libertés, Auteurs et Médias », 2011, p. 112.

[36] Bénoît DELAUNAY, « Le contrôle de l'activité du Conseil Supérieur de l'audiovisuel » in Céline BLOUD-REY et Jean-Jacques MENURET- (sous-direction), Le droit de la régulation audiovisuelle et le numérique, éditions Larcier, Collection « droit des technologies », 2016, p.109.

fondamentales tournent autour de l'équité dans le traitement du sujet d'actualité, la précision journalistique, une information équilibrée et impartiale, le respect du droit à la vie privée, le respect du droit de réponse et de correction, la déontologie journalistique, toute chose qui concoure à préserver la quiétude électorale.

C'est donc dans cette logique que lors des dernières élections générales de 2016, le CSC a jugé impérieux de marquer sa présence par l'adoption le 12 novembre 2015 de douze (12) décisions de grande importance confinées dans le Recueil des textes réglementant l'accès des partis politiques et des candidats aux médias publics et privés[37], et un Code de bonne conduite des journalistes en périodes électorales (datant de décembre 2015)[38]. L'analyse de la substance de ces textes et celle de leur mise en œuvre, mettra en lumière l'impact de la régulation exercé par le CSC durant ces consultations électorales. Ces 12 décisions qui sont le fruit d'une concertation avec les représentants des partis politiques, des médias publics et privés n'ont d'autre objectif que de garantir l'accès égal et équitable des candidats et des partis politiques aux médias publics et privés à l'occasion des consultations électorales de 2016. Elles se subdivisent en deux parties, la première réglementant l'accès aux médias publics et la deuxième réglementant l'accès aux médias privés. Ces textes qui visent au fond la sérénité électorale, gage de la sérénité politique, ont en commun de rappeler l'obligation de respecter « les principes d'objectivité, d'impartialité et de pluralisme de l'information », « l'interdiction de la diffusion et la publication des messages, des déclarations et harangues, des sermons et professions de foi à caractère religieux, diffamatoire ou injurieux, régionaliste, ethnique et racial, toute forme de stigmatisation et de sexisme visant à inciter les populations à la violence, à la fraude, à la corruption, ainsi que toutes formes de propagande visant à inciter les populations à la désobéissance civile ». Le Code de bonne conduite des journalistes en période électorale élaboré dans le même esprit entend orienter les journalistes vers une couverture exemplaire des scrutins électoraux.

A signaler que l'opposition politique a refusé de signer ledit Code tant que ses militants détenus, au rang desquels se trouve Hama Amadou, candidat à l'élection présidentielle projetée[39], ne soit pas libérés. Le contrôle et suivi des

---

37 Election 2016, Conseil Supérieur de la Communication (CSC), Recueil des textes réglementant l'accès des partis politiques et des candidats aux médias publics et privés, avec l'appui de l'Organisation Internationale de la Francophonie (OIF), décembre 2015, 66 p.

38 Election 2016, Conseil Supérieur de la Communication (CSC), Code de bonne conduite des journalistes en période électorale, avec l'appui de l'Organisation Internationale de la Francophonie (OIF), décembre 2015, pp. 1-12.

39 Voir l'interview réalisée par Cheick Beldh'or, titrée : « Refus de l'opposition nigérienne de signer le Code de bonne conduite : ‘‘ Les négociations se poursuivent... ’’, dixit Abdourahmane Ousmane, Président du Conseil supérieur de la Communication » in le journal burkinabè le Pays du 4 février 2016, disponible sur : http://lepays.bf/refus-de-lopposition-nigerienne-de-signer-le-code-de-bonne-conduite-les-negociations-se-poursuivent-dixit-abdourahmane-ousmane-president-du-conseil-superieur-de-la/. [Page consultée le 20 septembre 2017]

règles de l'accès aux médias en période électorale est confié à un Groupe de travail créé auprès du CSC, aussi bien en ce qui concerne les médias publics que privés. Quant au respect de la bonne application du Code de bonne conduite des journalistes en période électorale, il est assuré aux moyens d'une co-régulation[40] entre le CSC , la Maison de Presse (MP) et l'Observatoire Nigérien Indépendant des Médias pour l'Ethique et la Déontologie (ONIMED). Toutefois, il importe de souligner qu'au-delà de l'objectif commun d'égalité et d'équité visé, une distinction s'opère en matière de respect du pluralisme selon qu'il s'agisse du secteur public ou du secteur privé. C'est pourquoi, le CSC a retenu le principe d'égal accès aux médias publics pour les présidentielles et le principe de l'accès équitable proportionnellement au nombre des listes présentées par les partis politiques en ce qui concerne les élections législatives, régionales et municipales. Relativement aux médias privés, le CSC a mis l'accent sur les principes de pluralisme, d'équilibre de l'information et d'égalité tarifaire.

Toujours est-il que dans les deux cas, ce sont des règles qui sont difficiles à respecter et inévitablement la crédibilité du CSC dépendra du traitement mesuré et impartial des entorses constatées dans le déroulement de ces périodes délicates. Le choix de la période remontant aux dernières élections pour illustrer l'impact de la régulation médiatique n'est pas fortuit, il se veut méthodologique et d'actualité. Méthodologique, car faisant l'économie de faire l'historique d'un CSC au bilan pouvant se révéler mitigé voire déplorable. En rapport avec l'actualité au regard simplement du regain du dynamisme de l'institution avec l'avènement de la Constitution du 25 novembre 2010. Ce dynamisme même s'il ne fait pas aujourd'hui l'unanimité, même s'il ne confère pas de facto la crédibilité perdue, il est cependant bien perceptible et s'insère avec force dans le jeu démocratique.

En vertu de cette qualité d'acteur de renforcement de la démocratisation, le CSC a veillé tant bien que mal à faire respecter les principes fondamentaux qui gouvernent le champ médiatique soumis à sa régulation. L'accomplissement de cette tâche s'est fait par le biais des actions de prévention et sensibilisation, de sanction et du suivi nécessité par la fin des opérations électorales. A ranger dans les actions de sensibilisation, l'initiative du CSC qui a conduit à la production de l' «Hymne pour les élections apaisées »[41], à travers lequel les grandes figures artistiques nigériennes magnifient le vote démocratique sur fond d'exhortation de l'appel à la sauvegarde de la paix et la cohésion sociale durant les périodes électorales. En ce qui concerne, la posture préventive du

---

40 Voir article 21 du Code de bonne conduite des journalistes en période électorale op.cit, 11

41 Voir Zabeirou Moussa, « Présentation de l'œuvre "hymne pour des élections apaisées" au Niger : Quand les artistes musiciens s'engagent pour des élections apaisées », disponible sur : https://nigerdiaspora.net/index.php/politique-archives/item/72858-presentation-de-l-oeuvre-hymne-pour-des-elections-apaisees-au-niger-quand-les-artistes-musiciens-s-engagent-pour-des-elections-apaisees. [Page consultée le 20 septembre 2017]

CSC, elle consiste à des menaces claires de sanction afin de dissuader les potentiels contrevenants aux textes fondamentaux. C'est notamment l'exemple du rappel à l'ordre du 25 janvier 2016[42] où le CSC a relevé « la diffusion sur les médias publics et privés d'actes de propagande électorale déguisée, avant l'ouverture officielle de la campagne électorale, de la part de certains candidats et partis politiques en violation des dispositions de l'article 21 de la loi 2014-01 du 28 mars 2014, portant régime général des élections présidentielles, locales et référendaires » ; ou de celui de février 2016[43] qui invite « les journalistes et les responsables des médias publics et privés à plus de professionnalisme, de rigueur et d'équilibre dans le traitement et la diffusion de l'information, au regard de la nécessité de préserver la paix et la quiétude sociale dans une période électorale très sensible »; ou encore du communiqué de mars 2016[44] qui rappelle « l'interdiction faite aux médias de publier ou de diffuser tout propos à caractère régionaliste, ethnique ou racial ».

Il est sans doute difficile de nier la contribution de cette présence très marquée du CSC dans l'œuvre de sauvegarde de la quiétude sociale et électorale, quand on sait qu'il a prononcé déjà des sanctions en amont de ce rendez-vous électoral qui ont certainement élevé quelque peu le sens de responsabilité des médias. En effet, dans un communiqué du début janvier 2016[45], le CSC a adressé un avertissement écrit au journal « Le Nouveau Républicain », pour sa livraison du 15 octobre 2015 qui contient un article intitulé : « Élections législatives 2016 : la future Assemblée nationale sera –t-elle le refuge des malfrats de la 7ème République ? », et une mise en demeure au journal « KAZIM » pour violation de la Charte des journalistes professionnels du Niger, suite à deux articles contenus dans ses publications du 17 septembre 2015 et du 22 octobre 2015, respectivement intitulés : « Xénophobie arabe au Niger » et « Les grands pêches du Préfet de Dogondoutchi ». La particularité de ces sanctions, c'est d'être toutes survenues suite à la saisine d'office de la plénière du CSC. Elles s'apparentent

---

42 Communiqué de presse du Conseil Supérieur de la Communication (CSC) du 25 janvier 2016, disponible sur : http://www.actuniger.com/politique/11087-campagne-%C3%A9lectorale-le-rappel-%C3%A0-l%E2%80%99ordre-du-csc-aux-m%C3%A9dias. [Page consultée le 20 septembre 2017]

43 Communiqué de presse du Conseil Supérieur de la Communication (CSC), disponible sur : http://www.lesahel.org/index.php/2011-07-25-15-57-21/item/11090-communiqu%C3%A9-de-presse-du-conseil-sup%C3%A9rieur-de-la-communication-csc--le-csc-exhorte-les-journalistes-et-les-responsables-des-m%C3%A9dias-publics-et-priv%C3%A9s-%C3%A0-plus-de-professionnalisme-et-de-rigueur-dans-le-traitement-de-linformation. [Page consultée le 21 septembre 2017]

44 Communiqué de presse du Conseil Supérieur de la Communication (CSC) de mars 2016, disponible sur : http://lesahel.org/index.php/component/k2/item/11172-communiqu%C3%A9-de-presse-du-conseil-sup%C3%A9rieur-de-la-communication--le-csc-rappelle-linterdiction-faite-aux-m%C3%A9dias-de-publier-ou-de-diffuser-tout-propos-%C3%A0-caract%C3%A8re-r%C3%A9gionaliste-ethnique-ou-racial. [Page consultée le 21 septembre 2017]

45 Communiqué de presse du Conseil Supérieur de la Communication (CSC) de janvier 2016, disponible sur : http://www.lesahel.org/index.php/2011-07-25-15-56-32/item/10648-communique-de-presse-du-csc--des-sanctions-%C3%A0-des-journaux-et-des-f%C3%A9licitations-%C3%A0-des-journalistes. [Page consultée le 21 septembre 2017]

à un message fort dans la prise en charge sans concession des évènements électoraux qui se pointent à l'horizon. Ne voulant lâcher du lest dans l'accompagnement efficient du moment électoral dans toute sa dimension, le CSC via un communiqué (du 21 février 2016)[46] relatif à la couverture de l'élection présidentielle couplée aux législatives du 21 février 2016, rappelle les termes de la décision n° 000102/P/CS du 12 novembre 2015 qui stipule qu' « Avant l'ouverture et après la fermeture des bureaux de vote et jusqu'à la proclamation définitive des résultats par la Cour Constitutionnelle, les médias ne peuvent plus diffuser que les résultats annoncés par la Commission Electorale Nationale Indépendante (CENI). Dans ce cas, ils doivent à chaque fois préciser leur caractère partiel et provisoire », et « convie l'ensemble des journalistes accrédités à prendre part à la nuit électorale organisée par la CENI au Palais des Congrès de Niamey où les résultats seront centralisés et publiés ».

Véritablement, au-delà des insuffisances qu'on peut relever ou des critiques, sommes toutes recevables, le CSC a été un régulateur influent dans cette période d'expression démocratique, et cela du début à la fin. C'est certainement en raison de cette stature d'acteur clé de renforcement de la démocratisation qu'il a été interpellé le 30 janvier 2016 par le parti politique LUMANA sur la problématique du respect par lui-même de ses propres textes. Précisément, il s'agissait de la « détention préventive » du candidat à l'élection présidentielle, en l'occurrence le sieur Hama Amadou, qui ne lui permettait pas de participer à l'enregistrement de l'émission « Entretien », prévu par la télévision nationale le 30 janvier 2016, conformément aux dispositions de la Décision N° 098/P/CSC du 12 novembre 2015.

En réponse donnée au bureau du parti politique du candidat Hama Amadou[47], le CSC soutient qu'il « n'a jamais prévu de procéder à l'enregistrement de l'entretien du candidat Hama Amadou à la prison de Flingué », avant d'ajouter qu' « Aucune prérogative constitutionnelle, légale ou réglementaire n'autorise le Conseil Supérieur de la Communication à assurer le déplacement de tout candidat au lieu d'enregistrement des messages et entretiens, prévu dans les locaux de l'ORTN, aux fins d'assurer les conditions techniques identiques à tous les candidats ». Autant qu'il était légitime pour le parti politique MODEN-FA LUMANA AFRICA d'adresser cette requête au CSC, autant il était impératif pour le CSC de réagir par une position la plus adaptée possible. L'indépendance d'une AAI qui exclut toute idée de subordination hiérarchique, de contrôle ou de tutelle leur confère un

---

46 Communiqué de presse du Conseil Supérieur de la Communication (CSC), disponible sur : http://lesahel.org/index.php/2011-07-25-15-56-32/item/11057-communiqu%C3%A9-de-presse-du-csc-sur-la-publication-des-r%C3%A9sultats-du-vote. [Page consultée le 21 septembre 2017]

47 Communiqué de presse du Conseil Supérieur de la Communication (CSC) de février 2016, disponible sur : http://lesahel.org/index.php/component/k2/item/10908-communique-de-presse-du-bureau-du-csc. [Page consultée le 21 septembre 2017]

puissant pouvoir de décision individuelle qui la conduit « à se préoccuper de situations particulières et des équilibres concrets du secteur dont elle a la charge [...] L'autorité apparaît comme un arbitre ou un garant chargé de concilier et d'harmoniser les divers intérêts en présence. Le pouvoir de prendre des décisions individuelles, souvent créatrices de droit attribué à des autorités administratives indépendantes se révèle multiforme »[48]. La réponse du CSC était-elle la plus raisonnable au regard de la philosophie qui le sous-tend ? Etait-elle plus adaptée au maintien de la quiétude électorale, quand on sait que la Cour constitutionnelle va se déclarer incompétente sur la même question dans un arrêt du 9 février 2016[49] après avoir soutenu l'absence de rupture d'égalité entre le candidat Hama Amadou et les autres candidats ? L'attitude du CSC face au « cas Hama Amadou » a sans doute écorné quelque peu sa crédibilité aux yeux de l'opposition politique, mais la tension politique qui prévalait invitait le CSC à une prudence accrue qui l'a poussé à se contenter de cette option (de facilité) tout de même logique.

De manière générale, en matière de traitement des plaintes et protestations, le CSC s'est efforcé de trouver les réponses les plus adaptées possibles, comblant parfois le vide textuel apparu par des propositions circonstancielles visant essentiellement à prévenir des tensions liées au fonctionnement médiatique. A titre d'illustration, par une lettre datée du 1er février 2016 adressée au Président du CSC, le Directeur national de campagne du parti politique MNSD exprimait une « protestation » sur la question de l'égal accès aux médias d'Etat, du fait notamment qu'une importante couverture médiatique a été consacrée par les médias publics aux visites (à Diffa et Niamey) du Président de la République, qui est candidat à sa propre succession au titre de son parti, le PNDS-Tarayya. Après avoir évacué les autres aspects connexes de la protestation qui lui est soumise, le CSC relève que « la visite effectuée par le Président de la République auprès des Forces de Défense et de Sécurité à Diffa, a été faite dans le cadre des activités de Chef de l'Etat, Chef Suprême des Armées ». Néanmoins, pour que la fonction du Chef de l'Etat ne soit pas une donnée permissive en matière d'atteinte à l'égal accès aux médias publics, le Bureau du CSC ordonna « d'assurer la couverture médiatique à tout candidat à l'élection présidentielle premier tour, qui se rendrait dans la région de Diffa et qui se souhaiterait présenter ses condoléances aux familles des FDS ou se recueillir sur les tombes des soldats ».

Cette attitude du CSC qui consiste à suppléer le silence de textes dans une logique de recherche d'équité, est sans préjudice de sa préoccupation manifestée en matière du respect de l'intégrité des textes régissant l'accès des

---

[48] Wael EL ZEIN, Les aspects juridiques de la libéralisation des télécommunications - Etude comparée, L.G.D.J. –extenso-édition / Edition Alpha, 2012, p. 268.

[49] Voir arrêt n° 001/CC/MC du 09 février 2016 disponible sur le Site de la Cour.

partis politiques et candidats aux médias publics et privés. Le CSC n'hésite d'ailleurs pas à prendre des décisions adaptées lorsque survient une violation en la matière, comme c'est le cas des mesures conservatoires tendant à faire arrêter la diffusion des spots publicitaires en format non autorisé, en violation de l'article 31 de la décision N° 0098/P/CSC du 12 novembre 2015. Etaient en cause les spots publicitaires du candidat du parti PNDS (Président sortant Issoufou Mahamadou) et celui du parti CDS-Rahama (Abdou Labo). Jugeant illégales ces mesures conservatoires le Directeur Général de l'Office de Radiodiffusion Télévision du Niger (ORTN), saisit le Conseil d'Etat en référé le 12 février 2016 après le recours gracieux adressé au Président du CSC le 11 février 2016. Mais, le 16 février 2016, à l'audience de référé, le Conseil d'Etat s'est déclaré incompétent, renvoyant le Directeur Général de l'ORTN à mieux se pourvoir. Une situation qui conforte bien le CSC dans sa stature de « maître » du jeu électoral, et dans le cas d'espèce comme l'a bien souligné l'avocat du CSC, « la mesure contestée [...] continuera à produire ses effets jusqu'à ce qu'il en soit autrement décidé par la juridiction compétente qui n'est pas encore saisie ». Il se dégage de ces observations une présence bien marquée du CSC en période de consultation électorale essentiellement axée sur la difficile quête de la préservation de la quiétude sociale qui est très souvent absente durant ladite période.

Cela dit, la période électorale n'est pas le seul moment où l'autorité de régulation s'investisse intensément, le foisonnement des journaux et le développement croissant de nouveaux moyens de communication rend sa tâche de plus en plus difficile.

B.- L'IMPACT DE LA RÉGULATION EN PÉRIODE NORMALE MARQUÉE PAR LES FLUCTUATIONS DE L'ESPACE MÉDIATIQUE

A en juger par les différents écrits sur les AAI, le moins qu'on puisse dire, c'est que le CSC du Niger n'a pas toujours eu bonne presse ! Et les qualificatifs sont légion en la matière : un « organe qui brille par son inertie et sa politisation»[50], qui « a montré ses limites »[51] ou encore ''illégitime aux yeux des régulés ''[52], etc. L'actualité des activités du CSC invite aujourd'hui à relativiser ces affirmations. Le CSC semble en effet s'engager dans un activisme destiné à lui conférer une certaine crédibilité. Il affirme de plus en

---

50 Institut Panos Afrique de l'Ouest, Les organes de régulation des médias en Afrique de l'Ouest : État des lieux et perspectives, Dakar, op.cit., p. 39.

51 Voir « Étude sur la liberté d'expression au Niger – pas de démocratie sans liberté d'expression et de presse in Article 19 – Campagne mondiale sur la liberté d'expression, p. 21. Disponible sur : http://www.africafoicentre.org/index.php/resources-afic/33-niger-state-of-foe-french/file. [Page consultée le 08 septembre 2017]

52 Renaud de la BROSSE, Médias et démocratie en Afrique : l'enjeu de la régulation, Bruylant, Collection « Médias, Sociétés et Relations Internationale », op.cit., p. 268.

plus sa présence en dehors des moments électoraux, conformément à ses missions de garant du respect de l'accès équitable et effectif aux médias, d'organe de préservation de la paix et de la quiétude sociale et d'acteur exigeant en matière de la professionnalisation des journalistes. Avec le développement fulgurant des moyens de communication relevant des nouvelles technologies, en l'espèce internet et réseaux sociaux, la tâche du CSC se complexifie de plus en plus.

Pour dévoiler un CSC, qui n'est pas toujours enclin à sanctionner que les médias privés, le Rapport de monitoring sur l'accès aux médias publics au cours du deuxième semestre 2016, examiné lors de sa session ordinaire du 23 au 27 janvier 2017[53], est assez illustratif. En effet, ce sont les médias publics (audiovisuels et presse), en l'occurrence l'ORTN et l'ONEP qui ont été mis en demeure « afin de se conformer, sans délais, aux dispositions des articles 12 et 19 de la Délibération n° 003/CSC du 12 juin 2013, déterminant les modalités d'accès des citoyens, des associations et des partis politiques aux médias publics ». Cette mise en demeure des médias publics disposant d'une influence considérable dans la sphère communicationnelle nigérienne, déconstruit d'une certaine manière le laxisme longtemps décrié du CSC relativement à leur gestion. Son effet ne s'est pas fait attendre, un des médias concernés, en l'occurrence l'ONEP, a réagi à travers sa rédaction, expliquant le dysfonctionnement t et les difficultés qui rendent difficile le traitement effectif des commandes de couverture médiatique. A travers cette réponse datée du 3 février 2017, l'ONEP soutient que cette décision qui tend à la stigmatiser « comme étant un prédateur de l'accès des partis politiques et des organisations de la société civile [...], est une accusation trop hâtive et injuste ». En vérité, cette réaction, au-delà du caractère fondé ou infondé des justifications apportées, traduit bien une certaine résistance à un changement de contexte, les médias publics devant désormais respecter les principes qui régissent la liberté de communication sous peine d'être sanctionnés par le CSC.

Le CSC manifeste une réelle préoccupation en matière des excès liés à l'exercice de la liberté d'expression susceptibles de troubler la paix et la quiétude sociale. Les évènements intervenus au Rwanda et en ex-Yougoslavie dans la première moitié des années 1990 justifient plus que jamais la nécessaire présence d'un régulateur indépendant pouvant mettre des garde-fous destinés à combattre les abus commis par voie de presse. Lors de la session ordinaire de décembre 2016 du CSC, celui-ci après avoir pris des mesures suite à des irrégularités subséquentes à l'évaluation des cahiers de charges et au contrôle de conformité technique des médias, « invite les acteurs

---

53 Communiqué de presse du Conseil Supérieur de la Communication (CSC), disponible sur : http://www.nigerinter.com/2017/02/communique-de-presse-du-csc/ [Page consultée le 21 septembre 2017]

politiques, religieux, associatifs et les citoyens à plus de modération et de tolérance, dans le respect du pluralisme d'opinion, et exhorte les responsables des médias et les journalistes à plus de rigueur et de professionnalisme dans le traitement et la diffusion de l'information ». Il s'agit là d'un rappel fréquemment fait par le CSC, qui demeure exigeant en matière du respect d'éthique et de la déontologie journalistique[54]. C'est déjà sous cet angle qu'il a été infligé à la radio privée SAHARA FM d'Agadez (sur plainte du gouverneur de la région) une mise en demeure le 1er juin 2015, suite à la diffusion d'un communiqué le 24 février 2015, « appelant les parents d'élèves à aller chercher leurs enfants à l'école parce que Boko Haram aurait attaqué plusieurs écoles avec prise d'otages », en méconnaissance des stipulations de la Charte des journalistes professionnels. Par ailleurs, lors de la session ordinaire du CSC du 22 au 26 juin 2015, le journal le « Courrier » a reçu un avertissement écrit pour violation de la Charte des journalistes professionnels et qu'une procédure de saisine d'office du CSC fut engagée à l'encontre du journal le « Nouveau Républicain », suite à la publication intégrale par ce dernier des articles ayant justifié l'interdiction de parution pour une durée d'un mois du journal « L'Actualité ».

La logique de préservation de l'intégrité des dispositions relatives aux « devoirs » contenues dans ladite Charte constituent le fondement des mesures de sanction constamment prises par le CSC. Ces devoirs incombant aux journalistes actés dans la Charte et qui font très souvent intervenir le CSC tournent d'abord autour de l'exigence de la véracité des faits rapportés sans altération (article 2), l'interdiction du plagiat, la calomnie, la diffamation et les accusations sans fondement (article 4), le respect de la vie privée (article 9) et l'interdiction de jeter le discrédit sur une personne ou de l'exposer au mépris ou à la haine sans aucun intérêt public ou une utilité dans la vie collective (article 10). Ainsi, en application de ces principes, les journaux « L'Actualité », « Le Monde d'Aujourd'hui » et « Le Canard en Furie », ont écopé d'une mise en demeure respectivement les 13 juillet 2016, 02 août 2016 et le 5 février 2018, pour violation des dispositions de la charte des journalistes professionnels[55]. Rien que les titres de ces journaux ne pouvaient laisser indifférent le magistère du CSC très à cheval sur la question de la professionnalisation du métier de journaliste. Ils étaient libellés ainsi : « Après le hold-up électoral : le Roi Issoufou II retranché dans son nid d'aigle »[56], « Quand Mussolini remplace Hitler »[57] et «Marou Amadou ou le comble de la turpitude »[58]. Sont indexés ici successivement le Président de la République,

---

54 Consulter utilement : Conseil Supérieur de Communication (CSC), Rapport public 2016, mai 2017, 87 p.

55 En ses articles 2, 4 et 10 pour les deux premiers journaux et 4, 9 et 10 pour le dernier journal.

56 Le journal Actualité N° 348 du 13 avril 2016.

57 Le journal Le Monde d'Aujourd'hui N° 174 du 13 avril 2016.

58 Le journal Le Canard en Furie N°48 du 30 octobre 2017.

les ministres de l'intérieur et de la défense, et enfin le ministre de la justice. Ensuite, les sanctions de la violation des devoirs prescrits dans la Charte des journalistes professionnels peuvent concerner la question de l'exactitude des faits rapportés sans dénaturation aucune (article 3) et celle ayant trait à l'identification de l'information accompagnée des réserves qui s'imposent (article 7). S'inscrivent dans cette sphère, les mises en demeure intervenues le 05 juin 2017 à l'encontre des journaux : « Le Canard Déchaîné »[59] dans sa livraison intitulée « Manif du 04 mars 2017 et radicalisme politique : le FRDDR appelle à la désobéissance civile et à l'assassinat (?) du PR.» et « Le Hérisson »[60] à travers son article titré « De l'adversité politique à une posture terroriste ».

Il ressort bien évidemment du décryptage de cette période dite normale la prise en charge des préoccupations fondamentales telles que l'épineuse question portant sur l'égalité d'accès aux médias d'Etat[61] et la problématique de la facilitation de l'exercice du métier de journaliste[62].

A l'analyse, les sanctions du CSC, quelles que soient les contestations dont elles font l'objet, vont d'une certaine manière dans le sens de la préservation de la quiétude sociale. La récurrence des saisines d'office à côté des plaintes et protestations, illustre si besoin est de la vitalité de la régulation démocratique, et révèle incontestablement un CSC actif y compris sur les sujets d'utilité publique, comme en témoigne sa mise en demeure du 4 décembre 2017 (sur saisine d'office) à tous médias « afin de cesser la diffusion et ou la publication de la publicité des produits de la pharmacopée traditionnelle ou des tradipraticiens, sans autorisation préalable du Ministère de la santé ».

Il en résulte que le contrôle de la publicité par voie de presse dispose désormais d'un cadre réglementaire avec notamment l'intervention du décret n° 2017-052/PRN/MC du 25 janvier 2017, suivie de la délibération n° 0004/P/CSC du 30 novembre 2017, déterminant les conditions d'obtention d'agrément d'exercice de profession publicitaire par voie de presse. Ce qui a l'avantage d'éviter les dérives naguère constatées. En revanche, l'internet et les réseaux sociaux constituent de grands défis qui appellent une approche nouvelle de la question médiatique sur fond de concertation entre les Etats. Précisément, la presse en ligne et les réseaux sociaux sont devenus des instruments « dangereux » difficiles à surveiller. En ce qui concerne la presse

59 Le journal Canard Déchainé N° 733 du 08 mars 2017.

60 Le journal le Hérisson N° 139 du 9 au 16 mars 2017.

61 Exemple de la plainte du groupe parlementaire Zam-Zam Lumana Africa – Hankuri sur le traitement de l'actualité par l'ORTN adressée le 27 avril 2017.

62 Exemple des plaintes pour agression des journalistes adressées au CSC le 11 avril 2017 par les Directeurs généraux de Canal 3 Niger et du Groupe de presse BONFEREY, qui ont nécessité la saisine (par le CSC) du ministre de l'intérieur à travers une lettre datée du 5 juin 2017 dans laquelle il rappelle « les agressions physiques dont sont victimes les journalistes dans l'exercice de leur métier, par des éléments des forces de l'ordre au cours des manifestations publiques » !

en ligne, les journaux les plus populaires, en l'espèce NIGERDIASPORA et TAMTAMINFO ont leur siège respectivement en Belgique et aux Etats-Unis, ce qui pose un réel problème au CSC. Le 16 juillet 2010, pendant la période de transition politique, l'instance de régulation[63] à travers son président, a écrit une lettre au journal TAMTAMINFO afin de filtrer « les propos injurieux, diffamatoires et portant atteinte à l'honneur, à la dignité et à la vie privée des citoyens » et de « mettre fin à une pratique qui contrevient à la loi et à la déontologie de la profession du journaliste ».

Encore récemment, le 1er juin 2016, le secrétaire permanent de la Cellule d'Appui au Partenariat Public Privé (CAPPP), a adressé une plainte au CSC contre le site d'information tamtaminfo.com et le journaliste Ibrahim Aghali Web contributeur, « pour publication d'une série d'articles qui portent sur ce que le journaliste appelle ''Mukurigate[64]'' ». Dans sa réponse datée du 13 juillet 2016, le CSC fait d'abord observer que « Le site tamtaminfo.com étant hébergé et mis à jour aux Etats-Unis d'Amérique, cela pose le problème de la territorialité de la compétence du CSC », et qu'ensuite il demeure surtout dépourvu de « base légale pour prononcer une sanction contre le site tamtaminfo », du fait que la « loi spéciale » prévue à cet effet par l'article 84 alinéa 3[65] de l'ordonnance N° 2010-35 du 04 juin 2010 portant régime de la liberté de presse, n'a pas encore été adoptée. A l'instar de la presse électronique, le CSC demeure impuissant face au gigantesque règne des réseaux sociaux qui s'irriguent via le net (facebook, Whatsapp, Viber, Twitter, etc.). Pourtant leur influence dans le domaine médiatique et social n'est plus à démontrer. Aussi bien les revendications politiques que les insultes et l'incitation à la haine, se font aujourd'hui via ces réseaux sociaux. Christiane FÉRAL-SCHUHL[66] affirme à cet effet que « S'il ouvre un immense espace de liberté sans frontière, l'internet ressemble dans le même temps à un espace d'insécurité et d'impunité qui s'affranchit des règles et des lois ». Il urge sur ce plan de trouver une solution adéquate qui n'est possible qu'avec une coopération dynamique tant sur le plan national que sur le plan international. En attendant, l'adoption d'une politique citoyenne de sensibilisation sur les dangers des réseaux sociaux s'avère nécessaire face à leur influence de plus en plus néfaste sur l'équilibre social, politique et culturel.

---

63 Qui devient Observatoire Nationale de la Communication (ONC) pendant les périodes transitoires.

64 La Cellule d'Appui au Partenariat Public Privé et son secrétaire permanent (Mohamed Moussa), affirment être mis en cause par l'article intitulé «Mukurigate : 2 milliard 400 millions de FCFA du Niger jetés dans la nature (1ère partie-rappel des faits)… ».

65 Qui dispose : « Les infractions commises par voie de presse électronique, leur poursuite ainsi que leur répression seront déterminées par une loi spéciale ».

66 Christiane FÉRAL-SCHUHL, « Liberté d'expression sur internet : un mirage ? » in L'exigence de justice, Mélanges en l'honneur de Robert BADINTER, Dalloz, Collection « Etudes, mélanges, travaux », 2016, p. 390.

CONCLUSION PROSPECTIVE

Comme on peut le constater, le CSC malgré une indépendance organique qui n'est pas suivie d'une indépendance fonctionnelle, arrive à marquer sa présence dans l'œuvre de préservation et de consolidation de la démocratie et de la paix sociale, à travers la régulation de l'espace médiatique. Indéniablement, il représente aujourd'hui un des acteurs majeurs qui concourent au maintien de l'équilibre démocratique nonobstant l'appréciation mitigée de ses décisions par les principaux destinataires. La loi organique sur le CSC devra être révisée afin d'élargir les possibilités de financement de ses ressources, mais également de le doter d'un cadre à la hauteur de la complexification actuelle de l'espace médiatique. Plus encore, l'indépendance organique tantôt décelée est à relativiser dès lors qu'elle ne cadre pas avec la réalité fonctionnelle. In fine, le vrai problème des AAI demeure la problématique même de leur indépendance in concreto. A l'évidence, le qualificatif Autorité Administrative Indépendante (AAI) ne soulève pas seulement un problème de logique (philosophique ou juridique), mais renvoie surtout à un problème constitutionnel. Pour étayer davantage ce constat, nous sommes d'avis avec Guy BRAIBANT[67] lorsqu'il professe que :

> « Par définition, l'administration n'est pas indépendante. La justice peut l'être, l'université aussi, pas l'administration. Un simple problème de logique ne serait pas grave s'il n'y avait aussi un problème constitutionnel, car la Constitution a une certaine logique. Elle dit notamment dans son article 20 : « Le gouvernement dispose de l'administration ».

Elle ne dit pas qu'il la contrôle, qu'elle est sous son autorité, mais qu'il en ''dispose'', ce qui veut dire beaucoup. C'est un mot très fort que celui de ''disposer'', et il n'a pas été écrit là par hasard. Je crois donc que toute administration dont le gouvernement ne ''dispose'' pas est contraire à la Constitution ». Le constituant nigérien de la 7ème République a bien fait sienne cette ambiguïté constitutionnelle lorsqu'il mentionne à l'article 76 al2 de la Constitution que le gouvernement « dispose de l'administration et de la force publique », pendant qu'il affirme à l'article 156, à propos du CSC, que ce dernier « est une autorité administrative indépendante » ! En la matière, il aurait fallu introduire une certaine nuance à l'article 76 de la Constitution au profit des AAI consacrées par la Constitution. Pour que le CSC et les autres AAI puissent véritablement servir de contre-pouvoirs efficients, la contradiction qui caractérise leur position doit être constitutionnellement dénouée. Il s'agit clairement d'introduire des artifices constitutionnels au

---

[67] Guy BRAIBANT, « éléments de discussion » in « Les autorités administratives indépendantes : protection des libertés ou régulation sociale ? », in Claude-Albert COLLIARD et Gérard TIMSIT - (sous-direction), Les autorités administratives indépendantes, op.cit, p. 290.

soutien du vocable « autorité administrative indépendante », pour que le mot « administratif » ne fasse pas écran au groupe de mots « autorité indépendante ». C'est à ce prix seulement que les AAI pourront faire montre de leur indépendance en toutes circonstances et cesseront d'être des curiosités institutionnelles décriées aussi bien par le pouvoir que par l'opposition et l'opinion publique. En définitive, il s'avère primordial de trouver une solution constitutionnelle (équilibrée) à cette contradiction dans les termes, pour que les AAI trouvent véritablement leur place au sein de la catégorie des contre-pouvoirs acteurs et régulateurs du jeu démocratique. Pour ce faire, et paraphrasant Guy BRAIBANT[68], il faut forcément que les AAI cessent d'être des institutions hégéliennes pour enfin devenir des institutions cartésiennes.

Amadou IMERANE MAIGA,
Docteur en droit public, enseignant vacataire à la FSJP-Université de Niamey,
Membre du Centre de Droit Constitutionnel (CDC)-Université Lyon 3

68 Ibidem, p. 290.

ACTE III

L'IDENTIFICATION DES CONTRE-POUVOIRS (FIN)

Jean-Éric GICQUEL

LA PLACE DE L'OPPOSITION PARLEMENTAIRE EN FRANCE

INTRODUCTION

Affirmer que la vitalité d'une Démocratie peut se mesurer à l'aune du statut et des prérogatives accordées à l'opposition parlementaire tombe sous le sens. Certes, cette dernière n'a pas réussi à convaincre le peuple lors du moment de décision – l'élection – ce qui conduit dans la logique de la démocratie adversative propre à la France à ne pas être associée à la détermination et à la conduite de la politique de la Nation – mais la démocratie, comme l'explique la Convention européenne des droits de l'homme, « ne se ramène pas à la suprématie constante de l'opinion d'une majorité ; elle commande un équilibre qui assure aux minorités un juste traitement et qui évite tout abus d'une position dominante »[1] Il n'est en effet pas rare que la victoire électorale confine rapidement à l'aveuglement et à l'arrogance. On se souvient de l'affirmation en 1981 d'un membre de la majorité s'adressant à un membre de l'opposition et lui asséner publiquement qu' « il a juridiquement tort car il est politiquement minoritaire »[2].

A cet égard, le Parlement occupe une place décisive. Ce n'est pas seulement l'organe au sein duquel la loi est votée, l'action du gouvernement contrôlée et l'évaluation des politiques publiques effectuée (art. 24 de la Constitution du 4 octobre 1958 – ci-après C), c'est aussi le lieu solennel et prestigieux où les membres de la majorité et de l'opposition interagissent régulièrement en affirmant leur présence les uns à l'égard des autres, en échangeant des argumentations généralement antinomiques, bref en s'affrontant idéologiquement (parfois même physiquement) pendant toute la durée de la législature.

Reste à savoir comment identifier l'opposition parlementaire. Elle se distingue déjà de l'opposition extraparlementaire englobant des partis non (ou

1 C.E.D.H., 13 août 1981, *James, Young et Webster c/ R.U.*

2 JOAN, déb., Seconde séance du 13 oct. 1981, p. 1730.

sous) représentés dans les assemblées, des syndicats, des associations, des organes de presse recourant à différentes modalités d'action (grèves, manifestations, discours, campagnes de presse) pour marquer leur désapprobation de la politique conduite par la majorité en place.

Ensuite, se contenter de poser que l'opposition parlementaire englobe tous ceux qui, au sein d'une assemblée, n'appartiennent pas à la majorité est une approche réductrice. Ce raisonnement *a contrario* ne fait que renvoyer la difficulté puisqu'il peut être délicat, malgré les apparences, de cerner avec certitude les contours de la majorité. Dans l'archétype du régime parlementaire britannique, le parti remportant les législatives constitue la majorité se place dans une situation d'osmose (de *fusion* dirait Bagehot) avec le gouvernement. Dans ce cas de figure, la fonction d'être de la majorité est de soutenir l'action gouvernementale. Les parlementaires refusant d'agir de la sorte appartiennent dès lors à l'opposition.

Reste que dès que l'on sort du cadre spécifique au bipartisme où le parti vainqueur gouverne sous le contrôle du parti vaincu qui aspire à prendre un jour sa place (et encore, il n'est pas rare de voir notamment aux Etats-Unis et en Grande-Bretagne des situations où des dissidents (francs-tireurs) d'un bord rejoignent, le temps d'un vote, le camp adverse[3]), le régime politique multipartisan qu'il soit étendu (Belgique, Pays-Bas, Israël) ou limité (France, Allemagne) est de nature à générer une pluralité de situations au Parlement. Ici, la ligne de fracture entre la majorité et l'opposition n'est pas tranchée et définitive ; elle peut aussi être flexible et variable. Aux côtés des partis dits de gouvernement[4], des petits partis (tels les partis écologiste, communiste et centriste) sont cantonnés à la posture d'alliés ou d'opposants plus ou moins turbulents ou conciliants selon les situations.

En tout état de cause, des comportements relevant d'un groupe d'opposition (sauf exceptions – « les non-inscrits » -, les parlementaires sont rattachés à un groupe imposant généralement une forte discipline interne[5]) peuvent être recensés. Entendre se comporter comme un opposant se traduit ainsi par : a) le refus d'accorder la confiance au Premier ministre lors de l'engagement de responsabilité du gouvernement sur son programme ou une

[3] Voir, pour un exemple récent aux Etats-Unis, le ralliement de quelques républicains modérés aux côtés des démocrates afin de faire échouer les textes tendant à l'abrogation de l'Obamacare soutenue par l'administration Trump.

[4] Il s'agit de partis dont la vocation est de conquérir et d'exercer le pouvoir. En France, avant l'institution en mai-juin 2017 d'un monopole au profit du parti La République en Marche d'Emmanuel Macron, il s'agissait du Parti socialiste et de l'UMP (devenue les Républicains) entre 2002 et 2017.

[5] En revanche, la discipline de vote est inexistante pour les (petits) groupes dits « techniques » réunissant des députés isolés afin de bénéficier des multiples avantages conférés aux groupes par la Constitution et les règlements des assemblées parlementaires. A titre d'illustrations, la composition des commissions permanentes est calculée à la proportionnelle des groupes, les présidents de groupe sont membres de droit de la Conférence des présidents (voir *infra*) et le temps de parole lors de la discussion générale est d'abord distribué entre les groupes.

politique de déclaration générale (art. 49 al. 1 C) ; b) la participation au dépôt d'une motion de censure et au vote de celle-ci (art. 49 al. 2 C et 49 al. 3 C) ; c) le vote contre le projet de loi de finances (soit l'acte politique majeur de tout gouvernement) et d) la saisine du Conseil constitutionnel afin de contester la constitutionnalité de la loi (art. 61C)[6].

L'environnement politique n'étant pas immuable par essence, des difficultés peuvent perturber le travail de taxidermiste lorsque des agissements seulement sporadiques surgissent. Un groupe parlementaire peut soudainement opter pour un comportement d'opposition sans pour autant que la qualification de groupe d'opposition puisse être retenue. Tel fut le cas à l'Assemblée nationale sous la IX° législature (1988-1993) où le groupe communiste, considéré compte tenu de son positionnement politique comme un élément de la majorité de la gauche, a toutefois voté, à deux reprises, en faveur de la motion de censure déposée par des partis de droite afin de renverser des gouvernements socialistes[7].

La révision constitutionnelle du 23 juillet 2008, à défaut de mettre définitivement fin aux incertitudes a fait rentrer le droit dans la définition de l'opposition. Pour reprendre des expressions classiques, la politique est ainsi « remplacée »[8] ou « saisie »[9] par le droit.

Ainsi, le nouvel article 51-1 C dispose-t-il que « le règlement de chaque assemblée détermine les droits des groupes parlementaires constitués en son sein. Il reconnaît des droits spécifiques aux groupes d'opposition de l'assemblée intéressée ainsi qu'aux groupes minoritaires ». Aux côtés des « groupes minoritaires » (voir *infra*), la Constitution reconnaît, d'une part, l'existence de « groupes d'opposition » et, d'autre part, autorise les règlements des assemblées à leur attribuer des droits spécifiques.

Afin d'œuvrer en ce sens, encore faut-il pouvoir identifier avec certitude un groupe d'opposition.

Celui-ci est, tout d'abord, un groupe. À cet égard, l'article 19 du règlement de l'Assemblée nationale (RAN) impose qu'un groupe parlementaire soit constitué d'au moins 15 membres. Regroupant les élus par affinités politiques, le groupe assure l'expression de leur idéologie commune lors des débats en commission et en hémicycle.

Il appartient ensuite à chaque groupe de remettre à la Présidence une déclaration politique accompagnée de la liste de ces membres et qui « peut

---

6 Ainsi, depuis 1958, seules deux saisines du Conseil constitutionnel par des membres de la majorité parlementaire ont-elles été recensées (C.C., 15 janvier 1975, *Interruption volontaire de grossesse*, Rec. 19 et n° 2014-693 DC, 25 mars 2014, Loi *relative à la géolocalisation,* JO, 29 mars 2014, p. 6125).

7 La première sur la contribution sociale généralisée (CSG), le 19 novembre 1990 ; la seconde sur la politique agricole commune le 1er juin 1992.

8 B. Mirkine-Guetzevitch, « Les nouvelles tendances du droit constitutionnel », *R.D.P.*, 1928, p. 28

9 L. Favoreu, *La politique saisie par le droit,* Economica, 1988.

mentionner l'appartenance du groupe à l'opposition ». Une fois le(s) groupe(s) d'opposition déclaré(s), tous les autres, à l'exception de celui comptant le plus grand nombre de membres (appelé de facto le « groupe majoritaire » celui dont le gouvernement attend un soutien indéfectible), sont obligatoirement qualifiés de groupes minoritaires (article 19-2 du R.A.N.). Il est à rajouter que, d'une part, le choix du groupe de se qualifier d'opposition ne peut être contesté par un autre groupe et que, d'autre part, le règlement prévoit la possibilité à tout moment d'établir une nouvelle déclaration et donc d'opter pour une autre qualification.

En octobre 2017, la répartition entre les sept groupes parlementaires s'est effectuée comme suit :

- un groupe majoritaire (La République en Marche) (ultra-majoritaire puisqu'il détient à lui-seul 310 sièges sur 577 disponibles) ;
- trois groupes d'opposition (Les Républicains ; Les Constructifs ; La France Insoumise) ;
- trois groupes minoritaires (Modem ; Nouvelle Gauche ; Gauche démocrate et républicaine)[10].

Cependant, la régulation juridique ne peut prétendre encadrer à elle seule les tensions inhérentes à la vie partisane.

C'est ainsi qu'au sein du groupe majoritaire, des opposants internes peuvent coordonner leur action pour autant appartenir à un groupe d'opposition. On pensera, à titre d'illustration, au comportement, sous la dernière législature (2012-2017), des « frondeurs » du parti socialiste choisissant les voies de l'indiscipline et de la contestation interne en flirtant continuellement avec la ligne jaune. Des comportements atypiques ont été visibles : 1) des absentions et des votes contre lors de l'engagement de la responsabilité du Premier ministre (art. 49 al. 1) ; 2) des tentatives inédites de dépôts de motions de censure (mai et juillet 2016) - le seuil requis par le dépôt (1/10° des députés – soit 58) n'ayant pas été atteint - et 3) des absentions lors des votes des lois de finances.

Dans un autre registre, le groupe « Les constructifs » (des dissidents du groupe « Les Républicains ») s'est présenté en juin 2017 à la fois comme un groupe d'opposition (au sens de sa déclaration déposée en application de l'article 19 du RAN (voir *supra*)) tout en entendant « travailler de façon constructive, libre et responsable avec le gouvernement ». Bref, il s'agit d'un groupe d'opposition dont les membres sont prêts, au cas par cas, à apporter leur soutien à l'action de l'Exécutif. Ceci a ainsi conduit certains d'entre-eux à

---

[10] Il est acté depuis 2009 que chaque groupe minoritaire adopte sa propre stratégie politique et peut donc soit choisir de soutenir (plus ou moins inconditionnellement) le groupe majoritaire ou un groupe d'opposition ; soit de se tenir à équidistance entre la majorité et l'opposition.

voter en faveur de la confiance au profit du nouveau Premier ministre Edouard Philippe le 4 juillet 2017.

Autrement dit, la notion d'opposition parlementaire se ressent plus politiquement qu'elle ne s'explique juridiquement. En tout état de cause, une opposition existe au sein du Parlement d'un Etat démocratique. Si elle est logiquement détentrice de droits particuliers (I), la question reste de savoir si elle en est pleinement utilisatrice (II).

I.- UNE OPPOSITION PARLEMENTAIRE DÉTENTRICE DE DROITS

On mettra de côté le droit de l'opposition parlementaire à l'existence et au respect.

L'existence puisque la présence d'une assemblée monocolore est, on le sait, antinomique avec les impératifs d'un État démocratique. Indépendamment des règles favorisant le respect du pluralisme (on pensera aux règles relatives au financement de la vie politique et à l'accès aux médias audiovisuels devant aussi viser les partis d'opposition), le choix du mode de scrutin retenu pour les élections est primordial.

Suivant les « lois de Duverger », l'opposition est réduite à sa plus simple expression avec le mode de scrutin majoritaire à un tour (un seul parti – au sens de la possibilité reconnue à un parti de détenir à lui seul la majorité et donc d'être le seul à exercer le pouvoir (E.U., Grande-Bretagne) ; elle est en revanche morcelée (multipartisme) avec la représentation proportionnelle forçant les partis à former, après les élections, des coalitions de gouvernement (Allemagne, Belgique, Israël, Italie).

Les effets sont intermédiaires avec le mode de scrutin établi en France depuis 1958 (et avec une seule exception en 1986), le scrutin uninominal majoritaire à deux tours. Jusqu'à la rupture politique de 2017, le multipartisme français fut tout à la fois <u>tempéré</u> (en raison du nombre limité de partis) ; <u>bipolaire</u> (*i.e.* les partis se regroupant dans un des deux courants (pôle) de la vie politique : la gauche et la droite) et <u>déformé</u> (le(s) vainqueurs(s) étant surreprésenté(s) et le(s) vaincu(s) sous-représenté(s))[11].

Le respect puisque l'interaction entre la majorité et l'opposition se comprend à la lueur d'une des caractéristiques essentielles de la démocratie : l'institutionnalisation de l'alternance. Un régime multipartisan sans alternance (et tel fut le cas de la France entre 1958 et 1981) renvoie à une logique imparfaite de la démocratie. Une fois ceci rappelé, l'opposition ayant une

[11] Ainsi, La République en Marche avec 32% des suffrages au premier tour obtient finalement 53% des députés en 2017. Par ailleurs, le parti incapable de nouer des alliances entre les tours avec un grand parti est fortement pénalisé. En 2017, le Modem avec 4 % obtient finalement 42 députés ; le Front National, avec 13%, seulement 8 députés.

vocation naturelle à devenir la majorité de demain, il est de l'intérêt bien compris de la majorité d'aujourd'hui de ne pas infliger à l'opposition d'inutiles vexations. C'est ainsi que le Président de l'Assemblée nationale – systématiquement un membre de la majorité – se comporte régulièrement tel un garant impartial des droits de l'opposition.

Au-delà de ces postures politiques, des prérogatives juridiques doivent être conférées à l'opposition.

A.- LE DROIT À LA PRÉSENCE

Il s'agit ici d'un des premiers attributs reconnus à l'opposition.

En premier lieu, il s'agit du droit d'assister à toutes les séances en commission et en hémicycle. C'est dans ce cadre que les prérogatives reconnues individuellement aux parlementaires par la Constitution et par les règlements peuvent être sollicités sans qu'aucun avantage ou restriction ne puisse être effectuée sur le seul fondement de l'appartenance à la majorité ou à l'opposition. On pensera, comme exemples, aux possibilités de déposer des propositions de loi (art. 39C), des amendements (art. 44C) et de questionner un membre du gouvernement (art. 48C).

Cette présence est renforcée par un mécanisme protecteur d'immunité (art. 26C) valable pour tous les parlementaires. Il permet ainsi aux membres de l'opposition de pouvoir librement parler et voter ne commission et en hémicycle puisqu'ils bénéficient d'une irresponsabilité absolue et perpétuelle et d'être assurés, sans pour autant bénéficier d'une totale impunité, d'être conduits à rendre éventuellement des comptes à la justice uniquement dans certaines situations et selon une procédure spécifique. L'opposition parlementaire ne peut être ainsi tracassée de manière arbitraire par le pouvoir en place.

En deuxième lieu, l'opposition est associée à la gestion au quotidien de l'Assemblée. Elle participe de droit au Bureau et à la Conférence des présidents.

1- En application de l'article 14 du R.A.N., le « *Bureau a tous pouvoirs pour* régler les délibérations de l'Assemblée et pour organiser et diriger tous les services dans les conditions déterminées par le présent Règlement ». Cet organe de 22 membres est « la plus haute autorité collégial de l'assemblée »[12]. Il est composé du Président de l'Assemblée nationale, de 6 vice-présidents, de 3 questeurs et de 12 secrétaires (art. 8 du R.A.N). Il est expressément indiqué que (art. 10 du R.A.N.) que « l'élection des vice-présidents, des questeurs et des secrétaires a lieu en s'efforçant de reproduire au sein du Bureau la configuration politique de l'Assemblée ». En traduction, si les groupes d'opposition et les groupes minoritaires assistent de droit à ses séances, la

[12] Rapport Y. Braun-Pivet, AN., Doc. Parl., n° 259, 4 octobre 2017, p. 16

majorité est toutefois assurée de rester majoritaire (ce qui a une incidence sur le sens des décisions prises par le Bureau).

2. La Conférence des présidents est, quant à elle, principalement chargée de la confection de l'ordre du jour de l'assemblée (qui lui revient pour moitié). La présence de l'opposition est assurée puisque tous les présidents de groupe y assistent de droit (art. 47 RAN). Toutefois, afin que la décision finale reste aux mains u groupe majoritaire, le vote (peu utilisé en pratique) est pondéré en fonction de l'effectif de chaque groupe.

3. Cette approche a été étendue à partir de 2008 pour d'autres organes internes des assemblées : pour les bureaux des commissions législatives (Art. 39-2 *R.A.N.*) des commissions d'enquête (Art. 143-1 *R.A.N.*), des missions d'information créées par la Conférence des présidents (Art. 145 *R.A.N.*) mais aussi dans la composition du comité d'évaluation et de contrôle des politiques publiques (Art. 146-2-9 *R.A.N.*) et la désignation des rapporteurs spéciaux et des rapporteurs pour avis lors de la discussion de la loi de finances (Art. 146 *R.A.N.*).

En troisième lieu, si les présidences des commissions permanentes (occupant une place névralgique dans le processus législatif) étaient jusqu'ici (à de très rares exceptions près[13]) détenues par des membres de la majorité, il a été décidé depuis 2009 que la présidence de la commission des finances (la plus prestigieuse avec la commission des lois) serait désormais accordée à un membre de l'opposition (art. 39 RAN) – soit en pratique à un membre désigné par le groupe d'opposition ayant l'effectif le plus important (« Les Républicains » en 2017). Cette avancée doit être relativisée par l'existence du rapporteur général contrebalançant et concurrençant l'autorité du président et par la présence majoritaire au sein de la commission des membres de la majorité.

B.- LE DROIT À L'ASSOCIATION

Par ce vocable, on visera les multiples procédures permettant, à l'occasion des missions constitutionnelles de contrôle de l'action du gouvernement et de l'évaluation des politiques publiques fondées sur l'article 24 C (soit le contrôle pour aller vite) d'associer en « binômes »[14] membres de la majorité et de l'opposition sur des actions ciblées. Les intéressés sont ainsi à travailler de manière consensuelle et sortir de la posture manichéenne classique.

Dans le même ordre d'idées, il est prévu que a) lors de la création d'une commission d'enquête, la fonction de président ou de rapporteur revienne de droit à un député appartenant à un groupe d'opposition (art. 143 RAN) ; b) que

[13] Voir les présidences de la commission des affaires étrangères par un membre de l'opposition (R. Dumas (1986-1987) et V. Giscard d'Estaing (1988-1990)).

[14] G. Bergougnous, « Les binômes majorité-opposition », *Pouvoirs*, n°143, 2013, p. 43

les rapports d'évaluation du Comité d'évaluation et de contrôle – qui a pour fonction essentielle de réaliser des travaux d'évaluation portant sur des politiques publiques dont le champ dépasse le domaine de compétence d'une seule commission permanente- soient confiés à des binômes de rapporteurs (article 146-3 RAN) et c) qu'il en va de même lors du contrôle sur la mise en application de la loi par le gouvernement (art. 145 al. 7 R.A.N.).

C-. LE DROIT À L'ACTION

Les moyens accordés à l'opposition furent longtemps limités. La révision constitutionnelle du 23 juillet 2008 les a étendus.

1.- Des moyens initialement limités

- Par voie conventionnelle (en 1974) puis sur le fondement d'une norme écrite (en 1995), les questions au gouvernement permettent aux membres de la majorité mais aussi de l'opposition de questionner périodiquement (une fois puis deux fois par semaines), les membres du gouvernement. Il s'agit pour l'opposition de contraindre ces derniers à s'expliquer périodiquement, à expliquer et à se justifier. Il est désormais acté que la moitié des questions au gouvernement est posée par les membres de l'opposition (Art. 133 R.A.N.)

On connaît les défauts de l'exercice (un hémicycle artificiellement plein ; une théâtralisation excessive ; l'indigence de nombreuses questions – souvent provocatrices – posées par les membres de l'opposition) mais c'est un lieu de réactivité maximale des parlementaires qui peuvent, presque immédiatement, demander toute explication jugée nécessaire aux membres du gouvernement. On pensera ainsi la question posée au ministre de l'Economie Jérôme Cahuzac par un député de l'opposition quant à l'existence de comptes cachés à l'étranger. Son mensonge (je n'ai « jamais eu de compte à l'étranger, ni maintenant, ni auparavant»[15]) provoquera finalement son départ du gouvernement puis de la vie politique.

- Par la voie d'une révision constitutionnelle effectuée en 1974, l'opposition en pratique (60 députés ou 60 sénateurs en droit – art. 61C) dispose du droit de contester la constitutionnalité d'une loi avant sa promulgation par le chef de l'Etat. Au-delà de l'argumentation juridique – visant à faire respecter le bloc de constitutionnalité-, l'opposition entend aussi poursuivre la contestation de la loi entamée – sans succès – devant le Parlement et éventuellement dans la rue. Un exemple topique s'impose : la saisine du Conseil constitutionnel de la loi établissant, en 2013, le mariage au profit des personnes de même sexe.

---

15 J.O.A.N., déb., première séance du 5 décembre 2012, p. 6170

2.- Des prérogatives étendues à partir de 2008

- Conformément à la vision de Michel Debré, selon laquelle, le gouvernement est le seul « responsable de l'Etat », celui-ci fixait, depuis 1958, l'ordre du jour des assemblées. Dans ces conditions, on comprend aisément que les textes législatifs adoptés étaient tous, à de rares exceptions près, des projets de loi à l'origine. Afin de revitaliser l'initiative parlementaire, il a été décidé, en 2008, d'établir un partage (pour aller vite) entre le Gouvernement et le Parlement.

Concernant plus particulièrement l'opposition (ainsi que les groupes minoritaires), il est désormais acté par l'article 48 al. 5C qu' «un jour de séance par mois est réservé à un ordre du jour arrêté par chaque assemblée à l'initiative des groupes d'opposition de l'assemblée intéressée ainsi qu'à celle des groupes minoritaires ».

En pratique, chaque groupe d'opposition et chaque groupe minoritaire est assuré d'avoir un moins une séance mensuelle par an où il est en droit de fixer librement l'ordre du jour après l'avoir transmis préalablement à la conférence des présidents. Le Gouvernement n'est pas en situation de s'opposer aux choix du groupe en question de discuter de telle ou telle proposition de loi ou d'aborder publiquement telle ou telle thématique spécifique.

- Dans une logique approchante, les commissions d'enquête (chargés d'enquêter sur des faits déterminés ou sur la gestion d'un service public déterminé) ont vu leur existence reconnue explicitement par la Constitution en 2008 (article 51-1C). Les règlements des assemblées se sont attachés, eux, à étendre les droits de l'opposition. Celle-ci, en effet, était structurellement pénalisée puisqu'une demande de création d'une commission d'enquête devait préalablement faire l'objet d'un vote en séance publique au sein de la chambre. On l'a compris, les demandes formulées par l'opposition avaient vocation à être rejetées (soit parce qu'elles étaient de nature à gêner le Gouvernement, soit tout simplement parce que le fait que la demande émane de l'opposition suffisait en soi).

Il a été décidé d'ouvrir un droit à la création d'une commission d'enquête au profit de chaque groupe d'opposition une fois par session. Sous réserve de respecter certaines règles de recevabilité juridique, le principe est que le sujet choisi est supposé s'imposer aussi bien au gouvernement qu'à la majorité parlementaire.

II.- UNE OPPOSITION PARLEMENTAIRE CONFINÉE À L'IMPUISSANCE

L'opposition, c'est un truisme, est minoritaire au Parlement. La majorité peut en profiter et la contrarier dans l'utilisation au quotidien de ces prérogatives. Reste que si l'opposition peut tout de même faire entendre régulièrement sa voix, elle n'est pas, *in fine*, en capacité de peser sur les choix du gouvernement appuyé par sa (fidèle) majorité.

A-. LES DROITS DE L'OPPOSITION CONTRARIÉS PAR LA MAJORITÉ

La majorité n'est pas en droit d'interdire, de suspendre ou de retirer une des prérogatives accordées à l'opposition en application de la Constitution et des règlements des assemblées parlementaires. Ainsi, l'accès des membres de l'opposition au Bureau et à la Conférence des présidents est-il toujours garanti et ce malgré les tensions politique et la virulence des propos tenus en commission ou en séance publique. De même, les députés de l'opposition ne peuvent se voir dénier le droit de poser des questions au gouvernement sur des sujets choisis librement.

Au-delà de cette évidence, la majorité peut avoir la tentation de contrarier l'exercice des nouvelles prérogatives de l'opposition et de rappeler, *in fine*, son statut de minorité.

1°) Dans le droit à disposer de l'ordre du jour une séance par mois

La Constitution et les règlements des assemblées parlementaires ont permis d'attribuer à chaque groupe d'opposition et groupe minoritaire le droit de déterminer librement l'ordre du jour de l'assemblée au moins une séance par mois. Concrètement, la session ordinaire étant de neuf mois, neuf séances sont à distribuer entre ces groupes (qui sont au nombre de six sous l'actuelle législature). Bref, pour la plupart des groupes, cette prérogative ne joue qu'une fois par an.

En pratique, la conférence des présidents (où l'opposition est représentée) prend acte des *desiderata* du groupe.

Les déficiences du mécanisme sont visibles à de multiples endroits.

En premier lieu, la séance a lieu systématiquement le jeudi qui ne se caractérise pas par une forte participation. L'essentiel du travail parlementaire s'effectuant les mardis et mercredis, le jeudi après-midi est plutôt synonyme de retour en circonscription. Bref, l'opposition doit accepter l'idée qu'elle exposera ses idées dans un hémicycle quasi-vide.

En deuxième lieu, les conditions de débat furent dans les premières années déplorables. Ici, il était question de débats « dans le vide »[16], de « mépris »[17], d'une « dégradation des conditions de travail »[18], d'une « parodie de débat »[19], de « pantalonnade »[20], de « situation humiliante »[21], « de caricature de la démocratie »[22], « d'Assemblée nationale virtuelle »[23] ou encore de « mascarade intolérable »[24].

Un mécanisme ingénieux avait, en effet, été initialement établi entre le gouvernement et la majorité. Pour aller à l'essentiel, l'articulation de règles issues de la Constitution (procédure dite du vote bloqué – art. 44 al. 3C) et du règlement de l'assemblée nationale permettait à ce que les articles et amendements soient discutés le jeudi mais que le vote final n'ait lieu que le mardi suivant. La majorité pouvait donc déserter totalement l'hémicycle le jeudi et laisser l'opposition parler seule dans le vide et sans risques politiques puisqu'un aucun vote n'était organisé en fin de journée. C'est seulement le mardi suivant que cette même majorité venait voter (pour rejeter le texte) sans avoir participé aux débats.

Fort heureusement, de telles déficiences ne sont plus visibles depuis 2012. On notera, avec satisfaction, que la nouvelle majorité de l'époque a eu un comportement responsable en ne souhaitant pas faire subir les mêmes avanies à l'opposition.

Le principe même de la discussion est préservé puisque la majorité assiste à la présentation des idées et des propositions de l'opposition. L'interaction et l'échange d'argumentations sont souvent réduits au strict minimum ; les députés présents de la majorité (un planning de présence étant prévu) n'ayant finalement qu'une seule tâche : rester majoritaires au moment du vote final.

En troisième et dernier lieu, le choix des groupes d'opposition de privilégier massivement le dépôt de propositions de loi (80% du temps consacré en moyenne) entraîne certaines conséquences. En mettant de côté quelques rares textes techniques ayant été acceptés par la majorité[25], la plupart

---

16 F. de Rugy, J.O.A.N., déb., Première séance du 28 mai 2009, p. 4696

17 J. Mallot, J.O.A.N., déb., Première séance du 2 juin 2009, p. 4794

18 J.-M. Ayrault, J.O.A.N., déb., Première séance du 15 octobre 2009, p. 7957

19 B. Le Roux, J.O.A.N., déb., Seconde séance du 15 octobre 2009, p. 7990

20 H. Emmanuelli, J.O.A.N., déb., Seconde séance du 15 octobre 2009, p. 7996

21 P. Vuilque, J.O.A.N., déb., Première séance du 20 octobre 2009, p. 8079y

22 P. Gosnat, J.O.A.N., déb., Première séance du 3 décembre 2009, p. 10178

23 J.-C. Sandrier, J.O.A.N., déb., Première séance du 3 décembre 2009, p. 10179

24 A. Néri, J.O.A.N., déb., Seconde séance du 8 décembre 2009, p. 10305

25 On pensera notamment à celles du 28 mai 2010 relative au développement des sociétés publiques locales (groupe socialiste) ; du 29 juin 2010 sur les maisons d'assistants maternels (UC) ; du 30 juin 2010 relative à interdiction du Bisphénol A dans les biberons (RDSE) ; du 9 juillet 2010 relative à la violence au sein des couples (groupe socialiste) ; du 5 mars 2012 concernant les recherches sur la personne et du 16 avril 2013 relative à l'indépendance de l'expertise en matière de santé et d'environnement et à la protection des lanceurs d'alerte (Ecolo).

des propositions de loi de l'opposition restent orientées idéologiquement en ce qu'elles traduisent des choix économiques, politiques et sociaux franchement différents de ceux de la majorité. Comment reprocher alors à celle-ci de rejeter des options défendues par l'opposition ?

En réalité, il faut avancer l'idée qu'une proposition de loi présentée par l'opposition ne relève pas, paradoxalement, de l'activité législative. Elle est davantage un prétexte qu'un texte, dont le principal mérite est pour l'opposition de choisir les thèmes qui l'intéresse et de pouvoir présenter publiquement, une nouvelle fois, ses argumentations[26] (quitte parfois à parler dans le vide) et surtout d'obliger la majorité (si du moins elle est présente) et le gouvernement à rendre compte de leur action mais aussi de leur inaction (voir les propositions de lois relatives à la garde à vue en 2010 établissant quasiment un rendez-vous mensuel sur le thème) et donc de les contraindre à se justifier. On se retrouve ici très proche d'une logique de responsabilité au sens de *l'accountability* où un gouvernement reste constamment comptable devant les parlementaires de ses décisions comme de ses inerties. Plus tactiquement, le choix de déposer une proposition de loi vouée à l'échec et enserrée de conditions de débat vexantes renforce le processus de victimisation de l'opposition et permet, à peu de frais, de dénoncer l'autoritarisme de la majorité. Tout le monde finalement y trouve son compte.

2°) Dans le droit de demander la création d'une commission d'enquête par session

L'Assemblée nationale a été initialement plus réticente que le Sénat dans la mise en œuvre de ce droit. Il est vrai aussi que l'affrontement entre la majorité et l'opposition y est plus net et marqué. Quoi qu'il en soit, certaines restrictions ont été initialement posées en 2009. Ce n'est qu'en 2014 que la plupart d'entre elles furent levées.

Première limitation : les députés conservaient la possibilité de rejeter, en séance publique, la demande de création de commission d'enquête. Pour ne pas totalement remettre en cause le mécanisme, une majorité renforcée était exigée (3/5° des suffrages). Même si en pratique, aucun refus n'a été relevé, cette règle a été finalement supprimée en 2014.

Deuxième limitation : aucune création de commission d'enquête ne peut survenir la dernière année de la législature. Il s'agit ici d'éviter que l'opposition choisisse sciemment un sujet polémique et délicat pour le gouvernement et la majorité à quelques mois des échéances électorales.

Troisième limitation : si une commission permanente est chargée en amont d'examiner préalablement la recevabilité juridique de la résolution tendant à la

---

[26] « C'est l'intérêt des niches parlementaires (...) que d'attirer l'attention sur des questions spécifiques qui, sans elles, ne seraient jamais inscrites à l'ordre du jour » (F. de Rugy, J.O.A.N., déb, Première séance du 3 décembre 2009, p. 10175).

création de la commission d'enquête, elle ne peut se prononcer sur son opportunité même. Tel n'a pas été systématiquement le cas et à trois reprises (2009, 2010 et 2013), la commission a décidé unilatéralement de modifier l'étendue du domaine d'intervention choisie par l'opposition avec la volonté de le dénaturer. L'opposition renonçait généralement à sa demande initiale plutôt que de cautionner un tel agissement. Un progrès a été accompli en 2014 puisque désormais, la conférence des présidents se contente de prendre acte de la création de la commission d'enquête dès lors que celle-ci est juridiquement recevable.

En rappelant que le groupe à l'origine de la demande obtient de droit soit le poste de président soit celui de rapporteur, on observera que les thématiques choisies par l'opposition (et les groupes minoritaires) sont généralement techniques et n'entendent pas, à travers les auditions et les travaux, remettre en cause frontalement les choix du gouvernement[27]. Il est cependant à retenir que les membres de la majorité sont toujours majoritaires au sein de telles commissions. Le groupe d'opposition n'est donc en capacité de transformer une commission d'enquête en un instrument de combat politique.

La commission d'enquête examinant les conditions de départ du ministre Jérôme Cahuzac de ses fonctions de ministre des Finances est une bonne illustration (et que la demande de création émane d'un groupe minoritaire et non d'un groupe d'opposition ne change rien à la démonstration). D'un côté, on peut se féliciter de la création d'une telle commission qui aurait été certainement refusée par la majorité avant la réforme de 2009. De l'autre, on constate que cette dernière dispose d'une capacité de résistance. C'est ainsi que l'audition du Premier ministre socialiste (J-M Ayrault) a été opportunément refusée par la majorité socialiste des commissaires.

B.- UNE IMPUISSANCE LOGIQUE

L'opposition parlementaire n'est pas mise en position de peser sur la détermination et la conduite de la politique de la Nation

Plusieurs éléments explicatifs peuvent être avancés.

1°) Comme il l'a déjà été indiqué, la démocratie française (comme du reste la britannique) est de type adversatif et se distingue des démocraties de type consensuel (visible, avec d'inévitables variantes, en Belgique, Pays-Bas,

[27] Gestion de la campagne de vaccination contre la grippe A H1N1 (2010), mécanismes de spéculation (2010), industrie ferroviaire (2011), financement des organisations syndicales (2011), emprunts toxiques (2011), rénovation du RER (2011) ; suivi et surveillance des mouvements radicaux (2012) ; sidérurgie (2012) ; affaire Cahuzac (2013) ; privatisation de la SNCM (2013) ; fermeture de Goodyear (2013) ; industrie nucléaire (2013) ; exil des forces vives de la Nation (2014) ; l'impact de la réduction progressive du temps de travail (2014) ; difficultés du monde associatif (2014) ; moyens mis en œuvre par l'Etat pour lutter contre le terrorisme (2015) ; maintien de l'ordre républicain dans un contexte de respect des libertés publiques et du droit de manifestation (2014) ; conditions d'abattage des animaux de boucherie dans les abattoirs (2016).

Autriche et Allemagne). En conséquence, l'opposition en France, parce qu'elle a été défaite lors des élections de décision (présidentielle et législatives), ne peut être invitée à participer à l'exercice du pouvoir. Elle est cantonnée à l'attente de l'alternance. Le mécanisme de la grande coalition (entre le parti majoritaire et le parti principal d'opposition) n'appartient pas ainsi à la tradition politique française (hormis la situation d'un gouvernement d'union nationale – pendant la première guerre mondiale).

Dans cette logique, l'opposition parlementaire « de gouvernement », apte à exercer un jour le pouvoir, sollicite les différents instruments juridiques mis à sa disposition (on pensera essentiellement au dépôt de propositions de lois et d'amendements) pour d'abord et surtout mettre en évidence son propre programme et le confronter à celui de la majorité. Que l'issue finale soit, dès le départ, connue de tous (à savoir le rejet de la proposition et de l'amendement) est accessoire puisqu'il s'agit seulement de prendre date pour l'avenir.

2°) La place réduite accordée à l'opposition parlementaire doit se mesurer à la lueur de la capacité d'action de la majorité.

Appartenir à l'opposition n'est pas une position privilégiée. C'est une certitude. Mais n'est-ce pas, toute proportion gardée, le cas aussi de la majorité ? En effet, celle-ci subit, sans discontinuité depuis 1962, un double étau : celui du fait majoritaire (qui la contraint politiquement à soutenir continuellement l'action du gouvernement *i.e.* accorder la confiance à celui-ci ; voter les projets de loi présentés ; reprendre parfois à son compte dans une proposition de loi les idées gouvernementales ; retirer un amendement gênant etc.) et celui de la rationalisation parlementaire bâti par les Pères fondateurs en 1958 (comme, par exemples, l'irrecevabilité financière de l'article 40C, la procédure du vote bloqué (art. 44 al. 3C) et l'engagement de la responsabilité sur un texte (art. 49 al. 3C)). Les députés de la majorité (et le renouvellement du personnel politique fut considérable en 2017) apprennent vite que leurs marges d'action est bien plus réduite qu'ils ne l'imaginaient immédiatement et ce surtout lorsque le groupe auquel ils appartiennent leur impose une stricte discipline[28]. Après l'euphorie de la victoire vient le temps du désenchantement.

Si l'on opte pour une approche *micro*, les parlementaires (en réalité ceux de la majorité) obtiennent régulièrement (via l'exercice du droit d'amendement) l'insertion de modifications ou d'adjonctions au texte présenté par le gouvernement. Depuis la révision de 2008, les pouvoirs des commissions parlementaires ont été substantiellement renforcés (en ce que le texte arrivant en discussion publique n'est plus le texte du gouvernement mais celui de la

[28] A titre d'illustration, l'article 10 du règlement du groupe LRM indique que ses membres « s'engagent à appliquer une discipline de vote, hormis sur les questions d'éthique » tandis que l'article 14 leur impose de soumettre préalablement au groupe leurs propositions de loi et leurs projets d'amendements.

commission). Il n'est pas rare que le gouvernement n'obtienne pas gain de cause en commission et qu'il tente, avec des succès variables, de forcer la main des élus en séance publique afin de revenir à la version originelle du texte.

Reste que les défaites gouvernementales (par exemple à propos de la création d'un service de renseignement pénitentiaire dans la loi sur le renseignement de 2015 imposée par la commission des lois au Garde des sceaux) attirent d'autant plus l'attention des observateurs qu'elles sont finalement exceptionnelles.

Dans une vision *macro*, la majorité pèse à la marge dans la fabrique de la loi (quand elle n'est tout simplement pas écartée lorsque le gouvernement décide de recourir à la procédure des ordonnances de l'article 38C)). Si de nombreux amendements parlementaires sont adoptés sur chaque texte (le plus souvent ceux déposés par le rapporteur - un membre de la majorité – occupant, en synergie avec le ministre responsable du texte, une fonction décisive dans le processus législatif), ils ne modifient en rien l'architecture globale du projet déterminé par le gouvernement disposant, dans la phase de préparation, de l'appui technique des administrations centrales et du soutien juridique du Conseil d'Etat.

Dans une discussion législative cadenassée par le gouvernement et où les espaces de liberté des parlementaires sont ceux que le gouvernement est prêt à leur consentir, on est en droit d'escompter de l'opposition que celle-ci soit au moins responsable (le leitmotiv selon lequel l'opposition n'a pas seulement des droits mais aussi des devoirs revenant régulièrement) et ne tombe pas dans la caricature d'elle-même en refusant « au gouvernement qu'elle combat les mesures qu'elle approuve et qu'elle proposerait elle-même si elle était au pouvoir à sa place » (Blum). Mais qu'elle se rallie ou non au gouvernement ne change pas la situation de fond ; à savoir que les parlementaires toutes tendances politiques confondues ne sont pas en état de concurrencer le gouvernement dans l'exercice au quotidien de la fonction législative. En fin de compte, la place minorée de l'opposition n'est que le reflet de l'abaissement institutionnel du Parlement.

3°) La place réduite accordée à l'opposition parlementaire relève de son propre comportement

Si la fabrique de la loi reste finalement aux mains de l'Exécutif, le Parlement pourrait davantage tirer son épingle du jeu dans le contrôle de l'action du gouvernement et de l'évaluation des politiques publiques. On mettra de côté la modalité de contrôle ultime que représente la motion de censure déposée par l'opposition et entraînant la démission du gouvernement (art. 49 al. 2C). Elle ne peut être qu'exceptionnelle puisque le renversement du gouvernement implique que l'opposition soit finalement devenue majoritaire.

Le contrôle au sens quotidien du terme englobe tous les mécanismes par lesquels le Parlement oblige le gouvernement à s'expliquer sur ses (in)actions ; à se justifier sur ses choix ; à rendre compte sur la mise en œuvre de ses réformes et les suites à donner aux préconisations des rapports parlementaires. Le Parlement contraint ainsi l'Exécutif à être plus efficace et rigoureux, moins velléitaire et irréfléchi ; bref à exercer une meilleure gouvernance.

Or, cette fonction d'aiguillon permanent peut difficilement être pleinement mise en œuvre par les membres de la majorité davantage enclins à la solidarité bienveillante qu'à la vérification pointilleuse. Celle-ci doit donc « admettre que le contrôle est la vocation de l'opposition. La minorité doit être privilégiée, voire participer à égalité dans la responsabilité des activités de contrôle »[29]. C'est dans cette optique que l'on saisit l'intérêt de l'institution des binômes et du droit à la création de commission d'enquête (voir supra). Il relève de l'office des membres de l'opposition de s'investir pleinement dans cette fonction. Michel Debré l'avait entrevu dès 1955 : « Ce n'est pas tant en participant au vote des lois que opposition joue son rôle, qu'en interpellant, en posant des questions, en maintenant le Ministère sur le qui-vive »[30].

Or un tel engagement n'est pas franchement visible. C'est essentiellement dû au fait que les activités de contrôle sont peu médiatisées, conduisent à une concrétisation (un rapport parlementaire, une question) moins attrayante sur le plan symbolique que la participation (même réduite) à la confection de la loi[31]. Que la séance publique reste en France majoritairement assignée à la fonction législative n'est pas anodin. Pour dire crument les choses, le retour sur investissement est faible s'il vise seulement l'amélioration de l'administration publique et des comptes publics. Cela ne peut que favoriser le découragement des élus.

---

29 J.-L. Warsmann, Assemblée nationale, Doc. Parl. n° 892, 15 mai 2008, p. 57

30 M. Debré, « Trois caractéristiques du système parlementaire français », *Revue française de science politique*, 1955, n° 1, p. 46

31 À l'Assemblée nationale, pour la session 2015-2016, 58% du temps a été consacré à la fonction législative, 21% à la discussion budgétaire, 15% seulement à l'évaluation et au contrôle. Statistiques 2015-2016, p. 20. Site Internet de l'Assemblée nationale. Les chiffres sont similaires au Sénat.

CONCLUSION

Au final, on peut finir sur une approche iconoclaste en se posant la question de savoir, si, à l'instar des analyses de G. Carcassonne, l'opposition parlementaire ne connaît-elle pas paradoxalement « le bonheur »[32] . N'est-ce finalement pas le cas puisqu'elle peut, alors que le gouvernement et sa majorité sont régulièrement confrontés, en raison des décisions qu'ils sont amenés à prendre, aux affres de l'impopularité, connaître de son côté les joies et délices de la critique gratuite et de l'irresponsabilité voluptueuse ? Poser une telle question, c'est déjà y répondre.

Jean-Éric GICQUEL,

Agrégé des Facultés de droit, Professeur à l'Université de Rennes 1

[32] G. Carcassonne, « Le bonheur de l'opposition », *Pouvoirs*, n° 108, 2004, p. 145

Delphine Edith ADOUKI EMMANUEL

L'OPPOSITION POLITIQUE DANS LES ETATS AFRICAINS : UN CAMÉLÉON

INTRODUCTION

L'opposition politique est une invention récente[1] des régimes politiques contemporains[2] qui subit, dans les Etats africains[3], une mutation particulière, au point d'être comparée à un caméléon. La présente communication se propose donc d'aborder la problématique suivante : Pourquoi l'opposition politique, qui constitue un contre-pouvoir institutionnel, est-elle comparée à un caméléon ?

La réponse à cette problématique suppose, au préalable, que soient définis les concepts d'opposition politique et de caméléon.

De façon traditionnelle, l'opposition est perçue comme "la position reconnue d'un groupe au sein d'un régime politique en compétition pour l'accession légale au pouvoir et son exercice pacifique"[4], au moyen de l'élection[5], en vue de l'alternance[6]. Expression du procès symbolique du

1 R. Dahl, *L'avenir de l'opposition dans les démocraties*, Paris, SEDEIS, 1966, p. 9.

2 Pour une présentation générale, voir J. Benetti, *Droit parlementaire et fait majoritaire à l'Assemblée nationale sous la Vème République*, Thèse, Université de Paris I, 2004, 468 p, F. Ch. Bousquet, *Le statut de l'opposition sous la Vème République*, Thèse, Université de Paris I, 2005, 443 p, W. Gilles, "L'opposition parlementaire : étude de droit comparé", *RDP*, n° 5, 2006, pp. 1347-1386.

3 Voir El Hadj Mbodj, "Les garanties et éventuels statuts de l'opposition en Afrique", in *Actes de la quatrième réunion préparatoire au symposium de Bamako sur la vie politique*, mai 2000, L. Donfack Sokeny, "L'institutionnalisation de l'opposition : Une réalité objective en quête de consistance", in *Comment peut-on être opposant au Cameroun ? Politique parlementaire et politique autoritaire*, Codesria, 2004, M.E. Sohouenou, "Le statut juridique de l'opposition politique dans les nouvelles démocraties africaines", *RBSJA*, n° 25, 2011, pp. 219-267, D.E Emmanuel, "L'institutionnalisation de l'opposition dans les Etats d'Afrique francophone", *Nouvelles Annales de l'Université Cheikh Anta Diop de Dakar*, 2012, pp. 47-94.

4 P. Jan, "Les oppositions", *Pouvoirs*, n° 108, 2004, p. 38.

5 A. Hauriou, "Recherches sur une problématique et une méthodologie applicable à l'analyse des institutions politiques", *RDP* 1971, n° 2, p. 335.

6 Sur l'alternance, voir, L'Alternance, *numéro spécial de la Revue Pouvoirs* n° 1, 1977, 3ème édition 1984, 216 p, J.L. Quermonne, *L'alternance au pouvoir*, Paris, LGDJ, 2003, 160 p.

pouvoir[7] et de l'exclusion de la violence du champ politique, l'opposition politique est un élément vital des sociétés politiques[8], dont la présence permet de mesurer le niveau réel de démocratie d'un Etat[9].

En effet, elle légitime le pouvoir de la majorité[10], l'empêche de mal agir[11] et constitue un contrepoids nécessaire dont l'existence se trouve aujourd'hui affirmée[12]. Ce faisant, elle agit "comme une lanterne qui « éclaire la face cachée du réel et permet à la majorité d'accéder à la décision la mieux informée »[13] ; tout en respectant les prérogatives du gouvernement et en utilisant des moyens déterminés. Benjamin Constant décrit cette opposition contenue ainsi qu'il suit : "Nul ne voudra briser un instrument dont il, pourra conquérir l'usage, et tel qu'il chercherait à diminuer la force du pouvoir exécutif, si cette force devrait toujours lui rester étrangère, la ménagera si elle peut devenir sa propriété… L'opposition épargne les prérogatives du gouvernement comme son héritage et respecte ses moyens à venir dans ses adversaires présents"[14].

Synonyme de minorité[15], ce label des sociétés pluralistes est exporté en Afrique, souvent présentée comme "la terre d'élection des dictateurs, le cimetière des libertés"[16]. C'est de façon singulière que l'Afrique expérimente la fonction d'opposition qui successivement, naît, tombe en hibernation et ressuscite[17].

---

7 C.M. Pimentel, "L'opposition ou le procès symbolique du pouvoir", *Pouvoirs* n° 108, 2004, pp. 45-61.

8 M.C. Ponthoreau, "L'opposition politique comme garantie constitutionnelle", *RDP* n° 4, 2002, pp. 1127 et suivantes.

9 Sur la démocratie en Afrique voir, B. Gueye, "La démocratie en Afrique : succès et résistances", *Pouvoirs,* n° 1, 2009/2, pp. 5-26.

10 B. de Jouvenel, *De la souveraineté*, éditions Genin, 1955, p. 349.

11 N. Gaudry, "Les relations entre majorité et opposition", in *Le rôle du parlementaire dans l'élaboration de la loi et les relations entre majorité et opposition*, Lomé, 3 au 5 novembre 1994, pp. 93 et suivantes.

12 S. Milacic, "Le contre-pouvoir, cet inconnu", in *Etudes offertes en mémoire de Christian Lapoyade-Deschamps*, PUB, 2006, P. 105 et suivantes, F. Hourquebie, "Le contre-pouvoir enfin connu : pour une analyse de la démocratie constitutionnelle en terme de contre-pouvoir", *Mélanges Milacic, Démocratie et liberté, tension, dialogue, confrontation*, Bruxelles, Bruylant, 2008, pp. 99-115.

13 M. Sadoun, "Opposition et démocratie", *Pouvoirs* n° 108, 2004, p. 15.

14 B. Constant, *Cours de politique constitutionnelle*, première édition, 1872, Tome I, p. 66.

15 Georges Burdeau présente le triptyque formé par le gouvernement, la majorité et la minorité et les compare à "un ballet aux figures perpétuellement changeantes, d'un mouvement incessant qui, sur la scène parlementaire, doit traduire les fluctuations de l'opinion". Voir, G. Burdeau, "L'évolution de la notion d'opposition", *Revue internationale d'histoire politique et constitutionnelle*, 1954, p. 119, voir aussi H. Kelsen, *La démocratie, sa nature, sa valeur*, Sirey, édition Dalloz, 2ème édition, 2004, pp. 63 et suivantes.

16 K. Ahadzi-Nonou, "Les nouvelles tendances du constitutionnalisme africain : les cas des Etats d'Afrique francophone", *Afrique juridique et politique*, 2002, pp. 35-85, TH. Holo, "Démocratie revitalisée ou démocratie émasculée ? Les Constitutions du renouveau démocratique dans les Etats de l'espace francophone africain : régimes juridiques et systèmes politiques", *Revue béninoise des sciences juridiques et administratives*, n° 16, 2006, p. 17, voir aussi, G.D. Lavroff, *Les systèmes constitutionnels en Afrique noire. Les Etats francophones*, Paris, A. Pedone, 1976, 428 p.

17 Sur l'évolution de la démocratie en Afrique voir, J. Du Bois de Gaudusson, "Défense et illustration du constitutionnalisme en Afrique après 15 ans de pratique du pouvoir", *Mélanges en l'honneur de Louis*

Dans la période précoloniale, les sociétés négro-africaines, loin d'être unanimistes, connaissent la fonction d'opposition matérialisée par des contrepoids et des contre-pouvoirs. Ceux-ci influencent, le pouvoir politique dont l'exercice n'est ni solitaire ni arbitraire[18]. Après la neutralisation des chefs traditionnels contestataires, les puissances coloniales suscitent la formation de partis politiques et de syndicats, dont certains sont affiliés à la métropole ; contribuant ainsi à l'installation de sociétés pluralistes[19]. Mais à partir de 1963, l'on observe le passage progressif du multipartisme au parti dominant ou unique avec pour conséquence la marginalisation puis, la disparition officielle de l'opposition politique[20].

Devenue clandestine, l'opposition politique n'hésite pas, faute de moyens légaux, à user de la violence et, elle devient extraparlementaire[21]. Puis, à la faveur du renouveau démocratique des années 90[22], l'opposition politique passe, de l'ombre à la lumière. Cette résurrection, qui correspond à la troisième vague du constitutionnalisme en Afrique[23], résulte à la fois de facteurs internes et externes[24]. Ceux-ci contribuent à l'installation de sociétés multipartistes, et de gouvernements de transition qui succèdent au monopartisme qui prévalait jusque-là[25]. Toutefois, l'histoire de l'opposition ne s'arrête pas avec sa restauration. En effet, du fait de multiples facteurs, la mutation de cette institution va se poursuivre au point où l'on n'hésitera pas à la comparer à un caméléon.

Le caméléon est, en effet, un animal qui se singularise notamment par "son aptitude à changer de manière inopinée les motifs et les couleurs de sa robe"[26]

Favoreu, Renouveau du droit constitutionnel, Paris, Dalloz, 2007, pp. 609-627, A. Kpodar, "Bilan sur un demi-siècle de constitutionnalisme en Afrique", 2013, Afrilex.u-bordeaux 4.fr, consulté le 30 janvier 2018.

18 M. Kamto, *Pouvoir et Droit en Afrique Noire. Essai sur les fondements du constitutionnalisme dans les Etats d'Afrique noire francophone*, Paris, LGDJ, 1987, 546 p.

19 B. Traoré, *Forces politiques en Afrique noire*, Paris, PUF, 1966, 312 p, A.S. Mescheriakoff, "Le multipartisme en Afrique francophone, illusion ou solution ?", in *Afrique en transition vers le pluralisme politique*, Paris, Economica, 1993, pp. 72 et suivantes.

20 A. Mahiou, *L'avènement du parti unique en Afrique noire, L'expérience des Etats d'expression française*, Paris, LGDJ, 1969, 421 p.

21 G. Conac, «Le processus de démocratisation en Afrique", in *L'Afrique en transition vers le pluralisme, op. cit*, p. 9.

22 Voir *Le nouveau constitutionnalisme* : *Mélanges en l'honneur de Gérard Conac*, Paris, Economica, 2001, 458 p.

23 A. Cabanis, M-L. Martin, *Le constitutionnalisme de la troisième vague en Afrique francophone*, Paris, L'Harmattan, 2012, 228 p.

24 A. Sall, "Processus démocratiques et bicéphalisme du pouvoir exécutif en Afrique noire francophone : essai de bilan", *Revue internationale de droit africain*, EDJA, n° 63, octobre-novembre 2004, p. 37.

25 Sur les gouvernements de transition voir, L. Sindjoun, "Le gouvernement de transition : éléments pour une théorie politico-constitutionnelle de l'Etat en crise ou en reconstruction", in *Mélanges Milacic, op. cit*, pp. 937-1011.

26 E. Dounias, El Motte-Florac, M. Dunham, *Le symbolisme des animaux. L'animale clef de voûte de la relation entre l'homme et la nature*, IRD éditions, 2007, p. 165.

ainsi que par "sa démarche très lente et faussement hésitante"[27]. Assimiler l'opposition au caméléon revient, au premier degré, à se pencher sur les mutations de cette institution[28], observées dans le constitutionnalisme contemporain. Au second degré, cette assimilation peut être rattachée au "mythe thanatologique du messager manqué"[29], qui a cours à Madagascar, et présenter un lien avec le pluralisme politique.

En effet, dans la mythologie malgache, le caméléon est, à l'origine l'animal le plus rapide envoyé par les humains auprès de Zañahary "Dieu" afin d'obtenir un antidote contre la mort. Mais, après l'avoir reçu, il tue par mégarde le fils de Dieu et une fois de retour parmi le siens, il ne peut se rappeler les mots sacrés révélés par Zañahary et qui devraient permettre de vaincre la mort. Et, c'est dans l'effort fait pour se rappeler du message que le caméléon passe par tous les états et toutes les couleurs[30]. Symboliquement, ce mythe signifie donc la mort de la concentration du pouvoir et le triomphe du pluralisme politique qui induisent l'existence d'une majorité et d'une minorité au sein des régimes politiques, avec une opposition qui exerce sa faculté d'empêcher[31].

On observe, en ce début de siècle, "la fin d'une monde fabriqué au XIXème siècle et relooké au XXème siècle[32] dans lequel l'on est passé progressivement d'une "société solide faite de corps puis de classes à une société fluide faite d'individus"[33] dans laquelle, "le numérique, "nouvel objet du droit constitutionnel" règne dans toute sa splendeur. Cette évolution, qui caractérise l'Etat post-moderne[34] oblige, par conséquent, à repenser la démocratie et même à la "Refaire""[35].

---

27 *Ibidem.*

28 P. Jan, "Les mutations de l'opposition. Rapport de synthèse", in *L'opposition politique*, J. Ph. Derosier (dir), Les cahiers du Forincip, Paris, Lexis Nexis, 2016, pp. 39-46.

29 *Ibidem,* p. 169.

30 Des chercheurs de la Faculté des Sciences de l'Université de Genève expliquent, dans une étude publiée dans la revue Nature et Communications, en 2015, que le caméléon change de couleur, car sur sa peau, les nano cristaux qui sont incrustés réagissent à la lumière. Il s'agit d'un phénomène d'interférences optiques.

31 L.D. Sokeng, "L'institutionnalisation de l'opposition : une réalité objective en quête de consistance", *op. cit*, p. 47.

32 D. Rousseau, "Le numérique, nouvel objet du droit constitutionnel", *Les Nouveaux Cahiers du Conseil constitutionnel*, 01/10/2017, n° 57, p. 9.

33 *Ibidem.*

34 J. Chevalier, *L'Etat post-moderne*, 5ème édition, Paris, LGDJ, 2017, 328 p.

35 S. Milacic, *La réinvention de l'Etat. Démocratie politique et ordre juridique en Europe Centrale et Orientale*, Bruxelles, Bruylant, 2003, 424 p, S. Milacic, "Faut-il réinventer la démocratie ? Du néo démocratisme pour équilibrer le néo libéralisme", *Politea*, n° 5, 2004, pp. 445-453, Ruiz Fabri et M. Rosenfeld (dir), *Repenser le constitutionnalisme à l'âge de la mondialisation et de la privatisation*, Paris, Société de législation comparée, vol. 23, 2011, 425 p, Rapport de Cl. Bartolone et M. Winock à l'Assemblée Nationale, *Refaire la démocratie*, Paris, éditions *Thierry Marchaisse*, 2016, 304 p.

Comparer l'opposition politique, qui est un contre-pouvoir, à un caméléon[36] revient à apprécier sa nature et le rôle qu'elle joue au sein des régimes politiques africains. Ce qui justifie pleinement le double intérêt théorique et pratique de cette communication.

De manière empirique, sans pour autant exclure le recours à l'exégèse et à la méthode comparative, l'on peut, en réponse à la problématique, soutenir que l'opposition politique est un caméléon car c'est un contre-pouvoir qui, confronté à de multiples défis, dont ceux du numérique[37], subi des mutations de nature organiques (I) et fonctionnelles (II).

I.- LES MUTATIONS ORGANIQUES

L'opposition politique, dans les régimes politiques africains est, désormais, placée sous le signe de la dualité. Comme Janus le dieu des Portes, elle présente deux visages. Elle est à la fois du granit (A), une roche dure et grenue et, un grain de sable (B).

A.- LE GRANIT

L'opposition politique existe dans toutes les sociétés politiques car dans l'ordre naturel des choses, ainsi que l'avait présenté le Professeur Georges Burdeau, les êtres humains oscillent entre l'acceptation et la contestation de l'autorité politique. Apparue selon un rythme et des modalités variables, en Europe ou en Afrique, l'opposition s'est trouvée dès le départ revêtue d'un corset. En effet, elle ne peut qu'être parlementaire, ce n'est que dans le cadre du Parlement et, à l'issue des élections, que peuvent s'observer deux objets juridiques bien identifiés et intimement liés que sont la majorité et la minorité. La majorité est, dans cette hypothèse, "le parti ou la coalition de partis détenant le plus grand nombre de sièges au Parlement et soutenant le Gouvernement qui en procède"[38]. Sur ce point, le Professeur Hans Kelsen soutenait que, "la majorité suppose l'existence d'une minorité, et par suite, le droit de la majorité suppose le droit d'une minorité à l'existence"[39]. Celle-ci est non seulement "la partie la moins nombreuse d'un groupe"[40] mais en plus, elle s'oppose, c'est-à-dire qu'elle critique les choix opérés par la majorité parlementaire.

---

36 Pour mémoire, Mathieu Kerekou, l'ancien Président de la République du Bénin avait été surnommé le caméléon. Il aura été tour à tour putschiste, marxiste-léniniste, démocrate et évangéliste.

37 Le numérique pose quatre défis au droit constitutionnel. Il s'agit de : réinventer la souveraineté et la démocratie, repenser la normativité, interroger les droits et libertés et transformer les discours et les acteurs. Voir, J. Bonnet et P. Türk, "Le numérique : un défi pour le droit constitutionnel", *Les Nouveaux Cahiers du Conseil constitutionnel*, 01/10/2017, n° 57, p. 13.

38 O. Duhamel, Y. Meny, *Dictionnaire de droit constitutionnel*, Paris, Puf, 1992, p. 615.

39 H. Kelsen, *La démocratie, sa nature, sa valeur*, Paris, Sirey, Dalloz, 2ème édition, 2004, p. 63.

40 P. Pierre-Caps, "Minorités", *Dictionnaire de la culture juridique*, sous la direction de D. Alland et S. Rials, Paris, PUF, 2003, p. 1028.

Cette minorité civilisée, à la différence de l'opposition au régime, de nature contestataire, est identifiée et reconnue. En effet, l'opposition au régime est proscrite par le droit constitutionnel classique car, "celui qui entre dans le cercle de la discussion en accepte à la fois les règles et les principes qui les fondent"[41]. Il accepte, dans ces conditions, à ne pas faire recours à la violence dans le champ politique.

L'opposition politique est donc un groupe organisé qui, au sein d'un régime politique, est en compétition pour l'accession légale au pouvoir et en vue de son exercice pacifique[42]. Mais, cet "élément physiologique et naturel de l'ordre constitutionnel"[43], véritable "socle de la démocratie pluraliste"[44] va se désagréger progressivement, particulièrement dans les démocraties en construction en Afrique. C'est ainsi que l'on va passer du granit au grain de sable.

B.- LE GRAIN DE SABLE

L'opposition va se libérer du carcan dans lequel le constitutionnalisme classique l'avait enfermée. D'objet juridique connu, elle devient un objet juridique protéiforme qui mène des actions aux niveaux national et international.

Au niveau national, à l'opposition traditionnelle civilisée et, concentrée, s'ajoute désormais l'opposition contestataire, brutale, sauvage et diluée. Convaincus d'être mal représentés, divers groupes d'individus affirment leur volonté de briser "le mythe du citoyen passif"[45] et, entendent développer "des espaces de démocratie en marge du système institutionnel traditionnel"[46], tout en continuant d'agir dans le cadre de la démocratie gouvernante. C'est ainsi qu'aux partis politiques représentés dans les parlements, s'ajoutent dorénavant des mouvements aux contours lâches, qui usent sans désemparer de la liberté de manifestation et d'expression. Ces nouveaux espaces sont variés et ils sont de moins en moins structurés. Parmi ceux-ci, l'on peut mentionner la rue[47], siège du tiers pouvoir[48] qui influence et déconstruit les régimes politiques comme cela a été observé au Burkina Faso et qui bouleverse les règles de

---

41 M. Sadoun, "Opposition et démocratie", *op. cit*, p. 12.

42 P. Jan, "Les oppositions", *Revue Pouvoirs*, n° 108, 2004, p. 38.

43 M.C. Ponthoreau, "L'opposition comme garantie constitutionnelle", *RDP* n° 4, 2002, p. 1127.

44 P. Jan, "Les oppositions", *op. cit*, p. 24.

45 P. Rosanvallon, "Le mythe du citoyen passif", *Le Monde du 19 juin 2004.*

46 Rapport de Claude Bartolone et Michel Winock à l'Assemblée Nationale, Refaire la démocratie, *op. cit*, p. 60.

47 La Rue, *Revue Pouvoirs*, n° 116, 2006, 224 p.

48 D. Rousseau, "L'ouverture du droit constitutionnel aux tiers pouvoirs", in *La démocratie entre multiplication des droits et des contre-pouvoirs sociaux*, Paris, édition Kimé, 2012, p. 78 et suivantes, V.R. Manangou, "Contre-pouvoirs, tiers pouvoirs et démocratie en Afrique", in, *AFDC*, Congrès de Lyon, 26, 27 et 28 juin 2014, Atelier O : Constitution, pouvoirs et contre-pouvoirs, www.droit constitutionnel.org, 24 p, consulté le 30 janvier 2018.

participation du jeu politique et révolutionne la citoyenneté[49]. L'on peut assurément considérer, dans une certaine mesure, que cette prise de pouvoir de la rue constitue un certain progrès. Elle rappelle aux nostalgiques de la démocratie athénienne l'Agora mythique d'Athènes et plus récemment, la révolution française[50]. En outre, elle a pour conséquence de permettre à l'opposition informelle de devenir majoritaire et de ne plus être minoritaire.

Par ailleurs, ces assemblées "ouvertes et plurielles"[51], favorisent "les discussions informelles"[52] ainsi que les contacts inédits entre des personnes venues de mondes sociaux divers, qui ne se rencontrent pas dans la vie ordinaire"[53].

Mais cette opposition présente l'inconvénient majeur d'être inorganique et insaisissable. Elle regroupe une masse diffuse d'individus, à savoir des nationaux, des étrangers, des hommes, des femmes et même des enfants, qui revendiquent le statut de peuple, de contre-pouvoir[54]. C'est en cette qualité qu'ils fondent les actions qu'ils mènent en vue de modifier "l'ordre politique institué"[55]. Il est indéniable que cette évolution, qui impacte sur la citoyenneté, révolutionne les moyens dont dispose l'opposition politique dans les régimes politiques. Désormais, le recours à la violence n'est plus symbolique, il devient réel, bien que circonstanciel.

L'indignation, l'insoumission sont désormais dans l'air du temps, avec plus ou moins de succès en Occident ou en Afrique[56]. Ces "mouvements de rue"[57] s'achèvent parfois par la répression, au nom de la nécessité de préserver l'ordre public. Ils se terminent aussi, quelquefois, par une insurrection ou une révolution[58].

Dans une livraison récente, Stéphane Hessel, *Indignez-vous. Ceux qui marchent contre le vent*[59], conclut son propos en déclarant "crier, c'est résister, résister c'est crier". Cette invitation raisonne comme un signe de ralliement au-delà des frontières françaises. C'est ainsi qu'à l'action de la rue menée par

---

49 D. Tartakowsky, "Quand la Rue fait l'histoire", *Pouvoirs*, n° 116, 2006, pp. 19-29.

50 S. Hayat, "La République, La rue et l'Urne", *Pouvoirs*, n° 116, 2006, pp. …

51 P. Poupin, *Nuit debout et le cortège de tête des manifestations contre la loi Travail – la politique comme expérimentation*, www.participation-et-democratie.fr, 9 p, consulté le 30 janvier 2018.

52 *Idem.*

53 *Idem.*

54 A. Soma, "Le peuple comme contre-pouvoir en Afrique", *RDP* 2014, p. 1019-1049.

55 S. Hayat, "La République, La rue et l'Urne", *op. cit*, p. 44.

56 Sur le mouvement insurrectionnel observé au Burkina Faso du 30 au 31 octobre 2014, voir S. Ouedraogo et D. Ouedraogo, *Libres propos sur la transition politique au Burkina Faso. Du contexte au texte de la Charte de la transition*, 2014, Afrilex.u-bordeaux 4.fr, O. Narey, *Les facteurs déterminants pour la réussite d'une transition démocratique*, disponible sur https :IIwestafrica.hss.de>west_Africa, consulté le 24 janvier 2018.

57 D. Tartakowsky, "Quand la Rue fait l'histoire", *op. cit*, p. 21.

58 Voir, D. Kokoroko, " Révolution et droit international ", *Revue Togolaise des Sciences Juridiques*, janvier-juin 2012, p. 71 et suivantes.

59 Stéphane Hessel, *Indignez-vous. Ceux qui marchent contre le vent, indignés*, éditions, 12 p.

des activistes regroupés pour la circonstance, au niveau national, s'accompagne désormais la volonté de regrouper et d'internationaliser l'activisme, nouveau nom de l'opposition politique.

L'internationalisation de l'opposition politique s'opère d'une part, au moyen de sa déterritorialisation et, d'autre part, au moyen de son regroupement.

En premier lieu, l'internationalisation de l'opposition résulte de la volonté des activistes de déterritorialiser la politique nationale. La gestion de la cité et la critique des gouvernants n'est plus considérée comme une question nationale, mais plutôt comme une question commune à l'ensemble des activistes du monde entier. C'est ainsi qu'en République démocratique du Congo, les activistes ont été soutenus par les activistes sénégalais de «Yen a Marre" et burkinabé, du "Balai Citoyen" qui se sont rendus en République démocratique du Congo où ils ont été incarcérés puis relâchés.

Ensuite, le 18 août 2017, la signature du Manifeste du citoyen congolais à Paris par différentes organisations non gouvernementales (ONG), associations et activistes de la République démocratique du Congo a été rehaussée de la présence des représentants du mouvement citoyen "Yen a Marre"[60] et d'autres organisations.

Dans la même veine, en France, les militants espagnols des Indignés et de Podemos ont participé à Nuit debout et ont fourni leur soutien logistique en créant une page Facebook, un compte Twitter et un site Web.

Enfin, un autre signe de la déterritorialisation de l'activisme et particulièrement de l'opposition résulte de l'initiative, annoncée le 26 septembre 2017, au Parlement européen. Celle-ci consiste pour chaque député européen à parrainer et à assurer la protection d'un activiste congolais (République démocratique du Congo). Grâce à un des téléphones, ils pourront être joints rapidement par les activistes congolais et réagir à toute menace pour leur intégrité physique[61]. Mais cette initiative a suscité la désapprobation du mouvement citoyen La Lucha qui la trouve incompatible avec les principes d'indépendance, de liberté et de dignité qui caractérisent un Etat.

En second lieu, l'internationalisation de l'activisme, nouvelle forme de l'opposition politique en Afrique, se manifeste par le regroupement des différents mouvements nationaux.

Le premier sommet des cyber-activistes africains est organisé par un activiste sénégalais Cheikh Fall, animateur de blog. Il s'est tenu à Dakar du 26 au 29 novembre 2015. Il se termine par la création de la Ligue des Cyber-activistes africains pour Le Democarties (Africtivistes) qui vise comme objectif la consolidation de la démocratie à l'échelle continentale. Ce réseau

---

60 Alain. Diasso, *Les Dépêches de Brazzaville* n° 2996, lundi 21 août 2017, p. 13.

61 Alain Diasso, *Les Dépêches de Brazzaville* n° 3029 du jeudi 28 août 2017, p. 12.

comprend différents mouvements activistes, notamment La Lucha et Filimbi, en République démocratique du Congo, Le Balai Citoyen, au Burkina Faso, Ras-Le-Bol, au Congo, Jeune et Fort, au Cameroun, Wake up, à Madagascar, CT Jeunes, en Côte d'Ivoire et, IYINA, au Tchad.

Il mène des activités multiformes qui vont de la veille politique, à la mobilisation en passant par la formation. C'est ainsi que ce réseau n'hésite pas à publier des communiqués sur la situation politique qui prévaut dans certains Etats. Si l'impact de telles initiatives peut s'avérer limitée, tout autre est celui produit par les activités de formation mises en œuvre. Le programme "Afrique Médias Cyber sécurité" vise la formation de 500 acteurs du Web en Afrique de l'Ouest[62]. L'objectif de cette formation est de leur fournir une boîte à outils sur la Cyber sécurité qui les permettra de faire face aux risques d'infiltration, de partage, de contourner la censure sur Internet et les techniques de surveillance.

Avec la fragmentation de l'opposition, tout individu devient potentiellement opposant et tous les moyens sont bons. Le risque d'anarchie paraît réel et la question de la légitimité de ces activistes se pose. C'est pour cela que l'on ne peut qu'adhérer aux assertions selon lesquelles "la démocratie n'est pas la rue"[63] car "la rue ne gouverne pas"[64]. Toutefois, Il est paradoxal de constater que ces nouveaux modes d'expression encensés en Afrique, ne sont pas toujours admis en Occident[65].

La mutation de l'opposition dans les Etats africains n'est pas uniquement organique. Elle est aussi fonctionnelle.

II.- LES MUTATIONS FONCTIONNELLES

La fonction classique de l'opposition est de critiquer l'action gouvernementale, en utilisant les moyens fournis par le régime politique, dans le cadre privilégié du Parlement. Mais, cette fonction initiale a évolué sous le coup de multiples facteurs. Ce changement, qui n'est pas sans rappeler les variations de couleur du caméléon, affecte les moyens et les missions de l'opposition.

---

[62] Il s'agit du Bénin, du Burkina Faso, de la Côte d'Ivoire, de la Gambie, de la Guinée, du Mali, de la Mauritanie, du Niger, du Sénégal et du Togo. Voir, S. Tobias, *Cyber sécurité : Africtivistes va former 500 acteurs du Web en Afrique de l'Ouest*, 9 janvier 2018 disponible sur https://cio-mag.com>A la Une.

[63] Cette opinion est celle d'Emmanuel Macron, le Président français. Dans un entretien à CNN International le 17 septembre 2017. Il affirme, "Je crois dans la démocratie mais la démocratie ce n'est pas la rue". Il critique les manifestations organisées contre la réforme du Code du Travail.

[64] Cette expression serait de Jean Pierre Raffarin, homme politique français. Voir, D. Tartakowsky, "Quand la Rue fait l'histoire", *op. cit*, p. 19.

[65] L'on a en mémoire le sort réservé à Edward Snowden, informaticien américain qui a révélé le vaste programme de surveillance électronique des individus, des entreprises et des Etats étrangers organisé par les Etats-Unis d'Amérique. Il est inculpé par le gouvernement américain sous les chefs d'accusation d'espionnage, de vol et d'utilisation illégale de biens gouvernementaux. De même Julian Assange, informateur australien et naturalisé en 2017 équatorien, subit le même ostracisme pour avoir publié des documents confidentiels sur sa plateforme Wikileaks.

La pluralité caractérise les moyens de l'opposition, devenue informelle, qui utilise pour s'identifier des signes distinctifs tels que des parapluies[66], des tournesols[67] ou une couleur[68]. Cette opposition utilise divers vecteurs de communication dont la musique[69], les chansons (particulièrement le rap), les bandes dessinées et les nouvelles technologies de l'information et de la communication (NTIC). Faisant un large recours à ces nouvelles technologies elle paraît hyper connectée (A) et le cyber espace devient le lieu de sa radicalisation (B).

A.- L'HYPER CONNECTIVITÉ

L'opposition politique apparaît dans le cadre du régime parlementaire, ce qui explique sa qualification initiale d'opposition parlementaire. Elle consiste pour la minorité, qui critique le pouvoir[70], à utiliser tous les moyens du contrôle parlementaire à savoir les questions écrites ou orales au gouvernement, les interpellations, les commissions d'enquêtes et éventuellement la motion de censure afin de présenter les limites de la politique gouvernementale et de faire des contre-propositions et ainsi se positionner comme une alternative crédible. En plus de ces moyens liés au contrôle parlementaire classique, l'opposition politique fait un large usage des libertés publiques, avec une nette prédilection pour la liberté d'opinion, la liberté d'association, et la liberté de manifestation. Cependant, l'usage de ces libertés publiques est largement réglementé et l'Etat dispose d'un arsenal législatif susceptible de les limiter, au nom des nécessités de protection de l'ordre public. Dans un tel contexte, les acteurs et les moyens d'action sont connus à l'avance et peuvent être maîtrisés par l'Etat qui dispose de l'*imperium* et n'hésite pas à en faire usage.

Mais, ce schéma policé va subir de plein fouet les conséquences de l'irruption des NTIC dans la vie publique[71]. C'est ainsi que l'Etat aura de plus

---

66 A Hong Kong, l'opposition utilise des parapluies et investit la rue en 2014 afin de protester contre le nouveau mode de désignation du chef de l'exécutif qui remet en cause l'autonomie de cette région administrative. Au départ, les parapluies ouverts sont destinés à les protéger des gaz lacrymogènes, puis ils deviennent un signe de ralliement.

67 A Taïwan, la révolution des tournesols exprime la volonté des ressortissants de cette unité administrative d'empêcher la conclusion de certains accords économiques avec la Chine.

68 Le port de vêtements de couleur rouge est utilisé notamment par les manifestants au Togo.

69 Il est intéressant de faire ici un parallèle avec la contribution de la musique à la révolution belge de 1830. La Muette de Portici est un opéra en 5 actes de Daniel-François-Esprit Auber créé le 29 février 1828 à l'Opéra de Paris qui relate la révolte des napolitains contre l'Espagne au XVIIème siècle. Il célèbre le sentiment national et l'esprit de liberté. Le 25 août 1830, il constitue l'élément déclencheur de la révolution de 1830. Au cours d'une représentation à Bruxelles, l'assistance procède à une analogie et transpose la révolte napolitaine à la Belgique. Spontanément, elle crie à la révolte et rallie la thèse des libéraux et des catholiques belges coalisés contre la Monarchie.

70 L.C. Raynier, "La reconnaissance de l'opposition", in *L'opposition politique*, J.Ph. Derosier (dir), *op. cit*, p. 16.

71 Le Comité des droits de l'homme de l'ONU dans l'observation générale n° 34, Article 19 : liberté d'opinion et liberté d'expression, 12 septembre 2011, déclare : "Les Etats parties devraient prendre

en plus difficilement de prise sur une opposition devenue insaisissable, virtuelle, déterritorialisée dont, cependant, la capacité de nuisance est avérée.

Les NTIC révolutionnent la politique et c'est ainsi que l'on célèbre, désormais, les avantages de la démocratie électronique, de la démocratie en ligne ou e-democratie. L'introduction des TIC dans le processus politique[72] influe "positivement sur la capacité des citoyens à gérer le processus démocratique (public) de contrôle des représentants élus"[73]. Elle contribue à "la réinvention de la citoyenneté et à l'invention de la citoyenneté numérique"[74] qui réaménage les rapports entre gouvernants et gouvernés[75]. Par ailleurs, le numérique participe au renouvellement des droits fondamentaux et il en modifie les conditions de jouissance[76].

La CEDH déclare à propos : "L'Internet est aujourd'hui devenu l'un des principaux moyens d'exercice par les individus de leur droit à la liberté d'expression et d'information, on y trouve des outils essentiels de participation aux activités et débats relatifs à des questions politiques ou d'intérêt public"[77]. Et, alors que les parlements traditionnels excluent les citoyens devenus "des étrangers dans la demeure de la démocratie"[78], la création de "réseaux civiques"[79], et, de "communautés en ligne"[80] favorisent "un rassemblement civique sans cérémonie dans une sphère publique à laquelle rien n'échappe"[81].

Trois fonctions sont ainsi assurées par cette nouvelle forme de démocratie électronique à savoir : l'information, la consultation et la participation à l'élaboration des politiques. Cependant, à la différence des canaux traditionnels d'information politique (affiches, journaux, télévision radio), relevant de la juridiction et du contrôle de l'Etat, la toile paraît comme un espace illimité et incontrôlé livré à la conquête, une *terra nullius*. Les Etats se trouvent alors sur la défensive face à ces multiples réseaux, blog, twitosphère… accessibles ou inaccessibles comme le *darkness*. Ils utilisent alors, malencontreusement, certains moyens traditionnels pour faire face à des

---

toutes les mesures voulues pour favoriser l'indépendance de ces nouveaux moyens et garantir l'accès des particuliers à ceux-ci", voir le document CCPR/C-GC 34, p. 15.

72 C. Chatelanat, *La démocratie électronique : un catalyseur de participation et de légitimité pour l'UE ?*, Mémoire pour l'obtention du Master en Etudes européennes, Genève, 2011, p. 26 et suivantes.

73 *Ibidem.*

74 Voir, P. Brotcorne, *Les outils numériques au service d'une participation citoyenne et démocratique augmentée. Les initiatives en Belgique francophone et les bonnes pratiques étrangères visant à renforcer l'expression et la démocratie participative*, mars 2012, 82 p.

75 Voir, "La Datacratie", *Pouvoirs*, n° 164, janvier 2018, 216 p.

76 Conseil d'Etat, "Le numérique et les droits fondamentaux", *Etudes et documents du Conseil d'Etat*, 2014, 446 p.

77 CEDH, *Ahmet Yildirim c. Turquie*, 18 décembre 2012, paragraphe 54.

78 OCDE. *Promesses et limites de la démocratie en électronique. Les défis de la participation citoyenne en ligne*, 2003, p. 161.

79 *Ibidem, op. cit*, p. 71.

80 *Ibidem.*

81 *Ibidem, op. cit*, p. 162.

problèmes nouveaux. Parfois, ils usent de pare-feu et, ils n'hésitent pas à limiter ou à couper l'accès à l'Internet[82]. Ces restrictions multiformes suscitent des controverses, malgré le relatif consensus. En effet, l'ensemble des parties prenantes, Etats, institutions internationales et société civile conviennent, d'une part, que l'Internet est un outil qui facilite « l'exercice et la jouissance de nombreux droits et libertés, notamment les droits à la liberté d'expression et d'accès à l'information, de réunion et d'association pacifique »[83]. Et, d'autre part, que la jouissance de ces droits consacrés conventionnellement[84] et constitutionnellement[85] par les Etats n'est pas exclusivement en ligne ; elle peut aussi être hors ligne. Toutefois, les divergences portent sur le prétendu droit fondamental émergent à l'internet dont l'existence est affirmée de façon progressive par le Conseil des droits de l'homme de l'Organisation des Nations Unies (ONU).

D'abord, dans la résolution 20/8 sur la promotion, la protection et l'exercice des droits de l'homme sur Internet, adoptée le 5 juillet 2012[86], le Conseil des droits de l'homme "affirme que les droits dont les personnes jouissent hors ligne doivent également être protégés en ligne, en particulier le droit de toute personne à la liberté d'expression qui est applicable sans considération de frontières et par le moyen de son choix"[87].

Ensuite, dans la résolution 26/13, La promotion, la protection et l'exercice des droits de l'homme sur l'Internet du 26 juin 2014[88], le Conseil des droits de l'homme engage les Etats à "adopter des politiques publiques nationales

---

[82] F. Dubuisson, "Les restrictions à l'accès au contenu d'Internet et le droit à la liberté d'expression", in, *SFDI, Internet et le droit international*, Colloque de Rouen, Paris, A. Pedone, 2014, pp. 133-164.

[83] Déclaration africaine des droits et libertés de l'Internet publiée le 4 septembre 2014 à Istanbul et confirmée le 8 septembre 2014 en République sud-africaine, paragraphe 2. Voir la résolution 362 (LIX) de la Commission africaine des droits de l'homme et des peuples, résolution sur le droit à la liberté d'information et d'expression sur Internet en Afrique, du 04 novembre 2016. Ce texte reconnaît le droit des citoyens à la liberté d'information et d'expression par l'accès aux services de l'Internet (paragraphe 1).

[84] La liberté d'expression est consacrée par divers instruments universels. Il s'agit notamment de l'article 19 de la Déclaration universelle des droits de l'homme et, de l'article 19 du Pacte international relatif aux droits civils et politiques. Au niveau africain, l'on peut mentionner, en sus de nombreuses déclarations qui ne sont pas contraignantes, l'article 9 de la Charte africaine des droits de l'homme et des peuples, et la Déclaration de principes sur la liberté d'expression en Afrique du 23 octobre 2002, adoptée par la Commission des droits de l'homme et des peuples, soumise à l'approbation des Etats.

[85] J. Morange, "La protection constitutionnelle et civile de la liberté d'expression", *RIDC*, 2, 1990, pp. 771-787.

[86] Assemblée générale, Documents officiels, Soixante-septième session, supplément n° 53 (A/67/753), *Rapport du Conseil des droits de l'homme, dix-neuvième session, vingtième session, dix-neuvième session extraordinaire*, N.U, N.Y, 2012, pp. 165-166.

[87] Paragraphe 1 de la résolution 2018 du 5 juillet 2012 suscitée.

[88] Assemblée générale, Documents officiels, soixante- neuvième session, supplément n° 53 (A/69/53), *Rapport du Conseil des droits de l'homme, vingtième session extraordinaire, vingt-cinquième et vingtième et unième session extraordinaire*, N.U, N.Y, 2014, p. 173.

relatives à l'Internet, ayant pour objectif fondamental l'accès universel et l'exercice par tous des droits de l'homme"[89].

Enfin, dans la résolution 32/13, La promotion, la protection et l'exercice des droits de l'homme sur l'Internet du 1er juillet 2016[90], le Conseil des droits de l'homme déclare "sa préoccupation pour les mesures qui visent à empêcher ou à perturber délibérément l'accès à l'information ou la diffusion d'informations en ligne, en violation du droit international des droits de l'homme". Et il affirme la nécessité "de mettre en place et de développer l'accès à l'Internet selon une démarche globale fondée sur les droits de l'homme"[91].

Les Etats ne partagent, malheureusement pas tous, l'approche du Conseil des droits de l'homme. Ils rappellent en premier lieu, que l'Internet est d'abord un moyen de communication qui permet notamment, l'exercice de la liberté d'expression. Ensuite, ils précisent que le droit international leur reconnaît le droit de porter atteinte à la liberté d'expression, dans le respect du droit et, conformément à une procédure régulière[92]. En conséquence, ils dénient l'existence d'un droit fondamental de l'homme à accéder à l'Internet. Il convient de noter, par ailleurs, que cette approche n'est pas exclusivement celle des pays africains. En effet, les Etats-Unis d'Amérique viennent de remettre en cause le principe de la neutralité du net qui garantit l'égalité de traitement de tous les flux de données sur Internet et partant, l'égalité des utilisateurs[93].

La volonté de "civiliser l'Internet", expression formulée par la Chine en 2006, n'est donc pas, contrairement aux idées reçues la spécificité des Etats africains et exclusivement motivée par des raisons politiques. Les restrictions d'accès à l'Internet[94] se justifient notamment dans le cadre de la lutte contre le terrorisme international[95], la lutte contre l'incitation à la violence et à la haine[96], la lutte contre la protection des droits de propriété intellectuelle[97], et contre la pornographie enfantine.

---

89 Paragraphe 4 de la résolution 26/13 du 26 juin 2014.

90 Assemblée générale, Documents officiels, soixante et onzième session, supplément n° 53/A/71/53), Rapport du Conseil des droits de l'homme, vingtième-quatrième session extraordinaire, trente et unième session, N.U, N.Y, 2016, p. 225-227.

91 Paragraphe 5 de la résolution 32/13 du 1er juillet 2016.

92 Voir la Déclaration africaine des droits et libertés de l'Internet suscitée.

93 La neutralité du net interdit toute discrimination en fonction de la source, du destinataire et du contenu de l'information transmise. Voir, B. Bayart, A. De Cornulier, "La neutralité du net", *Pouvoirs*, Datacratie, n° 164, janvier 2018, pp. 127-136.

94 F. Dubuisson, "Les restrictions à l'accès au contenu d'Internet et le droit à la liberté d'expression", *op. cit*, pp. 142 et suivantes.

95 La provocation publique à commettre une infraction terroriste est incriminée par la Convention du Conseil de l'Europe pour la prévention du terrorisme du 16 mai 2005, et la décision de l'Union européenne du 28 novembre 2008 relative à la lutte contre le terrorisme.

96 Au niveau européen, sont notamment adoptés la Convention de Budapest sur la cybercriminalité du 23 novembre 2011, le Protocole additionnel à la Convention sur la cyber criminalité relatif à l'incrimination

Cette nouvelle "agora électronique"[98] présente incontestablement l'avantage, ainsi que le déclarait, pour la première fois en 1994, un journaliste américain Howard Rheingold[99], de revitaliser la démocratie. Mais "la démocratie réticulaire"[100] comporte aussi deux inconvénients majeurs. Elle présente, premièrement, un défaut de légitimité car, ses "acteurs" affirment agir au nom des citoyens ou des électeurs", pour lesquels ils n'ont pas été mandatés[101]. Ainsi, "les personnes les plus actives sur le réseau se proclament représentants de la base, alors qu'elles n'ont pas été élues et qu'une partie de leur légitimité vient de leur capacité à être actifs, voire omniprésents dans ce nouvel espace"[102]. Deuxièmement, cette "contre démocratie"[103] ou démocratie de la défiance, aux relents populistes, favorise la diffusion de fausses nouvelles (*Fake news*) constituées d'injures (*Flame Wars*) ou d'opinions négationnistes, racistes ou d'atteintes à la dignité de l'être humain.

Un auteur contemporain affirme que "l'hostilité, l'agressivité et l'injure sont des caractéristiques de la communication en ligne, en raison de la désinhibition produite par l'anonymat et la médiation de l'écran"[104].

Ces outrances ont été condamnées par la Déclaration conjointe sur la liberté d'expression et les fausses nouvelles, la désinformation et la propagande du 3 mars 2017[105]. Elles justifient la décision prise par certains des Etats de légiférer afin de lutter contre les dérives[106].

---

d'actes de nature raciste et xénophobe commis par le biais de systèmes informatiques du 28 janvier 2003, et la décision-cadre sur la lutte contre certaines formes et manifestations de racisme et de xénophobie au moyen du droit pénal du 28 novembre 2008. L'Union africaine a adopté la Convention de l'Union africaine de Malabo sur la cyber-sécurité et la protection des données à caractère personnel du 27 juin 2014, qui n'est pas encore entrée en vigueur.

97 Pour la protection des droits d'auteur, en France, la loi HADOPI (Haute Autorité pour la diffusion des œuvres et la protection des droits sur Internet) permet de couper la connexion Internet d'une personne sur la base de la violation supposée des droits d'auteurs. La loi prévoit aussi la possibilité de filtrer les sites Internet et le Ministère de l'Intérieur peut établir une liste noire (Loi LOPPSI 2). En Grande-Bretagne, la loi sur l'économie numérique de 2010, prévoit la suspension de l'accès au numérique aux abonnés et aux sites qui ne respectent pas les droits d'auteurs. Sur cette question, E. Derieux et A. Grarchet, *Lutte contre le téléchargement illégal, Lois DADVI et HADOPI*, Rueil-Malmaison, Lamy, 2010, 266 p.

98 P. Flichy, "Internet, un outil de la démocratie ?" *La vie des idées.fr*, p. 1.

99 H. Rheingold, *The Virtual Community. Homesteading on the Electronic Frontier*, Harper Perennial, N.Y, 1994.

100 *Ibidem*. Son approche est reprise ensuite par le Vice-président des USA Al Gore dans différents discours portant sur les autorités de l'information, présenté notamment en mars 1994 devant l'UIT.

101 Voir, Maître O. Sèye, *L'illégitimité de Yen a Marre dans sa plainte contre l'Etat sénégalais*, 17. 08.2017.

102 P. Flichy, "Internet, un outil de la démocratie ?", *op. cit.*

103 P. Rossanvallon, *La contre-démocratie. La politique de l'âge de la défiance*, Paris, Le Seuil, 2006, 345 p.

104 I. Fassassi, "Les effets des réseaux sociaux dans les campagnes électorales", *Les Nouveaux Cahiers du Conseil constitutionnel*, 2017, n° 57, p. 69 et suivantes.

105 Cette déclaration est adoptée par le Rapporteur spécial des Nations Unies sur la liberté d'opinion et d'expression, le Représentant de l'Organisation pour la sécurité et la coopération en Europe (OSCE) pour la liberté des médias, le Rapporteur de l'Organisation des Etats américains (OEA) pour la liberté

Hyper connectée, l'opposition, qui est à la fois formelle et informelle, agit sur un espace ouvert, un boulevard, qui lui permet d'influencer de façon radicale le régime politique.

B.- LA RADICALISATION

La radicalisation est une tentation qui anime l'opposition informelle. A la différence de l'opposition parlementaire, qui est une opposition "sage" qui, non seulement critique l'action gouvernementale mais qui, exceptionnellement, participe, au gouvernement, notamment, au nom de la défense de la patrie, en période de guerre comme cela a été observé en Allemagne ou en Grande-Bretagne, de la recherche du consensus, comme cela est de plus en plus constaté en Afrique avec les gouvernements d'union nationale[107] ou de la volonté d'ouverture, récemment en France sous la présidence Sarkozy, l'opposition informelle est une "opposition sauvage"[108]. Elle est une opposition dont le but principal est de mettre fin à une expérience politique et ainsi provoquer les conditions brutales de l'alternance. Elle présente, dans cette posture, selon P. Rossanvallon, trois principales figures : celle du "peuple-surveillant", du "peuple-veto" et du "peuple-juge» qui lui permettent d'exercer sa souveraineté négative expression d'une démocratie de rejet[109]. Devenue révolutionnaire, elle est donc une opposition au régime, ce qui, particulièrement dans les Etats africains, remet en cause l'approche classique de l'opposition politique. Soutenant la révolte, diffusant des messages de désobéissance[110] civile par les réseaux sociaux, elle autorise désormais "les bons coups d'état"[111].

---

d'expression et le Rapporteur spécial sur la liberté d'expression et l'accès à l'information de la Charte africaine des droits de l'homme et des peuples (CADHP) avec l'assistance de l'Article 19 et du Centre pour le droit et la démocratie (CLD), disponible sur https://www.coc.in>...Actualités, consulté le 30 janvier 2018.

106 L'Allemagne a adopté une loi pour améliorer l'application du droit dans les réseaux sociaux qui produit, après une période de transition, ses effets à partir du 1er janvier 2018. Cette loi vise les opérateurs des principales plateformes de communication qui doivent sanctionner les violations des droits de l'homme découlant des discours de haine ou diffusant des nouvelles qui tombent sous le coup de la loi pénale. Voir, J. Reinhardt, *Les enjeux constitutionnels de la loi allemande sur les réseaux sociaux*, J. Blog, *Jus politicum*, 15 janvier 2018, Institut Villey-Com, consulté le 30 janvier 2018. La France envisage d'adopter une loi similaire.

107 H.M. Dzouma-Nguelet, "Réflexions sur une forme particulière de gouvernement : les gouvernements d'union nationale", Annales *de l'Université Marien Ngouabi*, 2010, pp. 52-79.

108 Nous empruntons cette expression au Professeur René-Jean Dupuy qui distingue la coutume sage et coutume sauvage. R.J. Dupuy, "Coutume sage et coutume sauvage", in *Mélanges offerts à Charles Rousseau, La Communauté internationale*, Paris, Pedone, 1974, pp. 75-87.

109 P. Rossanvallon, *La contre-démocratie*, *op. cit*, p. 127.

110 Désobéir en Démocratie, *Pouvoirs*, n° 155, novembre 2015, 216 p.

111 Sur les coups d'Etat, voir C.K. Tchapnga, "Droit constitutionnel et conflits politiques dans les Etats francophones d'Afrique noire", *RFDC*, 2005/3 (n° 63), pp. 451-491, Y. Vignon, "Le coup d'Etat en Afrique noire francophone", in *Les voyages du droit, Mélanges Dominique Breillat*, Paris, LGDJ, 2011, p. 614-620, P. Massina, *Le coup d'état, entre déshonneur et bienveillance*, Afrilex.u-bordeaux

L'alternance n'est plus un objectif à terme, elle devient l'objectif immédiat. Ainsi, un individu muni d'un téléphone dit intelligent, "d'un ordinateur ou d'une tablette a le pouvoir de "faire tomber la République"[112], c'est-à-dire de renverser un régime politique. Mais, cette radicalisation, doublée d'une certaine efficacité, ainsi que cela a été observé notamment au Burkina Faso, n'est pas sans susciter de multiples interrogations et elle produit de multiples conséquences. En effet, En effet, elle brouille les frontières entre la vie privée et la vie publique, méconnaît certains principes qui structurent la vie en société notamment le droit à l'image et au respect de la vie privée et contribue à l'appauvrissement du débat politique. L'on ne peut, dans ces conditions, que déplorer l'inexistence de mécanismes de mise en cause de la responsabilité des auteurs d'injures et de propagation de fausses nouvelles, de même que l'absence d'éthique et de déontologie des "citoyens journalistes" qui n'obéissent à aucune règle si ce n'est celle du nombre de *like* obtenus, liés au caractère sensationnel de l'information publiée.

Mais au-delà, il convient de s'interroger sur l'agenda de l'opposition informelle qui affirme que dorénavant, elle ne s'intéresse "plus uniquement aux questions de veille"[113], mais qu'elle est déterminée à "mener des actions contraignantes contre l'Etat, pour le respect des droits humains et civiques"[114] dans les Etats et de contribuer "au renforcement de la démocratie"[115]. Cette opposition attrape-tout fait feu de tout bois. C'est ainsi qu'elle dénonce notamment l'immobilisme politique, en Tunisie et au Maroc, les révisions constitutionnelles, au Congo et au Rwanda, les conditions d'organisation ou le défaut d'organisation des élections, au Sénégal, en République démocratique du Congo, l'arrimage du franc cfa à l'euro, ou les conséquences de l'intervention de la communauté internationale, suscitée par le Président Nicolas Sarkozy qui a conduit à l'assassinat de Mouammar Kadhafi[116] et de 50.000 personnes. Dans ces conditions, l'on ne peut que constater "les effets nuisibles de la liberté d'expression portée au rang de culte"[117]. Or, cette liberté qui a pourtant contribué au progrès des sociétés humaines[118], doit être, comme le levier, utilisée avec précaution dans ce nouvel espace que constitue

---

4.fr>sites>IMG.pdf, Fau-Nougaret, *Manipulations constitutionnelles et coup d'Etat constitutionnel en Afrique francophone*, Afrilex.u-bordeaux 4.fr>sites>IMG.pdf, consultés le 26 janvier 2018.

112 A.T. Wone, *L'art de se noyer dans un verre d'eau*, 18/08/2017.

113 Voir, Maître O. Sèye, *L'illégitimité de Yen a Marre dans sa plainte contre l'Etat sénégalais, op. cit.*

114 *Ibidem.*

115 *Ibidem*

116 Un collectif de mouvements d'activistes et d'associations africains, parrainé par l'artiste ivoirien Ticken Jah Fakoly a saisi la Cour pénale internationale le 7 octobre 2017, d'une plainte contre le président Sarkozy pour crimes de guerre et crimes contre l'humanité.

117 A.T. Wone, L'art de se noyer dans un verre d'eau, *op. cit.*

118 Le Conseil constitutionnel français déclare : "La liberté d'opinion et de communication est d'autant plus précieuse que son exercice est une condition de la démocratie et l'une des garanties du respect des autres droits et libertés", *CC décision n° 2009-580-DC du 10 juin 2009*, HADOPI, paragraphe 15.

l'Internet[119]. Ceux qui y recourent doivent être préoccupés par "le sens de ce qui peut et doit être dit. La manière de le dire, le temps et le lieu pour le faire"[120].

CONCLUSION

La mutation organique et fonctionnelle de l'opposition, qui se fonde notamment sur la souveraineté du peuple, affecte, de façon profonde, les principes qui gouvernent la démocratie gouvernante[121].

Cette évolution, de nature qualitative, affecte notamment les rapports entre la majorité et l'opposition politique. Opposition parlementaire, formelle, et minoritaire, elle s'est muée en une opposition extraparlementaire, informelle, inorganique, majoritaire et en perpétuelle recomposition. Elle est, en outre, placée sous le signe de la dualité. En ce sens que dans les régimes politiques contemporains, l'on retrouve, désormais, les deux visages de l'opposition, formelle et informelle, sage et sauvage. Et, les leaders politiques n'hésitent pas à en faire usage de façon cumulative. Cette transformation de l'opposition politique résulte notamment de l'utilisation des nouvelles technologies de l'information et de la communication, au cœur de la révolution numérique. Ainsi la révolution numérique s'accompagne, contre toute attente, d'une révolution politique et juridique qui dénature l'Etat, la citoyenneté, les modalités de dévolution du pouvoir, les systèmes de responsabilité et le respect dû à la personne humaine. Et surtout, elle conduit à l'ambivalence de l'opposition qui est connue et inconnue, ascendante et descendante.

Dans ce nouveau contexte, le numérique constitue un nouvel objet du droit constitutionnel, ainsi que l'affirme le Professeur Dominique Rousseau[122]. D'une part, il pose, aux Etats, de nouveaux défis qu'ils ne sauraient relever avec les outils classiques du droit politique et, aux constitutionnalistes, un nouveau champ de réflexion. D'autre part, il suscite la question relevée par l'Union africaine dans la Déclaration africaine sur la gouvernance de l'Internet[123] du 13 février 2017.

---

[119] Voir, I. Falque-Pierrotin, "La Constitution et l'Internet", *Les Nouveaux Cahiers du Conseil constitutionnel*, 2012/3, n° 36, pp. 32 et suivantes.

[120] *Ibidem.*

[121] Sur la démocratie gouvernante, voir, entre autres G. Burdeau, *Traité de Science politique, Tome VI, L'Etat libéral et les techniques de la démocratie gouvernée*, Paris, 1971, vol. 1, 391 p et vol. 2, 482 p, *Tome VII, La démocratie gouvernante, son assise sociale et sa philosophie politique*, Paris, 1973, 671 p, *Tome VIII, La démocratie et les contraintes du nouvel âge*, 1974, 673 p.

[122] D. Rousseau, "Le numérique, nouvel objet du droit constitutionnel", *Les Nouveaux Cahiers du Conseil constitutionnel*, 01/10/2017.

[123] L'Union africaine a adopté la Déclaration africaine sur la gouvernance de l'Internet du 13 février 2017 dans laquelle "les Etats africains s'engagent à œuvrer ensemble pour la mise en place d'un cadre global, transparent et inclusif de gouvernance de l'Internet basé sur les principes d'ouverture, qui inclut la liberté d'expression, le respect et la protection de la vie privée, l'accès universel et l'interopérabilité technique, l'éthique et le respect de la diversité culturelle et linguistique dans le cyberespace".

En définitive, la légende thanatocratique malgache, présentée à l'entame de cette communication, renseigne que le caméléon change de couleur suite à la confusion découlant de la mort involontaire du fils de Dieu. Dans ces conditions, faute de résurrection, l'opposition, comme le caméléon, est condamnée à changer de couleur afin de s'adapter à l'environnement dans lequel elle agit.

Delphine Edith ADOUKI EMMANUEL,
Maître de conférences Agrégée,
Université Marien NGOUABI de Brazzaville (Congo)

Arsène-Joël ADELOUI

LA MINORITÉ PARLEMENTAIRE

INTRODUCTION

> « Le choix des députés appelés à représenter l'Assemblée Nationale en tant que Corps à animer ses organes de gestion ou à siéger au sein d'autres institutions de l'Etat, doit se faire selon le principe à valeur constitutionnelle de la représentation proportionnelle majorité/minorité »[1].

C'est en ces termes que la Cour constitutionnelle du Bénin, le 08 janvier 2009, a sonné le glas de la tyrannie de la majorité en choisissant de promouvoir désormais les droits de la minorité parlementaire qui avait, jusque-là, subi la dictature de la majorité représentée à l'hémicycle. La Haute juridiction venait ainsi de mettre un terme à une tradition classique largement répandue selon laquelle il n'y aurait de démocratie que celle majoritaire, et par là-même s'insurgeait contre la thèse du député socialiste français André Laignel qui a pu affirmer : « Vous avez juridiquement tort parce que vous êtes politiquement minoritaire »[2].

Désormais, « majorité » et « minorité » ne seront plus considérées comme deux entités antinomiques qui doivent se regarder en chiens de faïence mais plutôt appréhendées comme les deux faces d'une même monnaie dont les rôles deviennent irremplaçables dans une démocratie parlementaire. Aussi intéressante qu'elle puisse apparaître pour l'affermissement des régimes démocratiques, la minorité parlementaire n'a pas fait malheureusement l'objet de curiosité intellectuelle assez

---

1 Cour constitutionnelle du Bénin, DCC 09-002 du 8 janvier 2009

2 Il s'agit des propos tenus devant le garde des sceaux Jean Foyer, le 13 octobre 1981, à l'occasion du débat sur les nationalisations.

poussée ou l'a fait de façon très furtive au travers de quelques études[3] à la différence de la majorité parlementaire qui a pourtant connu en France un engouement scientifique plus prononcé[4]. Trois raisons au moins liées à la définition, à l'angle d'étude et à l'utilité de la notion de minorité parlementaire dans une démocratie pluraliste expliquent ce désintérêt de la doctrine.

En premier lieu, pour ce qui est de la définition, il faut retenir que la « minorité » est une notion transversale appréhendée différemment par différentes disciplines qui ont tenté de lui donner un sens, voire un contenu. En droit des sociétés commerciales, le terme de minorité est parfois évoqué dans son sens péjoratif pour signifier les abus émanant des associés minoritaires. Il y a abus de minorité « lorsque, en exerçant leur droit de vote, les associés minoritaires s'opposent à ce que des décisions soient prises, alors qu'elles sont nécessitées par l'intérêt de la société et qu'ils ne peuvent justifier d'un intérêt légitime »[5]. Les associés minoritaires portent ainsi atteinte à l'intérêt social en bloquant une décision de manière injustifiée, dans le dessein de nuire aux associés majoritaires. En droit international, c'est sous le prisme des droits de l'homme que l'on traite la question des groupes minoritaires comme une catégorie juridique pouvant bénéficier d'une protection particulière[6].

Dans une perspective historique, Eric Thiers faisait observer que les notions de majorité, d'opposition et de minorité ont émergé au XIXème siècle avec le développement de l'institution parlementaire. Le terme

---

3 On peut notamment retenir dans les écrits de Joseph Barthélémy et Paul Duez des allusions à la minorité parlementaire sans qu'on lui ait accordé une étude spécifique. Est illustrative ici leur interrogation pertinente sur la minorité : « Pourquoi la minorité serait-elle réduite à un simple droit de critique et de contrôle et exclue de toute participation au gouvernement ? Pour la minorité qui pourra faire entendre sa voix, ce ne sera pas l'oppression sans phrases. Avec toute la force que lui donne sa représentation correspondant à la réalité, elle fera entendre ses raisons et, si celles-ci sont bonnes, elle pourra peut-être parvenir à appeler à elle quelques membres du parti de la majorité, accessibles aux arguments de justice et affranchis des passions de parti ». in J.BARTHELEMY et P.DUEZ, *Traité élémentaire de Droit Constitutionnel* », Paris, Dalloz, 1926, p.357

4 C'est depuis 1958 que la doctrine française a commencé à manifester un intérêt significatif à la majorité parlementaire. Sont remarquables ici les études suivantes : P. PACTET, « L'application du principe majoritaire sous la cinquième République de 1958 à 1981 », *Etudes en l'honneur de Léo HAMON, Itinéraires*, Paris, Economica, 1982 ; A. SACHS, « Règle majoritaire et droits des minorités », Parlements et Francophone, n°88-89, 1993, 1er et 2ème trimestre ; J-M.,DENQUIN, « Recherches sur la notion de majorité sous la Vème République », *RDP*, ,n°4, Juillet-Aout 1993 ; *Pouvoirs*, la démocratie majoritaire, n°85, 1998, P.AVRIL, « La majorité parlementaire » in P.AVRIL, Ecrits de théorie constitutionnelle et de droit politique, Editions Panthéon Assas, 2010, pp.261-280

5 Voir art.131 al. 2 de l'Acte uniforme relatif au droit des sociétés commerciales et du groupement d'intérêt économique de l'OHADA

6 Voir l'intéressante étude consacrée aux groupes minoritaires par Nahum GOLDMANN, « Les droits des minorités », *Etudes en l'honneur de Léo HAMON, Itinéraires*, Paris, Economica, 1982, p.335

minorité aurait été utilisé d'abord dans les débats parlementaires en Angleterre pour désigner le parti le moins nombreux d'une Assemblée avant d'inspirer par la suite le Parlement français au XXè siècle[7].

Pour les constitutionnalistes français, pendant l'époque révolutionnaire de 1789, la reconnaissance de la minorité a été méprisée puisque la loi était l'expression de la volonté générale applicable à tous sans aucune distinction particulière. Dans ce contexte, il était particulièrement difficile de reconnaître, de protéger les droits des minorités, c'est-à-dire « des groupes à caractère ethnique, racial, linguistique, culturel, religieux ou sexuel sous l'empire d'un texte constitutionnel aussi profondément marqué par le rejet de toutes les formes de déterminisme, d'appartenance et de catégorisation »[8]. Bien entendu, l'histoire constitutionnelle française avait connu des groupes d'opposition et de minorités parlementaires ignorés des textes[9]. En 2006, l'Assemblée nationale française, à l'occasion d'une modification de son Règlement, avait envisagé la reconnaissance de droits spécifiques au profit de l'opposition mais cela s'est heurté à une censure du Conseil constitutionnel qui ne voulait pas qu'on institue entre les groupes une différence de traitement injustifiée[10]. C'est ce verrou constitutionnel qui sera corrigé par l'article C.51-1 de la loi constitutionnelle n°2008-724 du 23 juillet 2008[11]. Cette disposition, qui reconnaît des droits spécifiques au groupe d'opposition et au groupe minoritaire, montre qu'il s'agit de deux groupes distincts appartenant à de deux logiques différentes, l'une politique et l'autre arithmétique[12]. Mieux, la compréhension que donnent l'Assemblée nationale et le Sénat français du groupe minoritaire n'est pas identique. Dans son Règlement, l'Assemblée nationale désigne par groupe minoritaire un groupe qui ne s'est pas déclaré d'opposition, à l'exception de celui

---

7 E.THIERS, « La majorité contrôlée par l'opposition : pierre philosophale de la nouvelle répartition des pouvoirs ? », Pouvoirs, 2012/4 , n°143, p.63

8 A-M Le POURHIET, « Les minorités en droit constitutionnel français », *Mélanges en l'honneur de Slobodan Milacic, Démocratie et Liberté : tension, dialogue, confrontation*, Bruxelles, Bruylant, 2008, p.145

9 La constitution, les lois organiques et les règlements des Assemblées étaient muets sur la reconnaissance des droits des groupes d'opposition ou de minorités parlementaires

10 Conseil constitutionnel français, Décision n°2006-537 DC du 22 juin 2006 : LPA 12 juillet 2006, p7-9, note P. Avril

11 L'art C.51-1 dispose : « *Le règlement de chaque assemblée détermine les droits des groupes parlementaires constitués en son sein. Il reconnaît des droits spécifiques aux groupes d'opposition de l'assemblée nationale ainsi qu'aux groupes minoritaires* ».

12 P.AVRIL, « Le statut de l'opposition ou l'introuvable discrimination positive », *Mélanges Yves GAUCHET*, Bruxelles, Bruylant, 2008, p.3

d'entre eux qui compte l'effectif le plus élevé[13] alors que le Règlement du sénat est silencieux sur la définition du groupe minoritaire en mettant l'accent sur le fait que la déclaration d'appartenance à l'une ou l'autre de ces deux catégories doit être renouvelée au début de chaque session ordinaire[14]. On remarque là qu'il existe une difficulté d'appréhension du groupe minoritaire dans le contexte français parce qu'il s'agirait d'un groupe volatile comparable à une nébuleuse.

En droit constitutionnel africain, l'idée d'une prise en compte des groupes minoritaires est née dès les années 1990 avec l'avènement des processus démocratiques qui ont permis l'instauration du multipartisme et la diversité des opinions sur la gestion du pouvoir d'Etat. C'est en effet, de façon générale, dans les nouvelles constitutions établies, les Chartes des partis politiques et les statuts de l'opposition que l'on peut déduire une reconnaissance des droits de l'opposition. Ce qui sous-entend que les minorités politiques étaient diluées dans le terme générique de « l'opposition ». Il n'existerait donc pas de façon spécifique un texte sur la minorité parlementaire dans les Etats africains d'influence française. Ce constat, qui aboutit à confondre minorité et opposition, est pourtant à nuancer au regard des décisions successives de la Cour constitutionnelle béninoise qui semblent désormais y relever une distinction[15].

En droit parlementaire, la minorité est le plus souvent définie de façon arithmétique comme le nombre de députés ou de sénateurs sous-représentés à l'Assemblée ou au sénat au terme d'une élection législative ou sénatoriale disputée. Cette définition est déduite de celle de la majorité parlementaire. Pour Pierre Avril, il s'agit d'un « ectoplasme comptable » en parlant de la majorité présidentielle qui a un sens arithmétique qui désigne le nombre de suffrages obtenus par le candidat élu[16], ce qui sous-entend implicitement la minorité parlementaire comme celle qui est moins représentée. C'est cette perception de la minorité que Maurice Duverger avait dégagé au sein du parlementarisme lorsqu'il considère qu'il faut y distinguer les régimes à majorité de ceux sans majorité et que les premiers doivent se

---

13 Art.19, al.2 à 4 du Règlement de l'Assemblée nationale, résolution du 27 mai 2009, décision du Conseil constitutionnel du 25 juin 2009

14 Art.RS 5 bis du Règlement du Sénat, résolution du 19 décembre 2011, décision du Conseil constitutionnel du 22 décembre 2011

15 Voir développements ultérieurs, infra

16 P.AVRIL, « Les chefs de l'Etat et la notion de majorité présidentielle », in O.DUHAMEL et J.L. PARODI (sous la dir. de), La Constitution de la Vè République, p.166

développer par rapport aux seconds[17]. Et c'est probablement en raison du lien qu'il y a entre les concepts de majorité et de minorité que Guy Carcassonne soutient la thèse que :

> « Dégager une majorité, c'est aussi, par différence, identifier une minorité, de sorte que le premier apport des mécanismes qui y parviennent consiste à bien tracer la frontière entre deux ensembles, et non pas seulement à constituer le plus important des deux... »[18].

La Cour constitutionnelle béninoise apporte la précision sur la minorité parlementaire à partir de la notion de majorité. Pour elle :

> « la Constitution... organise un régime présidentiel ; que dans un tel régime la majorité présidentielle ne se confond pas nécessairement avec la majorité parlementaire ; que la majorité parlementaire se définit juridiquement comme le parti ou la coalition de partis détenant la majorité de sièges du parlement ; qu'à contrario, la minorité parlementaire est, juridiquement, le parti ou la coalition de partis disposant au Parlement d'un nombre de députés inférieur à celui de la majorité parlementaire... »[19].

Dans un autre sens, la minorité parlementaire est même désignée sans être explicitement nommée :

> « On appelle pouvoir majoritaire l'autorité que détient le chef d'une majorité parlementaire quand celle-ci est stable et disciplinée (...). A l'opposé, « dans un parlement sans majorité, les députés bénéficient de ce qu'on pourrait appeler « omnipotence négative »[20].

Pour Jean-François Aubert, le pouvoir non majoritaire ne doit pas être assimilé au pouvoir minoritaire mais plutôt au pouvoir proportionnel. Car, la proportionnelle est une technique qui assure l'égalité en permettant à toutes les tendances politiques d'avoir une voix au parlement[21]. Mais il arrive aussi que la majorité soit assimilée purement à la minorité parce qu'elle est dominée et opprimée. Au Burundi[22] comme en Afrique du Sud, par exemple, il a été démontré

---

17 M.DUVERGER, Le système politique français, Paris, PUF, 1985, p.526

18 G.CARCASONNE, « La place de l'opposition : le syndrome français », Pouvoirs, n°85, 1998, p.75.

19 Cour constitutionnelle du Bénin, DCC 09-016 du 19 février 2009

20 M.DUVERGER, p.529 et p.572

21 J-F AUBERT, « Les vertus d'un système non majoritaire », Pouvoirs, n°85, 1998, pp.119-130

22 Dans ce pays, il y a eu généralisation et prolongation des affrontements interethniques entre d'un côté un groupe minoritaire qui a dominé pendant longtemps l'appareil d'Etat et pour lequel le principe « un homme/une voix » appliqué est injuste et inapproprié ; et de l'autre, le groupe majoritaire par le nombre,

que « la majorité était la minorité. La majorité se comportait comme une minorité oppressive ; la minorité était traitée comme une minorité oppressée »[23]. Cette tendance un peu atypique de la notion de minorité n'est pas celle qui nous intéresse ici. La minorité parlementaire doit s'apprécier plutôt par rapport au nombre de parlementaires moins représentés dans les chambres.

En deuxième lieu, l'angle d'étude de la minorité parlementaire n'est pas toujours clairement identifié. Notion de droit ou de science politique, la minorité parlementaire conduit parfois à observer une confusion de terminologie entre la « minorité » et l'« opposition ». C'est la tendance généralement observée en Afrique qui peut se vérifier dans quatre hypothèses au moins selon que l'opposition est la minorité ; l'opposition n'est pas la minorité ; la minorité n'est ni la majorité ni l'opposition et la minorité est un contre-pouvoir.

La première hypothèse renvoie à l'idée que l'opposition est encore la minorité parlementaire. En effet, dans sa forme classique, l'opposition est le parti minoritaire ayant obtenu ou recueilli moins de voix à l'issue des élections législatives disputées. Il s'agit de la minorité qui s'oppose au groupe vainqueur des élections, qui critique et contrôle l'action du gouvernement et attend de prendre la relève parce que c'est l'alternative. C'est probablement pour cette raison que l'on conçoit que « la majorité a le droit de gouverner et la minorité a le droit de faire opposition »[24]. La deuxième hypothèse est celle dans laquelle l'opposition est distincte de la minorité qui traduit une réalité différente. Cette idée est développée par M.Cl. Ponthoreau qui pense que « les minorités permanentes renvoient à une réalité sociale où des groupes ont une identité propre alors que l'opposition renvoie à une position politique qui cherche à transcender ces groupes »[25]. En réalité, la notion de minorité dépasse le cadre étroit des partis politiques sous-représentés dans les Assemblées et intègre les notions de groupes sociaux marginalisés ; ce qui suppose que les minorités sont diversifiées alors que les oppositions ne le seraient pas même si l'on ne doit perdre de vue que l'opposition est duale selon qu'elle est dans le système ou hors-

---

qui recherche la revanche politique dans l'application du suffrage universel. Voir F.D.MELEDJE, « principe majoritaire et démocratie en Afrique », Revue Ivoirienne de Droit, n°39, 2008, p.16

23 A.SACHS, « Règle majoritaire et droits des minorités », Parlements et francophonie », 1er et 2ème trimestre, n°88-89, 1993, p.17

24 M-Cl., PONTHOREAU, « L'opposition comme garantie constitutionnelle », op.cit., p.1136.

25 M-Cl., PONTHOREAU, ibid., p.50

système[26]. La troisième hypothèse considère que la minorité n'est ni la majorité ni l'opposition. En ce cas, la minorité est le groupe le moins représenté en nombre. Elle n'est pas confondue à la majorité qui a le plus grand nombre de députés et à l'opposition qui peut être majoritaire. Ce qui suppose que la minorité peut ne pas s'opposer quand bien même elle est sous-représentée ou s'opposer selon le cas. C'est une catégorie ambiguë comme le révèle d'ailleurs l'article 51-1 de la constitution française du 23 juillet 2008[27].La dernière hypothèse est que la minorité peut être un contre-pouvoir. En effet, il faut rappeler que l'idée de contre-pouvoir est inhérente à tout régime démocratique quel qu'il soit. Pour Elisabeth Zoller, « Tout pouvoir appelle un contre-pouvoir qui appelle en retour un nouveau contre-pouvoir »[28]. Affirmer que la minorité est un contre-pouvoir c'est en quelque sorte lui reconnaître la fonction salutaire de procès de l'action du gouvernement[29]. En ce sens, la minorité et l'opposition auraient des actions convergentes puisque la vocation de toute opposition est d'être un contre-pouvoir politique légitime qui critique et contrôle. La minorité parlementaire ne serait pas un contre-pouvoir inconnu[30] mais plutôt un contre-pouvoir réel, voire potentiel[31]. Elle doit pouvoir être capable « d'offrir une alternative politique au pouvoir en place en vue d'inverser le rapport de force et

---

26 On distingue l'opposition du système lorsqu'elle est née dans le cadre institutionnel, par exemple, à l'Assemblée pour critiquer et contrôler l'action du gouvernement. Alors que l'opposition hors système n'a pas ce caractère et désigne toutes les formes de contestation au gouvernement comme la rébellion, la révolution, etc. Pour Yves Surel, « L'opposition au sein du Parlement comme l'ensemble des acteurs et/ou des formations politiques présents au sein d'une assemblée, qui tendent, par des moyens institutionnels et par des échanges extra-parlementaires, à exercer une influence et un contrôle sur l'action gouvernementale et se posent en alternative crédible en vue des prochaines échéances électorales. L'avantage d'une telle définition … est de permettre de se concentrer sur des positions institutionnelles relativement balisées et sur des rôles comparables aisément identifiables dans la plupart des démocraties contemporaines… », in « L'opposition au parlement : Quelques éléments de comparaison », Revue Internationale de politique comparée, 2011/2, vol.18, p.118

27 L'ambiguïté fait apparaître deux difficultés : la première, sur le plan strictement arithmétique, la formule est ambiguë car à l'évidence un groupe d'opposition est, par hypothèse, un groupe arithmétiquement minoritaire.

Cela induit une deuxième difficulté qui est celle du décalage entre la reconnaissance juridique de ces groupes comme minorités et la réalité politique de leur possible appartenance à la majorité. Autrement dit, un groupe peut être minoritaire sur le plan arithmétique et majoritaire sur le plan politique. Voir P.MONGE, « Les groupes minoritaires de l'article 51-1 de la constitution : de l'artifice juridique à la réalité politique d'un contre-pouvoir », RFDC, 2015/3, n°103, p.615.

28 E.ZOLLER, « La justice comme contre-pouvoir : regards croisés sur les pratiques américaine et française », RIDC, 2001, p.567.

29 C.M.PIMENTEL, « L'opposition, ou le procès symbolique du pouvoir », Pouvoirs, n°108, 2004, p.45.

30 S. MILACIC, « Le contre-pouvoir, cet inconnu », *Études à la mémoire de Christian Lapoyade-Deschamps*, Presses universitaires de Bordeaux, 2003, p. 680

31 F. HOURQUEBIE, *Sur l'émergence du contre-pouvoir juridictionnel sous la Ve République*, Bruxelles, Bruylant, 2004, p. 66 ; F. HOURQUEBIE, « Le contre-pouvoir, enfin connu », *Mélanges en l'honneur de Slobodan Milacic. Démocratie et liberté : tension, dialogue, confrontation*, Bruylant, 2008, p. 101

accéder légalement et démocratiquement au pouvoir ».[32] C'est la finalité de tout groupe minoritaire de se démarquer de la majorité parlementaire qui applaudit la gestion gouvernementale.

Ainsi appréhendé dans ses différentes facettes, la minorité parlementaire se révèle comme un objet d'étude juridique saisissant. Or, pendant de longues années, la notion est restée un angle mort du droit constitutionnel[33]. Le désintérêt est également manifeste au sein du droit parlementaire classique qui, quand bien même elle aurait approché de manière pragmatique la notion générique d'opposition, s'est refusé tout de même de la définir dans les règlements des assemblées[34]. Dans ce contexte, les termes de minorité et majorité ont demeuré dans l'ombre du non-droit[35]. Il y a, comme l'a affirmé Jean Garrigues, « *deux siècles d'hésitation* »[36] ; l'objectif visé était la recherche de la stabilité gouvernementale, ce qui excluait une appréhension juridique du concept. A cela, il conviendrait d'ajouter le mythe rousseauiste de la loi comme expression de la volonté générale qui incarnait la raison exprimant la vérité[37]. Si le débat était ainsi délaissé pas les juristes constitutionnalistes, il a néanmoins occupé l'esprit des politistes[38]. Car, on estime que les rives de l'opposition sont assez mouvantes pour être appréhendées par le positivisme juridique au sens strict lequel privilégie l'analyse des pouvoirs constitutionnels. La science politique apparaissait être bien indiquée pour un tel exercice. C'est ce que Anne Levade explique en ces termes :

---

[32] B.NABLI, « L'opposition parlementaire : un contre-pouvoir politique saisi par le droit », *Pouvoirs*, 2010/2, n°133, p128.

[33]La plupart des ouvrages classiques du droit constitutionnel sont indifférents à la notion d'opposition comme celle de minorité qui étaient indifféremment utilisés(Voir à ce sujet M.HAURIOU, Principes de droit public, Paris, Sirey, 1910 ; L.DUGUIT, *Manuel de droit constitutionnel, théorie générale de l'Etat, organisation politique,* A.Fontemoing, 1907.). Joseph Barthélémy et Paul Duez (traité élémentaire de droit constitutionnel, 1ère édit., Paris, Dalloz, 1926, pp.355 et ss.), évoquent, quant à eux, de manière rapide la notion de minorité « *lorsqu'ils traitent de la question de la représentation proportionnelle, pour en prendre d'ailleurs une défense ardente ce mode de scrutin assure à la minorité une participation aux institutions* »,

[34] E.THIERS « L'opposition sous la protection du droit parlementaire : une vieille idée neuve » in O.ROZENBERG et E. THIERS (dir.), L'opposition parlementaire, Paris, *La documentation française*, 2013, p.32.

[35] J.-L HERIN, « Les groupes minoritaire : un nouveau concept entre droit et politique », *Pouvoirs* 2013/3, n°146, p.58

[36] J.GARRIGUES, « L'opposition parlementaire : deux siècles d'hésitations », in O.ROZENBERG et E. THIERS, op.cit., pp.49-69

[37] E. THIERS, « l'opposition sous la protection du droit parlementaire : une vieille idée neuve », op.cit., p.37

[38] Ph. NORTON, « L'opposition parlementaire dans une perspective politique », in O.ROZENBERG et E. THIERS, op.cit., pp.71-83

> « …parce que l'opposition est d'abord une posture politique, le droit peinerait par nature à pleinement l'appréhender…Plus encore, les règlements des assemblées prévoient la possibilité pour tout groupe parlementaire autre que numériquement majoritaire de modifier à tout moment les termes de sa déclaration ; tout groupe minoritaire peut ainsi se déclarer d'opposition et réciproquement, tout groupe déclaré d'opposition choisir de n'être plus que minoritaire. C'est donc la possible versatilité des opinions inhérente au pluralisme politique qui explique que le droit ne puisse imposer aux groupes parlementaires des contraintes qui seraient démocratiquement injustifiées…le statut de l'opposition parlementaire ne pourrait donc être entièrement un objet juridique, parce que le droit n'est pas en mesure de l'appréhender dans son intégralité. »[39].

La troisième considération porte sur l'utilité de la « minorité parlementaire » dans les démocraties pluralistes. Il existe désormais un large consensus sur le fait que la survie des régimes démocratiques dépend de la place accordée aux groupes minoritaires représentés dans les Assemblées. Cette tendance valorise désormais la minorité parlementaire relativisant la conception classique pessimiste qui considère que la notion de minorité n'aurait pas eu d'intérêt juridique en dépit de quelques travaux pionniers qui lui ont été pourtant consacrés[40]. Il y a donc aujourd'hui un regain d'intérêt à étudier la minorité parlementaire et à en faire un objet d'analyse juridique saisi aussi bien par le droit constitutionnel que par le droit parlementaire. En particulier, « le droit parlementaire » serait lui-même perçu comme « le droit de la minorité » ; c'est-à-dire celui qui vient garantir les droits de l'opposition car :

> « Si le droit parlementaire est de plus en plus un droit écrit, dont l'élaboration est contrôlée par le Conseil constitutionnel, chacun sait l'importance et la source que représentent, s'agissant de la conduite des débats, les précédents, règles non écrites, issues de la pratique. Chacun sait également que nombre de règles relatives au fonctionnement des assemblées reposent sur un accord entre majorité et opposition. Or, plus encore que les textes, parfois faiblement protecteurs de la minorité, c'est à travers de telles règles

---

[39] A.LEVADE, « Le statut de l'opposition parlementaire comme objet juridique », in O.ROZENBERG et E. THIERS, op.cit., pp.110-115

[40] Voir notamment M.PRELOT, Droit parlementaire français : le pouvoir et les procédures parlementaires, les cours du droit, 1958

que les pouvoirs dévolus, au sein du Parlement, à l'opposition sont aujourd'hui établis... »[41].

C'est donc un droit « protecteur de la minorité, qui peut l'invoquer contre les décisions de la majorité...ce respect des droits de la minorité tient une place essentielle dans le fonctionnement des assemblées politiques, composées de forces appelées, au gré des législatures, à occuper des positions alternativement dominantes et dominées »[42]. Vue sous cet angle, la protection de la minorité parlementaire devient une question centrale. « C'est au Parlement que la démocratie majoritaire se traduit. C'est donc avant tout au Parlement que la minorité doit être protégée »[43]. Mais pourquoi protéger la minorité parlementaire ? Comment doit-t-elle être protégée ? Quels sont les avantages et les limites liés à cette protection ?

Ce questionnement montre bien que la protection de la minorité parlementaire est avant tout une préoccupation juridique récurrente mais âprement discutée en doctrine. Jean-Jacques Rousseau avait toujours méconnu les droits de la minorité qu'il dilue dans ceux de la majorité à travers sa conception de volonté générale. Selon la thèse rousseauiste rapportée par Marie-Claire Ponthoreau :

> « La minorité se trompe sur la volonté générale et elle doit donc se rallier à la majorité qui n'est pas un expédient de l'unanimité, mais un substitut de l'unanimité car, dans le pacte social, chacun a accepté de se soumettre à la volonté générale. Cette recherche de la volonté générale laisse donc en marge les droits de la minorité et la fonction d'opposition »[44].

A l'opposé, Hans Kelsen avait théorisé sur la protection de la minorité comme un fondement de la démocratie pluraliste[45]. La conception kelsénienne de la minorité est celle qui est également en vogue en droit constitutionnel américain lequel considère que le principe majoritaire ne doit pas exclure les droits des minorités[46]. Alexis de Tocqueville s'est particulièrement insurgé contre la tyrannie

---

41 J.-P. CAMBY, « Le droit parlementaire, droit de la minorité ? », in Mélanges Pierre AVRIL, La République, Paris, Montchrestien, 2001, pp.428-429

42 J.L., PEZANT, « Quel droit régit le parlement ? », Pouvoirs, n°64, 1994, p.442

43 G. CARCASSONNE, « La place de l'opposition : le syndrome français », Pouvoirs, n°85, 1998, p. 76

44 M-Cl. PONTHOREAU, « L'opposition comme garantie constitutionnelle », *RDP*, n°4-2002, p.1129

45 H.KELSEN, La démocratie, sa valeur, sa nature, trad. Charles Eisenmann, 1932, rééd, Paris, Economica, 1988, p.57

46 MADISON, Le fédéraliste, Paris, LGDJ, 1957, n°X, p.66 et ss.

de la majorité qui ne saurait à elle seule s'arroger tous les droits dans une démocratie[47]. Cette tendance au respect de la minorité est partagée par une large majorité de démocrates africains qui pensent qu'il n'y a pas de démocratie sans un respect des droits de l'opposition, voire de la minorité[48].

La préoccupation sur la minorité parlementaire quoique ancienne n'a donc rien perdu de son actualité. Elle se révèle comme une catégorie juridique saisissante qui apparaît dans le contexte africain sous un double aspect dont il convient d'appréhender la spécificité à partir de l'exemple béninois. Ce choix se justifie par le fait que l'idée d'une acceptation de la minorité parlementaire a été un véritable parcours de combattant, l'éclosion est laborieuse et la construction est en chantier. Comme on pourrait s'y attendre l'acceptation de la minorité parlementaire comme catégorie juridique est encore malaisée quoique utile pour l'avenir de la démocratie parlementaire.

I.- UNE CATÉGORIE JURIDIQUE EN CONSTRUCTION

Affirmer que la minorité parlementaire est une catégorie juridique c'est refuser une appropriation manifeste par les autres disciplines pour en faire un objet d'étude juridique saisi notamment par le droit constitutionnel, voire le droit parlementaire. Les juristes viennent ainsi de prendre en quelque sorte leur revanche sur les politistes pour donner à cet objet d'étude tout l'intérêt qu'il revêt. Dans la plupart des démocraties, il s'agit d'un processus long, difficile, lequel a abouti à la reconnaissance des droits des minorités parlementaires autrefois relégués au rang de parlementaires spectateurs. Au Bénin, Il y a une élévation progressive des députés de la minorité qui sont confortés par

---

[47] A.de TOCQUEVILLE, De la démocratie en Amérique, Vol.I, 2ème partie, Chap.VI

[48] On pourra se référer à des écrits qui ont notamment porté sur le statut de l'opposition en Afrique, lesquels s'intéressent par ricochet à la minorité. A titre illustratif, « Le statut de l'opposition vu par trois auteurs», in J-P VETTOVAGLIA (dir.), Démocratie et Elections dans l'espace francophone, Vol.2, Bruxelles, Bruylant, 2010, pp.334-397 ; D. E., EMMANUEL, « L'institutionnalisation de l'opposition dans les Etats d'Afrique francophone », Nouvelles Annales Africaines, CREDILA, 2012, pp.47-94 ;M.E., SOHOUENOU, « Le statut juridique de l'opposition politique dans les nouvelles démocraties africaines », RBSJA,n°25, 2011, pp.215-270 ; E H.O.DIOP, « le statut de l'opposition dans les démocraties africaines », Rev. de Dr. Afr., n°40, 2006, pp.419-467 ; M.D. NAHM-TCHOUGLI, « Le statut de l'opposition dans les pays d'Afrique occidentale francophone : les cas du bénin, du Burkina Faso, du Niger, Sénégal et du Togo », Revue du CERDIP, vol.2, n°2, Juillet-décembre 2006, pp.114-146.

une avalanche de décisions constitutionnelles. Ce qui leur permet d'assumer leur posture aux côtés des députés de la majorité.

A.- UNE ÉLÉVATION PROGRESSIVE

La marche vers la reconnaissance des droits des minorités parlementaires s'est faite de façon progressive. Les prémices sont d'abord textuelles et la confirmation jurisprudentielle est apparue comme l'aboutissement des difficultés qui ont jalonné la longue marche. On a l'impression que le Benin est sur les traces de l'exemple français[49] qui, à l'occasion de la révision de la Constitution le 23 juillet 2008, a définitivement reconnus aux minorités des droits jadis méconnus.

1.- Des prémices textuelles

C'est d'abord dans le Règlement intérieur de l'Assemblée Nationale béninoise que les bases des droits des minorités parlementaires ont été vaguement abordées dans une expression à connotation purement politique : « la configuration politique ». En effet, aux termes de l'article 15.2-b, « L'élection des deux vice-présidents, des deux Questeurs et des deux Secrétaires parlementaires a lieu, en s'efforçant autant que possible de reproduire au sein du Bureau la configuration politique de l'Assemblée ». Par cette expression, la Cour constitutionnelle entend « l'ensemble des forces politiques représentées à l'Assemblée nationale et organisées en groupes parlementaires et/ou en non-inscrits »[50]. Bien entendu, à l'époque, la minorité parlementaire n'était pas l'expression utilisée mais on pouvait supposer que c'est sur la saisine des députés de cette catégorie que la Haute juridiction a été amenée à se prononcer sur le vote en seconde lecture des lois relatives à la désignation des personnalités devant siéger à la Commission Electorale Nationale Autonome (CENA). La Cour a approuvé la requête de la minorité parlementaire en se référant au respect de la configuration politique dont le respect incombe à la majorité parlementaire[51]. Cette position de la Cour sera confirmée dans une autre

[49] Voir J. GARRIGUES, « L'opposition parlementaire : deux siècles d'hésitations », op.cit., pp.49-69

[50] Cour constitutionnelle du Bénin, DCC 34-94 du 23 décembre 1994.

[51] Cour constitutionnelle du Bénin, DCC 00-078 du 07 décembre 2000. Il est important de rappeler aussi que la Haute juridiction faisait également allusion à cette notion dans une décision précédente qui serait d'ailleurs la toute première à s'intéresser au souci de respecter les droits des groupes minoritaires en matière de gestion des élections. Voir à ce sujet DCC 34-94 du 23 décembre 1994.

décision qui aura le mérite d'utiliser pour la première fois la notion de « minorité parlementaire » pour désigner les députés les moins représentés à l'Assemblée nationale :

> « Les deux postes indûment attribués respectivement aux groupes parlementaires de la majorité Consensus national et PRD doivent être affectés aux groupes de la minorité parlementaire que sont Nation et Développement ainsi que Solidarité et Progrès »[52].

Ensuite, dans la loi n°2001-36 portant Statut de l'opposition, on retrouve un cadre général des droits des groupes minoritaires mais noyés dans ceux de l'opposition. Cette loi pèche à un double niveau. Elle ne traite pas de façon spécifique de l'opposition parlementaire et ne fait aucune mention à la minorité parlementaire. L'article 2 de ladite loi est assez illustrative à cet égard :

> « L'opposition est constituée de l'ensemble des partis, alliances de partis ou groupe de partis politiques qui, dans le cadre juridique existant, ont choisi de professer pour l'essentiel, des opinions différentes de celles du gouvernement en place et de donner une expression concrète à leurs idées dans la perspective d'une alternance démocratique ».

Enfin, c'est à l'article 19 de la loi n°2013-06 du 25 novembre 2013 portant Code électoral en République du Bénin qu'une autre allusion implicite est faite à la minorité parlementaire par le biais de la configuration politique pour régler la question de la représentativité des députés au sein de la CENA.

De ces considérations textuelles, deux idées essentielles se dégagent. La première est que la minorité parlementaire est enveloppée dans l'usage de la configuration politique et toutes les fois que l'on l'évoque on s'attend à ce que ses droits soient respectés s'ils étaient méprisés. La deuxième idée est que l'on tend à assimiler la minorité parlementaire à l'opposition parlementaire. Or, l'on perd de vue que la minorité parlementaire peut être aussi le parti le moins représenté à l'Assemblée qui n'est pas forcément rangé du côté de l'opposition, laquelle peut être majoritaire comme ce fut le cas à l'occasion de la première législature et de la cinquième législature où l'opposition était majoritaire à l'Assemblée Nationale béninoise. Il appert tout de même que l'ensemble de ces textes qui se rapportent à la notion de configuration

52 Cour constitutionnelle du Bénin, DCC 01-012 du 22 janvier 2001

politique ont été fondateurs dans la définition ultérieure des droits des minorités parlementaires. A l'évidence, l'objectif poursuivi est de parvenir à un abandon de la la conception classique admise. Ce paysage flou constaté dans les textes, qui ne s'intéressent pas clairement à la minorité parlementaire, va conduire la Haute juridiction a fixé dans ses décisions de manière, on peut dire, définitive les droits de cette catégorie juridique.

2.- Une fixation jurisprudentielle

La désignation des députés devant siéger dans les différents organes et/ ou institutions nationales ou régionales a toujours fait polémique. Devant le silence des textes qui n'indiquaient pas expressément la voie à suivre pour la répartition des sièges à attribuer aux différents groupes parlementaires, les députes de la majorité parlementaire ont toujours dicté la politique du nombre à leurs homologues de la minorité. C'est dans ces conditions que la Cour constitutionnelle a été régulièrement saisie par les députés de la minorité parlementaire. Mais la position de la Haute juridiction elle-même a varié avant de se stabiliser.

Tout d'abord, c'est dans sa décision relative à la désignation des personnes devant siéger à la Commission Electorale Nationale Autonome que la Cour constitutionnelle a commencé à lancer les feux des projecteurs en faisant observer que la majorité parlementaire est tenue de respecter la configuration politique pour assurer la participation de toutes les forces politiques représentées à l'Assemblée nationale et pour garantir la transparence, principe à valeur constitutionnelle, dans la gestion des élections[53]. La Cour considérait ainsi que la protection de la minorité était vitale pour la démocratie pluraliste et invitait implicitement les différents groupes parlementaires à observer le principe de la configuration politique. Si cette décision était prise en faveur de la minorité parlementaire, en 2001, l'opposition était majoritaire et voulait brimer la minorité gouvernementale au parlement. Dans un intervalle de dix jours la Cour constitutionnelle a rendu deux décisions successives dans lesquelles le respect des droits de la majorité est réaffirmé suivant le principe de la configuration politique[54]. Si dans ces décisions, la Cour constitutionnelle s'était efforcée de donner un contenu à la notion de configuration politique qui

[53] Cour constitutionnelle du Bénin, DCC 00-078 du 07 décembre 2000

[54] Cour constitutionnelle du Bénin, DCC 01-011 du 12 janvier 2001 et DCC 01-012 du 22 janvier 2001

est un principe à valeur constitutionnelle permettant de respecter la répartition des sièges au profit des députés de la majorité et de la minorité, la même juridiction semble diluer désormais cette notion en lui donnant en quelque sorte un caractère volatile. C'est ce qu'illustrent notamment les décisions rendues en 2003 et 2008.

Dans sa décision rendue le 10 juillet 2003 relative à la désignation de six membres du Bureau de l'Assemblée nationale qui n'aurait pas respecté la configuration politique, la Cour a débouté les saisissants de la minorité parlementaire au motif que la compréhension de la configuration politique ne saurait être étroite, c'est-à-dire s'appliquer en début de législature pour la désignation des membres du Bureau de l'Assemblée nationale. En substance, l'article 15.2-b du règlement qui énonce « …en s'efforçant autant que possible de reproduire au sein du Bureau la configuration politique de l'Assemblée » donne une marge de manœuvre pour désigner les membres dudit bureau. C'est ce qui a conduit la Cour a jugé que :

> « …ledit article, tout comme la pratique parlementaire issue de son application, ne donne pas un contenu à la notion de configuration politique en début de législature, lors de l'élection des membres du Bureau de l'Assemblée, et n'indique pas comment reproduire au sein du Bureau la configuration politique de l'Assemblée ; que dès lors, en procédant à l'élection des membres de son Bureau comme elle l'a fait, l'Assemblée nationale n'a pas violé l'article 15.2-b de son règlement intérieur »[55].

C'est cette même tendance de non-respect du principe de la configuration politique qui transparaît dans la décision du 26 novembre 2003 relative à la procédure et au processus de désignation des députés devant siéger à la Haute Cour de justice. Bien que les six sièges à repartir aient profité à la seule majorité parlementaire, le législateur négatif fait observer à la minorité qui s'insurge contre la non-prise en compte du principe de la configuration politique que cette dernière n'y faisait pas défaut dans la procédure suivie par l'Assemblée nationale en sa séance du 25 août 2003. Pour elle, « les six députés membres de la Haute Cour de Justice » ont été élus au scrutin secret par l'Assemblée nationale sur la base du principe de répartition proportionnelle proposé par la commission des lois et adopté à l'unanimité au cours de la même séance. En conséquence, le requérant ne saurait invoquer la violation

[55] Cour constitutionnelle du Bénin, DCC 03-17 du 10 juillet 2003

des articles du règlement intérieur de l'Assemblée nationale »[56]. Dans ces deux décisions, la Cour révèle à la minorité parlementaire son erreur d'appréciation de la notion de configuration politique.

Aussi, a-t-elle jugé en 2008, à l'occasion de la désignation des quatre membres de la nouvelle Cour constitutionnelle par le Bureau de l'Assemblée nationale, qu'aucune disposition ne prévoit, « au niveau de la désignation des membres de la cour, la représentation de toutes les tendances politiques existant au sein du bureau de l'Assemblée nationale ; qu'au demeurant, les membres de la Cour constitutionnelle doivent être indépendants par rapport aux institutions qui les ont nommés et à tous les partis politiques pour mener à bien la mission qui leur a été confiée ; qu'en conséquence, le moyen tiré de la violation du principe de la configuration du bureau de l'Assemblée nationale est inopérant »[57]. Cette lecture de la notion de configuration politique, qui rompt avec l'idée de représentativité de toutes les tendances politiques représentées à l'Assemblée nationale, apparaît trop stricte et sévère. Puisque, déjà dans une décision antérieure qu'utilise d'ailleurs le requérant pour fonder ses prétentions, la Haute juridiction avait conclu autrement que :

> « Considérant que dans tous les cas de nomination ou de désignation que les lois confèrent aux députés et membres du Bureau, dans toutes les structures où il y a pluralité d'opinions et de tendances, il faut éviter qu'une seule ne s'accapare pas du pouvoir de nomination et de désignation »[58].

La Cour semble avoir maintenant choisi de faire une interprétation évolutive de la notion de configuration politique en s'inscrivant dans une posture de revirement jurisprudentiel. Probablement que la notion de configuration politique doit être traitée au cas par cas. Telle ne semble pas être l'option choisie pour les décisions ultérieures. En effet, devant la polémique permanente observée à l'Assemblée nationale à l'occasion de la désignation des représentants de cette institution dans divers structures et organes de l'Etat, la Cour constitutionnelle a enfin

---

56 Cour constitutionnelle du Bénin, DCC 03-168 du 26 novembre 2003

57 Cour constitutionnelle du Bénin, DCC 08-065 du 26 mai 2008. Dans cette même décision, la Cour a souligné notamment que « l'article du Règlement Intérieur de l'Assemblée nationale ne prescrit que deux conditions pour la nomination des membres de la Cour constitutionnelle, à savoir l'avis préalable de la conférence des Présidents et la désignation desdits membres par le Bureau de l'Assemblée nationale au scrutin secret, que l'article 115 de la Constitution a clairement défini les critères de nomination des membres de la Cour constitutionnelle ».

58 Cour constitutionnelle DCC 99-037 du 28 juillet 1999

procédé à une consécration définitive des droits de la minorité parlementaire en décidant que :

> « Le choix des députés appelés à représenter l'Assemblée Nationale en tant que Corps à animer ses organes de gestion ou à siéger au sein d'autres institutions de l'Etat, doit se faire selon le principe à valeur constitutionnelle de la représentation proportionnelle majorité/minorité » [59].

Révolutionnaire pour une question devenue classique, la décision de la Cour a inspiré deux séries de commentaires selon qu'elle est approuvée ou critiquée. Pour les laudateurs, la décision du 08 janvier 2009 est bienvenue et « captivante à plusieurs égards. Elle permet d'abord de remarquer que l'institution parlementaire est «sous garde » en ce sens que même dans le silence de textes, et sur une affaire relevant de sa propre compétence elle ne saurait avoir des pouvoirs sans limite. Ensuite, elle affirme clairement le rejet par la Cour du risque de la dictature de la majorité parlementaire ou de l'absolutisme de cette majorité, contraire à l'idée de la démocratie pluraliste fondée essentiellement sur la philosophie politique de la dialectique constructive affublée dans la doctrine juridique et science politiste. Enfin, elle procède à une catégorisation de la représentation proportionnelle majorité/minorité qu'elle élève au rang de principe à valeur constitutionnelle »[60]. On peut comprendre le sentiment de satisfaction qui anime les promoteurs de cette décision car c'est véritablement pour la première fois que la Haute juridiction a scellé définitivement le sort des minorités en leur reconnaissant une protection juridique. Non seulement le juge constitutionnel reconnaît la minorité parlementaire en tant qu'entité à part entière mais aussi lui octroie des droits à l'instar de la majorité. La minorité parlementaire devient ainsi le fondement de la démocratie pluraliste. A l'opposé, une partie de l'opinion trouve exagérée, voire prétentieuse cette décision et s'en méfie. Elle estime qu'elle doit être ainsi combattue puisque la délibération à l'Assemblée ne privilégie que la règle de la majorité à défaut de l'unanimité. Pour elle, la décision constituerait une source d'insécurité juridique et aucun texte n'apporte une nette clarification sur la constitution des groupes majoritaires ou minoritaires à l'Assemblée

---

[59] Cour constitutionnelle DCC 09-002 du 8 janvier 2009

[60] A. KPODAR, « Décision de la cour constitutionnelle du Bénin : DCC09-002 du 8 janvier 2009 : « une bonne année à la démocratie pluraliste », http://www.la-constitution-en afrique.net/article-28611580.html du janvier 2009

nationale qui semblent évoluer au gré des circonstances. Le doute existe alors que les députés de la minorité deviennent ceux de la majorité et vice versa puisqu'au début de chaque législature, les députés issus des urnes ne restent pas toujours fidèles à leur partis jusqu'à la fin[61]. L'inattendue et surprenante décision n'a pas laissé indifférents les députés de l'époque qui, dans une nouvelle requête à la Haute juridiction, lui ont demandé d'interpréter les concepts qu'elle a utilisés. Mais la Cour constitutionnelle a statué en parlant de comportement laxiste qui « vise à faire échec à l'exécution de sa décision du 8 janvier 2009 »[62] qui a pourtant reçu autorité de chose jugée.

La décision du 08 janvier 2009 s'est alors imposée malgré les réserves qu'elle a suscitées. A maintes reprises, elle a été confirmée[63]. On retient que les droits de la minorité parlementaire sont ainsi définitivement consacrés. Mais en attendant une législation spécifique sur la minorité parlementaire dans une relecture éventuelle du statut de l'opposition et de la charte des partis politiques, cette catégorie juridique continue d'assumer sa posture au parlement aux côtés de ses collègues de la majorité.

B.- UNE POSTURE ASSUMÉE

La minorité parlementaire est désormais réhabilitée. Ses droits sont non seulement reconnus mais aussi garantis par le juge constitutionnel. En matière d'organisation et de fonctionnement de l'Assemblée nationale, elle jouit des mêmes droits et privilèges que la majorité parlementaire. Cette consécration est relativement récente puisque remontant seulement à la fameuse décision du 08 janvier 2009. En effet, le renouveau démocratique des années 1990 y a fortement contribué en faisant de l'opposition parlementaire un acteur incontournable de la démocratie parlementaire. Bien que la production législative et le contrôle de l'action gouvernementale soient les missions classiques de

61 S. PRINCE-AGBODJAN, « Décision de la Cour constitutionnelle : revirement jurisprudentiel au Bénin. La Cour constitutionnelle de Maître Robert DOSSOU continue de surprendre ! », in Benin Gate News, journal en ligne consulté le 19/01/2009, in http://beningate.net/blog1/2009/01/decison_de-la_cour_constituti.html

62 En l'espèce, la Cour a validé l'interprétation qu'a donné « la Commission des lois, de l'administration et des droits de l'homme, seul organe interne de l'Assemblée nationale compétent pour proposer, en cas de nécessité, indiquer à l'Assemblée nationale toutes explications en matière juridique… qu'en se conformant à la décision de la Cour, elle a mis en œuvre et fait une bonne application du principe de représentation proportionnelle majorité/ minorité… ».Voir Décision DCC 09-015 u 19 février 2009

63 Cour constitutionnelle du Bénin, voir DCC 09-016 du 19 février 2009 DCC 09-057 du 21 avril 2009 et DCC11-047 du 21 juillet 2011

tout député quel qu'il soit, il est à noter toutefois que, dans la première activité, le député de la minorité est plus timoré et plus redouté dans la deuxième.

1.- Un législateur timoré

Les députés de la majorité n'ont pas de titre foncier sur la production législative. Tous les députés prennent une part égale à toutes les étapes de la procédure de l'élaboration et du vote des lois. Les sensibilités opposées à l'Assemblée sont donc soumises aux mêmes contraintes.

La production législative est une étape importante pendant laquelle les députés exercent pleinement leurs prérogatives de législateur. En effet, ils sont appelés à donner vie à un texte en participant individuellement ou collectivement au processus devant conduire au vote d'une proposition ou d'un projet de lois. Ainsi, ils ont le droit d'initiative, le droit de l'élaboration de la loi, c'est-à-dire le droit de discuter du projet ou de la proposition de loi en commissions et en séances plénières, le droit d'amendement, de donner leurs explications de vote et d'organiser des conférences de presse pour justifier leur position, etc.

L'initiative est l'étape de proposition des textes à soumettre. Tous les députés intéressés peuvent déposer leurs propositions dans les conditions prescrites par les textes. Les propositions ne sont recevables que si elles relèvent du domaine de la loi[64] ; elles ne doivent non plus entraîner une diminution des ressources ou une aggravation des charges publiques, sauf compensation[65]. Le non-respect de ces limitations constitutionnelles entraîne l'irrecevabilité des propositions déposées. A la cinquième législature dominée par l'opposition parlementaire, la plupart des propositions de lois introduites ont été déclarées irrecevables pour non-respect de ces conditions constitutionnelles.

Dans presque tous les parlements du monde, l'élaboration de la loi se scinde en deux phases : une phase préparatoire qui appartient aux commissions, et une phase de discussion et de décision impliquant tous les députés, qui a lieu exclusivement pendant la séance plénière[66]. Il est

---

64 Art.98 de la constitution béninoise du 11 décembre 1990 ; art74.4 du Règlement intérieur de l'Assemblée nationale

65 Art.107 de la constitution béninoise du 11 décembre 1990 ; art.74.5 du Règlement intérieur de l'Assemblée nationale.

66 Voir M.AMELLER, Parlements, Paris, PUF, 1966, p.180 et 204 ; P.AVRIL, J.GICQUEL et J-E. GICQUEL, Droit parlementaire, 5ème édit., Paris, LGDJ, Lextenso éditions, 2014, p.206.

remarquable ici de souligner que c'est surtout à l'occasion des travaux en commission et des débats en séance plénière que les députés de la minorité parlementaire exercent leur droit à la parole en exprimant librement leurs opinions sur un projet ou une proposition qui leur est défavorable. Le droit à la libre expression est un droit fondamental de la minorité parlementaire. Au terme du vote d'un texte législatif, la désapprobation manifestée par les députés de la minorité peut être traduite par l'initiative d'une conférence de presse ou d'un communiqué largement diffusé pour informer l'opinion publique du bien-fondé de leurs réserves et du danger que les députés de la majorité font courir aux populations en adoptant un texte à polémique. Ces députés minoritaires, peuvent en cas de vote d'un texte de loi fortement contesté par eux, se confier à l'arbitrage du juge constitutionnel pour se faire entendre[67].

Dans la réalité, le député de la minorité est le plus souvent brimé dans ses droits à se faire entendre. Il en est ainsi lorsque le Président d'une commission permanente refuse de jouer à la neutralité lorsqu'il émane lui-même du parti majoritaire. L'article 81.2 donne ainsi la liberté au Président d'une commission d'apprécier de façon discrétionnaire la recevabilité des amendements[68]. Ce qui signifie qu'il peut en profiter pour rejeter ceux qui émanent d'un député de la minorité dès lors qu'il les juge nuisibles pour son groupe.

Mieux, il arrive aussi parfois qu'une proposition de loi initiée par les députés de la minorité et débattue en commission, ne soit pas examinée en plénière parce que bloquée par la majorité qui use de subterfuges. Est illustrative ici la proposition de loi portant révision de la loi organique n°92-021 du 21 août 1992 relative à Haute Autorité de l'Audio-visuel et de la Communication (HAAC) introduite par un député de la minorité. Tout d'abord, cette proposition de loi a été déclarée irrecevable parce que transmise au Gouvernement hors-délai, c'est-à-dire plus d'un(1) mois après le délai de 48h prescrit par l'article 74.8 al.2 du Règlement intérieur de l'Assemblée nationale. Bien que réintroduite par la suite par un autre député de la minorité, la proposition de révision de la loi organique n'a pu être examinée. Les

---

67 Voir infra

68 Voir article 81.2 du Règlement intérieur : « Les amendements présentés en commission et les modifications proposées par la commission aux textes dont elle avait été initialement saisie ne sont recevables que lorsqu'ils sont conformes aux dispositions de l'article 98 de la Constitution délimitant le domaine de la loi. L'irrecevabilité des amendements est appréciée par le Président de la Commission et, en cas de doute, par son bureau ».

députés de la majorité se méfient de son examen qui devrait enclencher le processus de renouvellement des membres de la HAAC au titre de la cinquième mandature et réduire le nombre de personnalités à désigner par le Président de la République en le faisant passer de trois(3) à un (01) pour cette institution.

Certes, la minorité parlementaire n'est pas absente du processus législatif. Mais son implication dans la production législative reste relativement dérisoire. Sur un total de vingt- sept (27) propositions de loi examinées et votées entre 2007 et 2013, la majorité a été plus productive que la minorité parlementaire avec dix(17) propositions de loi contre dix(10)[69]. Il ne pouvait en être autrement dans la mesure où les députés de la majorité procèdent du gouvernement avec qui ils sont le plus souvent en connivence pour des questions prioritaires à faire passer à l'Assemblée. C'est là une remarque classique qu'avait déjà souligné Georges Pompidou dans le cas français : « les rapports entre exécutif et législatif deviennent essentiellement les rapports entre gouvernement et majorité »[70], et dans ces rapports, la majorité décide tandis que la minorité est traitée par prétérition[71]. La faible performance législative de la minorité est néanmoins surmontée par sa détermination redoutée en matière de contrôle de l'action gouvernementale.

2.- Un contrôleur redouté

Affirmer que la minorité parlementaire est un « contrôleur redouté » peut apparaître quelque peu exagéré, car, à vrai dire, il n'existe pas *a priori* un déséquilibre entre les différentes activités qui incombent aux députés. Cependant, l'on a souvent tendance à attribuer la fonction législative à la majorité parlementaire appelée à soutenir le gouvernement et le contrôle de l'action gouvernementale comme étant l'apanage de la minorité. En effet, Selon la doctrine, « le terme de contrôle désigne les activités politiques des assemblées par opposition à leur activité législative et recouvre une grande diversité d'opérations, qui vont de la mise en jeu de la responsabilité du Gouvernement aux

[69] M.OGOUTOLOU, Contribution de l'Assemblée nationale à l'enracinement du processus démocratique et à la bonne gouvernance au Bénin, Mémoire présenté en vue de l'obtention du diplôme d'études supérieures spécialisées(DESS) en gouvernance et démocratie, Université d'Abomey-Calavi, Chaire Unesco des droits de la personne et de la démocratie, avril 2015, p.62.

[70] G.POMPIDOU, Le Nœud gordien, Paris, Plon, 1974, p.70

[71] P.AVRIL, « Renforcer le parlement : qu'est-ce à dire ?, Pouvoirs, n°146, 2013/3, p.14.

activités informatives »[72]. Cette définition apparaît très large parce qu'elle détaille la fonction du contrôleur qui informe et sanctionne.

L'article 113 de la Constitution béninoise du 11 décembre 1990 offre au moins quatre moyens aux parlementaires pour demander des explications au gouvernement sur sa gestion et ses activités. Il s'agit de l'interpellation, la question écrite, la question orale avec ou sans débat non suivie de vote et la commission d'enquête parlementaire d'enquête. Ainsi, les députés qui le désirent, peuvent utiliser l'un ou l'autre des moyens « dans les conditions déterminées par le Règlement intérieur de l'Assemblée nationale »[73]. Le contrôle de l'action gouvernementale n'étant pas une exclusivité de la minorité parlementaire, c'est une prérogative parlementaire que se partagent tous les députés qui souhaitent vérifier la gestion de l'exécutif. Mais force est de constater que les députes de la majorité sont le plus souvent réticents, voire réservés à enclencher une procédure de contrôle à l'encontre du gouvernement qu'ils soutiennent depuis le parlement. *A contrario*, la minorité parlementaire, lorsqu'elle n'est pas instrumentalisée, utilise cette prérogative pour demander des comptes au pouvoir exécutif, indirectement à la majorité parlementaire qui valorise son programme d'action. C'est à ce titre que l'on pense que le contrôle de l'activité gouvernementale serait d'abord réservé à l'opposition voire à la minorité parlementaire qui devrait l'utiliser pour veiller à la bonne gouvernance parlementaire.

En faisant le point des initiatives prises par la minorité parlementaire en matière de contrôle de l'action gouvernementale, il est à souligner que sur un total de 286 questions écrites enregistrées entre la première et la sixième législature, 239 ont été posées par les députés de la minorité parlementaire contre 47 pour ceux de la majorité. S'agissant des 401 questions orales enrôlées de la première à la sixième législature, 222 émanent de l'opposition parlementaire contre 179 pour la majorité. Enfin, 122 questions d'actualité ont été initiées par les députés de l'opposition contre 66 pour ceux de la majorité sur un total de 188 questions enregistrées de la première à la sixième législature[74]. Ces chiffres, qui sont à l'avantage de la minorité parlementaire, confirment la thèse de son effective implication en matière de contrôle

---

72 P.AVRIL, J.GICQUEL et J-E, GICQUEL, Droit parlementaire, op.cit., p.325

73 Art.113.alinéa 2 de la constitution béninoise du 11 décembre 1990

74 Il s'agit d'un point qui part de la première législature à la sixième législature encours à la date du 31 décembre 2014(Voir à ce sujet M.OGOUTOLOU, mémoire précité, p.62)

de l'action gouvernementale. Son action est fortement appréciée lorsqu'elle porte sur des dossiers sensibles qui divisent par leur teneur la classe politique. Sont illustratives ici les affaires Sonacop, OPT/Titan et Hamani Tijani examinées à la troisième législature[75] ou encore celles de machines agricoles, CEN-SAD, ICC-services fortement discutées à la cinquième législature[76].

C'est en raison de leur grande capacité d'action que, dans certains contextes, des droits spécifiques sont reconnus aux députés de la minorité, voire de l'opposition pour leur permettre d'exercer sans crainte leur fonction parlementaire. En Grande-Bretagne, l'opposition est le parti minoritaire qui a obtenu moins de voix au terme des élections législatives[77]. Elle est une institution privilégiée qui jouit d'une grande estime de la part des populations parce qu'elle critique, prévient et contrebalance les errements du gouvernement dans l'espoir de devenir l'alternative au pouvoir. En raison de la nature parlementaire du régime britannique, l'opposition contrôle mais aussi sanctionne le gouvernement par la mise en jeu de sa responsabilité par une motion de censure. En France, la révision constitutionnelle du 23 juillet 2008 a permis aux règlements des assemblées de s'ajuster et de revaloriser le statut des groupes minoritaires et de l'opposition en leur accordant des droits spécifiques nouveaux aux fins de renforcer leur capacité de contrôle et d'évaluation des politiques publiques[78].

C'est en exerçant son activité du contrôle de l'action gouvernementale que la minorité parlementaire peut jouer véritablement son rôle de contre-pouvoir en tant qu'alternative au

---

[75] Pour un résumé de ces différentes affaires, lire au besoin A.D.ADAMON, Le Parlement béninois en mouvement (1990-2015), Tome 2, Editions du Journal officiel, Porto-Novo, 2016, pp.190-194

[76] A.D.ADAMON, op.cit., pp.266-268.

[77] Pour mémoire, les élections en Grande-Bretagne opposent généralement deux grands partis : les travaillistes et les conservateurs. Le parti qui perd les élections est officiellement considéré comme le parti d'opposition.

[78] Les articles 133, 134, 141,143 et 145 du règlement des Assemblées nationales renseignent sur ces droits nouveaux résumés comme suit : « La moitié des questions au gouvernement et des questions orales sans débat est attribuée à l'opposition, la première d'entre elles revenant de droit à un groupe d'opposition ou minoritaire (art. 133 et 134 RAN). Les missions d'information des commissions composées de deux membres doivent comprendre un député appartenant à un groupe d'opposition ; les missions composées de plus de deux membres doivent s'efforcer de reproduire la configuration politique de l'Assemblée (art. 145 RAN). De nouvelles règles de pluralisme sont instaurées au sein des commissions d'enquête (art. 143 RAN) et des missions d'information (art. 145 RAN), ainsi qu'en matière de suivi de l'application des lois (art. 145-7 RAN). L'opposition se voit reconnaître un « droit de tirage » en matière de commissions d'enquête, sauf opposition en séance à la majorité de 3 / 5e des membres de l'Assemblée et durant la dernière année de la législature (art. 141 RAN) ». Lire B.NABLI, « L'opposition parlementaire : un contre-pouvoir politique saisi par le droit », Pouvoirs 2010/2 (n° 133), p. 140

pouvoir. Mais à l'analyse, il s'agit d'une catégorie juridique qui, à peine célébrée, commence à présenter des signes de lassitude.

II.- UNE CATÉGORIE JURIDIQUE EN DÉCLIN

L'analyse précédente a permis de démontrer qu' « une majorité, sans minorité opposante, peut être le plus dangereux de tous les modes de gouvernement »[79]. La minorité parlementaire est ainsi valorisée comme une catégorie juridique protégée et célébrée. En tant que telle, la minorité parlementaire n'emporte pas toujours toutes les qualités qu'on croit lui reconnaître. Il s'agit d'une espèce encore fragile qui est non seulement instrumentalisée mais également indisciplinée.

A.- UNE MINORITÉ INSTRUMENTALISÉE

La minorité parlementaire évolue dans un environnement qui lui est souvent préjudiciable. Sa posture est exploitée contre elle au parlement mais aussi en dehors du parlement.

1.- L'influence subie au parlement

La faible représentativité des députés de la minorité fait l'objet de supputations voire de convoitises. En effet, les députés de la majorité gouvernementale comme ceux de l'opposition majoritaire ainsi que les leaders des partis représentés à l'hémicycle, peuvent profiter de leur nombre ou position pour exercer des influences subtiles ou visibles sur les députés de la minorité. Ces influences peuvent se manifester à l'occasion de l'élection du Bureau de l'Assemblée nationale, des travaux en commissions ou des débats en plénière.

Tout d'abord, l'influence de la majorité sur la minorité intervient dans le cadre de la démocratie majoritaire, c'est-à-dire un système politique dans lequel seule la volonté de la majorité doit primer sur toute autre forme de volonté. La démocratie ne fonctionne que par le principe majoritaire. Ce principe s'énonce comme un modèle d'organisation politique dans lequel les élections permettent de dégager-dans un contexte pluraliste-une majorité politique qui gouverne en même temps que la minorité s'oppose, en attendant que les rapports de force s'inversent suivant les mêmes mécanismes[80]. Au fond, il s'agit

79 A.ESMEIN, Eléments de droit constitutionnel français et comparé, 5èd., Paris, Sirey, 1909,p.274

80 F.MELEDJE DJEDJRO, « Principe majoritaire et démocratie en Afrique », op.cit., p.22

d'une conception classique du parlementarisme français d'avant 1958 justifiée par le fait que les députés majoritairement représentés à l'Assemblée nationale étaient les seuls à incarner la légitimité pouvant dicter la conduite à suivre. La loi était pensée comme l'expression de la volonté générale, c'est-à-dire de la volonté du grand nombre. Il n'y avait de démocratie que lorsqu'elle est majoritaire[81]. Le principe de la majorité était la seule référence. Ainsi, comme l'observait Pierre Favre :

> « ...dans un groupe humain préalablement délimité, la décision qui sera considérée comme tant celle du groupe tout entier est celle qui a l'accord de la fraction la plus nombreuse du groupe »[82].

La tendance majoritaire de la démocratie s'est imposée comme la nouvelle donne de la plupart des Etats africains d'influence française sortis de la nuit des dictatures de la fin des années 1980. Pour ces Etats, ce sont les députés de la majorité qui, le plus souvent, initient des propositions de lois généralement adoptées, orientent les délibérations, opinent et tranchent sur des questions importantes pouvant requérir un avis de l'assemblée plénière par un vote. Le vote, qu'il soit personnel ou par procuration, à main levée ou secret, reflète toujours la vision des députés de la majorité. En raison de leur nombre et surtout de l'adhésion au programme d'action du gouvernement qu'ils soutiennent, les députés de la majorité méprisent en quelque sorte ceux de la minorité. Pour éviter l'arbitraire qui peut entacher éventuellement les délibérations émanant du camp majoritaire, le recours au juge constitutionnel devient inévitable comme le seul moyen pour exiger le respect des droits de la partie minoritaire ignorés.

Le droit à la saisine du juge constitutionnel par la minorité parlementaire n'a pas connu une trajectoire identique suivant les Etats.

Au Bénin, le recours au juge constitutionnel par la minorité ne fait pas l'objet de dispositions spéciales dans la Constitution béninoise du 11 décembre 1990. Il dérive de la large saisine de la juridiction constitutionnelle accordée à tous les citoyens béninois conformément à

---

81 Il s'agit d'une thèse qui défendait le « légicentrisme » ou de la souveraineté de la loi. Cette thèse sera mise en cause dans les années 1970, après que les constituants de 1958 ont créé les instruments du contrôle de la loi et que le Conseil constitutionnel ait appris à s'en servir : « la loi n'est l'expression de la volonté générale que dans le respect de la constitution » (Décision, 85-197 DC) ; Voir aussi B.MATHIEU, La loi, 2ème édit., Paris, Dalloz, 2004, p.26.

82 P.FAVRE, « La décision de majorité, Paris, Presses de la Fondation Nationale des Sciences Politiques, 1976, p.13.

l'article 122 de ladite constitution[83]. En plus de cette disposition, ce sont les articles 114 et 117 qui indiquent les compétences de la Cour constitutionnelle comme juge de la constitutionnalité de la loi, meilleur protecteur des droits et libertés des citoyens et organe régulateur du fonctionnement des institutions et de l'activité des pouvoirs publics. Se fondant sur ces dispositions, la minorité parlementaire, mécontente d'un quelconque acte parlementaire, peut adresser sa plainte à la Haute juridiction qui rend une décision obligatoire insusceptible de tout recours[84]. Aussi, est-il important de rappeler que les différentes décisions examinées ci-dessus s'inscrivent dans cette démarche[85].

La large saisine accordée aux citoyens qui implique de facto les députés de la minorité n'a pas été la tendance qui a partout prévalu. Bien que Hans Kelsen rappelât, dans son célèbre article sur la garantie juridictionnelle de la constitution, qu'il est plus juste d'accorder aux minorités parlementaires la possibilité de recourir à l'arbitrage des juridictions constitutionnelles pour une meilleure protection de leurs droits, la France a beaucoup tergiversé[86] avant de reconnaître à la minorité la possibilité de saisir le Conseil constitutionnel. Ce n'est véritablement qu'avec la révision constitutionnelle du 29 octobre 1974 que la possibilité pour la minorité (l'opposition) de contester la constitutionnalité d'une loi avant sa promulgation va devenir une réalité. Ce droit de saisine a été plus qu'avantageux puisque « depuis 1974, le juge constitutionnel se prononce en moyenne plus de dix fois par an sur la constitutionnalité d'un texte législatif, soit autant qu'entre 1958 et 1974 »[87]. Cette tendance sera maintenue et renforcée avec la révision constitutionnelle du 25 juin 1992 relative au traité de Maastricht qui se singularise par le bénéficie des droits accordés non seulement à l'opposition parlementaire mais aussi au renforcement de l'institution parlementaire. Aussi, est-il important d'indiquer que la révision constitutionnelle de 2008 corrobore cette position par la reconnaissance à soixante députés ou soixante sénateurs de saisir le conseil constitutionnel en cas d'application de l'article 16 de la

---

[83] Art.122 : « Tout citoyen peut saisir la cour constitutionnelle sur la constitutionnalité des lois, soit directement, soit par la procédure de l'exception d'inconstitutionnalité invoquée dans une affaire qui le concerne devant un juridiction… »

[84] Art.124 de la Constitution béninoise du 11 décembre 1990

[85] Voir supra, « fixation jurisprudentielle »

[86] La raison probable de ce retard est que l'on craignait une récupération politique de cet organe juridictionnel

[87] P. JAN , « Les révisions constitutionnelles et l'opposition », in O.ROZENBERG, op.cit.p.127

Constitution de 1958 relatifs aux pouvoirs exceptionnels du Président de la République.

Au Sénégal, le droit de la minorité parlementaire de saisir le juge constitutionnel remonte à la première législature 1976-1980 et l'opposition pouvait déférer les lois devant la Cour suprême. Avec l'avènement du multipartisme, la modification de la constitution et du règlement intérieur vont conduire à une réaffirmation de ce droit de la minorité de contester les lois devant le conseil constitutionnel[88]. C'est cette réforme qui a permis à la minorité parlementaire sénégalaise de déférer à la censure du juge constitutionnel la loi organique n°09-2003 portant création du Conseil de la République. Cette loi serait déclarée contraire à l'article 82 de la Constitution qui indique les propositions de loi ou des amendements faits pas des députés qui augmentent les dépenses publiques doivent être accompagnés de recettes compensatrices. Ce qui n'était pas le cas pour les députés de la minorité parlementaire qui ont eu gain de cause devant le conseil constitutionnel lequel a déclaré, dans sa décision du 29 août 2003, « non conforme à la constitution la loi organique n°09-2003 portant fonctionnement du Conseil de la République »[89].

Ensuite, si la majorité influence naturellement la minorité parlementaire, l'opposition parlementaire majoritaire peut aussi instrumentaliser la minorité gouvernementale représentée à l'Assemblée. Le scénario décrit précédemment est identique en matière d'initiatives des textes que dans les cas des délibérations où la minorité est simplement marginalisée voire ignorée. Enfin, il est possible que les influences dont il est question proviennent de quelques individualités à l'Assemblée qui sont considérées comme des « députés personnalités » dont la position sociale peut intéresser. Ces derniers cherchent à démarcher sinon courtiser des députés de la minorité pour aider notamment à la constitution de leur groupe parlementaire ou à renforcer leur position pour la prise des décisions jugées importantes. De telles démarches peuvent conduire au phénomène de la transhumance politique[90], une sorte de gangrène qui bien qu'encourageant la liberté

---

[88] E.H O. DIOP, Partis politiques, démocratie et réalités sociales au Sénégal, Dakar Credila, 2011, p.86

[89] Conseil constitutionnel sénégalais, Décision 2/C/2003 du 29 août 2003

[90] Encore appelé « nomadisme politique » par la doctrine, la transhumance politique est « l'attitude de l'homme politique qui migre d'un parti politique auquel il appartient au moment de son élection vers un autre parti pour des intérêts personnels, à l'instar de la migration périodique des troupeaux à la recherche d'espace plus favorable à leur alimentation et épanouissement… », in Th.HOLO, « Le statut de l'opposition », in J.P.VETTOVAGLIA (dir.), op.cit., pp.355-356

des députés a l'hémicycle à migrer de la minorité à la majorité ou vice versa peut être nuisible à l'efficacité de travail parlementaire. Cette pratique est interdite notamment au Congo-Brazzaville, au Gabon, au Niger, en République Démocratique du Congo, au Rwanda et au Sénégal alors qu'elle est tolérée au Bénin. Au Niger, par exemple, c'est l'article 87 de la Constitution du 25 novembre 2010 qui interdit la transhumance politique en ces termes :

> « Chaque député est le représentant de la Nation. Tout mandat impératif est nul...Pendant la législature, tout député qui démissionne de son parti politique perd on siège et est remplacé par son suppléant ...».

L'interdiction de la transhumance a une finalité pédagogique : empêcher la corruption des députés de la minorité en les obligeant à rester fidèles à leur conviction, seul gage d'opérer l'alternance. Bien que la déchéance du mandat parlementaire[91] soit la tendance qui se dessine dans la plupart des Etats africains, le Benin se distingue encore par son indifférence qui, bien que dénoncée, n'est pas encore juridiquement sanctionnée[92].

L'influence que subit la minorité parlementaire peut être aussi appuyée par ce qui s'observe en dehors du parlement qui vise à dévoyer cette catégorie juridique de sa posture.

2.- L'influence subie hors du parlement

La minorité parlementaire ne devrait rien craindre en dehors du parlement pour la simple raison que l'environnement immédiat dans lequel elle est appelée à agir est ce cadre. Néanmoins, l'on constate que les députés de la minorité sont également influencés par des acteurs extérieurs à l'Assemblée nationale en raison de leur position stratégique qui pourrait être déterminante pour une délibération importante lorsqu'il est exigé par exemple un vote qualifié.

---

91 Au Sénégal, la déchéance est automatique. Voir l'article 60 de la constitution sénégalaise de 2001 qui dispose : « Tout député qui démissionne de son Parti ou en est exclu en cours de législature est automatiquement déchu de son mandat ».

92 Les initiatives en matière de la lutte contre le phénomène de la transhumance politique n'ont pas manqué d'exister. On peut notamment se référer à la proposition de loi contre la transhumance politique en date du 17 septembre 2004 déclarée, en plusieurs de ses dispositions, anticonstitutionnelle. En effet, la Cour constitutionnelle a, entre autres, estimé que « l'Assemblée Nationale a opéré un transfert de la souveraineté nationale du peuple aux partis politiques, bridé la liberté d'opinion et d'expression et a violé les dispositions de l'article 80 qui interdit tout mandat impératif ». Voir Décision DCC 01-083 du 27 août 2001 de la cour constitutionnelle du Bénin

Dans la Constitution béninoise du 11 décembre 1990, le vote qualifié intervient par exemple lorsqu'il s'agit de réviser la Constitution. En pareille circonstance, le vote à la majorité des trois quarts pour la prise en considération du projet ou de la proposition de révision[93] et le vote de quatre cinquième des membres pour la révision proprement dite sont requis[94]. Le plus souvent, c'est vers les députés de la minorité que l'on se tourne pour rechercher la satisfaction d'une telle exigence en comptant sur leurs voix. Le Président de la République Guillaume Talon, pour donner une suite à son projet de réformes politiques et institutionnelles[95], a transmis à l'Assemblée nationale aux fins d'être examiné et révisé le projet de loi portant révision de la constitution du 11 décembre 1990. Après étude en commission du projet et débat en session plénière, vingt députés de la minorité ont voté contre la recevabilité du projet en faisant ainsi échec au processus de révision de la constitution du 11 décembre 1990 qui venait d'être enclenché[96]. Dans cet exemple, il apparaît clairement que le vote négatif des députés de la minorité a été nuisible au projet de réforme politique et institutionnelle initié par le Président Patrice Talon. Malgré les pressions et influences diverses qui auraient pu l'intimider, la minorité parlementaire a refusé de donner une suite favorable à ce projet du Chef de l'Etat qui voulait d'une révision en procédure d'urgence[97].

Les influences dont sont victimes la minorité parlementaire sont donc subtiles mais en règle générale, la palme d'or revient au gouvernement. En effet, il est généralement admis que tout gouvernement est porté à la recherche d'une majorité stable et qualifiée pour mener une gestion apaisée de son programme d'action. Le gouvernement est donc astreint à la recherche d'une majorité confortable pour gouverner : c'est le fait majoritaire. Pour réaliser ce

93 Art.154.2 de la constitution béninoise du 11 décembre 1990

94 Art.155 de la constitution béninoise du 11 décembre 1990

95 Cette réforme faisait partie d'une promesse ferme faite lors de la campagne électorale par le candidat Patrice TALON qui devait aboutir à une relecture profonde de la Constitution béninoise du 11 décembre 1990. Au nombre des aspects à réviser on peut, entre autres, rappeler les propositions liées à la réforme de la Cour constitutionnelle, à la durée du mandat du Président de la république, à la suppression du Conseil Economique et social, à la refondation de la Haute Cour de Justice. Lire au besoin in http : www//gouv.bj/remise-du-rapport-de-la-commission-djogbenou-au-chef-de-letat-un-premier-pas-vers-les-reformes-institutionnelles-et-constitutionnelles-2/ consulté le 06 juin 2017

96 Assemblée Nationale, compte rendu de la séance plénière du mardi 4 mars 2017

97 C'est par procédure d'urgence que la révision de la constitution béninoise devrait s'opérer conformément aux vœux du chef de l'Etat. Les députés étaient en effet opposés à une démarche par précipitation qui ne prendrait pas en compte les véritables problèmes de la population en quête plutôt d'un mieux-être, Voir la synthèse du compte-rendu de la séance plénière de l'Assemblée nationale du mardi 04 avril 2017

vœu, le gouvernement est conduit à entrer en pourparlers avec toutes les forces politiques représentées à l'Assemblée nationale. Les députés de la minorité, puisqu'ils ont pour fonction de s'opposer, sont le plus souvent sollicités, l'objectif étant d'asseoir une gestion inclusive. La stratégie utilisée est de nommer au gouvernement ou à des postes de responsabilité stratégiques des députés ou leurs représentants émanant du groupe minoritaire. La formation d'un gouvernement de majorité élargie ou d'un gouvernement d'union nationale est souvent la solution de ralliement proposée. Alors que la majorité présidentielle et la majorité parlementaire obtenues des élections suffisent déjà pour bien gouverner, le chef de l'Etat estime nécessaire d'y associer ses adversaires politiques. Parce qu'il « …éprouve du mal sous les contraintes de l'environnement politique aussi bien à constituer seul le gouvernement qu'à gouverner seul »[98].Le gouvernement d'union nationale s'appréhende comme une technique de gestion de pouvoir élargie aux forces politiques qui sont sorties perdantes des élections. C'est une dérogation à la gestion du pouvoir par les vainqueurs qui suppose donc la réunion de « trois éléments cumulatifs : l'existence d'une majorité présidentielle issue du suffrage universel qui s'appuie d'abord sur une majorité parlementaire absolue ou relative et s'ouvre sur une partie de la minorité pour gouverner »[99]. Cette nouvelle forme de gestion du pouvoir est pratiquée dans beaucoup de pays où l'on peine à réaliser une stabilité politique du fait des groupes d'oppositions ou de minorités très forts.

Le gouvernement d'union nationale est expérimenté dans beaucoup de pays. Par exemple, en Belgique, où il existe plusieurs oppositions parlementaires[100], l'inclusion de la minorité est souvent vue comme une nécessité pour espérer la faire disparaître progressivement ou totalement. Dans ce contexte, on pense que le gouvernement d'union nationale peut s'imposer en raison du péril ou d'une menace extérieure, par le souci de concevoir des politiques qui portent la marque d'une nation unifiée, par la nécessité de rassembler les majorités qualifiées[101].

---

98 E.H.O.DIOP, « Partis politiques, Démocratie et réalité sociales au Sénégal », CREDILA, Dakar, 2011, p191.

99 I.M.FALL, La condition du pouvoir exécutif dans le nouveau constitutionnalisme africain : l'exemple des Etats francophones d'Afrique subsaharienne », Thèse de doctorat d'Etat en droit présentée et soutenue le 22 décembre 2001, Université Cheikh Anta Diop, p.232

100 L'Etat belge est un Etat fédéral où à côté des assemblées fédérales il y a des assemblées fédérées dont les délibérations ne coïncident pas forcément. Ceci peut générer plusieurs formes d'oppositions

101 F DELPEREE, « Les oppositions parlementaires : le cas belge », in O.ROZENBERG, op.cit., p.142

Dans les Etats africains, on peut comprendre de deux manières au moins cette forme de partage du pouvoir selon qu'elle permet d'anticiper les crises ou de les régler lorsqu'elles sont déjà nées. Dans l'hypothèse d'anticipation des crises, le gouvernement d'union nationale vise à éteindre des crises imminentes avant même leur éclosion face aux mécontentements manifestés à l'Assemblée nationale par des groupes minoritaires, instigateurs d'actes répréhensibles ou de troubles à l'ordre public. L'Assemblée nationale est souvent considérée comme le point de départ de leurs agissements qui sont vite déjoués ou étouffés par des actes de récompenses de la part du gouvernement. Ceux qui ont gagné l'élection sont obligés de collaborer avec les groupes d'opposition ou de la minorité parlementaire pour gouverner. Est illustratif ici l'exemple sénégalais avec l'entrée au gouvernement notamment en 1991 et 1996 de certains leaders redoutables de l'opposition[102] dans une perspective de cogestion du pouvoir entre gouvernement et opposition[103]. Dans un autre cas, la formule du gouvernement d'union nationale intervient *a posteriori* c'est-à-dire après la naissance d'une crise dont l'issue est incertaine. La recherche d'une solution consensuelle conduit le plus souvent à solliciter les forces politiques adversaires à entrer au gouvernement. On pourrait assister à un arrêt des situations explosives. C'est dans le souci de trouver une solution définitive à la bipolarisation de la vie politique au Burundi, marquée par des affrontements réguliers entre les groupes ethniques opposés hutu et tutsi[104] qu'est intervenue la Constitution intérimaire post-transition de 2004[105]. Cette constitution a permis de définir un mécanisme de partage d'un pouvoir consensuel entre deux groupes qui s'excluaient mutuellement.

Qu'elle soit proposée avant ou à la naissance d'une crise, la formule de gouvernement d'union nationale constitue néanmoins une entorse au principe de la séparation des pouvoirs en même temps qu'elle remet en cause le respect de la loi de la majorité.

Belle théorie considérée comme le crédo de la démocratie libérale dont les idées ont été lancées par Aristote, entérinées par John Locke et systématisées par Montesquieu, la séparation des pouvoirs est le

[102] Au nombre de leaders on peut citer Abdoulaye Wade, Amath Dansokho et Abdoulaye Bathily

[103] E.HO.DIOP, op.cit., p192.

[104] Les rivalités entre les deux groupes ethniques ont été tragiques puisqu'elles ont coûté la vie au Président Melchior Ndadaye

[105] Cette constitution intérimaire résulte de l'Accord d'Arusha du 28 août 2000.

principe qui veut que les trois fonctions fondamentales de l'Etat soient remises à des organes distincts et séparés[106]. Elaborée à l'époque où les partis politiques n'existaient pas, la théorie de la séparation des pouvoirs est mise à rude épreuve avec l'émergence des démocraties modernes et contemporaines devenues des « démocraties de partis »[107]. La distinction classique entre les pouvoirs exécutif, législatif et judiciaire qui donne lieu parfois à une absorption d'un pouvoir par l'autre[108], devient alors caduque avec la réalité des partis politiques[109]. La séparation majorité/minorité apparaît désormais comme la meilleure alternative pour contenir les velléités du gouvernement, voire de l'exécutif. Or, en fonction de la nature du régime politique considéré, la réalité de la séparation majorité/minoritaire est de plus en plus ruinée voire neutralisée par le fait majoritaire.

Que l'on soit dans un régime présidentiel comme aux Etats-Unis où le principe de « checks and balances » est valorisé où dans un régime parlementaire britannique où les actions du parti majoritaire sont contrebalancées par le pouvoir de contrôle reconnu à l'opposition ou encore dans le régime semi-présidentiel français où l'on peut distinguer deux périodes, l'une normale avec une majorité présidentielle et l'autre de cohabitation qui suppose une collaboration forcée avec l'opposition, l'on assiste dans tous ces cas de figure à une domination de l'exécutif sur le pouvoir minoritaire. Il ne serait pas exagéré de constater que l'on tend dans ces divers régimes politiques plus à l'unité de pouvoir qu'à une véritable séparation des pouvoirs entre majorité et minorité.

En outre, en recherchant une large audience pour gouverner avec les partisans du parti minoritaire, l'on assiste aussi à un musellement de cette catégorie qui sape les bases de la logique du principe majoritaire. Les vainqueurs des élections quand bien même ils envisagent un apaisement de la vie politique par une gestion sereine semblent tout de même aussi rester dans la posture de leur incapacité à gouverner seul et

---

106 P.GAUDEMET, « La séparation des pouvoirs. Mythe et réalité », Chronique XXIII, Recueil Dalloz, 1961, p.121

107 J. Ph, FELDMAN, « La séparation des pouvoirs et le constitutionnalisme. Mythes et réalités d'une doctrine et de ses critiques », Revue Française de Droit Constitutionnel, N°83, 2010, p.488

108 A l'origine de la thèse de Montesquieu, il n'existait pas de fonction judiciaire séparée de celle exécutive. D'ailleurs, cette fonction était considérée comme nulle. De même, la fonction exécutive absorbe celle législative dans la plupart des régimes parlementaires. Le cas du régime parlementaire est édifiant à ce sujet dans la mesure où le parlement gouverne par l'entremise du cabinet

109 Lire au besoin C-M.PIMENTEL, « Le sanctuaire vide : la séparation des pouvoirs comme superstition juridique ? », Pouvoirs, n°102, 2002, pp.119-131 ; P.AVRIL, « La séparation des pouvoirs est-elle un concept opératoire ?», in http : www.droitcondtitutionnel.org/congresParis/comC6Avril.html consulté le 22juillt 2016

à assumer le choix des électeurs. Au lieu de chercher chaque fois à neutraliser les partis minoritaires par des avantages divers, le défi qui attend les gouvernements serait de doter les partis minoritaires et/ ou de l'opposition d'un véritable statut qui leur assure promotion en vue d'un effectif enracinement de la démocratie dans nos Etats.

En dehors de l'influence par le fait majoritaire, les minorités peuvent aussi voir leur position faiblir par les pressions que peuvent exercer sur elles certains hommes d'affaires qui ont un intérêt particulier dans un dossier pendant à l'Assemblée Nationale. Ces hommes peuvent être considérés comme des sources potentielles de financement pour les actions menées par un groupe minoritaire au parlement. Ils entretiennent ces députés dont ils peuvent soutenir éventuellement les candidatures futures[110].

Par ailleurs, il est important d'ajouter l'influence des partis politiques non représentés à l'Assemblée qui peuvent également sympathiser, voire influencer les groupes minoritaires dont la position est stratégique pour interférer dans les délibérations parlementaires. C'est par le biais des réseaux que ces partis politiques arrivent à atteindre leur objectif.

Enfin, la dernière forme d'influence émane de l'opinion publique voire de la société civile dont les réactions à la suite d'une délibération parlementaire peuvent conduire la minorité parlementaire à réorienter sa position initiale, à abandonner une stratégie en cours ou déjà acquise[111]. On voit là que l'environnement dans lequel cette société civile agit peut valablement conditionner l'existence de la minorité dans ses activités parlementaires.

Sur un autre registre, la minorité parlementaire pose elle-même des actes répréhensibles qui montrent qu'elle est purement et simplement indisciplinée.

---

110 L'homme d'affaire Patrice TALON, avant sa candidature à l'élection présidentielle, qu'il a d'ailleurs remporté aurait entretenu de très bons rapports avec les partis de l'opposition pour faire échec au projet de révision de la constitution du 11 décembre 1990 que le gouvernement du Président Yayi Boni avait initié. Les relations entre les deux hommes autrefois partenaires se serait détériorées à la suite de cette situation.

111 Les marches organisées, les mouvements de grève, observées, les pétitions initiées au lendemain de dépôt du projet de la révision de la constitution béninoise du 11 décembre 1990 à l'Assemblée nationale, ont d'une manière directe ou indirecte, attiré l'attention des députés de la minorité à voter contre la recevabilité de ce projet qui s'est joué à deux voix près des députés de la minorité qui ont témoigne d'avoir sauvé de justesse la démocratie béninoise.

B.- UNE MINORITÉ INDISCIPLINÉE

Il n'est pas exagéré de soutenir l'idée que la minorité parlementaire est indisciplinée. En effet, dans presque tous les parlements du monde, la minorité parlementaire est une catégorie juridique instable qui évolue au gré des circonstances. On pense qu'elle est sans conviction lorsqu'elle s'écarte de sa ligne de conduite ou occasionne une obstruction liée à ses propos ou actes.

1.- L'infidélité à sa ligne de conduite

L'opposition minoritaire doit rester loyale et responsable. Il lui est fait obligation de respecter scrupuleusement la Constitution ainsi que les lois et règlements de la République[112]. Logiquement, elle ne devrait pas poser des actes violents de quelque manière que ce soit pouvant entraver ou remettre en cause les institutions de l'Etat. Les débats au parlement, voire les manœuvres pour la course ou la conquête au pouvoir devraient se faire au moyen de moyens licites et démocratiques. Ces exigences démocratiques sont parfois mal comprises par les députés de la minorité qui croient fouler aux pieds les textes de l'Assemblée parlementaire

Aux termes de l'article 4 de la loi n°2001-36 du 14 octobre 2002 portant statut de l'opposition au bénin, « Le rôle de l'opposition est de critiquer le programme, les décisions et les actions du gouvernement ; développer des programmes propres ; proposer des solutions alternatives à la nation et œuvrer pour l'alternance au pouvoir par des voies légales »[113]. La mission dévolue aux députés de la majorité se démarque nettement de celle de l'opposition minoritaire par le fait que cette dernière incarne l'alternative et peut « exprimer son opinion sur toute question d'intérêt national et sur toute décision de l'exécutif »[114]. Le statut de l'opposition a été obtenu dans la plupart des Etats africains au prix d'une longue et difficile lutte[115]. Alors qu'on s'attend que le

[112] Article 16 de la loi n°2001-36 du 14 octobre 2002 portant statut de l'opposition

[113] Article 4 de la loi n°2001-36 du 14 octobre 2002 portant statut de l'opposition au Bénin

[114] Article 9 de la loi n°2001-36 du 14 octobre 2002 portant statut de l'opposition au Bénin

[115] Le statut de l'opposition repose soit sur une base constitutionnelle soit une base législative ou le deux à la fois. A titre illustratif, dans la Constitution sénégalaise du 22 janvier 2001, c'est le Titre V, art.58 al.1 qui en dispose : « La constitution garantit aux partis politiques qui s'opposent à la politique du gouvernement le droit de s'opposer » ; dans la Constitution de la République Démocratique du Congo du 18 février 2006, l'article 8.al.1 dispose : « L'opposition politique est reconnue en République Démocratique du Congo. Les droits liés à son existence, à ses activités et à sa lutte pour la conquête démocratique du pouvoir sont sacrés. Ils ne peuvent subir de limites que celles imposées à tous les partis

député de l'opposition minoritaire en profite pour redorer son blason, il adopte plutôt une posture bizarre, voire étrange : il semble renoncer à l'exercice des droits et responsabilités qui constituent la substance du statut ; et il se livre à une véritable compromission avec le pouvoir par rapport auquel il devrait constituer une alternative crédible[116]. Quel résultat pourrait-on espérer d'un député de la minorité qui s'absente régulièrement des séances parlementaires sans motif justifié ou dont le seul objectif n'est peut-être que de bloquer le bon déroulement des activités parlementaires ?

Ayant des droits et obligations prévus par la loi[117], l'opposition minoritaire ne devrait pas s'écarter, voire s'éloigner de son statut juridique. Pourtant, l'on constate que les partis minoritaires de l'opposition posent des actes antinomiques qui les obligent à faire volte-face ou allégeance pour soutenir les actions du gouvernement qu'ils sont appelés à critiquer. Même si au nom de la liberté de mouvement[118], les partis d'opposition ont la possibilité de renoncer à l'appartenance à leur groupe politique initial à condition de faire une déclaration officielle de changement de position[119], force est néanmoins de constater que cette exigence légale n'est pas souvent respectée[120]. Cette situation conduit inéluctablement à une confusion de posture et, à terme, à une extinction progressive des partis minoritaires.

Le reproche que l'on fait aux députés de l'opposition est parfois interprété comme le fruit des intrigues politiciennes, voire des manœuvres politiques. A la cinquième législature (2007-2011), l'indiscipline parlementaire était si forte que les rapports d'activités du Président de l'Assemblée nationale n'avaient pas la caution des députés de la minorité. Par exemple, en 2008, lors de la présentation du rapport

---

et activités politiques par la présente constitution et loi ». Voir aussi la loi n°020/PR/2009 du 15 septembre 2010 portant statut de l'opposition politique au Tchad, etc.

116 M.E.SOHOUENOU, « Le statut juridique de l'opposition politique dans les nouvelles démocraties africaines », R.B.S.J.A, n°25, 2011, P.260

117 Voir Titre III de la loi n°2001-36 du 14 octobre 2002 portant statut de l'opposition

118 Cette liberté de mouvement qui est encore la pratique au Bénin est à relativiser car la tendance générale dans la plupart des Etats africains est l'interdiction du nomadisme politique. Voir supra.

119 Aux termes de l'article 21 de la loi n°2001-36 du 14 octobre 2002 portant statut de l'opposition, « Tout parti politique est libre de quitter l'opposition. Cette déclaration est enregistrée au ministère chargé de l'intérieur, qui fait publier l'enregistrement au journal officiel. La publication au journal officiel se fait dans les mêmes conditions qu'à l'article 6 ci-dessus. Ce changement de statut entraine pour le parti politique la perte de tous les droits acquis au titre de la présente loi ».

120 L'expérience au Bénin montre bien que les changements de posture politique évoluent au gré des circonstances en jeu soit à la veille des élections générales soit pendant la période des délibérations parlementaires dont l'issue peut conditionner les positionnements et les décisions politiques. Les partis de la minorité approchés mordent à l'hameçon aux opportunités qui leur sont offertes.

d'activités sur la période allant du 1er avril au 30 octobre de la même année, à l'ouverture de la première session ordinaire, le 10 avril 2008, le quorum n'était pas atteint du fait surtout des députés de l'opposition parlementaire. Et conformément aux dispositions de l'article 85 de la Constitution, l'ouverture de la session a été reportée. Mais par la suite, aucun des dossiers inscrits à l'ordre du jour ne sera examiné du fait de la crise entre majorité et minorité que connaissait le parlement à l'époque. Et comme on devait s'y attendre, le rapport d'activités du Président Mathurin Coffi NAGO a été rejeté. La crise ainsi née a influé fortement sur la productivité législative qui était devenue de plus en plus faible. Il est remarquable de constater qu'au cours de la session ordinaire qui a duré du 31 octobre 2008 au 31 janvier 2009, sur les trente-sept(37) dossiers inscrits à l'ordre du jour et avec les vingt(20) séances plénières, il n'y a eu que dix (10)lois votées, soit trois(3) lois ordinaires et sept(7) lois d'autorisation de ratification[121]. La faible productivité constatée doit aussi s'arrimer avec le faible rendement au niveau des commissions compétentes prises en otage par les députés de la minorité qui profitent naturellement de leur position pour exercer des pressions sur le déroulement des activités parlementaires.

Quoi qu'il en soit, l'utilité des groupes minoritaires d'opposition n'est plus à démontrer en démocratie. Considérés comme les ferments de la démocratie, les députés de la minorité sont incontournables pour l'approfondissement des démocraties pluralistes en tant que faiseurs du jeu démocratique. Mais lorsqu'on en vient à constater que ces groupes ne jouent pas leur rôle ou sont peu ou pas visibles, la démocratie qu'ils sont appelés à fortifier par leur action qualitative en prend un grand coup. Georges Burdeau avait perçu à juste titre que démocratie et opposition sont indissociables lorsqu'il a affirmé que « L'existence d'une opposition libre, agissante est aujourd'hui encore tenue pour le critérium d'une démocratie véritable »[122].

Sur un autre plan, le comportement du député de la minorité s'analyse carrément comme une obstruction de l'activité parlementaire.

---

[121] Voir Assemblée Nationale du Bénin, comptes rendus sommaires de la période du 1er avril 2008 au 31 janvier 2009

[122] G.BURDEAU, Traité de science politique, Tome VI, Paris, LGDJ, 1987, p.612

2.- L'obstruction parlementaire

Le danger qui guette toute assemblée parlementaire est l'usage fréquent de l'obstruction parlementaire qui est un procédé utilisé par la minorité parlementaire pour se faire entendre. Considérée comme une technique de blocage du travail parlementaire, l'obstruction parlementaire est « un ensemble de pratiques et comportements parlementaires dont l'objet est de faire obstacle à la progression de la délibération vers son terme qui est la décision majoritaire »[123]. Elle est donc le fait d'un groupe de parlementaires souvent de l'opposition minoritaire qui, par le truchement de dépôt de motions de procédure ou d'amendements répétitifs, de demandes de vérification de quorum ou de vote public, les rappels au règlement ou l'utilisation systématique du temps de parole[124] en viennent à contrôler en quelque sorte le travail parlementaire. Pour Kelsen, lorsqu'il y a obstruction, « la minorité abuse des règles de la procédure parlementaire, et en particulier des droits qu'elles lui reconnaissent, pour tenter de rendre plus difficile ou même d'empêcher le vote par la majorité des décisions auxquelles elle est hostile en paralysant momentanément le fonctionnement du mécanisme parlementaire par l'emploi de procédés conformes au règlement »[125]. En d'autres termes, c'est un moyen qu'utilise la minorité parlementaire pour se faire entendre par la majorité parlementaire et le gouvernement. Kelsen a, d'ailleurs, distingué deux formes d'obstruction parlementaire : l'une est technique et l'autre est physique. Alors que l'obstruction technique est l'emploi abusif par la minorité de règles de la procédure parlementaire, l'obstruction physique est un ensemble de procédés de violence directe ou indirecte utilisés pendant les séances plénières. Ces deux formes d'obstruction visent à empêcher le parlement de statuer[126]. Les députés de la minorité croient s'appuyer sur leur pouvoir d'alerte des tiers, extérieurs au parlement[127] pour poser des comportements répréhensibles.

---

[123] M. de VILLIERS et A. Le DIVELLEC, Dictionnaire du droit constitutionnel, 7ème édit., Paris, Sirey, 2009, p234.

[124] Voir M. de VILLIERS et A. Le DIVELLEC, Dictionnaire du droit constitutionnel, ibid.

[125] H.KELSEN, *La Démocratie. Sa valeur. Sa nature*, traduction de Charles Eisenmann, 1932, Economica, rééd. 2004, p.74

[126] H. KELSEN , op.cit., p.64

[127] Le droit d'alerte des députés est un droit fondamental pour faire savoir à l'opinion sur ce qui inquiète les députés de la minorité. Ce droit s'exerce vis-à-vis du juge constitutionnel comme celui des populations. Voir O.ROZENBERG, « L'opposition parlementaire, espèce à protéger », op.cit., p.192

La question se pose de savoir si l'obstruction parlementaire est contre-productive, voire une « pathologie parlementaire »[128]. Son usage peut-il être défendu ou refusé ? Retenons que la pratique de l'obstruction parlementaire n'est pas linéaire et varie suivant les Etats et les régimes politiques. Aux Etats-Unis, l'obstruction parlementaire, connue sous le nom de *filibustering,* n'est pas prohibée lorsqu'elle intervient pour ralentir une procédure menée au pas de charge par le gouvernement. Mais elle devient condamnable si son but est d'empêcher la majorité démocratiquement élue de décider. C'est donc une pratique recommandée en cas de besoin. En Grande-Bretagne, le recours à l'obstruction parlementaire est contrôlé. Dans le souci de rationaliser son utilisation, à la chambre des communes, on a recours à deux types de procédures : celles de la guillotine et du kangourou. La procédure de la guillotine est utilisée en cas d'urgence et consiste à limiter le temps consacré à la discussion d'un texte. Alors que la procédure du Kangourou, qui peut être déclenchée par le speaker ou un président de commission, permet de sélectionner les amendements les plus représentatifs des opinions exprimées par les députés dans le débat[129]. En France, le recours à la technique de l'obstruction parlementaire est expérimenté depuis la cinquième République suite à l'initiative du groupe socialiste de l'Assemblée nationale à l'occasion des débats relatifs au projet de loi tendant à renforcer la liberté et la sécurité des personnes et, depuis lors, elle est devenue une pratique constante[130]. En effet, si l'article 48 ancien fait du gouvernement le maître de l'ordre du jour du parlement[131], il n'est pas le maître du jour puisque il n'a pas la maitrise de la durée des débats qui peut jouer contre lui. En réalité, le temps est un allié dont on est peu sûr. La minorité parlementaire, voire l'opposition peut indéfiniment allonger une durée que le gouvernement et sa majorité veulent écourter. L'opposition a donc la latitude par la multiplication par exemple de la prise de parole, des amendements de paralyser les intentions du gouvernement. Le député obstructeur a le secret de la paralysie du

---

[128] G.CARCASSONNE, Les Constitutions, coll., « Points Essais », Le seuil, Paris, 11ème édit., 2013, p.218

[129] M. de VILLIERS et A. Le DIVELLEC, Dictionnaire du droit constitutionnel, ibid.

[130] Ch. GEYNET, « L'obstruction parlementaire à travers la jurisprudence du conseil constitutionnel », in http://www.droitconstitutionnel.org/congreslyon/comm LD/D-geynet8T2b.pdf consulté le 12 août 2017

[131] Dans l'article 48 ancien de la Constitution du 4 octobre 1958, c'est le gouvernement qui disposait de la maitrise de l'ordre du jour et il en profitait pour s'opposer à tout débat qui ne recueillerait pas son assentiment, surtout lorsque des propositions émanaient de l'opposition. La loi constitutionnelle du 23 juillet 2008 a modifié significativement la donne. Désormais, l'ordre du jour est fixé par chaque Assemblée. Voir le commentaire de l'article 48, in S-L FORMERY, La constitution commentée article par article, 13ème édit., 2010-2011, Paris, Hachette supérieur, pp.102è103

parlement par toutes sortes de techniques qu'il peut utiliser. Yves Colmou décrit cette situation en ces termes :

> « L'obstruction, c'est en effet la possibilité pour un commando de bloquer l'avance de toute une division. Quelques députés compétents, organisés et déterminés sont à même de bloquer pendant un temps indéfini sinon infini le fonctionnement de la machine parlementaire. Dès lors, c'est la capacité du Gouvernement à diriger le pays, sa capacité à traduire en actes c'est-à-dire en lois ses discours et ses projets qui est atteinte par l'obstruction parlementaire »[132].

En tant qu'arme redoutable préjudiciable aux projets du gouvernement, l'obstruction parlementaire peut être contournée au Sénat en France par la procédure de la question préalable. A l'Assemblée nationale, les techniques utilisées sont entre autres la déclaration d'urgence[133], l'utilisation systématique des irrecevabilités, la procédure du vote bloqué[134].

Dans les assemblées parlementaires africaines, aucune allusion n'est officiellement faite à l'obstruction parlementaire dans les textes législatifs. Toutefois, la pratique peut être déduite de la lecture de certaines dispositions des règlements intérieurs des assemblées et des statuts de l'opposition.

Aux termes de l'article 49.7 du Règlement intérieur de l'Assemblée Nationale béninoise, « les attaques personnelles, les manifestations ou interventions troublant l'ordre ainsi que les interpellations de collègue à collègue sont interdites ». Cette première disposition s'insurge contre des actes et comportements des députés qui peuvent être de nature à porter atteinte à l'ordre qui doit régner à l'Assemblée et au bon déroulement du travail parlementaire. Aucun député, qu'il soit de la majorité ou de la minorité, ne saurait prétexter de sa situation pour poser des actes d'insécurité à l'Assemblée. L'article 66.1 du même règlement renchérit pour interpeller sur les blocages du travail parlementaire :

> « Lorsqu'un député entreprend d'entraver la liberté des délibérations et des votes de l'Assemblée, et, après s'être livré à des agressions contre un ou plusieurs de ses collègues, refuse

---

132 Y.COLMOU, « Vade-mecum du député obstructeur », Pouvoirs n°34, 1985, p.122

133 Voir art.C.45, al.2 de la loi constitutionnelle n°2008-724 du 23 juillet 2008

134 Voir art.C.44,al.3 de la loi constitutionnelle n°2008-724 du 23 juillet 2008

d'obtempérer au rappel à l'ordre du président, celui-ci lève la séance et convoque le Bureau ».

L'interdiction de toute forme de violences venant de la part des députés est aussi prohibée dans la loi n°2001-36 du 14 octobre 2002 portant statut de l'opposition au Bénin[135]. La tendance qui se dégage dans les textes parlementaires est à l'interdiction de cette pratique surtout dans sa forme physique assimilée aux voies de fait.

L'obstruction parlementaire n'est pas restée pour autant une pratique impunie. Des sanctions sont prévues et peuvent porter sur la censure simple et censure avec exclusion temporaire et, la privation de la moitié de l'indemnité parlementaire pendant six mois[136]. Dans les cas aggravés, le Procureur Général près la Cour d'Appel peut être saisie[137]. Ailleurs, notamment en France, le recours excessif à cette pratique a conduit le conseil constitutionnel à s'y pencher pour éviter qu'elle ne devienne un abus de droit[138].

L'obstruction parlementaire est le meilleur mécanisme d'écoute de la minorité parlementaire dans la mesure où le parlementaire de la minorité a besoin de se faire entendre hors de l'enceinte parlementaire faute de pouvoir être entendu à l'intérieur[139]. Bien qu'utile pour procéder à un rééquilibrage du travail parlementaire, cette pratique doit rester un moyen mesuré, voire modéré qui ne doit pas se muer en un moyen d'insécurité parlementaire.

CONCLUSION

Au terme de cette réflexion, la minorité parlementaire se révèle comme un objet d'intérêt juridique captivant dont la trajectoire d'évolution reste encore insaisissable. Si pendant longtemps elle a été marginalisée, la minorité parlementaire est devenue aujourd'hui une catégorie juridique célébrée. Ce revirement n'est pas spontané. C'est le résultat des luttes menées par divers acteurs de la vie politique qui, parfois au prix de leur vie, ont réussi à doter cette catégorie juridique

---

135 Aux termes de l'art.18.al 1 de la loi la loi n°2001-36 du 14 octobre 2002 portant statut de l'opposition au Bénin, il est proscrit l'intolérance, le régionalisme, l'ethnocentrisme, le fanatisme, le racisme, la xénophobie, l'incitation et/ou le recours à la violence sous toutes ses formes.

136 Art.66.2 du Règlement intérieur de l'Assemblée Nationale du Bénin

137 Art.66.3 du Règlement intérieur de l'Assemblée Nationale du Bénin

138 Un certain nombre de décisions rendues par le conseil constitutionnel français visent en quelque sorte à l'encadrer. Voir Notamment l'article consacré à « l'obstruction parlementaire à travers la jurisprudence du Conseil constitutionnel » précité de Chloë GEYNET

139 M-Cl. PONTHOREAU, « L'opposition comme garantie constitutionnelle », précité, p.1153

d'un statut particulier. Désormais, la minorité parlementaire est distincte de la majorité parlementaire avec des droits et devoirs clairement définis. Alors qu'elle devrait incarner l'alternative, la minorité parlementaire semble s'éloigner de ce noble objectif en péchant par son manque de professionnalisme. Alors qu'elle devait constituer un « service public » suivant les termes de Marcel Prélot[140], elle est devenue une espèce de violence et de haine[141]. Le parlement ne doit pas devenir une jungle où la majorité parce qu'elle est en grand nombre domine où la minorité pour se faire entendre doit exercer la violence. Il faut aujourd'hui restaurer l'image du parlement pour qu'il devienne « le lieu privilégié où l'unité politique se forme, se déforme et se reforme... »[142]. La minorité parlementaire est appelée à devenir un véritable contre-pouvoir. Son avenir réside dans la compréhension de ce nouveau rôle où minorité et majorité doivent se compléter sans se repousser mutuellement. Pour ce faire, une actualisation des textes s'avère nécessaire car le nouveau droit parlementaire est le droit de la minorité, c'est-à-dire de la minorité opposante.

Arsène-Joël ADELOUI,
Agrégé des facultés de droit, FADESP/Université d'Abomey-Calavi

140 Selon Marcel Prélot, « L'opposition dans le système démocratique est aussi nécessaire que le gouvernement ; elle n'est pas un élément hostile, un corps étranger au peuple qu'il faudrait s'efforcer de réduire et d'éliminer à tout prix ; elle accomplit un service public ; elle est faite pour contrôler, pour aiguillonner la majorité et éventuellement pour se substituer régulièrement à elle », *Institutions politiques et Droit constitutionnel*, Paris, Dalloz, 1961, cité par E.THIERS, op.cit., p.63

141 Éric Thiers, op.cit., p.63

142 M-Cl.PONTHOREAU, « L'opposition comme garantie constitutionnelle », RDP, n°4-2002, p.1139

Jean-Louis ESAMBO KANGASHE

L'OPPOSITION POLITIQUE EN AFRIQUE NOIRE FRANCOPHONE, DU CONTRE-POUVOIR À UNE FORCE POLITIQUE ABSORBÉE.

INTRODUCTION

Structure d'organisation de la vie politique, l'opposition se découvre par les repères qu'elle se dote ou qu'on lui prête ; elle ne se construit, ni se développe que dans un cadre qui offre à la lutte pour la conquête démocratique du pouvoir non pas une illusion, mais bien toute son effectivité.

Notion aux contours multiples et diversifiés, l'opposition politique n'intéresse pas que le juriste, les spécialistes d'autres disciplines comme la sociologie, l'anthropologie ou la science politique sont parvenus à prendre le relais du droit ou à lui imposer une trajectoire différente de celle initialement tracée par les textes. Lorsque la réflexion s'attache à l'étude du comportement des acteurs politiques, l'apport de la psychologie, la philosophie, l'histoire des mentalités ou l'histoire tout court devient incontournable.

Placée dans le contexte de l'Afrique noire francophone, on découvre vite le retard pris dans la reconnaissance juridique de l'opposition politique comme force de contre poids ou de contre-pouvoir à la majorité en raison, d'une part, de l'inutilité supposée de son évocation et de l'inopportunité, d'autre part, de l'inscrire dans les réformes institutionnelles en cours ou à venir.

La constatation est relativement ancienne d'autant que pendant la colonisation, il paraissait illusoire, voire utopique de penser à l'existence d'une opposition politique résistant au pouvoir colonial. D'un coté, on faisait valoir la politique du cantonnement des mouvements de contestation et de l'autre, les restrictions imposées à l'exercice des libertés publiques. Cette perception de la politique a longtemps inspiré, quelques années après les indépendances, nombreux pays africains francophones qui se sont finalement accommodés des régimes autoritaires construits sous l'autel des partis uniques au sein desquels les frontières exigées aux libertés politiques relevaient de la règle et leur exercice l'exception.

Appelées à organiser la dévolution et l'exercice du pouvoir, les Constitutions de cette époque révélaient tout sauf servir de cadre à l'émergence du constitutionnalisme entendu comme technique de limitation et d'encadrement du pouvoir[1]. D'elles en effet, le parti unique s'est vu reconnaitre non seulement une existence juridique, mais également le seul cadre d'exercice du pouvoir d'État. Dans ces conditions, parler de l'opposition paraissait chimérique, sinon provocateur, tant et si bien que faire de la résistance au pouvoir était perçu comme une activité subversive contre la paix, l'unité et le développement.

Il a fallu attendre les mouvements de libéralisation politique des années quatre vingt-dix pour que l'Afrique noire francophone s'offre les premières expériences du pluralisme politique duquel naquit l'opposition politique. On doit reconnaitre à cette règle deux exceptions, l'une sénégalaise[2] et l'autre camerounaise[3], qui s'accoutumaient déjà au multipartisme, sans que l'entreprise ne débouche sur l'identification formelle de l'opposition politique dotée d'un statut juridique[4].

Indispensable à l'ancrage du statut de l'opposition politique, le multipartisme ne s'offre pas toujours en cartouche d'expression efficiente ; nombreux sont des régimes politiques de l'Afrique noire francophone qui se montrent encore dubitatifs à la reconnaissance du statut juridique de l'opposition politique[5], contrainte à la clandestinité ou à s'émouvoir dans l'illégalité.

On doit, à l'évidence, admettre que rares sont les Constitutions africaines francophones qui posent le principe du statut de l'opposition[6], laissant au législateur le soin d'en réglementer les activités et donc

---

1 ESAMBO KANGASHE J.-L, *La Constitution congolaise du 18 février 2006 à l'épreuve du constitutionnalisme. Contraintes pratiques et perspectives*, Louvain-la-Neuve, Academia-Bruylant, Bibliothèque de droit africain 7, 2010, p. 21.

2 Reconnu depuis la période coloniale, le multipartisme sénégalais fut admis en 1960 avant d'être repris par les constituants du 26 août 1960 et du 7 mars 1963. Mis en veilleuse pendant huit ans, soit entre 1966 à 1974, il sera consolidé à partir des années 1974.

3 Entre 1948 et 1962, le Cameroun connut une vie politique pluraliste animée par la diversité des partis politiques qui s'affrontaient non pour la conquête et l'exercice du pouvoir, mais plutôt pour l'indépendance (en 1960) et l'unification (en 1961).

4 Au Sénégal, on note que, bien qu'annoncé par l'article 56, alinéa 2 de la Loi constitutionnelle n° 2016-10 du 5 avril 2016 portant révision de la Constitution du 7 janvier 2001, le statut de l'opposition politique n'est pas encore aménagé. Sans préciser la nature de la norme de référence, le constituant indique seulement que ce statut fixera les droits et devoirs de l'opposition.

5 Peuvent être cités en exemple, le Burundi, le Cameroun, la Côte d'Ivoire, le Gabon, le Rwanda, le Tchad ou encore le Sénégal.

6 À l'exception des Constitutions Sénégalaise du 7 janvier 2001 (art. 56, alinéa 2) et Congolaise du 18 février 2006 (art. 8, alinéa 2) et Nigérienne du 25 novembre 2010 (art. 99, point 27) qui posent le principe du statut de l'opposition.

l'effectivité. Une fois institué, ce dispositif législatif est à même de contribuer à l'enracinement de l'idée que, en démocratie représentative, le pouvoir de la majorité s'exerce sous le contrôle de la minorité et l'arbitrage du peuple.

Associées au développement de la contestation politique, les critiques et remises en question de la gouvernance majoritaire finissent par convaincre de l'existence d'une force politique dont l'identification dépasse la simple imagination d'esprit. Il convient au préalable d'indiquer comment et dans quelle mesure l'opposition politique constitue une force de contre-pouvoir avant de décrypter l'ambigüité qui entoure bien souvent sa posture faisant ainsi basculer sa mission classique au bénéfice d'une autre, cette fois-ci tournée vers l'accompagnement de la majorité au pouvoir.

I.- L'OPPOSITION EST INCONTESTABLEMENT UNE FORCE DE CONTRE-POUVOIR

Traditionnellement, l'opposition est une structure politiquement organisée en direction de l'alternance démocratique au pouvoir. Elle est naturellement une force de contre-pouvoir, mais pour en mesurer la capacité, il sied de percer l'énigme qui cache son contenu, son ancrage et ses fonctions.

A.- LE CONTENU DE L'OPPOSITION POLITIQUE

Une bonne perception de l'opposition politique permet d'établir aisément ses liens avec les notions voisines et d'identifier ses différentes manifestations.

1.- La définition de l'opposition politique

L'opposition politique est difficile à saisir, tant la notion est, au vu des appréhensions qu'on lui prête, polysémique. Dans la pratique en effet, le concept est l'objet d'usages variés et contradictoires. Une opinion y voit une force politique organisée et développant, dans un cadre légal, des idées différentes de celles du gouvernement au pouvoir[7]. C'est une organisation politique suffisamment structurée, différente de celle de la majorité, mais visant la défense d'une politique distincte de celle du gouvernement. Elle se construit autour d'une association ou d'un regroupement des partis politiques en désaccord avec le gouvernement au pouvoir ou le régime en place[8].

---

[7] DEBBASCH C., *Droit constitutionnel et institutions politiques,* Paris, Economica, 1990, p. 178.

[8] DUHAMEL O.et MENY Y., *Dictionnaire de droit constitutionnel,* Paris, PUF, 1992, p. 677.

Une fois constituée, l'opposition politique s'active à diffuser, dans le cadre juridique existant, des vues différentes de celles du gouvernement au pouvoir[9]. Insistant sur la dimension fonctionnelle des actions à mener, cette conception place l'opposition dans la recherche permanente de la sympathie des électeurs lors des prochains scrutins.

Dans la perspective de l'ancrage de l'opposition politique, se profile l'idée d'un parti ou de plusieurs partis politiques mis en minorité pendant les élections ou écartés de l'exercice du pouvoir. Fixant ses initiatives dans le prolongement de celles d'un parti politique, l'opposition rassemble donc les acteurs partageant des mêmes valeurs au service de la critique du gouvernement, la conquête et l'exercice démocratique du pouvoir[10]. Idéologiquement peu organisée, l'opposition défend une orientation politique différente de celle du parti ou de la coalition au pouvoir. L'exercice dépasse donc le simple dissentiment ou désaccord avec le gouvernement pour se fixer vers la critique de la gouvernance de la majorité.

Plus pratique est de se représenter l'opposition comme un parti, un regroupement de partis et des personnalités ayant une position politique différente de celle de la majorité et se présentant comme une alternative crédible capable de lui succéder par les urnes. C'est cet entendement que semble partager l'ensemble de législations de l'Afrique noire francophone qui définissent l'opposition comme un parti ou une association de partis et d'acteurs politiques qui ne participent pas à l'action du gouvernement et s'y opposent par des voies légales et démocratiques.

Ainsi comprise, l'opposition politique participe de la mise en place d'une séparation politique du pouvoir entre la majorité et la minorité qui la surveille et contrôle ses actions.

2.- L'opposition politique et les notions voisines

Prenant appui sur l'ancrage constitutionnel du pluralisme politique, l'opposition se distingue notamment d'un parti politique, un regroupement politique et un groupe parlementaire.

Le rapprochement entre le parti politique et l'opposition politique révèle que les deux espèces poursuivent en commun la lutte pour la conquête et l'exercice démocratique du pouvoir, la différence se situant au niveau de la composition et des circonstances de leur apparition sur la scène politique.

---

[9] OMAR DIOP E.H., « Le statut de l'opposition politique dans les démocraties africaines », *Revue de Droit Africain*, n° 40, Bruxelles, 2006, p. 123.

[10] DJOLI ESENG'EKELI J., « Problématique de l'opposition politique en Afrique noire postcoloniale. Cas de la République Démocratique du Congo : mythe ou réalité ? », in BAKANDEJA wa MPUNGU G., MBATA MANGU A., KIENGE-KIENGE R. (dir), *Participation et responsabilité des acteurs dans un contexte d'émergence démocratique en République Démocratique du Congo*, Bibliothèque de la Faculté de l'Université de Kinshasa, Presses de l'Université de Kinshasa, 2007, p. 85.

Du point de vue de la composition, le parti politique est constitué des personnes physiques unies par une idéologie, alors que la formation de l'opposition politique dépasse le cercle restreint des personnes physiques pour se placer au niveau de la collaboration et de la participation de plusieurs acteurs en désaccord avec la gouvernance de la majorité. Il en découle que la disposition numérique de l'opposition politique est plus représentative que celle d'un parti politique.

Considérant les circonstances de leur naissance, le parti politique est d'origine électorale ou extérieure[11], en tout cas lié à l'organisation ou non d'un scrutin, tandis que la structuration de l'opposition politique est essentiellement postérieure à une défaite électorale et se déroule au sein des assemblées politiques élues attendant un nouveau vote plus favorable.

La différence entre l'opposition et le regroupement politique est à établir d'un double point de vue organique et fonctionnel. Sur le plan organique, le regroupement politique se forme autour des partis et personnalités politiques dont la vocation est de rassembler plus de sièges au sein d'une assemblée politique délibérante, alors que l'opposition est constituée du parti, regroupement et personnalités politiques vaincus aux élections, mais ne partageant pas la vision politique de la majorité au pouvoir.

Du point de vue fonctionnel, le regroupement politique est temporairement organisé reconnaissant à chaque membre ou structure qui le compose une certaine autonomie idéologique et organique, ce qui renforce sa teinture conjoncturelle et circonstancielle, alors que l'opposition politique poursuit un objectif précis, à savoir : le renversement démocratique du régime en place.

L'opposition politique est enfin différente d'un groupe parlementaire formé des élus membres d'une assemblée parlementaire revêtus d'un mandat politique, tandis que l'opposition politique comprend en plus des élus, des partis, regroupements et personnalités politiques en désaccord avec la majorité au pouvoir.

Il se constate également qu'à la différence d'un groupe parlementaire qui exerce ses activités au sein d'une assemblée politique délibérante, l'opposition politique peut se mouvoir tant à l'intérieur qu'à l'extérieur des assemblées politiques délibérantes. Constitué pendant la législature, le groupe parlementaire est, selon qu'il est formé ou non des partis politiques appartenant à une tendance politique[12], homogène ou hétérogène. On y voit aussi un organe consultatif d'une assemblée parlementaire établi à partir des matières préalablement déterminées dans le règlement intérieur d'une assemblée politique délibérante.

---

[11] ESAMBO KANGASHE J.-L, *Le droit constitutionnel*, Louvain-la-Neuve, Academia-l'Harmattan, 2013, p. 247.

[12] Majorité ou minorité au sein d'une assemblée parlementaire délibérante.

3.- Les formes d'opposition politique

Partant de son ancrage juridique, l'opposition politique est soit parlementaire, soit extra parlementaire, soit légale, soit encore illégale.

L'opposition parlementaire est légalement reconnue parce qu'exerçant ses activités dans le cadre juridique en vigueur. Elle a vocation à se présenter comme une alternative à la majorité au pouvoir. En raison de sa visibilité institutionnelle, cette forme d'opposition est facile à identifier parce que formée au sein des assemblées parlementaires délibérantes. Par ses actions, l'opposition parlementaire est portée vers la civilisation des mœurs politiques au service de la diversité d'opinions et de la compétition politique[13].

S'exprimant en dehors du cadre institutionnel, l'opposition extraparlementaire recourt aux moyens d'action variés notamment les discours, manifestations et autres activités contribuant à la mise en lumière de sa désapprobation à l'égard de la gouvernance majoritaire, mais sans réelle conséquence sur le fonctionnement normal des institutions. Tout en bénéficiant du soutien des partis ou regroupements politiques légalement établis, cette forme d'opposition est juridiquement incapable de renverser le gouvernement en place.

Selon que sa réglementation est l'œuvre du législateur[14] ou du pouvoir réglementaire[15], l'opposition politique peut s'émouvoir au sein des assemblées parlementaires[16], en dehors, les deux à la fois[17] ou l'une ou l'autre[18]. Certaines

---

13 SINDJOU L, « L'opposition au Cameroun, un nouveau jeu politique parlementaire », in SINDJOU L (dir.), Comment *peut-on être opposant au Cameroun ? Politique parlementaire et politique autoritaire*, Dakar, CODESRIA, 2004, p. 5.

14 Loi n° 28-2017 du 7 juillet 2017 déterminant le statut de l'opposition en République du Congo, *Journal officiel* n°29 du 20 juillet 2017 ; Loi n°127/AN/16 du 16 février 2016 portant statuts juridiques de l'opposition politique en République de Djibouti, *Journal officiel* n°4 du 29 février 2016 ; Loi n° 2015-007 du 4 mars 2015 portant statut de l'opposition au Mali, *Journal officiel* du 20 mars 2015 ; Loi n°2013-015 du 13 juin 2013 portant statut de l'opposition en République du Togo, *Journal officiel*, numéro spécial du 27 juin 2013 ; Loi n°009-2009/AN du 14 avril 2009 portant statut de l'opposition politique au Burkina Faso, *Journal officiel* n°21 du 21 mai 2009 ; Loi n° 07/008 du 4 décembre 2007 portant statut de l'opposition en République démocratique du Congo, *Journal officiel*, numéro spécial du 10 décembre 2007 ; Loi 2001-36 du 14 octobre 2002 portant statut de l'opposition en République du Bénin et Loi n°2014-036 du 23 décembre 2014 portant statut des partis politiques de l'opposition en République de Guinée.

15 Ordonnance n°05/007du 2 juin 2005 relative aux partis, regroupements politiques et au statut de l'opposition en République centrafricaine et Ordonnance n°2010-85 du 16 décembre 2010 portant statut de l'opposition en République du Niger.

16 Art. 2 de la Loi n° 127/AN/16 du 16 février 2016 portant statuts juridiques de l'opposition en République de Djibouti ; 7 de la Loi n° 2001-36 du 14 octobre 2002 portant statut de l'opposition politique en République du Bénin et 2, al. 1er de la Loi n°2013-015 du 13 juin 2013 portant statut de l'opposition en République du Togo.

17 Art. 1, al. 3 de la Loi n°28-2017 du 7 juillet 2017 déterminant le statut de l'opposition politique en République du Congo ; 3 de la Loi n° 2015-007 du 4 mars 2015 portant statut de l'opposition politique au Mali, 3 de la Loi n° 009-2009 /AN du 14 avril 2009 portant statut de l'opposition politique au Burkina Faso, 3 de la Loi n° 2014-036 du 23 décembre 2014 portant statut des partis politiques de l'opposition en République de Guinée, 36, al. 1er de l'Ordonnance n° 05/007du 2 juin 2005 relative aux

législations sont parvenues à exiger, comme au Bénin ou au Togo, une déclaration officielle faite et enregistrée au ministère en charge de l'intérieur[19] et sa publication au journal officiel.

À coté d'une opposition légale, peut se développer une autre illégale et clandestine dépourvue, en principe, d'une vision politique claire, mais recourant, par moments, aux méthodes proches de celles des groupes d'intérêts. C'est une opposition informelle, diffuse et difficile à contrôler.

B.- L'ANCRAGE JURIDIQUE DE L'OPPOSITION POLITIQUE

Dans un régime représentatif, on admet que le pouvoir ne soit ni arbitraire, ni illimité ; mais encadré par une opposition sans laquelle il n'ya point de démocratie. La recherche du statut de l'opposition rend bien compte d'une démarche destinée à couvrir une double perception à la fois restrictive et extensive.

Dans une acception restrictive, le statut évoque l'idée d'un corps de règles fixant les attributs, prérogatives et obligations d'un sujet de droit. Dès lors, instituer un statut de l'opposition, revient à lui doter d'un dispositif juridique contenant aussi bien ses droits que ses obligations. Au sens large en revanche, le statut regroupe l'ensemble de règles, pratiques et coutumes au service de la régulation d'un corps ou d'une institution.

Quelle que soit en effet, l'approche retenue, la question posée touche moins à l'acceptation du statut de l'opposition politique qu'à sa participation à l'exercice démocratique du pouvoir. On signale que la construction d'une démocratie représentative est aussi et peut être fondamentalement redevable du renfoncement de la capacité mobilisatrice des actions politiques en direction des aspirations bien légitimes des citoyens. Peut, à cet égard, constituer une piste intéressante de réflexion, le souci d'identifier clairement les droits et obligations de l'opposition politique.

---

partis, regroupements politiques et au statut de l'opposition en République centrafricaine et 2, al. 2 de l'Ordonnance n°2010-85 du 16 décembre 2010 portant statut de l'opposition en République du Niger.

18 Art. 2 de la Loi n°2915-007 du 4 mars 2015 portant statut de l'opposition politique au Mali, 2, al. 2 de la Loi n° 07/008 du 4 décembre 2007 portant statut de l'opposition en République démocratique du Congo et 3 de la Loi 127/AN/16 du 16 février 2016 portant statuts juridiques de l'opposition en République de Djibouti.

19 Art. 6, al. 3 de la Loi n° 2001-36 du 14 octobre 2002 sur le statut de l'opposition en République du Bénin et 2, al. 3 de la Loi n° 015 du 13 juin 2013 portant statut de l'opposition en République du Togo.

1.- Les droits de l'opposition politique

Force politique d'alternance, l'opposition bénéficie, en régime représentatif, d'un statut qui consacre ses droits. La question qui se pose est de savoir s'il faille imposer au législateur un texte particulier ou l'adaptation de celui ou de ceux existants, mais reconnaissant implicitement quelques avantages à l'opposition. En Afrique noire francophone, nombreux sont des textes qui, de manière éparse, consacrent certains privilèges aux forces politiques, qu'elles soient de la majorité ou de la minorité[20].

Habituellement posé dans la Constitution[21], le principe du statut de l'opposition politique a convaincu de la nécessité de rassembler dans une norme particulière les règles relatives aux droits et devoirs d'une minorité politique vaincue aux élections. Souhaitée, l'intervention du législateur en garantit l'effectivité, consolide et renforce le régime répressif en cas de méconnaissance ou de restrictions des droits de l'opposition.

L'importance de la matière a parfois servi de prétexte en faveur de l'incursion du pouvoir réglementaire dans un domaine jadis régi par une loi. Si certains pays[22] se sont dotés des lois sur le statut de l'opposition, d'autres[23] ont décidé d'emprunter la voie réglementaire avec une option législative.

Peu importe donc la trajectoire prise, le statut de l'opposition politique la prédispose à la critique de la politique de la majorité et de sa gouvernance. La plate forme jouit, à cet égard, du droit d'être informée de la conduite des affaires de l'État en vue de formuler, le cas échéant, des contre-propositions. Les droits liés à l'existence de l'opposition, à ses activités et à sa lutte pour la conquête du pouvoir sont sacrés[24], inaliénables, imprescriptibles et d'ordre public[25].

Certaines législations reconnaissent à l'opposition le droit de participer à la vie des institutions et organes politiques[26]. On observe que dans le cadre du partage de responsabilités au sein du parlement, l'opposition peut se voir reconnaître, comme au Gabon, en République démocratique du Congo ou en République du Congo, une représentation au sein du bureau, des commissions

---

20 Peuvent être citées la Constitution, la loi sur les partis politiques, la loi organisant le financement des activités politiques, la loi électorale, celle sur l'organe de gestion des élections ou de régulation des médias, etc....

21 Art. 8 de la Constitution congolaise du 18 février 2006, 58 de la Constitution sénégalaise du 7 janvier 2001 et 99, point 27 de la Constitution Nigérienne du 25 novembre 2010.

22 Comme le Bénin, le Burkina Faso, le Djibouti, la République démocratique du Congo ou le Togo.

23 Au Niger et en République centrafricaine, le statut de l'opposition est organisé par des textes réglementaires validés comme Lois d'État.

24 Art. 8 de la Constitution congolaise du 18 février 2006.

25 Art. 7 de la Loi n°2014-036 du 23 décembre 2014 portant statut des partis politiques de l'opposition en République de Guinée.

26 Art. 37 de l'Ordonnance n° 05/007du 2 juin 2005 relative aux partis, regroupements politiques et au statut de l'opposition en République centrafricaine.

permanentes ou présider alternativement avec la majorité les travaux des commissions de contrôle ou d'enquête de l'action de l'exécutif ou d'en être rapporteur. Elle peut, dans ce cas, faire inscrire des points à l'ordre du jour des assemblées délibérantes ou de l'une de leurs commissions.

Le droit à l'information garanti à l'opposition politique s'exerce sur toutes les questions de la vie nationale ; ses représentants, à différents échelons d'exercice du pouvoir (national, provincial, urbain, municipal et local), ont droit d'être reçus par les autorités ou leurs délégués soit à leur demande, soit à l'initiative de ces autorités. Les groupes parlementaires de l'opposition jouissent, eux aussi, du droit de représentation proportionnelle à leur poids numérique aux assemblées délibérantes. Réalisée au niveau du bureau et des commissions, cette représentation est déterminée par le règlement intérieur de chaque assemblée parlementaire.

En vue de la conquête démocratique du pouvoir par l'opposition, certaines législations engagent l'État à financer ses activités[27]. Il lui est également reconnu le droit d'être dirigée par un[28] ou plusieurs[29]chefs de file jouissant sur le plan protocolaire des égards particuliers, son représentant au niveau provincial ou local bénéficiant également des mêmes considérations, avantages similaires et immunités pénales découlant de son rang social[30].

Sans être nécessairement parlementaire[31], le chef de l'opposition est désigné selon la procédure arrêtée par le règlement intérieur : il est le gestionnaire des fonds alloués à la plate-forme[32].

Les membres de l'opposition ont droit d'accès libre et à un égal traitement par les médias publics, dans le cadre des émissions et programmes destinés à faire connaître leurs opinions. La couverture médiatique de leurs manifestations et la diffusion de leurs communiqués de presse sont assurées de manière à refléter l'équilibre et le strict respect du pluralisme politique et de l'objectivité. Ce droit n'est que timidement exercé, les partis politiques de

---

27 Art. 8 de l'Ordonnance n° 2010-85 du 16 décembre 2010 portant statut de l'opposition en République du Niger.

28 Art.11-15 de la Loi n° 28-2017 du 7 juillet 2017 déterminant le statut de l'opposition en République du Congo, 13 de la Loi n° 2015-007 du 4 mars 2015 portant statut de l'opposition politique au Mali, 5 de la Loi n°127/AN/16 du 16 février 2016 portant statuts juridiques de l'opposition en République de Djibouti, 14-18 de la Loi n° 009-2009/AN du 4 avril 2009 portant statut de l'opposition politique au Burkina Faso, 21 de la Loi n°07/008 du 4 décembre 2007 portant statut de l'opposition politique en République démocratique du Congo, 24 à 27 de la Loi n° 2013-015 du 13 juin 2013 portant statut de l'opposition en République du Togo et 21 à 23 de l'Ordonnance n° 2010-85 du 16 décembre 2010 portant statut de l'opposition en République du Niger.

29 Art. 7 de la Loi n° 2001-36 du 14 octobre 2002 portant statut de l'opposition en République du Bénin.

30 Art. 21 de la Loi n° 07/008 du 4 décembre 2007 portant statut de l'opposition politique en République démocratique du Congo.

31 Art. 5 de la Loi n° 127/AN/16 du 16 février 2016 portant statuts juridiques de l'opposition en République de Djibouti.

32 Art. 23 de la Loi n° 07/008 du 4 décembre 2007 portant statut de l'opposition politique en République démocratique du Congo.

l'opposition ne bénéficient pas toujours du même traitement que ceux de la majorité au pouvoir par les médias publics, notamment, la télévision nationale. Désarmées, les institutions de régulation des médias constatent tout simplement le traitement déséquilibré infligé aux acteurs politiques de l'opposition.

Sur le plan pénal, les membres de l'opposition sont légalement protégés, aucun d'eux ne peut être interpellé, poursuivi, recherché, détenu ou jugé en raison des opinions politiques exprimées dans le respect de la Constitution, des lois et règlements de la République. Ce droit n'est que partiellement observé à l'égard des membres de l'opposition parlementaire et rarement à l'endroit de ceux œuvrant au sein de l'opposition extra-parlementaire.

À la décharge de cette violation de la loi, on doit reconnaître la distance souvent prise vis-à-vis de l'attitude qui consiste à faire de l'opposition politique une sorte de blancheur et un espace au sein duquel les violations de la loi (pénale) sont autorisées et l'impunité tolérée. On note en effet, que l'appartenance à l'opposition peut, dans certaines circonstances, apparaître comme décrétant une zone d'irresponsabilité pénale ou une gamme des causes de non imputabilité.

La détermination de la responsabilité pénale des opposants, en cas d'infractions politiques et de droit commun, réduira, à coup sûr, la propension vers des immunités de fait qui semblent prendre le pas sur la lutte contre l'impunité. Il en sera de même des poursuites judiciaires engagées contre les hommes politiques, quelle que soit leur appartenance politique.

2.- Les obligations de l'opposition politique

Légalement instituée, l'opposition politique n'a pas que des droits ; elle a, dans la perspective de la consolidation et du renforcement de la démocratie, des obligations. C'est dans ce cadre que le législateur s'efforce à lui imposer un certain nombre d'obligations[33], dont le respect de la Constitution et des institutions légalement établies, la défense des intérêts supérieurs de la Nation ou la production d'une déclaration officielle transmise et enregistrée au ministère de l'intérieur[34]avant sa publication au journal officiel[35].

---

[33] Art.16 de la Loi n° 07/008 du 4 décembre 2007 portant statut de l'opposition politique en République démocratique du Congo.

[34] L'article 1er de la Loi n° 046-2013/AN du 17 décembre 2013 modifiant la Loi n° 009-2009/AN du 14 avril 2009 portant statut de l'opposition politique au Burkina Faso fait obligation à tout parti politique de faire une déclaration écrite et publique de son appartenance politique à la majorité ou à l'opposition, avec copie au ministère chargé des libertés publiques. Au paravent, les partis politiques étaient seulement tenus de faire connaitre leur appartenance à l'opposition par une simple déclaration officielle adressée au chef de file.

[35] Comme au Togo.

Dans le cadre de la conquête et de l'exercice démocratique du pouvoir, l'opposition politique ne peut recourir à la violence comme moyen d'expression et d'accession au pouvoir ; elle doit, en vue de la résolution pacifique des différends politiques, privilégier les vertus de dialogue et de concertation sur les questions d'intérêt national.

L'usage par l'opposition de la violence comme moyen de lutte pour le pouvoir, entraîne des sanctions pénales conséquentes. Aussi, tout responsable ou membre de l'opposition politique qui se rend coupable d'actes de violence dans l'exercice de ses droits, sera puni des peines prévues par le Code pénal[36].

En tant que force alternative à la majorité au pouvoir, l'opposition politique s'oblige à lui reconnaître le droit de gouverner ; elle est également tenue de promouvoir, dans le cadre d'une lutte politique pacifique, la culture démocratique par la tolérance, la non-violence et l'alternance.

La présence dans certains pays[37]des groupes armés contestant les institutions démocratiques établies, participe du détournement du pouvoir par la violation de la Constitution et des lois de la République. L'opposition politique est donc appelée à concourir, par la libre expression, à la formation de ses membres et de l'opinion publique sur les questions essentielles de la vie nationale. Cette obligation n'est que relativement assurée, bon nombre d'acteurs de l'opposition éprouvent d'énormes difficultés pour s'assurer la correcte éducation civique et politique des membres.

C.- LES FONCTIONS DE L'OPPOSITION POLITIQUE

Dans un régime démocratique, l'opposition remplit deux fonctions essentielles, l'une, politique de contre-pouvoir et, l'autre, pédagogique d'éducation civique et politique des membres.

1.- La fonction de contre-pouvoir

Outre sa vocation à représenter la minorité du corps électoral aux assemblées délibérantes, l'opposition politique se doit de surveiller et de contrôler l'action gouvernementale ; elle constitue, de ce fait, un contre-pouvoir [38]; sa présence permettant d'éviter l'autoritarisme de la majorité au pouvoir. À cette fin, l'opposition politique dispose d'importants moyens de contrôle du gouvernement, des entreprises publiques et établissements publics. Peuvent, à cet égard, être utilisées les commissions d'enquête, les questions

---

36 Art. 27 de la Loi n°07/008 du 4 décembre 2007 portant statut de l'opposition politique en République démocratique du Congo.

37 Tels que le Burkina Faso, le Mali, la République centrafricaine, la République démocratique du Congo ou la République du Congo.

38 Lire dans ce sens NABLI B., « L'opposition parlementaire : un contre-pouvoir », *Pouvoirs,* n° 133, Paris, Seuil, 2010, p. 127.

écrites, les questions orales avec ou sans débat, les questions d'actualité, les interpellations, les motions de défiance ou de censure.

Mieux organisée, l'opposition politique peut faire entendre sa voix et espérer, plus tard, bénéficier de la confiance des électeurs, dès lors qu'elle se présente en eux comme une alternative crédible à la majorité au pouvoir.

La reconnaissance de l'opposition politique participe aussi de la consolidation du pluralisme et du renouvellement du personnel politique. Lorsque la majorité au pouvoir perd les élections, une nouvelle génération d'hommes politiques naît et se prépare à assumer les fonctions politiques importantes à l'occasion d'une nouvelle élection plus favorable. Pour ce faire, la crédibilité des partis et autres acteurs se réclamant de l'opposition joue un rôle déterminant, la désorganisation pouvant classer l'opposition dans le camp des forces d'accompagnement de la majorité au pouvoir.

2.- La fonction d'éducation civique et politique des membres

Se présentant comme une force d'alternance à la majorité au pouvoir, l'opposition politique se doit de mobiliser toutes les ressources capables de l'amener à la victoire électorale. Elle est particulièrement conviée à s'approprier toute initiative qui contribue à sa lutte pour la conquête démocratique du pouvoir.

Dans cette perspective, l'opposition doit s'assurer que l'information et la formation idéologique et, naturellement politique des membres et sympathisants soient porteurs des victoires électorales. L'encadrement civique et politique proposé aux électeurs sert ainsi de relais à sa participation responsable à la gestion prochaine des affaires publiques.

Par ses actions, l'opposition politique doit, en tant qu'actrice d'éducation civique, se départir du discours démobilisateur et incitatif à la violence, s'activer dans la formation des membres par l'organisation des séminaires et autres journées portes ouvertes, des séances de sensibilisation au sein des partis, regroupements politiques et centres de réflexions aux fins de créer une cohérence d'actions et une sorte de « civisme politique » commun.

L'élaboration des brochures et fascicules, leur mise en circulation avec accès et compréhension faciles permettent de rapprocher l'opposition de ses membres. Participe également à l'activisme politique de l'opposition, l'organisation des émissions radiophoniques en vue de la diffusion et la vulgarisation de ses programmes. L'éducation de la population n'étant pas le seul apanage du parti ou de la coalition politique au pouvoir, l'opposition politique doit être active, son immobilisme peut se révéler contre- productif à cause certainement du manque d'anticipation sur les enjeux politiques, réduisant ainsi ses chances d'accession au pouvoir.

Au vu du nombre relativement significatif des États d'Afrique noire francophone qui se sont dotés des lois organisant le statut de l'opposition politique, on ne peut, à priori, douter de l'existence des cadres normatif et institutionnel incitatifs à l'organisation des forces de contre-pouvoir.

Il s'observe néanmoins en même temps que, confrontée aux défis de natures diverses, ces atouts apparaissent finalement comme des défis à relever laissant planer une certaine controverse autour du visage que présente l'opposition politique des Etats d'Afrique noire francophone.

II.- L'OPPOSITION EST UNE FORCE D'ACCOMPAGNEMENT DU POUVOIR

Les expériences de ces trois dernières décennies[39], permettent de se faire la conviction que, consciemment ou par la force des choses, en Afrique noire francophone, l'opposition politique semble avoir choisi la voie de la résignation à l'exercice effectif de sa fonction traditionnelle de contre-pouvoir au profit du courtage politique que l'on sait caresser le phénomène de transhumance politique[40], lui-même construit autour de la politique du vendre[41]. Se découvre ainsi le masque d'une opposition politique à visage certes décomposé, mais disposant tout de même des recettes nécessaires à l'accroissement de ses chances à booster le changement et l'alternance démocratique au pouvoir.

A.-. LE MASQUE D'UNE OPPOSITION POLITIQUE DÉCOMPOSÉE

Plutôt que d'être une force d'alternance démocratique, l'opposition politique a, dans bon nombre de pays d'Afrique noire francophone, contribué au renforcement de la dictature du parti ou de la coalition politique au pouvoir. Et pour cause, elle subit quotidiennement des contraintes qui en réduisent l'efficacité, parmi lesquelles l'influence du système des partis, le faible engagement politique, le déficit organisationnel et la pratique de débauchage.

En Afrique noire francophone comme ailleurs, le système des partis affecte notablement l'unité ou non de l'opposition politique. On note, par exemple, que le bipartisme offre la possibilité d'alternance entre deux principales formations politiques en compétition, alors le pluralisme politique en constitue un obstacle. En raison de l'émiettement des opinions qu'il favorise, le

---

[39] Vécues notamment au Cameroun, en Côte d'Ivoire, au Djibouti, au Gabon, au Mali, en République démocratique du Congo, en République du Congo, au Rwanda, au Tchad ou encore au Togo.

[40] ESAMBO KANGASHE J.-L, *Le droit constitutionnel, op.cit,* p. 251.

[41] BAYART J.-F, *L'État en Afrique. La politique du vendre*, Paris, FAYARD, L'espace politique, 2006.

multipartisme intégral et mal encadré se révèle contre-productif et sert, par moments, d'obstacle aux exigences de contre-pouvoir[42].

Associée aux restrictions quasi permanentes des droits et libertés qui lui sont pourtant reconnus, l'absence de financement des activités politiques affecte le fonctionnement de l'opposition devenue incapable de se doter d'une organisation fiable et efficace à même de faire le contre poids à la majorité au pouvoir.

L'opposition politique en Afrique noire francophone souffre également de la faiblesse d'engagement politique clairement affichée en raison notamment des luttes internes de leadership et des querelles des chapelles. La division de l'opposition politique a souvent servi de lit au maintien au pouvoir du régime qu'elle prétend combattre[43], alors que son unité aurait facilement conduit à une alternance démocratique construite sur le fond de changement du régime[44].

Le phénomène inverse se constate lorsque l'opposition politique accepte de participer au gouvernement de la majorité qu'elle prétend combattre. Tout en critiquant timidement le régime[45], l'opposition s'associe à sa politique en collaborant à sa mise en œuvre réduisant ainsi ses chances de force de contre-pouvoir. Dans ces conditions, l'opposition se présente comme un réservoir des aigris, des mécontents privés du pouvoir, mais attendant, chacun avec sa carte d'embarquement en mains, l'annonce du prochain vol vers une destination connue du seul pilote à bord qui n'est autre que le chef de la majorité au pouvoir.

Le faible niveau d'engagement politique de l'opposition dévoile en même temps le masque des partis écrans ou fantômes créés non pas pour conquérir le pouvoir, mais plutôt pour l'accompagner et, au besoin, le renforcer. Ces partis alimentaires ou de tiroir qui se nourrissent du dédoublement d'autres ou du débauchage politique servent de levier aux gouvernements de cohésion, de consensus, d'union nationale, en tout cas de crise ou de gestion de crise. Pour tenter de contrer ce phénomène, le législateur malien a décidé qu'un parti politique de l'opposition qui accepte de soutenir l'action du gouvernement ou de participer au gouvernement, perd d'office la qualité de parti de l'opposition et en fait une déclaration publique[46].

---

42 Le multipartisme, qui procède en réalité des modes de scrutin, constitue l'un des armes de la gouvernance du ventre dont se sert la majorité au pouvoir pour émietter l'opposition et la rendre inefficace.

43 On cite en exemple les cas de John Fru Ndi au Cameroun, de Jean-Pierre Fabre au Togo, de Jean Ping au Gabon ou d'Etienne Tshisekedi en République démocratique du Congo.

44 Pascal Lissouba, Abdoulaye Wade, Macky Sall, Patrice Talon ou encore Roch Marc Christian Kabore sont parvenus à gagner le pari de l'alternance à la faveur de l'unité de l'opposition.

45 Les pays comme le Gabon, la République du Congo ou la République démocratique du Congo donnent quelques indications à ce sujet.

46 Art. 6 de la Loi n°2015-007 du 4 mars 2015 portant statut de l'opposition politique au Mali.

Dans le masque d'une opposition politique décomposée, se profile l'idée du marchandage du poste de porte parole ou de chef de file. Bâtie à partir de formations politiques dépourvues de vision politique, l'opposition politique ne peut qu'être affectée. Dans ces conditions, une meilleure définition ou redéfinition de l'action politique permet de se rendre compte que l'exercice se démarque en pratique du service à rendre à la communauté au profit d'une opportunité de se doter, quelle que soit la manière, d'un statut social spécial et plus enviable.

Comme force politique de contre-pouvoir, l'opposition politique de l'Afrique noire francophone semble paradoxalement servir le pouvoir. Rien d'étonnant que les indications fournies visualisent le parcours d'une opposition dont le refus de disparaître peut convaincre de sa capacité de constituer quand même une véritable force de résistance à la majorité au pouvoir.

B.- LE PARADOXE D'UNE OPPOSITION CAPABLE D'ÊTRE UNE FORCE D'ALTERNANCE À LA MAJORITÉ AU POUVOIR

Le paradoxe d'une opposition à la fois servante et résistante à la majorité au pouvoir est si évident qu'une force politique que l'on croit décomposée et manquant de boussole, soit quand même un remède à l'hégémonie de la majorité. La transition est souhaitable, voire possible lors que l'on parvient à dépersonnaliser l'action de l'opposition et à situer son organisation au-delà des assemblées politiques délibérantes. Il en résulte que la dépersonnalisation et la déparlementalisation de l'opposition constituent le seul gage d'invention ou de conservation d'une opposition porteuse de changement.

Si la dépersonnalisation permet de dissocier l'opposition politique de la simple critique des gouvernants au pouvoir plutôt que du système qu'ils servent, la déparlementarisation offre l'occasion d'inscrire ses actions dans la durée, au-delà de la période électorale et du cadre parlementaire. Dans ce cas, l'opposition politique ne doit pas être le seul apanage des acteurs politiques en désaccord avec le gouvernement en place, mais plutôt une vision claire des forces sociales et politiques portées vers le changement de gouvernance et donc l'alternance.

L'entreprise est, on le sait, comptable certes des actions politiques conjuguées, mais surtout des forces sociales organisées et capables de provoquer le changement de régime (Burkina Faso) ou l'infléchissement de sa politique (République démocratique du Congo, Sénégal, Togo). Bien comprise, la réflexion permet de situer l'action de l'opposition dans la durée plutôt que la limiter dans la gestion événementielle. Elle participe de la mutualisation des méthodes et des objectifs, l'ensemble des législations exploitées ayant étendu le domaine d'intervention de l'opposition politique au delà du strict cadre parlementaire[47].

CONCLUSION

Tel que formulé, le sujet peut faire penser à un bilan sur l'activité de l'opposition politique en Afrique noire francophone. Pas plus qu'il n'existe pas d'opposition, mais des oppositions dans cette partie d'Afrique, l'exercice est, pour plusieurs raisons[48], inopportun, prématuré et risqué en raison, d'une part, de la disparition des contextes d'organisation et de fonctionnement des oppositions politiques dans les pays étudiés et des trajectoires prises par chaque espèce, d'autre part. L'opposition est tantôt piégée et donc absorbée, tantôt émancipée, tout est question des stratégies conçues et utilisées au service du temps.

Au tour de l'opposition politique de l'Afrique noire francophone se dessinent deux attitudes de résignation comme contre-pouvoir, mais également de résistance en tant que force politique absorbée par la majorité au pouvoir. Dans ces conditions, il ne lui reste qu'à identifier correctement les ingrédients disponibles, s'en servir et inscrire ses actions dans la durée.

Jean-Louis ESAMBO KANGASHE,
Professeur de droit public à l'Université de Kinshasa et juge à la Cour constitutionnelle de la République démocratique du Congo.

LES INDICATIONS BIBLIOGRAPHIQUES

1.- La doctrine

BAYART J.-F, *L'État en Afrique. La politique du vendre*, Paris, FAYARD, L'espace politique, 2006.

DEBBASCH C., *Droit constitutionnel et institutions politiques,* Paris, Economica, 1990.

DJOLI ESENG'EKELI J., « Problématique de l'opposition politique en Afrique noire postcoloniale. Cas de la République Démocratique du Congo : mythe ou réalité ? », in BAKANDEJA G., MBATA A., KIENGE-KIENGE R. (dir), *Participation et responsabilité des acteurs dans un contexte d'émergence démocratique en République Démocratique du*

47 On cite le cas de Burkina Faso, de la Guinée, du Mali, du Niger, de la République démocratique du Congo et de la République du Congo.

48 La reconnaissance tardive de l'opposition, les contextes politiques divergents…….

Congo, Bibliothèque de la Faculté de l'Université de Kinshasa, Presses de l'Université de Kinshasa, 2007.

DUHAMEL O.et MENY Y., *Dictionnaire de droit constitutionnel,* Paris, PUF, 1992.

ESAMBO KANGASHE J.-L, *La Constitution congolaise du 18 février 2006 à l'épreuve du constitutionnalisme. Contraintes pratiques et perspectives*, Louvain-la-Neuve, Academia-Bruylant, Bibliothèque de droit africain 7, 2010.

ESAMBO KANGASHE J.-L, *Le droit constitutionnel*, Louvain-la-Neuve, Academia-l'Harmattan, 2013.

NABLI B., « L'opposition parlementaire : un contre-pouvoir », *Pouvoirs,* n° 133, Paris, Seuil, 2010.

OMAR DIOP E.H., « Le statut de l'opposition politique dans les démocraties africaines *», Revue de Droit Africain,* n° 40, Bruxelles, 2006.

SINDJOU L, « L'opposition au Cameroun, un nouveau jeu politique parlementaire », in SINDJOU L (dir.), Comment *peut-on être opposant au Cameroun ? Politique parlementaire et politique autoritaire*, Dakar, CODESRIA, 2004.

2.- Les textes juridiques

La Constitution de la République du Sénégal du 7 janvier 2001 telle que révisée par la Loi n° 2016-10 du 5 août 2016.

La Constitution Congolaise du 18 février 2006 telle modifiée par la Loi n°11/002 du 20 janvier 2011portant révision de certains articles de la Constitution de la République démocratique du Congo du 18 février 2006.

La Constitution Nigérienne du 25 novembre 2010.

La Loi n° 28-2017 du 7 juillet 2017 déterminant le statut de l'opposition en République du Congo.

La Loi n° 127/AN/16 du 16 février 2016 portant statuts juridiques de l'opposition en République de Djibouti.

La Loi n° 2015-007 du 4 mars 2015 portant statut de l'opposition en République du Mali.

La Loi n° 2014-036 du 23 décembre 2014 portant statut des partis politiques de l'opposition en République de Guinée.

La Loi n° 2013-015 du 13 juin 2013 portant statut de l'opposition en République du Togo.

La Loi n° 009-2009 /AN du 14 avril 2009 portant statut de l'opposition politique en République du Burkina Faso.

La Loi n° 07/008 du 4 décembre 2007 portant statut de l'opposition en République démocratique du Congo.

La Loi n° 2001-36 du 14 octobre 2002 portant statut de l'opposition en République du Bénin.

L'Ordonnance n° 2010-85 du 16 décembre 2010 portant statut de l'opposition en République du Niger.

L'Ordonnance n° 05/007du 2 juin 2005 relative aux partis, regroupements politiques et au statut de l'opposition en République centrafricaine.

JEUDI 12 OCTOBRE 2017

ACTE I

LA DIVERSIFICATION DES CONTRE-POUVOIRS

Dominique BREILLAT

L'EXIGENCE DES CITOYENS D'ÊTRE UN CONTRE-POUVOIR. LES NOUVEAUX MODES D'INTERVENTION DES CITOYENS : ÉLECTIONS PRIMAIRES, RÉFÉRENDUM D'INITIATIVE POPULAIRE, RECALL...

La démocratie est en crise. On constate un désintérêt des citoyens pour la participation électorale encore qu'il faille être nuancé.

De nouvelles idées, de nouvelles propositions apparaissent pour ramener les citoyens vers les urnes ou pour raviver leur intérêt pour la politique en faisant d'eux de véritables acteurs. On parle de démocratie participative ou démocratie délibérative renforçant la participation des citoyens à la prise de décision politique. L'imagination est débordante. On observe « une explosion de l'utilisation du terme démocratie que l'on rencontre généralement abondamment adjectivée ».[1]

Aujourd'hui la démocratie représentative alors qu'elle a pu, pour certains, être l'idéal est l'objet de vives critiques, souvent bien injustes. Montesquieu est-il abandonné, qui écrivait que « le grand avantage des représentants, c'est qu'ils peuvent discuter les affaires ; le peuple n'y est point du tout propre ; ce qui forme un des grands inconvénients de la démocratie » ?[2]

Aujourd'hui on cherche à réimaginer la participation traditionnelle des citoyens (1ère Partie), mais aussi on cherche à faire émerger de nouvelles formes (2ème partie)

---

1 A.M. LE POURHIET, Droit constitutionnel, 7ème éd., Economica, 2016, p. 87

2 MONTESQUIEU, De l'Esprit des Lois, Livre XI, Chap. VI

I.- LA RELECTURE DES PARTICIPATIONS TRADITIONNELLES DES CITOYENS

Les formes traditionnelles de participation sont loin d'avoir vécu. Les gouvernants voient trop l'intérêt qu'ils peuvent encore en tirer en donnant l'illusion aux citoyens qu'ils participent aux décisions (A)

A.- LE MAINTIEN DE LA PARTICIPATION ORIENTÉE

Le référendum apparaît comme la technique la plus usitée pour faire participer les citoyens aux décisions, mais cette participation est orientée car les modalités mises en place (date, libellé de la ou des questions, propagande électorale, etc ...) visent dans la plupart des cas à faire avaliser une décision voulue par les autorités et à renforcer leur légitimité.

1.- Le référendum

A l'origine, le référendum a pu apparaître comme une magnifique idée démocratique. La pratique a vite entraîné des désillusions

a.- Une idée révolutionnaire déviée

La France a été l'un des premiers États à proposer la participation du peuple sous différentes formes. La Constitution du 24 juin 1793 (6 messidor an 1) fut la première approuvée par référendum.

Mais surtout la constitution contenait des dispositions innovatrices. Dans ses articles 58 à 60, elle visait à généraliser le référendum pour l'adoption des lois instituant une sorte de « veto populaire » puisque le référendum pouvait intervenir pour l'adoption des lois qui, envoyées aux communes, devaient avoir l'aval du peuple réuni en assemblée primaire. Le référendum avait lieu si un dixième d'entre elles dans au moins la moitié des départements le réclamaient par les objections à la loi proposée.

L'initiative existait aussi en matière constitutionnelle. Si, dans la moitié des départements plus un, un dixième des assemblées primaires le demandaient, le Corps législatif était tenu de convoquer toutes les Assemblées primaires de la République, pour savoir s'il y avait lieu à une Convention nationale.

Petit problème, la Constitution ne sera jamais appliquée, le « gouvernement devant être révolutionnaire jusqu'à la paix ». La constitution du 5 fructidor an III instaurant le Directoire fut aussi approuvée par référendum mais elle sonnait déjà le glas de cette technique de participation.

Cet idéal du référendum sera perverti par Napoléon qui le transforma en plébiscite pour asseoir son pouvoir, y ayant recours quatre fois.

La méthode sera reprise par trois fois par son neveu Louis-Napoléon.[3]

C'est pourquoi la IIIème République par réaction aux pratiques napoléoniennes écartera le référendum. S'il réapparaît à la Libération et de la façon la plus démocratique qui soit, avec un référendum à deux questions pour élaborer en 1945-46 la nouvelle constitution, on l'oubliera très vite. C'est que l'application a été laborieuse et le résultat a échappé à ses initiateurs puisque pour la première fois on a connu le 5 mai 1946 un résultat négatif. Pourtant il revient en force en 1958, apparaissant même comme la marque de la République gaullienne. Beaucoup parleront de plébiscite ce qui est abusif, le référendum étant alors plutôt un « référendum personnalisé » et pouvant là encore échapper à ses initiateurs comme on le verra en 1969.

En 1958, l'article 3 al 1 en posant que « la souveraineté nationale appartient au peuple qui l'exerce par ses représentants et par la voie du référendum» veut asseoir la technique référendaire.

Pourtant c'est la Suisse qui semble la terre d'élection de la démocratie directe ou semi-directe.

Dès 1831 la constitution du canton de Saint-Gall institue un referendum veto permettant de rejeter une loi adoptée par le Parlement et l'exemple sera suivi par d'autres cantons.

La Constitution de 1848 prévoyait un référendum obligatoire pour toute modification de la constitution de même que l'initiative populaire fédérale pour une révision totale de la Constitution. La constitution de 1874 a ajouté le référendum facultatif et l'initiative populaire pour une révision partielle de la Constitution a à son tour fait son apparition.

b.- Les aléas du référendum :

Lorsque l'exécutif veut avoir recours au référendum il doit savoir qu'il y a des risques que la pratique de la Vème République a bien mis en évidence. On pourrait trouver de nombreux exemples dans d'autres pays également.

Le premier risque est celui de la faible participation lorsque le sujet ne divise pas vraiment l'opinion. On l'a constaté en France en 1988 avec le référendum sur la Nouvelle-Calédonie (37% de votants) et encore plus avec celui, en 2000, sur le quinquennat dont on n'a pas perçu le réel impact (30% de votants).

Cette faible participation peut aussi être liée à la fréquence des consultations. On le constate en Suisse où les votations ont lieu quatre fois par an et réunissent à peine 50% des électeurs.

---

[3] On peut y ajouter les plébiscites des 15 et 16 avril 1860 pour approuver le rattachement du Comté de Nice et des 22 et 23 avril 1860 pour le rattachement de la Savoie mais auquel n'ont participé que les habitants de ces provinces.

Le résultat peut également être mitigé. Ce fut le cas en 1972 avec le référendum sur l'élargissement de la Communauté économique européenne qui n'a pas permis au Président Pompidou d'en tirer profit et de créer une opposition entre communistes et socialistes qui négociaient leur programme commun de gouvernement.

Mais le risque majeur est certainement celui du résultat négatif. Le général de Gaulle l'a éprouvé en 1969 le conduisant à la démission, qui rappelons-le, n'était pas constitutionnellement obligatoire. Le Président Mitterrand a failli le connaître en 1992 avec le traité de Maastricht approuvé de justesse (51% de oui seulement) et le Président Chirac l'a subi pleinement en 2005 avec le Traité établissant une constitution pour l'Europe. On peut penser que l'usage restera en suspens en France. Pourtant le 3 juillet, le président Macron devant le Congrès réuni à Versailles a annoncé des réformes institutionnelles et a ajouté qu'il pourrait recourir « au vote de nos concitoyens par référendum » m ais seulement si « cela est nécessaire ». Encore faudrait-il que cela soit juridiquement possible si notamment le Sénat s'y oppose.

Le référendum britannique de 2011 sur la modification du mode de scrutin est un bel exemple de cet échec le non obtenant 68% mais la participation ne fut que de 42%.

c.- Les déviations du référendum

Là encore la France montre les déviations du référendum. Le système est fermement verrouillé. Il peut y avoir une double source : le Président de la République sur proposition du gouvernement ou le Président sur proposition conjointe des deux assemblées. Mais, d'une part le chef de l'État n'est pas tenu de donner suite aux propositions, hypothèse qu'on pourrait rencontrer en période de cohabitation, et d'autre part la pratique a toujours été celle d'une initiative personnelle du chef de l'État, la proposition du gouvernement étant de pure forme pour respecter la lettre de la Constitution. Aucun référendum n'est intervenu sur proposition de parlementaires, les tentatives en 1984 de la part du Sénat et en 1985 de la part de députés d'opposition n'ayant pas abouti.

En outre les domaines sont limités étant au nombre de trois en France : organisation des pouvoirs publics ; réformes relatives à la politique économique, sociale ou environnementale de la Nation et aux services publics qui y concourent ; ratification d'un traité qui sans être contraire à la Constitution, aurait des incidences sur le fonctionnement des institutions. Les dispositions restent limitées[4]. Tous les aspects du domaine législatif ne sont pas visés et notamment les questions de société.

---

4 R. CAPITANT, Préface à L. HAMON, De Gaulle dans la République, Plon 1985.

La pratique sous le général de Gaulle fera l'objet de beaucoup de critiques en raison notamment de la violation de la Constitution, puisque le chef de l'État a eu recours à l'article 11 et non à l'article 89 pour réviser la constitution. Pourtant les dispositions constitutionnelles ont connu quelques réformes en 1995 en élargissant le champ du référendum, en 2003 en permettant le référendum local et en 2005 à propos des nouvelles adhésions à l'UE (art. 88-5) et surtout en 2008.

d.- Les défauts du référendum

Ils sont nombreux et bien souvent les référendums sont contestés soit globalement soit sur tel ou tel point.

L'inconvénient est certainement le caractère binaire. Il faut répondre oui ou non. C'est le tout ou rien. Le droit d'amendement n'existe pas. Pourtant, nous avons eu une expérience intéressante en Nouvelle-Zélande avec la transposition au référendum, du système du vote unique transférable pour le choix éventuel d'un nouveau drapeau en 2015 et 2016.

Le caractère plébiscitaire est une autre déviation du référendum. Il est souvent utilisé pour renforcer la légitimité d'un pouvoir. Nous avons déjà évoqué avec les Bonaparte ces déviations. L'exemple du référendum constituant turc du 16 avril 2017 en est une illustration récente, permettant au président Erdoğan de renforcer son pouvoir. Mais le référendum personnalisé est aussi une « arme à double tranchant » car il peut se retourner contre son auteur.[5]

En outre il n'est pas utilisable dans tous les types d'État. Normalement il n'est pas utilisable dans les États fédéraux. C'est ainsi qu'il n'existe pas aux États-Unis sur le plan fédéral ni en Allemagne (sauf pour les limites géographiques des Länder), mais dans ce pays c'est aussi le mauvais souvenir de la République de Weimar qui explique cette exclusion. Ce régime facilitait la consultation des citoyens avec entre autres le référendum classique sur initiative du Président mais aussi du Reichsrat, l'initiative populaire en matière constitutionnelle ou législative, le référendum abrogatif, la révocation possible du Président.[6] L'utilisation, on le sait en a été catastrophique.

Les référendums locaux sont cependant possibles aux États-Unis et en Allemagne.[7] La Belgique ignore également le référendum sur le plan fédéral, mais il est vrai que l'expérience du référendum consultatif sur la question royale en 1950 a laissé de mauvais souvenirs.

---

[5] J. et J.E. GICQUEL, Droit constitutionnel et institutions politiques, 30ème éd., LGDJ, 2016, p238

[6] Cf. Digithèque MJP, Constitution de Weimar, http://mjp.univ-perp.fr/constit/de1921.htm

[7] Pour l'Allemagne cf. http://www.mehr-demokratie.de/infocenter.html

Cependant la Suisse a réussi à contourner cette difficulté en exigeant une double majorité pour les révisions constitutionnelles : une majorité de la population et une majorité des cantons. Ainsi les deux volontés qui sous-tendent un État fédéral, le peuple et les composantes fédérées peuvent s'exprimer.

Cependant certains États fédéraux l'admettent comme l'Autriche (1978 rejet programme nucléaire ; 1994, entrée dans l'UE) sans exiger de double majorité.

La Suisse pratique le référendum obligatoire soumis au vote du peuple et des cantons pour les révisions de la Constitution, « l'adhésion à des organisations de sécurité collective ou à des communautés supranationales ; « les lois fédérales déclarées urgentes qui sont dépourvues de base constitutionnelle et dont la durée de validité dépasse une année ».

B.- LE DÉVELOPPEMENT DE LA DIVERSITÉ DE LA PARTICIPATION

a.- Développement des référendums :

Même si on peut trouver des défauts aux référendums, ils ont pris un grand essor depuis quelques décennies.

L'exemple type est certainement le nombre des référendums en lien avec l'Union européenne. Parmi les États fondateurs seules l'Allemagne, l'Italie et la Belgique n'y ont jamais eu recours dans ce domaine.

Les référendums ont marqué plusieurs étapes de la construction européenne. S'il n'y en a eu aucun en 1951 et 1957, en revanche le premier élargissement a entraîné un référendum dans quatre pays candidats, trois immédiatement en Irlande, Danemark et Norvège (négatif), en 1975 au Royaume-Uni ainsi qu'en France en 1972. Si dans les élargissements suivants il n'y a pas eu de référendum en Grèce, en Espagne et au Portugal, il y a eu un référendum au Groenland en 1982 sur la situation de cette possession danoise à l'égard de la Communauté européenne.

L'Acte unique européen a suscité un référendum au Danemark et en Irlande.

Le Traité de Maastricht a conduit à quatre référendums, en Irlande, en France et deux au Danemark (dont un négatif).

Le quatrième élargissement en 1995 a donné lieu à quatre référendums, en Suède, en Autriche, en Finlande et en Norvège (négatif).

Pour le Traité d'Amsterdam il y eut référendum en Irlande et au Danemark.

Pour le traité de Nice il y eut deux référendums en Irlande, dont un négatif.

L'élargissement de 2004 introduisant 10 nouveaux États donna lieu à référendum dans 9 des 10 nouveaux États (Estonie, Hongrie, Lettonie,

Lituanie, Malte, Slovaquie, Slovénie, Pologne et République tchèque). Seule Chypre n'y eut pas recours, mais il faut noter qu'il y avait eu un référendum le 24 avril 2004 sur le plan Annan de réunification, non sans lien avec l'adhésion à l'UE et dont le résultat fut malheureusement négatif.

L'euro a donné lieu en 2000 et 2003 à un référendum au Danemark et en Suède, tous les deux négatifs.

Le traité établissant une constitution pour l'Europe a donné lieu à des référendums dans quatre pays : Espagne, Luxembourg, France et Pays-Bas. Le vote négatif de ces deux derniers États a rendu inutiles les référendums envisagés en République tchèque, Pologne, Portugal, Irlande, Royaume-Uni et Danemark.

Le Traité de Lisbonne n'a donné lieu à référendum qu'en Irlande mais il y en eut deux dont un négatif.

Enfin lors de son adhésion à l'UE la Croatie a organisé un référendum en 2012.

A cette liste déjà bien longue on ajoutera aussi le référendum irlandais en 2012 sur le Pacte budgétaire européen, le référendum danois sur une juridiction unifiée du brevet en 2014, le référendum saint-marinais en 2013 pour une éventuelle adhésion de Saint-Marin à l'UE, le référendum néerlandais (négatif) en 2016 sur l'accord d'association avec l'UE, le référendum hongrois en 2016 sur les quotas de migrants et bien sûr le référendum britannique sur le Brexit. Rappelons aussi que 7 votations en Suisse ont eu lieu sur des thèmes en lien avec l'UE.

Si nous incluons les votations suisses et le référendum chypriote, l'UE a été à l'origine de 51 référendums en Europe depuis 1972.[8]

Mais bien entendu on pourrait multiplier les exemples avec des domaines très variés comme l'avortement au Portugal en 1987 et en 2018 en Irlande, le statut de la langue russe en Lettonie en 2012, le mariage pour tous en Irlande en 2015…

b.- Déclin et résurgence des assemblées de citoyens :

Les assemblées de citoyens qui peuvent apparaître comme l'une des premières formes de participation, et sans doute, en apparence la plus démocratique connaissent une résurgence sous d'autres formes.

Traditionnellement on se tourne vers la Suisse sur ce sujet avec les Landsgemeinden.

---

[8] On trouvera une liste complète de ces référendums in https://fr.wikipedia.org /wiki /R%C3%A9f%C3%A9rendums_relatifs_%C3%A0_l%27Union_europ%C3%A9enne

Introduite pour la première fois en 1231 dans le canton d'Uri, la Landsgemeinde n'existe plus que dans le canton de Glaris et le demi-canton d'Appenzell Rhodes intérieures. Elle a disparu dans de nombreux autres cantons ces dernières années. Il s'agit d'une réunion une fois par an de tous les citoyens qui prennent les décisions, élisent des représentants, à main levée, la computation des voix relevant souvent de l'estimation.

Mais le système est apparu comme recélant des inconvénients[9] comme le vote public, la dimension devenue aujourd'hui importante des participants notamment avec le vote des femmes, ces Landsgemeinden ayant été les îlots de résistance au vote des femmes en Suisse[10]. Ce système relève plus aujourd'hui du folklore que de la démocratie.

Les États-Unis, en Nouvelle-Angleterre ont développé les Town meetings qu'évoque avec admiration Tocqueville : « Dans la Nouvelle-Angleterre, où l'éducation et la liberté sont filles de la morale et de la religion ; où la société, déjà ancienne et depuis longtemps assise, a pu se former des maximes et des habitudes, le peuple, en même temps qu'il échappe à toutes les supériorités que la richesse et la naissance ont jamais créées parmi les hommes, s'est habitué à respecter les supériorités intellectuelles et morales, et à s'y soumettre sans déplaisir : aussi voit-on que la démocratie dans la Nouvelle-Angleterre fait de meilleurs choix que partout ailleurs. »[11] Ils sont « inspirés de la pratique démocratique de la Grèce antique ».[12]

L'idée de ces assemblées de citoyens pourrait être reprise dans de petites communautés. Le quart des communes a moins de 200 habitants en France. Pourquoi ne pas s'inspirer de ces assemblées de citoyens plutôt qu'élire un conseil municipal ?

En revanche la dimension démographique des villes rend impossible la démocratie directe. L'idée est plutôt, tout en conservant un système représentatif, de faire participer les citoyens dans leur quartier. En France, la loi du 27 février 2002 (loi Vaillant) sur la démocratie de proximité[13] a posé l'obligation pour les communes de plus de 80 000 habitants de créer un conseil de quartier, cette création étant facultative dans les communes de plus de 20 000 habitants. Le rôle reste limité. En aucun cas il n'est décisionnel. Ils « peuvent être consultés par le maire et peuvent lui faire des propositions sur toute question concernant le quartier ou la ville. Le maire peut les associer à l'élaboration, à la mise en œuvre et à l'évaluation des actions intéressant le

---

9 H. STADLER, V° Landsgemeinde, Dictionnaire historique DE LA Suisse ? http://www.hls-dhs-dss.ch/textes/f/F10239.php

10 Le demi-canton d'Appenzell Rhodes Intérieures a été le dernier à accorder le droit de suffrage aux femmes le 27 novembre 1990 et encore il a fallu une décision du Tribunal fédéral.

11 A. de TOCQUEVILLE, De la démocratie en Amérique

12 V. HOFFMANN-MARTINOT, V° Town Meeting, in O. DUHAMEL et Y. MENY, Dictionnaire constitutionnel, PUF, 1992, p. 1038

13 Cf. Art.L 2143-1 du Code Général des Collectivités Territoriales

quartier, en particulier celles menées au titre de la politique de la ville ». Ce rôle limité explique les critiques dont ils sont l'objet et le plus souvent les municipalités essaient de les contrôler empêchant qu'elles ne deviennent des contre-pouvoirs. Ce sont les communes qui fixent la composition et bien souvent on y retrouvera des « notables » du quartier. Pourtant certaines communes essaient d'innover en ce domaine notamment en ayant recours au tirage au sort.

L'article 7 de la loi **n° 2014-173 du 21 février 2014 de programmation pour la ville et la cohésion urbaine en instituant les conseils citoyens** composés « d'une part, d'habitants tirés au sort dans le respect de la parité entre les femmes et les hommes et, d'autre part, de représentants des associations et acteurs locaux » et devant être « associés à l'élaboration, à la mise en œuvre et à l'évaluation des contrats de ville. » a rendu plus obscure la lisibilité de cette participation des citoyens.

c.- L'initiative des citoyens

Les citoyens peuvent être à l'origine de décisions pouvant donner lieu à l'adoption de dispositions législatives voire constitutions ou bien à la remise en cause des mandats des élus.

- **L'initiative sans référendum**

La Suisse et le pays voisin du Liechtenstein apparaissent encore comme des modèles en la matière pour l'initiative des lois.

Au Liechtenstein[14] l'initiative populaire peut appartenir aux citoyens. Il faut une pétition de mille électeurs ou de trois communes au moins sous forme de délibérations unanimes au moins demandant « la publication, la modification ou l'abrogation d'une loi, la proposition « doit faire l'objet de débats à la Diète lors de la session suivante ». S'il s'agit de proposition portant sur la Constitution il faut 1 500 électeurs ou 4 communes. « En cas de rejet par la Diète cette proposition doit être présentée à la consultation populaire ».

- **Le référendum abrogatif :**

La Suisse permet le référendum lorsque « 50 000 citoyens et citoyennes ayant le droit de vote ou huit cantons le demandent dans les 100 jours à compter de la publication officielle de l'acte » à propos des lois fédérales, de certains arrêtés fédéraux, de certains traités

Le Liechtenstein connaît aussi le référendum facultatif (art. 66). Toute loi votée par la Diète et n'ayant pas été déclarée urgente ou certaines décisions financières peuvent être soumise à consultation populaire si la Diète le décide, ou si 1 000 électeurs ou trois communes le demandent. Pour les décisions relatives à la constitution il faut 1 500 citoyens ou quatre communes.

---

[14] Art. 64 et 66 constitution 1921. L'article 66 bis vise les traités

La Suisse connaît l'initiative populaire tant au niveau fédéral qu'au niveau cantonal et local.

L'article 138 permet l'initiative populaire pour une révision totale de la Constitution et l'article 139 pour une révision partielle, sur proposition de 100 000 citoyens, le délai de collecte étant de 18 mois[15]. L'initiative peut être rédigée « en termes généraux ».

Ce référendum d'initiative populaire se retrouve aussi aux États-Unis au niveau local dans 21 États.

Dans son renouveau de la démocratie, l'Italie s'est engagée dans cette voie. En Italie le nombre de signatures est très modéré avec 500 000 ou 5 conseils régionaux pour un référendum abrogatif (art.75).. Le référendum n'est pas possible pour « des lois fiscales et budgétaires, d'amnistie et de remise de peine, d'autorisation à ratifier des traités internationaux. » Il y a une obligation de participation de la majorité des électeurs pour la validité du référendum.

- **L'initiative sur des élus : le recall[16]**

Il s'agit d'une « procédure de démocratie semi-directe selon laquelle le titulaire d'une fonction publique qui a cessé de satisfaire ses électeurs peut se voir destitué ».[17]

Aux États-Unis. Il est apparu pour la première fois à Los Angeles en 1903 [18] avant d'être institutionnalisé au niveau d'un État en Oregon en 1908 et aujourd'hui il existe dans 16 États[19] même si cette technique peut apparaître comme une « forme d'ostracisme moderne »[20] .

C'est ainsi qu'en 2003 avec Gray Davis ce qui a conduit à l'élection d'Arnold Schwarzenegger.

Au Canada on le trouve en Colombie britannique

La République de Weimar, sans permettre aux citoyens d'être à l'initiative de la révocation du Président, permettait que ceux-ci, sur proposition à la majorité des deux-tiers du Reichstag se prononcent à ce sujet. Un refus de révocation par le peuple valait réélection du Président et dissolution du Reichstag.[21]

---

15 L'initiative doit respecter « le principe de l'unité de la forme, celui de l'unité de la matière ou les règles impératives du droit international »

16 J. et J.E. GICQUEL, op. cit. p. 328

17 C. BIDEGARAY, v° Recall, in P. PERRINEAU et D. REYNIE, Dictionnaire du vote, PUF, 2001, pp. 787-788

18 C. BIDEGARAY et Cl. EMERI, V° Recall, in O. DUHAMEL et Y. MENY, op. cit. p. 866

19 Alaska, Arizona, Californie, Colorado, Dakota du Nord, Géorgie, Idaho, Kansas, Louisiane, Michigan, Minnesota, Montana, Nevada, Oregon, Washington, Wisconsin. Il faut ajouter le District de Columbia, Guam, les Iles Vierges et les Mariannes du Nord.

20 D. GIRAUX, La révocation populaire aux États-Unis, une procédure démocratie méconnue, in B. OWEN (Dir.), Le processus électoral : permanences et évolutions, Studyrama, 2006, p. 93

21 Art. 43 al.2

Au Venezuela le président Hugo Chávez a mis en place la possibilité pour le peuple de décider de la révocation du président ou de tout fonctionnaire vénézuélien par un référendum après la mi-mandat. Un tel référendum révocatoire a eu lieu le 15 août 2004 contre lui, mais en l'emportant, il s'est trouvé conforté.

L'URSS et les démocraties populaires prévoyaient la révocation. L'article 107 al. 2 de la constitution de 1977 posait que “les députés qui n'ont pas justifié de la confiance de leurs mandants peuvent être révoqués à tout moment sur décision de la majorité des électeurs conformément à la procédure établie par la loi”. Cette disposition n'a jamais été utilisée sauf en Hongrie en 1989.

L'Ukraine avait prévu une telle possibilité mais le Conseil de l'Europe a considéré que « c'était incompatible avec la doctrine traditionnelle et généralement acceptée de la démocratie représentative » et « contraire aux normes européennes ».[22]

Quelques cantons suisses alémaniques et Länder allemands permettent la révocation collective d'une assemblée à travers l'Abberufungsrecht. Ainsi, le canton de Soleure prévoit que « Le peuple peut en tout temps révoquer le Grand Conseil ou le Conseil d'État ». Il faut une pétition de 6 000 signatures et si la proposition de révocation est acceptée par le peuple de nouvelles élections ont lieu dans les quatre mois.[23]

L'article 43 de la constitution du Bade-Wurtemberg permet une révocation du Landtag si un sixième des électeurs le demande et que cela est approuvé dans un délai de six semaines par la majorité des électeurs.

En Bavière l'article 18 al. 3 pose que le Landtag « peut être révoqué de ses fonctions par le biais d'un référendum, sur la demande d'un million de citoyens habilités à voter »

On pourrait rapprocher du recall le vote de rétention, mais il n'a pas a priori le caractère de sanction du recall, même s'il peut le prendre.

- **Le vote de rétention[24]**

Ce système de retention election ou retention referendum existe aux États-Unis et permet de soumettre un juge à l'approbation des citoyens lorsqu'il a été nommé par l'exécutif, après sa nomination puis de façon régulière. Si une majorité est hostile, le juge devra démissionner.

On trouve ce système pour 16 cours suprêmes d'État des États-Unis mais pas au niveau fédéral. On dénomme aussi ce système Missouri Plan. Les autres États ont en général recours au système de l'élection des juges avec la

---

22 Avis de la Commission européenne pour la démocratie par le droit du 5 juin 2007, http://www.venice.coe.int/webforms/docupents/default.aspx?pdffile=CDL-AD(2007)018-f

23 Art. 28 de la constitution du canton de Soleure.

24 L.ASPIN, W.K. HALL, J. BAX et C. MONTOYA, Thirty years of judicial retention elections : an Update, Social Science Journal, vol. 37, n°1, 2000, pp. 1-17

participation de plusieurs candidats politisant cette désignation[25]. Le système de vote de rétention est peut-être plus protecteur car il est très rare que des juges soient conduits à démissionner.

Le vote de rétention se trouve aussi au Japon pour la Cour Suprême mais aucun juge n'a été démis.

II.- L'ÉMERGENCE DE NOUVELLES FORMES DE PARTICIPATION

Elles s'inscrivent dans une critique de la démocratie représentative.

On lui reproche d'entraîner un affaiblissement de la participation. L'abstention s'est développée mais en réalité elle est cyclique et il n'y a pas de règle en la matière. Ainsi lors des dernières élections en Allemagne le 24 septembre, la participation a progressé de 4,7% atteignant 76,2%.

On critique la mauvaise représentativité soit en raison des modes de scrutin, notamment majoritaires, soit parce qu'il y a un grand nombre de classes de la société qui ne sont pas représentées. Les tentatives en France par le courant En marche soutenant le président Macron afin de diversifier l'origine sociale des députés sont loin d'avoir abouti. En effet suite aux élections législatives de juin 2017, l'Assemblée nationale est composée majoritairement de « députés issus des classes moyennes supérieures. »[26] On y compte un seul député ouvrier.

A.- LE DÉVELOPPEMENT OU LE RENOUVEAU DES FORMES EXISTANTES

1.- Les fausses initiatives citoyennes

Bien évidemment ce sont des formes pouvant se rattacher dans leur esprit au référendum, mais bien d'autres possibilités existent comme la consultation qui permet aux citoyens de donner un avis celui-ci n'étant pas obligatoirement suivi. Il en va de même avec la concertation qui doit favoriser le débat mais c'est l'autorité publique qui décide. On parle de démocratie participative car les citoyens sont associés aux décisions prises par les représentants. On peut aller plus loin avec l'idée de coélaboration.

Traditionnellement les assemblées connaissent le droit de pétition. Mais celui-ci est une coquille vide et n'aboutit pas. Ainsi en Italie l'article 71 permet à 50 000 citoyens de déposer une proposition, rédigée en articles, mais

---

[25] Constitution des États-Unis, 14ème amendement, 2ème section, évoque de façon incidente l'élection des juges.

[26] A. PISSART, Une Assemblée très CSP-+, https://www.publicsenat.fr/article/politique/une-assemblee-nationale-tres-csp-74986

si le Parlement ne donne pas suite il n'y a pas de référendum. L'efficacité est nulle.

Un autre type est celui consistant à saisir le Parlement comme en Espagne. L'article 87 permet « l'initiative populaire pour la présentation de propositions de loi ». Il faut 500 000 signatures accréditées et un certain nombre de domaines sont exclus.

Il en est de même dans l'Union européenne. Avec l'article 11 du Traité sur l'Union et l'article 24 du Traité sur le Fonctionnement de l'Union européenne, est apparue l'initiative citoyenne européenne. Mais là encore la portée est plus limitée notamment parce qu'un référendum ne serait pas possible dans tous les États de l'Union européenne.

« Des citoyens de l'Union, au nombre d'un million au moins, ressortissants d'un nombre significatif d'États membres, peuvent prendre l'initiative d'inviter la Commission européenne, dans le cadre de ses attributions, à soumettre une proposition appropriée sur des questions pour lesquelles ces citoyens considèrent qu'un acte juridique de l'Union est nécessaire aux fins de l'application des traités ».

Les conditions sont rigoureuses[27]. Portée par un « comité des citoyens composé d'au moins sept citoyens résidant dans au moins sept États différents de l'UE » la proposition ne doit pas être « manifestement en dehors du cadre des attributions de la Commission, « manifestement abusive, fantaisiste ou vexatoire », « manifestement contraire aux valeurs de l'Union ». On voit que la subjectivité est grande dans l'acceptation des initiatives.

Il faut un million de signatures collectées dans un délai d'un an, dans au moins un quart des États membres. Le nombre minimum de signatures par État est calculé en multipliant son nombre de députés au Parlement européen par 750 (ce nombre varie donc de 4 500 signatures à Malte à 74 250 signatures en Allemagne en passant par 55 500 en France).[28]

La Commission dispose ensuite de trois mois pour étudier l'initiative, et ce après que les États membres aient vérifié les signatures collectées.

Le résultat est singulièrement décevant.

---

[27] Règlement d'exécution (UE) n° 1179/2011 de la Commission du 17 novembre 2011 établissant des spécifications techniques pour les systèmes de collecte en ligne conformément au règlement (UE) n° 211/2011 du Parlement européen et du Conseil relatif à l'initiative citoyenne

[28] Cf. Règlement délégué (UE) N° 268/2012 de la Commission du 25 janvier 2012 modifiant l'annexe I du règlement (UE) no 211/2011 du Parlement européen et du Conseil relatif à l'initiative citoyenne ? http://eur-lex.europa.eu/ LexUriServ/ LexUriServ.do?uri = OJ:L: 2012:089:0001:0002:FR:PDF

2.- Le référendum d'initiative populaire :

a.- Le véritable référendum d'initiative populaire

On peut prendre l'exemple suisse déjà évoqué plus haut.

Il a été utilisée pour la première fois en 1893 à propos d'une demande d'interdiction d'abattage traditionnel du bétail de boucherie tel que pratiqué par les juifs. Malgré un avis négatif du Parlement qui estimait que cela portait atteinte à la liberté de conscience l'initiative fut adoptée témoignant d'une vague antisémite. On ne peut dire que c'était une inauguration heureuse du système.

Il y a eu 433 initiatives et 9 sont en cours de collecte des signatures. Elles ont donné lieu à 208 votations, 13 étant actuellement en suspens. Il n'y a eu que 22 victoires du oui. On constate que l'aboutissement est difficile. Sans doute cela tient-il aux rédacteurs des initiatives qui parfois pervertissent le système mais c'est peut-être aux États-Unis que le système donne le plus de résultats. Les modalités peuvent varier selon les États mais dans l'ensemble la mise en œuvre est facile.[29] Parfois le référendum n'a pas lieu dans certains États quand la législature adopte elle-même l'initiative proposée. Le contrôle de constitutionnalité peut intervenir.[30] On trouve l'initiative populaire pour les lois dans 21 États et pour la Constitution dans 18 États

Les États des États-Unis envisagent soit l'initiative directe, une proposition de loi étant soumise aux électeurs, soit l'initiative indirecte. Dans ce cas il s'agit de demander à la législature d'adopter une proposition de loi. Si la législature n'accepte pas il y a référendum.

En Californie, il faut 5% des votants de la dernière élection du gouverneur et 8% pour l'initiative constitutionnelle.

b.- Le référendum d'initiative partagée

Une fois de plus il s'agit d'un référendum échappant aux citoyens en dépit des apparences.

Il s'agit notamment du modèle français qui a été instauré lors de la révision constitutionnelle de 2008[31] mais qui se révèle une possibilité de participation en trompe-l'œil. L'initiative n'appartient pas aux citoyens mais aux parlementaires nécessitant seulement un soutien des citoyens. Les parlementaires pourront maîtriser le mécanisme.

---

29 http://ballotpedia.org/wiki/index.php/Forms_of_direct_democracy_in_the_American_states

30 Cf. U.S. Term limits Inc. v. Thornton en 1995.

31 Loi constitutionnelle du 23 juillet 2008

La mise en œuvre possible depuis le 1er janvier 2015[32], est un véritable parcours du combattant selon un processus durant 18 mois.

Il faut tout d'abord une proposition de loi déposée par 1/5ème des membres du Parlement (185 députés et/ou sénateurs). Puis le Conseil constitutionnel vérifie dans un délai d'un mois la validité de la proposition. Ensuite est mis en œuvre le recueil des soutiens populaires pendant 9 mois, celui-ci devant représenter 1/10ème des électeurs inscrits [33]

Enfin le référendum a lieu si la proposition de loi n'a pas été examinée au moins une fois par chaque assemblée dans un délai de 6 mois.

En outre certaines limites complémentaires sont posées. D'une part la constitution ne prévoit que trois domaines d'intervention mais en outre la proposition ne doit pas avoir pour objet d'abroger une disposition législative promulguée depuis moins d'un an, ce qui est à l'encontre de l'idée de référendum abrogatif, et ne doit pas porter sur le même sujet qu'une proposition de loi rejetée il y a moins de deux ans. Bien évidemment la proposition doit être conforme à la constitution et n'est donc pas un moyen de contourner l'article 89 de la Constitution.

On comprend que ce système ait fait l'objet de critiques car c'est un système imaginé pour faire illusion et pour qu'il n'aboutisse à aucun résultat. En 2012, le PS avait proposé la suppression de l'absence de débat parlementaire mais la proposition n'a pas eu de suite. En 2017 ce sont 7 des 11 candidats à l'élection présidentielle qui ont proposé un référendum d'initiative populaire ou d'initiative citoyenne voire un « 49-3 citoyen ».[34]

3.- Les référendums d'intérêt local

Semblant moins périlleux pour le pouvoir central, les référendums locaux se sont développés. Nous avons déjà dit qu'ils existaient dans les États fédéraux qui le prohibaient au plan fédéral, comme aux États-Unis ou en Allemagne. Il est aussi très développé en Suisse qui ne connaît pas la prohibition au niveau fédéral. .

En France, le référendum local est apparu de façon consultative en 1992 au plan communal, puis en 1995 avec la loi du 4 février 1995 pour les fusions de communes, et finalement de façon plus forte lors de la révision constitutionnelle de 2003.

Il a été introduit par la loi constitutionnelle du 28 mars 2003 sur l'organisation décentralisée de la République complétée par la loi organique

32 Loi organique 2013-1114 du 6 décembre 2013 et loi 2013-1116 du 6 décembre 2013. Cf. Rapport Jean-Pierre SUEUR, Sénat, n° 373 (2012-2013), http://www.senat.fr/rap/l12-373/l12-373.html

33 4 756 870 si on se réfère au second tour de l'élection présidentielle de 2017.

34 On retrouve ces propositions dans les programmes de François Asselineau, Nicolas Dupont-Aignan, Benoît Hamon, Jean Lassalle, Marine Le Pen et Jean-Luc Mélenchon.

du 1er août 2003 complétée par la loi organique 2016-114 du 6 décembre 2013[35]

Il n'y a pas de droit au référendum pour les citoyens locaux. L'article 72-1 al. 1 ne leur accorde qu'un droit de pétition. Ils peuvent seulement ainsi « demander l'inscription à l'ordre du jour d'une assemblée délibérante d'une question relevant de sa compétence ».

La révision constitutionnelle de 2003 a essayé de développer le référendum local, mais l'initiative appartient exclusivement à l'assemblée délibérante. Il ne saurait être question d'un référendum d'initiative populaire Le référendum ne peut porter que sur des projets de délibération ou d'acte relevant de la compétence de la collectivité à l'exclusion des actes individuels. Le projet ne sera considéré comme adopté que « si la moitié au moins des électeurs a pris part et s'il réunit la majorité des suffrages exprimés ».

On avait connu un précédent intéressant avec la loi Marcellin du 16 juillet 1971 prévoyant la consultation obligatoire des électeurs en cas de fusion de communes, l'obligation étant limitée en 2010 aux seuls cas où les conseils municipaux n'étaient pas d'accord. La modification des limites territoriales effectuée ces dernières années aux forceps a réduit quand elle n'a pas supprimé la consultation des citoyens des collectivités territoriales.

En 2010, une réforme avait rendu possible la fusion d'une région et des départements qui la composent en une collectivité unique. L'échec du référendum intervenu en Alsace a effrayé les gouvernants qui se sont hâtés de supprimer les référendums touchant aux limites territoriales en métropole. L'obligation de référendum a été abrogée par la loi relative à la délimitation des régions (art. 3 loi 16 janvier 2015) qui a ainsi permis un redécoupage incohérent et aberrant du territoire français en un nombre réduit de régions, sans aucun souci de la volonté des habitants. On est loin du respect qu'on trouve en Allemagne et qui a fait que suite à un référendum, la fusion entre les Länder de Berlin et du Brandebourg n'a pu avoir lieu, les électeurs de ce dernier Land ayant manifesté leur opposition en 1996.

Mais on a cependant pu retrouver l'idée d'un référendum local, au niveau contestable du département en 2016 pour essayer de démêler l'imbroglio de la question de l'aéroport de Notre-Dame-des-Landes. Une **ordonnance n° 2016-488 du 21 avril 2016 relative à la consultation locale sur les projets susceptibles d'avoir une incidence sur l'environnement**[36] a été adoptée pour que l'État puisse consulter les électeurs d'une aire territoriale déterminée. La situation de cet aéroport n'est toujours pas réglée montrant la difficulté de donner suite à un référendum intervenant dans un domaine très controversé. (art. L 123-20 à 123-33 du Code de l'environnement)

---

35 Art. LO 1112-1 et s. du CGCT

36 Art. L 123-20 à 123-33 du Code de l'environnement

En France le référendum local est un os à ronger pour les électeurs. Dès qu'il y a compétence de l'État dans un domaine ayant une répercussion sur une collectivité territoriale le citoyen est écarté.

4.- Essor et désillusions des élections primaires :

Les élections primaires ont suscité depuis de nombreuses années l'admiration des Européens. Elles visent à désigner les candidats aux élections en confiant le choix soit à tous les membres du parti soit plus largement aux sympathisants ou électeurs souhaitant y participer sans obligation d'adhésion au parti. Ce mode de sélection né aux États-Unis en 1912 a permis dans un certain nombre d'États de contourner le poids des comités électoraux tenus par l'appareil du parti, les caucus, Il a très certainement conduit à des candidatures qui dans un système traditionnel n'auraient pu émerger.

Le système aux États-Unis, sans être devenu la règle existe dans la majorité des États. En 2016 il a été en place chez les démocrates dans 41 États ou territoires contre 18 ayant recours aux caucus, tandis que chez les Républicains la primaire a eu lieu dans 43 États ou territoires, 9 ayant un caucus et 5 des conventions d'État.

Il était tentant pour les États pratiquant l'élection présidentielle au suffrage universel direct d'y avoir recours. C'est pourquoi il s'est diffusé en Amérique latine (Uruguay, Argentine, Chili...).

Mais il n'y a pas d'homogénéité en la matière. Aux États-Unis les primaires peuvent être ouvertes, fermées, semi-ouvertes, semi-fermées, non partisanes... Le recours aux primaires afin d'être candidat n'est pas une obligation aux États-Unis alors qu'il l'est dans certains États latino-américains.

La France a été un des premiers États à y recourir en Europe. On a vu aussi une évolution. C'est tout à fait caractéristique avec le Parti socialiste. En 1995 et en 2007 l'élection primaire a été fermée tandis qu'en 2012 et 2017 elle a été ouverte c'est-à-dire permettant aux sympathisants, sans remplir de condition rigoureuse, de participer. Les autres partis ont suivi la même évolution. La droite classique a choisi la primaire fermée en 2007 et la primaire ouverte en 2017. En 2002 et 2007 les Verts ont organisé une primaire fermée et en 2012 et 2017 une primaire ouverte. Mais les conditions dans lesquelles s'est déroulée l'élection présidentielle de 2017 qui a vu arriver en tête trois candidats qui n'étaient pas issus des primaires pourraient conduire à repenser ce système. Une législation à cet égard serait nécessaire pour en faciliter l'organisation de façon démocratique.

D'autres pays européens ont également eu recours aux élections primaires, celles-ci étant à l'initiative de certains partis. Le PASOK en Grèce a organisé une primaire en 2004 quelque peu faussée puisqu'il n'y avait qu'un seul candidat. En 2015 l'élection du leader travailliste au Royaume-Uni a été ouverte aux sympathisants. L'Italie a commencé à pratiquer ce système en 2005 en permettant à Romano Prodi d'être à la tête de la coalition de l'Olivier. Le système de la primaire joue un rôle important au sein du Parti démocrate et il a notamment permis le 30 avril 2017 à Matteo Renzi de reprendre la tête du Parti.

Le système des élections primaires permet sans doute aux citoyens de jouer un rôle dans la désignation des candidats surtout lorsqu'il s'agit de primaires ouvertes et de mettre en échec des appareils de parti sclérosés. Mais il appelle des interrogations car toutes les formations politiques n'y ont pas recours, les modalités en sont différentes d'un parti à l'autre et surtout les résultats provoquent souvent des bouleversements à l'intérieur des partis qui peuvent se révéler destructeurs. Le système devra encore attendre quelques années avant d'atteindre sa maturité et surtout le législateur devra vite essayer de poser des règles.

B.- LES MODES DE PARTICIPATION ISSUS DES NOUVELLES TECHNOLOGIES

1.- La consultation postale :

On a pu avoir recours à la voie postale même s'il ne s'agit pas vraiment d'une nouvelle technologie. L'exemple de la consultation relative au drapeau en Nouvelle-Zélande a montré une très grande subtilité qui a cependant abouti sur un échec. L'objet était une proposition de changement de drapeau national. Le processus qui a duré quatre mois a été marqué par deux référendums postaux. Plus de 10 000 propositions de drapeau avaient été faites. Une première sélection de 40 projets avait ensuite été réduite à 5. Le premier référendum a eu lieu du 20 novembre au 11 décembre 2015[37] et le second du 3 au 24 mars 2016[38], uniquement par voie postale en ayant recours au vote unique transférable.

Finalement c'est le statu quo qui l'a emporté.

Le référendum postal a été utilisé en Hongrie. Du 31 mars au 20 mai 2017, les Hongrois ont été invités à s'exprimer dans une « consultation nationale » sur les ONG, l'Union européenne et la politique migratoire. C'est une sorte de référendum postal. Il y avait 6 questions dont « que doit faire la Hongrie lorsque, en dépit d'une récente série d'attaques terroristes en Europe, Bruxelles veut la forcer à laisser entrer des migrants venus illégalement ».[39]. On ne pouvait être plus partisan dans la formulation.

---

37 http://www.electionresults.govt.nz/2015_flag_referendum1/results-by-count-report.html

38 http://www.electionresults.govt.nz/2016_flag_referendum2/result-by-electorate.html

39 Courrier international, 6 avril 2017

On trouve un projet de référendum postal actuellement en Australie à propos du mariage pour tous. Le gouvernement libéral dont le Premier ministre est favorable à la réforme, voulait un référendum, mais 5 députés de la majorité étaient prêts à voter avec l'opposition pour faire adopter le texte. Le gouvernement a alors décidé d'organiser un vote postal alors qu'il voulait organiser un référendum consultatif, mais la proposition a échoué deux fois au Sénat.[40]

Le vote postale qui est possible dans de nombreux États est devenu en Oregon la seule forme possible.

2.- Internet et la cyberdémocratie

Le vote électronique peut revêtir diverses modalités. On peut en effet envisager les machines à voter dans les bureaux de vote, le vote sur des micro-ordinateurs ordinaires dans les bureaux de vote, le vote par Internet et enfin le vote sur téléphone mobile.[41]

De nombreuses expériences ont eu lieu en Europe, la France le faisant surtout pour le vote des Français de l'étranger avec beaucoup de difficultés. C'est certainement l'Estonie qui est la plus en pointe à cet effet

L'organisation traditionnelle du référendum est une procédure lourde, onéreuse. Le recours aux nouvelles technologies permet de contourner cet obstacle. C'est pourquoi certains ont prôné le recours à Internet. Cela a pu être utilisé pour l'élection des Français de l'étranger, mais aussi pour des élections professionnelles ou au sein des partis.

Là encore, il s'agit d'une innovation qui n'a pas atteint sa maturité et qui se heurte à des difficultés.

Il y a avant tout des difficultés techniques évidentes avec un nouvel outil technique. La question de la sécurité est souvent mise en cause. Est-on certain de la confidentialité du vote. Des hackers ne perturberont-ils pas les opérations électorales ?

Se pose aussi la question de la fracture numérique qui fait apparaître une division de la population entre ceux qui maîtrisent l'outil et ceux qui ne le maîtrisent pas et aussi ceux qui tout simplement le possèdent et ceux qui ne le possèdent pas.

Et surtout il n'est absolument pas démontré que l'e-vote favorise la participation, bien au contraire. Il fait aussi perdre à l'élection ce caractère de cérémonie solennelle démocratique que constituait le vote dans un bureau affecté à cet effet. Naguère, un électeur qui votait se découvrait devant l'urne. L'Internaute ou l'e-électeur ne se découvre pas devant son ordinateur…

---

40 Libération, 8 août et 11 septembre 2017 ; Le Monde 12 septembre 2017

41 M. LAFLANDRE, Le vote électronique, état des lieux, in B. OWEN, dir., op. cit. p. 164

3.- Une expérience interrompue : l'Islande :

L'Islande a tenté, après une très grave crise, d'élaborer une nouvelle constitution de façon originale en faisant appel à de nouvelles formes de participation[42] suite à la victoire de l'Alliance social-démocrate et du Mouvement des Verts et de gauche en avril 2009. Les Islandais ont désigné en octobre 2010 une assemblée citoyenne de 1 500 personnes dont 1 200 tirées au sort afin de déterminer les points fondamentaux de la nouvelle constitution. Puis 25 citoyens (15 hommes et 10 femmes) prévus par la loi constitutionnelle du 16 juin 2010, qui devaient être hors du monde politique ont été élus le 27 novembre 2010 pour examiner ces thèmes et proposer des amendements à la constitution, leurs réflexions étant diffusées sur des moyens issus des nouvelles technologies comme Facebook, YouTube, Twitter. La participation n'a été que de 35,95% ce qui montre le désintérêt dès lors qu'une procédure est trop sophistiquée. Mais l'expérience a tourné court. En effet un référendum consultatif a eu lieu le 20 octobre 2012 sur les caractères fondamentaux du projet. Celui-ci a été largement approuvé six questions étant posées. Ce n'était pas le tout ou rien. Mais, en raison de l'obstruction des partis d'opposition, le projet n'a pu être soumis au vote du Parlement. Les élections législatives du 27 avril 2013 ont été remportées par les deux partis d'opposition de centre-droit, le Parti de l'Indépendance et le Parti du Progrès ce qui a entraîné la suspension de la réforme constitutionnelle. Une expérience avec le même esprit a eu lieu en Irlande et a conduit à deux référendums sur deux points particuliers.

4.- Le retour aux sources : le tirage au sort

C'est la stochocratie[43] ou la clérocratie[44].

Montesquieu l'évoque : « le suffrage par le sort est de la nature de la démocratie. Le suffrage par le choix est de celle de l'aristocratie. Le sort est une façon d'élire qui n'afflige personne; il laisse à chaque citoyen une espérance raisonnable de servir sa patrie ».

J.J. Rousseau l'évoque aussi : « A l' égard des élections du prince et des magistrats, qui sont, comme je l'ai dit, des actes complexes, il y a deux voies pour y procéder, savoir, le choix et le sort. L'une, et l'autre ont été employées

---

42 Cf. O. DUHAMEL et G. TUSSEAU, Droit constitutionnel et institutions politiques, 4ème éd., Seuil, 2016, pp. 95-96

43 Cf. Roger de SIZIF

44 F. AMANRICH, la démocratie est morte, vive la démocratie, 1999 ; Gil DELANNOI, Le tirage au sort : pour des choix démocratiques, Esprit sept. 2011 ; D. REYNIE, (Dir.), 12 idées pour 2012, Fondapol 2012.

en diverses républiques, et l'on voit encore actuellement un mélange très compliqué des deux dans l'élection du doge de Venise. »[45]

C'était le système à Athènes et pour Platon ou Aristote il caractérisait la démocratie. Il apparaissait comme un système égalitaire. Pour être tiré au sort il fallait être candidat, avoir plus de 30 ans, ne pas être sous le coup d'une privation de droits civiques. Les candidats étaient également soumis à un test (dokimasia) pour vérifier la moralité et qu'ils avaient acquitté leurs obligations fiscales et militaires. En outre ils étaient surveillés par l'Assemblée du Peuple.

Le tirage au sort apparaît également dans les républiques italiennes comme Florence et Venise. Il a aussi existé dans certains cantons suisses.

On peut évoquer aussi la conscription où chacun espérait tirer « le bon numéro » afin d'éviter le service militaire ou un service militaire trip long. Il a disparu avec la loi du 15 juillet 1893

Cela suppose des mandats courts afin que chacun puisse à son tour être gouvernant mais également l'obligation de rendre des comptes.

Il a été utilisé en 2001 en Colombie britannique pour former une assemblée chargée de revoir le mode de scrutin.

CONCLUSION

Devant la désaffection des citoyens pour les élections beaucoup cherchent à innover en trouvant de nouvelles façons de faire participer les citoyens, les nouvelles technologies donnant à certains des espoirs un peu illusoires.

Pour qu'il y ait une bonne participation des citoyens on serait tenté de paraphraser le baron Louis qui s'adressant à Guizot lors d'un conseil des ministres en 1830 s'était exclamé « Faites moi de bonnes politiques je vous ferai de bonnes finances » et nous dirions aux gouvernants « Faites-moi de bonnes politiques je vous ferai de bonnes élections ».

Dominique BREILLAT,

Doyen honoraire de la Faculté de droit et des sciences sociales
de l'Université de Poitiers (France)

45 J.J. ROUSSEAU, Du Contrat social ou Principes de droit politique, 1762, Livre IV, Chap. 4.3

Philippe BLACHER

PEUT-ON PARLER DE CONTRE-POUVOIR CITOYEN ?

1. Dans la théorie classique du droit constitutionnel, le citoyen désigne le titulaire des droits politiques. A ce titre, il se présente moins comme le détenteur du pouvoir (puisque les régimes du XVIII° siècle ne sont pas démocratiques) que comme un contre-pouvoir à celui qu'exercent les représentants. Les droits politiques ne se réduisent pas – au moment de la fondation du droit constitutionnel moderne - au droit de vote et d'éligibilité, même si les droits électoraux éclipseront pendant longtemps les autres composantes de la catégorie. L'expression « droits politiques » semble d'ailleurs désuète. Elle n'est pas toujours reconnue par les sources de droit positif. La Constitution française du 4 octobre 1958 emploie le terme dans son article 3, alinéa 4 : « Sont électeurs, dans les conditions déterminées par la loi, tous les nationaux français majeurs des deux sexes, jouissant de leurs droits civils et politiques ». En l'espèce, les « droits politiques » renvoie à une condition d'exercice du droit de vote et non à une catégorie plus large de droits que tout citoyen serait en mesure d'exercer au titre de son intégration au sein de la cité. Pourtant, bien avant la consécration du caractère universel du suffrage et du droit de vote à partir de 1848, les déclarations et Constitutions du XVIII° siècle rangent sous la rubrique « Etat politique des citoyens » (Titre 2 de la Constitution française de 1795) des droits et libertés qui permettent à certaines personnes (les citoyens) d'exercer une influence sur les affaires publiques : le droit de pétition, la liberté d'expression, le droit de manifester sa pensée et ses opinions, le droit de s'assembler pacifiquement, le droit d'accéder aux emplois publics, la faculté de proposer ou d'élire certains juges et officiers municipaux (Constitution française de 1791) témoignent de cette reconnaissance. La généalogie des droits politiques rappelle que ces droits de l'homme, qui naissent sous une forme de gouvernement non démocratique, poursuivent, alors, un double objectif : lutter contre le despotisme (« La nécessité d'énoncer ces droits suppose ou la présence ou le souvenir récent du despotisme », proclame la Constitution française du 24 juin 1793) et garantir les droits des citoyens. Dans cette logique, les droits politiques consacrés se présentent à la fois comme des droits individuels et comme des droits subjectifs relationnels. Loin de façonner l'image d'un citoyen isolé titulaire de droits-libertés (qu'une certaine doctrine oppose aux droits-créances), les droits politiques se présentent comme des droits organisant la vie en « société » (article 16 de la Déclaration des droits de l'homme et du citoyen de 1789).

2. A la différence de la plupart des droits de l'homme qui s'adressent à « tout homme » (Déclaration des droits de l'homme et du citoyens de 1789) ou à « toute personne » (Convention européenne des droits de l'homme de 1950), les droits politiques s'adressent en priorité aux citoyens de l'Etat. Ces derniers sont les seuls à pouvoir prétendre devenir électeurs. Ce rattachement puise ses origines dans les principes fondateurs posés par les premiers constituants. Le droit public de la Révolution française, qui renouvelle le lien politique jusqu'alors établi entre les sujets et le Prince, proclame de nouvelles théories en vue de justifier (principe de légitimité) et d'organiser (principe du constitutionnalisme) les relations de pouvoir. Influencés par les théories du contrat social, les révolutionnaires placent le citoyen au centre de l'ingénierie constitutionnelle moderne. Si l'obéissance est requise pour l'ensemble des membres d'une collectivité organisée au nom de l'ordre, de la justice et de la sécurité de tous (ce que les publicistes appelleront l' « Etat »), la participation de tous aux affaires publiques doit être rendue possible par les mécanismes constitutionnels. La théorie de la souveraineté nationale et la théorie du gouvernement représentatif permettront de mettre en œuvre cette nouvelle conception de la relation entre les gouvernants et les gouvernés. Ces deux théories fondatrices ont pour finalité de rendre présent ce qui est absent (le peuple gouvernant) en posant le principe de l'imputation (« la loi est l'expression de la volonté générale », article 6 de la Déclaration de 1789) et de la substitution de la volonté des citoyens par celle des représentants. La théorie de la représentation permet à la Nation (ou à l' « Etat ») de disposer d'une volonté (celle des représentants). Dès les premières Constitutions françaises, la relation du représentant à celle des représentés se noue par l'élection. Le droit de suffrage va sans doute s'imposer comme la modalité principale d'investiture des gouvernants (même si la nomination perdure comme technique de désignation). Lorsque le suffrage devient universel, tous les citoyens sont en droit de désigner les représentants. Mais une fois élus, ces derniers agissent en toute liberté : le mandat impératif (obligations pour les élus d'appliquer les instructions de ses électeurs ou de son parti) est interdit (depuis la Révolution française, « tout mandat impératif est nul », ce principe étant inscrit à l'article 27 de la Constitution de 1958).

3. L'instauration durable de la souveraineté démocratique va progressivement élargir le périmètre des droits politiques et contribuer à un oubli : le citoyen est exclusivement perçu comme étant la source du pouvoir ; mais il n'est plus désigné comme le contre-pouvoir en charge de surveiller les représentants. Toutes les démocraties mettent en place des contre-pouvoirs institutionnels (comme les autorités administratives indépendantes) en occultant l'élément de base de la démocratie : le citoyen. La participation au pouvoir politique de l'électeur repose essentiellement sur le droit de vote et, dans la doctrine des publicistes modernes, sur les techniques de participation citoyenne. La diffusion, en Europe occidentale, du modèle de la démocratie parlementaire engendre la revendication et la consécration progressive de nouveaux droits de participation. Pour le citoyen, d'abord, le référendum législatif, défendu en France par Carré de Malberg dès 1920 afin de remédier à la puissance excessive des assemblées parlementaires, apparaît comme la modalité la plus efficace pour associer les électeurs à la formation de la loi. A l'étranger, des formes modernes du droit de pétition se déclinent à travers des techniques comme l'initiative populaire et le veto citoyen (notamment en Suisse, en Allemagne, en Italie). Au-delà des citoyens, les groupements politiques se voient accorder des garanties fondamentales par les sources supérieures du droit. Cette tendance se manifeste en particulier au lendemain de la seconde guerre mondiale afin de prévenir le retour du totalitarisme : la liberté d'association, la liberté syndicale, la liberté d'expression et la liberté de manifester se présentent comme les compléments naturels des droits politiques du citoyen. Ces libertés en lien avec l'expression politique, les manifestations des convictions (liberté d'association, liberté d'expression, liberté de formation des partis politiques) et le pluralisme participent au maintien d'un ordre public démocratique (« l'ordre fondamental libre et démocratique » mentionné par l'article 21 de la Loi Fondamentale de 1949 de la République Fédérale d'Allemagne). Ce mouvement de défense de la démocratie libérale s'accompagne d'une nouvelle exigence propre aux régimes politiques occidentaux : l'Etat de droit (qui succède à l'Etat de police et à l'Etat légal) qui correspond à la soumission de l'ensemble des organes de l'Etat (y compris le législateur) à un droit supérieur (le droit constitutionnel, européen et international). La suprématie de la Constitution suppose que les lois fassent l'objet d'un contrôle juridictionnel de constitutionnalité (à l'exception notable du droit constitutionnel britannique qui pratique, néanmoins, le contrôle de conventionnalité des lois) et que les actes étatiques soient soumis au contrôle de la légalité.

4. Ce mouvement général de liaison entre la démocratie, les droits de l'homme et la prééminence du droit constitue désormais un standard proclamé dans la plupart des sources internationales (article 21 de la Déclaration universelle des droits de l'homme ; article 25 du Pacte international relatif aux droits civils et politiques) et constitutionnelles. Les droits politiques garantis dans l'espace politique européen prennent une double dimension : ce sont toujours des droits de participation à la vie politique ; mais les droits politiques sont aussi des droits de réglementation de l'ordre démocratique libéral. A cet égard, le contre-pouvoir citoyen connaît une promotion récente qui constitue un retour à la conception classique des droits de citoyenneté.

5. Ce processus de résurrection de la figure du citoyen comme contre-pouvoir est particulièrement visible en Europe. Des droits et libertés fondamentaux connexes à la réalisation des droits électoraux sont protégés par l'ensemble des cours supérieures, constitutionnelles et européennes (ce qui cause parfois la survenance de jugements discordants sur une même question de droit). S'en chercher ici à être exhaustif, on rappellera l'importance particulière des libertés inscrites aux articles 10 (liberté d'expression) et 11 (liberté de réunion et d'association) de la Convention EDH qui font peser, sur les Etats européens, des obligations positives au sein de l'espace public et politique. La liberté d'expression vient ainsi compléter les droits classiques de participation en permettant à toutes les opinions, même celles qui « heurtent, choquent ou inquiètent » (Cour EDH, *Handyside / Royaume Uni*, 7 décembre 1976), de faire vivre le débat démocratique. A bien des égards, « la démocratie (…) se nourrit de la liberté d'expression » (Cour EDH, *Parti communiste unifié / Turquie*, 30 janvier 1998). S'agissant de la liberté de réunion et d'association, la Cour de Strasbourg en retient une interprétation large afin de protéger la formation et l'activité des partis politiques. Les standards européens favorisent la liberté constitutionnelle des partis tout en reconnaissant l'existence de limites correspondant aux mesures nécessaires à la défense de l'ordre public européen. Le caractère elliptique du statut constitutionnel des partis politiques se retrouve, du reste, au niveau des constitutions nationales. Les démocraties se divisent en deux catégories sur ce sujet : celles qui ignorent totalement les partis politiques (Belgique, Danemark, Finlande, Islande, Irlande, Luxembourg, Pays-Bas, Suisse) et celles qui, pour des raisons historiques, reconnaissent l'existence de ces organisations politiques (Allemagne, Grèce, Espagne, France, Italie, Portugal, Suède). La Constitution du royaume d'Espagne (1978) propose une définition précise des missions des partis :

> « Les partis politiques expriment le pluralisme politique. Ils concourent à la formation et à la manifestation de la volonté populaire et sont un instrument fondamental de la participation politique. […] » (Art. 6).

Pour sa part, la Loi fondamentale allemande (1949) fixe des limites à l'activité partisane :

> « Les partis qui d'après leurs buts ou d'après le comportement de leurs adhérents, tendent à porter atteinte à l'ordre constitutionnel libéral et démocratique, ou à le renverser, ou à mettre en péril l'existence de la République fédérale d'Allemagne, sont inconstitutionnels. La Cour constitutionnelle fédérale statue sur la question de l'inconstitutionnalité. » (art. 21.2).

En cas de dissolution par un gouvernement d'un parti politique, la Cour EDH pourra se prononcer sur « les raisons convaincantes et impératives pouvant justifier des restrictions à leur liberté d'association » (Cour EDH, *Refah Partisi / Turquie*, 13 février 2003). La jurisprudence européenne considère qu'un parti politique peut mener campagne en faveur d'un changement de la législation ou des structures légales ou constitutionnelles de l'Etat à deux conditions : les moyens utilisés à cette fin doivent être légaux et démocratiques ; le changement proposé doit lui-même être compatible avec les principes démocratiques fondamentaux. Il en découle nécessairement qu'un parti politique dont les responsables incitent à recourir à la violence, ou proposent un projet politique qui ne respecte pas une ou plusieurs règles de la démocratie ou qui visent la destruction de celle-ci ainsi que la méconnaissance des droits et libertés qu'elle reconnaît, ne peut se prévaloir de la protection de la Convention contre les sanctions infligées pour ces motifs (Cour EDH, *Parti socialiste et autres / Turquie*, 25 mai 1998).

6. Confrontées au terrorisme, certaines démocraties s'attachent à protéger les populations en renforçant les pouvoirs de police des autorités civiles. Mais les réponses juridiques apportées face aux menaces varient selon les Etats. Si des régimes d'exception sont prévus par certains textes constitutionnels (Allemagne, Espagne, Portugal), les démocraties appliquent le droit commun pour apporter des restrictions limitées aux libertés publiques et, éventuellement, aux droits politiques (limitation de la liberté de réunion, restriction de la liberté de manifestation). La France s'est engagée dans une autre voie avec l'application d'un régime législatif d'exception, l'état d'urgence, décrété le 14 novembre 2015 puis prorogé plusieurs fois par le Parlement. Les risques que ce régime peut engendrer sur l'effectivité des droits fondamentaux et des libertés publiques sont sérieux. Le contrôle exercé par le Conseil constitutionnel sur les décisions prises par les autorités publiques s'avère rudimentaire. La haute juridiction rappelle systématiquement qu'elle ne possède pas un pouvoir général d'appréciation identique à celui du Parlement et que son rôle consiste, notamment, à vérifier que les pouvoirs publics « opèrent une conciliation qui n'est pas manifestement déséquilibrée entre le droit d'expression collective des idées et des opinions et l'objectif de valeur constitutionnelle de sauvegarde de l'ordre public » (décision n°2016-535 QPC du 19 février 2016). Les mesures prises sous l'état d'urgence restent néanmoins soumises à la vigilance permanente des instances de la société civile. Les citoyens, les ONG, les observatoires, les collectifs d'avocats, les journalistes, les universitaires et les syndicats utilisent des droits politiques dans de nouvelles logiques de « réflexivité » (P. Rosanvallon), de transparence et de « démocratie continue » (D. Rousseau). Ainsi resurgit l'image du citoyen contre-pouvoir, détenteurs de droits face à l'État et titulaire de prérogatives juridictionnelles et politiques pour agir dans la défense de ses intérêts.

7. Enfin, la relation gouvernants / gouvernés est impactée par le développement des réseaux sociaux qui s'imposent comme l'espace privilégié des nouvelles pratiques citoyennes dans les sociétés occidentales contemporaines. Les technologies numériques génèrent de nouvelles actions participatives qui rapprochent les citoyens des représentants. Certains parlements nationaux mettent en place des outils favorisant l'initiative citoyenne par l'intermédiaire d'internet (droit de pétition en ligne en Allemagne, propositions citoyennes en Belgique, réactions aux lois proposées en Europe du Nord). L'Assemblée nationale française dédie un espace numérique pour collecter les réactions citoyennes en matière d'étude d'impact sur les projets de loi. Souhaitant prolonger et généraliser les modalités de participation des citoyens à la prise de décision publique, le groupe de travail de députés "Démocratie numérique et nouvelles formes de participation citoyenne" a formulé, en décembre 2017, des propositions destinées à rendre possible la participation citoyenne. Son rapport - produit à la demande du président de l'Assemblée nationale dans le cadre de la contribution du Parlement aux réformes constitutionnelles pour la période 2017-2022 - suggère de compléter l'article 1er de la Constitution de 1958 par l'alinéa suivant : "La loi garantit la participation des citoyens à l'édiction des normes publiques et à l'élaboration des politiques publiques". Il plaide pour l'inscription d'un droit de pétition des citoyens auprès des assemblées parlementaires, d'un ordre du jour législatif mis en place à la demande des citoyens et d'une refonte du référendum d'initiative partagée (article 11). Ces réflexions visent à canaliser le phénomène internet en conservant une logique verticale du rapport politique (l'exercice du pouvoir suppose un mouvement descendant des représentants vers les gouvernés). L'enjeu est de taille : d'aucuns constatent les effets pervers des réseaux sociaux qui nivellent le statut des acteurs ("l'internaute citoyen" est placé au même niveau que "l'internaute gouvernant") et permettent à chacun d'exprimer une opinion en public. Ce mouvement de réflexions provoqué par le tournant numérique de nos sociétés que le citoyen, contre-pouvoir, soit un citoyen « éclairé ». En d'autres termes, cette évolution relance la question récurrente en démocratie de "la faible compétence politique des citoyens ordinaires" (Loïc Blondiaux).

Philippe BLACHER,

Professeur à l'université Lyon 3 Jean MOULIN

Jean-Paul MARKUS

LES EXPERTS, ÉMERGENCE D'UN CONTRE-POUVOIR ?

INTRODUCTION

L'expert comme contre-pouvoir, le sujet peut paraître rebattu. Cela tient à ce que les sciences sociales autres que le droit s'en sont depuis longtemps emparé, sous l'angle de l'influence croissante de l'expert sur notre société, c'est-à-dire la technocratie. Nous baignons désormais dans une société dite « société du risque » théorisée par Ulrich Beck[1], ou encore par Michel Foucault avec sa théorie du savoir-pouvoir, selon laquelle « il n'y a pas de relations de pouvoir sans constitution corrélative d'un champ de savoir, ni de savoir qui ne suppose et ne constitue en même temps des relations de pouvoir »[2].

Le droit s'est depuis deux décennies saisi de certains aspects de cette problématique, notamment la déontologie de l'expert et de l'expertise[3]. La présente problématique de l'expert en tant que contre-pouvoir potentiel ne semble pas avoir fait l'objet de tant d'attentions. Nous devons l'opportunité de la traiter au thème de cette rencontre organisée par l'Association nigérienne de droit constitutionnel et à ses promoteurs, qu'ils en soient remerciés.

À titre liminaire, il faut convenir de ce que nous entendrons par « l'expert ». Selon Oscar Wilde, « L'expert est un homme ordinaire qui – lorsqu'il n'est pas tranquillement à la maison – donne des conseils ». C'est juridiquement un peu plus compliqué. Largement utilisé, le terme « expert » recouvre des réalités différentes.

---

1 Ulrich Beck, *La société du risque : sur la voie d'une autre modernité*, 1986, paru en français aux éd. Flammarion, rééd. 2008 (préf. B. Latour) : sociologue allemand tirant les leçons de la catastrophe de Tchernobyl. Cf. aussi P. Peretti-Watel, *La société du risque*, La Découverte, 2010. Et auparavant Hans Jonas, *Le principe de responsabilité*, Flammarion, rééd. 2013.

2 M. Foucault, Surveiller et punir, naissance de la prison, Gallimard, 1975, p. 32. C'est pourquoi, ajoute Foucault, il faut « renoncer à toute tradition qui laisse imaginer qu'il ne peut y avoir de savoir que là où sont suspendues les relations de pouvoirs et que le savoir ne peut se développer que hors de ces injonctions, de sécurité sociale exigences et de ses intérêts ».

3 K. Favro, M. Lobé-Lobas, J.P. Markus (dir.), *L'expert dans tous ses états. A la recherche d'une déontologie de l'expert*, Dalloz, 2016.

Il y a d'abord les professionnels de l'expertise, ou experts professionnels disposant d'un monopole dans leur branche d'activité (experts-comptables, experts en assurance, experts immobiliers, experts en art, etc.). Ces expertises sont autant de métiers, dont le mot expert fait partie du nom. Ils ne sauraient représenter un contre-pouvoir à ce titre.

Puis il y a les autres « experts ». Ceux agréés auprès des tribunaux, à savoir les « experts de justice », sont les premiers qui viennent à l'esprit et qui à n'en pas douter font partie de la catégorie qui nous intéressera dans la recherche d'un éventuel contre-pouvoir. À côté de ces experts, on recense un nombre croissant de personnes ou d'instances prétendues ou se prétendant expertes à divers titres. Le terme expert tend à devenir un fourre-tout hétéroclite de fonctions et de positions, parmi lesquelles le « consultant » star médiatique couvrant tous les plateaux de télévision à la moindre catastrophe ; le scientifique reconnu, le technicien très spécialisé, le membre d'un groupe d'intérêt ou d'associations, voire d'un think tank.

Il faut donc faire le tri entre tous ces « experts ». La doctrine, élargie aux sciences sociales, s'entend sur deux éléments de définition. Selon les dictionnaires d'abord, l'expert est celui qui possède une compétence, qu'il tient de la pratique et de l'expérience : il a acquis une grande habileté dans un métier, dans un domaine donné (*le Larousse*), il est homme de l'art. L'expert est donc avant tout un professionnel ou un scientifique reconnu, ce qui lui permet de devenir expert, cette dernière qualité n'étant que l'accessoire du métier principal. Cette compétence étant reconnue, l'expert, second élément de définition, est commis pour vérifier des faits (*le Littré*), apporter ses « lumières particulières » (« *Vocabulaire juridique* », G. Cornu) à la demande d'un juge, d'un ministre, d'une entreprise (expertise privée), etc. L'expert se définit donc par sa mission : réaliser une expertise à la demande d'une personne ou d'une instance. Selon la Revue *Experts*[4], « l'expertise est un dispositif d'aide à la décision amiable, juridictionnelle (et dans ce cas, c'est une mesure d'instruction) ou publique dont l'objet est de contribuer à la recherche des faits techniques ou scientifiques dans les affaires ou les décideurs sont confrontés à des questions hors de leurs compétences. »

En résumé, l'expert est une personne dotée d'une connaissance, et bénéficiant d'une reconnaissance, c'est-à-dire d'une désignation pour apporter sur la base de faits, des éléments impartiaux de constat, d'appréciation ou de jugement, destinés à être utilisés dans un processus formalisé de décision (juridictionnelle, publique ou privée)[5].

La légitimité de l'expert provient donc à la fois de sa compétence et de l'acte qui le désigne comme tel[6], ce qui le distingue d'abord du savant (souvent universitaire) : si l'expert peut être savant dans un domaine, tout savant n'est pas

4 Définition donnée sur le site de la revue : www.revue-experts.com.

5 J. Theys, *L'expert contre le citoyen ? Le cas de l'environnement*, op.cit. p. 10.

6 C. Restier-Melleray, *Experts et expertise scientifique. Le cas de la France*, Revue française de science politique, 4, 1990, p. 550.

expert, tant qu'il n'est pas désigné dans le cadre d'un processus décisionnel. Et tout expert n'est pas savant car il est avant tout doté d'une connaissance empirique, pratique. Le raisonnement scientifique est régi par un « scepticisme organisé » (« organized skepticism »[7]), alors que le raisonnement expertal doit faire émerger, autant que possible, des certitudes pour aider à trancher. L'expert se distingue également du lanceur d'alerte, qui n'est pas forcément un homme de l'art (surtout, le rôle de l'expert n'est pas de lancer une alerte). Il se distingue du conseiller technique ou encore « cabinnetiste » ministériel, dont le travail est incorporé à celui du décideur et ne s'en distingue pas, alors que, comme nous le verrons, l'expert apparaît en principe dans le processus décisionnel. Enfin, l'expert se distingue des fonctions de conciliateur, médiateur, arbitre : l'arbitre est désigné pour trancher un litige, en droit ou en équité, ce qui n'entre pas dans les missions de l'expert ; le conciliateur tente de rapprocher des points de vue en arrachant aux parties des concessions réciproques ; le médiateur s'en rapproche, mais sa mission est plus orientée vers l'équité.

Si les textes récents en France ont permis à l'expert de tenter une conciliation lorsqu'il constate que les parties à un litige y sont prêtes, les deux missions sont différentes et le mélange des genres ne doit pas aboutir à un mélange des fonctions. L'expert qui fait de la médiation ou de la conciliation n'est plus expert, il change de fonction.

Voilà pour la notion d'expert au sens de notre contribution. En quoi cet expert, ou le corps expertal dont il relève, peut-il répondre à la qualification de contre-pouvoir ? Les mécanismes par lesquels le corps expertal est susceptible de s'ériger en contre-pouvoir potentiel doivent être étudiés. Nous tenterons de montrer comment l'expert tend à concurrencer les autres pouvoirs, d'abord en se rendant indispensable, au point placer le décideur sous influence (I). Nous monterons ensuite comment l'expert, comme contre-pouvoir émergent, prend le risque d'être récupéré par le pouvoir en place, à ses dépens (II).

I.- LES POUVOIRS CONSTITUÉS SOUS INFLUENCE DE L'EXPERT

Précisons d'emblée ce titre : le décideur exerce formellement son pouvoir décisionnel, mais sa décision sur le fond est toujours plus conditionnée par l'avis d'un expert ou d'une instance expertale. Ce phénomène touche le juge, mais aussi l'exécutif et dans une moindre mesure le pouvoir législatif. Cela tient à deux facteurs : une technicisation des enjeux, à laquelle a répondu une technicisation du processus décisionnel (A). Le décideur se laisse ainsi confortablement guider par

---

[7] R.K. Merton, *Science and technology in a democratic order*, 1942 reproduit sous le titre « *The Sociology of Science*, éd. University of Chicago press, 1973, p. 267 (http://www.collier.sts.vt.edu/5424/pdfs/merton_1973.pdf).

l'expert avant d'en devenir dépendant, voire d'en perdre, sur le fond, tout pouvoir décisionnel (B).

A.- LA DÉPENDANCE DU DÉCIDEUR À L'EXPERT, OU LA TECHNICISATION DES ENJEUX

Tous les domaines de la vie économique et sociale sont désormais appréhendés par la science. Cela a toujours été vrai pour la médecine ou la construction, mais la science envahit aussi les questions environnementales, urbanistiques, informatiques, socio-psychologiques (ex. détermination du profil d'un terroriste), mais aussi économiques depuis l'après seconde Guerre Mondiale[8], avec pour effet de faire émerger une complexité nouvelle, des enjeux et risques toujours plus foisonnants et nombreux (« plus on en sait moins on en sait… »).

Les sciences sociales tendent à s'ériger en sciences exactes, avec une méthodologie, un jargon, une technique au service d'une vérité supposément scientifique. On peut en trouver un exemple caricatural récent dans la revue *Politix* en 2015, avec la promotion par les scientifiques des circuits courts en matière agricole comme alternative à la politique agricole actuelle : les « circuits courts », de l'agriculteur au consommateur, qui caractérisent depuis la nuit des temps l'agriculture, sont devenus sujets de science[9].

Il en résulte, en droit, une complexification des faits et des enjeux, pluralité des effets et causes, c'est-à-dire du lien même de causalité, et donc une marge réduite pour le décideur.

C'est manifeste devant le juge, avec une tendance accrue à vouloir faire coïncider la vérité légale et la vérité scientifique, laquelle doit ressortir à l'aide de preuves elles-mêmes scientifiques. Le juge en a besoin pour établir une culpabilité, un lien de causalité entre un fait et un dommage. C'est la causalité scientifique contre la causalité légale. Sans ce lien de causalité scientifique, établi par l'expert, le juge est paralysé, sauf à recourir à des présomptions dans un but d'équité (comme cela a pu être le cas pour le lien entre le vaccin contre l'hépatite B et la sclérose en plaque[10]). Mais ce mode de résolution des litiges ne peut que rester marginal. L'exécutif a également besoin de l'expert pour ne pas voir sa responsabilité engagée à la suite d'une décision mal fondée scientifiquement.

---

8 J. Ellul, *La technique ou l'enjeu du siècle*, Armand Colin, 1954, p. 147-148. - D. Dulong, *Quand l'économie devient politique. La conversion de la compétence économique en compétence politique sous la Ve République*, Politix, 1996, vol. 9 n° 35, p. 109 s.

9 J.-B. Paranthoën, *L'incursion des scientifiques dans l'organisation des marchés agricoles. La promotion des circuits courts*, Politix 2015/3 (n° 111), p. 119-140

10 CE 9 mars 2007, *Schwartz*, n° 267635, AJDA 2007, p. 861, concl. T. Olson ; JCP G 2007, n° 2277, note S. Carpi-Petit, D. 2007, p. 2204, note L. Neyret.

Le législateur enfin a besoin de l'expert pour fonder sa loi (ex. de la loi interdisant la mise sur le marché de produits contenant du bisphénol A[11]).

Ce phénomène a aussi été qualifié de « scientifisation » du droit[12]. Bien des auteurs déplorent cette dépendance du droit à la vérité scientifique pour plusieurs raisons parfaitement légitimes : d'abord, la vérité scientifique d'un jour est souvent démentie lendemain ; c'est si vrai en matière sanitaire, et toujours plus vrai en matière environnementale. Ensuite, les juges n'ont pas pour mission d'exprimer à tout prix une vérité scientifique, mais de trancher et produire du juste selon les termes du sociologue Bruno Latour[13]. Enfin, L'exécutif et le législatif doivent de leur côté produire aussi de l'espoir, de la résolution, et non de la soumission à une science qui reste relative (en particulier la science économique).

Il n'empêche que les effets sur la décision publique sont là : la technocratisation du processus décisionnel, aboutissant à une éviction matérielle du décideur par l'expert

B.- L'ÉVICTION DU DÉCIDEUR PAR L'EXPERT, OU LA TECHNOCRATISATION DU PROCESSUS DÉCISIONNEL

On entend par technocratisation du processus décisionnel l'ascendant pris par l'expert sur l'autorité chargée de trancher, qui voit sa marge d'appréciation très limitée. Si l'on a coutume d'évoquer le carcan juridique qui entoure les décisions techniques et/ou scientifiques, il existe bien un carcan scientifique autour de la décision politique ou juridictionnelle, d'autant plus fort qu'il est constamment rappelé par de multiples lobbies et leurs relais médiatiques. Nous éluderons la question, hors sujet et qui reste discutée à ce jour, consistant à déterminer lequel de ces deux carcans est apparu le premier et lequel a répondu à l'autre.

En revanche, il faut préciser de quelle technocratie il sera question. Au sens strict, la technocratie est le gouvernement par les techniciens, lesquels ont donc conquis les postes de direction. On évoque un gouvernent de techniciens ou de la « société civile » pour désigner cette situation, qui reste toutefois assez rare : elle a essentiellement concerné l'économie, littéralement revendiquée par une génération d' « ingénieurs économistes » des années 1950[14]. Généralement, la classe politique reste formellement au pouvoir, mais consent – malgré elle - à un glissement *matériel* de son pouvoir en faveur du corps expertal. C'est une

---

[11] LOI n° 2010-729 du 30 juin 2010 tendant à suspendre la commercialisation de tout conditionnement comportant du bisphénol A et destiné à recevoir des produits alimentaires.

[12] E. Truilhé-Marengo, *Brefs propos sur les relations entre science et droit au prisme des questions probatoire*, in K. Favro, M. Lobé-Lobas, J.P. Markus, *L'expert dans tous ses états*, préc. p. 121

[13] *La Fabrique du droit. Une ethnographie du Conseil d'État,* La découverte, 2002, p. 257.

[14] D. Dulong, Rev. Politix, préc. p. 112-113, citant elle-même A. Abbot, *The System of Professions. An Essay on the Division of Expert Labor, University of Press of Chicago, 1988.*

« technocratie indirecte », qui n'a rien de nouveau et qui a fait l'objet de nombreuses études depuis la fin de la seconde Guerre mondiale[15]. Dans les deux cas, il faut analyser les conséquences juridiques de cette frontière « toujours plus floue (…) entre activité scientifique et activité politique »[16].

Assurément, la décision prise à la suite d'un avis d'expert n'est pas une co-décision : l'expert n'apparaît dans le processus décisionnel mais pas dans la décision même, qu'il ne co-signe pas. On peut discuter le cas des instances expertales consultées en vertu d'un texte : lorsque leur avis est facultatif, il n'y a pas non plus co-décision. En revanche, si leur avis est obligatoire et conforme en vertu de la loi, le juge administratif traduit cette obligation comme un partage de compétence. Ainsi, le défaut d'avis conforme est regardé comme un vice entachant la compétence de l'auteur même de l'acte[17]. Cette jurisprudence ne permet pas d'attaquer l'avis même[18], mais il reste possible d'invoquer son irrégularité à l'appui des moyens invoqués contre la décision qu'il fonde.

La décision publique, qu'il s'agisse d'un jugement, d'un acte administratif décisoire voire d'une loi, fait donc écran entre le destinataire et l'expert. Or plus la science avance, plus elle dégage des risques certains ou au contraire des incertitudes, plus l'expert scientifique se rend indispensable au décideur. D'autant que si l'exécutif peut s'abstenir de décider, il ne peut rester longtemps dans cette posture sans encourir une responsabilité à l'égard de l'administré. L'exécutif se trouve donc sous contrainte : s'il vient à décider contre l'avis scientifique, il prend le risque de voir tôt ou tard sa responsabilité engagée, y compris au pénal, sans recours contre l'expert.

Quant au juge, il ne peut renoncer à trancher sans déni de justice : dans le doute, il s'en remettra à l'expert. Il a ainsi été démontré que l'expertise revêtait *de facto* un caractère contraignant à l'égard du juge, alors même que les codes de procédure et la jurisprudence confèrent à ce dernier un large pouvoir d'appréciation quant à l'opportunité même de l'expertise et quant à son exploitation[19]. C'est toujours plus vrai face à la technicisation de certaines

---

15 Sur la question : I. Grand, S. Juan, J. Vignet (dir.), *La Technocratie en France : Une nouvelle classe dirigeante ?*, éd. Le Bord de l'eau, 2015. – V. Dubois et D. Dulong (dir.), *La question technocratique : de l'invention d'une figure aux transformations de l'action publique*, Presses Universitaires de Strasbourg, coll. Sociologie Politique Européenne, p. 233. – J. Chevallier, *L'entrée en expertise*, Rev. Politix, 1996, Vol. 9, n° 36, p. 33 et s.

Lequesne C., Rivaud P. (2001). « *Les comités d'experts indépendants : l'expertise au service d'une démocratie supranationale ?* ». Revue Française de Science Politique, 51 (6), p. 867.

16 J. Chevallier, *L'entrée en expertise*, préc. p. 34.

17 CE 7 janv. 1955, *Sté Ged*, D. 1955.69, concl. Mosset ; sect., 2 juill. 1965, *Synd. National des parcs automobiles*, Rec. CE, p. 397 ; 29 janv. 1969, *Chanebout*, Rec. CE, p. 43 ; CE 8 juin 1994, *Mme Laurent*, Rec. CE, table p. 1137 (à propos de l'avis de l'architecte des bâtiments de France).

18 Sauf cas très particuliers ne concernant pas les experts (CE Sect., 30 déc. 2003, Mme M., n° 243943, AJDA 2004.206, chron. F. Donnat et D. Casas : le ministre de la Justice ne peut prononcer une nomination, en certaines hypothèses dans le corps des magistrats, qu'après avis conforme d'une commission d'avancement, cet avis étant considéré ici comme une « décision »).

19 L. Dumoulin, *L'expertise judiciaire dans la construction du jugement : de la ressource à la contrainte*, Droit et société 2000, vol. 44n° 1, p. 199.

activités comme les enquêtes de police par exemple, mais aussi les enquêtes environnementales. Pour ces raisons, les juges tendent à ordonner systématiquement une expertise, au risque d'épuiser le stock d'experts réellement compétents et de recourir à ceux qu'on appelle les « *serial experts* ». Ces derniers, ainsi désignés de façon péjorative, expertisent plus qu'ils ne pratiquent réellement leur spécialité, ne se formant plus, deviennent des « experts professionnels » et non plus des praticiens experts dans leur domaine. Or un mauvais expert rend un avis mal fondé qui entache la décision de justice d'erreur. Cela a donné de désastre de l'affaire dite d'Outreau, un véritable cas d'école désormais en matière de mauvaise justice. Seul le législateur échappe pour l'instant à cette contrainte, au moins par l'absence de responsabilité directe face aux éventuelles victimes. Mais il n'échappe pas à l'influence de l'expert, régulièrement entendu en commission.

A ce stade, il convient de ne pas prêter à la caricature de notre propos : le recours aux experts dans le cadre des politiques publiques et de l'administration de la justice n'est pas en soi anormal. Il permet de mesurer les risques ou de comprendre des faits comme les enjeux, puis de trancher. L'expert intervient normalement en appui des pouvoirs exécutifs et judiciaires, et même du pouvoir législatif. L'expert contribue ainsi à affiner et légitimer la décision publique, qui n'en sera que mieux acceptée. Tout cela fonctionne en harmonie jusqu'à ce que le décideur tombe sous l'emprise de l'expert, faisant primer le technique sur le politique ou le judiciaire et émerger une technocratie indirecte.

Surtout, ce rôle désormais prééminent de l'expert lui fait incomber une obligation, celle d'être irréprochable, c'est-à-dire de n'agir, en tant qu'expert, que dans l'intérêt du décideur et à travers ce dernier, de l'administré ou du justiciable. C'est la question de la déontologie de l'expert, sujet cruellement venu à l'ordre du jour après nombre de scandales sanitaires notamment en France et partout dans les pays développés. Parmi les devoirs de l'expert, celui de la compétence et de l'entretien de cette compétence va de soi, mais la compétence dont s'agit doit également être adaptée à la question posée : c'est toute la question de la légitimité de l'expert dans un domaine donné, alors que la question posée peut relever d'un domaine différent ou, plus souvent, de plusieurs domaines, exigeant alors non pas un expert mais un collège d'experts de disciplines différentes.

Mais plus encore que le savoir, la question de l'indépendance et de l'impartialité de l'expert a surgi avec fracas dans l'actualité de ces trois dernières décennies, avec des affaires comme celle du médicament Mediator, de la grippe H1N1, et avant encore de l'amiante ou de Tchernobyl.

Le législateur même n'échappe pas à ces tentatives de manipulation : un pneumologue de renom a ainsi été récemment condamné à six mois de prison avec sursis et 50 000 euros d'amende pour avoir caché ses liens avec la firme

Total face à la commission sénatoriale qui l'auditionnait quant aux conséquences de la circulation automobile sur la pollution de l'air[20].

C'est le grain de sable qui vient délégitimer l'expert et avec lui la décision voire le décideur. Ce dernier n'est toutefois pas en reste. Il n'hésite pas à pervertir une technocratie déjà bien contestée, pour se réfugier derrière l'expert et au besoin lui transférer sa part de responsabilité en cas de décision erronée.

II.- LES POUVOIRS CONSTITUÉS SE DÉFAUSSANT SUR L'EXPERT

S'il est désormais acquis que l'ordre des savoirs et l'ordre social évoluent ensemble et s'influencent[21], qu'en est-il de l'ordre politique ? Nous entrons dans la problématique du rapport du politique à la science et non plus seulement à la société. Gouverner c'est choisir, choisir c'est prendre des risques. Or les décideurs publics rechignent toujours plus à prendre des risques face à une population qui fait montre une intolérance accrue à tout ce qui d'une façon ou d'une autre met en danger sa sécurité physique, juridique, patrimoniale, et qui est également frappée par le syndrome NBY (Not in my Backyard). Face à une société toujours plus récalcitrante, une pratique se généralise, celle consistant pour les décideurs à systématiquement appuyer leurs décisions sur des expertises. L'expert, ou l'instance expertale, devient ainsi le socle de la décision publique, et aussi de la décision de justice. On observe ainsi un glissement progressif du pouvoir vers des appendices qu'il faut identifier, et dont la légitimité n'est pas toujours évidente, car ils servent d'écran pour le décideur (A). Il arrive que le décideur se défausse sur l'expert dès que des responsabilités doivent être engagées (B). Dans ce dernier cas, le contre-pouvoir expertal est « récupéré » par les pouvoirs constitués.

A.- L'EXPERT COMME ÉCRAN POUR LE DÉCIDEUR PUBLIC

Paradoxalement, l'expertise tend à devenir, pour le décideur, un argument d'autorité. Face aux vents contraires toujours plus nombreux, le décideur public tend à se retrancher derrière l'expertise pour imposer une solution : l'expertise absorbe si bien la décision qu'elle en devient l'unique support, au détriment de toute manifestation d'une volonté propre du décideur. Cela se traduit de deux manières.

En premier lieu, le manque de courage du décideur le conduit à s'entourer de toutes sortes d'expertises, parfois les plus inutiles. C'est ainsi qu'en matière de justice, bien des expertises sont ordonnées en l'absence de réelle nécessité, alors

---

[20] Trib. corr. Paris 14 juin 2017 (http://www.francetvinfo.fr/societe/justice/condamnation-du-pneumologue-michel-aubier-les-engagements-militants-encombrants-de-la-magistrate-qui-a-juge-l-affaire_2444534.html).

[21] C. Bonneuil et P.-B. Joly, *Sciences, techniques et société*, La Découverte, 2013, p.18.

même qu'en principe l'expertise ne doit pas être frustratoire. L'administration prendra également soin de s'appuyer sur des expertises pour prendre des décisions qu'elle ne souhaite pas assumer, notamment en matière environnementale. Ainsi, « l'expertise scientifique est devenue l'une des ressources majeures pour la fabrique des politiques publiques »[22], au détriment de toute vision sociale ou politique. L'expertise pallie l'irrésolution, dans une société pourtant perçue désormais comme une « société du risque »[23]. Le pouvoir légitime se retranche derrière l'expert qui tend à se substituer à lui, qu'il s'agisse du juge, de l'élu politique ou, au demeurant, du chef d'entreprise. Le décideur se soumet à l'expert dont il intègre plus ou moins consciemment les raisonnements comme étant les siens. Il confère ainsi une autorité juridique – la sienne – à l'expertise, au détriment de sa propre opinion. C'est la « rationalité instrumentale » au détriment de la « rationalité communicationnelle » au sens d'une recherche de sens à travers la confrontation des idées, que déplorait déjà Habermas[24], ou encore la « fin des idéologies »[25].

À moins que, en second lieu, le décideur s'approprie l'autorité scientifique de l'expert pour asseoir son autorité juridique : se soumettre à l'expertise pour mieux soumettre l'administré. L'expertise se fait alors instrument de conquête ou d'affermissement du pouvoir. La technique supplante le politique dans les projets de gouvernement. C'est ce qui en particulier est reproché à l'Union européenne : une légitimité expertale plutôt que politique, un usage politique de la technicisation des enjeux[26]. Ce mode de légitimation « a-politique »[27] va jusqu'à maquiller des discours éthiques en discours techniques lorsque les débats deviennent trop politisés et qu'aucun consensus sociétal n'est envisageable : le pouvoir en place technocratise ainsi un processus politique dont il n'arrive pas à sortir vainqueur[28]. C'est aussi la raison pour laquelle bon nombre d'instances expertales furent créées à la suite des différents scandales sanitaires des années 1980-90 (cf. *infra*) : la parole du ministre en son aréopage de cabinettistes ne suffisant plus à emporter l'adhésion, les collègues d'experts continuent de foisonner, sous forme désormais d'autorités indépendantes. L'expert devient alors l'écran entre le décideur et l'administré ou le justiciable, ce qui peut donner lieu à toutes sortes de manipulations : le décideur mettra en valeur l'expert et l'expertise qui lui conviennent. Ce faisant, volontairement ou pas, il se met en retrait.

---

22 C. Bonneuil, P.-B. Joly, préc. p. 59.

23 Ulrich Beck, *La société du risque. Sur la voie d'une autre modernité*, préc.

24 Jürgend Habermas, *La technique et la science comme « idéologie »*, Gallimard, Paris, 1968.

25 Pierre Birnbaum, *La fin du politique*, Seuil, 1975.

26 Cécile Robert, *L'expertise comme mode d'administration communautaire : entre logiques technocratiques et stratégies d'alliance*, Politique européenne 2003/3 (n° 11), p. 57-78, spéc. p. 60

27 Cécile Robert, préc., p. 60

28 Annabelle Littoz-Monnet, *L'expertise éthique, un outil de gouvernance technocratique* ?, Rev. fr. d'éthique appliquée, 2016/2, p. 5.

La manœuvre n'est pas sans danger pour le pouvoir en place.Que le corps expertal se mue en contre-pouvoir technocratique ou qu'au contraire il soit récupéré par le pouvoir en place, encore faut-il vérifier pour le compte de qui il agit, et si l'émergence de ce contre-pouvoir est bénéfique à la démocratie, ou si au contraire il en menace les fondements. Ainsi, soit l'expert est en lien d'intérêts avec une puissance (entreprise, lobby) n'agissant pas dans l'intérêt général, et le décideur est dupé, au détriment du destinataire de la décision. Soit l'expert est lié au décideur pour duper l'administré : on se réfère ici aux experts souvent qualifiés de « leaders d'opinion », éminents scientifiques, intervenant dans tous les symposiums déterminants, produisant une grande quantité de docteurs dont il a forgé la pensée et qui lui seront fidèles par la suite, et le plus souvent médiatiques. Ce sont eux les prédicateurs modernes, au service du pouvoir. Ainsi, « la science cautionne admirablement les tentatives de la classe dominante pour masquer oppression et exploitation derrière de prétendues nécessités objectives »[29]. Ou « l'expertise de quelques-uns qui empêche la compétence de tous », version sociologique du contre-pouvoir !

Les deux cas de figure n'ont donc rien de théorique. Au point que la méfiance du public s'est propagée du décideur à l'expert, avec une remise en cause de sa propre légitimité, ou de celle de sa méthode de travail. Puisque l'expert se rapproche du pouvoir, il reçoit au passage l'accessoire consubstantiel au pouvoir : la contestation. Sont ainsi apparues des revendications tendant à démocratiser l'expertise : puisque la démocratie ne peut plus s'exercer sans experts, et que l'expert menace potentiellement la démocratie, démocratisons l'expertise ![30]. Ce retour de bâton n'est pas sans effets sur l'exercice même de sa mission par l'expert.

Des juristes[31], mais aussi des sociologues[32], ont mis en évidence ce glissement du pouvoir et les risques de manipulations, et appelé à une évolution dans le sens d'une expertise plurale (appel à différentes disciplines, contre-expertise)[33], transparente (droit à l'information), confrontée aux savoirs profanes comme ceux des mouvements associatifs, et enfin placée sous le carcan de la précaution. Ce mouvement répondait également aux questionnements épistémologiques

---

29 Jean-Marc Lévy-Leblond, *Mais ta physique ?*, in H. Rose et a. (dir.), L'idéologie de/dans la science, Seuil, 1977, p. 135.

30 C. Bonnueil, préc., p. 60. Aussi P. Lascoumes, *L'expertise, de la recherche d'une action rationnelle à la démocratisation des connaissances et des choix* », Revue française d'administration publique 2002/3 (n° 103), p. 369.

31 M.A. Hermite, *L'expertise scientifique à finalité politique : réflexion sur l'organisation et la responsabilité des experts, Rev. Justices*, 1997, n° 8, p. 81. C. Noiville, Du bon gouvernement des risques, PUF, 2003.

32 C. Granjou, « L'expertise scientifique à destination politique », *Cahiers internationaux de sociologie, PUF* 2003/1 (n°114), p. 175.

33 Cf. C. Comptes, Communication à la Commission des affaires sociales de l'Assemblée nationale, *La prévention sanitaire*, oct. 2011, p. 125 s. dénonçant une approche pluridisciplinaire « encore embryonnaire ».

concomitants des scientifiques, sur les frontières entre les différents savoirs et la nécessité de les confronter[34].

C'est bien un nouveau centre de pouvoir, émergent ou déjà bien installé, que ces appels visent et cherchent à amender. Le droit a suivi, avec une déontologie rénovée de l'expertise, dans laquelle l'indépendance et l'impartialité de l'expert ne sont plus les seuls critères de légitimité. Le droit de l'Union européenne, le droit de l'environnement et celui de la santé publique ont été modifiés dans le sens d'une réforme de l'expertise, pour la conformer à ces nouvelles exigences. Ainsi, l'expert doit désormais ouvrir le débat alors qu'il était auparavant missionné pour le clore. Il devait trancher, il doit maintenant concilier des connaissances de tous champs. L'expert s'efface derrière une procédure expertale démocratisée[35]. Il en résulte que l'expertise est-elle même absorbée par la démocratie dite participative : avant toute décision publique, les différentes compétences expertales doivent être confrontées entre elles, mais aussi aux savoirs dits profanes, aux administrés bénéficiaires d'un droit nouveau[36]. L'expertise et la contre-expertise deviennent un élément du processus décisionnel, dans un intérêt général élargi[37]. Bien entendu, un temps de mise en œuvre sera nécessaire, mais certaines expériences positives ont déjà pu être recensées[38].

On assiste alors à un reflux du contre-pouvoir expertal dans l'intérêt d'une démocratie participative appelé des vœux de bien des acteurs politiques, à moins que la « participation » ne se réduise à une simple procédure absorbée par le l'expert même[39]. Le résultat est encore loin de la perfection, et tourne parfois au chaos bureaucratique[40]. Mais ramener l'expertise sous la coupe des pouvoirs en place, n'est-ce pas la preuve de l'émergence des experts comme contre-pouvoir ? Encore faudra-t-il régler une question des plus sensibles : celle de la responsabilité.

---

34 Sur ce sujet, J. Theys et B. Kalaora (dir.), *La Terre outragée. Les experts sont formels*, éd. Autrement, 1992

35 C. Granjou, préc., p. 179.

36 La loi n° 2015-1567 du 2 décembre 2015 « portant diverses dispositions d'adaptation au droit de l'Union européenne dans le domaine de la prévention des risques », transposant la Convention sur l'accès à l'information, la participation du public au processus décisionnel et l'accès à la justice en matière d'environnement du 25 juin 1998, dite « Convention d'Aarhus ».

37 C. Huglo, *L'expertise et le droit de l'environnement : un véritable laboratoire pour l'expertise de demain*, in K. Favro, M. Lobé-Lobas, J.P. Markus, préc., p. 143.

38 J. Estades et E. Rémy, *L'expertise en pratique : Les risques liés à la vache folle et aux rayonnements ionisants, L'harmattan*, 2003, p.

39 Cf. à ce sujet C. Bonneuil, préc., p. 82 s., et F. Bottini, *La démocratie participative dans la révision constitutionnelle de 2008 : liberté politique ou simple droit procédural ?*, RRJ, 2012-3, p. 1187.

40 À propos des agences sanitaires, D. Benamouzig et J. Besançon, *Les agences, alternatives administratives ou nouvelles bureaucraties techniques ? Le cas des agences sanitaires*, Horizons stratégiques, éd. Doc. Française, 2007/1 n° 3, p ; 10. – D. Benamouzig et O. Bourraz, *Bureaucratie, organisations et formalisation des savoirs*, L'Année sociologique 2016/1 (Vol. 66), p. 9.

B.- L'EXPERT COMME FUSIBLE DU POUVOIR

L'expertise scientifique, érigée en paradigme, est trop souvent mise en avant pour camoufler les responsabilités politiques ou économiques[41]. Dans les années 1980, l'affaire dite « du sang contaminé » a profondément marqué la classe politique en raison des poursuites pénales engagées contre trois ministres dont le premier d'entre eux[42], même si ces poursuites aboutirent à une relaxe en 1999. Une des séquelles, longtemps après, fut la gestion de la menace de grippe H1N1 en 2010[43], avec l'organisation d'une gigantesque campagne de vaccination aussi coûteuse que peu suivie par la population : 94 millions de doses vaccinales commandées par l'État, dont moins de six millions utilisés[44]. Bien sûr, cette grippe, qui a tué en France plus de trois cents personnes, devait être anticipée. Mais, comme le relèvera la Cour des comptes, tout était question de proportion. Or le ministère chargé de la Santé a agi à cette époque comme pris de panique, en sur-réaction à un danger surévalué.

On trouve encore des exemples, moins médiatiques, de ces sur-réactions. Il en va ainsi de l'interdiction totale d'un produit aphrodisiaque par un décret de 2007 fondé sur les pouvoirs de police sanitaire du Premier ministre, en raison de risques pour la santé des utilisateurs. Saisi par les fabricants et revendeurs, le Conseil d'État annula ce décret au motif qu'il constituait d'une « mesure excessive et disproportionnée eu égard au risque ». En consultant en effet le dossier d'experts ayant conduit à l'interdiction, le Conseil d'État n'a pu trouver qu'une victime - dont il n'a pas été déterminé si elle était décédée en raison du produit en cause ou d'un cocktail de produits[45]. Dans le même ordre d'idées, peu après l'explosion de l'usine chimique AZF de Toulouse et la publication des rapports d'experts qui ont tendaient à en déterminer l'origine, le gouvernement édicta certaines interdictions dont celle d'un engrais de même nature que celui qui avait provoqué l'explosion. Sur recours des fabricants, le Conseil d'État a censuré l'interdiction, considérant qu'elle « reposait sur des allégations sans consistance, dépourvues de portée scientifique »[46].

Cette crainte des décideurs d'avoir à défendre leurs décisions à titre personnel devant les tribunaux a aussi donné naissance à un nouveau mode d'administration, celui de l'expertise institutionnalisée, en somme une nouvelle bureaucratie technique. Une des différences avec l'ancienne bureaucratie technique : la personnalité morale, apte à faire écran entre le personnel politique et les victimes en

41 J.M. Levy-Leblond, *L'esprit de sel : science, culture, politique*, Fayard, 1981.

42 Georgina Dufoix, Ministre des affaires sociales et de la Solidarité nationale, Edmond Hervé, Secrétaire d'État chargé de la Santé, Laurent Fabius, premier ministre.

43 Sur cette affaire : *N.J. Mazen et J.R. Binet, Chronique d'une pandémie annoncée*, RGDM n° 33, déc. 2009, p. 383.

44 Cf. C. Comptes, rapport 2011, p. 181 s. spéc. p. 207. ;

45 CE, 15 mai 2009, n° 312449, 312454, 312485, *Synd. nat. des entreprises gaies et autres* : AJDA 2009, p. 1668, note J.P. Markus.

46 CE 25 oct. 2004, *Sté FranceFert*, n° 251930, Leb. T. 611.

cas de poursuites, et à de servir de fusible. Ont ainsi émergé nombre d'instances expertales dans les années 1990, dans le domaine de la santé et de l'environnement en particulier. On ne saurait certes nier les avantages de ces institutions nouvelles : autonomie de gestion, réactivité accrue et continuité dans l'action au contraire des administrations classiques, spécialisation apte à garantir une qualité de travail. Ces instances ne limitent pas leur action à l'expertise : elles administrent un secteur donné : police du médicament ou des soins, surveillance des installations nucléaires, pouvoir d'autorisation, etc. C'est en revanche sur leur expertise, liée à leur composition, qu'elles fondent leur action. Ce sont donc autant de petites « technocraties » que le décideur politique met en avant lors du processus décisionnel, mais aussi en cas de mise en cause de sa responsabilité.

Et une fois encore l'expert, devenu contre-pouvoir, imposant ses vues au personnel politique et judiciaire, expérimente l'envers de la médaille, ce qui là encore se manifeste de deux manières. Première hypothèse, l'expert, ou l'instance expertale, devient bouc émissaire : désavoué et livré par la classe politique en pâture face à une population elle-même excitée par un autre contre-pouvoir – la presse -, l'expert est forcé à assumer des erreurs qui sont matériellement les siennes, mais juridiquement celles du décideur. Il en va ainsi de ces scientifiques italiens condamnés en première instance (mais heureusement relaxés en appel) pour n'avoir pas prévu un tremblement de terre[47]. Une autre affaire significative est celle dite d'Outreau déjà citée, un véritable désastre judiciaire pénal, que les juges et leur ministère tentèrent d'imputer aux experts[48]. De la même façon, c'est l'instance expertale chargée de la police du médicament qui a dû expier lorsque l'affaire dite Mediator® a éclaté : le législateur l'a littéralement « condamnée à mort » pour créer sur ses cendres une nouvelle instance aux pouvoirs renforcés et censée être plus à l'abri des conflits d'intérêts. Les décideurs politiques sont restés à l'abri, même si cet abri est relatif : le Conseil d'État a affirmé qu'en exerçant son pouvoir de police du médicament, l'instance agissait tout de même au nom de l'État[49].

Seconde hypothèse, il arrive, moins fréquemment, que l'expert soit commis par le décideur pour défendre l'indéfendable. Est à cet égard exemplaire l'affaire du nuage de Tchernobyl en 1986[50], avec l'envoi en première ligne, face aux médias, d'experts chargés de rassurer la population au mépris de toute vérité scientifique.

---

[47] Cour d'appel de l'Aquila du 10 nov. 2014, Rev. Environnement, 2013/2, p. 3, obs. Ph. Billet.

[48] Sur cette affaire, Rapport de la Commission d'enquête chargée de rechercher les causes des dysfonctionnements de la justice dans l'affaire dite d'Outreau et de formuler des propositions pour éviter leur renouvellement, Assemblée nationale, juin 2006 ; Rapport du groupe de travail chargé de tirer les enseignements du traitement judiciaire de l'affaire dite " d'Outreau ", La Documentation française ; Conditions du traitement judiciaire de l'affaire dite d'Outreau, Rapport de l'inspection générale des services judiciaires, Ministère de la Justice, Mai 2006.

[49] CE 9 nov. 2016, Mme A., n° 393902.

[50] Sur cette affaire, Cass. Crim, 22 octobre 2002, n° 01-86.908, procès en diffamation gagné par le Dr. Pellerin contre Noël Mamère. Ce dernier fera tout de même condamner la France par la Cour européenne des droits de l'homme (Cour EDH 7 nov. 2006, Mamère c. France, aff. n° 12697/03).

Mais à ce stade, l'expert n'agit plus comme expert, si ce n'est en usant de cette qualité pour tromper l'opinion. Il y a dévoiement.

Dans les deux cas, l'expert s'approche trop du soleil, et se brûle les ailes. Mais l'expert doit-il toujours payer pour le politique ? Et inversement, l'expert devrait-il bénéficier d'une immunité face à d'éventuelles victimes de décisions prises sur ses recommandations ? Il serait assurément inéquitable d'instaurer une irresponsabilité des experts, en particulier lorsqu'ils agissent en conflit d'intérêts. D'autant que de plus en plus d'experts se médiatisent, volontairement ou non, se constituent en think tanks, en « décodeurs », sont érigés en chroniqueurs médiatiques, et se mêlent à cet autre contre-pouvoir qu'est la presse, au mépris de leur déontologie. Une confusion des genres qui pour l'instant tourne à l'avantage de la presse, qui récupère le savoir expertal à son profit et fait elle-même le tri entre les savoirs, également au mépris de la déontologie des journalistes.

Reste qu'il serait tout aussi injuste de basculer toute la responsabilité sur l'expert, au point de créer une immunité des décideurs. C'est tout cet équilibre que les tribunaux doivent ménager, en identifiant les fautes de chacun, au besoin au pénal.

CONCLUSION
LE CORPS EXPERTAL, UN CONTRE-POUVOIR ?
POUR QUELLE FONCTION ?

Au vu de ce qui vient d'être énoncé, les experts peuvent-il être qualifiés de contre-pouvoir, si tant est qu'il existe une définition pour cette notion[51] ? Il faudrait à notre sens que deux conditions soient réunies. D'abord, les experts devraient pouvoir s'assimiler à un organe au sens institutionnel, doté d'une fonction lui permettant de contrebalancer les autres fonctions relevant du pouvoir. Ce n'est assurément pas le cas, les experts n'étant investis d'aucune fonction décisionnelle. En revanche, les experts peuvent former des ensembles suffisamment cohérents, comme c'est le cas des experts de justice qui entretiennent l'idée d'un « corps expertal ». Au vu des scandales à répétitions mettent en évidence l'ascendant d'experts sur les décideurs publics, il existe à n'en pas douter une force créatrice de droit, au moins indirecte. Ainsi la comparaison entre un contre-pouvoir qui serait expertal et un autre contre-pouvoir souvent évoqué qui serait médiatique, plaide à notre sens en faveur de l'existence d'un corps suffisamment homogène d'experts, uni par une communauté d'intérêts ou d'objectifs, apte à exercer une influence sur les pouvoirs constitués et à en contrarier les excès.

Il existe ensuite une seconde condition à l'existence d'un contre-pouvoir, c'est celle de garanties inscrites dans un texte, permettant au corps expertal

---

[51] Dans le « Vocabulaire juridique » de Cornu (PUF, Quadrige), il n'existe pas d'entrée intitulée « contre-pouvoir ».

d'exercer une fonction trouvant elle-même sa source dans un texte. C'est essentiel, pour distinguer le contre-pouvoir d'un simple lobby. Le lien est ainsi souvent établi entre la contre-expertise en matière environnementale et l'amélioration de la démocratie[52]. Le corps expertal peut-il être comparé à presse, souvent qualifiée de contre-pouvoir ou de quatrième pouvoir ? Celle-ci est on le sait considérée par la Cour européenne des droits de l'homme de comme le « chien de garde de la démocratie », et à ce titre protégée par la Convention européenne des droits de l'homme. La presse rend effective certaines libertés comme celle d'expression ou d'opinion, qui sont autant de droit fondamentaux, et elle est elle-même protégée par d'autres droits tout aussi fondamentaux : liberté d'expression, mais aussi l'objectif à valeur constitutionnelle du pluralisme dans la presse.

Le corps expertal est incontestablement moins homogène que celui de la presse, mais bénéficie-t-il de telles garanties pour l'exercice de ses missions, et ces dernières relèvent-elles de droits fondamentaux ? C'est désormais certain, s'agissant des garanties d'indépendance : les normes, certes récentes, tendant à garantie l'indépendance et l'impartialité des experts sont toutes de valeur au moins légale[53]. Mais ces normes trouvent leur fondement dans l'exigence d'impartialité des décisions administratives, et donc dans le principe de neutralité, corrélé à celui – constitutionnel - d'égalité. En outre, en matière de justice, les règles obligeant les experts à respecter les impératifs d'indépendance et d'impartialité sont au moins autant des règles censées protéger l'indépendance et l'impartialité des instances décisionnelles. Et par effet de miroir, toute personne tentant de porter atteinte à l'indépendance et l'impartialité d'un expert pour obtenir une décision administratives ou politique en sa faveur, peut être sanctionnée pénalement.

Par ailleurs, et en particulier en matière de justice, les experts de justice agissent en auxiliaires de justice, comme un rouage essentiel du pouvoir judiciaire, assurant l'équité des décisions de justice, contre l'arbitraire de juges non experts et qui seraient tentés, sans ces auxiliaires, de statuer sans fondement scientifique voire de ne pas trancher, ce qui équivaut à un déni de justice. Le corps expertal peut donc être regardé comme un des socles de l'équité des décisions de justice, autant qu'il rend effectifs les droits de la défense. Ce sont autant de principes constitutionnels qui sont ainsi mis en œuvre.

Nous en concluons qu'il existe bien un contre-pouvoir expertal, dont la fonction est de garantir les droits du citoyen face aux décideurs publics, qu'il s'agisse du juge, de l'exécutif ou du législateur. Ce contre-pouvoir vise à empêcher que les pouvoirs constitués en place prennent des décisions

---

[52] Par ex. M. Rivasi, *Expertise et contre-pouvoir*, in J. Theys et B. Kalaora, *La Terre outragée. Les experts sont formels !*, éd. Autrement, janvier 1999, p. 223, spéc. p. 231-232.

[53] Ex. : Code de la santé publique, art. L. 1451-1 et s.

arbitraires, c'est-à-dire qui ne seraient pas fondées sur un intérêt général scientifiquement constaté. Cette fonction est protégée, au moins indirectement mais de manière effective, par des principes constitutionnels, que nombre de lois sont venues mettre en œuvre.

Reste que pour que cette fonction soit correctement remplie, l'équilibre fragile permettant aux experts de se poser en garants de certaines libertés fondamentales soit respecté. Or le corps expertal oscille en permanence entre la récupération par les pouvoirs en place, et l'émergence d'une technocratie qui ferait passer les experts du statut de contre-pouvoir à celui de pouvoir. C'est bien une affaire de poids et contrepoids.

Jean-Paul MARKUS,
Professeur Agrégé de droit public, Université de Versailles Saint-Quentin et IEP de Saint-Germain-en-Laye, Directeur du Laboratoire VIP

Ibrahim MOUMOUNI

LE FONDEMENT JURIDIQUE DU CONTRE-POUVOIR POPULAIRE DANS LE CONSTITUTIONALISME AFRICAIN

INTRODUCTION

En politique, les hommes ne sont pas les mêmes dans l'opposition ou au pouvoir, en minorité ou en majorité, seuls ou en public, il faut donc se méfier. Entre ce que les hommes sont dans l'ombre – l'hypertrophie de l'égo, le goût démesuré du pouvoir – et ce qu'ils laissent apparaître au grand jour, seuls des contre-pouvoirs extérieurs peuvent prévenir les dérives oppressives susceptibles de caractériser leurs comportements dans la gestion du pouvoir, même si l'on ne doit pas perdre de vue que le pouvoir et les contre-pouvoirs sont les deux faces d'une même médaille[1] ou pour reprendre l'expression du Professeur HOURQUEBIE, « des identités réversibles »[2]. Le but ultime du droit consiste à garantir la coexistence pacifique, à prévenir, contenir et sanctionner les comportements individuels et ou l'arbitraire des autorités politiques qui peuvent sans cela remettre en cause la coexistence pacifique et le contrat social.

Dans les régimes peu démocratiques, le rôle du Peuple est confiné aux simples consultations électorales. Il n'est aux yeux de certains politiques, qu'un simple agent de consultation électorale servant ainsi, et ce dans une très large mesure, à légitimer l'arbitraire du pouvoir politique. Toutefois, l'on observe qu'une résistance populaire[3] au pouvoir qui n'a plus de limite, commence à se faire jour en Afrique depuis l'avènement du printemps

---

1 A. HOLLEAUX, « Les pouvoirs multiples dans le Pouvoir », *Revue de droit prospectif,* n° 5, 1978, p. 39.

2 F. HOURQUEBIE, « De la séparation des pouvoirs aux contre-pouvoirs : « l'esprit » de la théorie de Montesquieu », in G. Vrabie (dir.), *L'évolution des concepts de la doctrine classique du droit constitutionnel,* Institul european, 2008, Iasi, Roumanie, p. 50.

3 Les contre-pouvoirs quant à eux influencent et orientent les décisions politiques à tel point qu'il transforme l'agenda politique. V.O. DUHAMEL, G. TUSSEAU, *Droit constitutionnel et institutions politiques,* Paris, éditions du Seuil, 4e éd, 2016, p. 884.

démocratique[4]. Ce retour en force du Peuple s'explique par l'affaiblissement des contre-pouvoirs institutionnels qui, soit s'alignent derrière la majorité qui gouverne, soit deviennent des oppositions de façade peu crédibles aux yeux du Peuple. C'est dans l'ordre naturel qu'à « chaque fois que les législateurs tentent de saisir et de détruire les biens du Peuple, ou de le réduire à l'esclavage d'un pouvoir arbitraire, ils entrent en guerre contre lui ; dès lors, il est dispensé d'obéir et il n'a plus qu'à se fier au remède que Dieu a donné à tous les hommes contre la force et la violence. »[5]. Désobéir – à l'image de Rasa PARKS – face à un ordre manifestement illégal ou à une autorité politique qui ne se donne aucune limite, est aussi un engagement politique[6] dont on doit rechercher les fondements juridiques.

Cette « révolution populaire africaine » opposant une résistance farouche aux régimes peu démocratiques peut s'analyser en un contre-pouvoir, qui fait des opprimés, des pauvres, et des exclus, des véritables sujets de leur Histoire, car « un Peuple qui se soulève pacifiquement, mais dans un grand élan et beaucoup de force, pour sa liberté et sa dignité est un Peuple invincible »[7]. Ce pouvoir du contre-pouvoir devient de plus en plus l'arme des démunis, de ceux qui par leur citoyenneté veulent « prendre place au-delà de la répartition des places »[8]. Tenu pendant longtemps à l'écart du centre des décisions politiques, à l'image des « tiers pouvoirs » notion chère au professeur ROUSSEAU[9], le Peuple africain s'érige un peu partout sur le continent en un véritable acteur et sujet de sa destinée politique.

Définis comme étant des « Centres organisés de décisions, de contrôle, d'intérêts ou d'influence qui, par leur seule existence ou par leur action, quel que soit l'objectif poursuivi, ont pour effet de limiter la puissance de l'appareil dirigeant de l'Etat »[10], les contre-pouvoirs classiques ou institutionnels,

---

4 Il est à noter que ce contre-pouvoir populaire a existé même en période sombre des dictatures, il a été pendant toute la période du régime d'exception muselé.

5 J. LOCKE, *Second traité de gouvernement civil,* Paris, éd. Flammarion, 2e éd. corr., 1999, Chap. XVII, § IX.

6 HAYES, et OLLITRAULT rapportant le récit de Rosa PARKS écrit « Le 1er décembre 1955, quatre femmes noires montent dans un bus à Montgomery, la capitale de l'Etat d'Alabama (…). Quelques minutes plus tard, des hommes blancs montent à leur tour dans le bus. Le conducteur demande aux quatre femmes de libérer leur place pour les nouveaux venus. Trois d'entre elles acceptent de se lever mais la quatrième, Rosa Parks, refuse », G. HAYES, S. OLLITRAULT, *La désobéissance civile,* Paris, Presses de Sciences Po. 2012, p. 7.

7 M, RIAHI, « La constitution : élaboration et contenu », *Pouvoirs* 2016/1, n°156, p. 31.

8 V. L. CHALOZIN-DOVRAT, S. BULLE, « Prendre place au-delà de la répartition des places », *Multitudes* 2012/3 (n° 50), pp. 130-137.

9 Pour le professeur Dominique ROUSSEAU, l'expression tiers pouvoirs « fait échos au fameux « Tiers Etats » de Sieyès qui désignait ainsi cette puissance sociale qui était tout dans la société et rien dans l'Etat (…), D. ROUSSEAU, « L'ouverture du droit constitutionnel aux tiers pouvoirs », *La démocratie entre multiplication des droits et contre-pouvoirs sociaux,* Paris, éd. Kiné, 2012, p. 78.

10 M-A, COHENDET, *Droit constitutionnel*, Paris, L.G.D.J, 2015, p. 12.

constituent selon la vision du Professeur AVRIL, la transposition moderne quoique complexe de la séparation des pouvoirs de Montesquieu[11].

Il a pourtant été soutenu par la doctrine que d'une part, le Peuple – c'est-à-dire le souverain – ne peut être à la fois source du pouvoir et constituer en même temps un contre-pouvoir, car le pouvoir émane de sa seule volonté, il n'est pas un pouvoir comme les autres[12]. Et d'autre part, en tant que pouvoir constituant, il ne peut relever des contre-pouvoirs qui sont eux constitués dans une démocratie elle-même constituée[13]. Cela est vraie, voire vérifiable dans une démocratie ou les contre-pouvoirs classiques, c'est-à-dire institués et ou institutionnalisés jouent régulièrement leur rôle de modération des pouvoirs. Mais le contexte africain intime une analyse qui doit épouser le réel sociétal qui ne fait des institutions démocratiques qu'une formalité de façade destinée à pérenniser le pouvoir. Mieux, dans un tel contexte, même la constitution ne se présente plus comme une barrière destinée à lutter contre l'arbitraire[14] du pouvoir exécutif qui selon toute vraisemblance a absorbé tous les contre-pouvoirs institutionnels. Il y a lieu de constater que le Peuple n'intervient pas comme un « auto contre-pouvoir » se censurant lui-même, mais plutôt en tant que contre-pouvoir exceptionnel dans des circonstances exceptionnelles pour rappeler aux détenteurs du pouvoir qu'il est le Titulaire de ce pouvoir et ne l'a pas confié en vue d'un exercice dévoyé, voire inconstitutionnel. Le retour du Peuple est ici un retour de rappel à l'ordre constitutionnel, en face des contre-pouvoirs institutionnels ou politiques impuissants. Dès lors, la théorie classique du Peuple souverain qui ne peut s'autolimiter trouve un frein contextuel qui intime une analyse nouvelle. C'est en ce sens que l'on rejoint l'analyse du Professeur ONDOUA selon laquelle « le constitutionnalisme classique se fond[ant] principalement sur le principe d'indivisibilité de la souveraineté (...), fait peu de cas de l'hétérogénéité de certaines sociétés politiques, à l'instar des sociétés africaines »[15]. Dans ce contexte de réception de la théorie, il est judicieux pour ne pas être coupé du réel, de comprendre le rôle fondamental que joue véritablement le Peuple, car dès qu'on projette la théorie dans le réel, l'idéal qu'elle incarne se désagrège et « oblitère la pureté et la simplicité apparente de son fondement éthique »[16].

---

[11] P. AVRIL « Les contre-pouvoirs institutionnels », *Projet,* n° 150, 1980, p. 1190, Cité par F. HOURQUEBIE, « De la séparation des pouvoirs aux contre-pouvoirs : « l'esprit » de la théorie de Montesquieu », *loc. cit,* p. 52.

[12] F. HOURQUEBIE, « De la séparation des pouvoirs aux contre-pouvoirs : « l'esprit » de la théorie de Montesquieu », *loc. cit,* p. 55.

[13] *Ibid.*

[14] F. MELIN-SOUCRAMANIEN, P. PACTET, *Droit constitutionnel,* Paris, Dalloz, 2015, 34e éd, p. 62.

[15] A. ONDOUA, « La population en droit constitutionnel, le cas des pays d'Afrique francophone », *Afrique contemporaine,* 2012/2, n° 242, p. 88.

[16] J. WUNENBURGER, « L'égalité ambiguë : construction juridique ou déduction métaphysique ? », in *L'Egalité,* Actes du colloque franco-italien de philosophie politique (Rome, 21 et 22 novembre 1988), J. FERRARI, A. POSTIGLIOLA, Éd. Liguori, Naples 1990, p. 128.

Le rôle de tout contre-pouvoir doit d'abord et avant tout être fonctionnel, en ce sens qu'il doit participer à la régulation du pouvoir pour que la puissance de l'autorité ne puisse porter atteinte aux libertés individuelles. Le Peuple peut et doit s'ériger exceptionnellement – puisque le contexte l'exige – en un contre-pouvoir spontané, tout en sachant que tous les contre-pouvoirs ne sont pas identiques. Dès lors, on peut dire que le concept de contre-pouvoir est beaucoup plus englobant[17] que la simple restriction politique ou institutionnelle qu'on lui accorde, puisque « tout pouvoir réel est un contre-pouvoir potentiel »[18].

Qualifiés des contre-pouvoirs « extra-étatiques »[19] ou des « contre-pouvoirs sociaux »[20], ces mouvements collectifs populaires unis par la seule volonté de résister aux entreprises abusives et tyranniques des dirigeants politiques, opposent à ces derniers une farouche résistance, les contraignant très souvent, à renoncer à leur entreprise de remise en cause des acquis démocratiques. Participant à la séparation des pouvoirs *latissimo sensu*[21] ou au pluralisme politique, ils constituent de ce fait, des véritables remparts, assurant du fait de la carence des contre-pouvoirs institutionnels, le rôle de régulation et d'équilibre des pouvoirs pouvant participer à la modération de l'hégémonie de l'exécutif au sein de nos Etats.

Ces mouvements sociaux ont germé en Afrique en marge des partis politiques si on inclut dans la notion d'opposition politique des acteurs autres que les partis politiques qui sont mobilisés sur la scène publique[22]. Depuis les années 1990 marquant le renouveau démocratique en Afrique[23], les Etats africains ont connu des mouvements sociaux de grandes envergures qui ont non seulement marqué l'histoire constitutionnelle africaine mais aussi ont par la même occasion, érigé des acteurs autres que les partis politiques en

---

17 B. NABLI, « Etat de droit et contre-pouvoir », *Constitution et État de droit,* Tunis, *A.T.D.C,* 2009, p. 4.

18 F. HOURQUEBIE, *Sur l'émergence du contre-pouvoir juridictionnel sous la Ve République,* Bruxelles, Bruylant, 2004, p. 39.

19 M-A, COHENDET, *op. cit,* p. 238.

20 P. PACTET, F-M, SOUCRAMANIEN, *Droit constitutionnel, op. cit,* p. 13.

21 Le terme « pluralisme » désigne selon BARBERIS, « l'extension de la séparation des pouvoirs politiques, ou étatiques aux pouvoirs sociaux », ce pluralisme s'identifie à ce qui est communément admis d'appeler « subsidiarité horizontale », M. BARBERIS, « La séparation des pouvoirs », in M. TROPER, D. CHAGNOLLAUD, (dir.) *Traité international de droit constitutionnel, Théorie de la constitution,* Tome 1, Paris, Dalloz 2012, p. 729.

22 N. BRACK, S. WEINBLUM, « Pour une approche renouvelée de l'opposition politique », *loc. cit,* p. 14.

23 K. AHADZI, « Les nouvelles tendances du constitutionnalisme africain : le cas des Etats d'Afrique noire francophone », *Afrique juridique et politique,* 2002, p. 36. Pour le professeur Babacar GUEYE, le pluralisme politique se « double par ailleurs d'un pluralisme associatif. Le processus de démocratisation de l'Afrique est en effet marqué par l'émergence d'une multitude d'associations appartenant à la société civile. Ces associations se sont affirmées dans les années 1990 par leur opposition aux pouvoirs autoritaires. Grâce à une remarquable pression, les syndicats, la presse, les associations de droits de l'homme ont contraint les pouvoirs politiques, les régimes autoritaires africains à engager des réformes constitutionnelles visant à instaurer la démocratie pluraliste. », B. GUEYE, « La démocratie en Afrique : succès et résistance », *loc. cit,* p. 8.

véritables défenseurs de la démocratie[24]. Avec l'évènement du « Tazartché »[25] au Niger, des « printemps arabes » en Tunisie et Egypte, en passant par la récente révolution du Peuple burkinabé en 2014 – pour ne citer que ceux là –, on a assisté à l'essor d'un nouveau genre de contre-pouvoirs à travers la « société civile »[26]. Le droit constitutionnel africain a une dette considérable envers ces mouvements sociaux de résistance face à l'arbitraire des partis uniques ou celui des régimes d'exception qu'a connus le continent.

L'apparition spontanée de ce nouveau type de contre-pouvoir populaire – donc non-institutionnel – dans le néo-constitutionnalisme africain vient du fait que le système d'empêchement mutuel des pouvoirs ne fonctionne plus sur le continent africain. En d'autres termes, les contre-pouvoirs institutionnels tels le parlement, le juge, le gouvernement se sont dissipés au profit de l'exécutif qui cumule seul l'essentiel des pouvoirs entre ses mains.

Ces contre-pouvoirs inattendus, émergeant un peu partout sur le vieux continent, participent par les moyens de boycott, de désobéissance civile, à la modération d'un pouvoir concentré dans les mains d'une seule institution à savoir l'exécutif. Il est pourtant admis qu'en démocratie, les libertés individuelles et les droits des citoyens sont garanties par la constitution. Pourquoi alors désobéir aux lois et règlements considérés comme des décisions émanant de la majorité ? Le constat d'une administration politisée à outrance où les nominations ainsi que les promotions de carrière dans la fonction publique sont tributaires de l'appartenance politique des cadres et fonctionnaires de l'Etat, conforte l'idée d'un détournement de pouvoir qui s'appuie sur le droit pour imposer une dictature. En pareil cas, la loi n'est plus l'expression d'une volonté générale et impersonnelle, elle est tout simplement détournée. Le citoyen n'a d'autres choix que de résister à une loi qui a perdu son sens premier.

Il est dès lors important de s'interroger sur le fondement juridique[27] à l'émergence de la société civile ou du Peuple tout court, comme contre-pouvoir politique sur le continent africain. Comment situer juridiquement la résistance citoyenne aux actes arbitraires émanant des autorités publiques ? La question est délicate, car d'une part, résister et même désobéir à la loi peut conduire les citoyens à nier toute autorité de l'Etat et par conséquent

---

[24] L'un des premiers grands chocs opposant la société civile nigérienne au gouvernement démocratiquement élu de la sixième république, est intervenu lors de la promulgation d'une loi portant la TVA de 12 % à 19 % sur les produits de première nécessité. L'organisation des marches et « d'opérations villes mortes », ont fini par faire reculé le gouvernement sur l'adoption de ladite loi.

[25] Le « Tazartché » est un terme hausa qui traduit la prolongation inconsidérée d'un mandat électoral.

[26] G. ABDOUL-AZIZOU, « Niger : la société civile face au Tazartché », *Alternative sud,* vol. 17, 2010, p. 119.

[27] On se souvient de la célèbre déclaration du député André LAIGNEL qui, s'adressant à la minorité parlementaire, estime : « Vous avez juridiquement tort parce que vous êtes politiquement minoritaire », cité par, N. BELIGH, « l'opposition parlementaire : un contre-pouvoir politique saisi par le droit », *Pouvoirs* 2010/2, n° 133, pp. 129-130.

déstabiliser l'ordre juridique en vigueur. D'autre part, Il est admis juridiquement que l'effectivité d'un système juridique interne passe par l'observation de ses prescriptions par les citoyens. A tel enseigne que « l'essence de l'État et de son ordre juridique s'oppose à la possibilité d'un droit de résistance »[28]. Toutefois, le pouvoir ne doit pas être utilisé à des fins autres que celles pour lesquelles le Peuple l'a confié à ses dirigeants, car « si les gouvernants utilisent le pouvoir pour opprimer le Peuple, celui-ci a le droit de s'opposer à leur autorité, « de tenir leurs actes pour nuls, de leur résister [...], de les déposer et de les juger pour leurs méfaits »[29].

Le rôle que joue le Peuple dans la modération des pouvoirs en Afrique est certes conjoncturel, mais il s'avère intéressant de réfléchir à la constitutionnalisation de ce rôle puisque les contre-pouvoirs institutionnels se sont dissipés au profit de l'exécutif. Ce rôle de modération que joue le Peuple est déjà présent dans certaines constitutions des pays africains, bien qu'il ne soit pas systématiquement institutionnalisé. On peut dès lors identifier ces contre-pouvoirs hybrides par la fonction de modération qu'ils remplissent au sein des Etats africains. Ce rôle qu'ils jouent se présente d'une part sous la forme d'un droit de résistance à l'oppression (I) et d'autre part sous la forme d'une opposition à la tyrannie (II).

I.- UN CONTRE-POUVOIR FONDÉ SUR LA RÉSISTANCE À L'OPPRESSION

Résister à l'oppression n'a de sens que si cette résistance peut conduire à anéantir l'oppression, donc à la faire cesser. En résistant à l'oppression, on vise un avenir radieux où un Etat de droit viendra supplanter un régime oppressif. Il ne s'agit pas ici d'une résistance provisoire, tel le refus de marier des couples homosexuels, ou la destruction des maïs transgéniques en attendant dans l'illégalité qu'une autre illégalité cesse. On est au cœur d'une illégalité, voire d'une inconstitutionnalité manifeste face au silence des contre-pouvoirs institutionnels[30]. Il en appert que cette résistance du fait qu'elle constitue un droit consubstantiel à la dignité humaine (A), trouve son fondement dans divers instruments juridiques (B).

---

[28] F. BENOIT-ROHMER, et P. WACHSMANN, « La résistance à l'oppression dans la Déclaration », in *Droits*, n° 8, 1988, p. 98.

[29] J-F, SPITZ., « Le droit de résistance », in P, RAYNAUD, et S. RIALS, (dir.), *Dictionnaire de philosophie politique*, Paris, PUF, 2003, p.175.

[30] G. HAYES, S. OLLITRAULT, *La désobéissance civile*, Paris, Presses de Sciences Po. 2012, p. 79. Ils écrivent « Il est évident que, face à une dictature, les individus désarmés n'ont d'autre choix que ce type d'actions qui s'apparente à la non coopération prônée par Gandhi ou aux résistances civiles décrites par Jacques Sémelin », *Ibid.*

A.- L'ESSENCE JURIDIQUE DU DROIT DE RÉSISTANCE À L'OPPRESSION

Le droit de résistance[31] à l'oppression est inséparable des droits de l'Homme. Par sa seule dignité, l'humain se voit conférer un droit inaliénable et sacré, celui de ne pas subir une humiliation ou une injustice encore moins une tyrannie qui n'est aucunement fondée en droit. La déclaration universelle des droits de l'Homme de 1948, les Pactes internationaux de 1966 et la Déclaration française des droits de l'Homme et du citoyen de 1789 font tous référence au droit de résistance à l'oppression de diverses manières. Ces instruments internes et internationaux font de ce droit un droit sacré et inaliénable (1) puisqu'il ne s'éloigne pas d'une forme de légitime défense donné aux citoyens leur permettant de refuser toute forme d'humiliation (2).

1.- Un droit naturel et inaliénable

L'histoire de la révolution française, à travers la Déclaration des Droits de l'Homme et du Citoyen de 1789 a revivifié le concept de la résistance à l'oppression et l'a inscrit parmi les droits naturels et imprescriptibles – art. 2 de la déclaration des droits de l'homme et du Citoyen de 1789. Le souci immédiat des révolutionnaires était de mettre fin à la tyrannie, aux privilèges et au despotisme des gouvernants en dotant les citoyens d'un droit sacré et inaliénable leur permettant de s'opposer et de pouvoir reprendre en main leur destin politique à chaque fois que les gouvernants venaient à violer le pacte social qui les unit au Peuple.

Ainsi, les révolutionnaires, en « proclamant les « Droits de l'Homme » comme obligations inconditionnelles pour tous, [...] affirmaient que les rapports moraux entre les hommes n'ont à être déterminés qu'en fonction de ce qui leur est commun et qui les rend tous semblables ». C'est dire que les « droits naturels » ne dépendent que de l'acte déclaratif qui les enregistre. L'acte juridique de la Déclaration de 1789 a donc un curieux statut : il se réclame d'une norme de justice du droit naturel, la reconnaît, la reformule sans pour autant la lier explicitement à une instance fondatrice. »[32]. Dès lors, on peut dire que l'adjectif naturel ne renvoie plus ou du moins ne doit pas être perçu comme renvoyant au conflit philosophique entre les jus naturalistes et les positivistes. Ce droit n'est donc plus pensé en fonction d'une société particulière ou d'un type d'individu particulier, mais en fonction de ce que tous les hommes ont en commun, c'est-à-dire ce qui relève de la dignité

[31] L'intégration du droit de résistance dans l'univers juridique a été une entreprise laborieuse. V. F. ROXANI, « Le droit de résistance à l'oppression en droit constitutionnel comparé », *Revue internationale de droit comparé*, Vol. 65, n°4, 2013. p. 844.

[32] G. MEDEVIELLE, « La difficile question de l'universalité des droits de l'homme », *Transversalités* 2008/3, n° 107, pp. 76-77.

humaine considérée comme principe commun à tous les êtres humains sans distinction.

Le droit de résistance à l'oppression doit être inscrit dans l'idéal que portent les droits de l'Homme en général. On pourra dès lors estimer, que l'idée avancée par certains auteurs[33], qui porte à croire, que « la résistance à l'oppression n'a pas trouvé sa place dans le droit »[34], n'est plus recevable notamment dans nos jeunes démocraties africaines où les gouvernants ont du mal à accepter les exigences de l'Etat de droit et celles de l'alternance politique[35]. Qualifié « d'arme de dissuasion » ou de « droit de vigilance démocratique »[36], le droit de résistance est « destiné à garder toujours « éclairé la conscience démocratique des citoyens. »[37]

Ce droit inaliénable – c'est-à-dire un droit inhérent à un individu du seul fait de sa condition humaine –, consacre un impossible retour à l'arbitraire politique, en ce que le Peuple devient le garant de sa propre liberté si ses représentants décident de la lui enlever ou le trahissent. Ce qui oblige implicitement les gouvernants à respecter les droits de l'Homme et les libertés individuelles. Dès lors, la préservation de ce droit de la résistance devient indispensable pour dissuader les dirigeants à violer le pacte social. C'est la raison pour laquelle, l'article 2 de la Déclaration des Droits de l'Homme et du Citoyen de 1789 précise que « Le but de toute association politique est la conservation des droits naturels et imprescriptibles de l'Homme. Ces droits sont la liberté, la propriété, la sûreté, et la résistance à l'oppression ».

A titre de droit comparé, on peut constater que ce droit est rarement évoqué par la jurisprudence française qui le traite avec parcimonie. Ainsi, on peut noter dans la jurisprudence du Conseil constitutionnel français[38] une seule décision[39] qui fait référence[40] au droit de la résistance à l'oppression tiré des

---

[33] V. S. GROSBON, « La justiciabilité problématique du droit de résistance à l'oppression : antilogie juridique et oxymore politique », in V. CHAMPEIL-DESPLATS, D. LOCHAK, *À la recherche de l'effectivité des droits de l'homme*, Paris, Presses universitaires de Paris Ouest, 2008, pp. 139-169.

[34] Y. MADIOT, « Considérations sur les droits et les devoirs de l'homme », Bruxelles, Ed. Bruylant, 1998, p. 183.

[35] Le refus de l'alternance politique pousse bon nombre des dirigeants politiques africains à tenter une révision constitutionnelle pour un troisième mandat. Parmi les contributions doctrinales sur ce sujet on peut citer : F-D, MELEDJE, « Les révisions des constitutions dans les Etats africains francophones. Esquisse de bilan », RDP 1992, n° 1 pp. 111-134 ; A. LOADA, « La limitation du nombre des mandats présidentiels en Afrique francophone », *Afrilex,* 2003, n° 3, pp. 139-174 ; J-L, ATANGANA-AMOUGOU, « Les révisions constitutionnelles dans le nouveau constitutionnalisme africain », Politeia, n° 7, 2005, pp. 583-622 ; E, DONFACK, « La révision des constitutions en Afrique », *RJPIC,* 1989, n° 1, pp. 45-71.

[36] F. ROXANI, « Le droit de résistance à l'oppression en droit constitutionnel comparé », *loc cit,* p. 831.

[37] *Ibid.*

[38] Dec. n° 81-132 DC du 16 janvier 1982, *Loi sur la nationalisation,* cons. n° 13.

[39] Le conseil constitutionnel français faisait remarquer dans ladite décision que « Une loi qui limiterait la liberté d'expression, le droit de grève ou de manifestation pourrait porter atteinte également indirectement au droit de résistance à l'oppression, comme une loi qui mettrait en œuvre des systèmes de surveillance particulièrement généralisés (par le développement de fichiers, de caméras ou de nouvelles technologies) pourrait limiter l'exercice future du droit de la résistance », *Ibid.*

dispositions de la Déclaration des Droits de l'Homme et du Citoyen de 1789 ancré dans le système constitutionnel français[41].

2.- Un droit de légitime défense

L'usage de « l'arme du droit »[42] en démocratie peut se faire soit devant les tribunaux, soit d'une manière spontanée dans un mouvement de foule. La première manière consiste non seulement à introduire des recours devant les tribunaux étatiques compétents, lorsque les décisions émanant des autorités politiques exerçant le pouvoir sont contestées, mais aussi et surtout accepter les décisions rendues par ces tribunaux, notamment lorsqu'elles sont insusceptibles de recours[43]. La seconde manière consiste pour le Peuple à se soulever contre les décisions des autorités étatiques considérées *contra legem*[44].

Toutefois, même dans ces formes de soulèvements populaires, il faut constater que le soulèvement qui s'avère légal donc conforme au droit, est celui qui prend forme lorsque les décisions des autorités politiques violent délibérément et d'une manière flagrante la constitution et que ce constat émane d'une Cour suprême étatique. En pareil cas, on parle de la résistance à l'oppression qui prend la forme d'un droit de la résistance à l'oppression.

Ce droit de résistance à l'oppression n'est pas éloigné de celui de la résistance à la tyrannie qui a une histoire juridique remontant loin dans le temps[45]. Des auteurs comme SUAREZ ont développé des arguments fondés sur le droit naturel pour expliquer le bien fondé et la nécessité de « repousser la force par la force », identifiant ainsi ce droit à une légitime défense populaire. Selon cet auteur, ce droit s'exerce lorsque le souverain se comporte en tyran rompant ainsi le contrat social qui le lie avec le Peuple[46]. L'exercice de ce droit de résistance devrait toutefois respecter certaines conditions. Il ne doit pas produire une situation pire que le mal qu'il entend endiguer[47].

Malgré la théorie de l'inviolabilité de la personne du prince qu'il prône, VATTEL va à son tour conditionner la mise en œuvre de ce droit par le Peuple, à la violation par le prince du pacte social, c'est-à-dire de la

40 Ainsi qu'il ressort de l'analyse Ch. DEBBASCH, (dir), in F. COLIN, K. FAVRO, L. DESFONDS, P. MARCANGELO, *Constitution Ve République*, Paris, Ed. Economica, p. 17.

41 L. FAVOREU, *La constitution et ses juges*, Paris, Ed. Economica, p. 903.

42 V. L. ISRAËL, *L'arme du droit*, Paris, Presses de Sciences Po, 2009, p. 36.

43 A. OGIEN, « La désobéissance civile peut-elle être un droit ? », *Droits et société* 2015, n° 91, p. 582.

44 *Ibid.*

45 V. M. DUBUY, « Le droit de résistance à l'oppression en droit international public : le cas de la résistance à un régime tyrannique », *Civitas Europa*, 2014 / 1, n° 32, pp. 139-163.

46 G. GEAMANU, *La résistance à l'oppression et le droit à l'insurrection*, Thèse, Paris, Domat-Montchrestien, 1933, pp. 57-58.

47 *Ibid*, p. 43.

constitution qui l'unit au Peuple. Dès qu'il – le prince – viole cette constitution, il a rompu le lien contractuel avec la Nation, et dès lors, le Peuple est en droit de lui résister dans sa propre défense légitime[48]. Ce droit qui s'apparente purement et simplement à une légitime défense pour le Peuple lui permet ainsi de reprendre son destin en main. John LOCKE, a consacré toute une théorie qui prône le droit de la résistance du Peuple dès lors que l'autorité a violé le contrat qui l'unit aux citoyens. Comme Thomas d'AQUIN et VATTEL, John LOCKE prône aussi l'usage de ce droit avec parcimonie, c'est à dire en dernier recours, lorsque toutes les voies légales sont épuisées et uniquement contre le corps social dirigeant dans son ensemble[49].

Pour VATTEL en particulier, la résistance à l'oppression d'un prince par ses sujets est vitale, car leur survie en dépend. Il la conçoit dès lors comme un moyen ultime de défense citoyenne face à la tyrannie[50] du prince qui viole délibérément la constitution. En pareil cas, le prince n'est plus regardé par ses sujets comme étant le garant du contrat social, mais comme un usurpateur qui entend oppresser ses sujets. C'est ce que les textes juridiques en droit interne ont tenté de consacrer.

B.- LA CONSÉCRATION JURIDIQUE DU DROIT DE RÉSISTANCE À L'OPPRESSION

Le droit de résistance à l'oppression provient directement du contrat social et le Peuple est investi par ce contrat social à occuper la fonction de contre-pouvoir pour encadrer le pouvoir politique déviant[51]. La consécration juridique de ce droit est donc et avant tout constitutionnelle (1). Toutefois, cette consécration peine à s'enraciner fondamentalement en droit international bien que cette indifférence du droit international à l'exercice de ce droit s'amenuise de plus en plus (2).

1.- Une forte consécration constitutionnelle

S'inspirant de la Déclaration des Droits de l'Homme et du Citoyen de 1789, les constitutions des Etats africains ont pour certaines d'entre elles, consacré le droit de la résistance à l'oppression parmi les principes fondamentaux protégés par la constitution à l'instar de certains Etats

---

48 E. DE VATTEL, *Le droit des gens ou principes de la loi naturelle appliqués à la conduite et aux affaires de la Nation et des souverains*, Paris, éd. JP. Aillaud, Livre II, Chap. IV, § 56.

49 J. LOCKE, *Traité du gouvernement civil, op.cit*, § IX.

50 E. DE VATTEL, *ibid.*

51 Le Peuple tire alors directement son pouvoir du contre-pouvoir par la loi fondamentale, V. M. AHANHANZO-GLELE, « La constitution ou loi fondamentale », *in* P-F, GONIDEC, (dir.), *Encyclopédie juridique de l'Afrique*, T. 1, *L'Etat et le droit*, Abidjan, Dakar, Lomé, Les nouvelles éd. Africaines, 1982, pp. 21-52.

occidentaux[52]. Toutefois, à la lecture des dispositions qui traitent de la question de la résistance à l'oppression, on s'aperçoit que ce droit est invoqué presque systématiquement dans les seuls cas de coup d'Etat militaire[53] – c'est le cas de la constitution togolaise[54] –, de coup de force[55] – dans la constitution tchadienne[56] – ou de toute prise de pouvoir par la force[57]. Aucune mention au droit de résistance à l'oppression n'est consacrée lorsque les dispositions intangibles de la constitution – les dispositions insusceptibles de révision – sont violées, à l'image des constitutions allemande et hellénique qui consacrent respectivement le droit de résistance en cas « d'abolition de la Constitution » ou celle de « renversement de l'ordre constitutionnel »[58].

La constitution Burkinabé du 2 juin 1991 conditionne la légitimité du pouvoir à sa conformité à la constitution. Elle consacre le droit de la résistance à l'oppression qui se manifeste par la désobéissance civile pour le Peuple pour sanctionner toute violation des dispositions constitutionnelles dans la prise du pouvoir. En effet l'article 167 de cette dernière précise que : « La source de toute légitimité découle de la présente Constitution. Tout pouvoir qui ne tire pas sa source de cette Constitution, notamment celui issu d'un coup d'Etat ou d'un putsch est illégal. Dans ce cas, le droit à la désobéissance civile est reconnu à tous les citoyens ».

---

52 A titre du droit comparé, la loi fondamentale allemande du 24 juin 1968 énonce « Tous les Allemands ont le droit de résister à quiconque entreprendrait de renverser cet ordre [constitutionnel], s'il n'y a pas d'autres remèdes possibles », Trad. de H. OBERDORF, C. GREWE, *Les Constitutions des Etats de l'Union européenne,* Paris, La Documentation française, 3e éd., 1999, p. 29. Aussi, l'article 120 § 4 de la Constitution grecque du 9 juin 1975 précise que « l'observation de la Constitution est confiée au patriotisme des Hellènes qui ont le droit et le devoir de résister par tous les moyens contre toute personne entreprenant son abolition par la violence ».

53 L'article 150 de la constitution togolaise du 14 novembre 1992, dispose : « En cas de coup d'Etat, ou de coup de force quelconque, tout membre du Gouvernement ou de l'Assemblée nationale a le droit et le devoir de faire appel à tous les moyens pour rétablir la légitimité constitutionnelle, y compris le recours aux accords de coopération militaire ou de défense existants.

Dans ces circonstances, pour tout Togolais, désobéir et s'organiser pour faire échec à l'autorité illégitime constituent le plus sacré des droits et le plus impératif des devoirs.

Tout renversement du régime constitutionnel est considéré comme un crime imprescriptible contre la nation et sanctionné conformément aux lois de la République. »

54 J-Y., MORIN, *Libertés et droits fondamentaux dans les constitutions des Etats ayant le français en partage,* Bruxelles, Bruylant 1999, p. 539.

55 Le préambule de la constitution tchadienne dispose : « Nous Peuple tchadien

[...] - proclamons solennellement notre droit et notre devoir de résister et de désobéir à tout individu ou groupe d'individus, à tout corps d'Etat qui prendrait le pouvoir par la force ou l'exercerait en violation de la présente constitution »

56 J-Y., MORIN, *op. cit,* p. 630.

57 Voir l'article 64 de la Constitution congolaise du18 février 2006 qui dispose : « Tout Congolais a le devoir de faire échec à tout individu ou groupe d'individus qui prend le pouvoir par la force ou qui l'exerce en violation des dispositions de la présente Constitution. Toute tentative de renversement du régime constitutionnel constitue une infraction imprescriptible contre la nation et l'Etat. Elle est punie conformément à la loi ».

58 V. R. FRAGKOU, « Le droit de résistance à l'oppression en droit constitutionnel comparé », *loc. cit,* pp. 844-845.

La constitution béninoise du 11 décembre 1990 confère à tout citoyen béninois le droit à la désobéissance pour faire échec à toute tentative de prise de pouvoir par les armes. L'article 66 précise qu'« En cas de coup d'État, de putsch, d'agression par des mercenaires ou de coup de force quelconque, tout membre d'un organe constitutionnel a le droit et le devoir de faire appel à tous les moyens pour rétablir la légitimité constitutionnelle, y compris le recours aux accords de coopération militaire ou de défense existants. Dans ces circonstances, pour tout Béninois, désobéir et s'organiser pour faire échec à l'autorité illégitime constituent le plus sacré des droits et le plus impératif des devoirs. »

Dans d'autres constitutions, on relève l'emploi de la notion de désobéissance civile à la place de la résistance à l'oppression. Ainsi, l'article 121 de la constitution malienne du 25 février 1992 énonce que « le fondement de tout pouvoir en République du Mali réside dans la Constitution. La forme républicaine de l'Etat ne peut être remise en cause. Le Peuple a le droit à la désobéissance civile pour la préservation de la forme républicaine de l'Etat. Tout coup d'Etat ou putsch est un crime imprescriptible contre le Peuple Malien. »

Il y a lieu de constater que ce droit de la désobéissance civile n'est pas organisé ni encadré par une loi dans les différentes constitutions qui le consacrent. Toutefois, on doit se demander si un droit de la résistance ou celui de la désobéissance est canalisé, organisé par le législateur, reste encore un réel droit de la résistance ? Or comme il a été fort souligné, « le droit de résistance ne prend sens qu'à l'égard du recours à des moyens prohibés par l'ordre juridique qu'il s'agit de sauver. On n'exerce une résistance véritable par des moyens légaux »[59].

Il aurait été souhaitable de voir figurer dans les constitutions des Etats africains, une consécration du droit de résistance à l'oppression pour le Peuple dans tous les cas où les dirigeants politiques ont délibérément violé des dispositions constitutionnelles telle l'interdiction d'un troisième mandat, ou celle qui est relative à l'obligation d'organiser des élections à l'expiration de du mandat électoral. On peut donc considérer qu'il y a oppression dès lors les textes fondamentaux sont délibérément violés par les autorités publiques ou « lorsqu'une loi viole les droits naturels, civils et politiques qu'elle doit garantir » [60], c'est-à-dire lorsque « des actes arbitraires violent les droits des citoyens contre l'expression de la loi »[61].

La mise en œuvre concrète de cette résistance à l'oppression semble être la désobéissance civile contre un régime qui viole les principes fondamentaux de

[59] O. JOUANJAN, « Que dit la Loi Fondamentale en Allemagne ? », in D. GROS, O. CAMY, (éds), *Le droit de résistance à l'oppression, Revue Le genre humain,* n° 44, 2005, p. 193.

[60] M. MORABITO, « La résistance à l'oppression en 1793 », Revue *de l'histoire du droit*, avril-juin, 1994, 72 (2), p. 235.

[61] *Ibid.*

la constitution. Cette désobéissance ne peut se justifier que lorsque le Peuple a usé de tous les moyens légaux mis à sa disposition par le droit sans succès. En pareil cas, la désobéissance civile paraît être l'ultime recours dont dispose le Peuple pour faire échec à la mise à l'écart du droit par les dirigeants politiques.

C'est dans le même ordre d'idée que John LOCKE professe que « dès que le pouvoir législatif transgresse cette règle fondamentale de la société, dès que l'ambition, la peur, la folie ou la corruption l'incitent à essayer, soit de saisir lui-même une puissance qui le rende absolument maître de la vie des sujets, de leurs libertés et de leurs patrimoines, soit de placer une telle puissance entre les mains d'un tiers, cet abus de confiance le fait déchoir des fonctions d'autorité dont le Peuple l'avait chargé à des fins absolument opposées ; le pouvoir fait retour au Peuple, qui a le droit de reprendre sa liberté originelle et d'établir telle législature nouvelle que bon lui semble pour assurer sa sûreté et sa sécurité, qui sont la fin qu'il poursuit dans l'état social »[62].

La consécration constitutionnelle de la résistance à l'oppression doit être prise avec parcimonie pour ne pas non plus affaiblir l'Etat. Nous estimons que la mise en œuvre de cette résistance à l'oppression devra intervenir que lorsque les dirigeants politiques ont délibérément violé une disposition intangible de la constitution et que cette violation a été constaté par les autorités juridictionnelles notamment la Cour constitutionnelle. On pourra dès lors s'accorder avec RAWLS pour dire que « le devoir de civilité impose d'accepter les défauts des institutions, dans une mesure raisonnable, et de ne pas chercher à trop en profiter. Sans une certaine reconnaissance de ce devoir, la confiance mutuelle risque d'être détruite. [...] et du moins, il y a normalement un devoir (et, pour certains aussi, une obligation) d'obéir à des lois injustes à condition qu'elles ne dépassent pas un certain degré d'injustice »[63].

Bien qu'elle ait été une préoccupation majeure en droit interne, la résistance à l'oppression semble moins avoir de résonnance en droit international.

2.- Une timide consécration internationale

Dans l'avant projet de la Déclaration Universelle des Droits de l'Homme, René CASSIN avait proposé d'intégrer la résistance à l'oppression à l'article 25 du texte et non dans le préambule de ce dernier[64]. Soucieux de la nécessité d'amorcer une internationalisation de ce droit, le professeur CASSIN était en

---

62 J. LOCKE, *op.cit.*

63 J. RAWLS, *Théorie de la justice*, Paris, Seuil, 1987, p. 396.

64 R. CHARVIN, « René Cassin et la déclaration universelle des droits de l'homme », *RBDI*, 1998, p. 321. En effet, dans le Dans l'avant-projet de la Déclaration Universelle des Droits de l'Homme, le « droit de résister à l'oppression et à la tyrannie » était consacré par la déclaration à l'article 25 « dans la plus pure tradition jacobine et montagnarde », *Ibid.*

avance sur une partie de la doctrine, qui voyait le droit de résistance comme un droit se situant en marge du droit positif. Un droit qui poserait de sérieuses difficultés aux juges, qui « les dépasse, les embarrasse, leur donne le sentiment d'une certaine inutilité, leur signifie éventuellement leur échec, les fait tomber dans des contradictions puisqu'un tel droit "inscrit au cœur du droit l'acceptation de la faillibilité du droit »[65].

Toutefois, l'articulation de l'alinéa 3 de l'article 21 de la Déclaration Universelle des Droits de l'Homme qui fonde l'autorité des pouvoirs publics sur la volonté du Peuple, et la disposition de son préambule[66] qui traite de la résistance à l'oppression, laissent à penser que la Déclaration pose les jalons d'un droit de résistance à l'oppression. Son préambule précise « qu'il est essentiel que les droits de l'homme soient protégés par un régime de droit pour que l'homme ne soit pas contraint en suprême recours à la révolte contre la tyrannie et l'oppression ». L'on sait que la Déclaration n'est pas contraignante vis-à-vis des Etats, faute d'avoir été conçue comme un traité soumis à la ratification des États. Pour le juge LAUTERPACHT, le caractère non contraignant de la Déclaration de 1948 a généré un effet pervers permettant aux États de la considérer comme non opposable en ce que les droits qu'elle consacre ne sont pas constitutifs d'obligations internationales, elle déclare et édifie des droits valides mais sans suite[67]. Toutefois, il y a lieu de considérer que les principes juridiques qu'elle dégage, font partie du droit international général et peuvent être opposables aux Etats à ce titre.

Dans les textes internationaux postérieurs à la Déclaration Universelle des Droits de l'Homme, on peut aussi relever que le Pacte international relatif aux droits civils et politiques de 1966 ne fait aucune mention directe d'une quelconque résistance à l'oppression encore moins d'un droit en ce sens[68]. En réalité, le droit international, consacrant le principe de non-invocabilité du droit interne[69], marque peu d'intérêt au droit de la résistance, considérée comme une affaire relevant essentiellement du droit interne. Le concept de la résistance à l'oppression trouve en droit international, d'autres hypothèses qui ne traduisent pas assez le même sens qu'on donne à cette expression en droit interne[70]. Ainsi, la résistance à l'oppression peut être une résistance à une puissance étrangère, c'est-à-dire la puissance occupante, qui s'est imposée sans

---

65 S. KARAGIANNIS, « Qu'est-il en droit international, le droit de la résistance devenu ? », *R.T.D.H*, 2008, p. 957.

66 La Déclaration Universelle des Droits de l'Homme de 1948, proclame dans son préambule, qu'il est « essentiel que les droits de l'homme soient protégés par un régime de droit pour que l'homme ne soit pas contraint, en suprême recours, à la révolte contre la tyrannie et l'oppression ».

67 H. LAUTERPACHT, *International Law and Human Rights,* New York, Praeger, 1950, p. 475.

68 S. KARAGIANNIS, « Qu'est-il, en droit international, le droit de la résistance devenu ? », *R. T. D. H*, n° 76, 2008, p. 968.

69 J. MALENOVSKÝ, « L'agonie sans fin du principe de non-invocabilité du droit interne », *R.G.D.I.P,* n° 2, 2017, p. 295.

70 M. DUBUY, *loc. cit*, p. 143.

le consentement des Peuples autochtones, comme ce fut le cas lors de la colonisation avec les guerres de libération nationale. Ici la résistance est dirigée non pas contre une autorité choisie par le Peuple qui s'arroge des pouvoirs arbitraires, mais contre la puissance coloniale au nom du droit à l'autodétermination. Ce désintérêt du droit international à la question du droit de la résistance à l'oppression s'explique donc dès l'origine, par l'indifférence voire la neutralité du droit international à l'égard des régimes politiques ou de la manière dont les pouvoirs sont exercés.

On constate néanmoins que cette neutralité du droit international par rapport à la question du droit de résistance à l'oppression tend à s'amenuiser, tellement les circonstances nouvelles ont remis la question de la démocratie et celle des droits de l'Homme au cœur des préoccupations des Etats et des organisations internationales. Aucune invocation du droit interne ne peut être recevable en droit international lorsqu'une autorité politique exerce un pouvoir arbitraire et réprime sa propre population qui résiste au nom du droit de la résistance à l'oppression. A ce titre on peut mentionner la responsabilité de protéger les civils[71] contre les exactions des certaines autorités politiques qui ne se donnent aucune limite dans l'exercice du pouvoir. Ce concept de la responsabilité de protéger est certes contesté[72] par les Etats au nom de leur souveraineté, mais son invocation par les organisations internationales et même régionales[73] le rend de plus en plus audible sur la scène internationale. Il en appert que de plus en plus certains traités de coopération interétatique, font des principes de la bonne gouvernance démocratique des objectifs qu'ils assignent à leurs Etats membres. Il en est ainsi des objectifs de l'Union africaine, notamment le respect des principes démocratiques, la condamnation des changements anticonstitutionnels de gouvernement[74] et enfin les principes de la bonne gouvernance[75].

---

71 Le concept de la « responsabilité de protéger » peine à recevoir une définition unanimement admise par les Etats. Afin d'éviter les abus liés à l'invocation de la responsabilité de protéger peut conduire, le Brésil a présenté le 21 septembre 2011 devant l'Assemblée générale des Nations unies un document de réflexion dénommé « Protection responsable : éléments pour l'élaboration et la promotion d'un concept » (S/2011/701, 11 novembre 2011). Il faut rappeler que l'élément qui a suscité cette réaction de la part des Etats a été l'interprétation abusive de la résolution 1973 du Conseil de sécurité sur l'intervention franco-britannique en Libye. V. Th. CHRISTAKIS, « L'encadrement juridique des opérations militaires autorisées par le Conseil de sécurité, et le concept de « Responsability While Protecting » RWP », *in Le recours à la force autorisée par le Conseil de sécurité,* Paris, Pedone, 2014, pp.141-142.

72 *Ibid,* p. 138.

73 A. DIALLO, « Le droit d'intervention de l'Union africaine au motif de menace grave à l'ordre légitime : états des leiux et perspectives de mise en œuvre », *R.J.P.E.F* n° 1, 2016, pp. 154-181.

74 V. H. TIGROUDJA, « La Charte africaine de la démocratie, des élections et de la gouvernance », *in* A. YUSUF et F. OUGUERGOUZ (dir.), *L'Union Africaine : cadre juridique et institutionnel, Manuel sur l'Organisation panafricaine,* Paris, Pedone 2013 pp. 243-255.

75 V. M. NDULO, « L'interdiction des changements anticonstitutionnels de gouvernement », *in* A. YUSUF et F. OUGUERGOUZ (dir.), *op. cit,* pp. 223-242.

Au-delà des mesures oppressives qui donnent aux citoyens un droit de résistance, il convient de souligner que toute forme de régime tyrannique incompatible avec les valeurs de la démocratie est susceptible d'ouvrir des perspectives pour le Peuple à la tyrannicide[76]. Par son « contre-pouvoir » spontané, le Peuple peut constituer un véritable rempart contre toute forme de régime tyrannique.

II.- UN CONTRE-POUVOIR FONDÉ SUR L'OPPOSITION CONTRE LA TYRANNIE

L'article 15 de la constitution de la septième République nigérienne énonce que « Nul n'est tenu d'exécuter un ordre manifestement illégal », ce qui suppose que tout citoyen a le droit et même l'obligation de résister à tout pouvoir arbitraire et aux abus des autorités politiques. La tyrannie suppose un pouvoir arbitraire qui est caractérisé par une oppression, une injustice et une terreur vis-à-vis de la population. Or la démocratie suppose la mise en place d'un Etat de droit défini comme un système institutionnel fondé sur le principe du respect des normes juridiques, dans lequel la puissance publique et les citoyens sont soumis au droit[77]. L'opposition à la tyrannie suppose d'une part son refus (A) mais aussi son changement en un régime démocratique qui respecte les droits et libertés fondamentaux (B).

A.- LE REFUS DE LA TYRANNIE

La « faculté d'empêcher » le despotisme et l'arbitraire des autorités politiques, chère à MONTESQUIEU[78] appartient à tout citoyen et trouve son fondement dans la constitution. Le refus de la tyrannie peut se manifester de plusieurs manières, soit par la non violence, une manifestation publique, un boycott ou une désobéissance civile contre l'ordre ou la décision arbitraire. Toutefois, au-delà de ces mécanismes de protestation de fait, le droit offre aux citoyens la possibilité de refuser l'exécution d'un ordre anticonstitutionnel (1) notamment si ce dernier est pris sur la base d'une décision violant manifestement la constitution (2).

---

76 C'est la forme extrême de résistance à l'oppression, V. M. DUBUY, *loc. cit*, p. 141.

77 L'Etat de droit est défini, dans le dictionnaire de droit international comme étant un « Etat dont l'organisation interne est régie par le droit et la justice », J. SALMON (dir.), *Dictionnaire de droit international public*, Bruxelles, Bruylant, 2001, p. 456.

78 MONTESQUIEU, *De l'esprit des lois, op. cit*, II. 2.

1.- Le refus populaire d'obéir un ordre anticonstitutionnel

Principe connu et largement discuté en droit de la fonction publique, le droit de désobéir à un ordre manifestement illégal suppose qu'un fonctionnaire[79] peut légalement refuser d'obéir à l'autorité hiérarchique notamment dans le cas où l'ordre en question est « manifestement illégal et est de nature à compromettre gravement un intérêt public »[80]. Cependant deux critères exigés par la jurisprudence doivent être réunis : il faut s'assurer que l'ordre est manifestement illégal, mais aussi et surtout qu'il soit susceptible de compromettre gravement l'intérêt public[81]. Cette dernière condition est d'interprétation laborieuse[82] et difficilement réalisable[83] . Aussi, du point de vue pénal, un agent qui exécute un ordre de son supérieur hiérarchique est exonéré de sa responsabilité pénale[84], sauf si l'acte en question est « manifestement illégal ». La véritable question qu'on doit se poser ici est celle de savoir si l'exécution d'un ordre est préalable à toute question de légalité ou pas ?[85]

Le regain du constitutionnalisme africain[86] place ce sujet au cœur du débat public, car très vite, face à l'enthousiasme démocratique des années quatre vingt dix[87], s'est édifié un dévoiement, voire une instrumentalisation du constitutionnalisme sur le continent africain. Une culture de banalisation de la norme constitutionnelle s'est progressivement installée à travers d'intempestives révisions constitutionnelles qui désacralisent la loi fondamentale[88]. Ce qui a conduit progressivement le Peuple à se désolidariser de ces pratiques, en les regardant comme biaisées. Ces manipulations constitutionnelles proviennent des politiques qui ne manquent pas de génie et

---

79 V. A. TAILLEFAIT, « Le devoir de désobéissance de l'agent public », *Revue Lamy, Droit civil,* suppl. « Autorité et responsabilité », juillet-Août, 2008, p. 93.

80 Art. 28, al. 1er du statut général de la fonction publique française.

81 Cette seconde condition a remplacée l'expression « de nature à compromettre le fonctionnement d'un service public » qui était moins contraignante. E. AUBIN, *La fonction publique,* Paris, Gualiano, lextenso édition, 6e éd. p. 493.

82 J-M. AUBY, J-B. AUBY, D. JEAN-PIERRE, A. TAILLEFAIT, *Droit de la fonction publique,* Paris, Dalloz, 7e éd, 2012, p. 388.

83 O. DORD, *Droit de la fonction publique,* Paris, P.U.F, 3e éd, 2017, p. 245.

84 V. art. 122-4 du code pénal français.

85 C. CHAUVET, « Fonctionnaire, obéir/désobéir », *Pouvoirs* 2015/4, n° 155, p. 152.

86 J. GICQUEL, J-E. GICQUEL, *Droit constitutionnel et institutions politiques,* 23e éd, Paris, Montchrestien, 2009, p. 395.

87 La doctrine a salué le printemps démocratique africain des années quatre vingt dix (1990), V. J. BAECHLER, « Des institutions démocratiques pour l'Afrique », *RJPIC,* Vol. 46, n° 2, avril-juin 1992, pp. 163-181. A. BOURGI, Ch. CASTERAN, *Le printemps de l'Afrique,* Paris Hachette, pluriel 1991 ; B. KANTE, M. E, PIETERMAAT-KROS (dir.), *Vers la renaissance du constitutionnalisme en Afrique,* Dakar, 1998.

88 F-J, AÏVO, « La crise de normativité de la constitution en Afrique », *R.D.P,* n° 1-2012, p. 146.

d'audace malgré les limites constitutionnelles à la révision voire la rigidité des dispositions constitutionnelles y afférentes.

On peut donc relever que ces pratiques constitutionnelles récentes en Afrique prouvent, que « la rigidité d'une norme ne suffit pas à garantir sa stabilité »[89], encore moins les mécanismes de séparation des pouvoirs se révèlent très souvent défaillants à empêcher la banalisation des normes constitutionnelles, n'arrêtent plus l'entreprise de désacralisation de la constitution par les politiques. Face aux juges constitutionnels défaillants – soit en raison de leur lien avec les politiques, soit par leur manque d'audace jurisprudentielle – le Peuple se retrouve par un pur état de fait comme le seul stabilisateur de la norme fondamentale face au gouvernement qui n'a plus en face de lui des contre-pouvoirs institutionnels crédibles.

La déchéance du contrôle de constitutionnalité[90] ouvre des horizons aux politiques pour adopter des lois ou réviser la loi fondamentale dans un sens qui arrange non pas l'intérêt général, mais le pouvoir en place se servant ainsi du droit pour s'éterniser au pouvoir. Certaines constitutions africaines avaient innové en introduisant un contrôle de constitutionnalité préventif pour parer aux multiples projets de désacralisation de la loi fondamentale mais sans succès. Il en est ainsi de la constitution centrafricaine de 2004[91] qui a introduit un contrôle préventif visant à contrôler en amont le projet de loi relatif à la révision constitutionnelle.

Ces formes de révisions constitutionnelles qui ne respectent ni l'esprit de la loi fondamentale, encore moins les formes procédurales, sont dénoncées un peu partout en Afrique par les mouvements citoyens qui s'érigent en véritables gardiens de la loi fondamentale. S'il est permis juridiquement de s'opposer à un ordre manifestement illégal, il relève du bon sens, que la licéité de s'opposer à un ordre anticonstitutionnel s'avère plus pertinent car c'est par cette loi fondamentale que l'ordonnancement juridique s'édifie et prend forme.

Toutefois, ce refus d'obéir à un ordre anticonstitutionnel peut se manifester de plusieurs manières, notamment par des manifestations publiques à travers la désobéissance civile qui est définie comme le « refus volontaire et ostensible d'appliquer un texte réglementaire [un texte anticonstitutionnel dans le cas de figure] »[92]. Dans une très large mesure ce refus se manifeste dans la rue comme ce fut le cas au Burkina Faso avec l'insurrection populaire du 30

89 F-J, AÏVO, *loc cit*, p. 151.

90 B. GUEYE, « La démocratie en Afrique : succès et résistances », *Pouvoirs*, 2009, n° 2, *p*. 19.

91 V. art. 76 de la Constitution centrafricaine du 27 décembre 2004.

92 S. LAUGIER, « La désobéissance comme principe de la démocratie », *Pouvoirs*, n° 155, 2015, p. 43. Il y a lieu toutefois de préciser qu'à l'opposé de la désobéissance civile qui est collective, l'objection de conscience se caractérise quant à elle par la résistance d'une conscience morale isolée.

au 31 octobre qui s'est soldé par la déposition de COMPAORE au Burkina Faso en 2014[93].

2.- La désobéissance à une décision anticonstitutionnelle

Si en droit administratif, l'agent doit refuser d'exécuter un ordre manifestement illégal, quid des décisions violant manifestement la loi fondamentale d'une Nation ? La constitution a certes « un gardien », le juge constitutionnel qui intervient pour censurer toute loi la violant. Mais, il est dès lors important de constater que rares sont les constitutions africaines qui prévoient l'auto saisine du juge constitutionnel dès lors qu'une loi ou une décision politique venait à mettre en échec les principes fondamentaux consacrés par la constitution.

C'est dans ce cadre que les mouvements populaires de protestation, bien qu'ils s'inscrivent en marge des institutions, interviennent pour contester les violations manifestes et souvent flagrantes de nos constitutions africaines. C'est le cas du Niger avec le mouvement « anti-Tazartché », qui s'est levé contre la décision du Président TANDJA de rallonger son mandat en 2009. Le Peuple a fait office d'un contre-pouvoir efficace face à la détermination de TANDJA de pérenniser son pouvoir, car somme toute la dite décision de l'ex président destinée à conserver le pouvoir au-delà de son mandat légal a été rejetée par la Cour constitutionnelle nigérienne.

Il est tout de même utile de remarquer que ces insurrections populaires contre des décisions violant manifestement la constitution ne débouchaient pas sur la prise du pouvoir politique, mais visaient essentiellement le retour à un ordre constitutionnel normal. A chaque fois que le Peuple manifeste son mécontentement suite à des décisions violant la constitution, ce sont les militaires qui ont fini par prendre le pouvoir[94]. On doit alors s'interroger sur la vraie efficacité de l'insurrection populaire en Afrique qui a presque toujours besoin d'un appui militaire pour infléchir ou déposer le régime en place.

Ces réactions populaires à chaque fois que les dispositions constitutionnelles sont violées ou instrumentalisées laissent des meilleurs espoirs pour l'enracinement et l'ancrage démocratiques sur le continent. Les politiques doivent désormais compter avec un contre-pouvoir populaire à chaque fois qu'ils entendent réviser la constitution pour détourner la clause limitative du nombre de mandats. On peut dès lors affirmer que ce principe de limitation du nombre des mandats[95] constitue le verrou susceptible de

---

[93] Cette insurrection populaire s'est fondée sur l'article 167 de la Constitution burkinabé. *Op. cit.*

[94] Ce fut le cas au Niger avec le coup d'Etat de SALOU DJIBO et au Burkina Faso avec la prise du pouvoir d'Isaac ZIDA.

[95] V. F-D, MELEDJE, « Les révisions des constitutions dans les Etats africains francophones. Esquisse de bilan », *R.D.P,* 1992, n° 1, pp. 111-134, A. LOADA, « La limitation du nombre de mandats présidentiels en Afrique francophone », *Afrilex* 2003, n° 3, pp. 139-174, J-L, ATANGANA-

déclencher la révolte populaire, qu'on peut désormais ranger dans le bloc de constitutionnalité insusceptible de révision, du fait qu'il constitue la véritable garantie pour le Peuple d'une alternance politique[96], ou d'une « alternance forcée »[97] pour reprendre l'expression du professeur AHADZI-NONOU.

B.- LA REVENDICATION DE LA DÉMOCRATIE

Le processus d'enracinement de la démocratie en Afrique prend de plus en plus les allures des revendications extra-institutionnelles souvent par le biais d'une protestation conduisant à la désobéissance civile. Cette dernière s'appuie sur « des rouages traditionnels de la politique instituée pour exprimer une revendication. C'est pourquoi elle ne peut se développer que dans une démocratie dans laquelle l'indépendance de la justice est une pratique bien établie. C'est ce qui conduit John RAWLS à affirmer que la désobéissance civile est essentielle à la démocratie »[98]. Cette nouvelle forme de revendication de la démocratie par une protestation spontanée émanant du Peuple, met en avant la défense du constitutionnalisme (1) et celle de l'Etat de droit (2).

1.- La défense du constitutionnalisme

Ces dernières décennies ont vu naitre en Afrique des mouvements populaires en marge des institutions démocratiques défendant le constitutionnalisme. Cette forme de désobéissance civile[99] en marge du droit[100], a pourtant reçu une légitimité populaire[101] en Afrique. Les protestations populaires telles les insurrections du printemps arabe à Tunis, au Caire, et plus récemment à Ouagadougou, aussi disparates aient-elles été, expriment toutes, les mêmes exigences politiques à savoir, le respect du choix du Peuple et l'alternance politique. En d'autres termes, les représentants doivent être légitimes et respecter la constitution telle qu'elle a été adoptée par le Peuple.

La revendication de la démocratie par la « rue » n'est pas nouvelle en Afrique, elle a connu son heure de gloire au début des années quatre vingt dix.

AMOUGOU, « Les révisions constitutionnelles dans le nouveau constitutionnalisme africain », *Politeia,* n° 7, Printemps 2005, pp. 583-622.

96 Le professeur KPODAR, estimait que ce principe d'alternance est destiné à éviter l'exercice d'un pouvoir qui deviendrait viager, A. KPODAR, « Bilan d'un demi siècle de constitutionnalisme en Afrique noir francophone », *Revue electronique afrilex,* Janvier 2013.

97 K. AHADZI-NONOU, « Constitution, démocratie et pouvoir en Afrique », *in* F-J, AÏVO, *La constitution béninoise du 11 décembre 1990 : un modèle pour l'Afrique ? Mélanges en l'honneur de Maurice Ahanhanzo GLELE,* Paris, l'Harmattan, 2014, p. 71.

98 A. OGIEN, *loc cit,* p. 590.

99 H. BENTOUHAMI, « La désobéissance civile à l'épreuve du principe du *fair-play* : entre ingratitude et reconnaissance », *Tracés,* 2006, p. 11.

100 A. OGIEN, *loc cit,* p. 591.

101 A. OGIEN, « La démocratie comme revendication et comme forme de vie », *loc. cit,* p. 33.

Mais celle qui se profile ces dernières années, peut être qualifiée de « corrective », du fait que les démocraties africaines naissantes avaient été détournées à des fins autres que celles qui avaient été pensées par le Peuple à la sortie des dictatures imposées par les régimes d'exception. TOCQUEVILLE avait professé le danger que courrait toute démocratie, celui de la formation de nouvelles aristocraties[102]. En Afrique, les représentants du Peuple qui juraient le défendre, ont politiquement, au fil des années, su formé une caste plus ou moins fermée des politiciens vivant en marge de la société africaine. Le professeur DOCKES remarquait que le mépris des pauvres notamment celui « du bas Peuple » s'enseignait chez ces politiques dès le berceau : « tu es de la race des chefs »[103].

La plateforme malienne de 2017 dénommée « Touche pas à ma constitution », composée d'associations politiques, de la société civile, de mouvements de jeunesse et de partis d'opposition a su faire reculer le gouvernent malien sur son projet de révision constitutionnelle, ce qui illustre cette nouvelle forme de la défense du constitutionnalisme qui intervient en dehors des mécanismes institutionnels pour corriger les déviances et les errements des politiques violant de plus en plus les règles constitutionnelles. Le verrou politique des institutions privant le Peuple du droit à la parole et permettant aux politiques de prendre des décisions arbitraires trouve désormais un contre-pouvoir non institutionnel provenant des protestations populaires. Dans un tel cas de figure on peut affirmer que la révolte populaire est compatible avec la démocratie et peut constituer dans ces cas exceptionnels « une dimension essentielle » de celle-ci[104].

Un fort sentiment populaire généralisé de trahison des idéaux démocratiques par les politiques est perceptible un peu partout sur le continent. Le Peuple ne se reconnaît plus dans les décisions de ses élus, pire il ne reconnaît plus ses élus. Comment transformer cette colère populaire légitime en un outil efficace susceptible d'enraciner les idéaux démocratiques sur le continent et infléchir les politiques à rester dans les limites juridiques fixées par la constitution ? Bien que l'Union africaine a tenté d'apporter des solutions en adoptant des textes sanctionnant les coups d'Etats et les changements anticonstitutionnels des gouvernements[105], on peut affirmer que seule une réelle consolidation des acquis démocratiques et l'enracinement des leurs idéaux dans le conscient collectif conjuguée d'une vraie culture de l'Etat de droit pourront apportés des solutions effectives.

---

102 A. Tocqueville, *De la démocratie en Amérique*, t. 2, 2e part., chap. 20 : « Comment l'aristocratie pourrait sortir de l'industrie », G.F. 1981, pp. 199-202.

103 E. DOCKES, *Valeurs de la démocratie : huit notions fondamentales,* Paris, éd. Dalloz, 2005, p. 55.

104 S. LAUGIER, « La désobéissance comme principe de la démocratie », *loc cit,* p. 45.

105 D. L, TEHINDRAZANARIVELO, « Les sanctions de l'Union africaine contre les coups d'Etat et autres changements anticonstitutionnels de gouvernement : potentialités et autres mesures d'accompagnement », *African Yearbook of International Law,* Vol. 12, 2004, p. 278.

2.- La défense de l'Etat de droit

La revendication de la démocratie est consubstantielle à celle de l'Etat de droit. Toute la difficulté décriée dans l'arbitraire des autorités politiques vient de ce qu'elles refusent de se soumettre au droit ou du moins de soumettre leurs actes et décisions aux exigences du droit et au contrôle des juges indépendants. Les questions relatives à la limitation des mandats présidentiels, aux révisions intempestives des constitutions, à la légitimité des pouvoirs liée à des organisations des élections crédibles aux yeux du Peuple, sont autant des questions qui intéressent l'Etat de droit. Toutes ces formes de désobéissance populaire viennent de ce que les autorités politiques en place ont du mal a accepté les règles établies par la constitution.

Un Etat de droit est un système institutionnel fondé sur le principe du respect des normes juridiques, dans lequel la puissance publique et les citoyens sont soumis au droit[106]. Tout conflit juridique doit, selon ce principe de la primauté du droit[107], trouver sa solution dans le droit[108]. Il impose avant toute prise de pouvoir, une élection libre et transparente on parle alors de la légitimité, mais encore après la prise de pouvoir un exerce de ce dernier dans les conditions exigées par le droit en vigueur, on parle alors de la légalité. Comme il a été soutenu par la doctrine, « le pouvoir légitime est un pouvoir dont le titre est juste ; un pouvoir légal est un pouvoir dont l'exercice est juste. La légitimité est la perspective d'où se place d'ordinaire le titulaire du pouvoir ; la légalité est la perspective d'où se place d'ordinaire le sujet. Là où le puissant invoque la légitimité, le sujet invoque la légalité »[109].

Il en appert que l'Etat de droit ne doit pas être une simple formalité. En d'autres termes, un Etat de droit ne doit pas être que formel, il ne peut donc être l'Etat de n'importe quel droit[110]. Dès lors le respect des normes ne peut suffire à fonder un Etat de droit, encore faut il que ces normes et règles « soient conformes à des impératifs de justice »[111]. Dans cette perspective, on peut s'accorder avec le Professeur MORIN pour dire que la vraie garantie de l'Etat de droit doit reposer sur un régime de gouvernement qui fait preuve de

---

106 L'Etat de droit est défini, dans le dictionnaire de droit international comme étant un « Etat dont l'organisation interne est régie par le droit et la justice », J. SALMON (dir.), *Dictionnaire de droit international public*, Bruxelles, Bruylant, 2001, p. 456.

107 C. PUIGELIER, *Dictionnaire juridique*, Paris, Ed. Larcier, 2015, p. 374.

108 Selon le Vocabulaire juridique, l'Etat de droit est la « Situation résultant, pour une société, de sa soumission à un ordre juridique excluant l'anarchie et la justice privée. [...] En un sens plus restreint, nom que mérite seul un ordre juridique dans lequel le respect du Droit est réellement garanti aux sujets de droit (...) », in G. CORNU, *Vocabulaire juridique*, Paris, P.U.F, 2014, p. 419.

109 N. BOBBIO, « Sur le principe de légitimité », *in* Institut international de philosophie (dir.), *L'idée de légitimité,* coll. Annales de philosophie politique, n° VII, Paris, P.U.F, 1967, p. 49

110 J. CHEVALLIER, *L'Etat de droit*, 4ème éd., Paris, Montchrestien, 2003, p. 14.

111 O. CORTEN, « L'Etat de droit en droit international : quelle valeur ajoutée ? », in *L'Etat de droit en droit international,* Colloque annuel de la société française pour le droit international tenu à Bruxelles, Paris, Pedone, 2009, p. 11.

modération dans l'exercice de pouvoir, et dans lequel existe des contre-pouvoirs[112].

Comme la démocratie, l'Etat de droit est un idéal à atteindre, c'est en cela que sa revendication doit être un combat citoyen perpétuel, car c'est le meilleur moyen pour atteindre la paix, la sécurité, la prospérité et la justice au sein d'un Etat[113]. Il suppose « le respect de d'ordre constitutionnel établi ainsi que la condamnation des coups d'Etat »[114]. Bref, c'est l'idéal permettant la coexistence pacifique car, à chaque fois que les gouvernants se soumettent aux exigences du droit, ils donnent le bon exemple aux gouvernés et rassurent ces derniers.

CONCLUSION

L'exercice excessif du pouvoir nuit au pouvoir, il faut dès lors concevoir un contre-pouvoir au pouvoir pour l'encadrer politiquement et juridiquement. Cette dualité conceptuelle entre pouvoir et contre-pouvoir doit être pensée non pas simplement dans un potentiel rapport conflictuel, mais aussi dans une complémentarité. C'est en cela que des nuances doivent être apportées, car tout abus de pouvoir est fatal à une démocratie même si cet abus émane des contre-pouvoirs populaires qui très souvent peuvent aussi se servir de leur position pour s'aligner politiquement. Tout est une question d'équilibre, car l'équilibre dans tous les sens du terme est consubstantiel à la notion de démocratie qui, a horreur du déséquilibre des pouvoirs. Or tout équilibre est fragile, il peut à tout moment rompre, c'est en cela que la démocratie, dans la recherche de cet équilibre reste et demeure un défi de chaque instant.

Ibrahim MOUMOUNI,

Maitre-assistant de droit public à la FADEG Université de Tahoua (Niger)
Chercheur associé au CREDESPO (Centre de recherche en droit et science politique) de l'Université de Bourgogne

112 J-Y, MORIN, *Libertés et droits fondamentaux dans les constitutions des Etats ayant le français en partage, op. cit*, p. 539.

113 J. CHEVALLIER, *loc. cit*, p. 15.

114 G. NIYUNGEKO, « Accords de paix, résolutions du Conseil de sécurité et reconstruction des sociétés dans des situations post-conflictuelles : quelle place pour l'Etat de droit ? », *in L'Etat de droit en droit international, op. cit*, p. 413.

ACTE II

LA DIVERSIFICATION DES CONTRE-POUVOIRS (SUITE)

Badjo Jeanie Elisabeth DJEKOURI

LA CHEFFERIE TRADITIONNELLE AFRICAINE, RELAIS DU POUVOIR OU CONTRE-POIDS DU POUVOIR ?

INTRODUCTION

« La vérité, c'est que peu de chefs africains ont su résister à la poussée impérialiste avec autant d'habileté et de courage ; c'est que cet homme a su modifier les équilibres sociaux et politiques de la société Malinké... »[1] Cette opinion que se fait l'historien Yves Person de Samori traduit le trait de caractère des chefs traditionnels. Le moins qu'on puisse dire c'est que Samori Touré aura marqué son époque en sa double qualité de chef religieux et de leader charismatique.

Comme lui, de nombreuses autres figures historiques à l'instar de Chaka Zulu en Afrique du Sud, du Moro Naaba au Burkina Faso ont inscrit leur nom dans les annales des sociétés traditionnelles africaines par leurs compétences dans la gestion des pouvoirs et leur capacité de résistance à la pénétration coloniale.

Le tableau tel que présenté amène a priori à appréhender le rôle des autorités traditionnelles dans la société moderne en prenant appui sur le passé.

Les autorités traditionnelles rebaptisées chefferies traditionnelles par le colonisateur existaient déjà dans l'organisation sociale africaine entant que socle de la société. Comme l'affirme le professeur Taladidia Thiombiano : « La chefferie traditionnelle est une institution qui émane des sociétés politiques et des Etats qui existaient en Afrique avant la conquête coloniale. Selon lui, le terme « traditionnel » a d'abord été utilisé par le colonisateur pour distinguer l'administration coloniale de ces royautés considérées comme dépassées et archaïques ».[2] D'ailleurs la qualité « chef » emprunté à l'anglais

1 Person (Yves), Ligier (Françoise), Samori : La renaissance de l'empire mandingue, coll. Les grandes figures africaines, NEA, Abidjan,1983, 172 p.

2 THIOMBIANO (Taladidia), Rôle de la chefferie dans le processus démocratique au Burkina Faso, in le faso.net du jeudi 10 mars 2016.

« *chief* » et reconnue à l'ensemble des autorités traditionnelles est une appellation dévalorisante de ces autorités traitées de groupements indigènes[3].

A cet effet, les autorités traditionnelles ne visent pas une réalité unique pouvant permettre de les loger dans une catégorie précise. Jean Baptiste OUEDRAOGO essaie d'en saisir un sens en les qualifiant « d'autorités coutumières et religieuses traditionnelles, c'est-à-dire les chefs de villages, de cantons ou royaumes et les chefs de terres ou tous responsables coutumiers reconnus comme tels qui, en raison de leur statut social particulier ».[4]

Cette définition est celle retenue par la loi n° 2014-428 du 14 juillet 2014 portant statut des rois et chefs traditionnels en Côte d'Ivoire.

Profondément ancrée dans la société traditionnelle africaine et par la suite transformée par la colonisation, la chefferie traditionnelle a mené une lutte sans merci au colonisateur pour se faire une place dans l'Etat colonial puis post colonial et cherché à se repositionner aujourd'hui pour devenir des acteurs incontournables. A ce titre, les autorités traditionnelles s'illustrent comme des interlocuteurs privilégiés et de proximité entre l'élite moderne au pouvoir et les populations majoritairement rurales. De là, la position capitale qu'elles sont censées occuper dans cette société modernisée.

Cette étude, sans occulter les aspects historiques et sociologiques, loin s'en faut, entend s'inscrire dans une approche juridique cherchant à saisir le chef traditionnel dans le domaine général de l'appareil d'Etat et précisément de l'organisation administrative territoriale. Cet appareil qui se modernise dans la perspective de l'abandon des pouvoirs traditionnels et donc de leurs détenteurs pour faire place à la gestion importée du pouvoir. Il est donc évident que la problématique de la place des pouvoirs coutumiers demeure et devient comme une difficulté récurrente pour laquelle des solutions s'imposent.

Les solutions qui se sont offertes ont été dans un premier temps d'intégrer la chefferie traditionnelle non sans contrepartie. Comme le note cet auteur : « dans la majorité des Etats postcoloniaux, la chefferie traditionnelle est intégrée mais également contrôlée »[5]. Une solution dominante qui s'explique par le poids des traditions et de leur influence morale sur les populations. Mais ailleurs, elle a purement et simplement été supprimée comme c'est le cas en Guinée en 1957 et du Sénégal en 1960[6].

Caractérisées par leur diversité et leur multiplicité, ces autorités sont diversement dénommées. Leur appellation varie d'un Etat à un autre et dans le

---

[3] Idem.

[4] OUEDRAOGO (Jean Baptiste), Rôle et place de la chefferie traditionnelle dans la démocratie. Communications au Conseil Consultatif sur les Réformes Politiques, séance du 25 juin 2011.

[5] OUEDRAOGO (Jean Baptiste), op. cit. 4.

[6] Idem.

même Etat d'une région ou même d'une localité à une autre[7]. Elle est parfois fonction de l'importance de leur qualité dans l'entité territoriale concernée ou dépend même de la notoriété de la localité qu'ils représentent[8]. La plupart « tiennent souvent leurs titres de communautés, de royaumes ou d'Etats indépendants qui existaient bien avant la création du Nigeria par le colonisateur britannique »[9].

Les modes d'accès au pouvoir, sa gestion et son fonctionnement reposent sur des structures sociales dont les autorités traditionnelles sont les détenteurs. La société traditionnelle africaine répond à une organisation bien précise dans laquelle les autorités coutumières occupent une place prépondérante.

Dans la plupart des Etats africains précoloniaux, les autorités traditionnelles sont présentes et sont au cœur de l'organisation de la société. Les africains se reconnaissent presque tous dans les rites et rituels dont les autorités traditionnelles en sont les garants. Comme le dit si bien SOUMOUNI Elisée en ces termes « au Nigéria, la chefferie traditionnelle constitue une institution à laquelle bon nombre de communautés continuent de s'identifier »[10].

C'est la preuve que les autorités traditionnelles représentent l'identité sociologique des Etats africains bien avant la pénétration coloniale qu'elle soit d'origine francophone, anglophone ou autre. A ce titre, des autorités coutumières aux appellations et fonctions aussi diverses que variées se sont illustrées de fort belle manière dans l'organisation de ces sociétés de l'époque précoloniale, coloniale et postcoloniale[11].

Autant de diversités de dénominations qui traduisent la pluralité et la multiplicité même des pouvoirs coutumiers en présence. Et pourtant, elles renvoient à une seule et même réalité sociologique celle d'autorités traditionnelles ou coutumières. Il s'agit précisément des autorités détentrices de pouvoirs religieux, de droits coutumiers sur les terres et de tous autres responsables autochtones africains existant à la tête des sociétés africaines avant, pendant et après la colonisation jusqu'aujourd'hui. Certaines de ces

[7] Cette logique n'est pas différente de celle qui prévaut dans les sociétés dites modernes dont l'organisation laisse entrevoir diverses désignations d'autorités selon leur rang. C'est le cas de la Côte d'Ivoire. Dans l'organisation administrative générale, on note respectivement au plan central et local, diverses appellations d'autorités publiques comme le Président de la République, le vice-président, les Présidents d'Institutions, le Premier Ministre, et les ministres, le préfet, le sous-préfet, les Gouverneurs de Districts, les présidents de Conseils Régionaux et les Maires.

[8] Par exemple, au Nigéria, les autorités traditionnelles sont tantôt appelées Oba, Igwe, Obi ou encore chez les Yoroubas et Edo tandis qu'ils sont désignés d'Emir ou de sultan au Nord. En Côte d'Ivoire, dans le groupe akan situé au sud-est désigne son chef du nom de « Nanan », au Sud-ouest, ils répondent au nom de « tchiffy ».

[9] BNW News, « royal fathers : their power, influence, relevance », 31/08/03.

[10] SOUMONNI (Elisée), L'évolution des rapports entre pouvoir officiel et autorités traditionnelles au Bénin et au Nigéria depuis la fin des années 1980, in le retour des rois-les autorités traditionnelles et l'Etat en Afrique contemporaine, Karthala, 2003.

[11] BNW, op cit.

autorités tiennent leurs pouvoirs de manière héréditaire et d'autres ont acquis ces pouvoirs à titre honorifique ou simplement par désignation de l'Administration moderne[12].

Plus généralement, deux catégories d'autorités traditionnelles coexistent. Celles établies en vertu des us et coutumes du pays et qui jouissent d'une légitimité locale certaine et celles désignées par le pouvoir officiel, reconnues par lui et qui est rarement représentatif des populations mais qui est un sérieux interlocuteur du pouvoir officiel[13].

Quoi de plus normal qu'une société humaine repose sur une organisation ayant en règle générale une tête. Mais, plusieurs sociétés traditionnelles s'accommodaient mal d'une seule tête. Les pouvoirs politiques, religieux et les droits coutumiers terriens n'étaient pas forcément concentrés entre les mains d'une seule et même personne. La cohabitation entre ces divers détenteurs des pouvoirs obéissait dans une certaine mesure à la séparation des pouvoirs traditionnels pour une harmonie dans la société.

Cette configuration présentant une difficulté particulière pour le colonisateur qui avait besoin d'un interlocuteur unique dans sa mission de conquête de territoires, ne pouvant pas composer avec toutes les autorités en présence chacune agissant dans ses attributions propres a trouvé une solution pragmatique pour lui et dévalorisante pour les autorités traditionnelles. Ainsi sans distinction de titre, de qualité, de valeur et d'importance, le colon a uniformisé l'appellation des différentes autorités traditionnelles sous le terme générique de CHEF[14].

De là, le chef devient la désignation unique de toutes les autorités traditionnelles à la tête d'une communauté humaine appelée chefferie. Comme le souligne l'historien Jean-Luc Martineau : « chief est un terme générique qui rend mal compte des différences de statut et de la diversité des situations sociales » étant donné que les chefs nigérians ne constituaient pas un groupe homogène. Ils n'ont pas tous le même grade, ni le même titre, et il existe une hiérarchie au sein de ce groupe ».[15]

La chefferie traditionnelle apparaît comme l'entité politique et administrative de base dont l'assise territoriale peut-être une province, un

---

[12] Les autorités politiques et administratives n'hésitent pas au gré des intérêts partisans de s'immiscer dans la désignation des autorités traditionnelles pourvu qu'elles soient leur relais.

[13] Une telle situation est fréquente dans les Etats où les autorités traditionnelles affichent une certaine hostilité vis-à-vis du pouvoir en place.

[14] Par exemple, le colon anglais acceptait mal que les autorités traditionnelles trouvées sur place et avec lesquelles il devait traiter avaient les attributions similaires à celles du pouvoir royal anglais. Il préfèrerait la dénomination de CHIEF et déniant formellement celle de « KING » pour éviter toute confusion.

[15] Martineau (Jean-Luc), Oba et universitaires yoruba sous les gouvernements militaires, in le retour des rois et autorités traditionnelles de l'Etat en Afrique contemporaine, Karthala, 2003.

canton, une tribu ou un village comme c'est le cas en Côte d'Ivoire[16]. De toutes ces entités territoriales visées et censées avoir un roi ou chef à leur tête, seul le village bénéficie d'un statut juridique précis prévu par la loi d'orientation d'organisation administrative en Côte d'Ivoire[17].

Le village est la dernière circonscription administrative déconcentrée.

Les autres à savoir les royaumes, les tributs, les cantons ne sont pas formellement définis ni règlementés bien qu'ayant fait partie de l'organisation administrative coloniale[18].

La situation est différente au Congo où les ressorts territoriaux concernés sont les chefferies, les groupements et les villages[19].

En visitant les différentes étapes de l'histoire africaine, on s'aperçoit que les rapports entre le pouvoir politique qu'il soit colonial ou postcolonial et le pouvoir coutumier incarné par la chefferie traditionnelle n'ont pas toujours été aisés. En témoigne cet échange peu courtois entre BOUKARY Naba frère de MOGHO NABA SANEM nom du chef traditionnel moossi En Haute Volta aujourd'hui Burkina Faso dans et le capitaine français DESTENAVE chargé par la France de prendre possession des pays voltaÏques en 1895[20].

« Ton chef, dis-tu, viens pour organiser le pays mais je trouve que le pays est très bien et qu'il n'a nul besoin d'organisation ...»[21].

Plus tard dans les années 1958, le conflit ouvert entre le pouvoir moderne et le pouvoir traditionnel a conduit le député –roi de Boussouma à faire cette déclaration au président Maurice Yameogo : « tu es le président. On te respecte, mais, tu n'es pas autre chose ».

Cette déclaration en rajoute à la tension entre deux types d'autorités en présence. Le moins qu'on puisse dire est que la chefferie traditionnelle entretenait des rapports conflictuels avec l'administration coloniale de l'époque. Des rapports houleux marqués par une forte hostilité à la pénétration et à l'implantation de l'administration coloniale dans l'ensemble des Etats

---

16 L'article 2 de la loi organique n° 2014-428 du 11 juillet 2014 portant statut des rois et chefs traditionnels de Côte d'Ivoire définit les ressorts territoriaux concernés. En application de cette loi, le décret n°2015-358 du 20 mai 2015 portant organisation et fonctionnement de la Chambre nationale des rois et chefs traditionnels a été pris à peine un an après.

17 Article 2 de la loi n°2014-451 du 05 août 2014 portant orientation de l'organisation générale de l'Administration territoriale dispose clairement que l'Administration territoriale déconcentrée est assurée dans le cadre de circonscriptions administratives hiérarchisées que sont : les régions, les départements, les sous-préfectures, les villages.

18 Le découpage administratif colonial issu de l'organisation administrative de la Côte d'Ivoire comprenait des cantons et des cercles. Mais les royaumes et les tributs existaient déjà avant la colonisation et leur ressort territorial était bien défini. C'est le cas du royaume du sanwi.

19 Article 1er de la loi n° 15/015 du 25 aout 2015 fixant le statut des chefs coutumiers en République Démocratique du Congo (RDC).

20 France Archives, Les chefs au Burkina Faso. La chefferie traditionnelle des origines à l'Indépendance. http://audealaculture.fr/sites/default/files/Archives/les_chefs_au_burkina_faso.pdf.pdf.

21 Idem.

africains notamment d'Afrique subsaharienne.

Une telle hostilité qui ne pouvait être canalisée que par la voie des armes. En effet, pour pénétrer les territoires africains, les colons ont opposé les populations les poussant parfois aux affrontements en bouleversant les règles coutumières d'accession au pouvoir[22].

Loin de prétendre étudier les chefferies traditionnelles de l'ensemble des Etats africains, il ne nous a pas semblé pertinent de faire des choix précis tant il est aisé de nous appuyer sur des exemples dans les deux systèmes d'administration coloniale et donc de faire appel à des cas ayant marqué l'histoire africaine moderne.

Quel que soit le système d'administration coloniale, (assimilation ou association), la chefferie traditionnelle a reçu le même traitement. Elle va évoluer dans son rôle et connaître des fortunes diverses tout au long de l'histoire africaine (précoloniale, coloniale et post-coloniale) pour s'imposer aujourd'hui en s'affichant comme une force socio-politique incontournable[23].

A ce propos, au regard de l'engouement presque généralisé autour de la chefferie traditionnelle, le retour en force de ces autorités traditionnelles longtemps reléguées au second plan et hautement marginalisées pour certaines et combattues ou interdites pour d'autres, conduit presque naturellement à s'interroger sur la nature des rapports existants entre elles et l'Administration publique moderne[24].

La dynamique des rapports entre le pouvoir et la chefferie traditionnelle montre une certaine ambivalence faisant de la chefferie traditionnelle un indispensable relais (I) et un introuvable contre-poids (II).

I.- L'INDISPENSABLE RELAIS

Entre la société moderne et traditionnelle se positionne la chefferie traditionnelle entant que relais indispensable du pouvoir. Son importance sociale ne souffre d'aucun doute (A) parce que la chefferie traditionnelle est un auxiliaire incontournable (B).

A.- UNE IMPORTANCE SOCIALE AVÉRÉE

L'importance sociale de la chefferie traditionnelle s'entend comme la place

22 BAROIN (Catherine), Une chefferie traditionnelle réinventée : les Rwa du Mont Meru (Tanzanie du Nord) in Actes du colloque «Rois et Chefs dans les Etats africains de la veille des indépendances à la fin du XXème siècle. Eclipses et résurgences, Paris 8-10 novembre 1999, Paris Karthala, p. 419-428 ? Le retour des rois. PERROT (Claude-Hélène et FAUVELLE-AYMAR) François-Xavier.

23 BAROIN (Cathérine), op. cit. p.10.

24 FORQUILHA Cadete (Salvador), *Chefferie traditionnelle et décentralisation au Mozambique : discours, pratiques, dynamiques locales Institut d'études sociales et économiques* (IESE)/Coopération suisse, Maputo, Karthala ,10/1 (n° 117), 200 p.

qu'occupe la chefferie traditionnelle dans l'organisation sociale et sociétale.

Ainsi, la chefferie traditionnelle a toujours joué un rôle essentiel et occupé une position stratégique et non négligeable dans la majorité des Etats africains, notamment en tant que relais naturel du pouvoir aussi bien dans les zones dites rurales et urbaines. Toute l'organisation de la société repose sur elle et est structurée à son image.

Le professeur Tidjani en fait un constat palpable en observant la société traditionnelle nigérienne. Selon lui, « la figure du chef traditionnel renferme des réalités hétérogènes, forgées par l'histoire particulière de chaque chefferie, en dépit du cadre homogénéisant dans lequel on l'enferme souvent, et quoiqu'en disent les nombreux textes juridiques qui la fondent. De plus, la diversité de leurs profils invite à reconnaître que les chefs ne s'appuient pas toujours sur le même capital de ressources politiques.

Celles-ci sont variables d'une période à l'autre et ne renferment pas toujours le même contenu. Leur efficacité symbolique et leur poids politique ne peuvent s'analyser sans tenir des contextes socio-politiques locaux et nationaux »[25]. Cette diversité, source de richesses et de complexités à la fois favorise ce rapprochement entre la chefferie traditionnelle et le pouvoir moderne. C'est en effet le relais indispensable de transmission des décisions aux populations locales autochtones et allogènes.

La chefferie traditionnelle est l'institution de proximité des populations. Dès lors, elle apparaît comme le premier interlocuteur du pouvoir moderne. Rien ne peut se faire efficacement sans l'implication de la chefferie traditionnelle.

A ce titre, elle sert de collaborateur habituel sur lequel s'appuie le pouvoir moderne dans la mise en œuvre des politiques publiques telles que la déconcentration et la décentralisation[26]. En témoigne les textes coloniaux pris à cet effet.

Déjà pendant la période coloniale, l'importance des autorités coutumières qualifiées d'indigènes par le colon a été affirmée. Le professeur Mahaman Tidjani Alou le souligne en ces termes : « C'est William Ponty qui attira le premier l'attention sur l'importance de la chefferie dans la mise en place de la domination française en Afrique de l'Ouest. Dans sa fameuse « politique des races » définie dans la circulaire n°186 de 1909, il encourage les administrateurs coloniaux « à choisir un chef indigène dans une famille de la

---

[25] TIDJANI ALOU (Mahaman), *La chefferie au Niger et ses transformations De la chefferie coloniale à la chefferie post coloniale,* Laboratoire d'études et recherches sur les dynamiques sociales et le développement local (LASDEL), Etudes et Travaux n° 76, Niamey- Parakou, Mai 2009, p.2.

[26] Salvador (Cadete Forquilha), Chefferie traditionnelle et décentralisation au Mozambique : discours, pratiques, dynamiques locales, trad. Lacharte (Brigitte) Institut d'études sociales et économiques (IESE)/Coopération suisse, Editions Karthala, Politique africaine n° 117, Maputo. 2010/1, 200p.

race dont il représente un des groupements »[27].

Le colonisateur a reconnu dès le départ le rôle des chefs traditionnels et élaboré une stratégie de collaboration pour la mise en œuvre de sa politique de pénétration et de domination. En témoigne les nombreux instruments juridiques coloniaux[28]. Celui –ci devant, malgré tout composer avec eux ou les contraindre à collaborer. C'est ainsi « le pouvoir colonial dans sa quête de légitimité et de soumission des « indigènes » sous sa domination a eu recours au pouvoir traditionnel et ceci dans le cadre du recrutement de soldats pour les guerres coloniales, pour les cultures de rente (coton, arachide), mais aussi pour imposer et lever l'impôt de capitation[29].

C'est aussi par l'intermédiaire de ces chefs que les travaux forcés (portage jusqu'aux ports, travaux de construction du chemin de fer Abidjan-Niger, construction de routes pour l'évacuation des produits de rente, etc.) étaient organisés à travers le recrutement des forces vives dans les villages. Mais, les chefs qui refusaient de collaborer, et il y en a eu, ont souvent été destitués au profit de chefs plus dociles »[30].

Les chefs indigènes ou coutumiers constituent le socle des valeurs sociétales avec lesquels le colonisateur doit composer dans un premier temps pour servir de courroie de transmission entre lui et les populations.

L'exposé des motifs de la loi Congolaise du 25 août 2015 fixant le statut des chefs coutumiers[31] retrace clairement l'importance du rôle des chefs traditionnels.

Cette loi vise notamment à affirmer le rôle protecteur du chef coutumier en ce qui concerne l'identité culturelle ainsi que les valeurs traditionnelles morales ; à réaffirmer le caractère apolitique du chef coutumier ; - et à réaffirmer l'implication du chef coutumier dans la sauvegarde de l'unité et de la cohésion nationales »[32].

Elle définit non seulement la notion de chef traditionnel mais de la distinguer de l'autorité coutumière. En effet « Est chef coutumier, toute personne désignée conformément à la coutume locale, reconnue par les pouvoirs publics et chargée de diriger une entité coutumière »[33]. Le chef coutumier visé par la présente loi concerne « le chef de chefferie, le chef de

[27] TIDJANI ALOU (Mahaman), *La chefferie au Niger et ses transformations De la chefferie coloniale à la chefferie post coloniale,* op. p. 5.

[28] Arrêt du conseil du contentieux de l'AOF du 17 mars 1959.

[29] TIDJANI ALOU (Mahaman), *La chefferie au Niger et ses transformations De la chefferie coloniale à la chefferie post coloniale,* op. p. 5.

[30] Idem.

[31] Loi n° 15/015 du 25 août 2015 fixant le statut des chefs coutumiers.

[32] Article 1er de ladite loi

[33] Idem.

groupement et chef de village, désigné conformément à la coutume locale »[34].

Quant à l'autorité coutumière, elle est « le pouvoir reconnu au chef coutumier et fonctionnant conformément à la coutume locale ou la personne revêtue de ce pouvoir ».[35]

Au Niger, le statut des chefs coutumiers a toujours été au cœur des débats si bien qu'il a fait l'objet de plusieurs dispositions législatives et réglementaires depuis la colonisation jusqu'à ce jour. D'ailleurs, le contentieux administratif et constitutionnel reste dominé par la question de la désignation des chefs traditionnels.

Dans une circulaire coloniale du 23 août 1932, l'Administration coloniale reconnaît l'indispensable rôle de l'institution *chefferiale* en tant que force socio-politique non négligeable. C'est ainsi que « la collaboration avec les chefs s'impose à nous comme un devoir et comme une nécessité. Elle s'inspire du libéralisme de notre politique coloniale. Elle répond aux légitimes aspirations de la population. Elle complète une organisation qui souffre de la pénurie de cadres européens. Le commandement indigène doit être le plus solide point d'appui du levier avec lequel nous nous proposons d'élever la masse ».[36]

L'importance de la chefferie traditionnelle en tant que collaborateur naturel voire involontaire du pouvoir s'est particulièrement illustrée au Niger. Le professeur Tidjani Alou Mahaman montre clairement, dans une étude consacrée à la question que la chefferie traditionnelle revêt une importance singulière au Niger.

Selon lui, « la chefferie au Niger met à jour un processus continu de composition et de recomposition institutionnelles d'une structure dont la nature reste identique depuis la colonisation et qui se maintient au fil du temps et des changements politiques… »[37].

Mais, le professeur ne manque pas de s'interroger sur l'importance exacerbée de la chefferie traditionnelle au Niger qui se révèle comme « une institution omniprésente dans la gestion du pouvoir d'Etat. Selon lui, « tout laisse penser qu'au Niger l'institution *chefferiale* s'est renforcée pour devenir en fin de compte une institution étatique à part entière »[38].

L'importance de la chefferie traditionnelle s'est illustrée à toutes les étapes de la société africaine. Et on a vu combien, la société était désorganisée chaque fois que le pouvoir en place a tenté de contourner les chefs traditionnels, de les marginaliser de les exclure du processus de pénétration et

---

34 Ibid.

35 Article 2 de ladite loi.

36 TIDJANI ALOU (Mahaman), op. cit. p.6.

37 TIDJANI ALOU (Mahaman), op. cit. p.2.

38 TIDJANI ALOU (Mahaman), *La chefferie au Niger et ses transformations De la chefferie coloniale à la chefferie post coloniale,* op. p. 8.

de conquêtes des territoires.

La chefferie traditionnelle, si elle est mieux appréciée c'est à dire si son rôle n'est pas sous-estimé, elle s'illustre comme un auxiliaire incontournable du système politique.

B.- UN AUXILIAIRE INCONTOURNABLE

L'analyse des relations entre l'État colonial et postcolonial, les chefs traditionnels dans l'organisation administrative révèle un double constat. D'une part la chefferie traditionnelle apparaît comme est un auxiliaire naturel incontournable du pouvoir en place. D'autre part, elle peut s'illustrer comme une force sociale redoutable.

Cette réalité constitue une difficulté non négligeable à prendre en compte dans les stratégies politiques élaborées. C'est ainsi qu'à défaut de l'associer aux différentes décisions prises, le régime colonial s'est servi de la chefferie traditionnelle pour implanter son système administratif au niveau local dans la plupart des Etats africaine sous domination coloniale.

L'Arrêté colonial du 10 octobre 1934 portant constitution de l'administration indigène en Côte d'Ivoire dispose clairement que les chefs traditionnels sont des relais incontournables du pouvoir en ce qu'ils sont des » agents de l'ordre administratif chargés d'accomplir certaines tâches d'exécution pour le compte de l'Etat »[39].

De l'avis du pouvoir central, le chef coutumier reste le maillon, l'intermédiaire actuel de l'administration et des populations, l'auxiliaire indispensable du sous préfet. Le professeur Alice Degni Segui note qu'« ils sont un rouage utile pour la bonne marche de l'administration »[40].

Les chefs traditionnels constituent une force indispensable et non négligeable sur laquelle comptent les pouvoirs publics non parce qu'ils détiennent leur autorité dans les us et les coutumes. Le conseil du contentieux de l'AOF va jusqu'à les qualifier « d'agents de l'ordre administratif chargés d'accomplir certaines tâches d'exécution pour le compte de l'Etat.

On remarque que le chef du village était l'autorité coutumière principale dans la mesure où le village est la première entité reconnue ayant à sa tête une autorité coutumière. Mais, cette autorité coutumière est tiraillée entre soumission et résistance au pouvoir moderne.

De fait, elle ne fut pas automatique comme l'admet Cadete Forquilha Salvator parlant du pouvoir mozambicain : « la soumission des chefferies à ce même régime ne fut pas toujours automatique ni un fait homogène sur

---

[39] Degni Segui (Alice), L'Administration locale ivoirienne, Thèse de Doctorat en Droit,, Aix-Marseille, 1982, 364p.

[40] Idem.

l'ensemble du territoire mozambicain »[41]. Le cas du Mozambique montre comment l'importance de la chefferie traditionnelle a amené le pouvoir à ne pas se passer d'elle.

Pour l'auteur, « à l'image de ce qui se produisit dans d'autres pays d'Afrique, de l'élite au pouvoir au Mozambique scolarisée et fascinée par l'idée de la modernité, celle-ci voyait dans la chefferie traditionnelle un pouvoir à la fois concurrent et résiduel, condamné à disparaître avec le temps »[42].

Il fallait la combattre ou la soumettre avant de s'imposer. C'est ainsi que « L'action du régime du Frelimo contre la chefferie fut particulièrement violente, surtout durant les années qui suivirent l'indépendance, et eut pour effet la marginalisation et la stigmatisation des chefs traditionnels », affirme l'auteur.

De fait, les deux parties en présence n'ont pas la même lecture de la situation. En effet, « tandis que les partis politiques visent l'élargissement du soutien dont ils disposent localement, les chefs traditionnels s'efforcent de consolider leur statut d'intermédiaires politiques et d'obtenir des gains matériels »[43].

A toutes les étapes de l'histoire africaine, les relations entre chefferies traditionnelles et le pouvoir moderne colonial ou postcolonial n'ont pas toujours été aisées ni facilement construites. On n'est pas surpris de voir que le chef traditionnel apparaît comme le meneur de troupes pendant les périodes de retour au multipartisme.

C'est avec lui que se nouent toutes les alliances qu'il est par la suite tenu d'entretenir en ralliant la base surtout dans les zones où la chefferie traditionnelle constitue un élément important de la vie locale[44].

L'instrumentation et la manipulation des autorités coutumières ont été dans un premier temps le fait du pouvoir colonial qui entendait en faire un allié de gré ou de force.

Les textes coloniaux montrent clairement que le colonisateur n'a pas aisément pénétré les territoires à coloniser sans avoir préalablement réfléchi à une stratégie de compréhension et de maitrise des forces en présence[45].

Or, les dites forces bien qu'organisées ne présentaient difficilement une

---

[41] CADETE FORQUILHA (Salvator), Traduction LACHARTE (Brigitte), Chefferie traditionnelle et décentralisation au Mozambique : discours, pratiques, dynamiques locales, Institut d'études sociales et économiques (IESE)/Coopération suisse, Editions Karthala, Politique africaine N° 117, Maputo, 2010-2011, p.7.

[42] Idem.

[43] CADETE FORQUILHA (Salvator), Traduction LACHARTE (Brigitte), Chefferie traditionnelle et décentralisation au Mozambique, op. p.8.

[44] CADETE FORQUILHA (Salvator), p ;9.

[45] Idem.

structure homogène facile à cerner. De la nature de cette structure dépendait la stratégie à mettre en place. Certaines avaient une organisation moins structurée que d'autres qui présentaient une structure centralisée.

Cette dernière organisation semble convenir au pouvoir moderne dont l'objectif de parvenir à canaliser l'influence sociale de ces autorités dont elles ne sont pas toujours conscientes. Or, la chefferie traditionnelle constitue une force sociale indéniable capable de devenir un contre -poids sérieux.

Mais, un contre -poids difficile à trouver quand, tiraillée entre la tradition et le modernisme, la chefferie traditionnelle fait le jeu du pouvoir d'Etat pour servir parfois ses propres intérêts.

II.- L'INTROUVABLE CONTRE-POIDS

La chefferie traditionnelle est au comble de l'incohérence et de l'instabilité du pouvoir. Encrée dans les us et coutumes, elle s'accroche d'un à son autonomie en résistant difficilement à l'autorité moderne pour préserver son identité (A) et de l'autre, elle œuvre pour obtenir un statut juridique moderne (B).

A.- UNE DIFFICILE RÉSISTANCE

La question des relations entre l'État et la chefferie traditionnelle est devenue une des principales préoccupations aussi bien pour le colonisateur que l'élite au pouvoir dès les indépendances.

C'est ce qui apparaît dans les lignes de l'ouvrage de Salvador Cadete Forquilha consacré aux rapports la chefferie traditionnelle et le pouvoir en place. [46]

La chefferie traditionnelle est une institution apparemment autonome de l'administration moderne qui résiste difficilement aux velléités de contrôle du pouvoir.

A ce titre, on n'hésite pas à la placer, sous haute surveillance lui réinventant un statut afin de mieux la contrôler. [47]

Le pouvoir invente un collaborateur sur mesure et suivant ses besoins. Dans la majorité des Etats postcoloniaux, la chefferie traditionnelle bien que ne détenant pas de pouvoir politique formel est bien intégrée et bien présente dans les sphères de décision en raison de sa forte influence si bien qu'elle constitue un contre poids informel, pas toujours visible et donc difficilement maitrisable.

La chefferie traditionnelle tient en majorité à préserver son identité culturelle qui fait d'elle les garants des traditions ou des us et coutumes. A ce

[46] CADETE FORQUILHA (Salvator), op. p.10.

titre et surtout en zone rurale, ces autorités coutumières préfèrent préserver leur identité par leur autonomie affirmée vis-à-vis des autorités modernes ou même des partis politiques afin de se mettre à l'abri des dérives de leur engagement partisan[48]. L'exemple nigérien paraît topique[49].

Mais, elle reste tiraillée entre les différentes forces politiques en présence. Le pouvoir en place et l'opposition ne manquent pas d'imagination pour s'attirer les faveurs des autorités coutumières. En règle générale, le pouvoir en place l'emporte quand il va jusqu'à s'arroger les pouvoirs de désignation des chefs traditionnels.

Ce fut le cas au Togo et au Nigéria après la mort de l'Emir de Kano où des successeurs de chefs traditionnels décédés ont été nommés en violation des us et coutume par le pouvoir moderne causant parfois des troubles sociaux et des contestations populaires.

Dans les zones concernées, les populations rejettent ces rois faits et intronisés par le pouvoir moderne car elles ne se reconnaissent pas en elles comme étant les vrais détenteurs des pouvoirs royaux mais plutôt des usurpateurs ou des opportunistes ou encore des complices des déstabilisateurs de leur société.

Par ailleurs, plusieurs autorités traditionnelles sont des anciens commis et hauts fonctionnaires de l'Etat ou de simples citoyens issus de lignées de chefs qui retournent en zones rurales lorsque leur tour de règne arrive.

La ruée de ces chefs traditionnels d'un genre nouveau constitue une assise sûre pour le pouvoir d'Etat avec lequel ils ont longuement collaboré en zones urbaines[50].

De fait, le pouvoir est souvent le premier soutien de ces chefs traditionnels anciennement fonctionnaires et agents de l'Etat ou encore des travailleurs des administrations publiques ou privées. Ces anciens commis de l'Etat font le jeu de leur mentor. Pour cela, le pouvoir n'hésite pas à procéder à la démultiplication de villages qui ne correspondent pas toujours aux réalités socio-culturelles[51].

Certains chefs traditionnels jugés plus dociles reçoivent du pouvoir une protection particulière en signe de gratitude pour soumission à l'autorité de l'Etat pendant que d'autres sont déportés et punis et même bannis.

Les actions par lesquelles le pouvoir moderne entend contrôler la chefferie

---

48 Au Niger, à une certaine époque, des dégâts importants perpétrés par le « anti tazarcé » au palais du chef Dosso partisan du « Tazarcé » en haoussa la continuité (ou révision constitutionnelle) il en a été de même au Burkina Faso avec les chefs coutumiers connus affiliés à certains partis politiques impopulaires.

49 GARBA Abdoul Azizou, « Le Tazarcé », et la chefferie traditionnelle : la complicité invisible- CETRI.

50 TIDJANI ALOU (Mahaman), *La chefferie au Niger et ses transformations De la chefferie coloniale à la chefferie post coloniale,* op. p. 8.

51 Idem.

traditionnelle sont diverses. Des nominations aux fonctions honorifiques et autres avantages leur sont accordés avec le rang protocolaire afin qu'ils servent le pouvoir en place en se mettant à sa disposition[52].

A la fin, on se retrouve en présence de deux rois, deux chefs dans le même espace, l'un reconnu par les populations et l'autre par le pouvoir moderne qui est dans ses bonnes grâces. Ces conflits récurrents de leadership ne favorisent pas la constitution d'une force sociale homogène capable de servir de contrepoids social fiable.

Pour faire face aux éventuelles velléités de retour en force des autorités traditionnelles dont le poids social n'est pas à négliger, le choix d'une politique d'apparaît pas immédiatement évidente pour le pouvoir moderne, qui comme le pouvoir colonial est en quête d'un allié.

B.- UNE INSTITUTIONALISATION PIÉGÉE

Ces dernières années, la tendance est à l'institutionnalisation de la chefferie traditionnelle. En effet, le regain d'intérêt et de vitalité dont fait l'objet les chefs traditionnels, dans de nombreux Etats africains comporte des interrogations. Il est à la fois surprenant et curieux de remarquer qu'à l'instar d'une grande majorité des Etats africains qui, très tôt a compris que la chefferie traditionnelle est incontournable dans la construction de la paix sociale, la Côte d'Ivoire a emboité le pas à ses homologues pour institutionnaliser la chefferie traditionnelle. La curiosité réside dans l'acceptation d'un partage d'un même espace social.

Et la surprise dénote plus du nouveau rôle taillé sur mesure dans lequel on entend les confiner. Dans tous les cas, l'élite moderne au pouvoir dans la plupart des Etats africains, jeunes pour la plupart est à la recherche de leur marque[53]. Concilier le pouvoir traditionnel détenu à la base dans les zones rurales par la chefferie traditionnelle et celui des zones urbaines où son influence n'est pas totalement absente.

Ces zones urbaines anciennement rurales abritent encore et toujours les vestiges des traditions. On comprend pourquoi de nombreux Etats africains à l'instar du Ghana, du Niger, de l'Afrique du Sud ont vite fait de les intégrer en accordant un statut constitutionnel aux Rois et Chefs traditionnels coutumiers[54]. C'est ainsi que « le président Rawlings a su responsabiliser cette force sociale pour assurer la stabilité du régime démocratique du Ghana

---

52 En Côte d'Ivoire, la Commission Dialogue et Vérité, l'organisme de règlement non juridictionnel de la crise ivoirienne a été présidé par un chef religieux catholique et comprend des chefs traditionnels laïcs et réligieux comme membres.

53 L'Afrique du Sud, le Ghana ayant une longue histoire avec la chefferie traditionnelle ont fini par légiférer sur la question.

54 17 Rois, 8000 Chefs de village, 417 Chefs de canton et plus de 300 chefs de tribu ont été provisoirement recensés.

en même que cela a permis une fois pour toutes de déconnecter formellement la chefferie coutumière du jeu politique partisan »[55].

L'implication des autorités traditionnelles dans la vie politique s'est renforcée au fil des années.

La conférence Nationale Souveraine a particulièrement mis en exergue la place des anciens dans le processus de démocratisation et de ce que le pouvoir d'Etat attend en tant que socle de la société[56]. En RDC, les chefferies représentent 5434 groupements, 737 collectivités - secteurs et 261 collectivités soit 35,4% des entités du pays à cet échelon[57].

Le titre XIV de la constitution du 8 novembre 2016 portant constitution de la IIIème république de Côte d'Ivoire « crée une Chambre des Rois et Chefs traditionnels qui représente la chefferie de Côte d'Ivoire »[58].

Cette institutionnalisation longtemps souhaitée par les têtes couronnées n'a pas la même motivation pour le pouvoir officiel que pour les concernés.

Pour le pouvoir moderne, la chefferie traditionnelle représente parfois une menace, un contre pouvoir poids sérieux s'immisçant qu'il convient de maitriser. Car toutes les tentatives d'instrumentalisation, d'intimidation et de pression de toute sorte n'ont pas réussi à éradiquer totalement les poches de résistances. Comme le pouvoir colonial, le pouvoir moderne postcolonial use de moyens légaux pour parvenir à ses fins de musellement de la chefferie traditionnelle.

Non seulement la reconnaissance d'un statut légal est un moyen idéal pour mieux réglementer une entité socio-politique redoutable aux diverses ramifications et influences mais de l'éloigner définitivement des ambitions politiques. Du moins, c'est ce qu'il apparaît dans les dispositions pertinentes les lois fondamentales des Etats ayant constitutionnalisé la chefferie traditionnelle. Il en va ainsi de la constitution ivoirienne du 08 novembre 2016 quand elle la cantonne dans un rôle consultatif. La loi organique portant statut des rois et chefs traditionnels adoptée en application de cet article constitutionnel est on ne peut plus clair sur la question.

Ainsi, l'article 6 dispose que « les Rois et Chefs traditionnels sont soumis aux obligations de neutralité, d'impartialité et de réserve. Ils doivent s'abstenir d'afficher leur appartenance politique. Cette contrainte est renforcée par l'article 7 qui l'éloigne de tout pouvoir politique en ces termes « la qualité de

---

55 THIOMBIANO (Taladidia), Rôle de la chefferie dans le processus démocratique au Burkina Faso, op.cit. p. 3.

56 BISIMWA (Ntububa Maurice), Les pouvoirs politiques traditionnelle dans la gouvernance démocratique en RDC, Louvain-la-Neuve : Academia L'Harmattan, Espaces Afriques, p. 6.

57 Idem.

58 Sont désignés Rois et Chefs traditionnels, les Rois, les Chefs de Provinces, de canton, de tribu et de village. De toutes ces entités, seul le village dispose d'un statut juridique clair en vertu des lois d'orientation sur l'organisation de l'administration en Côte d'Ivoire.

Roi et Chef traditionnel est incompatible avec l'exercice de tout mandat électif »[59].

On se rend compte que la qualité de Roi et chef traditionnel enlève désormais la qualité de citoyen à ces autorités coutumières qui devront choisir entre être citoyen ordinaire et jouir pleinement des prérogatives attachées à cette qualité et Roi et Chef traditionnel. La parade est toute trouvée pour museler des autorités qui ont une réelle emprise sur leurs populations et donc d'écarter légalement des adversaires sérieux à des postes électifs.

Pour les Rois et Chefs, l'institutionnalisation est un progrès et une revalorisation de leur statut voire une reconnaissance de leur existence. Leur entrée triomphante dans les différentes constitutions apparaît comme une suite heureuse à la lutte pour la reconnaissance de leur existence longtemps bafouée et marginalisée. C'est pour eux, l'occasion d'être affirmés comme alliés et collaborateurs indispensables tels qu'ils sont mis à contribution dans la politique d'organisation administrative de l'Etat et de bénéficier à cet égard de tous les avantages et privilèges dus à leur rang à un niveau local et rural[60].

Mais, l'élément déterminant de ce statut reste la rémunération. A cet égard, il est bon de noter que les différends Rois et Chefs traditionnels émargent au budget de l'Etat car pour le fonctionnement de l'institution traditionnelle qu'ils représentent, une subvention annuelle de l'Etat leur est octroyée.

Dans l'ex ZaÏre, certains dignitaires de la chefferie traditionnelle étaient gratifiés de ''l'ordre national de léopard''tandis que d'autres occupaient le premier rang du parti unique dans leurs entités respectives. Autant de considération qui leur conférait une importance sociale et des privilèges et immunités qui les mettaient à l'abri de poursuites judiciaires[61].

CONCLUSION

L'analyse des relations entre l'Administration moderne et la chefferie traditionnelle révèle une configuration remarquablement plurielle fait à la fois de collaboration, de domination et de soumission.

Pacifiques ou conflictuelles, ces relations ayant connu des fortunes diverses tout au long de l'histoire de l'Afrique avec pour point culminant une formalisation de leur statut n'ont jamais été aussi bien appréciées par le

---

59 La neutralité tant recherchée chez les autorités coutumières est un idéal à atteindre. Bien souvent, on les voit s'afficher non seulement au premier rang des manifestations officielles mais aussi se voient confier des fonctions ne garantissant pas toujours cette neutralité.

60 Articles 4 et 5 de la loi organique. (rang protocolaire, dans les cérémonies publiques, protection de leur image…etc.

61 BUAGUO MOSABI (Dieudonné) FUFULAFU ZANIWE (Amand-Félix), Démocratie et pouvoirs coutumiers dans les chefferies du Haut-Uélé en RDC, Mémoire, Université de l'Uélé, 2012.

pouvoir d'Etat[62]. La chefferie traditionnelle apparaît aujourd'hui plus qu'hier comme un relais naturel, un allié sur qui peut s'appuyer l'Administration à tous égards. L'Etat, colonial puis indépendant, a utilisé les autorités traditionnelles pour s'implanter sur l'ensemble du territoire, pour relayer ses injonctions, pour contrôler les populations et approvisionner en moyens humains et financiers ses caisses insatiables.[63]

Aux dires du professeur Tidjani Alou « la figure du chef traditionnel renferme des réalités hétérogènes, forgées par l'histoire particulière de chaque chefferie, en dépit du cadre homogénéisant dans lequel on l'enferme souvent, et quoiqu'en disent les nombreux textes juridiques qui la fondent »[64].

De plus, la diversité de leurs profils invite à reconnaître que les chefs ne s'appuient pas toujours sur le même capital de ressources politiques. Celles-ci sont variables d'une période à l'autre et ne renferment pas toujours le même contenu. Leur efficacité réelle et leur prétendu poids politique ne peuvent valablement être appréciés qu'en n'ignorant pas les contextes socio-économico politiques dans lesquels ces autorités traditionnelles évoluent et déploient leur pouvoir.

Leur pouvoir et influence sont avérées auprès des populations au point où la plupart des législations les cantonnent dans le rôle de garant des us et coutumes[65]. C'est évident que le pouvoir d'Etat entend mieux les contrôler dans ce rôle dans lequel elles sont figées ne doivent en sortir. Ce sont les véritables interlocuteurs des populations qui leur obéissent plus qu'aux autorités modernes. A ce titre, elles feraient de vrais contre-poids à leur autorité. C'est sans doute pour cette raison que l'institution qui les représente est censée être neutre.

De l'autre côté, les autorités traditionnelles ont trouvé [66]dans ce partenariat avec le Léviathan moderne les moyens de survivre dans la modernité et mieux encore, les moyens d'affirmer tant vis - à-vis de leur population que vis- à-vis du pouvoir contemporain, leur utilité, leur pertinence, autrement dit leur savoir-faire social, leur capacité de régler les conflits entre les populations[67].

Conformément à la constitution ivoirienne du 8 novembre 2016 « la chefferie traditionnelle participe, dans les conditions définies par une loi, à

---

62 Loi n°2015-01 du 13 janvier 2015 portant statut de la chefferie traditionnelle en République du Niger.

63 TIDJANI ALOU (Mahaman), *La chefferie au Niger et ses transformations De la chefferie coloniale à la chefferie post coloniale,* op. p. 8.

64 Idem.

65 Article 175 de la loi n°2016-886 du 08 novembre 2016 portant constitution de la république de Côte d'Ivoire.

66 BUAGUO MOSABI (Dieudonné) FUFULAFU ZANIWE (Amand-Félix), Démocratie et pouvoirs coutumiers dans les chefferies du Haut-Uélé en RDC, Mémoire, Université de l'Uélé, 2012.

67 Le règlement non juridictionnel des conflits dans les conflits dans les villages et entre les communautés est l'une des principales attributions reconnues par la constitution ivoirienne du 8 novembre à la chefferie traditionnelle.

l'administration du territoire ». La loi organique intervenue entre temps s'est contentée d'énumérer les différentes entités visées par cette loi.

A l'analyse, il ressort que la chefferie traditionnelle est entre le moderne et le traditionnel devenant du coup une institution hybride « tradi- moderne » conservant son rôle originel mais se voyant confier de nouveaux rôles. Difficile pour elle de s'affranchir de l'emprise du pouvoir moderne pour s'illustrer comme un contre-poids émergent au regard des enjeux de la gouvernance politique.

En fin de compte l'institutionnalisation comporte des germes d'un musellement de ces autorités coutumières. Elle apparaît moins comme une avancée du statut de la chefferie traditionnelle que comme un prétexte légal par lequel le pouvoir d'Etat peut mieux encadrer leurs actions.

Ces autorités influentes en tant que garant des us et coutumes et autorités de proximité des populations locales entendent jouer pleinement leur partition dans la société.

Badjo Jeanie Elisabeth DJEKOURI,
Maître de Conférences agrégée,
Université Félix Houphouet Boigny, (UFHB) Abidjan

Paterne MAMBO

LA SÉPARATION DES POUVOIRS DANS LES SYSTÈMES ADMINISTRATIFS AFRICAINS

Réfléchir sur la séparation des pouvoirs dans les systèmes administratifs africains invite à questionner aussi bien les généralités que les spécificités dans ce domaine particulier. Il est évident qu'en la matière, comme dans bien d'autres, c'est l'exception qui confirme la règle.

Mais, avant d'aller plus loin, il importe de définir quelques notions clé.

D'abord, la séparation des pouvoirs : il s'agit d'une doctrine, d'une théorie, d'un principe démocratique, dont la paternité est généralement attribuée à Locke et Montesquieu, et d'après lequel la répartition des pouvoirs dans l'État doit se faire en procédant à une double distinction : distinction organique et distinction fonctionnelle. Il faut ainsi, par application du principe, répartir les pouvoirs de l'État entre plusieurs organes et définir ou déterminer les compétences de chaque organe. La théorie de la séparation des pouvoirs distingue ainsi entre trois pouvoirs : le pouvoir exécutif, le pouvoir législatif et le pouvoir juridictionnel, qui sont exercés par des organes distincts. On s'aperçoit que l'application du principe de la séparation des pouvoirs conduit à une spécialisation des fonctions et des organismes chargés de les exercer. Dans la présente réflexion, nous choisissons de réfléchir sur la consécration du principe et son effectivité dans les systèmes administratifs africains, de façon générale.

Ensuite, pour ce qui est des systèmes administratifs, nous pouvons les assimiler ici à l'organisation administrative. L'expression désigne un ensemble de structures administratives, plus ou moins coordonnées, plus ou moins hiérarchisées. Il s'agit d'un ensemble d'organismes administratifs rendus vivants par les hommes qui les animent. Il s'agit d'un ensemble d'administrations (étatiques et/ou locales), composé d'organes divers, que Jacques Chevallier appelle les éléments de l'appareil administratif.

Dans un contexte de démocratisation des régimes politiques, où les démembrements de l'État revendiquent une autonomie plus importante, à défaut d'obtenir l'indépendance, le sujet mérite d'être mis sur la table des discussions. L'actualité du moment avec ce qui se passe en Espagne, où l'administration catalane veut s'affranchir de Madrid, invite à s'intéresser à la question dans le contexte africain, où les revendications sociales pour plus de justice et de démocratie proviennent parfois, sinon souvent, de la maladministration, de la grippe des systèmes administratifs, de l'absence d'une véritable séparation des pouvoirs au sein des administrations africaines. Les problèmes de gouvernance administrative, à l'origine de dysfonctionnements récurrents, les conflits de tous genres qui minent le continent amènent à s'interroger et à poser la question suivante : La séparation des pouvoirs est-elle une réalité dans les systèmes administratifs africains, à l'ère de la démocratisation des régimes politiques ?

On s'aperçoit, en observant l'environnement juridique et sociologique ou politique, que la réponse à la question est contrastée. D'une part, il faut dire que la séparation des pouvoirs dans les systèmes administratifs africains est déclamée (I). D'autre part, elle est perturbée (II).

I.- UNE SÉPARATION DES POUVOIRS DÉCLAMÉE

La séparation des pouvoirs est consacrée dans les systèmes administratifs africains, de façon générale. Elle est affirmée ou déclamée constamment par les pouvoirs publics. On note ainsi une déclamation juridique (A) et une déclamation politique (B).

A.- LA DÉCLAMATION JURIDIQUE

Elle résulte du droit positif, des textes en vigueur, mais aussi de la jurisprudence.

D'abord, les textes : ils organisent dans chaque État africain la séparation des pouvoirs dans les systèmes administratifs. Séparation des pouvoirs entre l'Administration de l'État et les Administrations locales. Séparation au sein même de l'Administration étatique et au sein des Administrations locales. Séparation des pouvoirs entre autorités locales et autorités étatiques. Séparation des pouvoirs entre autorités locales, mais aussi séparation des pouvoirs entre autorités étatiques. La séparation des pouvoirs concerne à la fois les organes et les fonctions exercées par ces organes. Ceci est valable aussi bien dans les États unitaires (comme le Niger, le Sénégal, le Togo, le Bénin), que dans les États régionaux (comme la République Démocratique du Congo ou l'Afrique du Sud) et dans les États fédéraux (comme le Nigeria ou l'Éthiopie).

La réglementation en vigueur, dans les États africains, pose donc la règle de la séparation des pouvoirs entre les différentes Administrations et en leur sein. Ceci met en lumière l'idée de démocratie administrative et l'implémentation de la théorie ou du principe en matière administrative, en vue de prévenir les conflits ou chevauchements de compétences, ainsi que la confusion des pouvoirs.

Ensuite, la jurisprudence : elle contribue à donner à la séparation des pouvoirs dans les systèmes administratifs africains une certaine effectivité. On sait, par exemple, que le juge constitutionnel est mandaté par la Constitution pour trancher les conflits de compétences entre les autorités administratives. La Constitution nigérienne du 25 novembre 2010 dispose ainsi, en son article 126, que « La Cour constitutionnelle se prononce par arrêt sur les conflits d'attributions entre les institutions de l'État ». On retrouve la même disposition dans la plupart des Constitutions des États africains, à l'image du Bénin, dont l'article 117 de la Constitution énonce cette idée. En tant que régulateur du fonctionnement des institutions et de l'activité des pouvoirs publics, le juge constitutionnel africain participe solidement à rendre effective la séparation des pouvoirs dans les systèmes administratifs du continent. Il veille à ce que chaque Administration et chaque autorité administrative reste dans son rôle, sans empiéter sur les pouvoirs dévolus aux autres organes ou organismes administratifs. Le Conseil constitutionnel de Côte d'Ivoire en a donné une illustration parfaite, dans sa décision n° L 006/98 du 1er septembre 1998, en veillant au respect du principe de la séparation des pouvoirs lorsque l'autorité de tutelle, l'État, exerce son pouvoir de tutelle sur les administrations décentralisées, c'est-à-dire sur les collectivités territoriales. Le juge constitutionnel ivoirien rappelle la nécessité de respecter « la libre administration des collectivités territoriales », principe à valeur constitutionnelle qui s'analyse comme un corollaire du principe de la séparation des pouvoirs. Examinant la loi relative au régime financier des régions, le juge constitutionnel ivoirien affirme ceci :

« Considérant que tant dans la mise en place et le fonctionnement du budget de la région que dans son contrôle, l'intervention constante de l'État et de l'autorité de tutelle se vérifie à travers plusieurs dispositions de la loi portant régime financier des régions.

Considérant que nonobstant l'intervention de la tutelle, la loi soumise à l'examen du Conseil se veut respectueuse des principes de souveraineté, d'unité et de la libre administration des collectivités territoriales consacrés par la Constitution », la loi examinée « ne comporte aucune clause contraire à la Constitution ».

Par ailleurs, le juge administratif ou de l'administration contribue également à l'application du principe de la séparation des pouvoirs dans les systèmes administratifs africains, à travers le recours pour excès de pouvoir. En effet, le recours pour excès de pouvoir peut être appréhendé comme un moyen par lequel, saisissant le juge administratif ou de la légalité, les autorités centrales et les autorités locales peuvent contester la violation, non seulement de la légalité, mais également du principe de la séparation des pouvoirs, dans la mesure où excéder ses pouvoirs, c'est s'inviter dans une zone interdite, c'est méconnaître la séparation des pouvoirs et les limitations imposées dans leur mise en œuvre.

Cela dit, la déclamation juridique du principe est relayée par la déclamation politique.

B.- LA DÉCLAMATION POLITIQUE

Au-delà des textes et de la jurisprudence, la séparation des pouvoirs dans les systèmes administratifs africains est également la préoccupation des acteurs ou des animateurs de la vie politique, autrement dit les gouvernants, les détenteurs du pouvoir exécutif. Loin d'être seulement un slogan politique, le principe est mis en œuvre régulièrement. On note ainsi sur le continent le recul progressif de la centralisation des pouvoirs, l'instauration de structures déconcentrées et l'institution d'entités décentralisées. Il y a à la fois un démembrement de l'État et une réorganisation permanente de celui-ci, pour tenir compte des besoins nouveaux exprimés par la société. La recherche de l'efficacité, de la performance et la nécessité de satisfaire l'intérêt général amènent les pouvoirs publics à proclamer, régulièrement, leur volonté d'appliquer la doctrine de la séparation des pouvoirs. Proclamer, mais aussi agir. L'action administrative vient alors au soutien des déclarations politiques, professions de foi ou pétitions de principe. Ainsi, les entités anciennes sont restructurées, des entités nouvelles sont créées, tout ceci visant à éviter le phénomène de la confusion des pouvoirs. Dans cette ambiance évolutionniste, l'avènement des autorités de régulation traduit une autre manière de gouverner, une modalité nouvelle de mise en œuvre de la doctrine de la séparation des pouvoirs, une nouvelle façon d'administrer, en respectant, dans les relations entre les différentes administrations et dans leur sein, la règle de la séparation organique et fonctionnelle des pouvoirs. La plupart des États africains expérimentent ces dynamiques nouvelles, dans un contexte marqué de démocratisation des systèmes administratifs.

On constate, néanmoins, que la séparation des pouvoirs est perturbée dans sa mise en œuvre.

II.- UNE SÉPARATION DES POUVOIRS PERTURBÉE

La séparation des pouvoirs dans les systèmes administratifs africains, en général, n'est pas rigide ou absolue ; elle est plutôt relative. Elle est, de ce point de vue, contrariée ou perturbée à un double niveau : d'abord au niveau normatif, ensuite au niveau factuel. Il importe de voir, tour à tour, les perturbations normatives (A) et les perturbations factuelles (B).

A.- LES PERTURBATIONS NORMATIVES

La réglementation en vigueur dans les États africains, notamment dans les États unitaires, permet de voir que la séparation des pouvoirs, d'un point de vue organique et fonctionnel, n'est pas toujours respectée. Des dérogations existent à la règle de la séparation des pouvoirs, qui amènent à relativiser cette règle. Deux exemples permettent d'illustrer le propos : le pouvoir hiérarchique et le pouvoir de tutelle, consacrés par les textes en vigueur.

D'abord, le pouvoir hiérarchique : il s'exerce au sein d'une même Administration, assurant la subordination des organes inférieurs aux organes supérieurs. Exercé sur les organes et sur les actes, le pouvoir hiérarchique déconstruit la logique de la séparation des pouvoirs, si l'on l'entend comme une séparation à la fois organique et fonctionnelle. Car il permet à l'autorité supérieure d'intervenir et d'agir sur les fonctions exercées par les autorités inférieures et sur les autorités inférieures elles-mêmes. Ainsi, le pouvoir hiérarchique permet à l'autorité investie d'un tel pouvoir de révoquer un agent placé sous son autorité. Au surplus, l'autorité supérieure, dans l'exercice de son pouvoir hiérarchique, dispose d'un pouvoir d'approbation, d'annulation, de réformation et de suspension des actes pris par les autorités inférieures, ce qui montre un interventionnisme de nature à remettre en cause le principe de la séparation des pouvoirs, entendu au sens de séparation organique et fonctionnelle.

Ensuite, le pouvoir de tutelle : il s'agit d'un pouvoir que l'État exerce sur les collectivités décentralisées, à la fois sur leurs organes et sur leurs actes. En ce qui concerne précisément la tutelle sur les actes des collectivités territoriales, il faut relever que l'autorité de tutelle dispose du pouvoir d'approbation expresse ou tacite, et, dans certains cas, du pouvoir de substitution d'action, c'est-à-dire que, dans cette hypothèse, l'autorité de tutelle a le pouvoir d'accomplir un acte en lieu et place de l'autorité décentralisée sous tutelle. Même si ce pouvoir de substitution ne s'exerce généralement que si l'autorité décentralisée néglige ou refuse d'accomplir un acte prescrit par la loi, même après mise en demeure, il n'en demeure pas moins qu'il est une limitation importante au principe de la séparation des pouvoirs, perturbant ainsi la logique de ce principe.

Ces perturbations dites normatives sont prolongées ou relayées par des perturbations factuelles, qu'il convient maintenant d'analyser.

B.- LES PERTURBATIONS FACTUELLES

Les pratiques administratives en Afrique perturbent ou contrarient également la règle de la séparation des pouvoirs. À la limite, on peut se demander si cette règle n'est pas vidée de sa substance au regard de la pratique administrative, notamment celle que l'on observe dans la relation entre l'Administration centrale et l'Administration locale décentralisée. Des exemples factuels permettent d'illustrer cette idée. On en citera deux, relatifs à la mise en œuvre par les autorités centrales de leur pouvoir de révocation à l'égard des autorités locales décentralisées.

Le premier exemple est celui du Niger, où l'on note que, depuis 2013, plusieurs maires, dont celui de Niamey et de Maradi ont été accusés de malversations et révoqués. Fin juin 2017, six maires de villes moyennes ont été révoqués pour des soupçons de malversations de deniers publics. Le Conseil municipal de la ville de Bilma (nord du Niger) a été carrément "dissout". Le dernier cas de révocation en date est celui du maire de Niamey, Hassane Seydou, révoqué le 20 juillet 2017 par décret pris en Conseil des ministres.

Le deuxième exemple est celui du Bénin, où le maire de Cotonou, Léhady Soglo, a été relevé de ses fonctions le 2 août 2017. Il a été révoqué par décret pris en Conseil des ministres.

Au-delà des débats que peuvent susciter ces mesures de révocation, notamment sur la question de la légalité et de la légitimité de telles mesures, il faut bien voir que la séparation des pouvoirs dans les systèmes administratifs africains est plus formelle que réelle ; elle apparaît plus théorique que concrète, donnant ainsi à la règle de la séparation des pouvoirs une portée particulièrement limitée sur le continent.

Il est vrai que les principes régissant l'organisation administrative contribuent à limiter la portée du principe de la séparation des pouvoirs et à lui donner, finalement, le visage qu'il présente sur le continent.

Paterne MAMBO,
Agrégé de droit public, Doyen de la Faculté de droit
de l'Université de Daloa (Côte d'Ivoire)

Errol M. TONI

LA SÉPARATION DES POUVOIRS VUE D'EN BAS : LE CAS DES COLLECTIVITÉS TERRITORIALES D'AFRIQUE DE L'OUEST FRANCOPHONE

RÉSUMÉ

La théorie de la séparation des pouvoirs est habituellement perçue en référence à la répartition des pouvoirs entre l'exécutif, le législatif et le judiciaire. Mais, elle peut être autrement perçue, c'est-à-dire dans une perspective verticale impliquant une répartition des pouvoirs entre le pouvoir central et les pouvoirs locaux (les collectivités territoriales). De ce point de vue, il est intéressant d'examiner la situation des collectivités territoriales d'Afrique de l'Ouest francophone. L'examen montre que si celles-ci possèdent de nombreux attributs faisant d'elles des contre-pouvoirs vis-à-vis de pouvoir central, dans la réalité, elles apparaissent plutôt vulnérables.

ABSTRACT

The theory of the separation of powers is usually perceived with reference to the distribution of powers between the executive, legislative and judicial branches. But it can be otherwise perceived, that is to say in a vertical perspective involving a distribution of powers between the central power and the local one (local and regional authorities). From this point of view, it is interesting to examine the situation of local and regional authorities in French-speaking West Africa. The examination shows that if they possess many attributes that make them counter-powers to central government, in reality they appear rather vulnerable.

INTRODUCTION

« Le pouvoir est l'aphrodisiaque suprême »[1]. Cette assertion de l'ancien Secrétaire d'État américain et prix Nobel de la paix, Henry KISSINGER, montre combien le pouvoir est susceptible d'abus et nécessite, *ipso facto*, un encadrement adéquat. La réflexion sur l'encadrement du pouvoir remonte très loin. Déjà dans la Grèce antique, Aristote proposait une tripartition du pouvoir afin d'éviter les abus. On peut ainsi lire dans le chapitre XI du livre VI de *La Politique* ce qui suit : « Dans tout État, il est trois parties (...). La première, c'est l'assemblée générale délibérant sur les affaires publiques ; la deuxième, c'est le corps des magistrats (...) ; la troisième, c'est le corps judiciaire ». De nombreux autres auteurs ont abondé en ce sens en proposant des formules variées d'encadrement du pouvoir[2].

De manière générale, elles ont consisté à éclater le pouvoir ou, si l'on préfère, à distinguer plusieurs pouvoirs au sein de l'État. La justification de ce procédé a été fournie par James MADISON dans *The Fédéralist* lorsqu'il a écrit que l'accumulation de tous les pouvoirs (législatif, exécutif et judiciaire) dans les mêmes mains était « la véritable définition de la tyrannie »[3]. Autrement dit, le libéralisme politique exige que soit établie une pluralité de pouvoirs (au sens d'organes) au sein de l'État, avec une fonction précise pour chacun d'eux, de sorte à ce que lesdits pouvoirs se contrebalancent. C'est exactement ce qu'a réitéré MONTESQUIEU à travers une formule restée célèbre : « Pour qu'on ne puisse abuser du pouvoir, il faut que, par la disposition des choses, le pouvoir arrête le pouvoir »[4].

De cette volonté de limitation du pouvoir est donc née la doctrine de la séparation des pouvoirs[5]. Il faut, au demeurant, reconnaître à MONTESQUIEU d'avoir, en quelque sorte, « popularisé » cette doctrine. Pour des générations de juristes, son nom reste le principal qui y est attaché. De même, la tripartition par lui proposée (pouvoir exécutif, pouvoir législatif et pouvoir judiciaire) reste incontestablement une référence.

Mais, comme toute proposition doctrinale de cette envergure, les vues de MONTESQUIEU sont devenues, au fil du temps, l'objet d'intenses controverses. Les critiques contemporaines insistent sur le caractère anachronique de cette doctrine. En clair, la configuration institutionnelle actuelle au sein des États ne permet plus d'affirmer que les pouvoirs, ceux

---

1 Journal *The Guardian*, 28 novembre 1976.

2 Pour approfondir, on pourra lire M. BARBERIS, « Le futur passé de la séparation des pouvoirs », *Pouvoirs*, n° 143, 2012, pp. 8-12.

3 Cité par J. Ph. FELDMAN, « La séparation des pouvoirs et le constitutionnalisme : mythes et réalités d'une doctrine et de ses critiques », communication présentée lors du *VIIe Congrès français de droit constitutionnel*, AFDC, Paris, 2008, p. 1.

4 MONTESQUIEU, *De l'esprit des lois*, Paris, Éditions Gallimard, 1995, livre XI, chapitre IV.

5 X. BOISSY, *La séparation des pouvoirs, œuvre jurisprudentielle*, Bruxelles, Bruylant, 2003, 649 p.

exécutif et législatif notamment, sont séparés et se font contrepoids. À en croire les Professeurs Georges VEDEL[6] et Dominique ROUSSEAU[7], cela est vrai quel que soit le type de régime politique. En effet, que ce soit en régime présidentiel comme au Bénin, ou en régime parlementaire comme au Sénégal, le jeu des alliances pousse à une connivence entre le législatif et l'exécutif dans l'exercice du pouvoir. Certes, cette situation est atténuée dans le régime présidentiel[8]. Mais, dès qu'elle existe, la majorité parlementaire favorable au gouvernement constitue l'instrument d'une union des deux pouvoirs.

À défaut d'y voir la fin d'une théorie qui représente « le plus formidable "casse-tête" intellectuel posé aux analystes de la chose constitutionnelle »[9], il faut y voir une mutation de celle-ci. La séparation des pouvoirs, et par voie de conséquence le système de *checks and balances* qu'elle implique, n'est plus véritablement appréciable dans les rapports entre l'exécutif, le législatif et le judicaire. Plusieurs transfigurations ont été proposées au sein de la doctrine[10].

L'une d'elles consiste à désormais percevoir la séparation, non plus entre les organes centraux de l'État, mais entre les organes centraux d'une part et les organes locaux d'autre part. L'originalité de cette vision est qu'elle s'inscrit dans une appréhension verticale de la division du pouvoir. Il s'agit de la séparation « verticale » des pouvoirs, ce qui suppose une séparation des pouvoirs vue d'en bas ou d'en haut, selon la position choisie. Cette nouvelle forme de séparation des pouvoirs n'est pas exclusive. Elle n'interdit pas une séparation « horizontale » concomitante des pouvoirs. De même, elle poursuit le même objectif que cette dernière : « servir d'arme de guerre contre le

---

6 « C'est surtout Georges VEDEL qui va insister sur la mécompréhension traditionnelle de la pensée de MONTESQUIEU (...). Dès le mois de juillet 1958, dans une célèbre série d'articles au journal *Le Monde*, il règle son compte à la doctrine classique en quelques lignes nerveuses qui méritent d'être citées : "Méfions-nous (...) des belles vues *a priori* sur la séparation des pouvoirs. MONTESQUIEU, réaliste s'il en fut et observateur aigu de la vie politique concrète, doit se retourner dans sa tombe s'il a connaissance des dogmes que de prétendus disciples veulent couvrir de son nom. La séparation des pouvoirs à la lettre n'existe pas. Voici plus de quarante ans que le Professeur Woodrow WILSON décrivait l'incessant processus de marchandage, de compromis et de parlementarisme de couloirs dans lequel le Président des États-Unis est engagé en face du Congrès." ». J. Ph. FELDMAN, « La séparation des pouvoirs et le constitutionnalisme : mythes et réalités d'une doctrine et de ses critiques », art. précité, p. 3.

7 « Au Portugal, en Suède, en Autriche, aux États-Unis, en Espagne, en France, quelle que soit l'organisation de la séparation des pouvoirs voulue par l'écrit constitutionnel, l'unité du pouvoir d'État se reconstitue par la grâce de la logique politique majoritaire attribuant au camp victorieux et à son chef la maîtrise du pouvoir normatif ». D. ROUSSEAU, « Question de constitution », *in Mélanges en l'honneur de Gérard CONAC : le nouveau constitutionnalisme*, Paris, Economica, 2001, pp. 11-12.

8 V. P. NORTON, « La nature du contrôle parlementaire », *Pouvoirs*, n° 143, 2012, p. 13.

9 A. le DIVELLEC, « L'articulation des pouvoirs dans les démocraties parlementaires européennes : fusion et mitigation », *Pouvoirs*, n° 143, 2012, p. 123.

10 Séparation entre le couple exécutif + majorité parlementaire et opposition, séparation entre l'État fédéral et les États fédérés ou entre l'État unitaire et les collectivités locales, apparition de nouveaux pouvoirs : la presse, le juge constitutionnel, les organisations communautaires, etc. V. M. BARBERIS, « Le futur passé de la séparation des pouvoirs », art. précité, pp. 12-14 et P. PACTET et F. MÉLIN-SOUCRAMANIEN, *Droit constitutionnel*, Paris, Sirey, 2010, pp. 103-114 et 117.

pouvoir omnipotent »[11].

De manière concrète, la séparation « verticale » des pouvoirs s'incarne, au sein de l'État unitaire, à travers la décentralisation ou, plus exactement, à travers la décentralisation territoriale[12]. Celle-ci est définie comme un « système d'administration consistant à permettre à une collectivité humaine (…) de s'administrer elle-même sous le contrôle de l'État, en la dotant de la personnalité juridique, d'autorités propres et de ressources »[13]. La libre administration des entités locales est donc consubstantielle à la décentralisation[14]. Elle se manifeste à travers la personnalité juridique et l'autonomie financière qui leur sont accordées.

Ce sont, du reste, ces deux caractéristiques qui permettent d'affirmer que les entités locales sont des contre-pouvoirs[15] vis-à-vis du pouvoir central[16]. Mais, au-delà de l'affirmation péremptoire, il convient d'éprouver cette proposition. Les entités locales sont-elles véritablement des contre-pouvoirs vis-à-vis du pouvoir central ? Arrivent-elles réellement à modérer son action ?

Cette problématique, pour être examinée efficacement, mérite d'être circonscrite dans l'espace. De ce point de vue, l'Afrique de l'Ouest francophone apparaît comme un champ intéressant d'étude. Même si de nombreuses études y existent sur les entités locales, l'aspect de « poids et contrepoids » dans leurs relations avec le pouvoir central n'a été que très faiblement examiné. De plus, les liens historiques qui lient les États de cet espace (Bénin, Burkina-Faso, Côte d'Ivoire, Guinée, Mali, Niger, Sénégal et Togo) sont à l'origine d'une unité juridique qui permet une étude englobante. Mais, on aurait tort d'assimiler cette unité juridique à de l'uniformité juridique. Par exemple, les types d'entités décentralisées qui existent dans ces pays ne sont pas les mêmes. Il y a une variété certaine des niveaux de

---

11 J. Ph. FELDMAN, « La séparation des pouvoirs et le constitutionnalisme : mythes et réalités d'une doctrine et de ses critiques », art. précité, p. 1.

12 La décentralisation technique ne paraît pas correspondre véritablement à l'idée de la séparation des pouvoirs du fait de la faible autonomie des structures, c'est-à-dire les établissements publics, qui en résultent (pas d'élection, présence de représentants de l'État, tutelle pesante…).

13 S. GUINCHARD et Th. DEBARD (dir), *Lexique des termes juridiques*, Paris, Dalloz, 2015, p. 320.

14 Cette libre administration est consacrée par les textes constitutionnels de l'espace étudié. Cf. art. 151 de la constitution du Bénin, art. 145 de la constitution du Burkina-Faso, art. 172 de la constitution de Côte d'Ivoire, art. 136 de la constitution de Guinée, art. 98 de la constitution du Mali, art. 164 de la constitution du Niger, art. 102 de la constitution du Sénégal, art. 141 de la constitution du Togo.

15 Sur la notion de contre-pouvoir, véritable nébuleuse juridique, on pourra lire S. MILACIC, « Le contre-pouvoir, cet inconnu », *in* Études à la mémoire de Christian LAPOYADE-DESCHAMPS, PUB, 2006, pp. 675-697 et F. HOURQUEBIE, « Le contre-pouvoir, enfin connu : Pour une analyse de la démocratie constitutionnelle en terme de contre-pouvoirs », *Mélanges en l'honneur de Slobodan MILACIC*, Bruxelles, Bruylant, 2007, pp. 99-115.

16 Il faut souligner qu'à certains moments, ce sont les collectivités territoriales qui représentent le pouvoir, et l'État le contre-pouvoir (à travers son contrôle de tutelle). C'est ce que F. HOURQUEBIE, « Le contre-pouvoir, enfin connu : Pour une analyse de la démocratie constitutionnelle en terme de contre-pouvoirs », art. précité, p. 108 appelle la « réversibilité théorique du pouvoir et du contre-pouvoir ».

décentralisation et des dénominations des collectivités qui en résultent[17]. Dans le même sens, la dénomination générique des entités décentralisées n'est pas la même partout. En Guinée par exemple, ces entités sont appelées collectivités locales[18]. Toutefois, il faut reconnaître que l'expression « collectivité territoriale » a la faveur de la majorité des jurislateurs de l'espace[19].

Au bénéfice de ces considérations, la question de savoir si les collectivités territoriales d'Afrique de l'Ouest francophone constituent véritablement des contrepouvoirs vis-à-vis du pouvoir central appelle une réponse en deux temps. Le premier temps est celui de l'analyse *in abstracto*. Une exégèse des textes permet de se rendre compte que lesdites collectivités disposent d'un habillage juridique qui autorise à voir en elles des contre-pouvoirs. C'est l'habit qui permet de reconnaître le moine (I). Le second temps est celui de l'analyse *in concreto*. Il permet de constater que l'habillage juridique ne suffit pas à faire des collectivités territoriales de véritables contre-pouvoirs. Autrement dit, en cette matière comme dans d'autres, l'habit ne fait pas le moine (II).

I.- L'HABIT PERMET DE RECONNAITRE LE MOINE

La création des collectivités territoriales n'a pas été sans incidence sur le pouvoir central. En effet, l'arithmétique de la décentralisation se traduit par deux opérations simples : une soustraction de compétences au niveau central et une addition de compétences au niveau local, le tout dans la complémentarité. C'est justement grâce à ces deux opérations que les collectivités territoriales apparaissent comme des organes jouant un rôle de modération du pouvoir dont dispose les autorités au niveau central de l'État (A). De plus, elles sont confortées dans ce rôle par la légitimité démocratique de proximité dont bénéficient leurs principaux organes (B).

A.- UN RÔLE DE MODÉRATION DU POUVOIR CENTRAL

L'affirmation de l'autonomie locale est une constante des textes en vigueur dans l'espace étudié. Ainsi, sans revenir sur les dispositions constitutionnelles garantissant la libre-administration des collectivités territoriales dans les pays étudiés[20], il est possible de mentionner qu'au Togo, la loi portant

---

[17] Trois niveaux au Mali (régions, cercles, communes) et au Togo (région, préfecture, cercle), deux niveaux au Burkina-Faso, en Côte d'Ivoire, en Guinée, au Niger (région et commune) et au Sénégal (département et commune), et un niveau au Bénin (commune). Pour approfondir, v. P. HOCHET et *alii*, *Livre blanc de la décentralisation financière dans l'espace UEMOA*, Labo Citoyennetés, décembre 2014, p. 12.

[18] C'était aussi le cas au Sénégal jusqu'à la réforme constitutionnelle de 2016.

[19] C'est donc elle qui sera préférée pour la suite des développements.

[20] Cf. *supra*, p. 5.

décentralisation et liberté locale dispose que « les collectivités territoriales exercent leurs compétences dans le strict respect de l'intégrité, de l'autonomie et des attributions de chacune d'entre elles »[21]. En Côte d'Ivoire, la loi portant orientation de l'organisation générale de l'administration territoriale rappelle que « dans le domaine de leurs compétences, les collectivités territoriales se substituent à l'État »[22].

L'évocation d'une substitution à l'État confirme le rôle de modération qu'exercent les collectivités territoriales. Ainsi, le pouvoir central ne dispose plus de la plénitude des attributions liées à la satisfaction de l'intérêt général. Une bonne partie de celles-ci est transférée vers la périphérie, au profit des collectivités territoriales. Par voie de conséquence, il y a une atténuation, une édulcoration de la toute-puissance des autorités centrales de l'État.

Les compétences octroyées aux collectivités territoriales font souvent l'objet d'une clause générale dans les législations des États étudiés. Cette dernière leur attribue le droit de régler les affaires d'intérêt local[23]. Au-delà de cette clause générale de compétence, il y aussi le principe de subsidiarité qui intervient dans la détermination des compétences des collectivités territoriales. Suivant ce principe, l'État doit transférer aux collectivités territoriales les compétences qui peuvent être mieux exercées au niveau local.

La combinaison de ces différents critères aboutit à attribuer aux collectivités territoriales des compétences d'une grande variété[24]. Elles concernent l'aménagement du territoire local, l'urbanisme, les infrastructures et le transport, l'alphabétisation des adultes, la santé et l'action sociale, l'hygiène et la salubrité, l'enseignement maternel et primaire, le commerce et l'artisanat, la gestion des ressources naturelles et la protection de l'environnement, etc.[25]

Le libre exercice de ces compétences est garanti par divers mécanismes.

---

[21] Art. 10 de la loi n° 2007-011 du 13 mars 2007 portant décentralisation et liberté locale.

[22] Art. 36 de la loi n° 2014-451 du 05 août 2014 portant orientation de l'organisation générale de l'administration territoriale.

[23] Art. 3 de la loi portant décentralisation et liberté locale (Togo) : « Des compétences spécifiques constituant le domaine des affaires d'intérêt local sont reconnues à chaque type de collectivité territoriale ». Art. 15 de la loi n° 2012-1128 du 13 décembre 2012 portant organisation des collectivités territoriales (Côte d'Ivoire) : « Les conseils règlent, par délibération, les affaires des collectivités territoriales ». V. aussi l'article 278 de la loi n° 2013-10 du 28 décembre 2013 portant code général des collectivités locales (Sénégal) et les articles 22, 97, 164 de la loi n° 2012-007 du 7 février 2012 portant code des collectivités territoriales (Mali).

[24] Les collectivités territoriales disposent alors d'un pouvoir normatif à cet effet. V. A. HUSSEIN, « Le pouvoir normatif des collectivités territoriales métropolitaines », *Petites affiches*, n° 123, 2017, pp. 4 et s. Dans le même sens, l'art. 4 de la loi portant décentralisation et liberté locale (Togo) dispose que « les collectivités territoriales disposent d'un pouvoir réglementaire pour l'exercice de leurs compétences ».

[25] Pour une présentation détaillée, v. le chapitre 3 du titre 2 de la loi n° 97-029 du 15 janvier 1999 portant organisation des communes (Bénin), les articles 22, 97, 164 de la loi portant code des collectivités territoriales (Mali), le titre 2 du livre 2 du Code général des collectivités locales (Sénégal), les articles 53, 138 et 119 de la loi portant décentralisation et liberté locale (Togo).

D'abord, il y a l'autonomie financière[26] des collectivités territoriales qui est posée en principe par les textes de la décentralisation. Les collectivités territoriales disposent alors d'une pluralité de sources de revenus propres[27]. Elles reçoivent la compétence d'instituer certaines taxes et de moduler le taux de certains prélèvements fiscaux. Mais, ces compétences en matière fiscale ne sont jamais initiales, comme dans le cas des collectivités territoriales de certains États anglophones d'Afrique de l'Ouest[28]. Elles sont résiduelles[29], car intervenant toujours dans un cadre défini par le législateur, ce qui du reste est conforme au principe constitutionnel de légalité fiscale. Les collectivités territoriales reçoivent également, en provenance de l'État, des ressources additionnelles pour permettre l'exercice efficace des compétences transférées. Ces transferts de ressources sont même, en Côte d'Ivoire, une obligation constitutionnelle pour l'État[30].

Le libre exercice des compétences des collectivités territoriales est ensuite garanti, dans certains pays, par la création d'une institution constitutionnelle spécifique[31] qui a pour mission de veiller sur leurs intérêts. Cette institution est dénommée Haut conseil des collectivités locales en Guinée[32], Haut conseil des collectivités au Mali[33] et Haut conseil des collectivités territoriales au Sénégal[34].

---

26 A. ESSONO OVONO, « L'autonomie financière des collectivités locales en Afrique noire francophone. Le cas du Cameroun, de la Côte-d'Ivoire, du Gabon et du Sénégal », Revue électronique *Afrilex*, 2012, 24 p.

27 Sur les ressources propres des collectivités territoriales au sein de l'UEMOA, v. P. HOCHET et *alii*, *Livre blanc de la décentralisation financière dans l'espace UEMOA*, *op. cit.*, pp. 18-23. Il est à noter qu'en Côte d'Ivoire, « les recettes fiscales et les autres ressources propres des collectivités territoriales représentent (nécessairement) une part déterminante de l'ensemble de leurs ressources » (art. 173 de la constitution) et qu'au Niger, « les recettes réalisées sur les ressources naturelles et du sous-sol sont réparties entre le budget de l'État et les budgets des collectivités territoriales conformément à la loi » (art. 152 de la constitution).

28 Ghana et Nigéria par exemple. V. E. EVAH-MANGA, « La décentralisation en Afrique : une approche comparative par sous-région », *Coopération internationale* (CNFPT), 25 mars 2014, en ligne : http://www.wikiterritorial.cnfpt.fr /xwiki/wiki/econnaissances/ view/ Questions-Cles/LadecentralisationenAfrique-uneapprochecomparativeparsous-region, consulté le 12 août 2017.

29 L'attribution d'un pouvoir fiscal plénier aux collectivités territoriales comporte un risque. Elle peut provoquer ce que le professeur Michel BOUVIER qualifie de « néo-moyen âge fiscal », c'est-à-dire un éclatement de l'État dû à l'apparition d'une multitude de collectivités autonomes en mesure de défier son autorité. V. M. BOUVIER, « De la réforme du pouvoir fiscal local à la nouvelle gouvernance financière publique », *Revue française de finances publiques*, n° 98, 2007, p. 4.

30 Art. 174 de la constitution : Tout transfert de compétences entre l'État et les collectivités territoriales s'accompagne de l'attribution de ressources équivalentes à celles qui étaient consacrées à leur exercice. À titre comparatif, v. les articles 282 et 320 du Code général des collectivités locales (Sénégal), l'article 39 de la loi portant décentralisation et liberté locale (Togo). Lire aussi P. HOCHET et *alii*, *Livre blanc de la décentralisation financière dans l'espace UEMOA*, *op. cit.*, pp. 23-27.

31 Au Togo (art. 52 de la constitution) et en Côte d'Ivoire (art. 87 de la constitution), il n'y pas d'institution spécifique, mais le Sénat est expressément chargé d'« assurer la représentation » des collectivités territoriales.

32 Art. 138 de la constitution.

33 Art. 99 de la constitution. Ce Haut conseil a un statut quasi-législatif (membres élus et bénéficiant immunités, fonctionnement par sessions, existence d'incompatibilités...), sans avoir un rôle législatif.

34 Art. 66-1 de la constitution (issu de la révision de 2016).

Il y a enfin, comme garantie de l'autonomie locale, le positionnement du personnel de la collectivité territoriale sous l'autorité exclusive de son organe exécutif. Ce dernier est ainsi compétent, dans les limites définies par la loi, pour recruter, gérer et licencier les individus au service de la collectivité. Dans certains pays (Côte d'Ivoire[35] et Sénégal[36]), un statut de la fonction publique locale a même été adopté dans ce cadre.

L'existence de toutes ces garanties vise à assurer un exercice quasi-indépendant de leurs compétences par les collectivités territoriales. Elles peuvent dès lors faire contrepoids au pouvoir central. Elles le peuvent d'autant plus que leurs principaux organes disposent, tout comme ceux au niveau central, d'une légitimité issue des urnes. Au surplus, cette légitimité est, dans leur cas, marquée du sceau de la proximité.

B.- UNE LÉGITIMITÉ DÉMOCRATIQUE DE PROXIMITÉ

De prime abord, il faut se défier des apparences et préciser que ce qui peut paraître évident ne l'est pas tant que ça pour certains auteurs. En effet, la doctrine n'est pas unanime sur l'existence d'un lien entre la décentralisation et la démocratie[37]. Quelques lignes tirées d'un article écrit par le Professeur Bernard CHANTEBOUT permettent de s'en convaincre : « Telle qu'elle a été, au nom de la démocratie, conçue par Deferre et mise en œuvre par ses épigones, la décentralisation "à la française" jette le discrédit sur la Ve République. Elle n'est pas un approfondissement de la démocratie ; elle en est l'anti-thèse »[38].

Mais, à l'analyse, ces propos apparaissent plus comme une critique d'un processus précis de décentralisation (celui français en l'occurrence) que comme une mise en cause générale de la décentralisation en tant que vecteur de démocratie. Autrement dit, ce que semble écrire l'auteur, ce n'est pas que la décentralisation ne favorise pas la démocratie, mais que, telle qu'elle est mise en œuvre en France, la décentralisation ne contribue pas à la vitalité démocratique. Au demeurant, il semble difficile, dans l'absolu, de contester l'existence d'un lien entre la décentralisation et la démocratie. Si cette dernière représente, suivant la belle formule associée à Abraham Lincoln, « le gouvernement du peuple par le peuple et pour le peuple », quoi de mieux que la décentralisation pour l'exprimer ?

---

[35] Loi n° 2002-04 du 03 janvier 2002 portant statut du personnel des collectivités territoriales.

[36] Loi n° 2011-08 du 30 mars 2011 relative au statut général des fonctionnaires des collectivités locales.

[37] C. NACH NBACH, *Démocratisation et décentralisation*, Paris, Karthala, 2003, 528 p.

[38] B. CHANTEBOUT, « Décentralisation et démocratie : l'anti-modèle français », *Mélanges en l'honneur de Slobodan MILACIC*, Bruxelles, Bruylant, 2007, pp. 785-786.

C'est donc à raison qu'on a pu voir dans la décentralisation l'« expression locale » de la démocratie[39]. Ce point de vue est confirmé par les propos d'Alexis de TOCQUEVILLE selon lesquels « les institutions locales sont à la liberté ce que les écoles primaires sont à la science ; elles la mettent à la portée du peuple (…). Sans institutions communales, une nation peut se donner un gouvernement libre, mais elle n'a pas l'esprit de la liberté. »[40]. Dans certains pays (le Ghana par exemple[41]), le lien entre la décentralisation et la démocratie est même fait directement dans la constitution.

Abondant en ce sens, les textes portant sur la décentralisation dans l'espace étudié font de la collectivité territoriale « le cadre institutionnel pour l'exercice de la démocratie à la base »[42]. Divers mécanismes sont institués à cet effet[43]. Parmi eux, on peut citer le référendum d'initiative locale, les budgets participatifs, la participation des populations aux sessions des conseils des collectivités territoriales et l'élection des organes desdites collectivités[44]. Cette dernière occupe d'ailleurs une place prépondérante, à tel point qu'on conviendra que sans elle, il ne saurait y avoir de véritable décentralisation. Les textes internationaux[45] insistent, à juste titre, sur l'élection des organes des collectivités. La raison en est simple. C'est que cette élection confère auxdits organes la légitimité indispensable à l'exercice autonome des compétences locales.

Les organes locaux peuvent en effet, dès lors qu'ils sont aussi élus, se prévaloir d'une légitimité de même nature que celle des organes centraux. Il

---

39 E. SOHOUENOU, « Contribution à l'élaboration d'une échelle de la décentralisation territoriale en Afrique noire francophone », *Revue béninoise des sciences juridiques et administratives*, n° 22, 2009, p. 147.

40 A. de TOCQUEVILLE, *De la démocratie en Amérique*, Paris, Gallimard, 1961, pp. 112-113.

41 V. la section 35 du chapitre 6 : « … the State shall take appropriate measures to make democracy a reality by decentralizing the administrative and financial machinery of government to the regions and districts… ». V. aussi les articles 14 et 17 de la loi portant décentralisation et liberté locale (Togo).

42 Art. 2 de la loi n° 97-029 du 15 janvier 1999 portant organisation des communes (Bénin). V. aussi l'art. 102 de la constitution sénégalaise (issu de la révision de 2016) : « Les collectivités territoriales constituent le cadre institutionnel de la participation des citoyens à la gestion des affaires publiques ».

43 De manière générale, on peut noter que « les systèmes contemporains se méfient des outils de participation au niveau national, mais sont beaucoup plus généreux au niveau local » (M. LUCIANI, « La démocratie locale en droit comparé en Europe », *Annuaire international de justice constitutionnelle*, n° XXI, 2005, p. 357). Toutefois, en Afrique de l'Ouest francophone, il est encore à déplorer une faible participation des citoyens.

44 Sur l'élection des conseils des collectivités territoriales, cf. art. 151 de la constitution du Bénin, art. 136 de la constitution de Guinée, art. 98 de la constitution du Mali, art. 164 de la constitution du Niger, art. 102 de la constitution du Sénégal, art. 141 de la constitution du Togo.

45 Pour un exemple, v. les articles 5 (« Les gouvernements locaux ou les autorités locales ont, conformément à la législation nationale, le pouvoir de gérer, de manière responsable et transparente, leur administration et leurs finances à travers des assemblées délibératives et des organes exécutifs démocratiquement élus. ») et 13 (« Les gouvernements centraux adoptent des lois électorales qui encouragent des élections régulières, démocratiques, libres, justes et transparentes au niveau des gouvernements locaux. ») de la Charte africaine des valeurs et des principes de la décentralisation, de la gouvernance locale et du développement local (2014). V. aussi le préambule de Charte européenne de l'autonomie locale.

est vrai que ces derniers pourraient se vanter d'être issus de l'ensemble du peuple, et donc de le représenter dans sa globalité. À cela, les organes locaux peuvent très bien opposer leur proximité avec les électeurs. Étant spatialement plus proches de ces derniers, ils peuvent *a priori* mieux comprendre et satisfaire leurs besoins. Les processus de décentralisation n'ont-ils d'ailleurs pas été, dans de nombreux cas, instaurés en réaction contre « l'inefficacité de l'État central dans la délivrance des services publics de base (école, santé, sécurité, hygiène, environnement...) »[46] ?

La proximité devient donc un facteur de légitimité supplémentaire des autorités locales. Elles sont perçues avec plus de bienveillance que les autorités centrales et reçoivent plus facilement la confiance des populations. C'est ainsi qu'il n'est pas rare de voir des populations, pourtant réticentes à payer des impôts au pouvoir central, accepter spontanément de financer des initiatives locales. Parfois, ce sont même elles qui prennent ces initiatives[47].

Cet attribut « légitimité démocratique de proximité », ou même « légitimité démocratique » tout simplement, est très important. En effet, il a parfois manqué à certains contre-pouvoirs dans leur tentative de s'affirmer. À titre d'illustration, il est possible d'évoquer la situation du juge constitutionnel dans le jeu de la séparation « horizontale » des pouvoirs. On sait que le fait que ce juge ne soit pas élu dans certains pays a fait le lit de controverses quant à sa légitimité[48] à faire contrepoids à l'action des représentants élus du peuple[49]. La problématique a été posée par le Doyen Georges VEDEL dans des termes qui méritent d'être rappelés *in extenso* : « Comment expliquer que des juges non élus, désignés par des détenteurs d'une partie du pouvoir politique, puissent s'opposer à ce qui est, dans la personne de ses représentants, la nation souveraine ? »[50]. Par suite, il a fallu lutter pour construire une légitimité démocratique au juge constitutionnel et lui permettre de s'imposer progressivement comme un contrepouvoir de référence.

Au niveau des organes des collectivités territoriales, et lorsqu'on se place dans une perspective verticale de la séparation des pouvoirs, une telle lutte ne paraît pas nécessaire. Les principaux organes de ces collectivités sont élus au même titre que ceux de l'État. Plus encore, ils disposent, comme cela vient d'être montré, de compétences clairement affirmées par les textes. Pourtant,

46 P. HOCHET et *alii*, *Livre blanc de la décentralisation financière dans l'espace UEMOA*, *op. cit.*, p. 5.

47 N. LAUZON et S. BOSSARD, « Processus de décentralisation et développement local en Afrique de l'Ouest », communication présentée lors des *Journées 2005 des Attachés de la coopération belge*, Bruxelles, 7 septembre 2005, p. 7.

48 L. FAVOREU, « La légitimité du juge constitutionnel », *RIDC*, n° 2, 1994, pp. 557-581.

49 Traditionnellement, ce sont les parlementaires qui sont considérés comme les représentants élus du peuple. Mais, cette lecture mérite d'être actualisée au regard de l'élection contemporaine du président de la République. V. P. AVRIL, « Le président de la République : représentant de la nation », in *Études en l'honneur de Loïc PHILIP : Constitution et finances publiques*, Paris, Economica, 2005, pp. 31-41.

50 G. VEDEL, « Le Conseil constitutionnel, gardien du droit positif ou défenseur de la transcendance des droits de l'homme », *Pouvoirs*, n° 45, 1988, p. 150.

dans la pratique, les organes locaux restent très vulnérables face aux organes centraux, témoignant de ce que l'habit ne fait pas le moine.

II.- L'HABIT NE FAIT PAS LE MOINE

C'est ici que la distinction entre le « pays légal » et le « pays réel », effectuée par Charles MAURRAS[51], prend tout son sens. Les collectivités territoriales qui, en apparence, disposent de tous les attributs nécessaires pour modérer efficacement l'action du pouvoir central, le peuvent-elles réellement ? Une analyse doit donc être conduite pour apprécier ce que l'ancien prix Nobel d'économie Amartya SEN appelle les « capabilités »[52] au niveau des collectivités territoriales. Le résultat de cette analyse est que ces collectivités sont plutôt désarmées dans la pratique. L'exercice de leur fonction de contre-pouvoir est entravée par une vulnérabilité qui les affecte tant sur le plan objectif (A) que sur celui subjectif (B).

A.- LA VULNÉRABILITÉ OBJECTIVE

La vulnérabilité objective fait référence aux facteurs qui, sans être imputables aux comportements des acteurs impliqués, qu'ils soient centraux ou locaux, fragilisent les collectivités territoriales dans leurs rapports avec le pouvoir central. Le principal facteur pouvant être cité dans ce cadre est la volonté de préserver le caractère unitaire de l'État. Cette volonté, qui a des ressorts historiques profonds dans les États francophones[53], conduit à relativiser la décentralisation et à l'enfermer dans un cadre marqué par la préséance accordée aux autorités centrales. C'est ainsi que dans les États étudiés, les constitutions, aussitôt après avoir posé la décentralisation en principe d'organisation territoriale, mentionnent la déconcentration ou la tutelle qui incombe à l'État dans ce cadre.

À titre d'illustration, l'article 136 de la constitution guinéenne dispose que « les collectivités locales s'administrent librement par des conseils élus, sous

---

51 Il est également parfois évoqué, au sujet de la paternité de cette distinction, le nom d'Antoine BLANC DE SAINT-BONNET

52 A. SEN, Éthique et économie et autres essais, Paris, PUF, 2012, 364 p.

53 Dans la tradition juridique francophone, il y a toujours eu une certaine méfiance à l'égard de la décentralisation. Cela apparaît, déjà au 18e siècle, dans un discours prononcé par SIEYÈS à l'Assemblée nationale constituante (7 septembre 1789) : « Tout est perdu, si nous nous permettons de considérer les municipalités qui s'établissent, ou les districts, ou les provinces, comme autant de républiques unies seulement sous le rapport de force ou de protection commune. Au lieu d'une administration générale, qui, partant d'un centre commun, va frapper uniformément les parties les plus reculées de l'empire ; au lieu de cette législation, dont les éléments fournis par tous les citoyens se composent en remontant jusqu'à l'Assemblée nationale, chargée seule d'interpréter le vœu général (...), nous n'aurons plus dans l'intérieur du royaume, hérissé de barrières de toute espèce, qu'un chaos de coutumes, de règlements, de prohibitions particulières à chaque localité ». Dans les États d'Afrique de l'Ouest francophone, cette méfiance a été exacerbée au sortir de la période coloniale où l'urgence était de construire l'unité nationale. Il semblait donc plus cohérent de consolider le pouvoir central que de vitaliser l'autonomie locale, ce qui aurait pu engendrer une fissuration de l'unité des États nouvellement créés.

le contrôle d'un délégué de l'État qui a la charge des intérêts nationaux et du respect des lois ». L'article 102 de la constitution ivoirienne, quant à lui, dispose que « la mise en œuvre de la décentralisation est accompagnée par la déconcentration qui est la règle générale de répartition des compétences et des moyens entre les administrations civiles de l'État ». Un peu plus loin, l'article 172 ajoute que « dans les collectivités territoriales, le préfet est le représentant de l'État. Il a la charge des intérêts nationaux, du respect des lois et du contrôle de tutelle ». D'autres exemples pourraient être cités dans la sous-région[54].

Parfois, les formulations employées sont très ambiguës et semblent inscrire le maire dans une subordination hiérarchique vis-à-vis du préfet. C'est ainsi que, dans la loi ivoirienne portant organisation des collectivités territoriales, il est donné de lire que « le maire *représente le pouvoir exécutif* (État central) dans la commune. Il est, à ce titre, *sous l'autorité du préfet du département*, chargé notamment… »[55]. À l'analyse, il est clair que l'idée n'est pas de dire que le préfet est le supérieur hiérarchique du maire. Cela viderait la décentralisation de sa substantifique moelle. L'idée véhiculée par cette prescription législative semble plutôt être celle de définir une répartition de l'autorité dans le domaine des compétences partagées entre les communes et l'État, de sorte à rappeler que ces compétences ne font pas l'objet de transfert total au même titre que les compétences propres des communes. Par conséquent, le maire, en exerçant les attributions correspondantes[56], agit moins comme une autorité communale que comme une autorité au service de l'État.

Quoi qu'il en soit, dans la totalité des États étudiés, la décentralisation est accompagnée, suivant le mot du Professeur Franck MODERNE, de « sa compagne vigilante, la tutelle, qui la surveille en la soutenant »[57]. L'existence du contrôle de tutelle n'est pas, en soi, négative[58]. Elle n'est pas non plus un

---

54 Art. 164 de la constitution du Niger : L'administration territoriale repose sur les principes de la décentralisation et de la *déconcentration*.

Art. 141 de la constitution du Togo : La République Togolaise est organisée en collectivités territoriales sur la base du principe de décentralisation *dans le respect de l'unité nationale*.

55 Art. 186.

56 Suivant l'article 186 précité, il s'agit :

« 1- de la publication et de l'exécution des lois et règlements ;

2- de l'exécution des mesures de sûreté générale ;

3- de la mise en œuvre, dans la commune, de la politique de développement économique, sociale et culturelle définie par le gouvernement ;

4- des fonctions spéciales qui lui (le maire) sont attribuées par les lois et règlements. ».

57 F. MODERNE cité par C. KPENONHOUN, « La décentralisation administrative enchaînée par le contrôle de tutelle au Bénin », *Les Cahiers du CeDAT : L'effectivité de la décentralisation au Bénin*, numéro spécial, 2015, p. 136

58 « En dépit de sa connotation péjorative, la tutelle a pour finalité de préserver l'unité sociopolitique et juridique de l'État, de protéger les collectivités locales elles-mêmes de l'incompétence ou la mauvaise gestion de leurs organes, puis de préserver les citoyens des abus des agents locaux ou des souffrances qu'ils pourraient endurer du fait des divergences entre l'État et leur collectivité locale ». R. MBALLA OWONA, « L'évolution du contrôle de légalité de l'action des collectivités locales en Afrique

obstacle rédhibitoire à l'exercice de la fonction de contre-pouvoir par les collectivités territoriales. Tous les contre-pouvoirs institutionnels accomplissent leurs missions dans le cadre de certaines limites juridiques et avec un impératif de collaboration avec les pouvoirs dont ils sont censés modérer l'action. Ce qui, en revanche, porte atteinte à cette fonction au niveau des collectivités territoriales, c'est l'intensité prise par le contrôle de tutelle dans certains États.

Au Bénin par exemple, un auteur a pu faire état d'une « décentralisation administrative enchaînée par le contrôle de tutelle »[59]. C'est que ce contrôle s'exerce par voie d'approbation et de substitution, mais aussi et surtout par voie d'annulation[60]. En Côte d'Ivoire, ledit contrôle se déploie à travers une pluralité surprenante de techniques[61] : l'approbation, l'autorisation préalable, la démission d'office, la dissolution, la suspension, la révocation, la constatation de nullité, l'annulation, la substitution, l'inspection et la traduction devant la juridiction compétente. Sont ainsi consacrés onze différents moyens pour l'État de rappeler sa primauté aux collectivités territoriales. Au-delà de l'importance numérique des moyens d'exercice du contrôle de tutelle en Côte d'Ivoire, on peut s'interroger sur la pertinence, dans les deux pays, d'intégrer un pouvoir d'annulation aux prérogatives de l'autorité de tutelle. N'est-ce pas excessif ? Il semble que oui, surtout qu'il existe dans ces pays un juge administratif dont l'une des missions essentielles est l'annulation des actes administratifs contraires à la loi. Cette position est confortée par la législation de certains États étudiés, tels que le Sénégal[62] et le Togo[63], qui ne reconnaissent pas un pouvoir aussi exorbitant à l'autorité de tutelle.

Dans tous les cas, le contrôle de tutelle reste globalement l'une des pierres d'achoppement de la libre-administration des collectivités territoriales en Afrique de l'Ouest francophone. Certes, des avancées ont été notées ces dernières années[64]. Mais, on est encore loin des standards internationaux[65] qui prescrivent de s'en tenir à une vérification *a posteriori* de la légalité des actes

---

subsaharienne », *Les Cahiers du CeDAT : L'effectivité de la décentralisation au Bénin*, numéro spécial, 2015, p. 47.

59 C. KPENONHOUN, « La décentralisation administrative enchaînée par le contrôle de tutelle au Bénin », art. précité, pp. 135-161.

60 Art. 143 de la loi portant organisation des communes en République du Bénin.

61 Art. 140 de la loi portant organisation des collectivités territoriales.

62 V. les articles 246 et 247 du code général des collectivités locales.

63 V. l'article 49 de la loi portant décentralisation et liberté locale.

64 V. R. MBALLA OWONA, « L'évolution du contrôle de légalité de l'action des collectivités locales en Afrique subsaharienne », art. précité, pp. 43-74. L'auteur fait état de notes positives telles que « l'assouplissement relatif des procédés de contrôle administratif » (p. 52) et « le renforcement significatif des procédés de contrôle juridictionnel » (p. 65).

65 V. par exemple, les *Lignes directrices internationales sur la décentralisation et l'accès aux services de base pour tous*, point C 38.

édictés par les autorités locales[66].

En dehors du contrôle de l'autorité de tutelle, des mécanismes plus subtils sont institués pour éviter une trop grande autonomie des collectivités territoriales. Sur le plan financier par exemple, leurs comptables sont des agents de l'État, c'est-à-dire des personnes qui relèvent hiérarchiquement du Ministre chargé des finances[67]. Cette exigence trouve une justification, en droit public financier, dans la règle de l'unité de trésorerie[68].

En tout état de cause, la libre administration des collectivités territoriales, qui est le socle de leur fonction de contre-pouvoir, n'est pas synonyme de libre gouvernement. Des limites objectives sont posées afin que cette libre administration ne puisse être assimilée à une souveraineté, attribut dont l'État est le seul détenteur. Mais, ces limites objectives ne justifient pas, à elles seules, l'incapacité des collectivités territoriales de l'espace étudié à contrebalancer le pouvoir étatique. Des limites subjectives existent également et jouent en leur défaveur.

B.- LA VULNÉRABILITÉ SUBJECTIVE

Ce type de vulnérabilité est dû aux comportements déviants, à la mauvaise foi des acteurs en présence. De manière précise, les mauvais comportements en question, qui ont pour conséquence de fragiliser les collectivités territoriales, peuvent être imputés soit aux organes de la collectivité territoriale, soit à ceux de l'État.

Dans le premier cas, tout comme il est bien connu que tout royaume divisé contre lui-même court à sa perte, toute collectivité au niveau de laquelle les élus sont divisés entre eux est inévitablement fragilisée, et, par voie de conséquence, incapable de représenter un véritable contre-pouvoir face à l'État. Or, c'est souvent le cas des collectivités territoriales ouest-africaines francophones. Les luttes politiciennes claniques prennent le pas sur le travail harmonieux en vue de la satisfaction de l'intérêt général.

L'exemple du Bénin est ici très édifiant. Ces deux dernières années, plusieurs communes de ce pays ont été marquées par des destitutions de leurs maires. Le procédé est prévu à l'article 53 de la loi portant organisation des communes en République du Bénin : « En cas de désaccord grave ou de crise de confiance entre le conseil communal et le maire, le conseil peut, par un vote de défiance à la majorité des 2/3 des conseillers, lui retirer sa confiance. Le vote a lieu à la demande écrite de la majorité absolue des conseillers. Le

---

66 C'est la pratique dans des pays comme l'Espagne, l'Allemagne, l'Italie et les Pays-Bas. Le contrôle de légalité *a priori* y revêt un caractère exceptionnel. V. Sénat (France), *Note sur le contrôle de la légalité des actes des collectivités territoriales*, Paris, 2011, 39 p.

67 V. l'article 29 de la loi portant organisation des communes (Bénin), l'article 268 du code général des collectivités locales (Sénégal) et l'article 352 de la loi portant décentralisation et liberté locale (Togo).

68 V. J. L. ALBERT, *Finances publiques*, Paris, Dalloz, 2015, pp. 407-408.

préfet, par arrêté, constate cette destitution. »[69]. Sur ce fondement, de juillet à octobre 2016, sept maires ont été destitués par leurs pairs[70]. Actuellement, le nombre total de maires destitués dépasse la dizaine. Pour un pays qui compte au total soixante-dix-sept communes, ce nombre est loin d'être négligeable.

L'avènement du phénomène de destitution d'édiles a coïncidé avec l'arrivée au pouvoir du Président Patrice TALON. Certains y ont donc vu la main invisible d'un pouvoir central soucieux de mettre aux ordres les élus locaux. Curieusement en effet, les maires qui n'avaient plus la confiance de leurs pairs conseillers étaient, pour bon nombre d'entre eux, ceux qui ne se situaient pas dans la dynamique présidentielle. Dans le même sens, une déclaration de l'Association nationale des communes du Bénin, en date du 7 octobre 2016, mentionne une certaine responsabilité des autorités centrales dans l'inflation des destitutions de maire. Dans ladite déclaration, l'Association « en appelle à la responsabilité du Chef de l'État, du Ministre en charge de la décentralisation et des préfets, et les invite à prendre des mesures... ».

Le procès de l'instrumentalisation par le pouvoir central est également fait aux révocations d'exécutifs locaux[71] qui ont eu cours dans la période récente, d'autant plus que les principales procédures ont été diligentées contre des maires dits « de l'opposition ». Les révocations ont touché, dans les États étudiés, de grandes villes[72] à l'instar de Niamey[73] et Cotonou[74]. Elles ont

---

69 À titre de comparaison, v. les articles 101 et 103 de la loi portant décentralisation et liberté locale (Togo).

70 K. HASSANI, « Bénin : pour un encadrement de la destitution des maires », Journal Afrik.com, 23 octobre 2016, en ligne http://www.afrik.com/benin-pour-un-encadrement-de-la-destitution-des-maires, consulté le 28 septembre 2017.

71 Les législations des États étudiés permettent que l'organe exécutif local puisse être révoqué par décret pris en Conseil des ministres. Les motivations possibles d'une telle décision sont énumérées de manière non limitative : prêts d'argent effectués sur les fonds de la commune, faux en écritures publiques, refus de signer ou de transmettre à l'autorité de tutelle une délibération du conseil communal, vente ou aliénation abusive des biens domaniaux, endettement de la collectivité territoriale résultant d'une faute de gestion ou d'un acte de mauvaise foi, etc. V. les articles 54 et 55 de la loi portant organisation des communes (Bénin), l'article 73 de la loi portant organisation des collectivités territoriales (Côte d'Ivoire), les articles 55-60, 129-134 et 196-201 de la loi portant code des collectivités territoriales (Mali), les articles 59-61 et 135-136 du Code général des collectivités locales (Sénégal), les articles 101-103 de la loi portant décentralisation et liberté locale (Togo).

72 S. ABBA, « Être maire d'une capitale africaine, une fonction à haut risque », *Journal Le Monde*, 17 août 2017, en ligne : http://www.lemonde.fr/afrique/article/2017/08/17/etre-maire-d-une-capitale-africaine-une-fonction-a-haut-risque_5173355_3212.html#AY6rFMbcUD3DMcRl.99, consulté le 15 septembre 2017. En dehors de Cotonou et Niamey, on pourrait citer Dakar où la révocation du Maire, M. Khalifa SALL, est actuellement suspendue à l'aboutissement (dans le sens de la condamnation) des procédures judiciaires diligentées contre lui. Ce dernier a été inculpé et placé sous mandat de dépôt, le mardi 7 mars 2017, suite à un rapport de l'Inspection générale des finances faisant état de 2,7 millions d'euros de dépenses non justifiées.

73 Le Maire Président du Conseil de ville de Niamey, M. Hassane SEYDOU, a été révoqué le 20 juillet 2017. Les raisons de cette révocation demeurent quelque peu floues, mais il semblerait que ce soit l'insalubrité de la ville qui ait motivé la décision. Il faut souligner que ce n'était pas une première au Niger. Plusieurs maires avaient déjà été révoqués par le passé et pour diverses raisons.

donné lieu à des joutes oratoires mémorables entre les gouvernements et les maires concernés, ces derniers adoptant une ligne de défense quasiment identique : la mauvaise gestion qui leur était reprochée n'était qu'un prétexte auquel recourait le gouvernement pour écarter un élu local devenu trop encombrant. Sans pouvoir démontrer la pertinence de cette ligne de défense, il est possible d'attester que la mauvaise gestion des élus est, dans l'espace étudié, l'un des principaux maux qui minent le développement local. Les rapports d'audits effectués dans ce cadre font état de nombreuses dérives[75]. Toutefois, il faut préciser que la mauvaise gestion des élus locaux n'est nullement l'apanage des États ouest-africains francophones. En France par exemple, il a été dénoncé des cas de commissions perçues par les élus locaux suite à l'attribution de marchés publics[76].

Un autre exemple issu de ce même pays permet d'illustrer une autre déviance, également observée dans les États étudiés, qui ébranle les collectivités territoriales dans leurs relations avec le pouvoir central. Par un décret publié le 20 juillet 2017, le Président français a annulé plus de 300 millions d'euros de dotations destinées aux collectivités territoriales, les privant ainsi de moyens qui leur auraient permis d'améliorer l'offre de services publics[77]. Cela montre à quel point le pouvoir central tient les cordons des bourses des collectivités territoriales. Dans les États étudiés, ce phénomène est accentué et réduit les collectivités territoriales à l'impuissance face au pouvoir central.

Malgré des textes plutôt généreux qui leur garantissent une autonomie financière, les collectivités territoriales des États étudiés dépendent, dans la pratique, de la bonne foi des autorités centrales. En d'autres termes, si elles ont juridiquement acquis le pouvoir d'agir, elles sont encore loin d'avoir les moyens financiers d'agir. Le *Livre blanc de la décentralisation financière dans l'espace UEMOA* rend bien compte de cet état de fait[78]. Les ressources propres des collectivités territoriales sont insuffisantes pour couvrir les dépenses liées à leurs vastes champs de compétences. Quant aux transferts budgétaires, ils demeurent d'un volume faible et ne sont pas à la mesure des

---

[74] Le Maire de Cotonou, M. Léhady SOGLO, a été révoqué (Conseil des ministres du 2 août 2017) suite à des audits faisant état de malversations financières et de violations de règles de déontologie administrative.

[75] Les conclusions de ces audits sont régulièrement exposées sur internet.

[76] B. CHANTEBOUT, « Décentralisation et démocratie : l'anti-modèle français », art. précité, p. 784. De manière caricaturale, l'auteur ajoute que la coopération décentralisée n'est souvent pour les élus locaux qu'« un prétexte pour emmener l'hiver leurs compagnes visiter les pays chauds ».

[77] « Annulation de 300 millions d'euros de dotations aux collectivités locales : une trahison, dénonce l'Association des petites villes de France », *Franceinfo*, 2 août 2017, en ligne http://www.francetvinfo.fr/politique/gouvernement-d-edouard-philippe/l-etat-annule-par-decret-plus-de-300-millions-d-euros-de-dotations-aux-collectivites-locales_2310347.html, consulté le 2 septembre 2017.

[78] P. HOCHET et *alii*, *Livre blanc de la décentralisation financière dans l'espace UEMOA*, *op. cit.*, pp. 18-27.

compétences transférées aux collectivités, justifiant ce qui a été qualifié par un auteur d'« autonomie retenue »[79].

Il importe donc de réexaminer la question du financement des entités locales si l'on veut qu'elles puissent véritablement constituer un contrepoids dans leurs relations avec l'État. Plusieurs pistes sont exploitables à cet effet. Comme dans les pays anglophones de la sous-région (Ghana et Nigéria notamment)[80], les textes, y compris ceux constitutionnels, pourraient être plus circonstanciés sur la question des ressources financières des collectivités territoriales. Cela semble être la voie suivie par la Côte d'Ivoire lors de l'adoption de sa dernière constitution[81]. Toujours en s'inspirant des pays anglophones et d'autres comme le Maroc, il est recommandé d'augmenter les niveaux de transferts de ressources aux collectivités[82].

Au-delà de l'aspect financier, de nombreux autres aspects de la vitalité des collectivités territoriales dépendent de la bienveillance des autorités au niveau central. Il en est, par exemple, ainsi de l'organisation des élections locales et du transfert effectif des compétences dévolues aux collectivités territoriales par les textes. Pour peu que le pouvoir central veuille maintenir les organes locaux sous sa coupe, il lui suffit de reporter *sine die* l'organisation des élections locales[83] ou de ne transférer qu'une infime partie de ses compétences[84]. Ces situations sont malheureusement loin de constituer des hypothèses d'école dans les États étudiés.

---

[79] N. MEDE, « L'autonomie retenue : étude sur le principe de libre administration des collectivités territoriales en Afrique de l'Ouest francophone », *RJPEF,* n° 62, 2008, pp. 188-208.

[80] Sur la comparaison avec les pays anglophones d'Afrique, il est conseillé de lire E. EVAH-MANGA, « La décentralisation en Afrique : une approche comparative par sous-région », art. précité.

[81] Art. 173 et 174 de la constitution de 2016.

[82] Généralement, ces niveaux sont inférieurs à 10% des ressources publiques. « À cet égard, un niveau d'au moins 20 % des ressources publiques à transférer aux collectivités dans un horizon de cinq ans paraît aux yeux de la CEF, tout à fait réaliste surtout quand on sait qu'un pays comme le Ghana est à un niveau de 20 % de ses ressources qui sont allouées à ses collectivités et que le Maroc reverse 30 % de la TVA aux siennes ». P. HOCHET et *alii*, *Livre blanc de la décentralisation financière dans l'espace UEMOA*, *op. cit.*, p. 35.

[83] Au Togo, aucune élection communale n'a été organisée depuis 1987. Le 23 juin 2017, l'Assemblée nationale a adopté un projet de loi portant création de 116 communes. Aux dires des autorités centrales, il s'agit d'un pas important vers l'organisation prochaine d'élections locales.

En Guinée pareillement, il n'y a plus eu d'élection locale depuis 2005. Aux dernières nouvelles, les prochaines sont prévues pour février 2018.

[84] Pour un bilan au sein de l'UEMOA, v. P. HOCHET et *alii*, *Livre blanc de la décentralisation financière dans l'espace UEMOA*, *op. cit.*, pp. 15-16. Les auteurs notent « un décalage important entre transfert formel et transfert effectif des compétences » (p. 15).

CONCLUSION

En Afrique occidentale francophone, les textes insistent sur la libre administration des collectivités territoriales. Ils instituent diverses garanties devant permettre un libre exercice des compétences qui leur sont octroyées. Ce faisant, lesdites collectivités sont mises en situation de concurrencer le pouvoir central dans l'exercice des fonctions d'intérêt général, avec pour objectif, *in fine*, de créer les conditions d'un gouvernement modéré de la cité. Mais, dans la réalité, cet objectif est rarement atteint. Les mêmes textes instaurent un contrôle pesant de l'État sur les collectivités territoriales, ce qui rend déséquilibrés au profit de l'État les rapports entre les deux types d'entités. À cela s'ajoute une hégémonie de fait du pouvoir central.

Cette situation, si elle perdure, conduira les processus de décentralisation, dans lesquels d'immenses espoirs ont été placés, dans l'impasse. Il importe donc de créer les conditions permettant des rapports plus équilibrés entre l'État et les collectivités territoriales. Le renouveau souhaité devra nécessairement passer par un changement de perception des acteurs étatiques sur la décentralisation. Au lieu de voir dans les collectivités territoriales des rivales susceptibles de les déposséder d'une partie importante de leurs attributions, les autorités centrales devraient considérer ces collectivités comme des partenaires avec lesquels elles doivent coordonner leurs actions en vue d'une meilleure satisfaction de l'intérêt général. De leur côté, les autorités locales doivent donner des gages de transparence et de gestion plus saine des finances publiques. Elles doivent éviter de développer un complexe d'infériorité vis-à-vis du pouvoir central et user de toutes les ouvertures que leur confèrent les textes. Sur le plan financier par exemple, les emprunts et la coopération décentralisée peuvent constituer d'excellents moyens de mobiliser des ressources. De même, la participation des citoyens, une fois assurée, peut permettre de mobiliser plus facilement les impôts locaux. D'autres exemples pourraient être cités.

Ces pistes « financières » ne doivent pas être négligées par les autorités locales, car c'est bien à ce niveau que se situe le nœud gordien dans leurs rapports avec les autorités centrales. En clair, c'est de l'effectivité de leur autonomie financière que dépend leur capacité à être véritablement un contre-pouvoir face à l'administration centrale.

Errol M. TONI,

Docteur en droit public, Centre d'études et de recherches
sur l'administration et les finances, (Université d'Abomey-Calavi)

VENDREDI 13 OCTOBRE 2017

ACTE I

PRÉSENTATION ET ADOPTION DU RAPPORT GÉNÉRAL

Fabrice HOURQUEBIE

RAPPORT DE SYNTHÈSE DES 1ÈRES JOURNÉES SCIENTIFIQUES DE DROIT CONSTITUTIONNEL

INTRODUCTION

> « C'est une expérience éternelle que tout homme qui a du pouvoir est porté à en abuser ; il va jusqu'à ce qu'il trouve des limites (...). Pour qu'on ne puisse abuser du pouvoir, il faut que, par la disposition des choses, le pouvoir arrête le pouvoir » (De l'Esprit des lois, livre XI, ch. 4)

Vous avez régulièrement repris dans vos communications cette formule célèbre de Montesquieu qui synthétise le thème du colloque qui nous réunit ici, à la fois l'essence de la séparation des pouvoirs et l'esprit des contre-pouvoirs.

Si Montesquieu a été le premier à systématiser (théoriser) la séparation des pouvoirs l'idée avait déjà été formalisée par certains avant lui, comme vous l'avez rappelé, (Aristote, John Locke...) ou approfondie par d'autres (Tocqueville, Benjamin Constant, Hobbes...) et plus proche de nous Eisenmann, Carré de Malberg, Duguit, Vedel....

La tombée en désuétude de la théorie – constat pessimiste - (telle que vous l'avez relevée), ou son inadaptation aux réalités contemporaines - vision optimiste – fait que l'on assiste aujourd'hui la construction d'une notion de substitution, celle de contre- pouvoir. Mais le recours presque frénétique à la notion, dans le champ du droit constitutionnel et politique – et les communications l'ont bien montré - comporte un risque principal: celui de la perte de toute portée explicative et de son sens critique.

Qu'il s'agisse de constater les excès des contre-pouvoirs ou le déficit de contre- pouvoirs, le résultat est le même: si tout est contre-pouvoir alors rien n'est véritablement contre-pouvoir! D'opératoire, la notion devient superfétatoire; d'essentielle dans la démocratie constitutionnelle, elle devient un accessoire de la démocratie constitutionnelle.

L'idée de centrale de la séparation des pouvoirs ne demande qu'à être oxygénée et reformulée avec les outils actuels de la démocratie constitutionnelle. De l'Esprit des lois à l'esprit des contre-pouvoirs il n'y a alors qu'un pas que le colloque de Niamey nous donne l'occasion de franchir.

Ressortent de vos interventions, je crois, deux revendications principales:

1) Moins de séparation des pouvoirs ; c'est le diagnostic que vous avez fait ;
2) Plus de contre-pouvoirs ; c'est la thérapeutique que vous avez proposée

I.- MOINS DE SEPARATION DES POUVOIRS

C'est le diagnostic.

L'idée principale est ici de réfléchir à la remise en cause de la séparation des pouvoirs.

Elle se fait avec des degrés divers; on constate à l'écoute de la présentation de vos arguments deux mouvements de « torsion » de la séparation des pouvoirs: des contorsions d'abord *(A)* jusqu'aux distorsions ensuite *(B)*.

A.- LES CONTORSIONS DE LA SÉPARATION DES POUVOIRS

Le constitutionnalisme tente de recréer des formes renouvelées de séparation des pouvoirs car la forme traditionnelle ne correspond plus à la réalité des régimes politiques; certains des intervenants ont même parlé de « nouvelle approche » dans la séparation des pouvoirs pour compenser les défaillances de la théorie liées, notamment, à son inadaptation et à ses limites.

1.- Il y a d'abord le déplacement du curseur de la séparation entre les pouvoirs avec l'apparition de nouveaux paramètres tels : les partis politiques, l'opposition, le juge, les autorités administratives indépendantes ou autres autorités de régulations (on a parlé de l'autorité de régulation audiovisuelle au Niger par exemple), voire même le religieux, l'ethnie ou la chefferie traditionnelle.

La séparation des compétences se substitue alors à la séparation des pouvoirs ; la césure constitutionnelle n'est alors plus entre l'exécutif et le législatif voire le judiciaire mais, comme l'ont montré plusieurs contributions, entre la majorité et l'opposition ; le pouvoir parlementaire et le pouvoir gouvernemental ; le pouvoir gouvernemental et le pouvoir de contrôle ; le pouvoir majoritaire et le pouvoir minoritaire ; le pouvoir majoritaire et le pouvoir juridictionnel ; les pouvoirs d'actions et les pouvoirs d'empêchement ; le pouvoir de décision et le pouvoir de délibération ; le pouvoir politique, le peuple, et le pouvoir juridictionnel (cf. en ce sens les propositions de Vedel, Eisenmann…)….

2.- C'est ensuite le déploiement de la séparation des pouvoirs dans d'autres espaces et dimensions pour tenter de rester fidèle à l'esprit de la théorie à défaut de respecter son essence-même.

C'est ainsi le décloisonnement de la théorie dans d'autres sphères. Dans cette perspective, la séparation des pouvoirs impliquerait la séparation du politique et du religieux; ou la séparation des pouvoirs trouverait sa place et une forme de légitimation dans les sociétés traditionnelles (chefferie).

C'est aussi le décloisonnement de la théorie sur plan vertical, par exemple, avec une séparation verticale des pouvoirs qui confine davantage à une pluralité de séparations (au pluriel) du pouvoir ou dans le pouvoir. Les illustrations sont nombreuses. Ainsi, l'hypothèse de la séparation entre administration de l'Etat et administrations locales, voire des séparations au sein-même de l'administration étatique ou entre collectivités locales. Les collectivités locales y sont en situation de concurrence et donc de modération théorique du pouvoir central. La décentralisation pourrait ainsi être vue comme un processus d'émergence des contre-pouvoirs, ce que certaines interventions ont qualifié de logique de démocratisation du système administratif; je dirai plutôt logique de libéralisation du système administratif pour rester conforme à la philosophie de théorie de la séparation des pouvoirs

Dans le même sens, on peut évoquer la place des citoyens, et plus largement du peuple, dans le jeu des pouvoirs avec la réinvention des modes de participation traditionnels et leur diversification, qui finalement pourrait s'analyser comme une résurgence de la distinction entre le pouvoir constituant et les pouvoirs constitués qui ne doivent leur légitimité première qu'à la seule volonté du souverain

Des contorsions on passe alors aisément aux distorsions de la séparation des pouvoirs.

B.- LES DISTORSIONS DE LA SÉPARATION DES POUVOIRS

On constate ici le détournement du sens et/ou de la finalité de la séparation des pouvoirs.

1.- C'est d'abord la neutralisation de la séparation des pouvoirs.

Beaucoup de constitutions consacrent explicitement, implicitement ou induisent la séparation des pouvoirs (et notamment les constitutions africaines post années quatre- vingt-dix), gage de l'appartenance de l'Etat au club des Etats de droit, mais sans pour autant lui donner l'efficacité nécessaire (d'ailleurs les mentions qui sont faites au principe par les juges constitutionnels sont plutôt rares, comme vous l'avez rappelé).

Les consécrations « de façade » sont donc nombreuses, sans mise en œuvre réelle (les communications l'ont mentionné, sur le plan de l'indépendance de la justice, de la limitation des pouvoirs présidentiels…), contribuant ainsi à neutraliser dans les faits toute forme d'organisation d'une séparation des puissances dans l'Etat, voire à donner l'illusion d'une séparation des pouvoirs, pour reprendre un terme utilisé dans une contribution, qui confine alors au mythe.

De l'illusion à la remise en cause de la théorie, il n'y a qu'un pas.

2.- La distorsion c'est aussi la confiscation de la séparation des pouvoirs.

Dans ce cas, il n'y a plus de séparation au sens induit par Montesquieu mais bien une forme de concentration derrière une apparence de distribution du pouvoir. Les exemples pris dans les exposés étaient très éclairants. La tendance à la confusion entre pouvoir politique et pouvoir financier et économique d'un côté. Le phénomène du pouvoir présidentiel dans le constitutionnalisme africain francophone de l'autre. Plusieurs communications ont souligné la mainmise sur la séparation des pouvoirs par l'exécutif et notamment le pouvoir présidentiel qui constituerait selon les termes utilisés dans les débats « une menace à la séparation des pouvoirs ». Ce qui conduit, d'une part à une sorte de « sanctuarisation » de la fonction présidentielle et à ce glissement souligné dans la conférence introductive du seul pouvoir vers le pouvoir d'un seul ; et d'autre part à un dévoiement de la théorie derrières des formes et des intentions qui voudraient servir l'Etat de droit

Cette nouvelle indétermination juridique du principe de la séparation des pouvoirs, pour reprendre une expression utilisée, aboutit à fragiliser l'autorité de l'Etat, qui repose davantage sur une déstabilisation de la séparation des pouvoirs plus que sur une modération entre et par les pouvoirs constitués.

C'est cette fragilisation de l'autorité de l'Etat qui conduit à actualiser la séparation des pouvoirs et à renforcer le poids des contrôles dans l'Etat. D'où la nécessité d'une lecture plus contemporaine de la théorie pluraliste de la séparation des pouvoirs en termes, tout autant pluralistes, de pouvoirs et contre-pouvoirs. Montesquieu n'est jamais loin; et l'esprit des checks and balances, si bien compris par les constituants américains, tend désormais à s'imposer dans nos démocraties constitutionnelles francophones.

II.- PLUS DE CONTRE-POUVOIRS

C'est la thérapeutique.

Robert Badinter, en 1993 écrivait dans Le Monde un article intitulé « Le pouvoir et le contre-pouvoir ». La distinction semble bien opérée et en même temps, comme l'ont montré les discussions, l'ambivalence entre les pouvoirs et les contre-pouvoirs est constante. Il convient donc de rechercher les critères du contre-pouvoir *(A)* pour envisager ensuite, au vu des propos tenus ces trois jours, un essai de classification *(B)*.

L'idée générale est alors de réfléchir à la caractérisation des contre-pouvoirs

A.- QUELS CRITÈRES ?

Pendant ces trois jours, il est apparu difficile de circonscrire la notion de contre- pouvoir. Plusieurs tentatives de définitions ont été esquissées dans les contributions présentées; tentatives car certains des intervenants ont assimilé les contre-pouvoirs à « Une véritable nébuleuse juridique ».

Le point commun à tous les essais de définitions est l'idée de limitation, de modération, d'endiguement du pouvoir. Pour reprendre l'expression de l'économiste John Galbraith, le contre-pouvoir serait le pouvoir compensateur. Le contre-pouvoir représenterait alors selon moi, si je devais esquisser une définition, la garantie structurelle du pouvoir modéré. Le contre-pouvoir est contre le pouvoir, tout contre...!

Trois critères, auxquels vous avez fait implicitement ou explicitement référence, m'apparaissent ressortir à l'issue des débats et pourraient caractériser un contre- pouvoir. L'un relève de l'institutionnalisation du contre-pouvoir; les deux autres relèvent de la fonction du contre-pouvoir

1.- Premier critère, la notion de contre-pouvoir semblerait reposer sur son institutionnalisation. C'est peut-être le critère qui a suscité le plus de discussion.

Le contre-pouvoir doit être au moins institutionnel – et les communications ont évoqué

Cette idée à plusieurs reprises notamment lors de l'examen des contre-pouvoirs dans le constitutionnalisme africain et jusqu'à l'institutionnalisation de la chefferie traditionnelle (chambre des rois et chefs traditionnels Côte d'Ivoire; Niger) -, et au mieux institutionnalisé, c'est-à-dire clairement identifié dans le jeu des pouvoirs constitutionnels.

Ainsi, le statut institutionnel de pouvoir permet la lisibilité en tant que contre-pouvoir potentiel (cela a été montré pour le contre-pouvoir juridictionnel – qualifié par certaines communications de redoutable - et particulièrement pour les Cours constitutionnelles). Ce qui, a contrario, signifie qu'une « contre force », qui n'est pas au minimum institutionnalisée et au maximum constitutionnalisée, ne pourrait prétendre que difficilement à la qualification de contre-pouvoir.

Il découle donc de ce « statut institutionnel » une réversibilité théorique du pouvoir et du contre-pouvoir: l'hypothèse a notamment été évoquée dans les discussions à propos de l'opposition politique et parlementaire.

2.- Deuxième groupe de critères, ceux qui relèvent de la fonction du contre- pouvoir.

a.- Le contre-pouvoir serait une notion fonctionnelle

Si le pouvoir est un statut, le contre-pouvoir est avant tout une fonction (conformément à l'idée de Montesquieu); et c'est bien la fonction du contre-pouvoir qui a été mise en évidence dans les contributions. A chaque fois, les intervenants ont associé le contre- pouvoir à la mission qu'il devait remplir, à savoir limiter, modérer, empêcher, contenir le pouvoir d'en face. L'image empruntée à Raymond Aron des « associés rivaux » sied parfaitement à la relation pouvoir/contre-pouvoir.

Il me semble alors qu'il ressort des échanges que la mission du contre-pouvoir est duale.

Il aurait, premièrement, une fonction immédiate et conjoncturelle, celle de contrôler et sanctionner les excès du « pouvoir d'en face ». Cette fonction découle d'une certaine bipolarisation, institutionnelle et/ou politique. Tout pouvoir étant potentiellement dominant, sa crédibilité repose sur sa capacité à respecter les limites de sa compétence sous le contrôle, au mieux, ou la menace, au pire, d'un pouvoir concurrent et surveillant

La règle est immuable, et elle a été illustrée dans beaucoup d'interventions : la majorité face à l'opposition (minorité parlementaire, force politique absorbée ou contre-pouvoir caméléon pour reprendre les termes utilisés pour qualifier cette opposition en Afrique francophone, qui détient des droits mais aussi des obligations) ; la chambre basse face à la chambre haute ou face aux secondes chambres plus généralement ainsi qu'évoqué (il a été montré que le Sénat de 1875 en France était déjà une chambre de résistance contre l'innovation et les débordements) ; ou encore le juge constitutionnel face au législateur ce qui renvoie plus largement, comme cela a été relevé, à la fonction de juger face au pouvoir parlementaire… Et on pourrait poursuivre cette déclinaison d'exemples….

Le contre-pouvoir aurait, deuxièmement, une fonction plus globale et structurelle, celle de garantir un équilibre général du système par des réajustements spontanés ou provoqués entre les pouvoirs.

En effet, pour se stabiliser dans la durée, tout système génère ses propres réajustements, adaptations et corrections au gré des rapports de force. Dans cet ensemble concurrentiel, le contre-pouvoir remplit donc une fonction d'adaptation constante, de modération permanente par le contrôle structurel de la frontière des compétences (c'est ici la logique de la démocratie continue d'Habermas ou celle de la contre-démocratie de Pierre Rosanvallon). Ainsi en est-il notamment du pouvoir judiciaire qui est convoqué à travers sa fonction de régulation permanente de la société, dont la puissance peut être telle que sa place et son rôle sont souvent usurpés en Afrique francophone comme vous l'avez rappelé à plusieurs reprises.

b.- Le contre-pouvoir se doit d'être efficace dans l'exercice de sa fonction

L'efficacité (ou l'inefficacité) des contre-pouvoirs a été soulignée à de multiples reprises : à travers un pouvoir présidentiel monopolistique ; à travers une opposition politique absorbée par la logique hyper majoritaire (donc pas d'efficacité) ou, au contraire, de plus en plus radicalisée (renversement de l'ordre constitutionnel) du fait de nouveaux moyens d'action (accès à internet comme droit fondamental de l'homme) ; à propos du peuple ou de la société civile susceptibles de renverser un régime et d'exercer une forme de droit de résistance à l'oppression (et on rejoint ici une forme d'opposition, celle de la rue, inorganique). C'est dans tous les cas l'idée de la réinvention des participations traditionnelles, dont on a dit que, selon les contextes, elles avaient soit un impact réel, soit étaient davantage un trompe l'œil « de la poudre aux yeux », « une caricature », pour reprendre les expressions utilisées....

Je pourrai résumer ce constat par l'idée: rien ne sert de « contrer » si ce n'est par une puissance suffisamment adéquate. Ce qui implique, d'une part, la mobilisation d'une faculté de statuer et/ou d'empêcher pour reprendre les termes de Montesquieu; et, d'autre part, que la force d'empêchement ou d'action du contre-pouvoir se traduise par une conséquence juridique ou politique sur le pouvoir qui est modéré et, plus généralement, sur l'équilibre global du système de pouvoirs. La démocratie ne peut admettre de contre-pouvoirs neutres ou nuls! Au final, le contre-pouvoir passe de virtuel à réel à partir du moment où sa capacité d'influence est suffisante et mesurable dans les faits ; l'efficacité est partie prenante de la légitimité, c'est-à-dire de la crédibilité, du contre-pouvoir, pour reprendre un terme utilisé plusieurs fois dans les débats.

Forts de ces critères d'identification qui ont été au cœur des discussions, c'est alors la question de l'incarnation de ces contre-pouvoirs qui est posée et qui a guidé la moitié des journées du colloque.

B.- QUELLE TYPOLOGIE ?

1.- Une typologie d'essence libérale

Originairement, l'intuition des contre-pouvoirs figure dans la théorie de Montesquieu du gouvernement modéré. Dans sa description du parlementarisme britannique, Montesquieu met en concurrence la puissance législative et le Roi. L'enjeu est de trouver un pouvoir de contrôle, susceptible d'endiguer les tendances« monopolistiques » et « expansionnistes » de la puissance royale. Le Parlement devient alors le contre-pouvoir par excellence. Mais aussitôt, le pouvoir royal est immédiatement pensé comme un contre-pouvoir potentiel au législatif, via le droit de veto.

Sous cet angle, la théorie des contre-pouvoirs est bien plus libérale que démocratique; plus proche de Montesquieu que de Rousseau. Et c'est en tenant compte de ce contexte libéral qu'il faut opérer une classification.

2.- Une classification fonctionnelle

a) Une fois admis le caractère institutionnel ou l'institutionnalisation du contre- pouvoir (cf. Pierre Avril, « Les contre-pouvoirs institutionnels »), il est nécessaire de considérer la nature du contre-pouvoir.

Ainsi, il faut savoir si le contre-pouvoir est primordialement juridique – on parlera de « contre-pouvoir juridico-politique » -, ou primordialement politique – on parlera de « contre-pouvoir politico-juridique ». Le jeu des contre-pouvoirs s'exercerait donc avant tout dans les champs juridique et politique.

b) Ensuite, il faut considérer la vocation intrinsèque de chaque contre-pouvoir. Certains sont des contre-pouvoirs par essence et sont des contre-pouvoirs structurels; d'autres, n'accèdent à la fonction de contre-pouvoir que par l'esprit et le jeu du système et ne sont que des contre-pouvoirs conjoncturels.

Quelques exemples empruntés aux échanges qui ont été tenus : le pouvoir juridictionnel serait un contre-pouvoir plutôt juridique et structurel (il en va de même des Cours constitutionnelles) ; les chambres hautes seraient des contre-pouvoirs plutôt juridiques et conjoncturels ; l'opposition parlementaire serait un contre-pouvoir plutôt juridique et structurel ; alors les partis politiques seraient des contre-pouvoirs politiques et conjoncturels.

Reste enfin à envisager la place du peuple, très discutée, comme l'ont montré les débats d'avant-hier matin et la demi-journée qui a été réservée à son analyse. On touche ici la limite de relation pouvoir/contre-pouvoirs.

La première limite tient au caractère souverain du peuple. Dans une logique strictement institutionnelle, il ne peut être contre-pouvoir car il est la source du pouvoir, il est le souverain suprême, comme certains communicants l'ont rappelé hier. Pouvoir autonome, initial et inconditionné, il n'est pas un pouvoir comme les autres, car les autres n'existent que par lui. Peut-on alors admettre que le souverain soit en même temps un contre-souverain? Peut-on admettre qu'il puisse à la fois être le pouvoir par lequel tous les pouvoirs existent et le contre-pouvoir aux pouvoirs constitués?

La deuxième limite est liée au fait que la notion de contre-pouvoir est une notion de démocratie constituée. Alors que les contre-pouvoirs sont des pouvoirs constitués, le peuple souverain est le pouvoir constituant. Il est le seul pouvoir sans contre-pouvoir.

Néanmoins, les débats ont montré que le peuple prend le relai des contre-pouvoirs institutionnels défaillants et s'érige alors en contre-force spontanée de proposition (à travers plusieurs procédures de participation type référendum, recall, initiative populaire…), voire véritablement en contre-pouvoir de fait. Les expériences qui ont été évoquées des printemps arabes, des mouvements populaires comme « Y'en a marre » ou « Balai citoyen » vont dans ce sens, rappelant que les différentes formes d'expression, de participation à l'exercice du pouvoir permettent au peuple de se réapproprier la manière dont le pouvoir est exercé.

CONCLUSION

On l'a mesuré dans toutes les interventions, au-delà du caractère fuyant et juridiquement difficilement palpable de la notion, le contre-pouvoir devient le référentiel majeur de toute pensée sur la structuration du pouvoir pluraliste et du gouvernement modéré. A tel point que l'idée de concurrence, induite par les contre- pouvoirs, se développe à tous les niveaux de la démocratie constitutionnelle et se diffuse dans chacun de ses champs fondamentaux, jusqu'à se banaliser.

Aristote écrivait « le droit marque la frontière entre le juste et l'injuste » ; à l'issue du colloque de Niamey on pourrait assurément soutenir que « le contre-pouvoir marque la frontière entre la démocratie pluraliste et le gouvernement autoritaire ».

Fabrice Hourquebie,

Professeur de droit public – Université de Bordeaux.

Directeur de l'Ecole doctorale de droit,

Secrétaire général de l'Association française de droit constitutionnel

ACTE II
CÉRÉMONIE DE CLÔTURE

MOT DE REMERCIEMENTS DU PROFESSEUR OUMAROU NAREY, PRÉSIDENT DE L'ASSOCIATION NIGÉRIENNE DE DROIT CONSTITUTIONNEL (ANDC)

Mesdames et Messieurs,

Il y a seulement quelques mois encore, les journées scientifiques de droit constitutionnel nous paraissaient comme un point très lointain à l'horizon des projets de l'Association Nigérienne de Droit Constitutionnel (ANDC).

Ce projet s'est concrétisé aujourd'hui grâce aux gros efforts qu'il convient d'apprécier à un quadruple niveau :

D'abord, celui des Professeurs membres du comité scientifique et des collègues chercheurs qui ont accueilli avec enthousiasme l'idée des journées scientifiques de droit constitutionnel et y ont travaillé pour que cette rencontre puisse se tenir.

C'est pourquoi, je voudrais remercier les membres du comité scientifique qui, en sus de leurs qualités de juristes en elles-mêmes intimidantes, ont bien voulu apporter leur parrainage scientifique à cette activité en prenant de leur précieux temps pour valider les propositions de communications qui ont été retenues. Ils ont présidé avec tact et sagesse les différents actes de nos travaux.

J'adresse également mes remerciements aux collègues en pleine possession de leur talent et de leur érudition qui ont répondu à l'appel à communications, soumis leurs propositions et ont accepté de venir à Niamey pour partager avec nous, fût-ce pour de trop courts instants, leurs réflexions sur un sujet d'une richesse qui mérite que deux semaines d'enseignement lui soient consacrées.

Ensuite, mes vifs remerciements aux autorités nigériennes et aux partenaires, qui ont manifesté une grande sollicitude à l'endroit de notre Association et dont le concours financier a permis la tenue de ces assises. Au nombre de ceux-ci je voudrais faire une mention spéciale à l'endroit de la Fondation Hanns Seidel, de l'Organisation internationale de la Francophonie (OIF), de l'Union européenne, et bien d'autres partenaires nationaux, notamment la SOPAMIN, l'Assemblée nationale, l'ARTP, la CNSS et SONIDEP. Si ce précieux soutien ne nous fait pas défaut, je peux d'ores et déjà vous annoncer que nous aurons à réfléchir dans le cadre des prochaines journées scientifiques de droit constitutionnel sur le thème suivant : « **L'élection présidentielle** ».

En troisième lieu, je ne manquerais pas de remercier tous les membres de la communauté universitaire de Niamey et de Tahoua, aussi bien les enseignants-chercheurs que les étudiants qui se sont mobilisés et ont à différents degrés facilité le déroulement de ces journées scientifiques de Niamey.

Enfin, je voudrais vous présenter nos excuses pour les désagréments et autres manquements liés à l'organisation matérielle et exprimer à mon nom propre et à celui de tous les membres du bureau de l'ANDC, toute notre reconnaissance et nos remerciements les plus sincères.

Je vous remercie de votre aimable attention.

Oumarou NAREY

Professeur Agrégé des Facultés de droit

Président de l'ANDC

MOTION DE REMERCIEMENTS DES PARTICIPANTS

- Considérant la qualité et les soins particuliers mis par l'ANDC et tous les organisateurs des 1ères journées scientifiques de droit constitutionnel pour notre accueil et notre séjour depuis notre arrivée sur cette terre hospitalière du Niger ;
- Considérant l'enrichissement intellectuel incontestable obtenu grâce à la mobilisation de hautes sommités intellectuelles des différents espaces géographiques et linguistiques qui ont accepté de partager et de discuter de leur science avec des participants de tous horizons ;
- Considérant le dévouement de toutes les catégories de personnes mobilisées, l'ensemble du comité d'organisation y compris les hôtesses, par le Président NAREY pour rendre notre séjour inoubliable ;

Nous, participants aux 1ères journées scientifiques de droit constitutionnel sur la « **séparation des pouvoirs et contre-pouvoirs** », adressons nos vifs et chaleureux remerciements :

A l'Association Nigérienne de Droit Constitutionnel et à son Président le Professeur OUMAROU NAREY, à tous ses partenaires scientifiques, financiers et opérationnels, partenaires techniques et financiers à qui nous demandons de poursuivre cet appui indispensable à ce type de manifestation scientifique et les encourageons à continuer inlassablement leurs efforts de faire de Niamey la capitale du droit constitutionnel en Afrique francophone.

Nous leur promettons notre accompagnement multidimensionnel pour de nombreux autres succès en vue du rayonnement, ici et ailleurs, de l'Etat de droit, de la Démocratie et du Droit constitutionnel.

Niamey le 13 octobre 2017

LES PARTICIPANTS

ALLOCUTION DE CLÔTURE DES 1ÈRES JOURNÉES SCIENTIFIQUES DE DROIT ONSTITUTIONNEL DE MONSIEUR MOUNKAÏLA HAROUNA, REPRÉSENTANT DE MONSIEUR LE RECTEUR DE L'UNIVERSITÉ ABDOU MOUMOUNI DE NIAMEY

Mesdames et Messieurs,

Après quatre jours de réflexion et d'échanges intenses sur le sujet qui nous a réunis ici, nous voici au terme de la session des journées scientifiques africaines de droit constitutionnel.

Le thème de la séparation de pouvoirs et de contre-pouvoirs, qui est un thème classique du droit constitutionnel, paraît, après ces journées scientifiques, moins consensuel que ce que l'on croyait *a priori*.

En effet, la notion est traversée par une contradiction liée à l'aspiration du pouvoir à sa propre unité et à celle de la société qu'il dirige. Eclater le pouvoir en plusieurs composantes indépendantes, peut être de nature à contredire cette double aspiration à l'unité.

Malgré la fortune théorique qu'elle a connue, la séparation des pouvoirs est de nos jours loin de refléter la réalité de l'aménagement du pouvoir d'Etat, si jamais elle l'a fait, de sorte qu'il paraît plus juste de parler de collaboration plus ou moins étroite des pouvoirs.

En réalité, dans la plupart des démocraties, l'émergence du fait majoritaire a déplacé la frontière de la séparation des pouvoirs qui ne serait plus entre les pouvoirs traditionnels que sont le législatif, l'exécutif et le judiciaire, mais entre la majorité politique et l'opposition. Qu'ainsi, à plusieurs égards, la séparation des pouvoirs a connu des mutations.

Elle met l'accent désormais sur les contre-pouvoirs qui sont de plus en plus diversifiés. En effet, à côté des contrepouvoirs institutionnels, on voit apparaître de nouvelles formes de « contre-pouvoirs » : l'initiative populaire, l'influence des experts, les pouvoirs locaux, la société civile, etc…

Mesdames et Messieurs,

Pendant ces quatre (4) jours, d'éminents Professeurs d'Afrique et d'Europe nous ont exposé leur vision sur un ou plusieurs aspects de la séparation des pouvoirs et ont explicité ce que renferme cette notion aujourd'hui.

Les échanges riches, variés et animés entre les communicateurs et l'assistance, faite d'universitaires, d'étudiants, de représentants des hautes juridictions, des syndicats du secteur judiciaire et d'acteurs de la société civile, ont fait ressortir tout l'intérêt que le public attache à la séparation de pouvoirs.

Les débats ont montré la richesse du sujet et les nombreuses interrogations que soulève cette thématique. En effet, les débats ont tracé des pistes de recherche pour ceux qui ont à cœur l'amélioration de nos institutions politiques, ainsi que les voies d'actions pour ceux qui sont versés des secousses politiques.

Je voudrais avant de terminer mon propos remercier très sincèrement tous les éminents Professeurs et collègues qui ont bien voulu participer à ces journées scientifiques de droit constitutionnel. Il m'est agréable aussi d'exprimer à tous et à toutes, la reconnaissance des Universités de Niamey et de Tahoua.

Je voudrais enfin remercier l'Association Nigérienne de Droit Constitutionnel (ANDC) qui associe de façon constante l'Université Abdou Moumouni et celle de Tahoua à ses efforts de promotion de la science de droit constitutionnel et notamment à la réflexion sur une plus grande qualité des régimes politiques qui nous gouvernent.

En souhaitant un bon retour à tous ceux qui sont venus de près ou de loin pour honorer cette belle rencontre, je déclare closes les journées scientifiques de droit constitutionnel de Niamey.

Je vous remercie !

Mounkaïla HAROUNA,

Secrétaire Général de l'Université ABDOU MOUMOUNI de Niamey

TABLE DES MATIÉRES

MARDI 10 OCTOBRE 2017

ACTE I

Cérémonie d'ouverture des journées scientifiques africaines de droit constitutionnel

ACTE II

La notion de la séparation des pouvoirs

ACTE III

Les mutations de la séparation des pouvoirs (évolutions, remises en cause...)

MERCREDI 11 OCTOBRE 2017

ACTE I

L'identification des contre-pouvoirs

ACTE II

L'identification des contre-pouvoirs (suite)

Acte III

L'identification des contre-pouvoirs (fin)

JEUDI 12 OCTOBRE 2017

ACTE I

La diversification des contre-pouvoirs

ACTE II

La diversification des contre-pouvoirs (suite)

ACTE II

Cérémonie de clôture

Le Sénégal
aux éditions L'Harmattan

Dernières parutions

L'ESTHÉTIQUE SOCIALE DES PULAAR
Socioanalyse d'un groupe ethnolinguistique
Sy Harouna
L'esthétique sociale pulaar est une mise en ordre éthique de la vie sociale. Elle est l'inventaire systématique de ce qu'il y a de beau et de laid dans le social relativement à ses valeurs, à ses normes, à ses règles et à ses codes qui commandent des postures, des relations, des rapports et des qualités appropriés. L'analyse des contradictions de la société pulaar du Fuuta Tooro a révélé des logiques et des stratégies fondées sur des rapports de castes et sur les représentations sociales que ces rapports produisent.
(31.00 euros, 304 p.)
ISBN : 978-2-343-11189-6, ISBN EBOOK : 978-2-14-002810-6

LE BAYNUNK GUNAAMOLO, UNE LANGUE DU SUD DU SÉNÉGAL
Analyse phonologique, morphologique et syntaxique
Diop Sokhna Bao - Préface de Denis Creissels
Le Sénégal est un pays multilingue avec des langues majoritaires et des langues minoritaires, de par le nombre de leurs locuteurs, mais également de par la quantité de travaux dont chacune dispose. Les langues majoritaires ont fait l'objet de nombreuses recherches, à la différences des langues minoritaires. Ce constat est à l'origine du choix porté sur la description de la variante gunaamolo du baynunk (parlé au sud du Sénégal, plus précisément à Niamone, dans la région de Ziguinchor) qui est une langue en danger très peu décrite. L'utilité et l'intérêt de ce travail résident dans la sauvegarde et la connaissance de cette langue et sa communauté. Elle peut servir aussi de référence à des recherches futures.
(Coll. Études africaines, 38.50 euros, 392 p.)
ISBN : 978-2-343-09614-8, ISBN EBOOK : 978-2-14-002913-4

DE L'HÉRITAGE ARABO-ISLAMIQUE SAINT-LOUISIEN
Une illustration par les œuvres d'Abbas Sall et d'Abdoulaye Fall Magatte
Fall Cheikh Tidiane - Préface de Samba Dieng et Postface de Mouhamed Habib Kébé
Cet ouvrage porte sur la réhabilitation du legs culturel arabo-islamique ouest-africain en général et saint-louisien en particulier. Revaloriser un pan du patrimoine culturel par l'entremise de l'imagination poétique locale de deux intellectuels demeure l'objectif principal de cette étude. Une partie descriptive constituée de la traduction d'une cinquantaine de poèmes suivie d'un volet analytique constitue la méthodologie de ce travail de recherche. La moisson tirée de ce travail préliminaire apporte quelques éclairages sur l'intérêt de la traduction de manuscrits arabes, notamment ceux produits par d'éminents ulémas du Sénégal, tels les deux poètes faisant l'objet de cette étude.
(Harmattan Sénégal, 35.00 euros, 340 p.)
ISBN : 978-2-343-11306-7, ISBN EBOOK : 978-2-14-003014-7

L'AGRICULTURE DU SÉNÉGAL SOUS LA COLONISATION

Diop Ismaïla

L'introduction de l'arachide au Sénégal au début du XXe siècle révolutionne le paysage agricole. La France décide alors de faire du Sénégal une colonie arachidière. Le Sénégal devient la troisième puissance arachidière du monde après les États-Unis et l'Inde. Cette monoculture extensive aboutit à un déficit vivrier chronique, une dégradation des sols, une dépendance vis-à-vis des importations de riz en provenance d'Asie. Pour y remédier, le rapport de la mission Roland Portères de 1952 recommande des mesures d'aménagement du territoire, de restauration des sols, de promotion de l'agriculture intégrée sérère.

(Harmattan Sénégal, 23.50 euros, 218 p.)

ISBN : 978-2-343-11129-2, ISBN EBOOK : 978-978-2-14-002836-6

CASAMANCE

À quand la paix ?

Bassène René Capain - Préface du père Nazaire Diatta

Malgré leur volonté et leur engagement affichés d'aller vers la fin du conflit armé en Casamance, la position des parties en guerre n'a jamais réellement évolué. L'État du Sénégal se dit prêt à négocier sur tous les points, sauf sur ceux relatifs à l'intégrité territoriale et l'unité nationale, alors que, de son côté, le MFDC soutient une position contraire en déclarant être disposé à ne négocier que sur la question se rapportant à l'indépendance totale de la Casamance. Cette situation montre que le conflit armé est encore loin de finir en Casamance.

(28.50 euros, 276 p.)

ISBN : 978-2-343-10426-3, ISBN EBOOK : 978-2-14-002593-8

PARCOURS D'UN JOURNALISTE AUTODIDACTE

Ndiaye Pape Ngagne - Préface de Mamoudou Ibra Kane

Pape Ngagne Ndiaye, par son style, est devenu un rendez-vous incontournable de l'espace audiovisuel sénégalais. L'émission « Faram Faccce » qu'il anime présentement sur TFM est très courue des hommes et femmes politiques pressés de se soumettre au feu roulant et nourri des questions du redoutable interviewer, unique dans son genre. Ce livre n'est pas seulement une autobiographie, mais aussi une réflexion thématique et une sélection rigoureuse de certains numéros de la célèbre émission qui se veut « un décryptage des questions majeures de l'actualité nationale ».

(37.00 euros, 360 p.) ISBN : 978-2-343-09916-3, ISBN EBOOK : 978-978-2-14-002822-9

DES FRANCENABE AUX MODOU-MODOU

L'émigration sénégalaise contemporaine

Fall Papa Demba - Préface du Professeur Abdoulaye Bara Diop

Principalement centré sur la France et ses anciennes colonies d'Afrique, le champ migratoire sénégalais s'est, de manière originale, progressivement étendu à des destinations naguère méconnues ou peu fréquentées (comme les États-Unis, l'Italie, l'Espagne, l'Afrique du Sud ou le Brésil). Peu à peu, les migrants sont devenus des acteurs incontournables du développement. La prise en compte de ces populations, et de leurs mouvements, devient donc nécessaire aux programmes et politiques de développement durable.

(Harmattan Sénégal, 40.00 euros, 559 p., Illustré en noir et blanc)

ISBN : 978-2-343-10796-7, ISBN EBOOK : 978-2-14-002539-6

« DOYEN » AMADY ALY DIENG, LE TRANSMETTEUR INTÉGRAL (1932-2015)

Économie biographique ou sémio-Histoire

Ngaïdé Abdarahmane

Amady Ali Dieng nous a quittés il y a un an. Pour lui rendre hommage et s'en rappeler les enseignements, l'auteur de cet ouvrage a décidé de compiler ses nombreux écrits ou interventions. Les quatorze textes qui composent cette anthologie sont représentatifs et significatifs de la personnalité, du style et des préoccupations d'Amady Ali Dieng. On y retrouve son style, son humour et son esprit critique.

(Harmattan Sénégal, 23.50 euros, 228 p., Illustré en noir et blanc)

ISBN : 978-2-343-10855-1, ISBN EBOOK : 978-2-14-002561-7

41 RULES TO BE HAPPY
Kane Babaly
Seeing that happiness is the goal towards which all men strive for, the author wrote this book to help the reader in treasuring the joyous of life and realizing his desires in entirety, to be fulfilled, to claw his way to the top and to assure him it will turn out well in the end. Moreover, this book intends to give the keys us to get the secret for reaching we want in this life. 41 rules to be happy is a little self help book which has 41 rules that are meant to allow every reader to live life in full potential.
(Harmattan Sénégal, 14.50 euros, 138 p.)
ISBN : 978-2-343-10904-6, ISBN EBOOK : 978-2-14-002583-9

SÉNÉGAL
Les limites du Plan Sénégal Émergent
Mansour Samb El Hadji
Cet ouvrage présente une analyse profonde des politiques publiques en décortiquant le Plan Sénégal Émergent (PSE) qui jusque-là n'a fait l'objet d'aucune analyse critique sérieuse. Le Sénégal est face à un défi, le défi de son émergence, un défi qu'il compte relever avec tous ses fils. Ce défi qui mobilise aujourd'hui tout le monde doit nous pousser à proposer de nouveaux chemins et à animer un débat nécessaire et incontournable dans tout processus d'émergence.
(Harmattan Sénégal, 27.00 euros, 276 p.)
ISBN : 978-2-343-09721-3, ISBN EBOOK : 978-2-14-002372-9

SÉNÉGAL
Dynamiques paysannes et souveraineté alimentaire
Le procès de production, la tenue foncère et la naissance d'un mouvement paysan
Diop Amadou Makhouredia - Préface d'Yves Guillermou ; Postface de Fodé Niang
Le présent ouvrage contribue à la compréhension des stratégies développées par la petite paysannerie et les dynamiques qui animent les exploitations agricoles familiales permettant la production de biens nécessaires à l'alimentation et l'entretien des familles. La capacité des paysans à prendre en main leurs propres préoccupations a été mise en évidence par l'émergence d'organisations, de groupements, d'associations et d'unions dans tout l'espace rural sénégalais.
(Harmattan Sénégal, 26.00 euros, 256 p.)
ISBN : 978-2-343-10852-0, ISBN EBOOK : 978-2-14-002457-3

HISTOIRE ET SOCIOLOGIE DES RELIGIONS AU SÉNÉGAL
Tamba Moustapha
Le Sénégal reste une exception dans le domaine religieux : 90 % de musulmans, 5 % de chrétiens et 5 % d'adeptes de l'animisme. C'est aussi le pays où les musulmans et les catholiques partagent le même cimetière, où les conjoints partagent des religions différentes, où les écoles privées catholiques comptent 60 à 70 % d'élèves de confession musulmane, etc. Ce phénomène n'est pas dû au hasard. L'histoire et la sociologie des religions permettent de l'expliquer amplement. Cet ouvrage souligne cette exception sénégalaise pour montrer qu'au moment où notre monde est en proie au fanatisme, à l'intolérance et au terrorisme religieux, le Sénégal propose un autre « modèle ».
(Coll. Études africaines, série Economie, 41.00 euros, 426 p.)
ISBN : 978-2-343-10424-9, ISBN EBOOK : 978-2-14-002506-8

FIGURES DU POLITIQUE ET DE L'INTELLECTUEL AU SÉNÉGAL
L.S. Senghor - M. Dia - A. Ly - CH. A. Diop A. Diouf & F. Mitterrand - J.R. De Benoist - A. Seck - TH. Fall - A. M. Samb - A.M. Samb JR - TH. Monod - H. Bocoum - G. R. Thilmans
Samb Djibril
Cet ouvrage réunit des personnalités politiques et/ou intellectuelles très diverses : Léopold Sédar Senghor, l'Immortel Noir ; Mamadou Dia, le brillant économiste ; François Mitterrand et Abdou Diouf, deux experts politiques, ou encore Théodore Monod, le savant probe. Ces figures sont autant de coryphées auxquels l'auteur a voulu rendre hommage, afin de rappeler que la terre africaine du Sénégal ne manque pas de princes de l'esprit ni de nourriture intellectuelle.
(26.00 euros, 266 p.)
ISBN : 978-2-343-10731-8, ISBN EBOOK : 978-2-14-002513-6

TÉLÉVISIONS AU SÉNÉGAL
Entre désert de contenu et sécheresse intellectuelle
Djimbira Cheikh Mouhamadou
« Il faut lire ce livre en considérant qu'il a été sciemment écrit dans l'intention de nuire à la société spectaculaire. Il n'a jamais rien d'outrancier. » Cette pensée de Guy Debord nous permet de comprendre à bien des égards, l'ouvrage de Cheikh Mouhamadou Djimbira qui est un plaidoyer pour la création de programmes audiovisuels de qualité.
(11.50 euros, 80 p.)
ISBN : 978-978-2-343-10790-5, ISBN EBOOK : 978-978-2-14-002528-0

UN SCOUT SÉNÉGALAIS
L'aventure citoyenne (deuxième édition)
Ndene Pascal - Préface de Jacques Moreillon
Lorsque nous parlons de l'adolescence, nous évoquons l'autonomie, la responsabilisation, la citoyenneté, le jeu, les relations avec les parents et avec les pairs. Toutes ces questions sont abordées dans ce livre qui montre avec humour le parcours éducatif d'un adolescent dans le scoutisme. Ce livre s'adresse à tous les jeunes, garçons et filles, aux parents et éducateurs de tout milieu social et culturel, ainsi qu'à tous les scouts et guides du monde.
(14.00 euros, 124 p.)
ISBN : 978-2-343-10965-7, ISBN EBOOK : 978-2-14-002526-6

LA PENSÉE DE CHEIKH AHMADOU BAMBA FACE AUX DÉFIS AFRICAINS
Sow Cheikh Mar
Cheikh Ahmadou Bamba Mbacké a su déterminer une nouvelle vision aux yeux de ses contemporains en formulant d'une façon très claire des idées novatrices capables de faire bouger le peuple. Cette conception de la société dans sa globalité a permis «à chaque individu de devenir un centre d'initiative, de création et de responsabilité à tous les niveaux : celui de l'économie, de la politique, de la culture ; une conception qui ne soit ni individualiste, ni totalitaire mais fondée sur les communautés de base».
(Harmattan Sénégal, 24.00 euros, 238 p.)
ISBN : 978-2-343-10021-0, ISBN EBOOK : 978-2-14-002284-5

LE MODERNISME EN ISLAM
Introduction à la pensée de Sayyid Amir Ali
Diagne Mbengue Ramatoulaye
« Les thèmes abordés par le Professeur Ramatoulaye Diagne dans sa lecture de la pensée d'Amir Ali ont tous un lien indéfectible avec le pluralisme et la paix. (...) Dans la lecture de son ouvrage, on arrive à comprendre que le modernisme d'Amir Ali est une sorte de renouveau dans la pensée islamique. C'est un mouvement d'intellection qui intègre, dans une cohérence architecturale, l'usage de la raison, l'esprit du soufisme pratique ghazalien et la finalité de la prière qui concilie l'ascèse de l'âme à la transformation positive des sociétés. » Abdoul Aziz Kebe, Ancien Chef du Département d'Arabe UCAD-DAKAR.
(Harmattan Sénégal, 15.00 euros, 144 p.)
ISBN : 978-2-343-09977-4, ISBN EBOOK : 978-2-14-002211-1

MA RENCONTRE AVEC ALLAH
De l'obscurité à la lumière
Mbengue Adama Ousmane
Cet ouvrage traite surtout de la question essentielle du Mahdi qui vient pour apporter les solutions idoines en s'appuyant sur la Sharia mouhammadiya et la Tariqah ahmadiya afin d'offrir à tout individu le meilleur profil dans la société idéale qu'il compte établir.
(Harmattan Sénégal, 14.50 euros, 134 p.)
ISBN : 978-2-343-10299-3, ISBN EBOOK : 978-2-14-002277-7

Structures éditoriales du groupe L'Harmattan

L'Harmattan Italie
Via degli Artisti, 15
10124 Torino
harmattan.italia@gmail.com

L'Harmattan Hongrie
Kossuth l. u. 14-16.
1053 Budapest
harmattan@harmattan.hu

L'Harmattan Sénégal
10 VDN en face Mermoz
BP 45034 Dakar-Fann
senharmattan@gmail.com

L'Harmattan Cameroun
TSINGA/FECAFOOT
BP 11486 Yaoundé
inkoukam@gmail.com

L'Harmattan Burkina Faso
Achille Somé – tengnule@hotmail.fr

L'Harmattan Guinée
Almamya, rue KA 028 OKB Agency
BP 3470 Conakry
harmattanguinee@yahoo.fr

L'Harmattan RDC
185, avenue Nyangwe
Commune de Lingwala – Kinshasa
matangilamusadila@yahoo.fr

L'Harmattan Congo
67, boulevard Denis-Sassou-N'Guesso
BP 2874 Brazzaville
harmattan.congo@yahoo.fr

L'Harmattan Mali
Sirakoro-Meguetana V31
Bamako
syllaka@yahoo.fr

L'Harmattan Togo
Djidjole – Lomé
Maison Amela
face EPP BATOME
ddamela@aol.com

L'Harmattan Côte d'Ivoire
Résidence Karl – Cité des Arts
Abidjan-Cocody
03 BP 1588 Abidjan
espace_harmattan.ci@hotmail.fr

L'Harmattan Algérie
22, rue Moulay-Mohamed
31000 Oran
info2@harmattan-algerie.com

L'Harmattan Maroc
5, rue Ferrane-Kouicha, Talaâ-Elkbira
Chrableyine, Fès-Médine
30000 Fès
harmattan.maroc@gmail.com

Nos librairies en France

Librairie internationale
16, rue des Écoles – 75005 Paris
librairie.internationale@harmattan.fr
01 40 46 79 11
www.librairieharmattan.com

Lib. sciences humaines & histoire
21, rue des Écoles – 75005 paris
librairie.sh@harmattan.fr
01 46 34 13 71
www.librairieharmattansh.com

Librairie l'Espace Harmattan
21 bis, rue des Écoles – 75005 paris
librairie.espace@harmattan.fr
01 43 29 49 42

Lib. Méditerranée & Moyen-Orient
7, rue des Carmes – 75005 Paris
librairie.mediterranee@harmattan.fr
01 43 29 71 15

Librairie Le Lucernaire
53, rue Notre-Dame-des-Champs – 75006 Paris
librairie@lucernaire.fr
01 42 22 67 13

www.ingramcontent.com/pod-product-compliance
Lightning Source LLC
LaVergne TN
LVHW021132061026
849535LV00002B/218
* 9 7 8 2 3 4 3 1 6 8 2 7 2 *